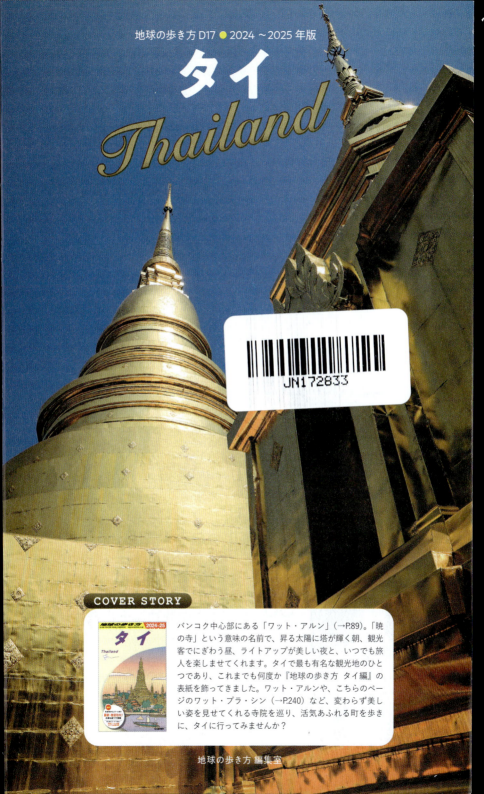

地球の歩き方 D17 ● 2024〜2025年版

タイ
Thailand

COVER STORY

バンコク中心部にある「ワット・アルン」(→P.89)。「暁の寺」という意味の名前で、昇る太陽に塔が輝く朝、観光客でにぎわう昼、ライトアップが美しい夜と、いつでも旅人を楽しませてくれます。タイで最も有名な観光地のひとつであり、これまでも何度か『地球の歩き方 タイ編』の表紙を飾ってきました。ワット・アルンや、こちらのページのワット・プラ・シン (→P.240) など、変わらず美しい姿を見せてくれる寺院を巡り、活気あふれる町を歩きに、タイに行ってみませんか?

地球の歩き方 編集室

THAILAND CONTENTS

12 Special Interview
今、世界で大人気のタイ俳優4人を直撃!
Bright, Win, Dew, Nani

16 特集1　120%満喫しよう!
タイ4泊6日モデルプラン
バンコク　　　　　　　　　　　　　　　　　　16
チェンマイ+バンコク　　　　　　　　　　　　17
プーケット　　　　　　　　　　　　　　　　　17

18 特集2　安全に旅を楽しむ!
タイ最新ニュース

22 特集3　『地球の歩き方』的
タイでしたいことベスト10

24 特集5　今絶対行きたい!
フォトジェニック寺院で開運祈願
緑が美しい神秘の空間　　　　　　　　　　　　24
南国の太陽に輝く黄金の仏塔　　　　　　　　　26
清浄無垢を象徴する白亜の寺院　　　　　　　　27
強烈な印象を残すピンクのガネーシャ　　　　　28
空と宇宙につながる青の寺院　　　　　　　　　30
侘び寂びを感じさせる銀は日本人好み　　　　　31
大きさ順に並ぶ仏像がインパクト大　　　　　　32
巨大な存在感で見るものを圧倒　　　　　　　　33

34 特集6　これがおすすめ
タイみやげ

36 特集7　円安&物価高にうれしい
安うま!名物ローカル食堂体験

40 特集8　名物グルメを完全制覇!
タイ料理の楽しみ方
タイの屋台グルメカタログ　　　　　　　　　　41
タイの地方料理カタログ　　　　　　　　　　　42
タイのスイーツカタログ　　　　　　　　　　　43
タイのフルーツカタログ　　　　　　　　　　　44

基本情報

歩き方の使い方 …………………………………… 6
ジェネラルインフォメーション …………………… 8
タイ早わかりNAVI ……………………………… 14

45 バンコク

バンコク到着 バンコクの国際空港… 46
バンコクのツーリスト・インフォメーション 47
スワンナブーム国際空港から市内へ… 48
ドーン・ムアン国際空港から市内へ 49
地方への旅の起点 ………………… 50
バンコク交通ガイド ……………… 54
バンコク早わかりNAVI ………… 64
バンコクマップ …………………… 66
エリア別バンコク見どころガイド
　王宮周辺 ………………………… 86
　ドゥシット地区周辺 …………… 99
　チャイナタウン ……………… 101
　チャルーン・クルン通り、シーロム通り周辺 105
　サヤーム・スクエア、ラーチャダムリ通り周辺 108
　スクムウィット通り周辺 …… 110
　バンコク郊外の見どころ …… 111
エンターテインメント＆ナイトライフ… 114
癒やしのスパ案内 ……………… 119
タイ式マッサージ ……………… 121
おすすめショップ ……………… 123
ウイークエンド・マーケット … 132
レストランガイド ……………… 134
ホテル＆ゲストハウス ………… 143

165 バンコク近郊とタイ中部

バンコク近郊とタイ中部早わかりNAVI … 166
アユタヤー［世界遺産］………… 168
ロッブリー ……………………… 182
ナコーン・パトム ……………… 184
カンチャナブリー ……………… 186
　旧泰緬鉄道とクウェー川鉄橋の旅… 188
　プー・ナム・ローン
　［ミャンマー国境］ 194
サンクラブリー ………………… 196
パタヤー ………………………… 198
ラヨーン ………………………… 208
サメット島 ……………………… 210
チャンタブリー ………………… 213
トラート ………………………… 215
　ハート・レック
　［カンボジア国境］ …………… 216
チャーン島 ……………………… 218
アランヤプラテート［カンボジア国境］… 227

出発前に必ずお読みください！　旅のトラブル…530　病気について…534

229 タイ北部

タイ北部早わかりNAVI	230
チェンマイ	232
チェンラーイ	268
メーサローン	274
メーサーイ［ミャンマー国境］	276
チェンセーン	278
ゴールデン・トライアングル	280
チェンコーン［ラオス国境］	281
メーホーンソーン	282
パーイ	287
ラムパーン	289
パヤオ	292
ナーン	294
プレー	297
ピッサヌローク	299
スコータイ［世界遺産］	301
シー・サッチャナーライ歴史公園［世界遺産］	311
カムペーン・ペッ［世界遺産］	313
メーソート［ミャンマー国境］	316

319 タイ東北部

タイ東北部早わかりNAVI	320
ナコーン・ラーチャシーマー（コラート）	322
ピマーイ	328
スリン	331
パノム・ルン遺跡	334
シー・サケート	336
カオ・プラ・ウィハーン遺跡［世界遺産］	338
ウボン・ラーチャターニー	340
チョーン・メック［ラオス国境］	344
コーン・チアム	347
ローイエット	348
ヤソートーン	350
コーンケン	351
ウドーン・ターニー	355
バーン・チアン［世界遺産］	357
ノーンカーイ［ラオス国境］	361
ルーイ	306
ナコーン・パノム［ラオス国境］	369
タート・パノム	371
ムクダーハーン［ラオス国境］	372

375 タイ南部

タイ南部早わかりNAVI	376
海のアクティビティ	378
ペッチャブリー（ペップリー）	380
フア・ヒン（ホア・ヒン）	382
チュムポーン	388
スラー・ターニー	391
サムイ島	393
パンガン島	408
タオ島	411
ナコーン・シー・タマラート	420
ラノーン［ミャンマー国境］	422
プーケット	424
カオラック	446
ランター島	450
ピーピー島（ピピ島）	453
クラビー	457
トラン	464
ハート・ヤイ（ハジャイ）	467
ソンクラー	470
サトゥーン［マレーシア国境］	472
パッターニー	474
ヤラー	475
ナラーティワート	476
スンガイ・コーロク［マレーシア国境］	477

481 旅の準備と技術

タイへの道	482
旅の手続きと準備	484
旅の情報収集	486
タイと近隣諸国 国境の町リスト	488
タイの島＆ビーチリスト	489
旅の季節	490
旅の道具と服装	492
両替と旅の予算	494
入国と出国の手続き	497
交通入門	504
バスの旅	504
レンタカーとレンタバイクの旅	507
飛行機の旅	508
鉄道の旅	510
通信事情 インターネット、電話、郵便	515
ホテルについて	518
食事について	520
タイ料理カタログ	526
旅のトラブル	530
病気について	534
簡単タイ語会話	540
早わかりタイの歴史年表	546
Index	551

コラム

長距離バス利用上の注意	53
チャオプラヤー川沿いのマーケット	98
チャイナタウン周辺の新潮流	104
格安マッサージ店密集エリア	122
買い物をしたらVAT（付加価値税）の還付を受けよう	133
郊外の見どころへはツアーを利用しよう	163
帰国前に温泉でリラックス	163
無料バスで回る水上マーケット	164
アユタヤー観光は自転車やバイクで	170
トゥクトゥク利用時の注意	181
国境を越えてミャンマーへ	194
試してみようコンビニグルメ	228
風情あふれるチェンマイのお祭り	239
ツアーの途中で立ち寄るショップに注意	249
週末のナイトマーケット	255
チェンマイ名物 カオ・ソーイを食べよう	258
トレッキングとゲストハウス	266
チェンマイから船に乗ってチェンラーイへ	267
ラムパーンで象との触れ合いを満喫	291
スコータイのローイ・クラトーン	310
たくさんの象が町を練り歩くスリンの象祭り	333
パノム・ルンのお祭り	335
ウボン・ラーチャターニーのろうそく祭り	343
ウドーン・ターニー周辺の寺院巡り	360
南国で生産されるワイン	367
サムイ島の路上マーケット	401
ダイバー憧れの島、タオ島でダイビングを始めよう！	419
ロッククライミングに挑戦しよう！	460
マレーシア国境の素朴な島 タルタオ島	473
でかい！すごい！タイの巨像	479
タイ旅行お役立ちウェブサイト	487
航空機内への持ち込み制限	503
長距離バス内での盗難事件に注意	506
ウェブサイトで鉄道チケットを予約	511
レストランでの作法	521
メニューの読み方	523
タイ料理の味付け	523
タイの調味料、ハーブ図鑑	525
タイで飲めるお酒いろいろ	529
知っておきたいタイ事情	537
タイを旅するためのマナー	538
タイのトイレ事情	539
タイの美術史概観	547
これは便利 使えるアプリ情報	548
タイを知るための書籍ガイド	549

新型コロナウイルス感染症について

新型コロナウイルス（COVID-19）の感染症危険情報について、全世界に発出されていたレベル1（十分注意してください）は、2023年5月8日に解除されましたが、渡航前に必ず外務省のウェブサイトにて最新情報をご確認ください。

◎外務省 海外安全ホームページ・タイ危険情報
URL www.anzen.mofa.go.jp/info/pcinfectionspothazardinfo_007.html#ad-image-0

歩き方の使い方

本書で用いられる記号・略号　本文中および地図中に出てくる記号で、❶はツーリスト・インフォメーション（観光案内所）を表します。その他のマークは、右のとおりです。

紹介している都市の位置を示します

行き方
- AIR：飛行機
- BUS：バス
- RAIL：鉄道
- MRT：MRT
- BTS：BTS
- BOAT：船
- TAXI：タクシーなど

インフォメーション

旅のヒント
- ❶ ツーリスト・インフォメーション
- 開 開館時間
- 営 営業時間
- 休 休館日、定休日
- 料 入場料、運賃、宿泊料金
- 住 住所
- ☎ 電話番号
- FAX ファクス番号
- URL URLアドレス
  （http://、https://は省略）
- FB フェイスブック
- IG インスタグラム
- E eメールアドレス
- TAT タイ国政府観光庁
- 見どころのおすすめ度
  - ☆☆☆　必見
  - ☆☆　　おすすめ
  - ☆　　　時間があれば

見どころ名称のタイ語表記です。指さすなどしてご活用ください

R C
レストラン／カフェ

S T
ショップ／旅行会社

E M N
スパ&エステ／マッサージ／ナイトスポット

L
各種スクール

H G ホテル／ゲストハウス、ホステル

- F ファンのみの部屋
- AC エアコン付きの部屋
- D ドミトリー
  （大部屋利用の1人料金）
- S シングルルーム
  （1人利用の1部屋の料金）
- T ツイン、ダブルルーム
  （2人利用の1部屋の料金）

本文と地図共通の記号

- H ホテル
- G ゲストハウス、ホステル
- R レストラン
- C カフェ
- S ショップ
- T 旅行会社
- E スパ＆エステ
- M マッサージ
- N ナイトスポット
- L 各種スクール

地図の記号

- ● 掲載の見どころ
- ✈ 空港
- バスターミナル、バス会社オフィス
- バス停、バス乗り場
- ソンテオ、ロットゥー（ミニバス）乗り場
- タクシー乗り場
- 船着場
- ガソリンスタンド
- ★ 市場
- 屋台街（おもに飲食）
- コンビニエンスストア
- Ⓑ 銀行
- Ⓜ 博物館、美術館
- ☎ 電話局
- ⊗ 警察署、交番、ツーリストポリス
- 学校
- ⊕ 病院
- ▶ 大使館、領事館
- ワット（タイ仏教寺院）
- 中国寺院、廟
- モスク（イスラーム礼拝堂）
- ヒンドゥー寺院
- キリスト教会
- ∴ 史跡、遺跡、名勝
- 国立公園

データ欄の記号

- TEL 電話番号
- FAX ファクス番号
- URL URLアドレス（http://、https://は省略）
- FB フェイスブック
- IG インスタグラム
- E eメールアドレス
- 日本国内での予約、問い合わせ先
- FREE 日本国内からの無料ダイヤル
- CC 利用できるクレジットカード
- A アメリカン・エキスプレス
- D ダイナース
- J JCB
- M マスターカード
- V Visaカード
- 客室数
- プール プールあり
- WiFi 客室内無料Wi-Fiあり

■発行後の情報の更新と訂正情報について

発行後に変更された掲載情報や訂正箇所は、『地球の歩き方』ホームページ「更新・訂正情報」で、可能なかぎり案内しています（ホテル、レストラン料金の変更などは除く）。

URL www.arukikata.co.jp/travel-support/

■掲載情報のご利用に当たって

編集部ではできるだけ正確な最新の情報を掲載するように努めていますが、現地の規則や手続きなどがしばしば変更されたり、またその解釈に見解の相違が生じることもあります。このような理由に基づく場合、または弊社に重大な過失がない場合は、本書を利用して生じた損失や不都合などについて、弊社は責任を負いかねますのでご了承ください。また、本書をお使いいただく際は、掲載されている情報やアドバイスがご自身の状況や立場に適しているか、すべてご自身の責任でご判断のうえご利用ください。

■現地取材および調査時期

本書は2020年版をもとに、2023年1～3月に現地取材を行って得られたデータを使って制作されています。特に注記のないかぎり、データは上記取材時のものです。投稿記事は、多少主観的になっても原文にできるだけ忠実に掲載していますが、データに関しては編集部で追跡調査を行っています。投稿記事の最後、カッコ内に（投稿者名、旅行年度）を記載してあります。

■タイ語および英語の表記について

本書では、都市名とおもな見どころにタイ語を併記しました。指さすなどしてご活用ください。

タイ語を英語や日本語で表記する際の、統一された規則はありません。したがって、同じ名称でも本書の日本語や英語の表記とほかの出版物、もしくは現地の表記とでは若干異なることがあります。

■住所の表記について

掲載の住所は都市名、県名が省略されています。

■URLとメールアドレスについて

ウェブサイトからメールが送れる場合、メールアドレスは省略してあります。アドレスは変更されることがありますのでご注意ください。

ご使用のブラウザによっては、URLを入力すると自動的に「https://」が付されページが開かないことがあります。その場合は「http://」と修正してください。

■ホテルやゲストハウスの料金について

掲載している料金は、特に注記がなければバス（もしくはシャワー）、トイレ付きの1室の料金です。ドミトリー（大部屋）は1人の料金です。またホテルは朝食付き、ゲストハウスは朝食別です。ホテルによっては料金に税金（7%）とサービス料（10%）が加算されますので、予約や利用の際にご確認ください。利用時期や予約方法によって、料金は変動することもあります。

ジェネラルインフォメーション

タイの基本情報

▶ 知っておきたいタイ事情→ P.537

▶ 簡単タイ語会話→ P.540

新国王の肖像

国旗
中央の紺は国王、その両側の白は宗教、外側の赤は国民を象徴している。

正式国名
タイ王国　Kingdom of Thailand
（プラテート・タイ Prathet Thai）
ประเทศไทย

国歌
「プレーン・チャート（タイ王国国歌）」。駅やバスターミナル、空港などでは、毎日8:00と18:00の2回、国歌が流される。曲が流れている間は起立し、動かないこと。映画館や劇場では本編上映、上演前に国歌か国王賛歌が流される。その際も起立すること。

面積
約51万4000km^2（日本の約1.4倍）

人口
約6617万人（2021年内務省統計）

首都
通称はバンコク Bangkok。タイ語での正式名称はクルンテープ・マハーナコーン・ボーウォーン・ラタナーコーシン・マヒンタラアユタヤー・マハーディロッカポップ・ノッパラッタナー・ラーチャターニー・ブリーロム・ウドム・ラーチャニウェート・マハーサターン・アモーンピマーン・アワターンサティット・サッカティッティヤ・ウィサヌカムプラシット。行政上の公称はクルンテープ・マハーナコーン。一般にはクルンテープと呼ばれる。

元首
2016年10月13日の前国王逝去により、ワチラーロンコーン皇太子が第10代国王、ラーマ10世に即位。

政体
立憲君主制

民族構成
タイ族75％、華人14％、そのほかマレー族、クメール族、カレン族、ミャオ族、モーン族、ヤオ族、ラフ族、リス族、アカ族など11％。

宗教
仏教94％、イスラーム教5％、キリスト教0.5％、ヒンドゥー教0.1％、そのほか各宗教0.4％。

言語
公用語はタイ語。英語は外国人向けの高級ホテルや高級レストランなどではよく通じるが、一般の通用度は低い。場所によっては日本語も通じる。

通貨と為替レート

B

▶ 両替と旅の予算→ P.494

スワンナプーム国際空港地下1階の公認両替商

タイの通貨はバーツ（バートとも）Baht。本書ではBと表記。補助通貨はサタン（Satang）で、100サタンが1バーツ。

2023年5月15日現在の為替レート
1B ≒ 3.9円

 1000B　 500B

 100B　 50B　 20B

 10B　 5B　 2B　 1B　 50サタン　 25サタン

＊前国王の肖像が入った紙幣も流通しています。

電話のかけ方

▶ 通信事情→ P.515

日本からタイへかける場合　タイの国番号は66、番号の最初の0は不要。よって以下のようにダイヤルする。

| 事業者識別番号
0033
(NTTコミュニケーションズ)
0061
(ソフトバンク)
携帯電話の場合は不要 | ＋ | 国際電話
識別番号
010 | ＋ | タイの
国番号
66 | ＋ | 0を取った
8桁か9桁の番号
1234-5678 |

※携帯電話の場合は010のかわりに「0」を長押しして「+」を表示させると、国番号からかけられる
※NTTドコモは事前にWORLD CALLの登録が必要

General Information

祝祭日（おもな祝祭日）

旧暦にのっとっている祝日（★印）は毎年日付が変わる。祝祭日が土・日曜と重なった場合、月曜が振替休日になる。●印は禁酒日。

2023～2024年（仏暦2566～2567年）の祝祭日

年	月	日		祝祭日
2023年	6月	3日	★●	王妃誕生日、ウィサーカブーチャー（仏誕節）
		5日		振替休日
	7月	3日	★	アーサーンハブーチャー（三宝節）
		4日	★●	カオパンサー（入安居）
		28日		国王誕生日
	8月	12日		皇太后誕生日
		14日		振替休日
	10月	13日		ラーマ9世命日（前国王の命日）
		23日		チュラーロンコーン大王記念日
		29日	●	オークパンサー（出安居）←祝日ではないが禁酒日
	11月	28日		ローイ・クラトーン ←祝日ではないが大きなお祭り
	12月	5日		国家の日（父の日、前国王誕生日）
		10日		憲法記念日
		11日		振替休日
		31日		大晦日
2024年	1月	1日		元旦
	3月	24日	★●	マーカブーチャー（万仏節）
		26日		振替休日
	4月	6日		チャクリー王朝記念日
		13～15日		ソンクラーン（タイ正月）←地域によって多少異なる
	5月	1日		レイバーデイ
		4日		戴冠記念日
		6日		プートモンコン（農耕祭。官公庁のみ休み）

▶ 旅の季節 → P.490

外を歩きたくなくなる暑季の暑さ

祝日ではないが、2023年10月29日はオーク・パンサー（仏教行事の日）で禁酒日。

注：「禁酒日」は店での提供、販売が禁止。ホテル客室内などでの飲酒は可。

ビジネスアワー

以下は一般的な営業時間の目安。

銀行
月～金曜　9:30～15:30
土・日曜、祝日　休み
（支店によって多少異なる）

デパートやショップ
毎日　10:00頃～22:00頃

レストラン
高級店では午後一度閉めたり、夜のみ営業の店もある。屋台は深夜や早朝にも開いており、都市部ならどんな時間帯でも何かしら食べられる。

コンビニエンスストア
たいてい24時間営業。

電圧とプラグ 放送と映像方式

電圧とプラグ
タイの電気は220 V、50Hz。日本仕様の電気製品を利用する場合は変圧器が必要。プラグは日本と同じ2穴のAやBF、Cなどの型が使われている。数種類のプラグが共用できる差し込み口も多く、その場合変換プラグは不要。

放送&映像方式
タイの放送方式（PAL）は、日本の方式（NTSC）とは異なる。タイで市販されているDVDなどの映像ソフトは、日本国内仕様のプレーヤーでは再生できないことがある。視聴したい場合はリージョンフリーのマルチプレーヤーを利用しよう。DVDのリージョンコードは3（日本は2）。BDは日本と同じA。

A型とBF型、C型が共用できる差し込み口

タイから日本へかける場合　国際電話会社の番号は001など数種類、日本の国番号は81。市外局番の最初の0は不要。

| 国際電話識別番号（どれかひとつ）001、007、008、009 | + | 日本の国番号 81 | + | 市外局番と携帯電話の最初の0は取る ×× | + | 相手先の電話番号 1234-5678 |

▶ **タイ国内通話**
タイ国内の電話番号に市外局番はなく、一般の固定電話は0から始まる9桁、携帯電話は08や09、06などから始まる10桁の番号。どこからどこへかけるにも、0から始まるすべての番号をダイヤルすること。

チップ

気軽な食堂ではチップは不要

日本の心づけ同様、高級な場所ではいくらか渡したほうがスマート。

ホテル
荷物を運んでくれたボーイやルームサービスに20B程度。

レストラン
サービス料が含まれているような中級以上のレストランではおつりの小銭を、サービス料が含まれていなければ支払い額の10%程度から最大でも100B程度。

タクシー
不要。

タイ式マッサージ、スパ
一般的なマッサージ店なら満足度に応じて1時間なら50B程度〜、2時間で100B程度〜。地方ならもう少し安め。「センエン（1000円）」などと言われても真に受けないように。そんなマッサージ師にチップは不要。スパは店のグレードに応じて100B程度〜。

飲料水

水道水は飲まないほうが安心。中級以上のホテルなら、毎日無料の飲料水がサービスされる。コンビニエンスストアやスーパーマーケットでは、飲料水の300mℓ入りペットボトルが1本6〜10B程度で売られている。

ホテルの客室にはたいてい無料の飲料水が用意されている

気候

▶旅の季節 →P.490

▶旅の道具と服装 →P.492

タイは熱帯に位置しており、年間を通じて気温は高いが、南部のマレー半島、北部の山岳地帯、東北部の高原地帯では気候が多少異なる。季節は雨季、乾季、暑季（タイ気象局の分類では雨季、寒季、夏季）の3つに分けられる。

バンコクと東京の気温と降水量

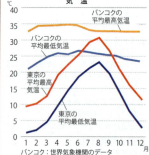
バンコク：世界気象機関のデータ

東京：気象庁気象統計情報

日本からのフライト時間

▶タイへの道→P.482

東京からバンコクまで直行便で約6時間。福岡からなら約5時間20分。

時差とサマータイム

日本との時差は−2時間。日本の正午がタイの10:00。サマータイムはない。

郵便

▶通信事情→P.516

郵便局の営業時間は、局により多少異なるがだいたい以下のとおり。
月〜金曜　8:30〜16:30
土曜　　　9:00〜12:00
日曜、祝日　休み
　スワンナプーム国際空港内の局は郵便業務のみの取り扱いで24時間営業。
郵便料金：日本へのエアメールは、はがき12〜15B。封書は10gまで14B、超過10gごとに5B加算される。

General Information

出入国

ビザ
観光目的で、入国後30日以内に出国する予約済み航空券および1人1万B（家族で2万B）相当の現金があれば、ビザなしで30日（29泊30日）滞在できる（隣接国からの陸路や海路での入国は1暦年に2回まで可能）。それ以上滞在する場合は、原則としてビザが必要となる（→ P.484）。

パスポートの残存有効期間
入国時に6ヵ月以上あれば入国可能。

入出国時に必要な書類
タイ入国時に、出入国カードの記入が必要。税関申告書は必要な人のみ。

▶ 旅の手続きと準備 → P.484
▶ 入国と出国の手続き → P.497

税金

タイではほとんどの商品に7%のVAT（付加価値税、暫定税率で今後10%に上がる可能性あり）がかけられている。条件が揃っていればVATが払い戻されるので、忘れずに手続きしよう。ホテル宿泊料やレストランの支払いなど、タイ国内で消費されるサービスにかかる税金は還付の対象外。

▶ 買い物をしたらVAT（付加価値税）の還付を受けよう → P.133

安全とトラブル

概して安全だが、外国人旅行者の多いエリアや乗り物内（夜行長距離バスなど）で盗難事件が多発している。貴重品は肌身離さずが鉄則。観光地ではあの手この手で外国人から金品を巻き上げようとする詐欺まがいの犯罪があとを絶たないので、トラブル対策ページを事前によく読んでおくこと。何か事件に巻き込まれたらツーリストポリスへ連絡を。外国語ができる担当者が対応してくれることになっている。

ツーリストポリス ☎1155（英語可）
警察 ☎191、123
救急車 ☎1554（英語可）

▶ 旅のトラブル → P.530
▶ 現地の日本大使館、領事館 → P.533

年齢制限

20歳未満はたばこ、アルコール類の購入、摂取は不可。

度量衡

日本と同じくメートル法が一般的。重さの単位はグラム。

その他

▶ 旅の情報収集 → P.486

2020年1月1日から、ほぼすべてのコンビニやスーパーマーケット、ショッピングセンターなどではレジ袋が廃止された。マイバッグを持参しよう。

酒類が販売できない時間帯の酒販コーナー

禁煙令
タイではおもに下記の公共スペースと、その入口から半径5m以内における喫煙が禁止されている。

営業時間内は禁煙
・公共交通機関（バス、タクシー、旅客用鉄道車両、船、航空機、スクールバス）
・エアコン付き建物内（乗り物などの待合室、インターネットカフェ、スポーツ施設、レストラン、エレベーター、売り場、ホテルのロビー、バーなどのナイトスポット）
・建物内（劇場、図書館、床屋、仕立屋、美容院・エステ・スパ施設、薬屋、百貨店、入院施設のない医療機関、宗教儀式を行う場所、トイレ）
・そのほか（公共の船着場、電話ボックス、学校や役所、スポーツ施設、医療機関、博物館・美術館、飲食店、おもなビーチなど）

違反者の処分
違反者は罰金2000B。

免税たばこの持ち込み、所持について
海外からタイ国内へ免税で持ち込めるのは、紙巻きたばこ200本（1カートン）、または葉巻、刻みたばこ、嗅ぎたばこなど250gまで。これ以上は原則として許可されない。これを超えると1カートン当たり4785Bの罰金が科されたばこは没収。スワンナプーム国際空港到着ロビー内では抜き打ちチェックもある。国内での免税たばこ所持にも制限があり、紙巻きたばこおおむね2カートン以内、もしくは葉巻、刻みたばこ、嗅ぎたばこ等500g以内。電子たばこ（加熱式たばこ）は持ち込み禁止。国内での所持も違法。

たばこ、アルコール類の販売制限
・たばこ：展示販売が禁止されているので、店頭には陳列されていない。
・アルコール類：11:00～14:00と17:00～24:00のみ販売可。飲食店によっては、販売不可の時間帯に酒類を出さないところもある。ただし小さな個人商店では時間外でも販売してくれるところが多い。仏教関係の祝日、選挙の前日18:00以降と当日24:00までは酒類の販売および飲食店での提供は不可。

ごみのポイ捨て禁止
バンコクをはじめタイ国内の都市部では、条例により、ごみやたばこのポイ捨てに最高2000Bの罰金を科している。

Special Interview

Bright, Win, Dew, Nani

今、世界で大人気のタイ俳優4人を直撃！

コロナ禍、世界で大ヒットしたタイドラマ『2gether the series』をご存じだろうか。ストーリーのおもしろさはもちろん、主演のBrightとWinをはじめ、俳優陣のビジュアル、演技力、歌唱力などが話題となり、放送後はTwitter世界トレンド1位を記録。またタイの俳優の魅力は、学問に努力を重ねる姿、ファンや家族、友人を大切にする内面にもある。その多くが実業家で、慈善事業も積極的に行っていることも驚きだ。

タイ版『花より男子』の『F4 Thailand／BOYS OVER FLOWERS』に出演し、ブームの中心にいる俳優Bright, Win, Dew, Naniの4人に、日本でのパフォーマンスや旅について質問した。今、世界で注目のタイのエンタメにふれて渡航すれば、さらに充実した旅になるはずだ。

日本のファンへの強い想い

大人気の俳優4人がファンミーティング※で来日。イベントについて質問すると、全員が口を揃えて「とにかく日本のファンに会えるのが楽しみでワクワクしています！」と元気に語ってくれた。その美しさから『歩くルーヴル美術館』とも呼ばれるBrightが、ほかの3人が話しやすい雰囲気を作るかのように、インタビューでは常に率先して話す。「日本のイベントに向けて、4人で集まってアイデアを話し合い、内容を練り上げました。いい意味で緊張しています」。続くのはWin「日本のファンだけのために、考えた演目があります」と言うと皆ほほえみながらうなずく。Naniが「来日に向けて準備を重ねてきました。ほかの国では披露していないサプライズがあるかも」と話すと、Dewは「日本のファンのためにみんなで内容を決め、自分の企画をどう入れるか考え、ゲームに歌にと準備を続けてきました。イベントの時間のすべてを楽しんでもらいたくて……」と日本とイベントへの想いを語り始めると止まらない。

※2023年3月に行われた「Shooting Star Asia Tour in JAPAN」

Dew デュー
Jirawat Sutivanichsak

2000年10月30日　バンコク出身。2021年、『F4 Thailand／BOYS OVER FLOWERS』のレン役でドラマデビュー

「今すぐタイに来てください！」

ファンイベントは韓国やフィリピンなど各国で開催。世界を飛び回る4人にタイの旅について質問すると、自身もムエタイをするBrightは「プーケットがおすすめ」とのこと。「海、山、森、寺院にムエタイも……タイのすべてを楽しめるから！」と答え、Winは「タイに渡航する際はとにかく安全に気をつけて」とやさしいひと言。Dewは「リラックスもできるし、アクティブに遊ぶこともできる。そんなタイのいろいろな面を楽しんでほしい。特にカオコー国立公園がいい雰囲気でおすすめ。ソンクラーンというタイのお正月時期も楽しいですよ」とのこと。Naniは「タイは北部・中部・東北部・南部と文化が分かれ

12

撮影：本多晃子
衣裝：Raweenoun Apaiponchan
タイ語通訳：ゴーウェル株式会社（細田明子）、
上村万里子

Bright ブライト
Vachirawit Chivaaree
1997年12月27日 ナコーン・パトム出身。2020年ドラマ『2gether the series』で主演を務め、大ブレイク

Win ウィン
Metawin Opas-iamkajorn
1999年2月21日 バンコク出身。2020年、Brightとともにドラマ『2gether the series』に主演。タイン役でデビュー

Nani ナニ
Hirunkit Changkham
1997年10月30日 チェンマイ出身。2021年、『F4 Thailand／BOYS OVER FLOWERS』のM.J.役でドラマデビュー

ていてその違いを楽しんでほしいです。東北部のブン・バンファイというロケット祭りも楽しいですよ」。超人気の4人だけに、分刻みのスケジュール。インタビューは終わったもののWinがどうしても伝えたいというように付け足した。「タイには魅力がたくさん詰まっています。町、ビーチ、スイーツ、料理……日本の皆さんにはぜひタイに来ていただいて、いろいろな文化を体感してほしいと思います」。その言葉に全員が笑顔でうなずき、日本のファンに早く会いたい、早くタイに来てほしいという思いが伝わってきた。

How to watch
タイドラマはさまざまなプラットフォームで視聴できる。もちろん日本向けの配信サイトでも視聴可能で、たとえばTELASA（テラサ）は話題のタイドラマ＆バラエティを見放題で配信しているので、初心者におすすめ。またテレビ朝日の泰流コンテンツサイトでは、俳優の来日イベント情報なども定期的に配信されているのでチェックしてみよう。
TELASA　URL telasa.jp
テレビ朝日の泰流コンテンツ
URL www.tv-asahi.co.jp/gmmtvasahi

 インタビュー時、参考に置いていた本書『地球の歩き方 タイ』。4人とも自然に本を手に取り、楽しそうに眺めながらインタビューに答える姿が印象的でした。撮影後も再び本を手に、じっくりと読み込んでくださいました！

タイ 早わかりNAVI

バンコクで必見の見どころワット・プラケオ

タイは広い！
面積は約51万4000km²、日本のおよそ1.4倍の広さをもつタイは、地域によって気候や風土、文化も異なる。本書ではタイ全土をバンコク、中部、北部、東北部、南部の5つのエリアに分けて紹介している。タイの行政区分ではファ・ヒンが中部に含まれるが、本書では南部に掲載している。

魅力あふれる大都会 バンコク　P.45

タイの首都バンコクは、ある意味タイの中の別世界。人口や町の規模など、国内にあるほかのどの町と比べてもけた外れに大きい。見どころが多いのは当然として、ショップやレストラン、ホテルなど旅行者向けの施設もバラエティ豊かで、まるでひとつの独立国のようだ。町歩きが好きな人なら何日いても飽きないどころか、下手をすると抜け出せなくなりかねない魔性の町。公共交通の整備が進み、移動がどんどん便利になる「天人の都」を、くまなく見て回ろう。

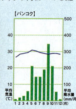

屋台フードもぜひ体験したい

島々とビーチリゾート 南部　P.375

ユーラシア大陸から南へ延びるマレー半島の付け根からマレーシア国境までの部分がタイの南部。特に深南部へ行くとイスラーム色が強くなり、町ゆく人のなかにもイスラームの装いが増える。東西両側を海に挟まれているだけあって、まだ知られていない美しいビーチリゾートが多い。プーケットやクラビーなどのアンダマン海側と、サムイ島やタオ島などのタイ湾側では雨のシーズンが異なるので、時期や行き先は慎重に決めよう。

美しいビーチリゾートが多い南部

タイ南部の主要都市
フア・ヒン(ホア・ヒン)	→P.382
サムイ島	→P.393
パンガン島	→P.408
タオ島	→P.411
プーケット	→P.424
ピーピー島(ピピ島)	→P.453
クラビー	→P.457

山と緑と少数民族 北部　P.229

チェンマイ市内に点在する小さな寺院

ラオスやミャンマー(ビルマ)、中国の雲南省から連なる山岳地帯から、チャオプラヤー・デルタの北端に位置するスコータイ周辺までを含めて北部とされている。チェンマイを中心とする山岳地帯は古くはラーンナー・タイ王国と呼ばれる独立国で、一時的にビルマの支配下におかれたこともあり、独自の文化を保っていた。現在でも寺院建築などに顕著な特徴が見られる。山地に住む少数民族も多く、トレッキングでそれらの村を訪れるツアーも人気がある。

タイ北部の主要都市

チェンマイ	→P.232
チェンラーイ	→P.268
メーサーイ	→P.276
ゴールデン・トライアングル	→P.280
メーホーンソーン	→P.282
パーイ	→P.287
ラムパーン	→P.289
ピッサヌローク	→P.299
スコータイ	→P.301

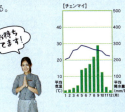

クメール遺跡とメーコーン 東北部　P.319

イーサーンとも呼ばれるタイの東北部は、海抜150～200m程度の乾いた大地。ラオスとの国境をなす大河メーコーン沿いの地域はラオスとの文化的共通点が見られる。対してイーサーン南部のカンボジア国境沿いにはクメール遺跡が点在し、アンコール帝国の版図だった時代の名残をとどめている。クメール遺跡や自然公園などを除けば派手な見どころは少ないが、バスや鉄道を乗り継いで、のんびり町を巡るのが楽しいエリア。

メーコーン岸の町に続々と建てられているナーガの像

タイ東北部の主要都市

ナコーン・ラーチャシーマー（コラート）	→P.322
ピマーイ	→P.328
スリン	→P.331
ウボン・ラーチャターニー	→P.340
ウドーン・ターニー	→P.355
ノーンカーイ	→P.361
ルーイ	→P.366

バンコクから気軽に行ける 中部　P.165

カンボジア国境となる東部海岸地帯、カンチャナブリーなどミャンマー国境に連なる山岳地帯も含まれる。バンコクから比較的近い範囲内に遺跡の町アユタヤー、『戦場にかける橋』のほか周囲の自然のなかをトレッキングできるカンチャナブリー、マリンスポーツからナイトライフまでアクティブ派向けのリゾート地パタヤー、海沿いにのどかな町が連なる東部海岸地帯やチャーン島など、変化に富んだ見どころが集まっている。

タイ中部の主要都市

アユタヤー	→P.168
カンチャナブリー	→P.186
パタヤー	→P.198
サメット島	→P.210
トラート	→P.215
チャーン島	→P.218
アランヤプラテート	→P.227

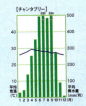

ナコーン・パトムにあるタイ最大の仏塔

とことん楽しもう！ 120%満喫しよう！
タイ4泊6日モデルプラン

3大人気エリアのバンコク、チェンマイ、プーケットを楽しむための王道プラン＋よくばりなアレンジプランをご紹介。

PLAN 1　バンコク 4泊6日

1日目　バンコク到着　バンコク泊

- 16:00　バンコク、スワンナプーム国際空港着
- 17:00　ホテルにチェックイン。ディナーでタイ料理を満喫したら**ナイトマーケットのチョート・フェー**（→ P.114）へ

バンコクの長い夜を楽しもう

おいしい！
プー・パッ・ポン・カリーは必食！

2日目　バンコク市内観光　バンコク泊

- 8:00　市内観光は、午前の涼しいうちに**三大寺院の王宮とワット・プラケオ**（→ P.86）、**ワット・ポー**（→ P.90）、**ワット・アルン**（→ P.89）へ。午後は市街中心部へ移動して**ジム・トンプソンの家**（→ P.108）見学

必見の見どころワット・プラケオ

- 18:00　ホテルでひと休みしたらディナー。**ネバー・エンディング・サマー**（→ P.134）で最先端のタイ料理を

ココもおすすめ！よくばりプラン
最強パワースポット

「願いがすぐかなう」といま大人気のパワースポット、ワット・サマーン・ラタナーラームにあるピンクガネーシャ（→P.28、113）。バンコクを朝出発すれば、午後早い時間に戻って来られる。旅のついでに幸運をゲットしよう

3日目　アユタヤー1日観光　バンコク泊

- 6:30　バンコク出発
- 8:00　アユタヤー着。**世界遺産アユタヤーの寺院観光**（→ P.172）。**象乗り**も（→ P.173）

ワット・プラ・シー・サンペット（→P.172）

- 16:00　バンコク帰着。夕食後は**ルーフトップバー**（→ P.117）で夜景にうっとり

4日目　レンタル衣装でタイ人なりきり　バンコク泊

- 10:00　ゆっくり朝食してホテル出発
- 10:30　**センス・オブ・タイ**（→ P.129）でタイの正装を借り、見どころを回って記念撮影
- 14:00　午後は**スパ**（→ P.119）や**タイ式マッサージ**（→ P.121）でリラックス

気持ちいい〜

タイ式マッサージは必ず体験してみよう

2日目の市内観光中にロケハンしておこう

5日目　ショッピング三昧　機中泊

- 10:00　バンコク市内の**デパートでおみやげショッピング**（→ P.130）
- 23:15　スワンナプーム国際空港発、翌朝日本着

タイ文字をあしらったトートバッグ（上）はロフティー・バンブー（→P.124）の人気商品

PLAN 2 チェンマイ＋バンコク 4泊6日

1日目 バンコク経由チェンマイへ　チェンマイ泊
- 18:30 バンコクで乗り継ぎチェンマイ国際空港着

2日目 チェンマイ市内観光　チェンマイ泊
- 9:00 チェンマイ旧市街＆周辺の寺院巡り（→P.240）。ランチはカオ・ソーイ（→P.258）

- 18:30 オールド・チェンマイ（→P.256）で伝統的なタイ舞踊を見ながらカントーク・ディナー

タイ北部の建築様式が美しいワット・プラ・シン

3日目 ワット・プラ・タート・ドーイ・ステープへ　チェンマイ泊
- 8:30 ホテル出発
- 9:00 ワット・プラ・タート・ドーイ・ステープ着（→P.244、ツアー参加）

チェンマイ郊外の名刹

- 11:00 ホテル帰着。ランチ後チェンマイ市内でショッピング＆タイ式マッサージ
- 19:00 夕食後ナイトバザール（→P.239）散策

夜はナイトバザールへ繰り出そう

4日目 バンコクへ移動　バンコク泊
- 9:05 チェンマイ国際空港発
- 10:25 スワンナプーム国際空港着
- 11:30 ホテル着後、話題のバンコク下町散策（→P.104）

チェンマイでは少数民族の雑貨をゲット！

5日目 バンコク市内観光　機中泊
- 8:00 ワット・プラケオと王宮、ワット・ポー、ワット・アルンなど見どころと寺院観光
- 12:00 繁華街へ戻りランチ＆おみやげショッピング
- 23:15 スワンナプーム国際空港発、翌朝日本着

ココもおすすめ！よくばりプラン
寝台列車の旅

チェンマイとバンコクを結ぶ鉄道路線には、寝台列車も運行。日本ではあまり体験できなくなった寝台車体験はいかが？　料金は列車や等級によって異なり、1等寝台（2人まで利用できる個室）で1人1653B〜。人気があるので早めの予約（→P.511）がマスト。

上／1等寝台は個室でふたりまで利用可能　下／2等寝台には女性専用車両があり安心して利用できる

PLAN 3 プーケット 4泊6日

1日目 バンコク経由プーケットへ　プーケット泊
- 18:30 バンコクで乗り継ぎプーケット国際空港着
- 19:30 ホテルへチェックイン

奮発して高級リゾートにステイ

2日目 ビーチでのんびり　プーケット泊
- 10:00 ホテルでゆっくり朝食後、ビーチやプールでのんびり（→P.428）

- 19:00 パトーン・ビーチ（→P.428）でナイトライフ

プーケット随一のナイトライフが楽しめる場所

3日目 プーケット市内観光　プーケット泊
- 10:00 プーケット・タウン（→P.430）へ移動しオールドタウンを散策

- 12:00 絶景のトゥンカ・カフェ（→P.439）でランチ
- 18:00 周辺散策後ホテル着

ラン・ヒルにあるビューポイントからの絶景

4日目 クラビーへボートツアー　プーケット泊
- 8:30 船で出発（ツアー参加）
- 10:00 クラビー（→P.457）着。スノーケリングやカヤックなどマリンアクティビティ
- 15:00 クラビー発
- 16:30 プーケット着
- 17:30 ホテル着

美しい海が堪能できるクラビー

5日目 ショッピング＆マッサージ　機中泊
- 10:00 プーケット・タウン近くのセントラル・プーケット・フロレスタ（→P.437）やパトーン・ビーチのチャンシーロン（→P.437）などでおみやげショッピング
- 12:00 バーン・リム・パ（→P.438）で景色を楽しみながらランチ
- 14:00 スパやタイ式マッサージ（→P.436）で旅の疲れを癒やす
- 20:35 プーケット国際空港発、バンコクで乗り継ぎ翌朝日本着

ココもおすすめ！よくばりプラン
パンイー島の水上村

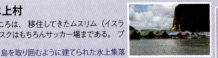

パンガー湾に浮かぶパンイー島（→P.435）の見どころは、移住してきたムスリム（イスラーム教徒）が水上に建てた集落に暮らす水上村。モスクはもちろんサッカー場もある。プーケットからツアーで行け、島内を散策できる。

島を取り囲むように建てられた水上集落

安全に旅を楽しむ！
タイ最新ニュース

2023年5月時点で、タイ入国に際してコロナ関連の規制や制限はないが、感染は完全に終息したわけではない。ここではコロナ後のタイを安全に旅する最新情報と、各地の最旬情報を紹介する。

町なかの様子
マスク着用の義務なし。ただし着用は推奨

2023年5月現在、公共の場所などでのマスク着用義務はない。ただし換気の悪い場所や人が集まる屋内、公共交通機関の中などでは、着用が推奨されている。バンコク市内では2022年6月に着用義務が撤廃されたあとも、多くのタイ人がマスクを着用。マスクを着用していないのは外国人旅行者が多い。地方都市でもまだまだ着用率は高め。大気汚染対策で着用している人も多いようだ。パタヤーのように外国人旅行者が多いエリアでは、マスク着用率は大幅に下る。感染状況は常に変化し、マスクの着用を求められる場所もある。普段は着用しない人も、念のため持ち歩くと安心。

❶飲食店の従業員はほとんどがマスク姿　❷パタヤーのウオーキング・ストリートなど外国人旅行者の多いエリアはマスク着用率がぐっと落ちる　❸バンコクのターオ・マハー・ブラマ（エーラーワンの祠）では奉納のダンサーもマスク姿

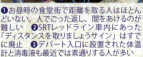

乗り物や店内で
手指の消毒と体温チェック！
ソーシャルディスタンス

大きなショッピングセンターや公共の建物、公共交通機関の入口には、体温計と消毒用アルコール噴霧器が設置されている。気になる人は検温して体調をチェックしよう。乗り物の座席やベンチに一定の間隔で×印を書いたり、行列する窓口では床に足跡マークなどをしるしてソーシャルディスタンスを促していたが、2023年2月現在あまり気にされていない様子。

❶お昼時の食堂街で距離を取る人はほとんどいない。人でごった返し、間をあけるのが難しい　❷SRTレッドライン車内にあった「ディスタンスを取りましょうサイン」はすでに廃止　❸デパート入口に設置された体温計と消毒液も最近では素通りする人が多い

万が一に備えて
検査キットや衛生用品の入手法

体調に不安を感じたら、抗原検査キット（ATK）でセルフチェックしよう。タイではドラッグストアやスーパーマーケット、自動販売機などで購入でき、安いところでは1個30〜40B程度。PCR検査が受けられるクリニックもある。

BTS駅などに設置されているATK（抗原検査キット）自動販売機

バンコクで
PCR検査が受けられるクリニック
メドコンサルト・クリニック
Medconsult Clinic
MAP P.83-F3　住Floor 3, Building 2, The Racquet Club, Soi 49/9, Sukhumvit Rd.　TEL 06-1171-1000
URL www.medconsultasia.com　営 7:00〜19:00　休なし　CC A M V
※抗原検査は500B、RT-PCR検査は1000B。結果はメールで届く。

よく見る「SHA」とは

タイ国内で行われている「SHA (Safety and Health Administration)」とは、新型コロナウイルス感染予防のための公衆衛生対策。国内外からの旅行者の信頼感を高め、旅の安心を提供するために、ホテルや飲食、マッサージ、ゴルフ場など観光関連産業10分野においてそれぞれ定められた基準。審査に合格するとSHA認定施設となり、店頭にロゴなどを掲示できる。すでに形骸化しつつあり気にする利用者も少ないと思われるが、参考まで。

SHA認定のロゴを掲げたマッサージ店

What's New in Thailand

体調を崩したら病院へ

万が一体調を崩しても、タイには各地に日本語が通じる病院があるので安心。躊躇せず病院へ行けるよう、新型コロナウイルス感染症関連の治療費もカバーした海外旅行保険には必ず加入しておこう。

出発前にチェック！ 海外再出発！ 地球の歩き方 ガイドブック最新＆更新情報

本書発行後に変更された掲載情報や訂正箇所は、『地球の歩き方』ホームページの本書紹介ページ内に「更新・訂正情報」として可能なかぎり最新のデータに更新しています（ホテル、レストラン料金の変更などは除く）。下記URLよりご確認いただき、ご旅行前にお役立てください。

URL www.arukikata.co.jp/travel-support/

日本語が通じるおもな病院

●バンコク
サミティヴェート病院スクンビット
Samitivej Hospital Sukhumvit
MAP P.83-F3
住 133 Soi 49, Sukhumvit Rd.
TEL 0-2022-2222
URL samitivej-jp.com/sukhumvit
営 24時間 休 なし CC ADJMV
24時間年中無休で診療受付（日本語対応は7:00〜20:00)。

●チェンマイ
チェンマイ・ラーム総合病院
Chiangma Ram Hospital
MAP P.236-A2
住 8 Boonnuangrit Rd.
TEL 0-5392-0300
URL www.chiangmairam.com
営 24時間 休 なし CC ADJMV
24時間年中無休で診療受付（日本語対応は月〜金8:00〜17:00)。

●プーケット
バンコク病院プーケット
Bangkok Hospital Phuket
MAP P.425-B4
住 2/1 Hongyok Utis Rd.
TEL 0-7625-4425
URL www.phukethospital.com
営 24時間 休 なし CC ADJMV
24時間年中無休で診療受付（日本語対応は8:00〜17:00)。

安全情報
コロナ禍で町の治安は

コロナ禍以前と同様、町歩きの際にはスリやひったくり、言葉巧みに悪徳なテーラーや宝石屋に連れ込む詐欺師（→P.530）に注意。外国人旅行者が多いエリアで親しげに声をかけてくる人は詐欺師であることが多い。繁華街で日本人に「今度日本へ行くんだ、日本円を見せてくれないか」と声をかけてくる人もいる。財布を出したりお金を見せたりすると、カードや紙幣を強引に奪われるので、対応しないこと。

詐欺師
観光地で声をかけてきた見知らぬ相手が地図を片手に話を始めたら詐欺師の可能性が高い。即座にその場を離れよう

抱きつきスリ
工事で狭くなった歩道や歩道橋階段下の暗がりは抱きつきスリの格好の仕事場。町歩きの最中も注意は怠らないで

大麻情報
注意！ 大麻には手を出さない！ Warning! 　完全解禁ではありません！

2022年6月9日から、タイでは規制麻薬のリストから大麻が除外され、大麻草や大麻製品の栽培や販売、幻覚などの向精神作用をもたらすテトラヒドロカンナビノール（THC）含有率が0.2％以下の大麻入り飲食品の提供、医療目的での大麻草利用は合法化された。町には大麻ショップが次々に登場し、特にカオサン通りでは、夜になると大麻の屋台が並び、一見すると完全合法化されたような光景となっている。しかし上記のように解禁されたのは医療目的のみで、娯楽目的での使用は引き続き認められておらず、公共の場での大麻吸引など違反の罰則は3ヵ月以下の懲役か2万5000B以下の罰金、またはその両方が科せられる。さらに日本の大麻取締法では、海外での栽培や所持、譲渡も処罰対象になることがある。絶対に手を出さないこと。

ショップや屋台、ときにはホテルで販売されていることも

19

タイ最新ニュース

日々変化を続けるタイの旅行事情。タイ各地の最新事情がコチラ

バンコク Bangkok

タイ国鉄の巨大な新ターミナル駅登場
クルンテープ・アピワット中央駅開業

タイ国鉄の象徴的存在だったクルンテープ駅（フアラムポーン駅）はその役目を終え、バンコク市街北部に建設された巨大なクルンテープ・アピワット中央駅が新しくタイ国鉄の顔となった（→P.50）。2023年1月19日から主要な長距離列車はすべてクルンテープ・アピワット中央駅発着となった。クルンテープ駅は現在、アユタヤーやロップリーなど近郊へのローカル線と、パタヤー方面への東線が発着している。

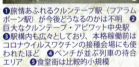

❶旅情あふれるクルンテープ駅（フアラムポーン駅）が今後どうなるのかは不明 ❷巨大なクルンテープ・アピワット中央駅 ❸駅構内も広々としており、本格稼働前はコロナウイルスワクチンの接種会場にも使われたほど ❹ベンチが並ぶ列車の待合エリア ❺食堂街は比較的小規模

バンコク Bangkok

便利になる公共交通
都市鉄道 続々延伸&開通

バンコク市内を走る高架鉄道BTSのスクムウィットラインが大きく延伸され、北はドーン・ムアン国際空港の北、南はチャオプラヤー川の河口に近いパクナームの先まで行けるようになった。クルンテープ・アピワット中央駅からはタイ国鉄が運営する都市鉄道SRTレッドラインが2路線開通。ライトレッドラインはタリンチャン、ダークレッドラインはランシットまで行け、途中ドーン・ムアン国際空港を経由する。さらにBTSシーロムラインのクルン・トンブリー駅からはBTSゴールドラインが開通し、アイコンサヤーム（→P.130）へのアクセスが向上。

❶ドーン・ムアン国際空港を経由するSRTダークレッドラインは6両編成 ❷プラスチック製の硬い座席はBTSやMRTと同じ ❸かわいらしい2両編成のBTSゴールドラインは運転手のいない無人運転 ❹ドーン・ムアン駅とドーン・ムアン国際空港を連絡する通路

What's New in Thailand

バンコク Bangkok

タイ料理界にレトロブーム
懐かしくて新しいグルメを楽しむ

バンコクのレストランで近年増えているのが、今の大人が子供時代に家庭で食べられていたような復古メニュー。煮物や炒めもの風の素朴な料理から暑気払いのひと皿まで、懐かしさのなかにも新鮮な味わいが楽しめる。

❶ワット・ポー近くのチャオプラヤー川沿いにあるローンロット（→P.134）にも懐かしメニューがある ❷フレッシュなスイカに干し魚のほぐし身をふりかけたプラー・ヘーン・テーンモー・シンプリーは280B。食欲がわかない暑い季節にもすいすい食べられる

チェンマイ Chiang Mai

郊外の見どころへ行こう
洞窟寺院や岩の上のバランス仏塔

市街の仏教寺院だけでなく、郊外にも見どころが多いチェンマイ。山がちな地形で豊かな自然に恵まれたエリアなので、車をチャーターするなどしてドライブ気分で回るのも楽しい。道路沿いには地元産のコーヒー豆を使ったおしゃれなカフェも多く、休憩する場所にも困らない。

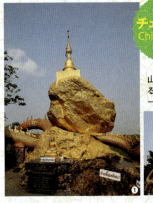

❶チェンマイの南郊外、ラムプーン近くにあるワット・プラプッタバート・プラタート・インカウェーン（→P.249）は山上にある落ちそうで落ちない岩の仏塔 ❷寄進された仏像やナーガ像に囲まれてにぎやかな雰囲気に ❸岩の裂け目から入る光が神秘的なワット・タム・チェンダーオ（→P.247）のチェンダーオ洞窟 ❹チェンマイ北部の山中にあるワット・タム・チェンダーオ ❺チェンマイ郊外に多い素朴ながらおしゃれなカフェ

東北部 North East

参詣も兼ねて観光
イーサーンの美景寺院

国内各地に多数の仏教寺院がある仏教大国タイ。なかでも東北部は規模の大きな寺院が多く、その特徴的な建築を眺めるだけでも楽しめる。お参りを兼ねて足を運んでみよう。

❶ウドーン・ターニー郊外にあるワット・パー・タークスア（→P.360）のスカイウオークから見下ろすメーコーンの流れとラオスの大地 ❷コーンケン市街近くのワット・ノーンウェーン（→P.353）の壮麗な仏塔 ❸ムクダーハーン郊外の丘に建てられたワット・ロイ・プラ・プッタバート・プー・マノーロム（→P.373）にあるナーガ像

こぼれ話
注目を集める恐怖の地獄寺

おどろおどろしい造形で「悪いことをすると地獄に落ちてこんな目に遭いますよ」という教訓を人々に与える「地獄寺」。外国人の目にはキッチュに映り、好事家の間で人気を集めている。

ウドーン・ターニー郊外のワット・ポー・チャイ・シー・ルアン・ポー・ナーク境内にある、亡者をせっせと釜茹でにする獄卒の像

地獄の造形がある本書掲載寺院
- ワット・ローン・クン→チェンラーイ▶P.270
- ワット・シー・コーム・カム→パヤオ▶P.292
- ワット・プーミン→ナーン▶P.295
- ワット・カムペーン・ヤイ→シー・サケート▶P.336
- ワット・ポー・チャイ・シー・ルアン・ポー・ナーク→ウドーン・ターニー▶P.360
- ワット・ケーク→ノーンカーイ▶P.363

◆参考図書
『タイの地獄寺』
椋橋彩香著
青弓社　2200円
綿密な現地調査をもとに地獄寺の思想や意味を考察。

21

これだけは体験しておきたい！
タイでしたいことベスト10

アレもしたいコレもしたいタイの旅。地球の歩き方的おすすめはコレ！

したいこと1 ベストショットを狙え！

シャッターチャンスの宝庫タイ。フォトジェニックな光景を見つけたら即ゲット！

❶ウドーン・ターニー郊外にあるノーンハーン湖、タレー・ブア・デーンとも呼ばれ、湖上を埋め尽くすように咲き乱れるスイレンを見に多くの人が訪れる（→P.357） ❷これぞ南国の眺め！丘の上から見渡せるナーン・ユアン島（→P.412） ❸センス・オブ・タイ（→P.129）でタイの伝統衣装を借りたら、見どころでタイ人になりきり記念撮影大会を

したいこと2 お祭りを体験

タイ各地で行われる、バラエティに富んだお祭り。地域全体が華やかな雰囲気に包まれるお祭りを、ぜひ体験してみよう。

❶毎年10月頃に行われる中国系の菜食祭り。プーケット（→P.424）では特に盛大に行われ、自らに身体を傷つける苦行を課しながら行進する ❷ウボン・ラーチャターニー（→P.340）で毎年7月頃に行われるろうそく祭り。地域ごとに巨大な山車を作ってデザインを競いパレードする ❸チェンマイ（→P.232）の夜空を焦がすコムローイ（熱気球）。毎年11月頃行われるイベントで大量のコムローイが一斉に空に放たれる

したいこと3 パワースポットへ

よき来世を期待する人が多いタイには、霊験あらたかなご利益スポットも多い。旅のついでに幸運を手に入れよう。

❶セントラルワールド前にふたつ並んだパワースポット、プラ・トリームールティとプラ・ピッカネート。一度にいろいろな願い事ができて便利（→P.109） ❷バンコク最強の願い事スポットとして名高いターオ・マハー・プラマ（→P.109）

22

したいこと 4 マッサージでリラックス

旅の疲れはタイ式マッサージで取ろう。1時間1500円程度で熟練のマッサージ師に身を委ねる至福のひととき。

❶蒸したハーバルボールの熱がじんわりと体に染み渡る ❷明かりを落とした個室で体をほぐされリラックス

したいこと 5 屋台で路上グルメ

見た目で衛生面に不安があったら、にぎわっている店をチョイス！ 安い、うまい、早いのタイ版ファストフードを召し上がれ。

オフィス街にある屋台街はお昼時になると大混雑

したいこと 6 憧れの象に乗ろう

古くから使役されてきた象は、タイ人とは切っても切れない間柄。そんな象にタイ各地で乗ることができる。

アユタヤー・エレファント・キャンプ(→P.173)の象乗りは世界遺産も見られて一度で二度おいしい

したいこと 7 世界遺産を見よう

タイ国内にはユネスコの世界遺産に登録された、文化遺産が3ヵ所、自然遺産も3ヵ所ある。文化遺産はどこも行きやすい。

3基並んだ仏塔が美しいアユタヤーのワット・プラ・シー・サンペット (→P.172)

したいこと 8 ルーフトップバーで乾杯

ビル屋上にあるルーフトップバーは、タイならではのナイトスポット。はるかに広がる夜景を眺めながら、思い出の一杯を。

今バンコクで最もにぎわっているルーフトップバー、ティチュカ (→P.117)

したいこと 9 マーケット巡り

ナイトマーケットに水上マーケット、そして町の市場まで。地元の人達の生活に触れてみよう。

バンコクのチョート・フェー (→P.114)

したいこと 10 リゾートでのんびり

超豪華高級ホテルから気取らないバンガローまで、タイのリゾートは幅広い旅行者を受け入れる懐の広さがある。

美しい緑に囲まれた山のリゾートもリラックスできる。チェンマイのベランダ・ハイ・リゾート (→P.263)

23

\ 今絶対行きたい！/
フォトジェニック寺院で開運祈願

タイの仏教寺院にはひとつとして同じデザインのものがない。寺院の建築に趣向を凝らして仏に尽くすのがタイ的仏教徒の美徳。見目麗しくご利益もあるタイの仏教寺院を色別にご紹介。話題の巨像も！

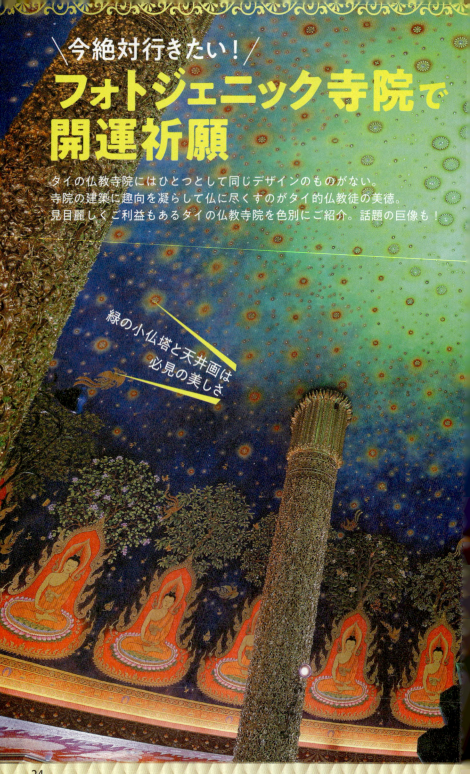

緑の小仏塔と天井画は必見の美しさ

Beautiful temples in Thailand

境内にそびえる
この大仏塔内5
階が人気の場所

お参りに訪れる
地元の人たちの
妨げにならない
よう注意

緑が美しい神秘の空間
ワット・パクナーム　バンコク　P.96

5階建ての仏塔内部最上階に置かれた小仏塔と、それを覆うようにドーム状になった天井に描かれた仏画が美しい寺院。緑の小仏塔にお参りすれば、きっとよき来世が待っている。

Photo：井出友樹、山本高樹、編集工房緑屋、iStock

Beautiful Temples in Thailand

南国の太陽に輝く黄金の仏塔
ワット・プラ・シン　チェンマイ　P.240

タイでは高貴な色として人気がある金。全体が金箔で覆われた仏塔があるチェンマイのワット・プラ・シンは、ぜひ訪れたい名刹。象が支える四角い基壇から天を衝く尖塔のてっぺんまでゴールド一色。

基壇から突き出したような象は仏塔を支えている

太陽光を反射し
直視できないほどのまぶしさ

随時金箔が貼り直されるのでまぶしいほどに光り輝くワット・プラ・シンの仏塔

現代美術作品のような斬新寺院

芸術家がデザインした斬新な純白寺院

細かい意匠には仏教説話や登場人物を象徴するものも

チェンラーイ　P.270

清浄無垢を象徴する白亜の寺院
ワット・ローン・クン

何ものにも染まっていない存在が白。清浄世界を象徴し、仏塔や仏像にも使われる。汚れが目立つので手入れが欠かせない点も、徳を積むことにつながりそうだ。

おどろおどろしい彩色は禁煙のサイン

27

Beautiful temples in Thailand

お願いをささやく際は、願い事が逃げないように反対の耳を手でふさぐこと（右耳にささやくなら左耳をふさぐ）

後ろ姿。足の裏もでかい。台座の中は博物館風の展示

強烈な印象を残すピンクのガネーシャ
ワット・サマーン・ラタナーラーム　チャチューンサオ　 P.113

あらゆる願いがかなうと評判の、ピンクに彩られた巨大なガネーシャ像。
願いを伝言してくれる使いのネズミはタイ伝統の曜日の色に従い7色いる。

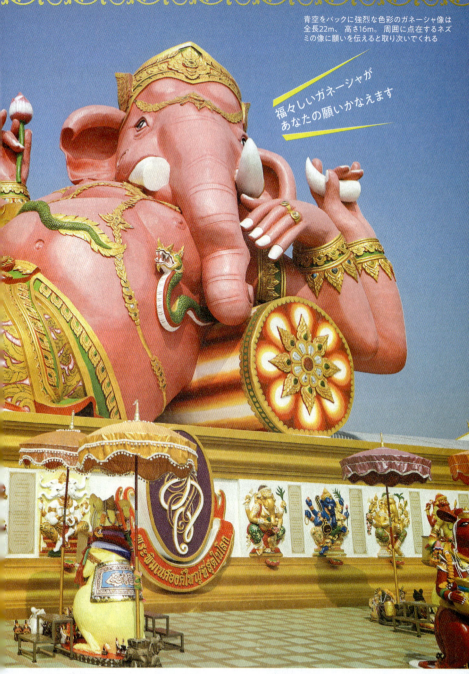

青空をバックに強烈な色彩のガネーシャ像は全長22m、高さ16m。周囲に点在するネズミの像に願いを伝えると取り次いでくれる

福々しいガネーシャが
あなたの願いかなえます

生まれた曜日を調べておこう

ネズミの色には意味があり、生まれた曜日を象徴している。自分が生まれた曜日の色をしたネズミの耳に願いをささやくこと。金色のネズミは金運担当

日曜 赤	月曜 黄	火曜 ピンク	水曜 緑	木曜 オレンジ	金曜 青	土曜 紫

Beautiful Temples in Thailand

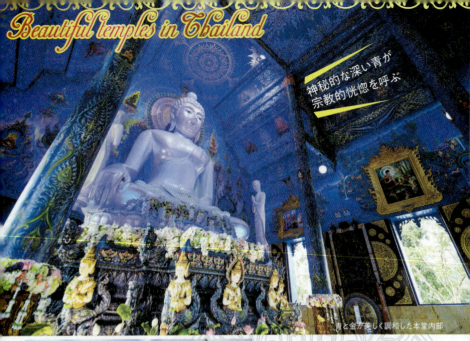

神秘的な深い青が
宗教的恍惚を呼ぶ

青と金が美しく調和した本堂内部

外観も徹底して青と金

チェンラーイ P.270

空と宇宙につながる青の寺院
ワット・ローン・スア・テン

宗教家ではなく芸術家がデザインした、おそらくタイで唯一青を主体にしたモダンな寺院。天井の仏画も必見。

細かい造形は芸術家の
デザインならでは

すべての装飾に意味があるとか

30

侘び寂びを感じさせる銀は
日本人にも人気

ワット・シースパン
Wat Sri Suphan　チェンマイ

銀を主体にした寺院も、おそらくここがタイで唯一。古くから銀細工の職人が集まる地域に立地する。

MAP P.234-C4　住 100 Wualai Rd
TEL 0-5327-4705　開 毎日 6:00～18:00
料 50B（外国人料金）

外観や境内の装飾も徹底して銀

細かい細工は寺院周辺に住む工房で制作されたもの

夜はライトアップでさらに輝く

無機質なシルバーメタリックの本堂内に仏像周囲の金彩が暖かく浮かび上がる

静かな山中に突如現れる異色のデザイン寺院

風光明媚な山中にある

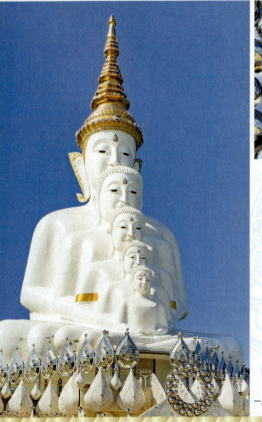

類を見ない並び方をした白亜の仏像

縦一列に並ぶ仏像がインパクト大
ワット・プラ・タート・パーソンケーオ
Wat Phra That Phasornkaew

ピッサヌロークとコーンケンにはさまれたペッチャブーン県の山中にある寺院。サイズ違いで直線上に5体並んだ仏像のインパクトが、訪れるものに強烈な印象を残す瞑想寺院。

MAP 折込表 -C3
住 65 Khasemson, Khao Kho, Phetchabun
電 06-3359-1554 **時** 毎日 7:00 〜 17:00 **料** 無料

一度見たら忘れられない眺め

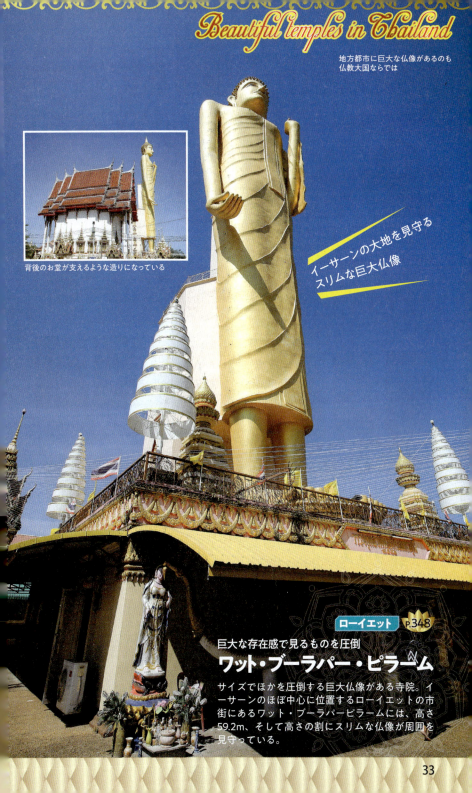

Beautiful temples in Thailand

地方都市に巨大な仏像があるのも仏教大国ならでは

背後のお堂が支えるような造りになっている

イーサーンの大地を見守るスリムな巨大仏像

ローイエット　P.348

巨大な存在感で見るものを圧倒
ワット・ブーラパー・ピラーム

サイズでほかを圧倒する巨大仏像がある寺院。イーサーンのほぼ中心に位置するローイエットの市街にあるワット・ブーラパーピラームには、高さ59.2m、そして高さの割にスリムな仏像が周囲を見守っている。

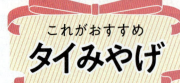

これがおすすめ タイみやげ 決定版

中260B 小140B

リス族のポーチ
リス族の伝統的な柄をモチーフにした、モノトーンのストライプ柄がスタイリッシュなポーチ。サイズは各種あり。 H

ファッション雑貨 Fashion Goods

各330B

タイ文字トートバッグ
ありそうでなかったアイディア商品、タイ文字をスタイリッシュにあしらったトートバッグ。口が大きく開き買い物など普段使いにも便利。単なる文字の羅列ではなく、日本人に人気の料理名になっているのもおもしろい。 J

各580B　足元華やか

ウオーターヒヤシンスのサンダル
水草で編んだサンダルは、軽くて履きやすい。毎年少しずつデザインが変わる人気商品。サイズはS、M、Lの3種類。 D

タイグルメ Gourmet

各180B

各63B

レトルトカレー
温めるだけで本格的なタイカレーが食べられる。イエロー、グリーン、レッドの3種類。

タイ産チョコレート
タイで生産されたカカオ豆から作られたタイ産のチョコレート。タイティー・ミルクチョコレート、トムカー・ココナッツカレー、ドリアン・ミルクチョコレート、ヒル・コーヒー&ポメロなど、タイならではのフレーバーが各種揃いおもしろい。 B
URL: siamayachocolate.com

229B

乾燥マンゴー
しっとり感が残るセミドライのマンゴー。肉厚のマンゴーに甘みが凝縮されており食べ応えあり。

生よりおいしいぐらい

11B

カップヌードル
タイのインスタント麺市場に参入したカップヌードル。トムヤム・クン味のタイ版を逆上陸風おみやげに。

象グッズ Elephant Goods

120B

象のお香
タイらしくかわいくて値段も手頃な人気のロングセラー。燃えるとそのままの形で灰になる。4個入り。 H

各120B

キーリング
色鮮やかなドライフラワーをレジンで固めて象の形にしたキーリング。 D

キャンドルホルダー
マンゴーウッドに手彫りされた象が素朴でかわいらしいキャンドルホルダー。 E

90B

カレンシルバーのブレスレット
ラムプーンのカレン族が作る、精巧な細工が施されたゾウのブレスレット。カレンシルバーは一般的なシルバー製品と異なり純度99%。そのため柔らかく、細かい細工が可能。 J

470B　丸っこい象がキュート

34

スパグッズ
Spa Goods

300B

一度使うと虜になる

ボディスクラブ・シルクネット
使った人がみな絶賛する、シルクのボディネット。肌触りが柔らかで石鹸の泡立ちもよく、二度と手放せなくなるバスタイムの必需品。**E**

2490B

ボディオイルスプレー
新シリーズ、ユズ&ベチバーのボディオイルスプレー。日本人になじみのある香りのスプレーで乾燥肌を保護。**F**

1490B

ボディローション
ユズ&ベチバーシリーズのボディローション。お肌を柔らかくなめらかすべすべに。**F**

950B

480B

パフュームサシェ
クローゼットやタンス、寝室などに柔らかで心地よい香りを広げるサシェ。香りは約3ヵ月持続。**G**

ボディローション
香りに鎮静効果があるラベンダーとセンテラ、はちみつを使ったローション。**A**

チェンマイのオーガニックカフェ、アムリタ・ガーデンがプロデュースする自然派コスメブランド「Dew」。チェンマイのショップは休業中で、バンコクのロフティー・バンブーで取り扱い中。**J**

1490B

ボディスクラブ
シャワーのお供、ボディスクラブ。配合の天然成分が汚れを取り除き潤いを取り戻す。**F**

1090B

目指せすべすべお肌

ボディセラム
ローズアブソリュートのボディセラム。日本米発酵エキス配合で乾燥対策に。**C**

各395B

お部屋がほんのりいい香り

120B

ノニソープ
日本でも女性に大人気のノニソープ。素材選びから製造工程まで、ショップのオーナーがしっかりチェックしている安心のプロダクト。**E**

トラディショナル・アジアン・パフューム・サシェ
天然オイル配合のサシェ。クローゼットや引き出しに入れるとほのかな香りが広がる。包みから取り出し付属の小袋に入れて使う。香りは2～3ヵ月持続。**C**

185B

ナチュラルソープ
ローズマリーなど5種類の香りがある天然素材の石鹸。**I**

145B

ゴールドハニーソープ
コールドプロセス製法でていねいに仕上げた贅沢なハニーソープ。低刺激性で敏感肌の人や赤ちゃんにも使える安心製品。**E**

タイの一村一品運動 OTOP
タイでは日本の一村一品運動を参考に、各地域で特産品を開発、生産して販売している。OTOP（One Tambon One Product）と呼ばれており、ほかでは買えない品が多い。店を見つけたらのぞいてみよう。思わぬ掘り出し物に出会えるかも。

ノーンカーイのター・サデット市場（→P.361）内にあるOTOPショップ

ここで買える！ショップリスト
- **A** アーブ →P.126
- **B** アイコンクラフト（アイコンサヤーム、サヤーム・ディスカバリー内 →P.130）
- **C** カルマカメット →P.126
- **D** チコ →P.123
- **E** チムリム →P.123
- **F** ハーン →P.126
- **G** バンピューリ →P.126
- **H** ピース・ストア →P.124
- **I** マウント・サポラ →P.126
- **J** ロフティー・バンブー →P.124

食品類はスーパーマーケットやコンビニで

カーオ・マン・カイ食堂
コーアーン・カオマンカイ・プラトゥーナーム

常に行列ができる人気店のカーオ・マン・カイ。しっとりとしたチキンとスープで炊いたご飯の組み合わせがたまらない。Ⓑ

メニュー
カーオ・マン・カイ 50B
カーオ・マン（ご飯） 15B

店員が着ているユニフォームの色から「ピンクのカーオ・マン・カイ」として有名

プラトゥーナームの老舗

迫力の大盛り麺

量としては日本のラーメンと同程度。甘めに味付けされた豚肉に箸が進む

麺屋台
バミー・チャップカン

巨大な寸胴でもうもうと湯気を上げながら大量の麺を茹でる。Ⓒ

メニュー
バミー・ヘーン 50B
バミー・ナーム 50B
ピセー（大盛り） 60B

路地に並べられたテーブルで食べる

タイ的わんこそば？

1杯は小ぶりなので何杯でも食べられ、いろいろな味が楽しめる

小鉢麺食堂
ラーン・ルアトーン

運河沿いに同様の店が並ぶなかの1店。積み上げられた小ぶりの丼が目印。Ⓓ

メニュー
麺はバミー、ウンセン（ハルサメ）、クアイティアオのセンヤイ、センレック、センミーの5種類。スープはナムサーイ、ナムトック、トムヤム、イエンタフォーの4種類 各1杯16B

食べ終えたら丼の数で精算

SHOP DATA

Ⓐ カーオケーン・モーヤイ
Kha Kaen Mo Yai
MAP P.76-C3
住 Thaniya Rd.
☎ 08-0063-6872
営 月～金 6:00 ～ 14:00
休 土・日

Ⓑ コーアーン・カオマンカイ・
プラトゥーナーム →P.134

Ⓒ バミー・チャップカン
Bamee Capkan
MAP P.75-E1
住 Soi 23, Charoen Krung Rd.
営 毎日 9:00 ～ 19:00
休 月 2 回不定

Ⓓ ラーン・ルア・トーン
Raan Rua Thong
MAP P.71-D2
住 2/14 Phahonyothin Rd.
☎ 08-6422-4932
営 火～日 9:00 ～ 20:00
休 月

全店クレジットカード利用不可。

名物ローカル食堂体験
中部 & 南部

豪華焼きエビのせ麺

豪華麺食堂
チャップカン・ハイソー
アユタヤーで人気、麺類の大衆食堂。Ⓔ

メニュー
バミー・ソンクルアン・ハイソー セットB　199B
（焼き川エビのせバミー）
バミー各種　69B〜

エビが焼けるいい匂いが漂う麺の店とは思えない店内

飾り気のない店構えながら豪華なメニューも食べられる

朝ごはんにもおすすめ！

いかにも「タイに来ているなあ」と感じさせる店構え

ミルクティーはタイらしく激甘。おまけの中国茶で口直しできる

ローティ食堂
バーンナラー・ローティ
朝早くから地元の人が集まる人気の食堂。サクサクの歯ごたえが楽しいローティーで朝ごはん。Ⓕ

メニュー
ローティとチキンカレーのセット　40B

歴史を感じさせる店構え

魚介のだしが効いたスープに太めの中華麺、小エビや豚肉など具だくさん

ちゃんぽん麺を彷彿？

福建麺食堂
コー・ユーン
プーケットなどタイ南部に多い福建麺の人気食堂の名店。Ⓖ

メニュー
福建麺　50B
（ナーム：汁ありと
ヘーン：汁なし同価格）

SHOP DATA

Ⓔ チャップカン・ハイソー（アユタヤー）→P.181
Ⓕ バーンナラー・ローティ（クラビー）→P.463

Ⓖ コー・ユーン　**Ko Yoon**（プーケット）
MAP P.427-A1 住 Suriyadet Circle, Phuket Town
☎ 08-4189-5432 営 毎日 10:00〜16:00
全店クレジットカード利用不可。

名物ローカル食堂体験 北部 & 東北部

なうま！

気取らない店構え

北部料理食堂
アルーン・ライ

ターペー門のすぐ近くにある、民家の中庭のような食堂。タイ北部料理の隠れた名店でもある。Ⓗ

メニュー
- ケーン・ハンレー　95B
- カーオ・プラオ（ご飯）　15B

ベトナム風麺食堂
クワイチャップ・ハーダーオ

ベトナム由来のもちもちした麺を使うのがクワイチャップ・ユワン。スリンにある人気店は具だくさんのクワイチャップ・ユワンを提供。①

メニュー
- クワイチャップ・ユワン　50B
- バミー、クアイティアオ各種　50B〜

優しい味わいでほっこり

大きく開いた涼し気な店内でタイ北部の料理を堪能しよう

とろみのついたスープ、ムーヨー（かまぼこのような食感のポークソーセージ）、ミンチ、つみれなどがどっさり入る

優しい味わいで体も心も温まるクワイチップ・ユワン

バミーやクアイティアオも食べられる

東北部軽食堂
ダーリカー・ベーカリー

タイ東北部で朝食に人気のカイ・カタが食べられる。独特のフライパンで作る、ソーセージなどをのせた目玉焼き。Ⓙ

メニュー
- カイ・カタ　40B
- タイコーヒー　20B

東北部風の朝食なら

ノーンカーイに来たら朝食はぜひここで

地元の人がひっきりなしに訪れる、古くからの人気店

SHOP DATA

Ⓗ **アルーン・ライ　Aroon Rai**（チェンマイ）
MAP P.237-D4　住 43-45, Kotchasan Rd.
TEL 0-5327-6947　営 月〜土 10:30〜20:30　休 日

① **クワイチャップ・ハー・ダーオ　Kuaicap 5 Daao**（スリン）
MAP P.331　住 414 Thana Sarn Rd.　TEL 0-4451-1775
営 毎日 8:00〜16:00

Ⓙ **ダーリカー・ベーカリー**（ノーンカーイ）→P.365

全店クレジットカード利用不可。

39

名物グルメを完全制覇！
タイ料理の楽しみ方

> タイで本場の味を満喫しよう

高級レストランからB級屋台グルメまで、タイは美食にあふれる国。気分と予算に応じ、さまざまなシチュエーションでおいしい料理を楽しもう。

どんなお店で食べるか

タイで食事ができる店は、大きく4種類に分けられる。それぞれの特徴や予算をチェックして、タイ料理を味わい尽くしたい。

レストラン

英語や日本語表記のメニューがあり、食器や盛りつけ、店の雰囲気などにも趣向を凝らしている。英語が通じるところも多い。
予算：1人最低500B程度〜

> 食器や盛りつけも美しく見た目にもおいしそう

食堂

英語のメニューがあることも。個人経営の小さな店が多く、見た目はあまりパッとしないが、おいしい料理を手頃な価格で提供する。
予算：1人 200B 程度〜

> 実質本位でおいしい食事を提供

屋台

麺なら麺、ご飯ものならご飯ものなど専門店が多い。素材は下ごしらえが済んでいるので、注文するとすぐに料理が出てくる。
予算：1品 40B 程度〜

> 値段が安いかわりにひと皿の量も少なめ

フードコート

デパートなどにある、多数の屋台を1ヵ所に集めた食堂街。路上にある屋台の衛生面に不安がある人でも、安心して屋台料理が食べられる。
予算：1品 50B 程度〜

> 屋台より清潔感があるぶん少々割高

タイの地方料理

タイ各地には郷土色豊かな地方料理がある。旅先でその土地の味を楽しもう。

北部の料理

ビルマ由来とされるケーン・ハンレー（→ P.42）のように脂っこいのが特徴で、味つけは繊細。野草に近い野菜や森で捕れる獣肉もよく用いられる。
● おもな北部料理：カオ・ソーイ（タイ風カレーラーメン）
● 北部料理の人気店：フアン・ムアン・チャイ → P.256

> 日本人にも人気のカオ・ソーイ

東北部の料理

ラオスの文化にも近く、トウガラシやナムプラーを使い辛さや味の濃さが際立つ。発酵ソーセージや、ラープなど生肉を食べる習慣もある。
● おもな東北部料理：カイ・ヤーン（鶏の炙り焼き）
● 東北部料理の人気店：イーサーン・ネイション・キッチン → P.137

> 東北料理といえばカイ・ヤーン

南部の料理

フレッシュなトウガラシやコショウを使い、強烈に辛い料理が多い。カピ（小エビを発酵させたもの）など香りの強い調味料も多用される。
● おもな南部料理：パット・サトークン（エビ入りネジレフサマメ炒め）
● 南部料理の人気店：カップ・クルアイ → P.438

> タイ人でも辛いという人が多い南部の料理

中部の料理

各地の文化を融合させ複合して生まれた王道タイ料理。ココナッツミルクなどを用い、こってり仕上げる。王宮に伝わる宮廷料理もある。
● おもな中部料理：チューチー・クン（エビのレッドカレー炒め）
● 中部料理の人気店：バーン・クン・メー → P.135

> シーフードの料理も多い中部

✳ Street Foods ✳
タイの屋台グルメカタログ

路上の食を体験

屋台の食事が充実しているのもタイのいいところ。
軽い食事に、急いでいるときに、気軽に食べられる。

❋ **パッ・タイ** ผัดไทย

米の麺を使うタイ風焼きそば。タイ醤油ベースの甘辛いたれで味つけされる。マナーオ(→P.525)を絞り、添えられる砕いたピーナッツは好みでふりかけ、生のモヤシ、バナナの花、ニラを薬味代わりにかじりながら食べる。

❋ **カーオ・カー・ムー** ข้าวขาหมู

豚の脚を煮込んでトロトロになった肉をのせたご飯。ゆでた青菜とゆで卵が添えられることが多い。甘辛いたれで食が進む。

❋ **クワイチャップ** ก๋วยจั๊บ

くるくると丸まった幅広の米麺が、八角など中華風スパイスの効いたスープに入っている。具はたっぷりのモツが一般的。

❋ **カーオ・マン・カイ** ข้าวมันไก่

日本人にも人気の蒸し鶏のせご飯。下のご飯も鶏のスープで炊いてある。揚げ鶏をのせると「カーオ・マン・カイ・トート ข้าวมันไก่ทอด」。

❋ **パット・カプラオ** ผัดกะเพรา

ホーリーバジル炒め。一緒に炒める肉の種類を料理名の最後に添えるので、豚なら「パット・カプラオ・ムー ผัดกะเพราหมู」。これとご飯の組み合わせがタイ人に人気のひと皿メシ。とても辛いので注意。多めの油で揚げるように仕上げる目玉焼き(カイ・ダーオ ไข่ดาว)を添えるとちょっと贅沢。

❋ **ホーイ・トート** หอยทอด

小ぶりのムール貝入り卵焼き。薄く固めに仕上げる。パッ・タイとホーイ・トートを同じ屋台で作っていることが多い。

タイで麺を食べよう！

好みの麺を注文する方法はコレ！

タイ料理カタログは→P.526

麺類は、注文に少しコツが必要。
キホンをおさえて、おいしい麺を食べよう。

1 麺の種類を選ぶ

バミー บะหมี่
黄色い小麦麺。日本の中華麺よりやや細い

クァイティアオ ก๋วยเตี๋ยว
米から作る。太さによって呼び方が異なる

① **センミー** เส้นหมี่ ② **センレック** เส้นเล็ก ③ **センヤイ** เส้นใหญ่
ビーフン風の極細麺　うどん風の細麺　きしめん風の幅広麺

2 スープの有無を選ぶ

ナーム น้ำ
スープありの汁麺

または

ヘーン แห้ง
スープなしのあえ麺

3 できあがり

バミー・ナーム บะหมี่น้ำ
スープありの中華麺

バミー・ヘーン บะหมี่แห้ง
スープなしの中華麺

4 仕上げ

用意されている調味料で好みの味つけにしてから食べる

調味料の種類
① **ナムターン(甘さ)** 砂糖 น้ำตาล
② **ナムプラー(塩辛さ)** ナムプラー น้ำปลา
③ **プリック・ポン(辛さ)** 粉末トウガラシ พริกป่น
④ **プリック・ナムソム(酸っぱさ)** トウガラシ入り酢 พริกน้ำส้ม

ご当地グルメ

✻ Local Foods ✻
タイの地方料理カタログ

タイの国土はバンコクを中心にした中部以外に北部、南部、東北部に分けられ、それぞれに独自の文化がある。地方へ行ったら、土地の名物料理も試してみたい。

東北部

タイのなかでも貧しい地域とされ、各地へ出稼ぎに行く人が多い。そのため東北部の料理は全国に広まり、いまではどこでも食べられる人気料理となった。また地理的に近いためか、ベトナム由来とされる料理も見られる。

カイ・ヤーン ไก่ย่าง
各店秘伝のたれに漬け込んだ丸鶏を遠火で炙り焼きにしたもの。カリカリに焼けた皮とジューシーな肉がたまらない。

コー・ムー・ヤーン คอหมูย่าง
豚ののど肉をスパイスに漬けてから焼いたもの。脂身が少なく歯ごたえがあって、いかにも肉を食べている感じがする。

カイ・カタ ไข่กระทะ
専用の小型フライパンで作る目玉焼きに、ソーセージとミンチ、細ネギがのっている。好みでシーズニング・ソースをふって食べる。朝食に食べることが多く、東北部ではホテルの朝食メニューに入っていることも。

細切りのソーセージや卵焼きが入ったパン ขนมปัง、インスタントコーヒーとセットで食べるのが気分。

クワイチャップ・ユワン ก๋วยจั๊บญวน
「ベトナム風クワイチャップ」と呼ばれ、ベトナムの麺料理バイン・カイン由来とされる。米粉とタピオカから作られるもちもちとした半透明の麺と豚肉やつみれ、かまぼこ風のソーセージ、卵などが入っている。米の平麺でモツがたっぷり入ったタイ風のクワイチャップとはかなり趣が異なる。

ソムタム ส้มตำ
ささがきにした未熟の青いパパイヤ、トマト、インゲン、干しエビなどを基本に好みの具を加え、臼と杵を使ってナムプラーや各種スパイスとあえる。最も一般的なソムタム・タイはそれほど辛くない。

ラープ ลาบ
肉をミンチにしてナムプラーやスパイスとあえる料理。本場では生肉で作ることもあるが、火は通してもらったほうが無難。ムー（ポーク）を使うと「ラープ・ムー ลาบหมู」、ヌア（ビーフ）を使うと「ラープ・ヌア ลาบเนื้อ」。

南部

アンダマン海とタイ湾に挟まれた細長い半島部分がタイの南部。海が近いのでシーフードが豊富。全般に味つけは辛い。マレーシアに近い地域はイスラーム色が強く、料理もエキゾチックになる。

パット・サトー・クン ผัดสะตอกุ้ง
タイの南部で取れる、独特の香りをもつサトー（ネジレフサマメ）の炒め物。エビのペーストなどを味つけに使う。

カーオ・ヤム ข้าวยำ
日本人には珍しく感じられる、サラダ風のご飯もの。バラバラのご飯にモヤシ、千切りにしたレモングラスやインゲンなどを混ぜ、たれをからめて食べる。

バクテー บักกุ๊ดเต๋
中国由来の料理で、マレーシアやシンガポールでも一般的。漢字では「肉骨茶」と書く。豚のアバラ肉をぶつ切りにして、ウイキョウやシナモン、クローブなど漢方風のスパイスと土鍋で煮込む。

北部

19世紀末までラーンナー・タイ王国という王朝があったタイの北部は、山がちな土地で気候も穏やか。そんな土地柄のためか、刺激が少なく日本人には食べやすい料理も多い。

カオ・ソーイ ข้าวซอย
ターメリックなどを使った黄色いカレーソースに太めの中華麺が入り、さらに揚げ麺がトッピングされている。高菜によく似た野菜の漬物やスライスした小玉ネギ、マナーオが添えられるので、好みで入れる。

ケーン・ハンレー แกงฮังเล
隣国ミャンマーのヒン（カレー風煮込み）によく似た料理。ショウガやニンニク、ウコン、タマリンドなどから作ったペーストで具を炒め、油でじっくり具が柔らかくなるまで煮込んで仕上げる。

✲ Thai Sweets ✲

タイのスイーツカタログ

とろける甘さ

観光やショッピングの合間のひと休みに、
南国ならではのスイーツでリフレッシュしよう

ブアローイ・ナーム・キン
บัวลอยน้ำขิง

ショウガ汁にごまあん入り団子を浮かべた、中華風のデザート。タイスキのMK（→P.140）でも人気。

カーオ・ニァオ・マムアン
ข้าวเหนียวมะม่วง

蒸したもち米にココナッツミルクをかけたものと、熟したマンゴーの組み合わせ。

アイサクリーム・カティ
（ココナッツ・アイスクリーム）
ไอศกรีมกะทิ

ココナッツミルクのアイスクリームは南国ならでは。意外にさっぱり。

マンゴー・タンゴ
Mango Tango 190B

フレッシュマンゴーとマンゴープリン、マンゴーのアイスクリームがワンプレートに。マンゴー・タンゴ（→P.139）人気No.1の代表メニュー。

マンゴー・サルサ
Mango Salsa 130B

たっぷりのマンゴーソースにフレッシュマンゴーとマンゴープリンと、まさにマンゴー尽くし。マンゴー・タンゴ（→P.139）で食べられる。

ルワムミット
รวมมิตร

タピオカやイモ、豆など好きなトッピングに、ココナッツミルクとかき氷をかけて食べる。

✲ 屋台やスーパーなどで見つけたら試してみて ✲

どこか懐かしいタイの伝統スイーツ

タコー・ヘーオ
ตะโก้แห้ว

タピオカの上にココナッツミルクのゼリーをかぶせた、2種類の食感が楽しめる。

カノム・チャン
ขนมชั้น

ういろうによく似た、上新粉を使ったプルプルしたお菓子。色も形もさまざま。

カーオ・ニァオ・ケーオ
ข้าวเหนียวแก้ว

蒸したもち米のお菓子。バイトゥーイ（パンダンの葉）を使って緑色に染めてある。

フォーイ・トーン
ฝอยทอง

溶いた卵を熱したシロップに落とし、ひも状にかためたもの。すさまじく甘い。

チャー・モンクット
จ่ามงกุฎ

アヒル卵の黄身と緑豆あんのタネで冠の形に作る。おめでたい行事などに欠かせない。

ルーク・チュップ
ลูกชุบ

豆で作った皮でココナッツのあんをくるんだ団子。色や形はさまざまだが味は同じ。

トーン・イップ
ทองหยิบ

卵黄と砂糖を煮詰め、練って丸めたもの。おめでたい席などでよく食べられる。

トーン・エーク
ทองเอก

アヒルの卵とシロップを練ったタネを、少し乾かしてから表面を細かく細工。

カノム・トゥアイ
ขนมถ้วย

上新粉やココナッツミルクなどで作ったタネを、小さなお椀に入れて蒸したもの。

43

✸ Thai Tropical Fruits ✸
タイのフルーツカタログ

南国タイは日本にはないフルーツも豊富。
甘くてみずみずしいフルーツをたっぷり召し上がれ

食べ方　**A** スライスしたものが屋台で買える　**B** カットして食べる　**C** 手で皮がむける　**D** 割って中身を取り出す

カヌン（ジャックフルーツ）**A** **D**
ขนุน
ごつごつした厚い皮の中に黄色くてもっちりした身が詰まっている。

ケーオ・マンコーン **B**
（ドラゴンフルーツ）แก้วมังกร
サボテンの実。皮をむくと灰色の身が詰まっている。味はキウイ風で淡白。

サッパロット（パイナップル）**A**
สับปะรด
むいたものを屋台で売っている。水分が多くておいしい。

ソムオー（ザボン）**D**
ส้มโอ
そのまま食べたり、身を細かくほぐしてヤム（タイ風サラダ）に使う。

チョムプー（ジャワフトモモ）**A** **B**
ชมพู่
緑やピンク色のものもある。水気が多く淡白な甘みがある。

トゥリアン（ドリアン）**A** **D**
ทุเรียน
「臭い果物」のイメージがあるが、改良されて臭わない品種もある。

ノーイナー（シャカトウ）**D**
น้อยหน่า
野球ボールより少し小ぶり。熟したものはとても甘い。

ファラン（グァバ）**A** **B**
ฝรั่ง
リンゴとナシをかけ合わせたような味。水気が多い。

マフアン（スターフルーツ）**B**
มะเฟือง
切り口が星の形になる変わった形の果物。甘酸っぱくてみずみずしい。

マプラーオ（ココナッツ）**D**
มะพร้าว
たたき割って中の果汁を飲む。内側の白い果肉もこそいで食べられる。

マムアン（マンゴー）**A** **C**
มะม่วง
プリンに加工されて日本でもおなじみ。濃厚な甘さ。

マラコー（パパイヤ）**A** **B**
มะละกอ
スライスしてよーく冷やしたものにマナーオ（タイのライム）を搾って食べよう。

マンクッ（マンゴスチン）**D**
มังคุด
ころころしたかわいらしい外観。中の白い身は上品な甘み。

ラムヤイ（リュウガン）**C**
ลำไย
薄い皮をむくと透明で甘酸っぱい身が詰まっている。

リンチー（ライチー）**C**
ลิ้นจี่
雨季が旬。皮が淡いルビー色で、粒は日本で見るものより大きめ。

ンゴ（ランブータン）**C**
เงาะ
毛が生えたような変わった外観。中身は白くて透明なラムヤイ風。

町歩きのおやつに！ビタミン補給に
屋台で果物はいかが？

タイでは路上の屋台でいろいろな果物が買える。町歩きに疲れたら、水分＆ビタミン補給におすすめ。食べやすくカットして袋に入れ、串も付けてくれる。　1袋20B〜。

未熟のマンゴー　辛いスパイスをまぶして食べる

マンゴー　パパイヤ　スイカ　パイナップル

バンコク
Bangkok

ヤック像（ワット・プラケオ・P.86）

バンコクの正式名称	クルンテープ・マハーナコーン・ボーウォーン・ラタナーコーシン・マヒンタラアユタヤー・マハーディロッカポップ・ノッパラッタナー・ラーチャターニー・ブリーロム・ウドム・ラーチャニウェート・マハーサターン・アモーンピマーン・アワターンサティット・サッカティッティヤ・ウィサヌカムプラシット（インドラ神がヴィシュヌカルマ神に命じてお作りになった、神が権化としてお住まいになる、多くの大宮殿を持ち、九宝のように楽しい王の都、最高で偉大な地、インドラ神の戦争のない平和な、インドラ神の不滅の宝石のような、偉大な天人の都）

Bangkok กรุงเทพฯ

折込表-C5

ダイナミックに変化を続ける魅惑の大都会
バンコク

ワット・プラケオに並ぶ3基の塔

具体的な入出国の手続きについて
各種手続き→P.497
スワンナブーム国際空港ターミナルビル見取図→P.500～501
ドーン・ムアン国際空港見取図→P.503

スワンナブーム国際空港（バンコク国際空港）
Suvarnabhumi International Airport
☎ 0-2132-1888

ドーン・ムアン国際空港
Don Mueang International Airport
☎ 0-2535-1254

旅のヒント

バンコクの空港は2ヵ所
航空会社によって利用する空港が異なるので要確認。

スワンナブーム国際空港利用の航空会社
タイ国際航空（TG）
全日空（NH）
日本航空（JL）
ZIPAIR（ZG）
ピーチ（MM）
バンコク・エアウェイズ（PG）
タイベトジェットエア（VZ）
タイ・エアアジアX（XJ）
スクート（TR）

ドーン・ムアン国際空港利用の航空会社
タイ・エアアジア（FD）
ノックエア（DD）
タイ・ライオン・エア（SL）

空港の3レターコード
両空港の航空券上の表記（3レターコード。羽田はHND、成田はNRT）は以下のとおり。
スワンナブーム国際空港：BKK
ドーン・ムアン国際空港：DMK

タイの首都バンコクは、人々が忙しく行き交い、林立する高層ビルの間を高架鉄道が走りぬけ、道路は渋滞する車で埋まる。タイに対してのんびりしたイメージを抱いて訪れると、その大都会ぶりに驚くことになる。モダンでおしゃれなショップやレストランなども多く、ナイトライフもよりどりみどり。エキゾチックな寺院巡りと洗練された都市文化、どちらも楽しめる懐の深い町を歩き尽くそう。

バンコク到着　バンコクの国際空港

スワンナブーム国際空港　　　　　MAP 折込裏-K2
Suvarnabhumi International Airport

　スワンナブーム国際空港（バンコク国際空港）は、バンコク市街から東へ約27kmの所に2006年にオープンしたタイの空の玄関。4000mと3700mの滑走路を計4本もち、敷地面積は3200ヘクタール（成田空港の約3倍）、ターミナルビルの敷地面積56万3000m²（成田空港の各ターミナルビルすべてを合わせた広さとほぼ同じ）、24時間離発着可能な、東南アジア屈指の規模をもつ空港だ。ターミナルビルの南に新たにミッドフィールド・サテライトが建設され、運用が始まれば、地下を走る無人交通システムで連絡される。

　ターミナルビルは地下1階、地上6階の7層構造で、到着フロアは2階。入国手続きを済ませ、荷物受け取りエリアを抜けると、4階まで吹き抜けになった到着ロビーに出る。ここにはインフォメーションやホテル案内、携帯電話会社、ツアー会社、銀行の両替窓口などのカウンターが並んでいる。

スワンナブーム国際空港の到着ロビー

空港でできることは空港で済ませよう

情報収集：到着ロビーに出ると3番出口脇にTAT（タイ国政府観光庁）のカウンターがある。市街への行き方などを教えてくれる。

SIMカード購入：タイでもスマホを利用する場合は、利用料が高額になりがちなデータローミングではなく、タイの携帯キャリアが販売するプリペイドのSIMを利用することができる。荷物受け取りエリアや到着ロビーにある携帯キャリア各社のショップで、SIMカードが販売

されている。価格は有効期限やデータ量、キャリアによってさまざま。人気があるのはAISのトラベラーズSIMで、8日間有効のものが299B。データ通信15GB、SNS（フェイスブックやインスタグラム、ツイッターなど）利用時のデータ加算なし、AIS電話番号への通話無料という内容。

両替：荷物受け取りエリアや税関を抜けた先の到着ロビーに、「EXCHANGE」と書かれた銀行の両替所がある。レートは町なかよりもかなり悪いので（1万円につき200B程度、約800円悪いことになる）、利用するなら当座の費用だけ両替しよう。地下1階のエアポートレイルリンク駅構内にある両替所は、空港内にある銀行の両替所よりレートが有利で、町なかにある両替所とほぼ同じ。余裕があればそちらへ行こう。

エアポートレイルリンク駅構内に並ぶ両替所

ドーン・ムアン国際空港
Don Mueang International Airport　MAP 折込表-C5

バンコクの北郊外に位置するドーン・ムアン国際空港は、スワンナプーム国際空港が開港するまでタイの空の玄関口だった。空軍基地が併設され、空港内にゴルフ場があるのに驚く人も多い。ターミナル1とターミナル2が並んでおり、古い建物のターミナル1が国際線、内装も明るく近代的なターミナル2が国内線。国際線到着ロビー（1階）にはツーリスト・インフォメーション、銀行の両替所、携帯電話会社、レンタカーのカウンターなどがある。

ドーン・ムアン国際空港到着ロビー

バンコクのツーリスト・インフォメーション

町のインフォメーション・カウンター
Information Counter

インフォメーション・カウンターのブース

シーロム通りやスクムウィット通りなど、外国人旅行者の多いエリアの歩道や空き地に、小さなツーリスト・インフォメーションのカウンターが設置されており、係員が常駐して地図やパンフレットなどの資料を配布している。

フリーペーパーで情報を入手しよう

各種イベント、ホテルやレストランでの催し、デパートやショップのセールなど、バンコクの最新情報を得るにはフリーペーパーも便利。読み物記事も充実した『と暮らす』（旧『フリコピ』）は、在住日本人に人気の冊子型フリーペーパー。ビューティ系の記事や広告が多い『Bangkok madam』は女性に人気。バンコクの旬な話題が掲載される無料タウン誌『ばんこくguide』は、レストランやショップの情報が充実。老舗の『DACO』も根強い人気。どれも紀伊國屋書店や旅行会社のツアーデスク、フジスーパー、広告主の店など、日本人の利用が多い場所で配布されている。

◆旅のヒント

日本でSIMカード入手
タイのSIMカードは日本のAmazonでも販売されている。現地で購入するよりも多少割高になるが、空港での購入手続きなどに要する時間の節約になるし、タイ到着と同時に使用開始できる。

フリーペーパーのウェブ版
日本語フリーペーパーはウェブサイトも充実している。出発前に目を通して、最新の情報をゲットしよう。
と暮らす
URL www.freecopymap.com
Bangkok madam
URL www.bangkokmadam.net
ばんこくguide
URL www.bkkguide-jp.com
DACO
URL www.daco.co.th

『Platバンコク』（本体1000円+税）、『トラベル会話7 タイ語+英語』（本体1143円+税）、『地球の歩き方D18バンコク』（本体1700円+税）、『地球の歩き方aruco 23 バンコク』（本体1300円+税）の4冊もご一緒に！

タイプチ情報　SIMカードを販売する携帯電話会社のブースは、荷物受け取りエリアと到着ロビーの両方にある。どちらで買っても内容は同じ。荷物が出てくるのを待つ間に購入すれば時間の節約になる。

市内へのアクセス
スワンナプーム国際空港から

■ エアポートリムジン
Airport Limousine

空港ターミナルビル2階（到着階）の荷物受け取りエリアと到着ロビーにカウンターがある。ウェブサイトからも予約できる。
URL https://www.aot-limousine.com/booking.html
注意：混雑していると待たされることもある。カウンターで最初に提示されるのは高い車種なので、言いなりにならずに車種と料金を確認すること。

料金	行き先までの距離や車種により異なり、申し込み時にカウンターで先払い。普通乗用車でバンコク市内まで1300B程度〜（空港周辺など近距離は800B〜）で有料道路の料金込み。クレジットカード利用可（CC AJMV）。
所要時間	渋滞状況や有料道路の出入口からの遠近によって異なり、最短で20分程度、通常30分〜1時間程度。
運行時間	24時間、随時出発。

■ メータータクシー
Meter Taxi

空港ターミナルビル1階外に乗り場がある。4番出口と7番出口の間にあるタッチパネル式のキオスク（自動配車機）を操作すると、ゲート番号（停車しているタクシーの上に掲示されている数字）が印字された紙が発行される。その数字が表示された場所に停車しているタクシーを利用する。定員は4人。電気自動車を使ったタクシー「EV TAXI VIP」もある。
注意：乗車時運転手に、必ずメーターで行くように確認すること。出発時にはメーターの数字が初乗りの「35」になっているか、メーターを作動させたかも確認すること（→P.60）。キオスクから出力される紙には、忘れ物をした際などの連絡先だけでなく、運転手の氏名やタクシー番号も印字されている。運転手に問題があった場合にクレーム用として使える。何かと口実をつけてこの紙を取り上げようとする運転手がいるが、渡さないこと。

料金	バンコク市内なら250〜400B程度。メーターに表示された料金に、配車手数料50Bを足して支払う。EV TAXI VIPは初乗り150B、配車手数料100B。バンコク市内中心部までで800〜900B程度。有料道路を利用する場合は乗客の負担で、経路によりバンコク市内まで25〜75B。
荷物料金	タテ、ヨコ、高さいずれかが26インチ（66.04cm）を超える荷物1個につき20B。荷物が3個以上ある場合は3個目から1個につき20B。ゴルフバッグやサーフボードなど長さが50インチ（127cm）を超える荷物は1個100B。空港行きにも適用される。

所要時間	渋滞状況や有料道路の出入口からの遠近によって異なり、最短で20分程度、通常30分〜1時間程度。
運行時間	24時間、随時出発。

■ ARL（エアポートレイルリンク）
Airport Rail Link

空港ターミナルビル地下1階のスワンナプーム駅から終点パヤー・タイ駅まで全8駅の高速鉄道。パヤー・タイ駅でBTSスクムウィットラインのN2パヤー・タイ駅に連絡。マッカサン駅でMRTブルーラインのBL21ペッチャブリー駅に連絡。
注意：朝夕は混雑するので、スワンナプーム国際空港へ向かう際に途中駅からの利用は難しい。スーツケースなど大きな荷物がある場合は、始発のパヤー・タイ駅からの利用がおすすめ。

料金	距離により15〜45B。終点のパヤー・タイ駅までは45B。
所要時間	パヤー・タイ駅まで26分。
運行時間	5:30〜24:00の間、1時間に2〜5本。

■ エアポートバスS1
Airport Bus S1

カオサン通り直行。空港ターミナルビル1階7番出口から出て道路を渡った先にバス停がある。

料金	60B。
所要時間	1時間〜1時間30分。
運行時間	毎日6:00〜20:00の間、20〜30分おきに出発。

■ ロットゥー（ミニバス）
Rot Tu (Mini Bus)

空港敷地内にあるパブリック・トランスポーテーション・センター Public Transportation CenterとBTSオンヌット駅を結ぶ小型バス。基本的には空港従業員などの足だが、最安の移動手段。空港ターミナルビルとパブリック・トランスポーテーション・センターとの間はエアポートシャトルと呼ばれる無料のバスが結んでいる。
注意：大きな荷物を持っての利用は難しい。

料金	BTSオンヌット駅まで29B。降車時運転手に手渡す。
所要時間	BTSオンヌット駅まで約1時間。途中バーンナー・トラート通り、BTSウドムスク、プンナウィティー、バーンチャークの各駅でも降車可。
運行時間	毎日6:00〜21:30の間15〜30分おき、あるいは満員になったら出発。

市内へのアクセス
ドーン・ムアン国際空港から

■ メータータクシー
Meter Taxi

1階到着ロビー8番出口近くに配車カウンターがある。下車する際、メーター料金のほかに手数料として50B加算して支払う。

料金	バンコク市内まで300B程度〜＋配車手数料50B。有料道路を利用する場合は乗客の負担。
荷物料金	タテ、ヨコ、高さいずれかが26インチ(66.04cm)を超える荷物1個につき20B。荷物が3個以上ある場合は3個目から1個につき20B。ゴルフバッグやサーフボードなど長さが50インチ(127cm)を超える荷物は1個100B。空港行きにも適用される。
所要時間	渋滞状況や有料道路の出入口からの遠近によって異なり、最短で45分程度、通常1時間〜1時間30分程度。
運行時間	24時間。

■ 空港バス
Airport Bus

1階到着ロビー5番出口と6番出口の間に乗り場がある。A1〜A4の4路線あり、A1とA2はBTSモーチット駅を経由するので便利。

A1：BTSモーチット駅経由北バスターミナル行き。
A2：BTSモーチット駅経由戦勝記念塔行き。
A3：プラトゥーナーム経由ルムピニー公園行き。
A4：ラーン・ルアン通り、民主記念塔、カオサン通り経由サナーム・ルアン行き。

注意：A1はBTSモーチット駅止まりのバスもあるので、北バスターミナルへ行く場合は注意。フロントガラス内側に赤い看板が出ていたらBTSモーチット駅止まり。黄色い看板は通常運行。

料金	A1は30B。A2、A3、A4は50B。
所要時間	A1：BTSモーチット駅まで所要約30分。 A2：所要約40分。 A3：所要約1時間30分。 A4：カオサン通りまで所要約1時間30分。
運行時間	A1：7:00〜24:00の間5分おき。 A2：7:00〜24:00の間30分おき。 A3：7:00〜23:00の間30分おき。 A4：7:00〜23:00の間30分おき。

■ SRTダークレッドライン
SRT Darkred Line

2020年に開通した高架鉄道。空港前のDR8ドーン・ムアン駅から終点バーンスー・グランド駅（クルンテープ・アピワット中央駅）まで行くとMRTブルーラインに乗り換えられ、スムーズにバンコク市街まで出ることができる。

料金	バーンスー・グランド駅まで33B。
所要時間	バーンスー・グランド駅まで16分。
運行時間	バーンスー・グランド駅行きは毎日5:37〜翌0:07。7:00〜9:30と17:00〜19:30は12分、それ以外の時間帯は20分おき。

■ エアポート・リモバス・エクスプレス
Airport Limobus Express

空港バスより高級感のある車体を利用しており、無料Wi-Fiも利用できる。カオサン線（カオサン通り直行）とシーロム線（シーロム通り、BTSシーロムラインのラーチャダムリ駅行き）の2路線。

注意：ふたり以上で利用するならタクシーのほうが安い。

料金	150B。
所要時間	カオサン通り、シーロム通りまで約1時間30分。
運行時間	カオサン線：9:30〜翌0:30の間30分〜1時間おき。シーロム線：11:00〜翌1:00の間30分〜1時間おき。どちらも2023年2月現在運休中。

■ 路線バス
Public Bus

29番：BTSモーチット駅、戦勝記念塔、サヤーム・スクエア経由国鉄クルンテープ駅行き。
59番：戦勝記念塔経由サナーム・ルアン（カオサン通り近く）行き。
504番：プラトゥーナーム、シーロム通り行き。
注意：最安で移動できるが時間がかかる。

料金	距離や車種により異なり、バンコク市内まで8〜25B。
所要時間	国鉄クルンテープ駅まで1時間30分〜2時間。
運行時間	29、59番は24時間。

■ 鉄道
Railway

ドーン・ムアン国際空港第1ターミナル（国際線）から向かいのアマリ・ドーン・ムアン・エアポート・バンコク・ホテルまで架かっている歩道橋を中ほどで下りると、国鉄ドーン・ムアン駅。駅を背に左がバンコク市街。

注意：本数が少なく、タイミングが悪いと1時間以上待つことも。

料金	列車の種類や座席の等級で異なり、2等31〜161B、3等25〜155B。
所要時間	国鉄クルンテープ駅まで所要40分〜1時間。
運行時間	毎日3:10〜22:16の間。

タイプチ情報 ドーン・ムアン国際空港とSRTドーン・ムアン駅を結ぶ連絡通路の途中に、空港職員などが利用するフードコートがある。旅行者でも利用可能で、ターミナル2にあるレストラン街よりもかなり割安。

巨大なホールが印象的なクルンテープ・アピワット中央駅

クルンテープ・アピワット中央駅
MAP 折込裏-D2
行き方 MRTブルーラインのBL11バーンスー駅3番出口直結。タクシーを利用する場合は、4番ゲート前で降ろしてもらうこと。クルンテープ駅（フアラムポーン駅）と結ぶ無料シャトルバス（4:40〜23:00、15分〜1時間おき）は11番ゲート前発着。
料金 1690
URL www.railway.co.th

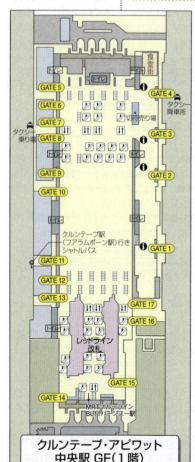

クルンテープ・アピワット中央駅 GF(1階)
Krungthep Aphiwat Central Station

地方への旅の起点

　タイの首都で国土のほぼ中央に位置するバンコクは、国内交通の中心。おもな鉄道駅は、2022年末に本格開業し主要な長距離列車と都市鉄道レッドラインが発着するクルンテープ・アピワット中央駅、元最大のターミナル駅で現在は近郊行きの列車が発着するクルンテープ駅（フアラムポーン駅）、王宮の対岸にありカンチャナブリー方面行きの列車が発着するトンブリー駅、マハーチャイ路線の起点ウォンウィェン・ヤイ駅の4ヵ所。空港はスワンナプーム国際空港とドーン・ムアン国際空港の2ヵ所。バスターミナルは行き先方面別に北、東、南（長距離と近郊行きの2ヵ所）がある。行き先や航空会社によって利用する駅や空港、バスターミナルが異なるので、利用の際はしっかり確認すること。

🐃 鉄道の旅の起点

クルンテープ・アピワット中央駅（バーンスー中央駅） สถานีกลางกรุงเทพอภิวัฒน์

　バンコク市街北部に開業した、タイ国鉄の新しいターミナル駅。近代的かつ巨大な駅舎は、1階が切符売り場や待合ロビーなどのあるホール、2階にホームがある。ほとんどの長距離列車と、2路線のレッドライン（高架鉄道）が発着する。ホームは1〜12番線まであり、1〜2番線が北部と東北部方面、3〜4番線がSRTダークレッドライン、7〜8番線が南部方面、9〜10番線がSRTライトレッドライン。他の駅と異なり改札があるので、ホーム入場には乗車券が必要。列車の出発が近くなると、その列車の利用者が改札を通れる。案内があるまで、利用客は指定されたベンチで待機する。
　長距離列車の切符売り場や改札、ホームへのエレベーターや階段は駅構内の北側、レッドラインの切符売り場や改札は南側にある。MRTブルーラインのBL11バーンスー駅から上がるとレッドラインの改札などがあるエリアに出る。長距離列車を利用する場合は、そこから案内に従って広い駅の構内を延々と歩くことになる。
　なお3階には、バンコクと東北部のナコーン・ラーチャシーマーを結ぶ高速鉄道、ドーン・ムアン国際空港とスワンナプーム国際空港を経て東部のウタパオ空港を結ぶ東部高速鉄道（どちらも計画中）が乗り入れる予定。

クルンテープ・アピワット中央駅施設ガイド

切符売り場：4番ゲートから入ると奥に向かって左側に切符売り場のカウンターがある。1番カウンターはインフォメーション。

レストラン：4番ゲートから入って右側にフードコート風食堂街がある。規模は小さい。

切符売り場。モニタに数字が表示されているカウンターが営業中

トイレ：駅内に清潔なトイレが1階だけでも8ヵ所設置されている。
外貨両替：2023年2月現在両替所はない。

隣にある国鉄バーンスー駅

クルンテープ・アピワット中央駅の隣には、高架化される前の地上を走る路線とバーンスー駅がまだ残されており、クルンテープ駅（フアラムポーン駅）に発着するアユタヤーやロップリー、ピッサヌロークなどとを結ぶローカル列車が停車する。食堂や飲食屋台はこちらのほうが多い。MRTブルーラインのBL11バーンスー駅2番出口からすぐ。

クルンテープ駅（フアラムポーン駅、バンコク駅）
สถานีรถไฟกรุงเทพ（หัวลำโพง）

1916年に開業した、ドーム屋根の駅舎が印象的なクルンテープ駅（通称フアラムポーン駅）。長い間タイ国鉄の中心駅として使われてきたが、クルンテープ・アピワット中央駅開業にともないほとんどの長距離列車の発着が移転、現在ではパタヤーやアランヤプラテートなどの東方面行き、アユタヤーやロップリーなど北部の近郊行き列車が発着している。広々としたホールはベンチが置かれているもののショップや飲食店はほぼ閉鎖され、ホール2階左右それぞれにカフェ（カフェ・アマゾンとブラック・キャニオン・コーヒー）、1階にダンキン・ドーナツの小さなショップとトレイン・インフォメーションがあるぐらいで、寂しい雰囲気になっている。天井の高いホールに独特の雰囲気がありホームへの出入りが自由なことから、写真撮影に訪れる人も多い。

トンブリー駅（旧称バンコク・ノーイ駅） สถานีรถไฟ ธนบุรี

王宮や国立博物館の対岸にあるトンブリー駅には、カンチャナブリーやナコーン・パトム方面行きのローカル列車が発着する。もともと駅があった場所は再開発され、南隣にあるシリラート病院の関連施設がある。新駅は旧駅から500mほど西に移転し、旧駅からはソンテオで移動できる。新駅の周囲は大きな生鮮マーケットになっている。

保存された旧駅舎と蒸気機関車

ウォンウィエン・ヤイ駅 สถานีรถไฟ วงเวียนใหญ่

バンコク郊外にある小さな漁港の町マハーチャイまでを結ぶローカル列車が発着する。終点のマハーチャイまでは所要約1時間、10B。マハーチャイ駅の周辺には海産物を売る店が並び、運河に面したレストランもある。日帰りトリップに最適。

アーチ型の屋根と白い外観が印象的なクルンテープ駅

クルンテープ駅
MAP P.75-F1〜F2
行き方 MRTブルーラインのBL28フアラムポーン駅から通路で直結（2番出口）。バス29番の終点。25番や40番も正面を通る。
TEL 1690、0-2621-8701

鉄道の旅について→P.510

旅のヒント

クルンテープ駅の呼び方
駅の正式名称はクルンテープ駅。ただしバンコクでは、古くからの通称で駅周辺の地名でもある「フアラムポーン Hua Lamphong」もよく使われる。隣接するMRTの駅も「フアラムポーン」。タクシーの運転手などにはむしろフアラムポーンのほうが通じやすい。地方の駅でバンコク行きの切符を購入する際は「クルンテープ」もしくは「バンコク」で通じる。

ウェブサイトで切符予約
タイ国鉄の公式サイトから切符が予約できる（→P.511）。
URL www.dticket.railway.co.th

トンブリー駅
MAP P.66-A2
行き方 チャオプラヤー・エクスプレス・ボートかプラ・チャンからの渡し船に乗ってN11ター・ロットファイで降りる。そこから徒歩16分、もしくはソンテオ（7B）利用。

ウォンウィエン・ヤイ駅
MAP P.74-B4
行き方 BTSシーロムラインのS8ウォンウィエン・ヤイ駅からタクシー。徒歩なら9分。

ウォンウィエン・ヤイ駅のホームには雑貨屋や食堂が並び、さながら市場

市内からスワンナブーム国際空港への行き方
料金などの詳細→P.48

スワンナブーム国際空港ターミナルビル見取図→P.500～501
ドーン・ムアン国際空港見取図→P.503
国際線から国内線への乗り継ぎについて→P.498

スワンナブーム国際空港（バンコク国際空港）
Suvarnabhumi International Airport
MAP 折込裏-K2
コールセンター
TEL 0-2132-1888

ドーン・ムアン国際空港
Don Mueang International Airport
MAP 折込表-C5
TEL 0-2535-1722

旅のヒント
スワンナブーム国際空港とドーン・ムアン国際空港間の移動
スワンナブーム国際空港ターミナルビル1階バス乗り場から無料の連絡バスが5:00～24:00の間、8:00～11:00と16:00～19:00の間は12分おき、それ以外は30分おきに出発（乗り継ぎ便のボーディングパスか航空券の提示が必要）。タクシーだと所要30分～1時間、有料道路代を足すと総額300B程度。両空港間の乗り継ぎに要する公式の最低所要時間（MCT）は3時間30分。時刻表上でこれ以上の余裕がないと、乗り継ぎの航空券は購入できない。自分で乗継便を別々に購入する場合は、接続時間に注意しよう。

飛行機の旅について→P.508

ドーン・ムアン国際空港第2ターミナルの荷物受け取りエリア

🐘 空の旅の起点

バンコクに発着する国内航空路線は、スワンナブーム国際空港（バンコク国際空港）とドーン・ムアン国際空港に就航している。航空会社によって利用する空港が異なるので注意が必要だ。

スワンナブーム国際空港（バンコク国際空港） สนามบิน สุวรรณภูมิ

スワンナブーム国際空港の国際線から国内線への乗り継ぎ口

国内線も国際線も同じターミナル内にあり、チェックインカウンターのC～Fが国内線用。バンコク・エアウェイズのようにもともと国内線、後に国際線に進出した航空会社の場合、国際線もこれらのカウンターでチェックインできる。

市内からスワンナブーム国際空港への行き方
タクシー：場所にもよるがバンコク市内から30分～1時間程度、有料道路代別で250～400B程度。
エアポートレイルリンク：BTSスクムウィットラインのN3パヤー・タイ駅からエアポートレイルリンクに乗り換えて所要26分。
路線バス：カオサン通りからエアポートバスS1で所要約1時間、60B。

ドーン・ムアン国際空港 สนามบิน ดอนเมือง
タイ・エアアジア（国際線も含む）とノックエアが発着するのは、バンコク北部にあるドーン・ムアン国際空港。第1ターミナルは国際線で、第2ターミナルが国内線。

市内からドーン・ムアン国際空港への行き方
BTS、MRTとバス乗り継ぎ：北バスターミナル発BTSモーチット駅3番出口（MRTチャトゥチャック・パーク駅2番出口）経由ドーン・ムアン国際空港行きのバスA1がある。6:15～24:00の間5分おきに出発し、所要約20分、30B。戦勝記念塔発のバスA2は6:30～23:00の間30分おき、所要約40分、50B。
タクシー：場所にもよるがバンコク市内から30分～1時間、有料道路代別で300B程度～。
路線バス：クルンテープ駅前から29番のバスで所要約1時間、19B。
鉄道：クルンテープ駅発アユタヤ方面行き、クルンテープ・アピワット中央駅発北部、東北部方面行きの列車でドーン・ムアン駅下車、所要40分～1時間。運賃は列車により異なり2等31～161B、3等25～155B。

国内線の搭乗手続き
チェックインは、通常出発時刻の2時間前から始まり、30分前で締め切られる。混雑している場合、時間ぎりぎりに行くと間に合わない可能性もあるので、余裕をもって空港に向かおう。チェックインと搭乗の際に身分証明書の確認が行われるので、搭乗手続きの際にはパスポートを手元に用意しておくこと。チェックインエリアへ入る際に、荷物のセキュリティチェックがある。

🐘 バスの旅の起点

1958年からアメリカの支援でフレンドシップ・ハイウエイが国内に建設され、現在では高規格道路の建設も進み、バイパスや立体交差も整備され、年々便利になっている。国内主要都市間のバス路線も多い。鉄道網が貧弱なので、バスは有効な移動手段となる。車体の種類はさまざまで、エアコンなしの普通バスから涼しいエアコンバス、座席のスペースに余裕がありトイレなども設置されたVIPバスなど、予算に合わせて選べる。バンコクのバスターミナルは、行き先方面別に以下の4ヵ所に分かれている。

北バスターミナル（モーチット・マイ） สถานีขนส่ง หมอชิตใหม่

チェンマイ、スコータイなどの北部方面とノーンカーイ、ウドーン・ターニーなど東北部方面、アユタヤーなど中部方面、アランヤプラテートなどへのバスが発着する。パタヤー行きのバスもある。ターミナル自体かなり広く、路線によっては切符売り場からバス乗り場までの移動に10分近くかかるので、時間に余裕をもって行くこと。メインの建物は3階建てで、3階が東北部方面行き、1階が北部や中部とパタヤーやアランヤプラテートなど東部方面行きの切符売り場（2階はオフィス）。メインの建物裏に広大なバス乗り場があり、ひっきりなしにバスが発着している。近郊を結ぶロットゥーの乗り場は通りの向かい側。

北バスターミナルの巨大なビル。目的の切符売り場にたどり着くのがまずひと苦労

東バスターミナル（エカマイ） สถานีขนส่ง เอกมัย

パタヤー、サメット島、トラートなど東海岸方面行きのバスが発着する。スクムウィット通りに面した建物が切符売り場で、その裏側にバス乗り場がある。

南バスターミナル（サーイ・タイ・マイ） สถานีขนส่ง สายใต้ใหม่

フア・ヒン、プーケット、ハートヤイなど南部方面行きと、カンチャナブリーなどの西部方面行きバスが発着する。ターミナルにはショップやレストランが多数入っている。ロットゥーは別のターミナル（→欄外）発着。

南バスターミナルの切符売り場

タイバス公社
☎1490（コールセンター）
URL home.transport.co.th

北バスターミナル
MAP 折込裏-D1～E1
北部方面行き問い合わせ
☎0-2537-8055
東北部方面行き問い合わせ
☎0-2272-5242、0-2272-5299
行き方 BTSスクムウィットラインのN7サパーン・クワーイ駅3番出口からタクシー利用。もしくはMRTブルーラインのBL12カムペーン・ペッブリー1番出口からモーターサイやタクシー利用。

東バスターミナル
MAP P.79-E5
☎0-2391-8097
行き方 BTSスクムウィットラインのE7エカマイ駅2番出口からすぐ。タクシーを利用する場合は、「エカマイ」とだけ告げるとBTS駅の階段脇などで降ろされることがある。「バスターミナル」と念を押すこと。

東バスターミナルは手狭な印象

南バスターミナル
MAP 折込裏-A2外、P.96-A
☎0-2894-6122
行き方 市街からはバス28、40、66、507、511番など。南バスターミナルと北バスターミナルを結ぶロットゥーは所要約1時間、35B。

バスの旅について→P.504

✏️ 旅のヒント

もうひとつの南バスターミナル
南部や西部方面行きのロットゥーは、南バスターミナルの少しバンコク市街寄りにある「サーイ・タイ・ピンクラオ」สายใต้ปิ่นเกล้า（旧南バスターミナル。MAP P.96-A）発着。

Column 長距離バス利用上の注意

長距離バス車内で盗難事件が頻発しているので注意しよう。特にチェンマイやサムイ島方面など観光地行きの民営バスに多い。車内でサービスされる飲み物などに睡眠薬を混入し、乗客が熟睡した頃を見計らって盗みを働くという手口。貴重品はしっかり管理し、目的地に到着したら異常がないかどうか、下車する前に必ず確認すること。（関連記事→P.506コラム）

タイプチ情報 ドーン・ムアン国際空港第1ターミナルからアマリ・エアポート・ホテルへ渡る歩道橋で途中のタイ国鉄ドーン・ムアン駅へ下りると、空港内よりもレートのいい両替所がある（営毎日7:00～16:00）。

これでバンコク自由自在

バンコク交通ガイド

バンコク市内の交通手段には、高架鉄道（BTS、SRT）、地下鉄（MRTブルーライン）、路線バス、タクシー、トゥクトゥク、モーターサイ（オートバイタクシー）、チャオプラヤー・エクスプレス・ボート、渡し船などがあり、うまく使えばほとんど歩かずに移動が可能。それぞれの特徴を把握して上手に乗りこなし、町を自由に歩き回ろう。

バンコクの陸上交通

■MRTブルーライン

タイで唯一の地下路線がある鉄道

高速都市鉄道MRT（Mass Rapid Transit）のブルーラインは、スクムウィット通りやシーロム通り周辺の繁華街やワット・ポーやウイークエンド・マーケットなど見どころエリアを結ぶ。BL10タオプーン駅で郊外行きのパープルラインにも接続。

運行時間：毎日5:34〜23:30（終電の始発駅発車時間）。

運転間隔：6:00〜9:00と16:30〜19:30は5分以内、それ以外の時間帯は10分以内。

料金：初乗り17B。1駅ごとに2〜3B加算。
URL www.bemplc.co.th

チケットの種類

■**シングル・ジャーニー・トークン**
Single Journey Token（1回券）

ICチップが内蔵されたコイン式。自動販売機か窓口で購入する。

料金前払い方式のストアード・バリュー・カード

■ストアード・バリュー・カード
Stored Value Card（プリペイド式）

料金を前払いし、利用のつど運賃が引かれるカード型のプリペイド式。窓口で購入できる。初回購入額は180B（カードのデポジット50B、手数料30B、運賃100B）。2000Bまでチャージ可能（300B以上のチャージにはクレジットカード利用可）。[CC][M][A][V]。購入から5年間有効。

タッチ決済可能なクレジットカード（[CC][M][V]）も利用できる。両替やトークン購入で並ぶ必要がなく便利。

利用時の注意（MRT、BTS共通）

トイレは特定の駅のみ

BTSの駅には利用者用のトイレはない。MRTは特定の駅にのみトイレがある。

車内や駅構内での飲食禁止

飲みかけのドリンクなどを持っていると、改札前のゴミ箱に捨てさせられるか、飲み干すよう指示される。

チケットの買い方

自動券売機のディスプレイに表示されている路線図①で行き先駅名と利用人数をタップする。料金が表示されるので硬貨は②-1、紙幣は②-2へ投入すると、③にトークンとおつりが出る。

改札の通り方

入場

退出

トークンまたはストアード・バリュー・カードは①をタップ、タッチ決済のクレジットカードは②をタップすると改札機のバリアが開く。

トークンは①のスリットに投入、ストアード・バリュー・カードは②に、タッチ決済のクレジットカードは③にタップすると改札機のバリアが開く。ストアード・バリュー・カードの残高やクレジットカードの利用金額は④に表示される。

BANGKOK TRANSPORTATION GUIDE

■BTS（スカイトレイン）

　バンコク中心部の市街地と郊外を結んで走る高架鉄道。スクムウィットラインとシーロムラインの2路線あり、CENサヤーム駅で連絡している。スクムウィットラインのN2パヤー・タイ駅はエアポートレイルリンクと接続。スクムウィットラインは路線が長く、ドーン・ムアン国際空港近くや南のパクナーム周辺にある見どころへ直接行けるため、利用価値が高い。

運行時間：毎日5:17〜翌0:21（終電の始発駅発車時間）。
運転間隔：2分50秒〜8分。
料金：初乗り16B。距離により3〜4B加算。
　スクムウィットラインのE14ベーリン駅とN8モーチット駅以遠、シーロムラインのS8ウォンウィェン・ヤイ駅以遠は運営会社が異なり料金体系も別で、一律15B加算。

URL www.bts.co.th

チケットの種類

■シングル・ジャーニー・カード
Single Journey Card（1回券）
　自動券売機か窓口で購入し、出札時に回収されるICチップ入りのプラスチックカード式チケット。購入当日のみ、入場から120分間有効。

■ワンデイ・パス
One-Day Pass（1日券）
　窓口で購入し、購入当日乗り放題（購入時から24時間ではないので注意）。150B。

■ラビット・カード
Rabbit Card（プリペイド式）
　プリペイド式のICチップ内蔵プラスチックカード。窓口で購入でき、料金は200B（発行手数料100B、運賃分100B）。発行日から7年間有効（運賃は最終利用日から2年間有効）で、100B単位で最大4000Bまでチャージ（Top Up）できる。BTSゴールドライン（→P.57）やBRT（→P.61）、BTS駅構内の売店やマクドナルドなどの提携店、フードコート（MBKやサヤーム・パラゴン、エンポリアムなど）での支払いにも利用できる。フードコートでは精算の列に並ぶ必要がなく、割引キャンペーンが行われることもあり便利。

車体のシンボルカラーは国旗と同じ白赤青の3色

バンコク　バンコク交通ガイド

チケットの買い方

まずは路線図で現在位置と行き先の駅を確認

シングル・ジャーニー・カードはタッチパネル式の自動券売機で購入

①左のタッチパネルに表示された路線図内の、行き先駅名をタッチ。表示言語は画面内右上のボタンで英語に切り替え可能
②タッチパネルに料金が表示されるので右上のスロットに硬貨を投入
③下の取り出し口にカードとおつりが出る

ラビット・カード（左）とシングル・ジャーニー・カード（右）。どちらもICチップ入りのプラスチックカード

硬貨がない場合は窓口で両替。ワンデイ・パス、ラビット・カードは窓口で購入する

BTS駅の無料Wi-Fi
ほとんどのBTS駅に無料Wi-Fi「BTS XPRESS WIFI」がある。携帯番号、メールアドレス、フェイスブックかLINEアカウントのいずれかを入力するとログインでき、1回につき45分間利用可

改札の通り方

入場　退出

1	表示が緑矢印の左側が利用可
2	チケットをここにタップするとバリアが開く
3	赤いバリアが開いたらすばやく通過する。閉まるタイミングが早いので注意
4	シングル・ジャーニー・カードはこのスリットへ入れるとバリアが開く。カードは回収される
5	ラビット・カードはここにタップするとバリアが開く
6	ラビット・カードの残額はここに表示される

タイプチ情報　クルンテープ駅（フアラムポーン駅）が将来どうなるのかは不明ながら、駅構内の施設は縮小傾向に。駅前のバス停にあったベンチも撤去されてしまった。そこまでしなくても。

55

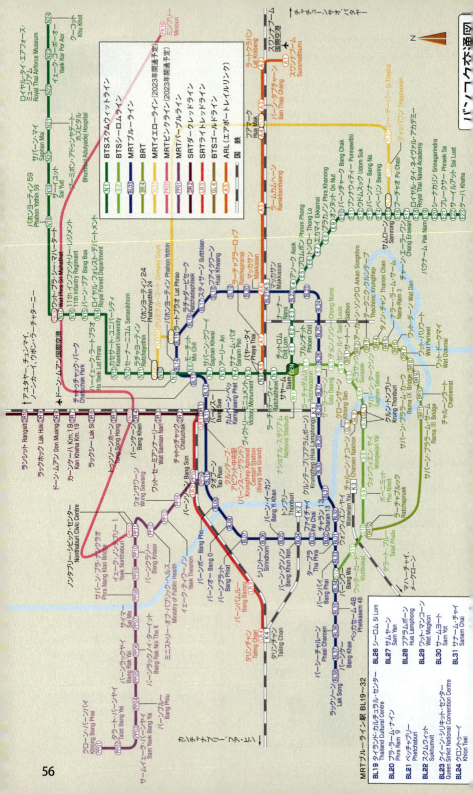

■ARL（エアポートレイルリンク）

スワンナプーム国際空港とBTSパヤー・タイ駅を結ぶ、タイ国鉄が運営する高架鉄道。途中A6マッカサン駅でMRTブルーラインのBL21ペッチャブリー駅とも接続。

チケットの種類と料金
MRTと同じトークン式。15〜45B。

ARLチケットの買い方
MRT同様、券売機の画面に表示された行き先駅名と利用人数をタップ後、表示された料金を投入。窓口でも購入できる。

ARLの乗り方
MRTと同様、入場時はトークンを改札機のパッドにタップ。退出時はトークンを改札機のスロットに投入する。

エアポートレイルリンクはすべて各駅停車

■SRTレッドライン

バンコク北部、タイ国鉄の新たなターミナル駅として建設されたクルンテープ・アピワット中央駅（バーンスー・グランド駅）から延びる2路線の高架鉄道。それぞれダークレッドラインとライトレッドラインと呼ばれ、ダークレッドラインは北のDR10ランシット駅、ライトレッドラインは西のLR4タリンチャン駅までを結ぶ。ダークレッドラインでドーン・ムアン国際空港へ行ける。

チケットの種類と料金
MRTやARLと同じトークン式。タッチ決済のクレジットカードも利用可（CC J M V）。12〜42B。

SRTチケットの買い方
MRT同様、自動券売機の画面に表示されている路線図で行き先の駅名をタップすると料金が表示されるので、硬貨や紙幣を投入すると取り出し口にトークンとおつりが出る。

レッドラインの車両は日本製

SRTの乗り方
MRTやARLと同様、入場時はトークンを改札機のパッドにタップ。退出時はトークンを改札機のスロットに投入する。

■BTSゴールドライン

2020年12月に開通した新交通システム。BTSシーロムラインのS7クルン・トンブリー駅から終点GL3クローンサーン駅までを結ぶ。3駅だけの短い路線ながら、アイコンサヤーム（→P.130）へ行けるのは便利。軌道中央のガイドレールをまたいでタイヤで走行する2両編成の列車で、完全自動運転のため運転手がおらず運転席もない。そのため前面の展望も楽しめる。

無人運転のBTSゴールドライン

チケットの種類と料金
■シングル・ジャーニー・カード
Single Journey Card（1回券）
BTSシーロムラインやスクムウィットライン同様、自動券売機で購入。入場の際改札機のパッドにタップし、退出時はスリットに投入。15B均一。
■ラビット・カードも利用可
■BTSワンデイ・パスは利用不可

バンコクの都市鉄道共通の利用法
■行き先案内に注意
BTSやMRT、SRT共通の注意点は、駅構内にある行き先案内の看板が、その路線の終着駅名で表示されていること。自分が行きたい駅がどちら方面にあるのか、事前に路線図で確認しておかないと、戸惑うことになる。

路線図で自分が行きたい駅を探し、その路線の終着駅名をチェック

■優先席に注意
タイの優先席で対象となるのは、老人、けが人、妊婦、赤ちゃん連れの女性、子供、そして僧侶。子供や僧侶が優先されるのはタイならでは。

新規路線の開通が続くバンコクの都市交通
BTSのスクムウィットラインやMRTブルーラインは、開通当初からかなり延伸され、郊外への行き来が便利になった。さらに2020年にはBTSゴールドラインとSRTダークレッドライン、SRTライトレッドラインが開通した。2023年中にはMRTパープルラインのPP11ノンタブリー・シビック・センターからバンコク北部を横断してミンブリーまで延びるMRTピンクラインと、BTSスクムウィットラインのN10パホンヨーティン24からエアポートレイルリンクのA4ファーマークを経由してE15サムローン駅までバンコクの西郊外を南北に延びるMRTイエローラインの、2路線のモノレールが開通する予定。

BTSの優先席は優先対象者のイラスト入り

タイプチ情報：ウォンウィエン・ヤイ駅（→P.51）から行けるマハーチャイにある運河に面したレストラン「Tharua」は、開放的な造りの建物で、運河を眺めながらのんびり食事ができる。

■路線バス

バンコク市内を縦横に結び、人々の便利な交通手段となっているのがバス。エアコンがなく年季の入ったかなりのおんぼろバスや、エアコン付きで無料Wi-Fiが利用できるバスなど、車体の種類はさまざま。バス公社が運行する路線と民間企業に委託して運行されている路線があるが、利用方法や料金体系は同じなので気にする必要はない。200近い路線がある。

おもなバスの種類

赤バス
車体はどれもかなり古いていてエアコンもない。停車中のバスに近寄って合図すれば乗り込めるし、料金さえ払ってあればどこでも降りられる。

旧型エアコンバス
青地にクリーム色の帯のツートンカラーで、車体側面には広告が入っていることが多い。車体はかなり古い。料金は新型のエアコンバスよりも少し安い。

エアコンバス
スカイブルーやオレンジ色に塗装された近代的なバス。エアコンもよく効いて快適。無料Wi-Fi付き車両もある。

NGVバス(黄バス)
黄色に塗装された新型のバスは燃料に天然ガスを使用。エアコン付きなのにドア上部に大きな隙間がある不思議な設計の中国製。

電動バス
2023年からタイ・スマイル・バス社が新しく運行している電動バス。既存の路線に参入し、路線拡大中。

ミニバス
利用者の多い特定の路線で運行されている。車体はオレンジ色でエアコンなし。すべて2010年から導入された車両なので、シートなどは赤バスよりは快適。

路線バスの利用法

■バスの路線番号解説

バス路線は番号で区別される。料金は車種で決まるので、同じ路線の同じ距離を利用しても、車体の種類によって料金が異なる。

■便利なアプリでバスを100%活用

チュラーロンコーン大学とBMTA(バンコクバス公社)が共同で開発したスマホ用アプリの「VIA BUS」は、バンコクのバスを乗りこなすための必須アイテム。地図上に表示される停留所をタップすれば、そのバス停を通るバスの路線番号が一覧表示され、さらにその番号をタップすると路線図と停留所が表示される。バスに搭載されたGPS発信機で、バスがどのあたりを走行しているのか地図上ですぐにわかる(未搭載の路線もある)。BTSやMRT、チャオプラヤー・エクスプレス・ボート、一部地方都市のバスにも対応。

■バスの乗り方

バンコクのバス停は、屋根とベンチ付き、屋根だけ、標識のみなどさまざま。標識に乗りたいバスの番号が表示されていれば、そのバス停を通るはず。ただし表示されていない番号のバスが通ることも特に珍しくない。バスが来たら番号を確認後、運転手に向かって合図をしよう。立っているだけでは素通りされる。合図をしたのに通り過ぎてしまうバスもあるが、その場合は諦めて次を待とう。

バスの番号と路線が掲示された新型バス停看板

■料金の払い方

バスに乗り込むと、車掌が金属製で筒状の運賃箱を鳴らしながら料金を集めに来る。料金を渡しチケット(領収書)を受け取る。できるだけ20B札などの小銭を用意しておこう。たまに検札もあるので、チケットは下車するまで捨てないこと。エアコンバスの料金は距離制なので、行き先を車掌に告げなければならない。英語は通じないことが多く、タイ語の発音は難しい。行き先の地名の発音を事前にしっかり練習するか、地図を持参しよう。あるいはホテルの人などに、自分の行き先をタイ語で紙に書いてもらい、それを車掌に見せよう。

BANGKOK TRANSPORTATION GUIDE

目的地別バス番号案内

バンコク

バンコク交通ガイド

■バスの降り方

　バンコクのバスには車内放送はないので、車掌に目的地の地名を連呼するなどして教えてくれるよう頼んでおくか（ただし英語はあまり通じない）、スマホの地図アプリなどを頼りに勘を働かせるしかない。目的の場所が近づいたら、天井やドア付近などにあるボタンを押すとブザーが鳴り、最寄りのバス停で停車する。渋滞中や交差点などで停車中にブザーを鳴らすと、その場でドアを開けてくれることもある。バス停は短い間隔であるので、少しぐらい乗り過ごしても大丈夫。積極的に利用してみよう。下車する際は、後方（左側）から走ってくるオートバイなどに注意すること。

■バス乗車時の注意

車内での注意
　混雑時にはスリに注意。貴重品はズボンの後ろポケットや背中側のバッグなどには入れないように。車内は禁酒、禁煙。運転は乱暴なので、手すりなどにしっかりつかまること。

看板にも注意
　フロントガラス右下に看板が置かれていることが多い。この看板にも注意が必要。

青色の文字か板の看板：通常運行のバス。
赤色の文字か板の看板：一部区間のみ運行。
黄色の文字か板の看板：有料道路に入る。
オレンジ色の文字か板の看板：ラッシュ時のみ運行の、主要バス停のみ停まる快速バス。

バス料金表 （2023年2月現在）

赤バス	8B（有料道路を通る場合は2B追加。深夜料金は1.5B追加）
旧型エアコンバス	最初の8kmまで12B、以後4kmごとに2Bずつ加算され、最高20B
エアコンバス	最初の4kmまで13B、以後4kmごとに2Bずつ加算され、最高25B
NGVバス（黄バス）	最初の4kmまで14B、以後4kmごとに2Bずつ加算され、最高26B。10、12B均一の路線もある
電動バス	距離により15、20、25B
ミニバス	10B

（料金は原油価格の変動などにより改訂されることがある）

 タイプチ情報　ドーン・ムアン国際空港の国内線は第2ターミナル利用。第1ターミナルよりも新しい建物で、レストラン街、宿泊施設などもある。両ターミナルは隣接しており歩いて移動できる。

59

■ タクシー

バンコクのタクシーは料金もそれほど高くないので、数人で利用するなら距離によってはBTSやMRTよりも安上がり。文化の違いに注意しつつ、積極的に利用したい。

バンコクのタクシーは2種類ある

現在、バンコクでは2種類のタクシーが走っている。ひとつはメーター式タクシーで、走行距離と時間によって料金が決まる。これは屋根の上に「TAXI-METER」と書かれたサインを載せている。もうひとつはすでにほとんど見かけなくなったが、"TAXI"とだけ書かれたサインを載せた交渉制のタクシー。メーター式タクシーはいくらでも走っているので、そちらを利用しよう。どちらも、駅前や空港など特にタクシー乗り場を設けている場所や駐停車が規制されている場所（バス停周辺など）以外なら、基本的にどこでも停車させることができる。腕をやや斜め下方向に差し出して合図するのがタイ式。日本のタクシーが「空車」のサインを掲げているのと同様、助手席前のフロントガラス部に赤か緑で「ว่าง ワーン（空き）」というタイ文字が光っていたら空車。

赤や緑、青などバンコクのタクシーは色あざやか

メータータクシーの乗車方法

車が停まったら助手席側のドアを開け、行き先を告げる。運転手が合意したら車に乗り込む（方向や時間帯

メータータクシーもまず交渉

によっては、あるいは運転手がその場所を知らなかったり、言葉がまったく通じないと乗車拒否されることもある。雨や渋滞時なども乗車拒否されることが多い）。乗車したら、運転手がメーターをきちんと作動させたことを確認すること。座る席は助手席でも後部座席でもどちらでもかまわないが、シートベルトを着用すること。ドアは手動式なので自分で開閉する。

支払い方法

目的地に到着したら、メーターどおりの料金を支払う。チップは必要ない。おつりの端数を勝手にチップとしてしまう運転手がいるかと思えば、61Bの料金に100B札を出すと、面倒だからと40Bのおつりを渡す運転手などさまざま。

■ メータータクシーの料金（2023年2月現在）

走行距離	料金
0〜1km	35B又は40B（基本料金）
1〜10km	1kmごとに6.5B
10〜20km	1kmごとに7B
20〜40km	1kmごとに8B
40〜60km	1kmごとに8.5B
60〜80km	1kmごとに9B
80km〜	1kmごとに10.5B
走行速度が時速6km以下の場合1分につき3B	

※初乗り40Bはバン形、3列シートなどの大型車
※メーターは2B刻みで上がる
※コールセンターを利用して呼んだ場合迎車料20B追加
※スワンナプーム国際空港、ドーン・ムアン国際空港の配車カウンターを利用した場合50B追加
※深夜料金などの割増料金はない

タクシーの定員

一応5人だが、運転手が承諾すれば何人乗ってもかまわない。1台のタクシーから大人が8人降りてくるのが目撃されたこともある。

メータータクシーでの注意

メーターに細工をし、不当に高い料金をせしめようとする運転手もときどきいる。数字の上がり方が不自然だったら、英語でも日本語でもいいからとにかく文句を言って車を停めさせ降りてしまおう。高級ホテル前など外国人の利用が多そうな場所で客待ちしている運転手のなかには、メーターを使わずにあくまで交渉に持ち込もうとする者もいる。そのような場合はさっさと別の車を探そう。停まって客待ちしている車は避け、できるだけ流している車を利用するのがコツ。全体的に対応の悪い運転手が多いので、利用にはある程度の諦めも肝心。

配車アプリを利用しよう

メーターを使うよりも少し割高になるが、配車アプリの利用もおすすめ。バンコクではGrabとBoltの2種類が利用でき、Boltは少し安い。

タイプチ情報 北バスターミナルのロットゥーターミナルは、切符売り場のビルが行き先別になっている。Aビルは東北部行き、Bビルは中部行き、Cビルは東部行き、Dビルは西部行き。

BANGKOK TRANSPORTATION GUIDE

■BRT（高速バス）

2010年に開通した新交通システムのBRT（Bus Rapid Transit）は、駅のようなバス停を結んで専用車線（一部優先車線）を走るバス。渋滞の

駅で出発を待つBRTのバス

影響が少なく、総延長約16km、駅数12の路線を30分弱で結んでいる。料金は10〜24B（2023年3月現在暫定的に15B）、15分おき。ルートはBTSチョンノンシー駅と連絡しているサートーン駅を起点に南下し、チャオプラヤー川沿いに西へ大きく弧を描いてBTSシーロム線のタラート・プルー駅と連絡するラーチャプルック駅まで。

■トゥクトゥク

タイならではの乗り物

派手な外観でタイの象徴的イメージともなっている小型オート三輪。タイを訪れたら一度は乗ってみたい乗り物だが、吹きさらしなので長時間の利用はつらい。あくどい運転手や悪徳ショップと結託している運転手も多いので慎重に利用しよう。一般の交通機関としてではなく、旅の記念と割り切って、ちょっとした距離を外国人料金100Bなどで利用してみるのがいいかも。

乗車方法と料金

車を停めたら、まずは料金交渉。外国人と見ると高額な料金を提示してくるが、下記の金額を参考にして交渉しよう。雨や渋滞時には料金が上昇する。乗車中は急停車に備え、どこかにつかまっていると安心だ。

■トゥクトゥク料金の目安

徒歩約10分の距離	30〜50B
徒歩約20分の距離	50〜80B
徒歩約30分の距離	80〜100B
それ以上の距離	100B〜

旅の記念に乗ってみるならともかく、遠距離を移動するような場合はタクシーを利用したほうが安全で快適。

■モーターサイ・ラップチャーン

オートバイの後部座席に客を乗せるもので、略してモーターサイ（モーターサイクルのタイ語なまり）と呼ばれる。ソイ（路地）の入口などに待機場所があり、場所ごとに揃いのベストを身につけ、客を待っている。交渉すればどこでも行ってくれるので、渋滞で車がまったく動かないようなときは便利。ただし事故も多いので、利用する際はそのつもりで。

■モーターサイ料金の目安

ソイ内の行き来なら20B〜。最近は料金表が掲示されているところも多いので、利用する前に探してみよう。長距離は交渉。

路地の入口で客を待つモーターサイの運転手たち

■ソンテオ

小型や中型トラックの荷台にベンチを設置した「ソンテオ」と呼ばれる乗り物が、乗合バスの補助的に運行さ

路線は住宅街や郊外に多い

れている。地方に多くバンコク市内ではあまり見かけないが、サートーン通りを行き来する路線が便利。走ってきた車にバス停で合図すると停車し、車内天井などにあるブザーを鳴らすと次のバス停で停車する。料金は10B。

■ロットゥー

ハイエースなどの小型バンを改装したミニバスは「ロットゥー」と呼ばれ、バンコクと郊外の町を結んで運行されている。メークローンやアムパワー、アユタヤー、カンチャナブリー、パタヤー、フア・ヒンなどバンコクから数時間圏内の町ならたいてい便がある。発着場所は行き先の方面別に大ざっぱに北、東、旧南（サーイ・タイ・ピンクラオ）の各バスターミナルに分かれている。運賃は1時間程度の距離で70B程度〜。

北ロットゥーターミナル

バンコク　バンコク交通ガイド

バンコクの水上交通

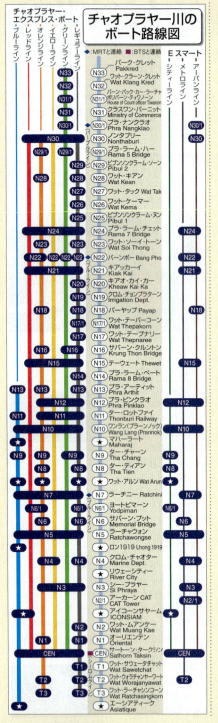

かつては運河が縦横に走り、車が道路を走るように船が行き来していたバンコク。市内では多くが埋め立てられてしまったが、チャオプラヤー川や通りの裏側にわずかに残った運河は、町の一服の清涼剤となっている。涼しい風に吹かれながら、ちょっとした船旅気分を味わってみよう。おもな水上交通の種類は以下のとおり。

■チャオプラヤー・エクスプレス・ボート（ルア・ドゥアン）

チャオプラヤー川を南北に、北はパーククレットやノンタブリーから、南はワット・ラーチャシンコン、エーシアティークまで運航している。運航時間は5:50〜20:00頃。朝夕は頻繁に発着するが、昼間は15〜20分おきと少ない。料金は船着場のカウンターか船内で係員に支払う。バス同様改札をすることもあるので、チケットは降りるまで捨てないこと。**CENサートーン・タークシン船着場は、BTSシーロムラインのS6サパーン・タークシン駅と接続。**

■船の種類と運航時間

各駅停車から急行まで各種の船がある。船が掲げた旗の色で区別され、同じ色の旗を掲げた船着場に寄る。詳細はP.63の表参照。

■チャオプラヤー・エクスプレス・ボート利用法

船が桟橋に横付けされたら後部から乗り込む。船の後部には船員が乗っており、特徴のある笛を吹いて船の接近や出発の合図をしたり、人々が乗降している間ロープをもやったりしている。下船の合図は特にない。

■Eスマート（マイン・スマート・フェリー）

電気駆動でエアコン付きの新エクスプレス・ボート。CENサートーン・タークシン船着場を起点に3路線あり、各路線の船着場は左の路線図参照。毎日6:00〜19:00の間運航。

■Eスマート（マイン・スマート・フェリー）の料金（2023年2月現在）

一律20B。プリペイドカード、タッチ決済可能なクレジットカード（CC MV）が利用可能。乗船後、船内にある決済機にカードをタップして料金を支払う。

タイ プチ情報 アジアティック・ザ・リバーフロント（→P.107）最寄りの船着場はエーシアティーク。「アジアティーク」のタイ風発音。

62

BANGKOK TRANSPORTATION GUIDE

チャオプラヤー・エクスプレス・ボートの運航時間と料金 （料金は原油価格の変動により改訂されることがある）

船の種類	運航区間	運航時間	料金（2023年3月現在）
ブルーライン	エーシアティーク～CENサートーン・タークシン～N13プラ・アーティット	CENサートーン・タークシン発毎日9:00～17:30、N13プラ・アーティット発9:30～18:00の間30分おき。エーシアティークまで行くのは16:00以降N13プラ・アーティット発の便。	ワンデイ・リバー・バス（乗り放題チケット）200B（区間利用は30B）
レッドライン	CENサートーン・タークシン～N30ノンタブリー	毎日6:15～8:20、16:00～20:00。	30B
オレンジライン	N30ノンタブリー～CENサートーン・タークシン～S3ワット・ラーチャシンコーン	毎日5:50～19:00の間（土・日曜、祝日は6:00～）5～20分おき。	16B
イエローライン	N30ノンタブリー～CENサートーン・タークシン～S4ラートブーラナ	月～金曜のみで、下りが6:15～8:20の間8～10分おきにN30ノンタブリー発CENサートーン・タークシン行き、17:00～17:30の間30分おきに同S4ラートブーラナ行き。上りは7:00～7:20の間15分おきにS4ラートブーラナ発N30ノンタブリー行き、16:00～20:00の間20分おきにCENサートーン・タークシン発N30ノンタブリー行き。	21B
グリーンライン	N33パーククレット～CENサートーン・タークシン	月～金曜のみで6:10～8:10の間15分おきにN33パーククレット発、16:05～18:05の間20分おきにCENサートーン・タークシン発。	距離により14、21、33B
レギュラーライン	N30ノンタブリー～S3ワット・ラーチャシンコーン	月～金曜のみで6:45～7:30と16:00～16:30の間20～25分おき。	距離により10、12、14B

（2023年2月現在）

朝夕はラッシュになる渡し船

■ 渡し船（ルア・カーム・ファーク）

チャオプラヤー川の両岸を往復する渡し船。対岸へは2～3分で到着。運航は路線によるが基本的に6:00頃～20:00頃。おもな路線は以下のとおり。
- ●ター・チャーン（ワット・プラケオ）～ワンラン（シリラート病院横）
- ●プラ・チャン～ワンラン（シリラート病院横）
- ●ター・ティアン（ワット・ポー）～ワット・アルン
- ●シー・プラヤー～タラート・クローンサーン
- ●サートーン（シャングリラ・ホテル）～ソイ・チャルーン・ナコーン

■渡し船の料金
🅿 場所により3～10B。左右どちらかの岸にある料金所で、乗船時か下船時に払う。

水上タクシー（ルア・ハーン・ヤーオ）

スマートな船体の細長いボートで、ルア・ハーン・ヤーオ（ロング・テイル・ボート）と呼ばれる。外国人の利用が多い船着場にカウンターがあり、コースはお好み次第で、料金は1時間ひとり1000B前後（これは外国人料金で、タイ人と同行するか、タイ

語が話せると、ひとり500B程度になる）。場所や時間によってかなりの変動があり、悪質なボートも多いので、デスクを設けている業者を通すのがトラブル回避のコツ。

■ 運河乗合ボート

■セーンセープ運河
プラトゥーナームを起点に西路線と東路線の2路線がある。
西路線：パーンファー・リーラート（プラチャーティポック王博物館そば）～プラトゥーナーム。所要約15分。
東路線：プラトゥーナーム～サパーン・クローン・タン（運河の分岐点）～ワット・シーブンルアン（ミンブリー）。所要約40分。
運航時間：月～金5:30～20:30、土曜6:00～19:30、日曜6:00～19:00。
🅿 距離により8～22B。

■乗り放題ボート
プラトゥーナームとクローン・バーンラムプー Khlong Banglamphu（MAP P.68-C2）を結ぶ特別船が10:00～18:00の間運航されている。料金は200Bで、1日乗り放題。（2023年2月現在運休中）

■パドゥン・クルン・カセーム運河
フアラムポーン・レイルウエイ・ステーション（クルンテープ駅）とタラート・テーウェート（テーウェート市場）の間を結ぶ試験運航中。
運航時間：月～金曜6:00～20:00、20分おきに出発。土・日曜8:00～20:00、30分おきに出発。
🅿 15B（2023年2月現在運休中）

タイプチ情報　MRTブルーラインの路線は、都営大江戸線のようにアルファベットの「P」字状になっている。スクムウィットやシーロムなどの繁華街とワット・ポーなど見どころを結んでおり便利。

63

BANGKOK AREA NAVI
バンコク早わかりNAVI

タイの首都バンコクは、ワット・プラケオや王宮などがあり旧市街とも呼べるエリアと、その外側に広がるビジネスエリアやショッピングエリア、郊外の新興住宅地などに分かれている。旅行者がおもに訪れる6つのエリアの特徴や位置関係をつかんでから、町歩きに出かけよう。

高層ビルが林立する大都会バンコク

AREA 1 主要な寺院も集まるバンコク発祥の地

王宮周辺 →P.86
พระบรมมหาราชวัง

王宮周辺
チャオプラヤー川とロート運河に囲まれたラタナーコーシン島には王宮とワット・プラケオがあり、名実ともにバンコク発祥の地。その外側に古い町並みが広がり、さながらバンコク旧市街の趣。バンコクの主要な寺院やおもな見どころは、ほとんどがこのエリアに集まっている。

3種並んだ塔はワット・プラケオの象徴

対岸のトンブリー地区
チャオプラヤー川の東岸に対してトンブリーと呼ばれるチャオプラヤー川西岸は、最初にバンコクに王朝がおかれた場所。現在では下町の風情が色濃く、バンコク市街ではほとんど埋め立てられてしまった運河もまだ残されている。ボートで運河沿いの家並みを見て回るのも楽しい。玄関が道路ではなく運河に面した家も多く見られる。

バンコクのエリアナビ

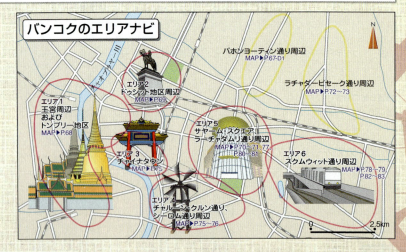

エリア1 王宮周辺およびトンブリー地区 MAP▶P.68
エリア2 ドゥシット地区周辺 MAP▶P.69
エリア3 チャイナタウン MAP▶P.75
エリア4 チャルーン・クルン通り、シーロム通り周辺 MAP▶P.75〜76
エリア5 サヤーム・スクエア、ラーチャダムリ通り周辺 MAP▶P.70〜71,77 P.80〜81
エリア6 スクムウィット通り周辺 MAP▶P.78〜79,P.82〜83
パホンヨーティン通り周辺 MAP▶P.67-D1
ラチャダーピセーク通り周辺 MAP▶P.72〜73

64

AREA2 大通りと官庁街、そして古い住宅街
ドゥシット地区周辺 →P.99
เขตดุสิต

王室一家の住むチットラダー宮殿周辺はドゥシット地区と呼ばれ、広い通りと大きな敷地の間に官公庁が点在している。その外側は王宮周辺同様古

壮大なヨーロッパ建築のアナンタ・サマーコム宮殿

い町並みの広がる旧市街となっており、古くから営業しているレストランなどもあってあなどれない。チャオプラヤー川沿いには、古い教会や歴史のある学校が並んでいる。

AREA5 巨大デパートが集まるお買い物エリア
サヤーム・スクエア、ラーチャダムリ通り周辺 →P.108
สยามสแควร์　ถนนราชดำริ

大型ショッピングセンターが集中する、買い物天国エリア。その周囲にタイ最難関とされるチュラーロンコーン大学、高級ホテル、さらにおしゃれなレストラン

巨大ショッピングセンターが集まるラーチャダムリ通り周辺

が並ぶソイ・ランスアン、バンコク市民憩いの場所ルムピニー公園がある。北には雑然とした巨大下町衣料品店街のプラトゥーナームがあり、廉価衣料品を求めるバンコク市民で常にごった返している。

AREA3 華人が多く住むタイの中の異国
チャイナタウン →P.101
ไชน่าทาวน์ (ชุมชนชาวจีน)

中心になる通りの名前からヤオワラートとも呼ばれる、活気と喧騒に満ちたバンコクの下町。おいしいフカヒレのレストラン、夜になると出る無数の屋台、

華人の町らしく金を扱う銀行が多い

立ち並ぶ金行(金を扱う店)、入り組んだ路地。町歩きが好きな人ならどれだけいても飽きない。1999年には立派な牌楼が建てられ、道路標識には英語で「CHINA TOWN」とも表示されるなど、観光地化が進行している。

AREA6 外国人向けホテルやレストランが並ぶ
スクムウィット通り周辺 →P.110
ถนนสุขุมวิท

外国人社用族などのための高級住宅街として発展したエリア。手頃な中高級ホテルや外国人向けのショップ、レストランも多いので、通行人に占

外国人の姿も多いスクムウィット通り

める外国人の比率が高い。スクムウィット通りから奥へと延びるソイ(路地)の中にも、おしゃれなショップやレストラン、カフェ、スパが次々にオープンし、目が離せない。通り沿いに東バスターミナルがある。

AREA4 バンコクを代表する新旧ビジネス街
チャルーン・クルン通り、シーロム通り周辺 →P.105
ถนนเจริญกรุง　ถนนสีลม

プラ・ラーム・シー(ラーマ4世)通りと、チャオプラヤー川沿いのチャルーン・クルン通り(ニューロード)に囲まれた、タイ経済の中心となるビジネスエリア。バンコクに王朝が開かれた際、チャオプラヤー川に沿って建設されたチャルーン・クルン通りは、当時経済の中心として栄えた。現在ではオフィスビルやホテル、ショップ、古い住宅街が同居している。

シーロムとは「風車」という意味。古くは製粉用の風車があったとか

そのほかのエリア

バンコクには以上の主要エリア以外にも、高級ホテルやクラブなどのナイトスポットが点在しMRTブルーラインが走るラチャダーピセーク通り周辺、戦勝記念塔とウイークエンド・マーケットを結ぶローカルな繁華街の中におしゃれスポットが点在するパホンヨーティン通り周辺など、にぎやかで楽しいエリアがある。そのほか郊外にも、テーマパークスタイルの見どころが点在している。

戦勝記念塔周辺は下町の交通ターミナルにして一大ショッピングエリア

バンコク

バンコク早わかりNAVI

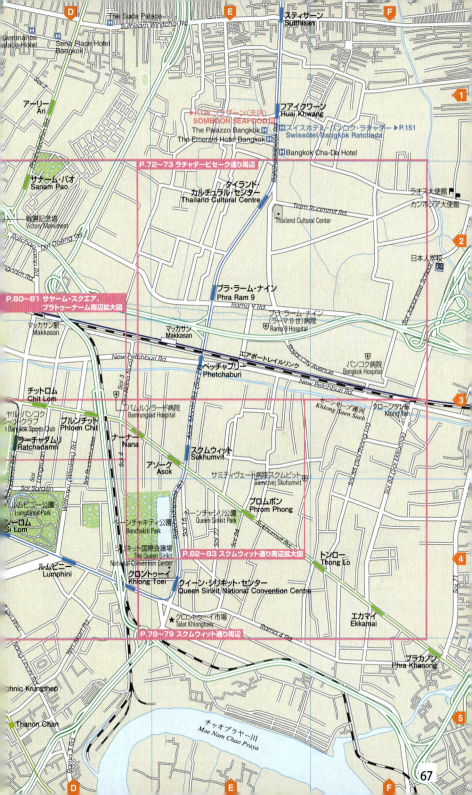

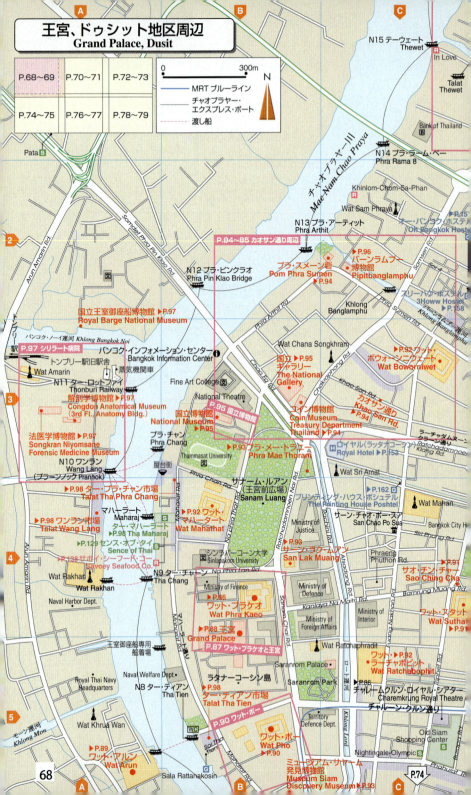

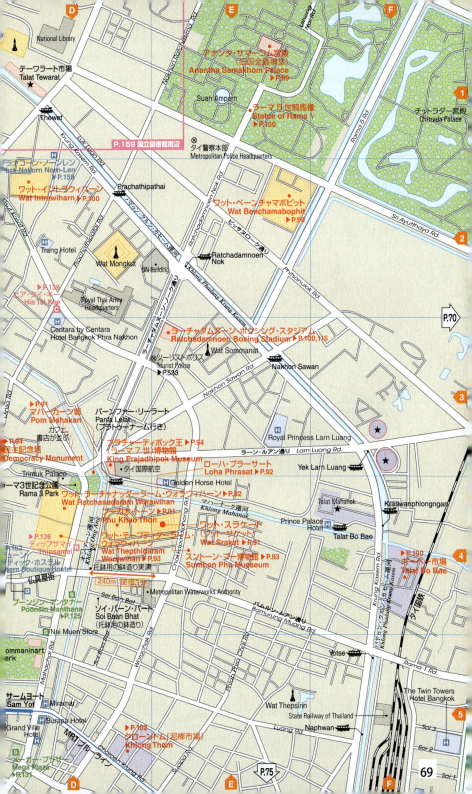

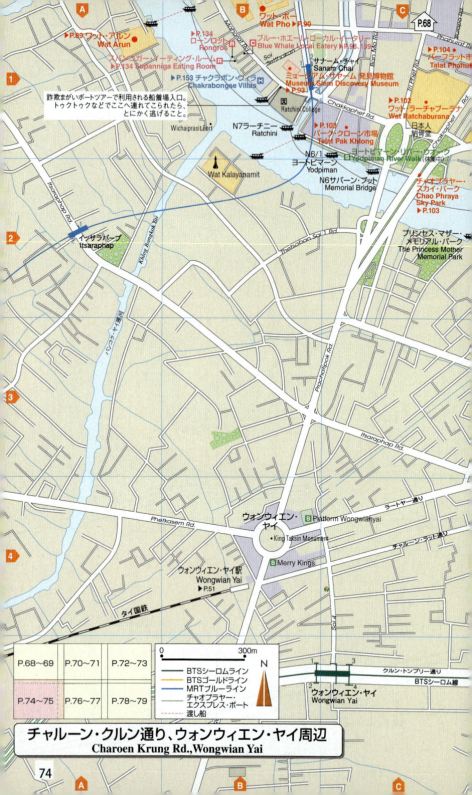

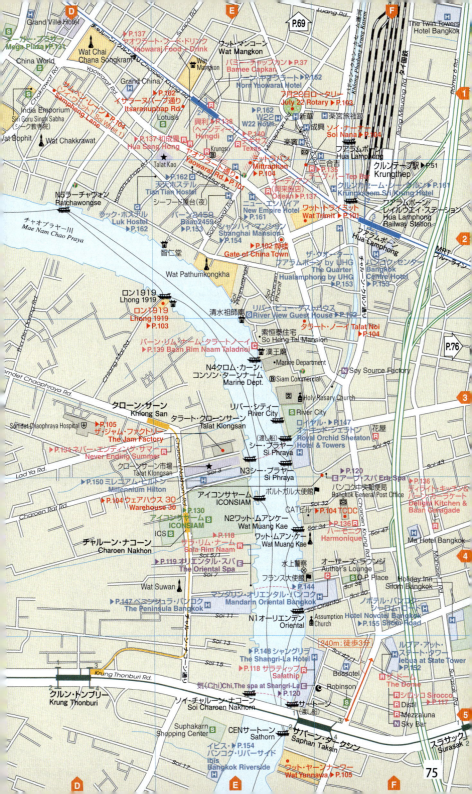

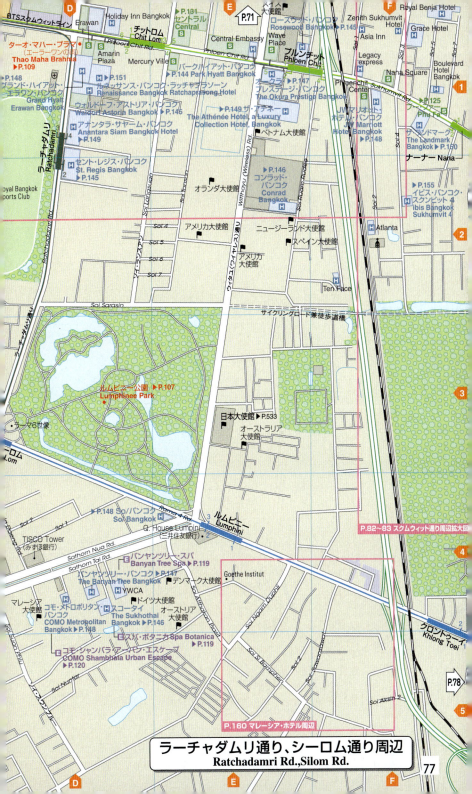

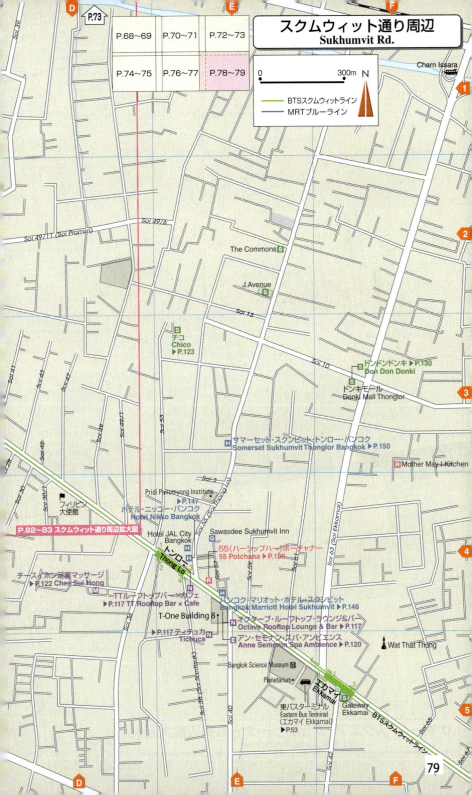

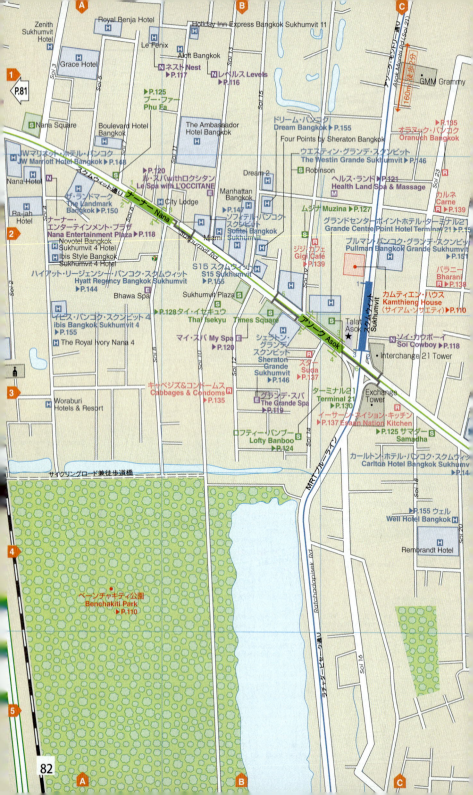

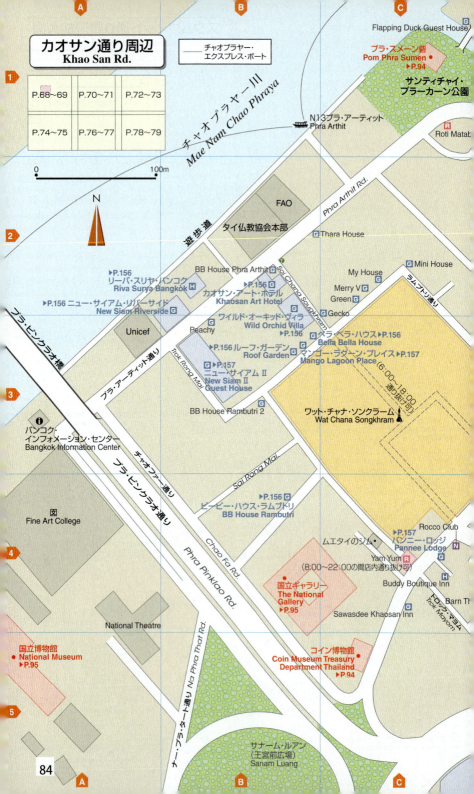

エリア別バンコク見どころガイド

歴史の中心で豪華絢爛ワット巡りを楽しもう

王宮周辺

พระบรมมหาราชวัง

🐘 バンコク発祥の地を歩く

アユタヤーを滅ぼしたビルマ軍をタイの国土から追い払い、自ら新しい王朝をうち立てたタークシン将軍は、トンブリーの地を首都と定めた。1代で滅んだトンブリー王朝を受け継いだ現王朝のラーマ1世はチャオプラヤー川の対岸、現在のバンコクの地へと遷都を果たし、現代バンコクの発展の礎を築いた。運河に囲まれてワット・プラケオ、ワット・ポー、ワット・マハータートなどのあるラタナーコーシン島は、現在のバンコク発祥の地でもある。その外側にはバンコク旧市街とも呼べる古い町並みが残っている。

タイで最も格式の高い王室寺院　★★★
ワット・プラケオ（ワット・プラケーオ）
Wat Phra Kaeo　MAP P.68-B4
วัดพระแก้ว

1782年のバンコク遷都に合わせて建設が開始され、完成は1784年。本堂に祀られている本尊が、エメラルドのような色をしたヒスイで作られているため、「エメラルド寺院」とも呼ばれている。外国人旅行者だけでなく、タイ人の参拝客でも毎日にぎわっている。

本堂　The Main Hall

美しいエメラルド色をした仏像が納められた本堂は、アユタヤーの王宮をモデルにしたものといわれている。仏像は高さ66cm、幅48.3cm。現王朝の別名にもなっているラタナーコーシン（インドラ神の宝石）という名をもち、年に3回、季節の変わり目ごとに厳かな儀式が執り行われ、国王が自ら衣装を取り替える。堂内の壁一面には仏陀の生涯や仏教の宇宙観を表した極彩色の壁画が描かれ、エメラルド仏をより神秘的に彩っている。本堂内は撮影禁止。

タイで最もあつい信仰を集める国の守り本尊ラタナーコーシン仏（エメラルド仏）

プラ・シー・ラタナー・チェーディー　Phra Sri Ratana Chedi

アユタヤー王宮内の仏塔やワット・プラ・シー・サンペットをモデルにしたとされる黄金の仏塔で、ラーマ4世により建造された。この様式はスコータイ時代にスリランカから伝えられたといわれ、内部には仏舎利が納められている。

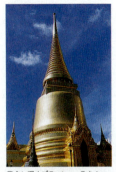

黄金に輝くプラ・シー・ラタナー・チェーディー

行き方

BUS 戦勝記念塔から39、44、159番。プラトゥーナームから60、511番。スクムウィット通りから2、25、48,508,511番。シーロム通りから15番。チャルーン・クルン通りから1、15番。ウォンウィエン・ヤイから43、82番。

BOAT チャオプラヤー・エクスプレス・ボートのN13プラ・アーティット、N9ター・チャーン船着場から徒歩。

ワット・プラケオと王宮
📞 0-2623-5500
🕘 8:30～15:30
🚫 なし。ただしワット・プラケオの本堂と王宮には、入れない日がある（→P.88欄外）。
💰 500B。外国人料金。入場日から1週間有効の半券で、チャレームクルン・ロイヤル・シアター（MAP P.68-C5）で上演されるコーン（タイの伝統舞踊。🕘月～金10:30、13:00、14:30、16:00、17:30）も鑑賞できる。ワット・プラケオから無料のシャトルバスあり。
CC A M V

🚇 MRTブルーラインのBL31サナーム・チャイ駅1番出口から徒歩19分。近くを通るバスは1、2、3、9、12、15、25、39、44、47、48、53、59、82、201、506、507、508、512番など。N9ター・チャーン船着場から徒歩3分。

タイプチ情報 バンコクのワット・プラケオ入口近くでは、ガイドが客引きをしている。中にはライセンスを持っていない者もおり、違法なので摘発されるケースも。

プラ・モンドップ　Phra Mondop

純粋なタイ様式の塔で、尖塔が天を突くように伸びている。館内（非公開）には仏典の原本が収蔵されている。

プラーサート・プラ・テープビドーン　Prasat Phra Thepbidon

アンコール・ワットに見られるようなクメール様式の塔が特徴的で、塔の先端にはシヴァ神の象徴が飾られている。

そのほかの見どころ

ワット・プラケオを囲む回廊の内側には、インドの有名な叙事詩『ラーマーヤナ』のタイ版、『ラーマーキエン』の世界が、表情豊かに描かれており興味深い。プラ・モンドップの北側にあるテラスには、アンコール・ワットを目の当たりにしたラーマ4世が、その感動を皆に伝えるために造らせたといわれるアンコール・ワットの精密な模型がある。

旅のヒント

地下通路完成

N9ター・チャーン船着場とワット・プラケオの間にあるマハーラート通りに地下道が完成し、交通の多い通りを安全に渡ることができる。

地下道にはギャラリーやトイレもある

悪魔と猿神が交互に支えるプラ・スワンナ・チェーディー

回廊に描かれている『ラーマーキエン』の1シーン

境内を見守るヤック

バンコク／王宮周辺

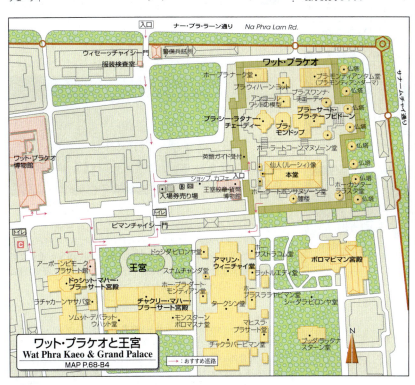

ワット・プラケオと王宮
Wat Phra Kaeo & Grand Palace
MAP P.68-B4

タイプチ情報　ワット・プラケオの向かいにあるシンラパーコーン大学は、タイの芸術大学。ギャラリーもあり、常設展と企画展が行われる。美術に興味がある人はのぞいてみよう。

87

旅のヒント

ワット・プラケオ本堂と王宮の休館日に注意

ワット・プラケオの本堂と王宮は、入れない日があるので注意。国王や王太后の誕生日など王室関係の祝日、仏教関連行事の日などは閉館となる。ワット・プラケオの本堂と王宮の両方か片方だけ閉館、また午前か午後のどちらかもしくは終日閉館など、日によって異なるので、祝祭日や仏日に訪れる場合は事前に確認を。

問い合わせ
TEL 0-2623-5500　内線 1830、3100
URL www.royalgrandpalace.th

王室関連の見どころや寺院を訪れる際は服装に注意

王室関連の見どころや寺院は、タンクトップ、ノースリーブ、半ズボンなど肌や体の線を露出する服装では入場不可。ワット・プラケオでは入口で服装チェックがあり、不適となった人はカウンターで長ズボンや巻きスカート、長袖シャツなどの購入が必要。長袖シャツ245〜265B、長ズボン200B、巻きスカート189B。ワット・プラケオ入口前のナー・プラ・ラーン通り沿いにあるショップでは100B程度で貸し出しを行っている。

王室関連の場所を訪れる際は礼を失しない服装で

ワット・プラケオ入口前で服を貸し出すショップ

歴代王の住まいだった
王宮
Grand Palace

★★★
MAP P.68-B4〜B5
พระบรมมหาราชวัง

ワット・プラケオと同じ敷地内にある王宮には、現王朝の歴代王が暮らした建物が並んでいる。

チャクリー・マハー・プラーサート宮殿　Chakri Maha Prasat Hall

敷地のほぼ中央にそびえる白亜の壮麗な建物がチャクリー・マハー・プラーサート宮殿。ラーマ5世により、チャクリー王朝100周年を記念して建てられ1882年に完成した。風格あるビクトリア様式と純粋なタイ様式とが融合している。

タイとヨーロッパの美意識が見事に融合したチャクリー・マハー・プラーサート宮殿

ドゥシット・マハー・プラーサート宮殿
Dusit Maha Prasat Hall

チャクリー宮殿の西側に立っているドゥシット・マハー・プラーサート宮殿は、1789年、ラーマ1世により建造された。王宮内で最も古い建物で、歴代王の戴冠式に使われてきた。純白の壁に何重にもなった極彩色の屋根を載せた壮麗な姿だ。

重層の屋根が美しいドゥシット・マハー・プラーサート宮殿

アマリン・ウィニチャイ堂　Amarin Winichai Hall

チャクリー・マハー・プラーサート宮殿の東隣にある奥行きのある建物がアマリン・ウィニチャイ堂。国王の誕生日や国家の重要な催しなどの儀式を行うための建物だ。内部には、王の座を表す9段の円錐傘がかぶされた玉座が置かれている。

そのほかの見どころ

ドゥシット・マハー・プラーサート宮殿の北側に、ワット・プラケオ博物館がある。第2次世界大戦後に行われた大修理の際に取り替えられた建物の装飾や遺物などが展示されている。2階の展示室にあるワット・プラケオと王宮全体のミニチュアも興味深い。

三島由紀夫が小説の題にも使った寺院

ワット・アルン
Wat Arun（暁の寺 Temple of the Dawn）

★★★ MAP P.68-A5 วัดอรุณ

改修が終了し白っぽくなった仏塔

アユタヤー時代にはワット・マコークと呼ばれる小さな寺院にすぎなかったが、トンブリー王朝のタークシン王が、エメラルド仏を祀る王室寺院とするよう命じた。しかし王の死後新たにチャクリー王朝が開かれ、王室寺院もエメラルド仏も、対岸のワット・プラケオに移ってしまった。

仏塔はワット・アルンのシンボル

チャオプラヤー川の対岸からも望める大仏塔は、三島由紀夫の小説『暁の寺』の題材ともなっており、朝日に輝く姿のみならず、夕景に浮かび上がる独特のシルエットもまた美しい。高くそびえる大仏塔と、それをとりまく4基の小塔が造られたのは、ラーマ2世からラーマ3世の時代（1809～1851）にかけて。大仏塔はヒンドゥー教のシヴァ神のすむ聖地、カイラーサ山をかたどったものとされている。表面には無数の陶器の破片が埋め込まれ、陽光を受けてキラキラと輝く。また塔には小さな鐘の装飾が施され、風に揺れ可憐な音色を響かせている。大仏塔と相似形の4基の小仏塔の中には、それぞれ仏陀の誕生、悟りを開いた仏陀、初めて法を説く仏陀、仏陀の入滅を表した仏像が納められており、これらの像も見逃せない。

仏塔に施された精緻な装飾

御堂はふたつある

仏塔の正面、チャオプラヤー川とは反対側に、御堂が2棟ある。1棟はワット・アルンの創建当時、ワット・マコークと呼ばれていた時代に本堂として使われていたもの。堂内には大小さまざまな仏像が置かれている。もう1棟は礼拝堂で、青銅製の仏塔と80体の仏像がある。現在ワット・プラケオにあるエメラルド仏は、トンブリー王朝時代にはここに祀られていた。

ワット・アルン
住 34 Arun Amarin Rd.
電 0-2891-2185
URL Wat Arun Ratchawararam Bangkok I
開 毎日8:00～18:00
料 100B（外国人料金）
行き方 チャオプラヤー・エクスプレス・ボートのワット・アルン船着場からすぐ。ワット・ポー近くのN8ター・ティアン船着場から渡し船。料金は5B。大きな荷物がある場合荷物料10B追加。

🌀 旅のヒント

詐欺師に注意
王宮やワット・プラケオ、ワット・アルン、ワット・ポー周辺には、外国人に「今日は特別な行事があるので入れない」などと声をかけ、宝石店や洋服店へ連れていこうとする詐欺師やトゥクトゥクの運転手が多い。これらの人間に連れていかれる店は詐欺まがいの商売をしているところがほとんど。この周辺で声をかけてくる人は絶対に相手にしないように。（→P.530）

タイの衣装でハイポーズ
ワット・アルン前にタイ風衣装を貸し出すショップが数軒ある。好みの衣装を選ぶと着付けも手伝ってもらえる。料金は店により100～200B。高い店のほうが衣装やアクセサリーが立派。

旅の記念にパチリ

チャオプラヤー川の岸にそびえる大仏塔

タイプチ情報 ワット・アルンもワット・プラケオや王宮同様に露出の多い服装では入れず、切符売り場でチェックされる。衣装の貸し出しは行っておらず、ワット・プラケオのように周辺に衣装屋もないので注意。

境内には小仏塔が並んでいる

ワット・ポー
- 住 2 Sanam Chai Rd.
- 電 0-2226-0335
- HP watphonews
- 開 毎日8:00～18:00、寝仏のお堂は8:30～16:00
- 料 200B（外国人料金。飲料水のボトル1本付き）
- 行き方 MRTブルーラインのBL31サナーム・チャイ駅1番出口から徒歩8分。近くを通るバスは1、2、3、6、9、12、25、32、44、47、48、53、508、512番など。ワット・プラケオ（→P.86）から徒歩12分。N8ターティアン船着場から徒歩3分。

旅のヒント
ワット・ポーのマッサージ
- 電 0-2662-3533
- 開 毎日8:00～17:00
- 料 30分320B、1時間480B。フットマッサージ30分320B、1時間480B。

本格的なマッサージが受けられる

巨大寝仏を祀るタイ式マッサージの総本山
ワット・ポー
Wat Pho（寝仏寺 Temple of Reclining Buddha）

★★★
MAP P.68-B5

1788年にラーマ1世によって建立された寺院。この寺院は、タイ最初の大学（医学＝タイ式マッサージの総本山）として、また巨大な寝仏のある寺として知られている。

最大の見どころは大寝釈迦仏
この寺院の見どころは巨大な寝仏。長さ46m、高さ15mの仏像は金色に輝きながら、お堂のほとんどの空間を占めている。横たわっているのは、悟りを開き、涅槃の境地に達したことを意味している。足の裏には、須弥山図、ささげ物、神々などバラモン教の真理が、108面の螺鈿細工画に描かれている。足の裏の扁平足にも仏教的な意味があり、その人が超人であることを示す32の身体的特徴のひとつとされている。

お堂いっぱいに横たわる巨大な寝仏

歴代国王を表す仏塔が天を突く
本堂を取り巻く回廊に出ると目につくのが林立する仏塔。どれも細かい陶片で装飾されており、特に大きな4基の仏塔はラーマ1世から4世までの、歴代4王を表している。ほかの小仏塔はいわば墓標で、中には遺骨が納められている。以前は王族専用だったが、現在では寄進次第で誰でも納骨できる。

マッサージも受けられる
ワット・ポーで寝仏とともに知られているのが、伝統的タイ式マッサージ。境内東のサナーム・チャイ通り側にある2軒の東屋で行われている。

寺の周囲は仏具屋街
ワット・スタット
Wat Suthat

MAP P.68-C4

ラーマ1世により建立された王室寺院。1807年から完成まで27年の歳月を要した。広い境内の中央にある礼拝堂に安置された大仏は全高8m、幅6.25m。ラーマ1世がスコータイのワット・マハータートからバンコクに運ばせたものだ。この仏像の台座には、1946年に崩御したラーマ8世の遺骨も納められている。

ワット・スタット正面にある赤い鳥居状の建造物はサオ・チン・チャー Sao Ching Chaと呼ばれている。奇妙な形をしているが、これはヒンドゥー教のシヴァ神にささげるために造られた大ブランコの支柱。高さ約21mで、ワット・スタット建立に先駆けて1784年、総チーク材で造られた。1935年以前は、毎年旧暦2月にバラモン教の司祭4人がここにつるした船のようなブランコに乗り、大きく揺すって船の先端にあるお金入りの袋を口で取るという行事を行っていた。しかし、墜落して死亡する司祭があとを絶たず、ラーマ7世によって中止された。

鳥居によく似たサオ・チン・チャー

バンコクを見渡せる人工の丘
ワット・スラケート（ワット・サケット、プーカオ・トーン）
Wat Sraket

MAP P.69-D4～E4

運河沿いの丘に立つ、まるで城塞のような建物。てっぺんのテラス上にそびえているのは巨大な仏塔。ひときわ目立つその塔はプーカオ・トーン（黄金の丘）と呼ばれている。この丘は、ラーマ3世がアユタヤーのワット・プーカオ・トーン（→P.177）をモデルに造成したもの。その上にラーマ4世が仏塔を建造した。1950年、丘全体をコンクリートで固め、仏塔に黄金のタイルを張り、現在のようなスタイルになった。頂上までの高さは約78m。仏塔の周囲は回廊になっており、バンコク市街を一望できる。仏塔の内部にはラーマ5世に献上された仏舎利が納められている。下からテラスまで続く階段はふたつあり、クリーム色に塗られたコンクリートの外壁を、らせん状に取り巻いている。途中には何ヵ所も小型の鐘がつるされており、タイ人の参拝客は思いおもいに鐘を鳴らしながら上がっていく。

麓から見るとまるで要塞

バンコクを防衛した砦と城壁
マハーカーン砦
Pom Mahakan

MAP P.69-D3

アユタヤーに侵攻したビルマ軍を打ち破り、バンコクに遷都して現王朝を打ち立てたラーマ1世が築いた、首都防衛のための砦。14ヵ所あった砦のうちカオサン通り近くのプラ・スメーン砦（→P.94）とともに残されたもうひとつの砦がここ。隣にあった古い集落は取り壊され、現在は公園になっている。

ワット・スタット
- 146 Bamrung Muang Rd.
- 0-2224-9845
- WatSuthatBangkok
- 毎日8:00～18:00
- 100B（外国人料金）
- 行き方 MRTブルーラインのBL30サームヨート駅3番出口から徒歩7分。近くを通るバスは15、35、47、48、508番など。民主記念塔から徒歩10分。

ワット・スラケート
- 334 Chakkapatdiphong Rd.
- 0-2233-4561
- watsraket
- 毎日7:30～19:00
- 境内は無料。プーカオ・トーンは50B（外国人料金）
- 行き方 MRTブルーラインのBL30サームヨート駅1番出口から徒歩12分。近くを通るバスは8、15、37、39、44、47、49、60、79、169、512番。

旅のヒント
ワット・スラケートの呼び名
タイ語の発音は難しい。「ワット・スラケート」の発音も人によっては「ワッ・サケッ」などと聞こえる。日本では「ワット・サケット」としておなじみ。

丘のてっぺんのテラスから天に向かってそそり立つ仏塔

マハーカーン砦
- 24時間
- 無料
- 行き方 センセーブ運河ボートのパーンファー・リーラート船着場から徒歩すぐ。

マハーチャイ通り沿いの城壁裏に広がる公園

タイプチ情報: ワット・ポーの周囲には、特に詐欺師が多い。親切めかして声をかけてくる相手には、用心したほうがよい。止まっているトゥクトゥクもグルのことが多いので、要注意。

ワット・ラーチャボピット
- 住 2 Fuang Nakhon Rd.
- 電 0-2222-3930
- 営 毎日8:00～17:00
- 料 無料
- 行き方 MRTブルーラインのBL30サームヨート駅3番出口から徒歩10分。

ワット・ラーチャナッダーラーム・ウォラウィハーン
- 住 2 Mahachai Rd.
- 電 0-2224-8807
- 営 毎日9:00～20:00
- 料 無料
- ローハ・プラーサートは 営 毎日9:00～17:00、料 20B。
- 行き方 MRTブルーラインのBL30サームヨート駅1番出口から徒歩11分。

ワット・マハータート
- 住 3 Maharat Rd.
- 電 0-2221-5999
- URL www.watmahathat.com
- 営 毎日8:00～17:00（境内は～20:30）
- 料 無料
- 行き方 ワット・プラケオから徒歩3分。

ワット・ボウォーンニウェート
- 住 Phra Sumen Rd.
- 電 0-2281-2831
- F WatBovoranivesVihara
- 営 毎日6:00～18:00
- 料 無料
- 行き方 カオサン通りから徒歩2分。

モダンなデザインの仏教寺院 ★★
ワット・ラーチャボピット
Wat Ratchabophit

MAP P.68-C5

วัดราชบพิธ

1869年、ラーマ5世によって建立された寺院。完成までに20年の歳月がかけられた。外壁にはオレンジとブルーの中国製タイル、窓には象嵌細工が施された本堂も、一歩中に足を踏み入れるとシャンデリアがつり下げられており、ラーマ5世の洋風好みを感じさせる造りになっている。これはフランスのベルサイユ宮殿の影響を受けたものだといわれている。

仏塔を円形に囲む回廊が美しい

境内にお守りの市がある ★★
ワット・ラーチャナッダーラーム・ウォラウィハーン
Wat Ratchanadaram Worawihan

MAP P.69-D4

วัดราชนัดดารามวรวิหาร

ビルマの影響を受けたとされる本堂の隣に、37本の小さな塔が林立した**ローハ・プラーサート**と呼ばれる建物がある。仏陀やその弟子の住まいを具現しており、最上部まで上ることができる。寺院駐車場の一画には、プラと呼ばれるお守りや仏具の市がある。

ローハ・プラーサートは塔が林立する不思議な外観

無料瞑想教室があり外国人も参加できる ★
ワット・マハータート
Wat Mahathat

MAP P.68-B4

วัดมหาธาตุ

ラーマ1世が建立した寺院で、ここで仏典の編纂が行われた。現在タイ仏教界の多数派を占めるマハーニカイ（マハーニカイ派）の頂点に立ち、僧侶のための仏教大学を併設している。一般人および外国人を対象とした英語による瞑想教室が開かれているので、興味のある人は受講してみよう。

格式の高さはバンコク随一のワット・マハータート

前国王も出家修行した名刹 ★
ワット・ボウォーンニウェート
Wat Bowornniwet

MAP P.85-F3～F4

วัดบวรนิเวศ

1826年、ラーマ3世の副王の命により建立された。出家中のモンクット王子（後のラーマ4世）によって創始されたタマユットニカイ（タマユット派）の総本山。戒律を厳格に守ることで知られるこの派には王族の信者も多く、プーミポン前国王（ラーマ9世）も、即位前にここで出家修行した。

カオサン通り近くにある名刹

タイの詩聖スントーン・プーの博物館併設 ★★
ワット・テープティダーラーム・ウォラウィハーン
Wat Thepthidaram Worawihan　MAP P.69-D4　วัดเทพธิดารามวรวิหาร

　1839年にラーマ3世が、娘の王妃のために建てた第3級王室寺院。本堂の破風はタイの寺院には珍しくチョーファーなどの装飾がなく、正面部分に施された中国製陶器を用いた装飾が美しい。本堂内には、ラーマ3世が王宮から招来した、ルアン・ポー・カオと呼ばれる純白の石仏がある。隣のお堂には仏像に向かってかしずく52体の比丘尼像が並んでいる。

　ラーマ3世時代の19世紀末に活躍した、タイで最も偉大とされる詩人スントーン・プーは、出家した際この寺院で修行生活を送った。寺院裏側には、**スントーン・プー博物館**がある。詩人の作品やゆかりの品々が展示されているほかにARスポットも設置されており、スントーン・プーの世界に入り込んだ写真が撮影できる。

バンコクの象徴的な中心 ★★
サーン・ラク・ムアン（町の柱）
San Lak Muang　MAP P.68-B4　ศาลหลักเมือง

　1782年4月21日に建てられた、バンコクの起点となる町の柱。タイではバラモン教の教えに従い、新しい町を建設する際には基準となるべき聖なる柱を建て、永遠の発展を祈願する習慣がある。現在の柱はラーマ4世の時代に建てられたもので、高さ2.73m、直径は76cm。タイ寺院のような壮麗な祠の中に収まっている。金箔で覆われ燦然と輝くこの柱には願い事をかなえてくれる霊力が宿っているといわれており、毎日たくさんの人が参拝に訪れる。

　境内のオフィス棟内には演芸のステージがあり、掛け合い漫才や寸劇のような伝統芸能が毎日行われていて、無料で観賞できる。

ありがたい水が湧く女神の祠 ★
プラ・メー・トラニー（母なる大地の女神像の祠）
Phra Mae Thorani　MAP P.68-B3　พระแม่ธรณี

　サナーム・ルアン（王宮前広場）の北東にあるのは、ラーマ5世王の妃によって建造された、大地の女神メー・トラニーを祀る祠。メー・トラニーは、瞑想中のブッダが魔物に襲われた際に地中から現れ、自分の髪を絞って洪水を起こし、魔物を流してブッダを守ったとされている。そのため熱心な仏教徒からあつい信仰を寄せられている。メー・トラニーはバンコク市水道局のシンボルマークにも使われている。

タイのアイデンティティはいかに確立されたか ★★
ミュージアム・サヤーム　発見博物館
Museum Siam Discovery Museum　MAP P.68-B5　มิวเซียมสยาม พิพิธภัณฑ์การเรียนรู้แห่งชาติ

　タイ人はどのようにしてタイ人となったのか。どこから来たのか、どのような文化を背負っているのか、周辺国との交流はどのように行われてきたのか、世界史のなかで位置づけはどうなっているのかなど、タイとタイ人を知るためのさまざまな資料が集められた博物館。

精巧な模型やインタラクティブな展示が充実

ワット・テープティダーラーム・ウォラウィハーン
- 住 70 Mahachai Rd.
- 開 毎日7:00～18:00
- 料 100B（外国人料金）
- 行き方 MRTブルーラインのBL30サームヨート駅1番出口から徒歩9分。

神々しい純白の仏像

スントーン・プー博物館
- TEL 08-5120-8914
- FB SunthonPhuMuseum
- 開 月～金 9:00～17:00
- 休 土・日・祝
- 料 寺院の入場料に込み。係員に伝えてから入館すること。

サーン・ラク・ムアン
- 開 毎日6:30～18:30
- 料 無料
- 行き方 MRTブルーラインのBL31サナーム・チャイ駅2番出口から徒歩13分。

お堂の中に立っている聖なる柱

プラ・メー・トラニー
- 開 毎日24時間
- 料 無料
- 行き方 MRTブルーラインのBL31サナーム・チャイ駅2番出口から徒歩19分。

髪を絞る女神の像が祀られている

ミュージアム・サヤーム　発見博物館
- 住 4 Sanam Chai Rd.
- TEL 0-2225-2777
- URL www.museumsiam.org
- 開 火～日10:00～18:00
- 休 月
- 料 200B（外国人料金）
- 行き方 MRTブルーラインのBL31サナーム・チャイ駅1番出口からすぐ。48番のバスは近くが終点でわかりやすい。

タイプチ情報　ワット・スラケートのプーカオ・トーン（→P.91）は、このあたりでは最も高いところから景色を眺められる場所。チャオプラヤー川やワット・プラケオ、王宮などが一望できる。

プラ・スメーン砦
- 毎日24時間
- 無料
- カオサン通りから徒歩9分。

ときどき塗り直されて純白に輝く

プラチャーティポック王（ラーマ7世）博物館
- 2 Larn Luang Rd.
- 0-2280-3413
- kingprajadhipokmuseum.com
- 火～日9:00～16:00
- 月
- 無料
- 近くを通るバスは15、79、159、511番など。セーンセープ運河乗合ボートのパーンファー・リーラート船着場から徒歩すぐ。

現王朝の第7代国王を記念する博物館

民主記念塔
- カオサン通りから徒歩5分。

カオサン通り
- 近くを通るバスは2、3、6、9、15、30、39、44、47、56、64、79、82、157、169、171、183、503、509、511、524番など。

外国人だけでなくタイの若者も集まるカオサン通り

コイン博物館
- Chakraphong Rd.
- 0-2282-0818
- coinmuseum.treasury.go.th（タイ語）
- 火～金8:30～16:30（最終入場15:00)、土・日・祝10:00～18:00（最終入場16:00)
- 月　50B
- カオサン通りから徒歩2分。

バンコク防衛の拠点のひとつだった
プラ・スメーン砦　★
Pom Phra Sumen　MAP P.84-C1

カオサン通りからほど近い、チャオプラヤー川とバーンランプー運河の分岐点にそびえているのがプラ・スメーン砦。バンコクに遷都された際、外敵から都を守るために現在のバーンランプー運河からオンアーン運河に沿って城壁と14の砦が建設された。その後ほとんどは取り壊されたが、ワット・スラケート（ワット・サケット）近くのマハーカーン砦（→P.91）とこのプラ・スメーン砦は残された。砦周辺はサンティチャイ・プラーカーン公園として整備されており、バックパッカーや地元の人々の憩いの場となっている。

第7代王を記念する
プラチャーティポック王（ラーマ7世）博物館　★★
King Prajadhipok Museum　MAP P.69-D3

2002年12月にオープンした、現チャクリー王朝第7代プラチャーティポック王を記念する博物館。幼年時代から青年期、即位を経てイギリスへと移住し1941年に客死するまでの王の業績を、豊富な資料を使って展示している。古い時代の写真も多く、興味深い。

タイ民主化の象徴
民主記念塔　★
Democracy Monument　MAP P.68-C3～69-D3

1932年6月24日に起こった立憲革命を記念して建てられた。建造したのは当時のピブーン内閣。高さ24mの4つの塔には、革命についてのあらましがレリーフで描かれている。大きなロータリーの中央にある。

羽根のような塔が4本建てられている

外国人向け安宿街は今やタイ人の観光名所
カオサン通り（カーオサーン通り）　★★★
Khao San Rd.　MAP P.68-C3、P.85-D4～E5

裏道にまでびっしりと安宿が並ぶ、世界に名だたるバックパッカーの聖域。旅行者目当てに旅行会社やレストランなどがひしめき合い、ひとつの町を形成している。おしゃれなカフェやパブ、ショップなども多く、タイの若者にも人気の場所となっている。

世界とタイの硬貨の歴史を体験型展示で知る
コイン博物館　★★
Coin Museum Treasury Department Thailand　MAP P.84-C5

カオサン通り近くに2014年にオープンした博物館。硬貨がなぜ誕生したのか、どのように作られたのかなど通貨の起源と、タイや世界の硬貨の歴史を展示している。映像に合わせて風が吹き床が揺れる体感型シアターで通貨の起源が学べる。

重さの対比に使う例が現代的

タイ人画家の絵画を多数展示
国立ギャラリー
The National Gallery
MAP P.84-B4〜C4 ★

プラ・ピンクラオ通りPhra Pinklao Rd.を挟んで国立劇場の斜め向かいにある、古い西洋建築を利用したギャラリー。タイ人芸術家による近・現代の絵画を中心とした芸術作品を展示している。

前国王の作品も展示されている

タイの仏教美術史が概観できる
国立博物館
National Museum
MAP P.68-B3、P.84-A5 ★★

バンコクの国立博物館はラーマ5世時代の1874年に王宮内に設置され、1887年に現在の場所に移転した。この建物自体は副王のための宮殿だったもので、ラーマ5世の時代に副王制度が廃止され、博物館として利用されることになった。タイ国内にある博物館のなかでも最大級で、先史時代から近代にいたるまでの美術品や出土品が、年代を追って整然と陳列されている。広い敷地の中に展示館が並んでおり、ざっと見ても1時間はかかってしまう。古いものでは、タイ東北部の世界遺産バーン・チアン（→P.357）から発掘された出土品が必見。それ以降の展示品についてはコラム「タイの美術史概観」（→P.547）を参照。

特に目立った展示品を挙げると、ドヴァーラヴァティのものでは、如来立像などに当時の様式の特徴が表れている。また、石の法輪は仏陀が初めて行った説法を象徴するものと捉えられている。シュリーヴィジャヤのものではチャイヤー（→P.392）の遺跡から発掘された観音菩薩像が知られている。ロップリー（→P.182）のものでは青銅像やガルーダ像などが有名だ。スコータイ（→P.301）のものでは、タイの独創的仏像である遊行仏が目を引く。

こうして館内の展示品を見終わってみると、タイの美術が仏教とのかかわりのなかで育まれ、この国にとって宗教がどれほど重要な位置を占めているのかが実感できる。

国立ギャラリー
- 4 Chao Fa Rd.
- 0-2282-2639
- www.virtualmuseum.finearts.go.th/nationalgallery
- 水〜日9:00〜16:00
- 月・火・祝
- 200B（外国人料金）
- カオサン通りから徒歩4分。

国立博物館
- Na Phra That Rd.
- 0-2224-1333
- www.museumthailand.com
- 水〜日9:00〜16:00（入場は15:30まで）
- 月・火
- 200B（外国人料金）
- ワット・プラケオから徒歩8分。

日本人ボランティアによる無料ガイドツアー
国立博物館では毎週水・木曜9:30〜11:30に、日本人ボランティアによるガイドツアーが行われている。ブッダの生涯を描いた壁画や仏像などの宗教美術、伝統工芸品を案内付きで見学できる。ツアーに参加する場合は、9:25までに入場券売り場前に集合すること。
- www.mynmv.com/copy-of-japanese-1

タイ全土の仏教美術品が集結

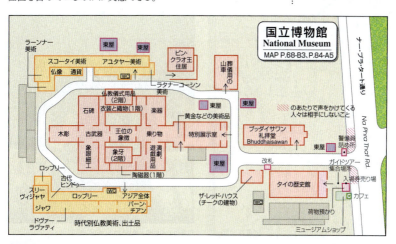

タイプチ情報 ワット・ラーチャボピット（→P.92）は美しいタイルの装飾や円形の回廊などが写真映えするので人気がある。センス・オブ・タイ（→P.129）で衣装を借りたと思われる外国人の姿も多い。

バーンラムプー博物館

- Phra Sumen Rd.
- 0-2629-1850
- IG pipit_banglamphu
- 火～日10:00～18:00 休 月
- 100B（外国人料金）
  入口で靴を脱いで入館すること。
- 行き方 カオサン通りから徒歩8分。

バンコクでも由緒正しい地域の文化を紹介 ★★
バーンラムプー博物館
Pipitbanglamphu

MAP P.85-D1

พิพิธบางลำพู

バンコクのなかでも歴史があり由緒正しい地域が、カオサン通り近くのバーンラムプー。このエリアの文化を紹介する博物館がここ。中国系、マレー系など多様な民族や文化を受け入れてきたタイの懐の深さも感じられる。

展示の中に入ることもできる

トンブリー地区

チャオプラヤー川の西岸に広がるこの地区は、チャクリー王朝がバンコクに遷都する以前の1767年から1782年にかけて、タークシン王により都がおかれていた。

ワット・パクナーム

- 0-2415-3004
- F Watpaknam.bkk
- 毎日8:00～18:00 料 無料
- 行き方 MRTブルーラインのBL33バーン・パイ駅1番出口から徒歩8分。モーターサイは10B。

神秘的な仏塔で瞑想を ★★
ワット・パクナーム
Wat Paknam

MAP P.96-B、折込裏-A5

วัดปากน้ำ

タイでは有名な高僧の故プラ・モンコン・テムニー師にゆかりの名刹。パーシーチャルーン運河沿いにあり、境内に祀られた師の坐像にお参りする人が引きも切らない。白亜の仏塔内部に描かれた、神秘的な天井画が外国人旅行者に大人気（→P.24）。仏塔隣にタイ最大の仏像も完成。

黄金の仏像は高さ69m

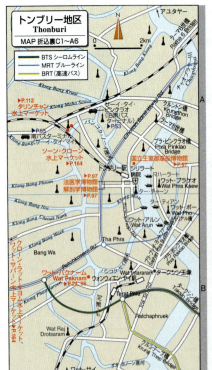

仏塔内の小仏塔と神秘的な天井の仏画

きらびやかな細工の船が並ぶ
国立王室御座船博物館
Royal Barge National Museum

MAP P.68-A3

พิพิธภัณฑ์เรือพระราชพิธี

王室専用船の艇庫。保管されている船には、まばゆい細工が施されている。そのなかでも最も重要とされているのが国王専用の御座船、ルア・ホン（スパンナホン）だ。全長46.15m、ラーマ6世の時代に造られた船で、50名の漕ぎ手を必要とする。舳先にはバラモン教の神ブラフマーが移動に使ったホンと呼ばれる神話上の聖鳥がかたどられている。

タイの伝説をモチーフにしている船首像

医学に関する展示室
シリラート病院内の博物館
Museums in Siriraj Hospital

MAP P.68-A3

พิพิธภัณฑ์ในโรงพยาบาลศิริราช

王族も利用するシリラート病院内に、医学の博物館が数ヵ所ある。なかでも法医学博物館と解剖学博物館は、タイ人だけでなくなぜか日本人にも人気がある。

法医学博物館
Songkran Niyomsane Forensic Medicine Museum

拳銃で射り抜かれた頭蓋骨や切断された腕、交通事故被害者の血まみれの写真など、何らかの犯罪や事故にかかわり、法医学による鑑定が必要だった資料や保存処理された遺体が、館内に多数展示されている。

旧トンブリー駅舎を利用したクロニクル博物館

解剖学博物館 Congdon Anatomical Museum

タイ現代解剖学の父ともいわれるコンドン教授の研究室。神経系や消化器などの内臓標本や病理標本のほか、シャム双生児や水頭症の子供、異常胎児から大人まで、ホルマリン漬けになった遺体が数十体も並んでいる。

解剖学博物館入口

国立王室御座船博物館
- 80/1 Arun Amarin Rd.
- 0-2424-0004
- 毎日9:00～17:00
- 100B（外国人料金）、写真撮影料100B、ビデオ撮影料200B
- チャオプラヤー・エクスプレス・ボートN12プラ・ピンクラオ船着場から徒歩7分。

シリラート病院
- www.si.mahidol.ac.th/siriraj museum/siriraj-museum-en.html
- N10ワンラン船着場から徒歩5分。

法医学博物館
- 水～月10:00～17:00
- 火・祝　200B

外科病棟の建物2階。1階入口に受付があるので、そこで「ビジター」のプレートをもらい胸に付けてから入館すること。寄生生物学博物館、病理学博物館、タイ薬学歴史博物館も併設されている。

解剖学博物館
- 水～月10:00～17:00
- 火・祝
- 無料

シリラート病院解剖学研究棟（古い建物）3階の右側突き当たり。

タイプチ情報　サーン・ラク・ムアン（→P.93）の南側にある通りには、線路が残っている。これは1960年代まで運行されていた路面電車の路線跡で、チャルーンクルン通り方面から延びていた。

Column

チャオプラヤー川沿いのマーケット

ワット・プラケオ周辺のチャオプラヤー川沿いには、地元の人たちに人気のマーケットがいくつもあり、毎日にぎわっている。寺院観光のついでに、足を運んでみよう。

大量に並ぶタイのお守り
ター・プラ・チャン市場
Talat Tha Phra Chang
MAP P.68-B3〜B4

ワット・マハータート近くにあるプラ・チャン船着場（ター・プラ・チャン）周辺はショップや飲食屋台が集まるター・プラ・チャン市場。ここでおもに扱われているのは、タイ人が好んで身につける、仏像などをかたどったお守り（プラ・クルアン）。マハーラート通りとチャオプラヤー川を結ぶ細い路地や、その奥のチャオプラヤー川と並行した路地に店が並んでおり、小さなお守りから仏像、素人目にはアンティークなのかガラクタなのか判断もつかないような、雑多な品々が並んでいる。

マハーラート通りにはサムンプライ（タイの本草学）に関するショップも多く、伝統的なハーブを使ったサプリメントやマッサージオイルなどが売られており興味深い。

屋根付きの中庭にも屋台風の飲食店が出るター・マハーラート

地域の生活に密着
ワンラン市場 Talat Wang Lang
MAP P.68-A3〜A4

シリラート病院内にある法医学博物館などへ行く際に利用する渡し船のワンラン船着場の建物から、南のワット・ラカンに向かって延びる細い路地には、スナックや衣類の屋台、食堂がぎっしりと並び、ワンラン市場と呼ばれている。

履き物や女性用の下着まで売られている

お守りはケースに入れてネックレスのように首にかける

モダンなプチ・モール
ター・マハーラート Tha Maharaj
MAP P.68-A4〜B4

チャオプラヤー・ツーリスト・ボートが発着するマハーラート船着場周辺を再開発して、2階建てのビルにカフェやレストラン、タイ雑貨のショップなどを集めたのがター・マハーラート。スターバックスなどのカフェでひと休みできるし、おなかがすいた人にはシーフードのおいしいレストラン、サボイ・シーフード・コー（→P.138）の支店もある。

おしゃれカフェと乾物市場
ター・ティアン市場 Talat Tha Tien
MAP P.68-B5

ワット・ポー最寄りのター・ティアン船着場南側の一画は、マハーラート通りに面して2階建てのショップハウスになっており、おしゃれなレストランやカフェが並ぶ。数ヵ所ある通路から中へ入ると、表の雰囲気とはまったく異なる、古くからある乾物の市場。スルメや干し貝柱、魚の干物などを扱う店が集まり、独特かつ日本人にはなじみ深い香りが周囲に漂っている。

ター・ティアン市場近くにあるブルー・ホエール・ローカル・イータリー（→P.139）の青いラテ

エリア別バンコク見どころガイド

タイを動かす政治の中心は緑豊かな都会のオアシス
ドゥシット地区周辺
เขตดุสิต

🐘 行政府庁舎が並ぶ官庁街と古い町並み

ドゥシット地区はタイ国行政の中心となるエリア。前国王の一家が住む王宮や国会議事堂、首相府、国連機関、各種政府庁舎が集まっている。幅の広い大通りが何本も交差し、見どころも点在しているので、移動にはタクシーを活用しよう。ショップやレストランはほとんどないのでそのつもりで。北部は古い住宅街。

🚌 行き方
BUS 戦勝記念塔から28、72、515番。プラトゥーナームから99番。
BOAT チャオプラヤー・エクスプレス・ボートのN15テーウェート、N14プラ・ラーム・ペート船着場から徒歩。

タイの中のヨーロッパ
アナンタ・サマーコム宮殿（旧国会議事堂） ★ MAP P.69-E1
Anantha Samakhom Palace
พระที่นั่งอนันตสมาคม

並木の美しいラーチャダムヌーン・ノーク通りRatchadamnoen Nok Rd. の突き当たりに、堂々とそびえる大宮殿。1907年にラーマ5世の命により着工され、1915年ラーマ6世の時代に迎賓と国家行事用の宮殿として完成した。大理石寺院として名高いワット・ベーンチャマボピットと同素材のイタリア産大理石を外壁に用い、モダンな彫刻が施されている。建築物と周囲を取り巻く庭園は、華麗なルネッサンス様式で統一され、まるでヨーロッパの都市に迷い込んだかのような錯覚さえ起こさせる。さらに内装やドーム状になった天井部分にもラーマ6世までの歴代王をたたえるフレスコ画が掲げられ、凝った造りとなっている。この絵は洋風のタッチでタイの風俗が描かれたもので、イタリア人画家のガリレオ・チニの作品を見初めたラーマ5世が、彼をバンコクに呼んで描かせたもの。

アナンタ・サマーコム宮殿
☎ 0-2628-6300
🚌 近くを通るバスは70番。
2023年2月現在、一般の入館は不可。
1932年に起きた立憲革命以後、国会議事堂として使われてきたが、隣に新国会議事堂が建設されたため、現在は王室行事に使用されている。

ここだけヨーロッパの雰囲気

白い大理石の境内がまぶしい
ワット・ベーンチャマボピット（大理石寺院） ★★ MAP P.69-E2～F2
Wat Benchamabophit
วัดเบญจมบพิตร

1899年、ラーマ5世によって建てられた王立寺院。屋根を除いた建物のほとんどが大理石でできているため、「大理石寺院」とも呼ばれている。ここに使われている大理石は、イタリアのトスカーナ州カッラーラ市から運ばれてきたもの。屋根には通常とは焼き方の異なる鮮やかなオレンジ色の瓦が使用され、金張りの窓にはステンドグラスがはめ込まれている。ラーマ4世の王子でタイ欧折衷様式に強いナリッサラーヌワッティウォン親王や、当時タイに招かれていたイタリア人技師が設計に携わった。左右対称に建てられた本堂には、北部ピッサヌロークのワット・プラ・シー・ラタナー・マハータート（→P.300）にある、タイで最も美しいといわれる仏像を模した青銅製の仏像が安置されている。この台座の中には、建立者でもあるラーマ5世の遺骨が納められている。

本堂を取り巻く回廊には世界各地の様式の仏像が並べられており、さながら仏像博物館のような雰囲気。骨と皮ばかりになった仏陀を表したガンダーラ仏や、日本の仏像もある。

ワット・ベーンチャマボピット
🏠 69 Rama 5 Rd.
☎ 0-2628-7947
🕐 毎日8:00～17:00
💰 50B（外国人料金）
🚌 近くを通るバスは5、16、23、72、157、201、503番。

純白とオレンジの対比が美しい大理石寺院

さまざまな仏像が並べられた回廊

タイプチ情報 プラ・スメーン通りを中心に、チャオプラヤー川沿いに遊歩道が設けられている。行き交う大小さまざまな船を眺めながら、ここを散策するのも楽しい。

ワット・イントラウィハーン
- 住 144 Wisut Kasat Rd.
- TEL 0-2628-5550
- 営 毎日8:00～18:00
- 料 40B（外国人料金）
- 行き方 近くを通るバスは6、30、43、49番。

巨大な仏像が周囲を見下ろす

ラーマ5世騎馬像
- 行き方 近くを通るバスは70番。

広い通りの中央に屹立している

ラーチャダムヌーン・ボクシング・スタジアム
- 行き方 近くを通るバスは49、53、503番。夜はタクシーを利用しよう。

ボーベー市場
- 営 毎日8:00～17:00頃
- 行き方 近くを通るバスは53番。センセープ運河乗合ボートのタラート・ボーベー船着場からすぐ。

運河沿いにあるボーベー市場

黄金の巨大仏像がある
ワット・イントラウィハーン
Wat Intrawiharn ★★ MAP P.69-D2

金箔で覆われたつま先に花が供えられる

高さ32mの立仏像で有名な寺院。この仏像は1867年、ルアン・ポー・トーという高僧によって建立された。仏像の足元には常に献花が絶えない。境内には瞑想用の建物があり、その中にルアン・ポー・トーの瞑想する像が置かれている。まるで生きているかのようなリアルな造形に驚くはず。

あまねく敬愛されている王の像
ラーマ5世騎馬像
Statue of Rama V ★ MAP P.69-E1

アナンタ・サマーコム宮殿前の広い通りの中央に堂々と立っている巨大な像は、ラーマ5世の即位40周年を記念し、王が外遊の際にパリで鋳造したもの。作者はフランス人彫刻家ジョルジュ・ソーロ。建造費用は同王の功績をたたえる市民の寄付金で賄われた。タイの近代化に貢献した名君として名高いラーマ5世は今でも敬愛されており、お参りに来る人が絶えない。特に10月23日の命日（祝日）には周辺が花輪などで埋まる。ラーマ5世の銅像はこのほかに、ワット・ベーンチャマボピットやチュラーロンコーン大学にもある。

バンコクに2ヵ所あるムエタイ・スタジアムのひとつ
ラーチャダムヌーン・ボクシング・スタジアム
Ratchadamnoen Boxing Stadium ★★ MAP P.69-E3

タイで盛んなスポーツ、ムエタイの行われるスタジアム。バンコクに2ヵ所ある常設ボクシングスタジアムのひとつで、1945年に創設された。こちらは王室系のもので、郊外に移転したルムピニー・ボクシング・スタジアム（→P.115）は陸軍系。選手の実力に差はないが、格はこちらのほうが若干上とされる。毎週日・月・水・木曜に開催している。詳しくは→P.115。

週に4日熱い戦いが繰り広げられる

安価衣類の大市場
ボーベー市場
Talat Bo Bae ★ MAP P.69-F4

喧嘩市場とも呼ばれる、活気にあふれる衣料品の市場。近くにあるプリンス・パレス・ホテルのショッピングアーケードと合わせて、廉価衣料品の巨大なマーケットになっており、海外から買い付けに来ている外国人バイヤーの姿も多い。

エリア別バンコク見どころガイド

パワフルな活気が町全体を包むタイの中の中国

チャイナタウン

🐘 足が棒になるまで歩き倒してみたくなる町

通りに突き出す看板、金を扱う金行、漢方薬店、フカヒレのレストラン、雑多な商店、中国寺院など、タイにありながら中国文化の香りが濃いこのエリア、町歩きの好きな人にはいくら時間があっても足りないはず。

活気あふれるチャイナタウンの中心街
ヤオワラート通り ★★
Yaowarat Rd.　　　MAP P.75-D1〜E2

チャイナタウンの中心を、まるで獅子舞の獅子のように緩やかにうねりながら貫くヤオワラート通りYaowarat Rd.。バンコク中華街の代名詞ともなっているこの通り沿いには、金を売買する金行がずらりと軒を連ねている。華人だけでなくタイ人も、預貯金代わりに金製品のアクセサリーを身につける習慣があり、どの金行も金製品を売り買いする人々でにぎわっている。特にヤオワラート通り周辺の大きな店は信用が高いので人気がある。また夜になれば周辺には屋台も多く出現し、毎晩大変なにぎわいを見せる。フカヒレや燕の巣を食べさせる屋台が出るのもチャイナタウンらしい。おいしいレストランも多い。

中国系の人々に大人気の黄金仏
ワット・トライミット ★★
Wat Trimit　　　MAP P.75-E2〜F2

新築のお堂に安置されている黄金の仏像で名高い寺院。この仏像は、高さ3m、重さ5.5t、純度60％の金で鋳造されている。もともとは市内の廃寺に置かれていたこの仏像、ワット・トライミットに移転が決まるまでは全体が漆喰で覆われていた。1953年の移転の際、クレーンでつり上げたもののあまりの重さに作業がはかどらなかったため、外に置き去りにされて雨中にひと晩さらされてしまった。翌朝再び作業を開始しようとした関係者は、雨で剥がれた漆喰から金色の光がのぞいているのを発見。漆喰を剥がしてみると、中からまぶしく輝く黄金の仏像が出現した。ビルマ軍の略奪を避けるために漆喰で覆われていたと思われる黄金の仏像は、こうして長い眠りから目覚めたのだった。この逸話に御利益を感じるのか、東南アジアのみならず中国本土からも、毎日大勢の中国人が参拝に押し寄せる。

「みにくいアヒルの子」のような伝承をもつ黄金仏

行き方

MRT ブルーラインのBL29ワット・マンコーン駅から徒歩すぐ。BL28フアラムポーン駅から徒歩約10分。
BUS 戦勝記念塔から204、542番。プラトゥーナームから73番。スクムウィット通りから25、40番。チャルーン・クルン通りから1、75番。ウォンウィエン・ヤイから4、7、85、169、529番。
BOAT チャオプラヤー・エクスプレス・ボートのN5ラーチャウォン船着場から徒歩。

ヤオワラート通り
行き方 MRTブルーラインのBL29ワット・マンコーン駅1番出口から徒歩3分。

バンコクの中心に広がる中華世界

ワット・トライミット
📍 661 Charoen Krung Rd.
📞 0-2623-1226
🕐 毎日8:00〜17:00（4階にある黄金仏の拝観とお堂内の2〜3階にある博物館）
💰 黄金仏拝観料100B。お堂内の博物館100B（いずれも外国人料金）。境内は無料。
行き方 MRTブルーラインのBL28フアラムポーン駅1番出口から徒歩5分。近くを通るバスは1、4、25、501、507、529番。

旅のヒント

お堂の中の博物館
黄金仏が置かれているお堂には、ワット・トライミットの歴史とバンコクのチャイナタウンに関する博物館も併設されており、見応えがありおもしろい。

タイプチ情報 バンコクの国立博物館（→P.95）は、タイ国内にある博物館でも最大級で、展示物も充実している。タイの歴史や文化に興味がある人なら、訪れて損はない場所。

ワット・ラーチャブーラナ
- 住 119 Chakraphet Rd.
- 電 0-2221-3936
- 駅 Watliab
- 開 毎日6:00～18:00
- 料 無料
- 行き方 近くを通るバスは1、73、529番。チャオプラヤー・エクスプレス・ボートのN6サパーン・プット船着場から徒歩5分。

金閣寺をモデルにした日本人物故者納骨堂

牌楼
- 開 毎日24時間
- 料 無料
- 行き方 MRTブルーラインのBL28ファラムポーン駅1番出口から徒歩6分。

色鮮やかな牌楼

イサラーヌパープ通り
- 開 毎日早朝から夕方まで
- 行き方 MRTブルーラインのBL29ワット・マンコーン駅3番出口から徒歩すぐ。

旅のヒント
押し寄せる変化
チャルーン・クルン通り周辺はMRTブルーラインの延伸にともない、再開発が進んでいる。これをきっかけにチャイナタウン周辺のノスタルジックな雰囲気も、ガラリと変わってしまうかもしれない。

クロントム
金～日曜の夜に出る露店は、タラート・ムート（闇の市場）とも呼ばれる。
- 行き方 MRTブルーラインのBL29ワット・マンコーン駅3番出口から徒歩7分。近くを通るバスは15、35、40、47番。

昼間は工業製品が売られている

日本人納骨堂がある
ワット・ラーチャブーラナ
Wat Ratchaburana

MAP P.74-C1

高い屋根と細い柱が印象的なワット・ラーチャブーラナ

アユタヤー王朝末期に建立された寺院で、境内に日本人物故者の納骨堂がある。この納骨堂は金閣寺を模して1933年に建てられたもの。高野山から来た僧が管理しており、1895年以来、タイで亡くなった日本人が祀られている。また、ここには名古屋の八事にある日泰寺から1934年に運ばれた、鎌倉時代の木彫坐仏像も安置されている。

ヤオワラート観光地化の象徴
牌楼（中華門）
Gate of China Town

MAP P.75-E2

ワット・トライミットの向かい側にあるロータリーの中央に、華麗な牌楼が建てられている。前国王が72歳になったのを記念して、1999年の5月に中国系の住民が建てたものだ。現王朝と華人の結びつきは深く、タイの経済は古くから華人抜きに語ることはできなかった。現在でも政財界の実力者はほとんどが華人だ。そんなタイ華人の総本山ともいえるバンコクの中華街は、それまで特に中華色を押し出すようなことはなかったが、この牌楼が建てられた頃から道路標識には英語で「CHINA TOWN」の表示が入り、案内看板も整備され、観光資源として見直されつつある。案内看板にはチャイナタウン歩きのモデルコースと簡単な解説も掲示されている。

細い通り全体が生鮮食料品店街
イサラーヌパープ通り
Itsaranuphap Rd.

MAP P.75-E1

見たこともないような食品も売られているイサラーヌパープ通り

チャルーン・クルン通りとヤオワラート通りを結ぶこの細い路地は、両側にぎっしり食料品の店が並んでおりまるで細長い市場。そこを大勢の買い物客、荷物を載せた台車、配達の単車がひっきりなしに行き交い、ぼんやり歩いているとすぐ何かにぶつかってしまう。魚介類や肉類、野菜や果物のほか、見慣れない加工食品も多い。

これがホントの泥棒市場？
クロントム（泥棒市場）
Khlong Thom

MAP P.69-D5

このエリアの核となるのはクロントム・プラザと呼ばれるデパートで、それこそひと昔前の秋葉原のような雰囲気。さまざまな雑貨が売られており、値段も安め。周辺では普段はバイクの部品や電気製品などが売られているが、金～日曜の夜のみ路上にズラリと謎の露店が並ぶ。どこから入手してきたのか、誰が買うのかと不思議になるようなガラクタが、路上で売られている。

中華街の歴史を知る
ロン1919
Lhong 1919

MAP P.75-E2

バンコクのチャオプラヤー川岸は、ラーマ4世時代の19世紀末に中国から移民してきた華人貿易商がオフィスや倉庫を建設し、貿易の中枢として栄えた。再開発もされず廃墟となって放置されていたそれらの古い施設のひとつが再生され、往時の文化や様子を伝える観光複合施設としてよみがえった。チャオプラヤー川に面して中国式の2階建てが細長いコの字形に立ち、最も奥の部分には廟と、往時のオフィスの様子が再現されている。左右両側の1階部分にはショップやカフェがあり、ひと休みできる。2階は壁画の修復作業が進行中で、アーティストが壁画を再生していく様子も見学できる。

美しく整備された中庭

チャイナタウンのど真ん中
7月22日ロータリー
July 22 Rotary

MAP P.75-E1

ヨーロッパ全土を巻き込んだ第1次世界大戦で、タイ(当時の国名は「シャム」)の国王ラーマ6世は国際社会への参画も企図して1917年7月22日に参戦を決意。それを記念し、チャルーン・クルン通りの北側にあった通りを7月22日通りと命名した。その後通りの中心に大きなロータリーが建設され、それが現在の「ウォンウィエン・イーシップソーン・カラッカダーコム(7月22日ロータリー)」となった。ロータリーの中央は緑と噴水の美しい公園になっている。周辺には古い旅社(商人宿風の安宿)が数軒あり、1990年代頃までの日本人個人旅行者はまずこのエリアを目指すことが多かった。昔バックパッカーだった中高年旅行者が懐かしげに立ち寄るエリアでもある。

野菜と花の大市場
パーク・クローン市場
Talat Pak Khlong

MAP P.74-B1〜C1

野菜、果物、花などを取り扱っている市場。タイ人の寺院参拝に欠かせないジャスミンの花も、ここが仕入れ先。24時間営業なのがバンコクらしい。すぐ隣にある橋のたもとにはラーマ1世の大きな座像があり、普段から献花が絶えない。夜になるとその公園の周囲に衣料品の露店がずらりと並び、タイ人の若者が集まる。

橋を利用した空中公園
チャオプラヤー・スカイ・パーク
Chao Phraya Sky Park

MAP P.74-C2

チャオプラヤー川に架かるプラ・ポックラオ橋には鉄道を通す計画があったが実現せず、空きスペースを利用した空中公園がオープンした。チャオプラヤー川を見渡せる絶景スポットとなっている。

橋の袂の公園から上がれる空中公園

ロン1919
- 248 Chiang Mai Rd.
- 09-1187-1919
- Lhong 1919
- 毎日8:00~22:00(ショップ、レストランは10:00~22:00)
- 無料
- チャオプラヤー・ツーリスト・ボートでLong 1919船着場利用。

7月22日ロータリー
- MRTブルーラインのBL29ワット・マンコーン駅3番出口から徒歩5分。谷恒生の小説「バンコク楽宮ホテル」で有名になった楽宮旅社(MAP P.75-F1)は2004年に閉鎖されてしまった。

7月22日ロータリーも夜は雰囲気が一変するので注意

旅のヒント
中国の文化を保ち続ける町
チャイナタウンの住人には潮州系の華人が多く、現在でも中国の文化を強く保ち続けている。毎年春の旧正月には、ヤオワラート通りを通行止めにして獅子舞が練り歩き、爆竹がそこかしこで鳴り響く。秋になればキン・チェー(齋。ベジタリアン・フェスティバル)が盛大に行われ、齋食の目印である黄色の看板や旗を立てた屋台があふれる。

パーク・クローン市場
- 近くを通るバスは1、25、73、529番。チャオプラヤー・エクスプレス・ボートのN6/1ヨートピマーン船着場からすぐ。

生花だけでなくお供え用に加工された花も売られている

チャオプラヤー・スカイ・パーク
- 毎日5:00~20:00
- 無料

タイプチ情報 ワット・パクナーム(→P.96)の大仏は仏塔に背を向けている。MRTブルーラインでバンコク中心方面からバーン・パイ駅に向かうと、ター・プラ駅を過ぎたあたりでこちらを向いた大仏が見える。

ミットラパン
行き方 MRTブルーラインのBL29ワット・マンコーン駅1番出口から徒歩4分。

パーフラット市場
行き方 MRTブルーラインのBL30サームヨート駅3番出口から徒歩6分。近くを通るバスは40、159番。

インドのサリーやパンジャビ・ドレスも仕立てられる

サムペン・レーン
行き方 MRTブルーラインのBL29ワット・マンコーン駅1番出口から徒歩6分。

小売り商が雑貨を仕入れに訪れる

信ずる者は救われる
ミットラパン
Mittraphan

MAP P.75-E1～E2

よいお守りはびっくりするような高値で取引される

仏像やプラと呼ばれるお守りが路上で売られているエリア。皆、拡大鏡を使い、真剣なまなざしで掘り出し物を探している。お守りだけでなく、片方だけの靴や羽根のない扇風機など、ガラクタとしか思えない品物も並べられている。

中国の隣にあるインド
パーフラット市場
Talat Phahulat

MAP P.74-C1

このあたりはインド系の住人が多く、インド人の服地屋が色鮮やかな布地を売っている。レストランや喫茶店もあり、インド風のカレーも食べられる。

狭い通りにひしめく無数のお店
サムペン・レーン
Sampheng Lane

MAP P.75-D1

バンコクに遷都されチャイナタウンが開かれた当時は、紅灯連なる歓楽街としてにぎわっていたといわれる狭い通り。現在では通りの両側に、びっしりと卸売りの店が並んでいる。おもちゃ屋、生地屋、洋服屋、靴屋など、衣や住に関する店が多い。飲食屋台も出る。

Column

チャイナタウン周辺の新潮流

古くからの繁華街ながら最新のモードからは取り残されていた感のあるチャイナタウン周辺で、この数年にわかに注目を集めだしたのがソイ・ナーナー（MAP P.75-E1～E2）とチャルーン・クルン通りのタラート・ノーイ周辺（MAP P.75-E2～F3）。古びたショップハウスを改装したバーやレストラン、カフェやギャラリーが次々に登場し、チャイナタウンで町歩きと食事以外の新たな楽しみを提供するエリアとして人気になっている。ここから少し南へ下ると、エンポリアムからバンコク中央郵便局の重厚な建物内に移転

TCDCは中央郵便局の中に移転

したTCDC（Thailand Creative & Design Center、MAP P.75-F4）と、対岸のザ・ジャム・ファクトリー（→P.105）をはじめウェアハウス30 Warehouse 30（MAP P.75-F3）などのアート系新スポットや小さなギャラリーを兼ねたバーなどがオープンし、古い住宅街に新感覚の店が入り交じったポップな状態を作り出している。
　繁華街に続々登場する奇抜な形の高層ビルや斬新なタイ・フュージョン料理などとともに、混沌としたバンコク的おもしろさを生みだしているエリアといえるだろう。

古い倉庫を改装したアートスポットのウェアハウス30

エリア別バンコク見どころガイド

歓楽街とビジネス街が背中合わせ

チャルーン・クルン通り、シーロム通り周辺

タイ経済の中枢をになうエリア

新旧の建物が大胆に併存するチャルーン・クルン通り

運河が主要な交通路だった水の都バンコクで、「馬車で走れる道路が欲しい」という外国人の要望に応じ、ラーマ4世が建設したバンコク最初の舗装道路がチャルーン・クルン通り。チャオプラヤー川沿いに延びるこの通りから、シー・プラヤー通りSi Phraya Rd.、スリウォン通りSuriwong Rd.、シーロム通りSilom Rd.、サートーン通りSathon Rd.と4本の大きな通りがプラ・ラーム・シー通りRama 4 Rd.まで延びている。シー・プラヤー通り周辺には古い町並みが残る。スリウォン通りとシーロム通り周辺は歓楽街で、ホテルやレストランが集まる旅行者向けのエリア。サートーン通りには高層オフィスビルが多く、近代的なビジネス街を形成している。

行き方

MRT シーロム駅から徒歩。
BTS シーロムラインのS6サパーン・タークシン駅、S3チョンノンシー駅、S2サーラーデーン駅から徒歩。
BUS 戦勝記念塔から17、547番。プラトゥーナームから77、164番。ウォンウィエン・ヤイから173、177番。
BOAT チャオプラヤー・エクスプレス・ボートのN3シー・プラヤー、N2ワット・ムアンケー、N1オーリエンテン、CENサートーン・タークシン船着場から徒歩。

旅のヒント

話題のカルチャースポット
渡し船のシー・プラヤー船着場対岸、クローンサーン市場の隣にあるザ・ジャム・ファクトリー The Jam Factory（MAP P.75-E3）は、古い製氷工場を改装して書店、カフェ、ギャラリーなどを併設したカルチャースポット。芝の植えられた広い中庭ではライブが行われたり、オーガニックフードのマーケットも開かれる。

雑然とした市場の隣にこんな落ち着いた場所がある落差もおもしろい

バンコクの中のヒンドゥー世界

ワット・マハー・ウマー・テーウィー ★★
Wat Maha Uma Devi　MAP P.76-A4

通称ワット・ケーク（インド寺）と呼ばれるヒンドゥー寺院。屋根全体に無数に飾られたインド的装飾の神像がすばらしい。境内には常に参拝者がささげた線香の煙が漂っており、独特の雰囲気だ。

建物全体に装飾が施されている

ワット・マハー・ウマー・テーウィー
住 2 Silom Rd.
TEL 0-2238-4007
開 毎日8:00〜20:00　料 無料
行き方 BTSシーロムラインのS5スラサック駅3番出口から徒歩9分。

船の形の仏塔が珍しい

ワット・ヤーンナーワー ★★
Wat Yannawa　MAP P.75-E5〜F5

チャオプラヤー川を遡るヨーロッパ諸国の近代的な大型船団を目の当たりにしたラーマ3世が、消えゆくジャンク船へのメモリアルとして建立したといわれる寺院。船をモチーフにして、内部に船室や甲板状の構造もある変わった形の仏塔がある。寺院自体の規模も大きく、本堂は巨大な建物。

消えゆくジャンク船の墓碑代わりに建立された

ワット・ヤーンナーワー
住 1648 Charoen Krung Rd.
TEL 0-2672-3216
開 毎日8:00〜20:00　料 無料
行き方 BTSシーロムラインのS6サパーン・タークシン駅4番出口、あるいはチャオプラヤー・エクスプレス・ボートのCENサートーン・タークシン船着場から徒歩すぐ。

タイプチ情報 シリラート病院（→P.97）は広く、敷地内の通りを一般道のように車が走行しているので、歩いて回る際は注意が必要。ところどころに博物館の案内看板が出ているので迷うことはないはず。

ワット・フアラムポーン
- 728 Rama 4 Rd.
- 0-2233-8109
- 毎日6:00～22:00
- 40B
- MRTブルーラインのBL27サムヤーン駅1番出口から徒歩すぐ。

タニヤ通り
- BTSシーロムラインのS2サーラーデーン駅1番出口からすぐ。MRTブルーラインのBL26シーロム駅2番出口から徒歩4分。

パッポン通り
- BTSシーロムラインのS2サーラーデーン駅1番出口から徒歩3分。MRTブルーラインのBL26シーロム駅2番出口から徒歩7分。

旅のヒント
タイで2番めに高いビル
BTSシーロムラインのS3チョンノンシー駅前にそびえる、独特の外観が目を引くビルはマハーナコーン（Mahanakhon MAP P.76-B4）。現在タイで2番めに高いビルで、77階建て、高さ314m。最上階のバーは入場料が74階のみなら850B、78階の床がガラス張りになったスカイウオークまでは1050B（ドリンク代等別）。

部分的に輪郭がギザギザになった外観が特徴

スネーク・ファーム
- 0-2252-0161～4
- www.saovabha.org/home
- 月～金9:30～16:00、土・日・祝9:30～13:00
- 蛇毒採取のデモンストレーション：月～金10:00～
- 蛇のハンドリングショー：月～金14:00～、土・日・祝11:00～
- 200B（外国人料金、チケット提示で当日何度でも入場可）
- MRTブルーラインのBL27サムヤーン駅2番出口から徒歩6分。

バンコクで徳を積むならここ
ワット・フアラムポーン
Wat Hualamphong

MAP P.76-B3

ラーマ4世通りとシー・プラヤー通りの交差するサムヤーン交差点に面した大きな寺院。バンコク市内にある寺院のなかでも御利益のあることで評判が高く、毎日たくさんの参拝客が訪れる。

建物も大きくきらびやか

日本語の看板だらけでびっくり
タニヤ通り
Thaniya Rd.

MAP P.76-C3

コロナ禍を乗り越え人出も戻りつつある

シーロム通りとスリウォン通りを結ぶ路地がタニヤ通り。通りの両側には日本食レストランや日本風居酒屋、客がほとんどが日本人のカラオケバーやクラブが並ぶ。看板も日本語ばかりで、それもやや古さを感じるようなネーミングが多い。

通りを埋め尽くす露店群とゴーゴーバー
パッポン通り
Phatphong Rd.

MAP P.76-C3

タニヤ通りの西に並行してあるのが、ゴーゴーバーが軒を連ねる歓楽街として名高かったパッポン通り。コロナ禍の直撃を受け毎日行われていたナイトバザールも一時期は壊滅状態だったのものの、2023年から徐々に復活。現在では通りに雑貨の屋台とビアガーデン風飲食屋台が出て、縁日のような雰囲気。屋台で売られているのはTシャツやムエタイパンツ、民芸品などいかにも雑貨類だけでなく、時計やバッグなどの偽ブランド品も堂々と並べられている。客引きは一切相手にしないこと。

復活後は飲食屋台も増えやや健全化？

毒蛇に関する知識を深める
スネーク・ファーム（タイ赤十字協会）
Snake Farm

MAP P.76-C3

蛇毒の血清などを研究する機関。このような毒蛇研究所としてはブラジルのものに次ぎ、世界第2の規模があるといわれている。入口から入ると正面にある建物の裏がスネーク・ファーム。毒蛇に関する知識の普及活動を兼ねた蛇毒採取のデモンストレーションと蛇のハンドリングショーが見学できる。ショー終了後は、蛇との記念撮影タイム。

蛇と一緒に記念撮影

広大な緑のオアシス
ルムピニー公園（スアン・ルム）
Lumphinee Park

MAP P.77-D3〜E3

総面積57.6万m²の、都心の大公園。噴水のある池や樹木に囲まれて、ひととき喧騒を忘れられる。朝はジョギングやエクササイズ、昼はのんびり散歩や昼寝とのどか。池には大トカゲもいて、さすが南国。夕暮れ時の雰囲気もいいが、暗くなってからは立ち入らないように。夜は公園を取り巻く歩道にも近寄らないほうがいい。

大きな池があり大トカゲもいる。ワニではないので安心

ルムピニー公園
- 毎日4:00〜21:00
- 無料
- MRTブルーラインBL26シーロム駅1番出口から徒歩すぐ。BTSシーロムラインのS1ラーチャダムリ駅2番出口、S2サーラーデーン駅4番出口から徒歩4分。

ナイトショッピングを楽しめるテーマパーク ★★★
アジアティック・ザ・リバーフロント
ASIATIQUE The Riverfront

MAP P.66-B5

チャオプラヤー川沿いにあった古い倉庫街を再開発して2012年にオープンしたエンターテインメント施設。広い敷地内には古い倉庫を模した建物が並び、その中には各種ショップがぎっしり詰まっていて、タイ雑貨やファッション雑貨、スパグッズなどが売られている。飲食施設はチャルーン・クルン通り沿いにファストフードなどのチェーン店が、チャオプラヤー川沿いにやや高級なレストランが並んでいる。ニューハーフショーのカリプソ・キャバレー（→P.116）、巨大観覧車のアジアティック・スカイなどもあり、ひと晩中楽しめる。

夜のショッピングならここへ

アジアティック・ザ・リバーフロント
- 2194 Charoen Krung Rd.
- Asiatique The Riverfront
- 毎日17:00〜24:00
- BTSシーロムラインのS6サパーン・タークシン駅4番出口から徒歩30分。もしくはCENサートーン・タークシン船着場から無料のシャトルボート（16:00〜23:30）かチャオプラヤー・エクスプレス・ボートのブルーライン（16:30〜18:30、50B）利用でエーシアティック船着場へ。チャルーン・クルン通りを走る1番のバス（赤バスとオレンジのミニバス両方あり）も利用できる。

観覧車のアジアティーク・スカイは1回300B

バンコク　チャルーン・クルン通り、シーロム通り周辺

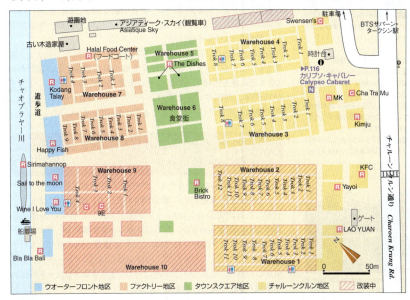

タイ プチ情報　古い町並みが残っていても、その周辺で再開発もどんどん進むのが今のバンコク。乾物市場として名高いター・ティアン市場（→P.98）も再開発の波が忍び寄っており、今後どうなるのかは不明。

107

エリア別バンコク見どころガイド

大型ショッピングセンターが集まる買い物エリア

サヤーム・スクエア、ラーチャダムリ通り周辺

行き方

BTS CENサヤーム駅、スクムウィットラインのE1チットロム駅、シーロムラインのS1ラーチャダムリ駅から徒歩。

BUS 戦勝記念塔から17、34、36、164、177、547番。

ジム・トンプソンの家
- 6 Soi Kasem San 2, Rama 1 Rd.
- 0-2216-7368
- www.jimthompsonhouse.com
- 毎日10:00〜18:00
- 200B（22歳未満の学生100B）内部はガイドツアーで見学する（ツアーの最終は17:00）。日本語ガイドもある。毎週火曜の午前中には日本人ボランティアが日本語ガイドを担当。家の内部は撮影厳禁。敷地内にショップとカフェ、レストランがある。
- 行き方 BTSシーロムラインのW1ナショナル・スタジアム駅1番出口から徒歩3分。

スアン・パッカート宮殿
- 352 Sri Ayutthaya Rd.
- 0-2245-4934
- 毎日9:00〜16:00
- 100B（外国人料金、うちわ付き）中は静かで休憩用の椅子もあり、のんびりできる。
- 行き方 BTSスクムウィットラインのN2パヤー・タイ駅4番出口から徒歩4分。

宮殿の建物は2階部分が回廊で連絡している

買えないものはないショッピング天国

プラトゥーナーム周辺のショッピングエリア

ラーチャダムリ通りRatchadamri Rd.からサヤーム・スクエアSiam Square周辺にかけての一帯は、大型デパートや巨大な市場が集まるバンコク随一のショッピングエリア。安物衣類から超高級ブランド品まで何でも揃う。

タイシルク王が暮らした伝統建築
ジム・トンプソンの家
The Jim Thompson House ★★★
MAP P.80-A3、P.161-A1

家の中はガイドツアーで見学する

タイシルク王として知られるアメリカ人、ジム・トンプソン。彼が生前住居としていた家が博物館として公開されている。建物は、チーク材を用いたタイ伝統様式の古い家屋6軒分を使い、組み立て直したもの。館内の展示品に目をやれば、すばらしい古美術のコレクションが並んでいる。建具や調度品なども、各地の古い建物から調達した逸品ばかり。周辺諸国の仏像や絵画、陶磁器など、貴重なコレクションだ。

もとはといえば、CIAの前身の諜報機関に所属していたという経歴をもつこのシルク王。第2次世界大戦の終戦直後にこの国にやってきてその後も居残り、タイシルクの事業化に成功を収める。ところが1967年、休暇中に訪れたマレーシアのキャメロン・ハイランド山中で謎の失踪を遂げ、行方はいまだわかっていない。

のんびりできる都会の中の穴場
スアン・パッカート宮殿
Suan Pakkad Palace ★★
MAP P.80-B1〜C1

ラーマ5世の孫に当たるチュンポット殿下夫妻が迎賓用として建てたタイの伝統的家屋が、一般公開されている。建物内には夫妻の収集した古美術品のコレクションが展示され、入場料は新進芸術家のための奨学金となる。庭の奥にある小さな建物は、アユタヤーから移築されたラッカーパビリオン。2軒の建物を組み直して入れ子のような形で1軒にしたもので、内側の壁には『ラーマーヤナ』から引用した話と、仏陀の生涯に起こったさまざまなエピソードが金彩の漆塗りの絵で見事に描かれている。

タイで最も御利益があるとされる祠
ターオ・マハー・プラマ（エーラーワンの祠）
Thao Maha Brahma ★★★

MAP P.80-C4

エーラーワン交差点の角は常に人であふれている。これはヒンドゥー教の神ブラフマーを祀ったターオ・マハー・プラマ（エーラーワンの祠）があるため。この祠はタイで最も御利益があるとされ、参拝者が絶えない。また、願い事が成就した人々によるお礼や願いがかなうよう奉納されるダンスが、この祠の前で頻繁に行われる。あでやかな衣装で舞うタイ伝統舞踊が無料で見られるとあって、観光客も多く訪れる。

恋愛にビジネスに御利益がある？ お参りスポット
プラ・トリームールティとプラ・ピッカネート
Phra Trimruti, Phra Phikkhanet ★★

MAP P.80-C3

ターオ・マハー・プラマ（エーラーワンの祠）と並んで、バンコクで人気の高いお参りスポットがこちら。ブラフマー、ビシュヌ、シヴァの三位一体像が祀られているプラ・トリームールティは恋愛成就に効き目があるとされ、特に木曜の21:30にお参りすると効果が高いといわれている。

プラ・トリームールティのお隣にあるプラ・ピッカネートには福々しくでっぷりと肥ったガネーシャ像が祀られている。こちらは金運のアップと、芸術面での成功に御利益があるらしい。

木曜夜には神頼みの女性で周囲が埋まるプラ・トリームールティ

渋谷や原宿にも例えられる若者の街
サヤーム・スクエア周辺
Siam Square ★

MAP P.80-A4〜B4

バンコクの若者に人気のショッピングタウンのなかでも、先駆的存在がこのエリア。西には巨大ショッピングビルのMBKセンター（マーブンクローン）とドンドンドンキが、東には高級ホテルのノボテルが、北には大型ショッピングセンターのサヤーム・センターとサヤーム・ディスカバリー、サヤーム・パラゴンがあり、これらに囲まれたサヤーム・スクエアにもたくさんの店が並んでいる。オリジナルデザインのショップも多く、けっこうセンスのいい品物がある。

中低層のショップハウス風ビルが並んでいたサヤーム・スクエアは再開発が進行中で、全体が大型ビルに建て替えられたブロックもある。2022年に完成したサヤーム・スケープは学習施設などが入った複合ビル。肩のようになった10階のテラスは入場無料の展望エリア。

週末は若者でごった返す

サヤーム・スケープの展望エリア

ターオ・マハー・プラマ
開 毎日6:00〜23:00
料 無料
行き方 BTSスクムウィットラインのE1チットロム駅6番出口から徒歩2分。

常にお参りの人が絶えないターオ・マハー・プラマ

プラ・トリームールティとプラ・ピッカネート
開 毎日24時間
料 無料
行き方 BTSスクムウィットラインのE1チットロム駅6番出口から徒歩7分。

いかにも金運がアップしそうな金ピカぶりのプラ・ピッカネート

サヤーム・スクエア
行き方 BTSサヤーム駅下車すぐ。

2014年にオープンしたサヤーム・スクエア・ワンにはレストランやショップが集まっている

タイプチ情報 国王が代替わりしてからドゥシット地区にある王室関連の施設は閉鎖や改装が相次いでいる。チーク材で建てられたウィマーンメーク宮殿は解体され、ドゥシット動物園は廃園されてしまった。

エリア別バンコク見どころガイド

外国人向けのホテル、ショップ、レストランが集まる
スクムウィット通り周辺

ถนนสุขุมวิท

行き方
MRT ブルーラインのBL22スクムウィット駅から徒歩。
BTS スクムウィットラインのE2プルンチット駅、E3ナーナー駅、E4アソーク駅、E5プロムポン駅、E6トンロー駅、E7エカマイ駅などから徒歩。
BUS 戦勝記念塔から38、513番。プラトゥーナームから38、511番。

カムティエン・ハウス
- 131 Asok Montri Rd.
- 0-2661-6470
- 火〜土9:00〜17:00
- 日・月・祝
- 100B
- BTSスクムウィットラインのE4アソーク駅3番出口から徒歩5分、MRTスクムウィット駅1番出口から徒歩すぐ。

タイの伝統的な生活を展示

旅のヒント
スクムウィットとスクンビット
タイ語表記を英語に置き換えたものを読んで「スクンビット」と発音、表記されることも多いが、「スクムウィット」のほうがより原音に近い。

ベーンチャシリ公園
- 毎日5:00〜21:00　無料
- BTSスクムウィットラインのE5プロムポン駅6番出口から徒歩すぐ。

ベーンチャキティ公園
- Ratchadaphisek Rd.
- 毎日4:30〜21:00　無料
- MRTブルーラインのBL23クイーン・シリキット・センター3番出口から徒歩6分。BTSスクムウィットラインのE3ナーナー駅2番出口からソイ6、ソイ4経由で徒歩12分。ルムピニー公園の北側、ソイ・サラシン沿いの歩道橋から続くサイクリングロード兼遊歩道でもアクセスできる。

通りをさまざまな人種、国籍の人々が行き交う

バンコクの中心から東へと延びるスクムウィット通りには、外国人向けのホテルやショップ、レストランが多い。各種グレードのホテルやレストランが立ち並び、さまざまな国籍の人々が行き交うエリア。昼間はコスモポリタン、夜は猥雑な活気にあふれている。

タイの昔の生活を知る
カムティエン・ハウス（サイアム・ソサエティ） ★★
Kamthieng House　MAP P.82-C2
เรือนคำเที่ยง

チェンマイを流れるピン川のほとりにあった19世紀中期の高床式の家を、移築して博物館にしたもの。館内には当時の生活様式がそのまま再現されており、素朴なタイ人の生活を知ることができる。1階土間には狩猟用具や農耕用具もある。また川の氾濫をあらかじめ想定して台所は2階に置くなど、生活の知恵がうかがえる。

穀物倉庫を利用した別棟はタイ北部に住む山岳少数民族展示館で、モーン、ヤオ、アカ、リス、カレンなど、山岳民族のカラフルな衣装や生活用具が展示されている。

都会に広がる大公園
ベーンチャシリ公園 ★
Queen Sirikit Park　MAP P.83-D4
อุทยานเบญจสิริ

シリキット王太后の還暦を記念して、1992年8月5日の5時55分にオープン。高層ビルが並ぶスクムウィット通りに広がる大きな公園は、朝夕にはジョギングやエクササイズ、昼には散歩と、さまざまな人が訪れて、思いおもいに過ごしている。

通りに面した部分には噴水もある

バンコク最大の自然公園
ベーンチャキティ公園 ★
Bencakiti Park　MAP P.82-A4〜A5
สวนเบญจกิติ

元タイタバコ公社の広大な敷地を再開発して誕生したのが、ベーンチャキティ森林公園。1991年に地方に移転したタバコ公社の跡地は長い間遊休地となっていたが、2008年にバンコク都に移管されたのを機にシリキット王太后（当時は王妃）の名前を冠した公園とし、各種の植物が植えられて季節折々の花々が楽しめる。

広大な緑のオアシス

エリア別バンコク見どころガイド

郊外の見どころはツアーで行くのが便利

バンコク郊外の見どころ

今に残るバンコクの原風景
アムパワー ★★★
Amphawa　　　　　　　　　　MAP 折込表-B6　อัมพวา

バンコク郊外にあるアムパワーは、運河の合流地点に発達した町。運河が道路のように使われていた古い時代のバンコクの趣を現在に伝える町として、近年にわかに人気が上昇。週末はおもにタイ人の観光客で大にぎわいとなる。おもな見どころは運河沿いに連なるショップと、運河に浮かぶ多数の食堂船。岸に設けられた階段や石段などに腰かけて、食堂船に注文した料理を食べるのが、タイ人風の楽しみ方。夕方出発するボートツアーは周辺の運河を回り、運がよければ木に集まった無数のホタルが一斉に点滅する様子を見ることができる。2008年には「ユネスコ文化遺産保全のためのアジア太平洋遺産賞」も受賞している。

運河沿いの細い道と水上を行き交う船がバンコクの原風景

列車が通るたびにたたんで広げて
メークローン市場（タラート・ロム・フップ）★★★
Talat Maeklong（Talat Rom Fup）　MAP 折込表-B6
ตลาดแม่กลอง ตลาดร่มหุบ

鉄道線路の上にまで並べられた生鮮食料品と、その上に差しかけられた日よけ。ここは廃線なのだろうか？　しかし遠くで警笛が聞こえると、周囲は突然慌ただしくなる。線路上の野菜や果物は脇へ寄せられ、日よけはよいしょと脇へたたみ込まれる。露出した線路の上を向こうからやってくるのはディーゼルカー。人々のすぐ脇を列車が通過すると再び日よけが広げられ、線路上に商品が並び、何事もなかったかのように市場が出現する。1日4往復、都合8回列車が通過するたびに折りたたまれる世にも珍しい市場だ。

この珍しい光景が人気を呼び、タイ人外国人を問わず毎日たくさんの旅行者が訪れて、人や建物、商品のすぐ横を走り抜ける列車の様子を見物している。その周囲で市場の人々が淡々と生鮮食料品を売り買いしているのもおもしろい。

人々のすぐ脇をかすめて通るディーゼルカー

アムパワー
開 金～日15:00～21:00頃。ほかの日時も散策できるが開いている店は少ない。
行き方 バスや鉄道でも行けるが本数が少なく現実的ではない。ホタルが見られるボートツアーを利用すると帰りのバスもなくなるので、バンコク発のツアー参加がおすすめ。

運河に浮かぶ船はほとんどが何かしらの商店船

メークローン市場
行き方 東バスターミナル（エカマイ。→P.53）からメークローン行きロットゥーで所要1時間30分、100B。サーイ・タイ・ピンクラオ（→P.53）からも便があるので、ロットゥーで戻る際はエカマイ行きかどうか確認すること。鉄道を利用する場合はウォンウィエン・ヤイ駅8:35発マハーチャイ駅9:28着の列車に乗りマハーチャイへ。駅近くの渡し船で対岸に渡りすぐの所にあるバーンレーム駅10:10発、メークローン駅11:10着の列車に乗り継ぐ。計20B。この列車が11:30発で折り返す際に市場が折りたたまれる様子が見学できる。戻りは前述のロットゥーでバンコクへ。列車の時刻は変更されることがあるので要確認。

普段はこのとおりの生鮮市場

注：郊外の見どころはツアー参加が便利。日本語が通じる旅行社の情報は→P.163

バンコク／スクムウィット通り周辺／バンコク郊外の見どころ

クレット島

行き方 プラトゥーナームから505番、BTSシーロムラインのS12、MRTブルーラインのBL34バーンワー駅から210番のパーククレット行きバスに乗り、終点近くにある寺院ワット・サナームヌア前で下車。車掌に「コ・クレット」と告げておけば降りる場所を教えてくれる。バスを降りたらワット・サナームヌア裏にある船着場から渡し船。タクシーならバンコク市内から200〜250B程度。

お菓子の製造直売

🧭 旅のヒント

クレット島へは週末に
平日はほとんどの店が閉まっているので、行くなら週末に。

ダムヌーン・サドゥアク水上マーケット

行き方 早朝に到着するためにはツアー参加が便利。自力で行くにはサーイ・タイ・ピンクラオ(→P.53) 56、60番乗り場からロットゥー利用。7:30〜17:00の間、30分〜1時間おきに出発。所要約1時間。マーケット内を回るには船をチャーターしなくてはならない。手こぎボートは定員2〜4人で30分500B。

タリンチャン水上マーケット

行き方 サヤーム・センター、セントラルワールド、BTSスクムウィットラインのN1ラーチャテーウィー駅近くのペッブリー通りなどから79番のバスで所要約30分〜1時間、19B。トンブリー側をしばらく走り、2車線の道路が1車線になって少し行くと左折する。その通りが丁字路に突き当たったら下車。左奥に延びる道がマーケットで、その先の運河に船や艀が浮かんでいる。戻りは丁字路近くのセブン・イレブン前から79番のバスに乗れる。

ボートツアー
料 79B

艀の上で食事を楽しむタイ人好みの趣向

伝統的なお菓子と焼き物の島
クレット島
Ko Kret

★★ MAP 折込表-C5

バンコクからチャオプラヤー川を遡った北の郊外にあるクレット島には、アユタヤーからバンコクへ遷都された際に移住してきたモン族が多く住む。伝統的なお菓子作りが有名で、週末には多くのタイ人観光客が訪れる。素焼きの壺や水がめも名物で、船着場の周辺にはお菓子の店や素焼きの容器を売る店が並んでいる。島は一周約7kmなので、その気になれば歩いて回れるが暑さに注意。船着場周辺にはレンタサイクル店があり、1日40B程度で借りられるので、サイクリング気分で楽しむこともできる。船着場の北にあるモン様式の白い仏塔は、クレット島のシンボル。

クレット島で売られているタイの伝統的なお菓子ルーク・チュップ

水上都市の風情を現代に伝える
ダムヌーン・サドゥアク水上マーケット
Damnoen Saduak Floating Market

★★ MAP 折込表-B6

バンコクから南西に約80km。ラーマ4世時代の1868年に造られたダムヌーン・サドゥアクの運河に、伝統的な文化の保護と観光客誘致のために政府が開発したのが、このマーケット。左右に熱帯の木々が茂る運河を、野菜や果物を載せた小船が水路狭しと往来する。声高らかに商売に励むのは、独特の帽子をかぶった働き者の女性たち。ピーク時にはこのような小船と観光客を乗せた船で運河は混雑し、活気あふれる風景が繰り広げられる。

マーケットは通常夜明け頃から14:00頃まで見られるが、最もにぎわうのは7:00〜9:00頃。午後は閑散としている。

活気がある水上マーケット

週末だけの観光水上マーケット
タリンチャン水上マーケット
Talingchan Floating Market

★ MAP P.96-A

週末のみオープンするこのマーケットは、観光客向けに開設されたもの。運河に浮かんだ艀の両脇に屋台船が並び、客は艀に設けられた席に着いて料理を注文するスタイル。シーフードをはじめとするタイ料理が楽しめる。マーケットの近くに設けられた舞台ではタイの伝統舞踊が行われ、こちらは見学自由。路上にも露店が並び、そちらもにぎわっている。バンコク市内から気軽に行けるので、タイ人にも人気が高い。ここを起点に周辺の運河を巡る2時間程度のボートツアーもあり、仏教寺院やオーキッドファームなどを見学する。

賢い象の芸を見よう
サームプラーン・エレファント・グラウンド＆ズー
Samphran Elephant Ground & Zoo ★★★ MAP 折込表-C5

ここの名物は広々としたグラウンドで行われる象の曲芸ショー。サッカーのPK合戦やダンス大会、戦争の再現などの出し物が次々に披露され、象の賢さを再認識させられる。

象を使った戦争の再現は大迫力

巨大なエーラーワン象の像に度肝を抜かれる
エーラーワン博物館
The Erawan Museum ★★★ MAP 折込表-C5

3つの頭をもつ巨大なエーラーワン象のモニュメントが異彩を放つ。このエーラーワン象は本体の高さ29m、台座も含めると43.6mあり、設立者の大富豪が自らの思想を世に広めようと考案、建設したもの。台座内部はステンドグラスのドーム天井で、バロック風、クメール風、中華風のテイストが融合した摩訶不思議な空間となっている。エーラーワン象の内部は仏像が置かれた寺院風の空間で、エレベーターで上ることができる。

見上げると大迫力のエーラーワン象像

巨人になった気分が味わえる
ムアン・ボーラーン（エンシェント・シティ）
Muang Boran (The Ancient City) ★★ MAP 折込表-C6

タイ国内にある名所旧跡などをミニチュアにしたテーマパーク。タイの国土をかたどった敷地に、アユタヤーやスコータイなど各地に点在する寺院や王宮が、実際と同じ位置に配置されている。一周すると、タイのおもな見どころを網羅できる。

再現されたスコータイの遺跡

ピンクのガネーシャに願いをかける
ワット・サマーン・ラタナーラーム
Wat Saman Rattanaram ★★ MAP 折込表-C6

バンコク市街から車で約1時間30分、チャチューンサオ県にあるこの寺院には、毎日大勢のタイ人が参拝に訪れる。彼らのお目当ては、広い境内に鎮座するピンクのガネーシャ。このガネーシャが、願いを迅速にかなえてくれると大人気なのだ。幅22m、高さ16mもある巨大なガネーシャ像が寝そべる台座の周辺にネズミの像が何体もあり、ネズミの耳に願い事をささやくと、ガネーシャに取り次いでくれるとのこと。ただし普通に話すと願い事が反対側の耳から出て行ってしまう。ささやく方とは反対側の耳を手で塞ぎながら願いを伝えねばならないので注意。

境内にはそのほかにも大きな観音像や、さまざまな人気キャラクターの像が立ち並ぶ。脇を流れる川には須弥山をモチーフにした巨大な花の形をした筏が浮かび、入口前には周辺の名産品や農産物を売る露店も並ぶ、タイ的にぎやかさにあふれる寺院。

サームプラーン・エレファント・グラウンド＆ズー
℡ 0-2429-0361
営 毎日8:30〜17:30　料 600B
象のショーは平日1日2回、休日は1日3回。ワニのショーも1日3回行われる。
行き方 ツアーが便利。

エーラーワン博物館
住 99/9 Moo 1, Bangmuangmai, Samut Prakan
℡ 0-2371-3135
URL www.erawanmuseum.com
営 毎日9:00〜18:00
料 400B（外国人料金）
行き方 BTSスクムウィットラインのE17チャーン・エーラーワン駅が最寄り駅。ただし途中の人通りが少ないので、ひとつ手前のE16プーチャオ駅から歩いたほうが安心で、タクシーも拾いやすい。3番出口から徒歩10分。

ムアン・ボーラーン
℡ 0-2026-8800
URL www.muangboranmuseum.com
営 毎日9:00〜19:00
料 9:00〜16:00は700B、16:00〜19:00は350B
行き方 BTSスクムウィットラインのE23ケーハ駅3番出口から36番のソンテオ（10B）かタクシー（55B程度）。土・日曜のみ無料のシャトルバスが2便ある。ケーハ駅3番出口から少し先にある橋を渡ってソイ・テッサバーン・バーン・プー47（Soi Thetsaban Bang Pu 47）に入ったすぐ右側にある警察署前から9:30と14:30発。

ワット・サマーン・ラタナーラーム
℡ 08-1983-0400
営 毎日8:00〜17:00
料 無料
行き方 東バスターミナル（→P.53）からロットゥーでチャチューンサオ行き（切符売り場は18番、5:00〜20:00の間20〜30分おき、所要約1時間30分、105B）。バスターミナルから6265番のソンテオで約40分、30B。ワット・サマーン・ラタナーラームからチャチューンサオのバスターミナル行きソンテオは11:20〜16:50の間に11本（30分〜1時間おき）。

ピンクのガネーシャにお願い

タイプチ情報　周辺道路の渋滞が激しく足を運ぶのに二の足を踏む人が多かったチャイナタウン（→P.101）も、MRTブルーラインの延伸により気軽に行けるようになった。散策やグルメを満喫したい。

Bangkok, Entertainment & Nightlife

ショッピング＆ビールで カンパイ！
ナイトマーケットへ行こう

バンコクっ子も大好きなナイトマーケット

昼間は暑いバンコクも、夜なら日差しもなく比較的過ごしやすい。バンコク各地にあるナイトマーケットで、そぞろ歩きとプチプラショッピングを楽しもう。フード屋台やパブなど飲食系が充実しているのもタイのいいところ。歩き疲れたら、冷たいビールでカンパイ！

N チョート・フェー（ジョッド・フェアズ）
Jodd Fairs　MAP●P.72-C3
- 住 Rama 9 Rd.
- 電 09-2713-5599　FB JoddFairs
- 営 毎日16:00～24:00
- 行方 MRTブルーラインのBL20プラ・ラーム・ナイン駅2番出口からセントラル・プラザ・ラマ9内経由で徒歩4分。

多数並んだアンティークや雑貨の屋台と飲食店、カラフルなテントの夜景が人気だったタラート・ロットファイ・ラチャダーが2021年に閉鎖され、規模を縮小して移転オープンしたのがここ。敷地はかなり小さくなったものの、規則正しく並ぶテントにはファッション系の雑貨ショップや飲食店が集まり、ラーマ9世通り側にあるパブ前の広場ではライブが行われるなど、雰囲気はかつてのタラート・ロットファイ・ラチャダーそっくり。ただしテントは白一色。

週末は特に混雑する

N ザ・ワン・ラチャダー
The One Ratchada　MAP●P.72-C1
- 住 55/10 Ratchadaphisek Rd.
- 電 0-2006-6655　URL theoneratchada.com
- 営 毎日17:00～24:00
- 行方 MRTブルーラインのBL19タイランド・カルチュラル・センター駅3番出口から徒歩2分。

コロナ禍でタラート・ロットファイ・ラチャダーがチョート・フェーに移転した跡地に、新たにオープンしたナイトマーケット。手作りの雑貨やファッションアイテムの店やネイルサロンなどが並び、飲食屋台も充実している。アクセスが便利なので、これから人気が出そう。旧タラート・ロットファイ・ラチャダーとは異なりテントは白一色。

オリジナルのアイテムを扱うショップが多い

N タラート・ロットファイ・シーナカリン
Talat Rotcai Srinakarin　MAP●折込裏-J2
- 住 14 Srinakarin Rd.　電 08-1827-5885
- 営 木～日17:00～翌1:00　休 月～水
- 店により異なる
- 行方 BTSスクムウィットラインのE12ウドムスック駅からタクシーで80B程度。

バンコク郊外にある巨大ナイトマーケット。アンティークや雑貨のほか、ファッション系の露店がずらりと並び、飲食屋台も多数。もともとはウイークエンド・マーケット近くの国鉄バーン・スー駅隣にあったロットファイ（鉄道）市場で、駅の再開発のため現在地に移転した。さらに新しくオープンしたのが以前のタラート・ロットファイ・ラチャダー。

とにかく広いのでそのつもりで

Bangkok, Entertainment & Nightlife

男と男の真剣勝負
ムエタイを見よう

ムエタイの呼び名について：タイ語での発音により近い表記は「ムアイ・タイ」となる。

タイ独特の格闘技ムエタイ。
バンコクにはムエタイのスタジアムが2ヵ所あり、
基本的に毎日どちらかで興行があるため、見逃す心配はない。
独特の雰囲気のなかで行われる
真剣勝負を堪能しよう。

N ラーチャダムヌーン・ボクシング・スタジアム
Ratchadamnoen Boxing Stadium　MAP● P.69-E3

住 8 Ratchadamnoen Nok Rd.　電 0-2281-4205
URL www.rajadamnern.com
開 月・水・木・日18:30～
料 3階1000B、2階1500B、リングサイド2000B
CC J M V

1945年に創立。古びた建物とうす暗い照明が歴史を感じさせる。2階席と3階席はコンクリートむき出し。

N ルムピニー・ボクシング・スタジアム
Lumpinee Boxing Stadium　MAP● 折込表-C5

住 6 Ram Intra Rd.　電 0-2282-3141
URL www.lumpineemuaythai.com
開 火・金18:30～、土16:00～（14:00～のことも）
料 3階1000B、2階1500B、リングサイド2000B
CC A M V

1956年の創立。2014年にドーン・ムアン国際空港近くへ移転し、近代的なスタジアムとなった。

日曜昼間の無料観戦
N ティービー・チャンネル7
TV Channel 7　MAP● 折込裏-E1

テレビ局の敷地内にある会場で毎週日曜の午後のみ行われる観戦無料のムエタイ。場内は大混雑になる。開場時間の12:00頃に行けばなんとか席が確保できる。

住 998-1, Soi 18/1 (Soi Ruamsirimit), Pahonyothin Rd.
電 0-2272-0201
開 日14:00～16:30頃
料 無料、VIP席は300B

■チケット購入時の注意
　スタジアムに着くと、制服を着た女性係員が外国人を目指してやってくることがある。この係員は、「リングサイドの席が見やすくて写真も撮りやすい」、「今日はリングサイド席以外ない」などとリングサイド席を買わせようとするが、あくまで自分の懐具合と相談して決めよう。チケットを買う際は、言い値にも注意。窓口にはその日の入場料が掲示されている。2、3階席の券は窓口で買うようにと言われる。逆に窓口でリングサイド席を買おうとすると、係員から買えと言われたりする。ちなみに掲載の料金は通常の試合の場合で、特別興行などの際には値上がりすることもある。

Bangkok, Entertainment & Nightlife

笑い渦巻く 娯楽の殿堂

ニューハーフショーを楽しむ

タイのナイトライフを語る際に避けて通ることができないのが、もはやタイ最大の名物といっても過言ではないニューハーフショー。豪華絢爛なステージ上で行われる、きらびやかな出演者による華麗なショーは、楽しい旅の思い出のひとコマになるはず。終演後は、出口の通路にずらりと並んだ出演者の皆さんと記念撮影も可能。その際は規定のチップが必要になる。

N カリプソ・キャバレー
Calypso Cabaret　MAP●P.66-B5

- 住 ASIATIQUE The Riverfront　TEL 0-2688-1415
- URL www.calypsocabaret.com/jp
- 営 毎日19:30　料 1200B　CC J M V

タイNo.1ともいわれる老舗劇場。日本をはじめ海外からの観光客が多く訪れる。華麗な出演者が妖艶に、そしてコミカルに多彩なショーを見せてくれる。

注：ニューハーフショーは、旅行会社（→P.163）を通して予約すると割安な料金で入場できる。

Bangkok, Entertainment & Nightlife

コテコテ タイ的ビアホール

ロンビヤー

タイならではのノスタルジックな夜のエンターテインメントがロンビヤー。大きなステージ付きのビアホール風飲食店で、ステージ上ではバンドがちょっと古めのタイの流行歌やロックの名曲を演奏し、歌手が次々に登場して歌い上げる、バックでは派手な衣装のダンサーが踊りで盛り上げる。歌のつなぎにコテコテのコントが披露されることも。

N イーサーン・タワンデーン
Esan Tawandang　MAP●折込裏-G5

- 住 484 Phatthanakan Rd.　TEL 0-2136-7951
- FB Esantawandangstudio　営 毎日17:00～翌2:00
- CC なし　行き方 タクシー利用。Grabが安心。

体育館のようなステージがある大きなホールに並べられたテーブルで飲食しながら、ステージで繰り広げられる歌謡＆ダンスショーを観賞し、興が乗った客が通路で踊り始める。いまや地方にもあまり見られなくなった業態だが、逆にバンコクの郊外で楽しめるのもおもしろい。平日でも遅い時間になればなるほど盛り上がる。

素朴で親しみやすい雰囲気。食事もおいしい

Bangkok, Entertainment & Nightlife

タイ風

クラブ、ディスコ

タイでは、ダンスフロアがあってちゃんと踊れるいわゆるディスコやクラブとは別に、フロアにテーブルが林立し、踊るのは狭いテーブルの隙間、ステージではライブも行われるような、ライブハウスとパブとディスコをミックスしたようなハコもディスコと呼ばれる。

■タイ風ディスコ、パブの楽しみ方
バンコクをはじめタイ各地にあるディスコやパブでは、通常入場料はなく、ビールやカクテルなどのドリンクを1杯（または1本）注文すれば入れる。あるいはグループ全体でウイスキーのボトルを注文し、それを入場料代わりにできるところが多い（ボトル1本で入れる人数は、ボトルの種類や店によって異なる）。入場後はミキサーと呼ばれるソーダやコーラなどと氷を注文し、各自のドリンクを作って飲む。

N ザ・クラブ・カオサン
The Club Khaosan　MAP●P.85-D4

- 住 123 Khao San Rd.　TEL 0-2629-1100
- URL theclubkhaosan.com　営 毎日21:00～翌3:00
- CC A D J M V（500Bから）

カオサン通りにある、タイの若者に人気のクラブ。大きな吹き抜けの店内は海底のイメージ。内装がよく変わり、いつ行っても新鮮。

N レベルス
Levels　MAP●P.82-B1

- 住 6th Fl., Aloft Bangkok, 35 Soi 11, Sukhumvit Rd.　TEL 08-2308-3246　URL www.levelsclub.com　営 毎日21:00～翌2:00　CC A D J M V

海外の有名DJを招いたイベントなどが随時行われるので、ウェブサイトをチェックしよう。ホテルの6階にあり、専用のエレベーターで上るところから気分は盛り上がる。特に週末は大混雑になる。ドレスコードはスマートカジュアル。ビーチサンダル不可。

注：バンコクのナイトスポットでは入場時にIDの提示が必要なので、パスポートを持参すること。

Bangkok, Entertainment & Nightlife

🎵 ライブハウス 🎵

ジャズやロック、ブルースなどさまざまな音楽が聴ける店がバンコク市内に点在。安定した人気の比較的古い店が多い。

N サクソフォーン Saxophone
MAP●P.71-D2

- 住 3/8 Victory Monument, Phayathai Rd.
- 電 0-2246-5472　URL www.saxophonepub.com
- 営 毎晩18:00〜翌2:00　CC A D J M V

バンコクでジャズといえばまずこの店の名が挙げられるほどの老舗店。ライブは毎晩20:00頃から。ビール130B〜、生は150B。食事メニューも充実。日曜はジャムセッションがあることも。

N ロック・パブ Rock Pub
MAP●P.80-A2

- 住 Hollywood Street Bldg., 93/26-28 Phaya Thai Rd.
- 電 09-9191-5666　FB therockpub
- 営 月〜土19:00〜翌2:00　休 日　CC なし

1987年オープンのロック専門ライブハウス。ライブは毎日21:00頃からスタート。普段はもっぱらコピーバンドが2〜3バンド出演。ビール1本130B〜。

絶景を楽しむ Bangkok, Entertainment & Nightlife
ルーフトップバー

最近バンコクで次々にオープンしているのが、高層ビルの最上階や屋上を使ったバーやレストラン。どこまでも広がるバンコクの夜景を眺めながら、お酒や食事が楽しめる。

ホテル屋上にある人気スポット。砂を敷き詰めたビーチ風スペースやテーブル席、大きなソファなどがあり、気分によって選べる。80種類以上あるオリジナルカクテルは300B〜で、どれも南国らしくフレッシュなフルーツやハーブをふんだんに使った贅沢な味わい。グラスのサイズも巨大。

N ティチュカ Tichuca
MAP●P.79-E4

- 住 46th Fl., T-One Building 8, Soi 40, Sukhumvit Rd.　URL www.paperplaneproject.net/tichuca
- 営 毎日17:00〜24:00　CC A J M V

オフィスビルの46階にあるルーフトップバーで、ソフトドリンクが100B程度、アルコール類も300〜400B程度と手頃な料金。46階のバーカウンターに覆いかぶさるクラゲのようなオブジェがインパクト大。そこからさらに階段で2階上がるとそこにもバーカウンターがあり、すばらしい眺望が楽しめる。

謎のオブジェと下界を見渡す最上階が楽しい

N TTルーフトップバー×カフェ TT Rooftop Bar × Cafe
MAP●P.79-E4

- 住 4th Fl., 1059 Sukhumvit Rd.
- 電 08-3231-2230　FB Tt Rooftop Bar × Cafe
- 営 毎日17:00〜24:00　CC M V

BTSスクムウィットラインのE6トンロー駅目の前、ビルの4階にある小さなルーフトップバー。高過ぎると風が強かったり飲み物も高かったりすることも多いので、のんびり露天で気持ちよく飲むならこれぐらいの高さがちょうどいいのかも。ビアシンのパイントが129B。スパークリングワインのボトル1090Bと安い。目の前をBTSが行き来する眺めも都会っぽくていい。

気軽にルーフトップバーを楽しむならココ

N オクターブ・ルーフトップ・ラウンジ&バー Octave Rooftop Lounge & Bar
MAP●P.79-E4

- 住 Bangkok Marriott Hotel Sukhumvit, Soi 57, Sukhumvit Rd.　電 0-2797-0000　FB Octave Marriott　営 毎日17:00〜翌2:00　CC A D J M V

バンコク・マリオット・ホテル・スクンビット（→P.146）の45階がラウンジになっており、そこから階段で上がった48階の屋上がバーになっている。360度遮るもののない眺望を楽しめる。この界隈を境に高い建物が減るので、特に東のスワンナプーム国際空港や南のクロントゥーイ方面の視界が広い。カクテル各種350B〜、ビールは250B〜と料金も手頃。

R シロッコ Sirocco
MAP●P.75-F5

- 住 63rd Fl., State Tower Bangkok, 1055 Silom Rd.　電 0-2624-9555　URL www.lebua.com/sirocco　営 毎日17:00〜翌1:00　CC A D J M V

眼下にバンコクの夜景が大きく広がる高層ビルの最上階、露天では世界最高階にあるレストランとバーの複合施設ザ・ドーム The Domeにあるメディテラニアンのレストラン。イタリアンのメザルーナ Mezzalunaは屋内に席があるので、雨でも食事ができる。雰囲気だけ体験したいなら64階にあるバーのディスティル Distil（営 毎日17:00〜翌1:00）や63階のスカイバー Sky Bar（営 毎日18:00〜翌1:00）でドリンクだけ楽しむのも可。注：ビーチサンダルやバックパックでの入店不可。

N ネスト Nest
MAP●P.82-A1

- 住 9th Fl., Le Fenix, Soi 11, Sukhumvit Rd.
- 電 06-3901-1006
- 営 毎日17:00〜翌1:00　CC A D J M V

Bangkok, Entertainment & Nightlife

タイダンス

きらびやかな衣装を身にまとい、優雅に舞うタイダンス。ディナーショーとしてタイダンスを上演するレストランが市内にいくつもある。タイ料理とタイダンスが一度に楽しめて一石二鳥。

R サラティップ
Salathip MAP●P.75-E5〜F5

- The Shangri-La Hotel, 89 Soi Wat Suan Plu, Charoen Krung Rd.
- 0-2236-7777
- 18:00〜22:00
- タイ料理セットメニュー1688B〜(アラカルトも可)
- CC A D J M V

シャングリラ・ホテル(→P.148)のチャオプラヤー川に面したテラスにあるタイ料理レストランで、毎晩タイダンスが披露される。席は野外のテラスとエアコンが効いた東屋が選べる。ダンサーは双方を踊りながら行き来するので、どの席に座ってもダンスを観賞できる。

R サラ・リム・ナーム
Sala Rim Naam MAP●P.75-E4

- Mandarin Oriental Bangkok, 597 Charoen Nakhon Rd.
- 0-2659-9000
- ディナー17:00〜22:30、ショー20:00〜21:00
- CC A D J M V
- 1人2884B(セットメニュー)

マンダリン・オリエンタル・バンコク(→P.144)直営。ホテルから専用の渡し船に乗ってチャオプラヤー川を渡り、対岸の豪華なタイ寺院風建築のレストランへ。料理はセットメニュー。ランチタイムにはタイ料理のビュッフェが楽しめるが、タイダンスのショーはない。

Bangkok, Entertainment & Nightlife

ナイトスポット

バンコクには、バーやパブが集中しているにぎやかな場所が何ヵ所かある。どこも入店料やチャージはなくビール1本いくらの明朗会計。自分が飲むだけなら意外と安上がりだが、店で働いている女性にドリンクをねだられることも多い。甘い顔は見せないほうが身のため。

N ナーナー・エンターテインメント・プラザ
Nana Entertainment Plaza MAP●P.82-A2

スクムウィット通りからソイ4(ソイ・ナーナー・タイ)へ少し入った左側に、中庭を囲むような形で建てられた3階建てのビルがあり、ビルと中庭にバーがぎっしり。ビル内はほとんどがゴーゴーバーで、中庭はオープンバー。周辺の通りにも、どんどんバーが店開きしている。

N ソイ・カウボーイ
Soi Cowboy MAP●P.82-C3

アソーク・モントリー通り(ソイ21)とソイ23をつなぐ路地に、ゴーゴーバーが並んでいる。店の改装も相次ぎ、活気がある。

N ロイヤル・シティー・アベニュー(アールシーエー)
Royal City Avenue(RCA) MAP●P.73-D4〜E5

ラーマ9世通りとペップリー・タットマイ(ニュー・ペップリー)通りの間に造成された通りの両側に、大型のパブがずらりと並んでいる。オープン以来盛り上がったりさびれたりを繰り返し、最近再び盛り上がりつつある。

N パッポン通り
Phatpong Rd. MAP●P.76-C3

コロナ禍で通りに点在していたゴーゴーバーの小規模店はほぼ閉店、チェーン店のキングス系大型店も、屋台街の様相が変わって入口が丸見えで入りにくくなり、もはやナイトスポットとしてのパッポン通りは終りを迎えつつある印象。そんなパッポン通りの歴史を知るのにぴったりの博物館が、パッポン通りの1本隣、パッポン2通りのビル内にある。

パッポン博物館
Patpong Museum MAP●P.76-C3

- 2nd Fl., Building No. 5, Phatphong 2 Rd.
- 09-1887-6829
- URL www.patpongmuseum.com
- 木〜火 12:00〜22:00 休水
- 350B CC なし

パッポン通りの名前は、この地域一帯を開発したパッポンパーニット家から取られている。王室ともつながりのあるこの名家の来歴からパッポン通りの歴史をたどる真面目な内容で、ゴーゴーバーが登場したいきさつ、航空会社のオフィスやレストランがならんでいたパッポン通りがベトナム戦争時代を経て歓楽街へと変貌していく様子の解説など、興味深い展示がある。

館内に再現された古い時代のバーでは実際にお酒が飲める

バンコクできれいに
癒やしのスパ案内

Spa & Esthetic

きれいなあなたをより美しくします

バンコクに続々オープンする高級スパ。喧騒とは隔絶された癒やしの空間で、身も心も美しくなれる。人気店は混雑するので、特に夕方以降や週末に利用する場合は早めの予約が必須。

E スパ・バイ・ル・メリディアン
SPA by Le Méridien

ル・メリディアン・バンコク（→P.146）内にあるスパ。トリートメントルームは白い壁面がカーブを描いた球状の空間で、まるで宇宙船のような独特の形状をしており、全身が柔らかな空気に包まれているような安心感をもたらしている。

MAP●P.76-B3～C3

住 6th Fl., Le Méridien Bangkok, 40/5 Suriwong Rd. 電 0-2232-8888
営 毎日11:00～21:00
CC ADJMV
料 シグネチャー・ホットラヴァ（90分）3000B～

E グランデ・スパ
The Grande Spa

シェラトン・グランデ・スクンビット（→P.146）内にあり、バンコクにあるホテル内高級スパの先駆けでもある。チーク材を多用した内装は高級感満点。落ち着いた個室で受けるマッサージは体と心の芯からリラックスできる。男性客にも人気。

MAP●P.82-B3

住 Sheraton Grande Sukhumvit Bangkok, 250 Sukhumvit Rd.
電 0-2649-8121
営 毎日10:00～22:00
CC MV
料 タイ古式マッサージ（60分）2200B～

E オリエンタル・スパ
The Oriental Spa

マンダリン・オリエンタル・バンコク（→P.144）が経営する、心身のトータルなケアを施すサロン。外国人旅行者だけでなく、地元のセレブにも人気があるので予約は必須。ウッディなインテリアが優雅な気分にさせてくれる。

MAP●P.75-E4

住 Mandarin Oriental Bangkok, 597 Charoen Nakhon Rd.
電 0-2659-9000
営 毎日10:00～22:00（最終受付20:00）CC ADJMV
料 ボディトリートメント各種（2時間）6500B～

E スパ・ボタニカ
Spa Botanica

スコータイ（→P.146）内の高級スパ。各種ハーブ類などの自然素材をふんだんに使ったトリートメントが受けられる。トリートメントルームは、テラス付きの部屋やジャクージ付きの部屋など造りが全室異なるので、予約時に確認を。

MAP●P.77-D4

住 The Sukhothai Bangkok, 13/3 Sathorn Tai Rd.
電 0-2344-8676
営 毎日10:00～22:00（最終受付21:00）
CC ADJMV

E バンヤンツリー・スパ
Banyan Tree Spa

サートーン通りにそびえる石板のような高層ホテル内にある人気のスパ。全16室のうちカップルでふたり同時にトリートメントを受けられるダブルが6室。ヘルシーフードを扱うスパ・カフェも併設し、体の内と外からきれいになれる。

MAP●P.77-D4

住 Banyan Tree Bangkok, 21/100 Sathorn Tai Rd.
電 0-2679-1052
URL www.banyantreespa.com
営 毎日10:00～22:00
CC ADJMV

タイプチ情報 パーフラット市場（→P.104）周辺にあるインド料理やネパール料理のレストランは、繁華街にあるレストランのような気取りは一切なく、手頃な値段で本格的な料理が食べられる。

スパ

E コモ・シャンバラ・アーバン・エスケープ
COMO Shambhala Urban Escape

MAP●P.77-D4

スタイリッシュなホテルにあるスタイリッシュなスパ。インテリアは白やベージュ、ブラウンを多用した明るいイメージ。トリートメント終了後は、隣にあるオーガニックレストラン「グロウ」のヘルシーフードで仕上げを。

住 COMO Metropolitan Bangkok, 27 Sathorn Tai Rd.
電 0-2625-3355
URL www.comoshambhala.com
営 毎日9:00〜21:00
CC A D J M V

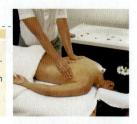

E 気（Chi）
Chi, The spa at Shangri-La

MAP●P.75-E5〜F5

チベット風の装飾が随所に施された神秘的なイメージは、「桃源郷」を意味するホテル内にある高級スパにふさわしい。体内の「気」の流れをスムーズにし、体に元来備わる美や健康を保つためのトリートメントが揃う。

住 The Shangri-La Hotel, 89 Soi Wat Suan Plu, Charoen Krung Rd.
電 0-2236-7777
URL www.shangri-la.com/bangkok
営 毎日10:00〜21:00
CC A D J M V

E アーブ・スパ
Erb Spa

MAP●P.75-F3

タイの人気スパグッズブランド、アーブ Erb 直営のスパ。ギャラリーやカフェが併設された人気カルチャースポットのウェアハウス30（→P.104）にあり、散策の途中で気軽に立ち寄れる。全4室なのでできれば予約を。

住 2 Warehouse 30, Soi 30, Charoen Krung Rd.
電 0-2117-2266
営 毎日10:00〜22:00
URL www.erbasia.com
CC A J M V 料 ボディ・マッサージ各種1400B〜

E アン・セモナン・スパ・アンビエンス
Anne Semonin Spa Ambience

MAP●P.79-E4

スクムウィット通りのトンローにある高級ホテル、バンコク・マリオット・ホテル・スクンビット（→P.146）内にある。ジャクージ付きのVIPルームがあり、カップルでトリートメントが受けられるツイン仕様。

住 Bangkok Marriott Hotel Sukhumvit, 2 Soi 57, Sukhumvit Rd.
電 0-2797-0335
営 毎日10:00〜22:00
CC A D J M V

E ル・スパ with ロクシタン
Le Spa with L'OCCITANE

MAP●P.82-B2

南仏発祥コスメブランドのロクシタンをメインにタイのイッサラなどの製品も用いて、伝統的なトリートメントを施す。トリートメントルームは全7室で、カップルで受けられるハネムーンルームも1室ある。

住 Sofitel Bangkok Sukhumvit, 189 Sukhumvit Rd.
電 0-2126-9999
営 毎日10:00〜20:00
CC A D J M V

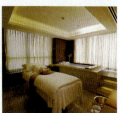

E マイ・スパ
My Spa

MAP●P.82-B2〜B3

天然素材を使ったプロダクツは、いかにも体によさそうなものばかり。手頃な料金で在住日本人と旅行者どちらにも人気があるので、できれば予約を。日本語での予約は担当者直通携帯 電 08-1620-8723へ。

住 3rd Fl., Times Square Bldg., Between Soi 12 & Soi 14, Sukhumvit Rd.
電 0-2653-0905
URL my-spa.com/ja/
営 毎日9:00〜22:00
CC A D J M V

全身がほぐれる Thai Massage
タイ式マッサージ

マッサージのよい悪いは、店よりもマッサージ師の資質によるところが大きく、当たり外れは運次第。終了後は、特に不満がなければ1時間なら50B〜、2時間で100B程度〜のチップを渡そう。

M ヘルス・ランド
Health Land Spa & Massage

高級感あふれる大きな洋館、清潔な個室のトリートメントルーム、そして行き届いたサービスで人気のチェーン店。バンコク市内に支店が8ヵ所あり、アソーク店は地下鉄スクムウィット駅から徒歩3分の立地で便利。

MAP P.82-C2
- 55/5 Asok Montri Rd. (Soi 21)
- 0-2261-1110
- www.healthlandspa.com
- 毎日9:00〜23:00
- CC AJMV (1000B以下は+3%のチャージ)
- タイ式マッサージ 2時間650B

M アジアハーブアソシエイション
Asia Herb Association

乾燥ハーブを使う店が多いなか、自社農園で栽培されるフレッシュなハーブをふんだんに使うトリートメントが人気。ハーバルボールを使うメニューをぜひ試してみよう。手頃な料金ながら設備や内装は高級感がある。

MAP P.83-D4
- 598-600 Sukhumvit Rd.
- 0-2204-2111
- asiaherb.asia
- 毎日9:00〜24:00（最終受付22:00）
- CC AJMV
- タイ伝統古式ボディマッサージ1時間 600B

M ルアムルディー・ヘルス・マッサージ
RuamRudee Health Massage

清潔感あふれる広々とした店内でマッサージが受けられる。1階はフットマッサージ用のソファが並び、2階にボディマッサージ用に仕切られた個室がある。ボディスクラブとマッサージなどパッケージメニューも豊富。

MAP P.81-F5
- 20/17-19 Soi Ruam Rudee, Phloen Chit Rd.
- 0-2252-9651
- www.ruamrudeehealthmassage.com
- 毎日10:00〜24:00
- CC AJMV
- タイ式マッサージ1時間 350B

M レック・マッサージ
Lek Massage

創業は1997年と比較的歴史のあるタイ式マッサージのチェーン店。バンコクの繁華街に10店舗以上展開しており、清潔感のある内装と手頃な料金で、旅行者だけでなくタイ人の利用者も多い。掲載店は2022年オープン。

MAP P.80-B4
- 412/8-9 Soi 6, Siam Square
- 0-2084-8785
- lekmassagebangkok.com
- 毎日10:00〜23:30
- CC JMV
- タイ式マッサージ1時間 400B〜

M レッツ・リラックス
Let's Relax

バンコクのショッピングモールやホテルだけでなくチェンマイなど、タイ全国に20以上の支店を展開する高級店。レセプションでハーブティーを飲みながらメニューを選べる。マッサージ以外のトリートメントメニューも豊富。

MAP P.80-B4
- 6th Fl., Siam Square One
- 0-2252-2228
- letsrelaxspa.com
- 毎日10:00〜24:00
- CC AJMV
- タイ式マッサージ2時間1100B〜

タイプチ情報 シーロム通り周辺で、赤い染料で額に印を付けた人とすれ違うことがある。これは、ワット・マハー・ウマー・テーウィー（→P.105）に参拝すると行者が付けてくれるもの。

足ツボマッサージ

6 木先生の足の裏マッサージ
Moku Thai Traditional Massage　MAP●P.83-D5

台湾の若石健康法、ワット・ポーのマッサージなどをマスターした木先生が編み出したマッサージが受けられる。施療中は来店を後悔するほど痛いが終わればスッキリで、在住日本人にも大人気。木先生を指名する場合は要予約。

住 143 Soi 22, Sukhumvit Rd.
℡ 08-6789-1569
営 毎日9:00〜21:00（最終受付20:00）
CC なし
料 足マッサージ　1時間 400B
　 ボディマッサージ 1時間400B

7 チースイホン足裏マッサージ
Chee Sui Hong　MAP●P.79-D4

台湾の若石健康法を修めた故徐先生の診療所。思わず叫びたくなるほど痛い足裏マッサージだけでなく、木のヘラ状の道具で背中や首筋をゴシゴシ擦る治療やカッピングなど、さまざまなオプションがある。

住 21 Soi Napasap Yaek 1, Soi 36, Sukhumvit Rd
℡ 08-1835-0974
営 毎日8:00〜20:00
CC なし
料 足裏マッサージ1時間　 400B
　 全身吸引40分　500〜800B

格安マッサージ店密集エリア　Column

人気の癒やし　タイ式マッサージ

外国人旅行者がいっときの癒やしを求めて訪れるタイ式マッサージ店。旅行者向けのアトラクションのひとつと思われがちだが、タイ人の間でもポピュラー。疲れがたまったり肩や背中が凝ったりしたときには、気軽にマッサージ店に足を運ぶ。繁華街だけでなく住宅街の中にもマッサージ屋が店開きしており、ショッピングビルの空きテナントにはとりあえずマッサージ屋が（でなければテーラー）が入るというほど。

格安店が集まっているその理由

ワット・ウォラチャンヤーワートの境内にはマッサージ学校があり、職業訓練の一環として無料か格安で授業が受けられる。そこでマッサージの技術を習得した卒業生などに、貧しい人でも気軽にマッサージが受けられるよう料金を低く抑えることを条件に、境内の物件を安く賃貸している。そのために、しっかりした技術をもったマッサージ師から、格安の料金でマッサージを受けられるのだ。

格安マッサージ店密集エリアがある

アジアティーク・ザ・リバーフロント近くのチャオプラヤー川沿い、シャトルボートに乗っていくと到着少し前、進行方向左側に大きな寺院が見える。川に面したテラスに、2013年に前国王ラーマ9世が寄進したことで知られる長さ25mの大きな寝釈迦仏が横たわっているこのワット・ウォラチャンヤーワート（MAP P.66-B5）とその周辺は、格安マッサージ店が集まっていることで有名だ。チャルーン・クルン通りから寺院へといたる路地の入口から路地の途中、そして寺院の境内にまで、多数のマッサージ店が営業しており、どこもタイ古式マッサージが1時間100〜120B。ほかのエリアのマッサージ店に比べると、半額以下の料金だ。

おすすめマッサージ店

お寺へいたる路地にある店ならどこも安心してマッサージを受けられるが、おすすめなのはお寺の境内へ入り、チャオプラヤー川に突き当たったテラスの右奥にある店。川に面して開け放たれた造りで、涼しい川風に吹かれながらタイ式マッサージでリラックスする時間はまさに極楽。建物は2階建てで1階と2階はそれぞれ別の店。眺めがいいのは2階の店だが、マッサージが始まれば景色は見えないので、そこは気分で選ぼう。どちらも1時間100B。

路地に並ぶマッサージ店

2階のパイヨック・リバー・サイド・マッサージ

タイシルクから雑貨まで *Shopping*
おすすめショップ

買い物天国
バンコクへようこそ

日本でも人気の高いアジアン雑貨から高級タイシルク、陶磁器など、バンコクのショッピングは多彩。実用にもインテリアにもなり値段も手頃なのでおみやげにもいい。タイの空気を持って帰ろう。

アジアン雑貨おすすめショップ

ⓢ チコ
Chico
MAP●P.79-E3

デザイナーでもある日本人オーナーが生み出すオリジナル雑貨がずらりと並ぶ、キュートなショップ。水牛の角で作ったカトラリー類などの実用品から、ウォーターヒヤシンスで編んだサンダルなどファッション雑貨、インテリアのアクセントや脱臭剤としても使えるノーイナー（シャカトウ）やマンゴスチンなど形がそのまま残ったフルーツの炭など、ユニークな品揃え。カフェも併設された店内はネコが徘徊する、ある意味バンコク最初のネコカフェでもある。

▶BTSトンロー駅からモーターサイで20B
▼日本人好みの品揃えで在住者にも人気

🏠 109 Soi Renoo, Soi 53, Sukhumvit Rd.
☎ 0-2258-6557　FAX 0-2258-6558
URL www.chico.co.th
🔍 chico design bangkok
🕐 水〜月9:30〜18:00
休 火
CC J M V

ⓢ チムリム
Chimrim
MAP●P.83-F5

小さな店内にはオリジナルのタイ雑貨がぎっしり。オーナーが日本人女性なので、品揃えも日本人好み。この店オリジナルのノニソープ145Bは、原料の選定から製造工程までオーナーがしっかり関わっている安心の製品。

🏠 3/5 Soi 43, Sukhumvit Rd.
☎ 0-2662-4964
URL www.chimrim.com
🕐 火〜日10:00〜17:00
休 月
CC A D J M V

ⓢ ニア・イコール
near equal
MAP●P.83-F4

タイおよびアジア各国から集めた雑貨と、オリジナルの商品が並べられたおしゃれなセレクトショップ。手作りのアクセサリーはかわいらしいものばかり。2023年2月に現在地へ移転。写真は旧店舗のもの。

🏠 20/7 Soi 41, Sukhumvit Rd.
☎ 0-2003-7588
🔍 Near Equal
🕐 毎日10:00〜18:00
CC J M V

ⓢ ザ・チョンナボット
the Chonabod
MAP●P.85-F1

若いタイ人グラフィックデザイナーのオリジナル商品を扱うショップ。タイの伝統的な柄をモチーフにしたTシャツなどは、モダンななかに素朴な味わいがあっておもしろい。絵はがきなどもある。カオサン通りから徒歩圏内。

🏠 131 Samsen Rd.
☎ 08-9494-5669
🔍 the Chonabod
🕐 毎日13:00〜20:00
CC なし

バンコク／タイ式マッサージ／おすすめショップ

タイプチ情報　タニヤ通り（→P.106）にある日本語の看板を眺めていると、外国語とはいえ下品な単語を堂々と掲げられて、地元タイの人たちの気持ちはいかばかりかと心配になる。

123

アジアン雑貨おすすめショップ

Ⓢ ロフティー・バンブー

Lofty Bamboo　MAP●P.83-E4

タイの北部山岳地帯に住む少数民族が古くから使ってきた織物や小物類に現代風のアレンジを加え、おしゃれなオリジナル雑貨を販売。経済的に貧しい生活を送る山岳民族や少数民族の生活向上のために活動するフェアトレードなので、消費者の善意に甘えることなく「欲しくなる商品」を開発し、手頃な価格で販売する。ポップで明るい原色を多用した斬新とも思える色使いやデザインのバッグやポーチ類は、自分の普段使い用にも、おみやげとしてもいい。

住 2nd Fl., 20/7 Soi 39, Sukhumvit Rd.
TEL 0-2261-6570
URL www.loftybamboo.com
営 毎日9:30～18:30
CC JMV（500B以上で利用可）
ターミナル21（→P.130）に支店あり（MAP P.82-B2～C3）

▲ウッディな店内にかわいい小物がたくさん
◀リゾート向けのカラフルな衣類もある

Ⓢ アーモン

Armong　MAP●P.83-D4

ウイークエンド・マーケット（チャトゥチャック市場）で人気だったタイ北部の雑貨や山岳民族が作る民芸品を扱うショップが、2019年に開いた支店。こちらは毎日営業で便利に。店内に並ぶ品物は、チェンマイ出身のオーナー、アーモンさんが直接買い付けたり、自らデザインして工場で作らせたもの。かわいらしいデザインの小物入れやポーチ、財布などの布製品は、多彩なサイズとデザインがあり値段も手頃。精巧に作られたタイ料理のミニチュアは種類が豊富でおみやげに人気で、エビもしっかり再現されたトムヤム・クンなどひとつ69B。

住 1st Fl., RSU Tower, Soi 31, Sukhumvit Rd.
TEL 08-3777-2357
F Armong Shop
営 毎日10:30～19:00
CC JMV

▲インテリアもタイ北部風
◀緑が茂るショップ入口

Ⓢ ピース・ストア

Peace Store　MAP●P.83-D3

アジアンテイストの雑貨や、ハンドメイドのアクセサリーなど、オリジナルのグッズを扱っている。モーン族のアンティークファブリックを使った小物などは、同じ柄はない一点物。セラドン焼きの蚊取り線香台も人気。

住 7/3 Soi 31, Sukhumvit Rd.
TEL/FAX 0-2662-0649
URL www.peacestorebkk.com
営 木～火10:00～18:00
休 水
CC JMV

Ⓢ ドーイ・カム

Doi Kham　MAP●P.80-A2

スーパーマーケットなどにも各種並んでいる王室プロジェクトのフルーツジュース。その人気ブランドがドーイ・カム。ケシなど違法薬物の原料となる作物栽培の代替として生産されたオーガニック素材を使用。

住 117/1 Phaya Thai Rd.
TEL 0-2656-6992
URL www.doikham.co.th
営 月～金7:30～20:00、土・日8:00～18:00
CC MV

124

アジアン雑貨おすすめショップ

ⓢ クーン
Koon

スコータイ郊外のシー・サッチャナーライで生産されるスワンカローク焼きや、パヤオ在住の名人おばさんが心をこめて手作りしている籠バッグなど、ほかではあまり見られない品物が並ぶタイ雑貨のショップ。

MAP●P.83-E5

住 2/29 2nd Fl., Soi Pirom, Soi 41, Sukhumvit Rd.
電 09-4438-3819
URL KOON asian zakka
営 木～火 10:00～17:00　土・日～18:00　休 水　CC JMV
（500B以上で利用可）

ⓢ ソップモエアーツ
Sop Moei Arts

タイの北部山岳地帯に住むカレン族を支援する手段として、彼らが作る民芸品に現代的なデザインを施して商品価値を高め、それらを販売して財源としている。手作りのバスケットや手織りの布など、逸品が多い。

MAP●P.83-F3

住 8 Room 104, Soi 49/11, Sukhumvit Rd.
電 0-2714-7269
URL www.sopmoearts.info
営 火～土9:30～17:00
休 日・月
CC AJMV

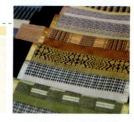

ⓢ サマダー
Samadha

タイ式マッサージなどの際に着る野暮ったいタイパンツがおしゃれに大変身。イーサーン（タイの東北地方）や北部の手織りコットンを使い、パッチワークで仕上げたカラフルなオリジナルタイパンツが300B程度で買える。

MAP●P.82-C3

住 392/6 Sukhumvit Rd.
電 08-1902-8890
営 月～金11:00～20:00
休 土・日
CC JMV

ⓢ プー・ファー
Phu Fa

タイ王族のなかでもタイ人の間で人気が高いシリントーン王女が主宰する、農村や山岳民族支援プロジェクトのショップ。サヤーム・ディスカバリー（→P.130）、サヤーム・パラゴン（→P.130）などにも支店がある。

MAP●P.82-A2

住 123 Sukhumvit Rd.
電 0-2650-3311
URL www.phufa.org
営 月～金8:00～18:00　土・日・祝9:30～18:00
CC AJMV （200B以上で利用可）

ⓢ プーンシン・マンタナー
Poonsin Manthana

ワット・スラケートの向かい、古くから材木店が並ぶ通りにある、木工細工のショップ。塔の部分が蓋になった仏塔のミニチュア小物入れ、猫の形をしたスマホスタンドなど、かわいらしいグッズが店内に並ぶ。

MAP●P.69-D4

住 98-100 Boriphat Rd.
電 0-2621-0520
営 月～土8:30～17:30
休 日
CC なし

ⓢ ソムチャイ
Somchai

文房具や画材のチェーン店。コンビニや雑貨屋では手に入らない、インクが垂れないちゃんとしたボールペンや、裁ちの揃ったちゃんとしたノートが必要な際はここへ。オリジナルのかわいらしいカード各種もある。

MAP●P.76-B2～B3

住 3rd Fl., Samyan Mitrtown, 944 Rama 4 Rd.
電 0-2040-4588
URL somjai.co.th
営 毎日10:00～22:00
CC JMV

バンコク　おすすめショップ

タイプチ情報　ルムピニー公園（→P.107）の池や周囲の堀には大きなミズトカゲがいて、水面を泳いだり、陸に上がって日向ぼっこをしている。それを見て「ワニだ！」と驚く人もいるほど巨大。

ⓢ パンピューリ
Pañpuri

まるでジュエリーショップのような高級感あふれるオリジナルスパグッズのショップ。契約農家で栽培される自然素材を使ったオイルやクリームは1000B前後。香り高いジャスミンを使ったプロダクトが人気。

MAP●P.80-C4～81-D4

住 Lobby Fl., Gaysorn Shopping Centre, 999 Phloen Chit Rd.
TEL 0-2656-1199
URL www.panpuri.com
営 毎日10:00～20:00
CC A J M V

ⓢ ターン・ネイティブ
Thann Native

日本を含む世界17ヵ国に支店を展開するタイ発の高級スパブランド、ターンのショップ。シソやライスオイルなど植物由来の成分を使ったボディオイルやボディソープ、シャンプーなどが人気。

MAP●P.80-C4～81-D4

住 3rd Fl., Gaysorn Shopping Centre, 999 Phloen Chit Rd.
TEL 0-2656-1399
URL www.thann.info
営 毎日10:00～20:00
CC A D J M V

ⓢ マウント・サポラ
Mt. Sapola

サムンプライ（タイの本草学）に基づいた植物など、天然素材から作られる石鹸から始まったスパグッズのブランド。レモングラスやローズマリーなど8種類の香りがあるナチュラルソープは1個185B。

MAP●P.80-B3～B4

住 4th Fl., Siam Paragon, 991 Rama 1 Rd.
TEL 0-2129-4369
URL www.mtsapola.com
営 毎日10:00～21:00
CC A D J M V

ⓢ ハーン
HARNN

タイ発の高級スパグッズブランド。タイに古くから伝わるハーブの効能を生かした、肌に優しい自然派プロダクトが外国人にも人気。新シリーズのユズ＆ベチバーシリーズはローションやオイルなど各種揃う。

MAP●P.83-D4～E5

住 4th Fl., Emporium, 622 Sukhumvit Rd.
TEL 0-2669-1000
URL www.harnn.com
営 毎日10:00～22:00
CC A D J M V

ⓢ アーブ
erb

タイ国際航空のトイレタリーに採用されたこともあるスパグッズのブランド。タイの王室に伝わるレシピをもとに、南国ならではの贅沢さで花びらやハーブをふんだんに使用。かわいらしいパッケージにもファンが多い。

MAP●P.80-B3～B4

住 4th Fl., Siam Paragon, 991 Rama 1 Rd.
TEL 0-2610-8000（Siam Paragon）
URL www.erbasia.com
営 毎日10:00～22:00
CC A D J M V

ⓢ カルマカメット
KARMAKAMET

タイの伝統的な香り使いの技術を生かして、現代的なアロマグッズを送り出すブランド。オイルやローションなどのコスメ系、ピローサシェやルームフレグランスなどのインテリア系など、ラインアップは150種以上。

MAP●P.83-D5

住 30/1 Soi Metheenvit
TEL 0-2262-0701
URL www.karmakamet.co.th
営 毎日10:00～20:00
CC A D J M V

Ⓢ ジム・トンプソン・タイシルク（本店）

Jim Thompson Thai Silk　MAP●P.76-C3

外国人旅行者が、タイのおみやげとして真っ先に思い浮かべるタイシルクの本家本元。デザイン、質ともにいい品物が揃っている。シャツやジャケット、ブラウスはもちろん、スカーフやハンカチ、ネクタイ、そのほかシルクを使った文房具やぬいぐるみなどの小物もいろいろある。仕立てから既製品まで扱っており、シルク生地は1m600B程度〜、仕立てはオーダーから納品まで最短3日で可能。おもな高級ホテルやショッピングセンターに支店があるが、品揃えはここ本店が最も充実している。

- 9 Suriwong Rd.
- 0-2632-8100
- www.jimthompson.com
- 毎日9:00〜20:00
- CC ADJMV

▶スリウォン通りに並ぶショップの代表格
▶日本語が通じるスタッフもいるので安心

Ⓢ インディゴ・ハウス

Indigo House　MAP●P.80-B3〜B4

- Room 418B, 4th Fl., Siam Paragon, 991 Rama 1 Rd.
- 0-2129-4519
- 毎日10:00〜22:00
- CC AJM

高級デパートのサヤーム・パラゴン（→P.130）4階、レストランやモダンアジアン雑貨のショップが並ぶ一画にある、タイシルクとコットンのショップ。シルクのオーダーメイドはていねいで評判がいい。生地は1ヤード750B〜で、ワンピースを仕立てると6500B〜。小物では藍染めコットンおよびコットン製品が大人気。タイの東北地方にある産地から集めたシルクやコットンを使ったオリジナル製品は、藍染めの衣装を身に付けた小さなウサギやペンギン、象やフクロウなど、どれも愛らしいデザインのものばかり。置物にもいい小さなウサギはひとつ200B。お尻からメジャーが引っ張り出せる象さん400Bは、遊び心満点のおみやげ。

▶左／かわいらしい小物が多い　右／オーダーメイド用生地の在庫も豊富

Ⓢ ジム・トンプソン・ファクトリー・セールス・アウトレット

Jim Thompson Factory Sales Outlet　MAP●折込裏-J2

- 153 Soi 93, Sukhumvit Rd.
- 0-2332-6530
- 毎日9:00〜18:00
- CC ADJMV

5階建ての大きなビルで、おみやげにいい小物類は4階、シルクのファブリックは1階、コットンは2階。カーペットやクッションなどは5階。BTSスクムウィットラインのE10バーンチャーク駅1番出口から徒歩5分。

Ⓢ ムジナ

Muzina　MAP●P.82-B2

- 3rd Fl., Metha Wattana Bldg., 27 Soi 19, Sukhumvit Rd.
- 09-2090-1289
- MUZINABKK
- 火〜日 10:00〜18:00
- 月休　CC JMV

日本人デザイナーによるおしゃれなサンダルショップ。オリジナルサンダルが作れるオーダーメイドが人気。ソールやアッパーの素材、色、高さなど、自分だけの一足を手に入れよう。フラットサンダル3500B〜。

タイプチ情報　ジム・トンプソンの家（→P.108）へと延びる路地の入口周辺にも、ワット・ポー同様詐欺師が多い。とにかく知らない人に声をかけられたら用心したほうがよい。

タイファッション

ⓢ アブソリュート・サヤーム
Absolute Siam

MAP●P.80-A3～B3

タイの小さなブランドが集まったショップ。シューズやキャップなどファッション小物も要チェック。ワンピース600Bやデニムのショートパンツ490Bなど、手頃な価格でコーディネートを楽しめるアイテムが揃っている。

- 3rd Fl., Siam Center, 979 Rama 1 Rd.
- 0-2655-1000
- 毎日10:00～22:00
- CC A D J M V

ジュエリー、銀製品

ⓢ リヤ・バイ・インドラ・ジュエリー
LIYA by Indra Jewelry

MAP●P.81-D1

くるくるとかわいらしいタイ文字をあしらったペンダットヘッドや指輪、ブレスレットなどのアクセサリーが人気。自分の名前やおめでたい言葉など、好みの文字で注文すれば最短3日で完成。30年以上の歴史がある老舗。

- 407, 9-11 Ratchaprarop Rd.
- 0-2254-2251
- liyaindrajewelry
- 月～土 10:30～17:30
- 日
- CC A D J M V

ⓢ シーン
Sheen

MAP●P.76-A4

宝石の産地だった時代の名残で流通のハブとして、良質の宝石や貴石が集まるタイで、ジュエリー工場が直営するショールーム兼ショップ。特にパールやヒスイは良質のものが、値頃感のある価格で手に入る。

- B4 Zone b, Silom Village, 286/1 Silom Rd.
- 0-2635-6311
- sheenbangkok.stores.jp
- 月～土 10:30～20:00
- 日・祝
- CC A J M V

ⓢ パー&オー
PA & O

MAP●P.80-B4

凝ったデザインのシルバー製品が手頃な価格で手に入るため、タイの芸能人も足しげく訪れるショップ。貝や石をあしらったシンプルなネックレスやリングなら1000B程度からある。ボディピアスも充実した品揃え。

- Soi 3, Siam Square
- 0-2065-3531
- pa_o_silver
- 毎日10:00～21:30
- CC J M V

陶磁器

ⓢ ザ・レジェンド
The Legend

MAP●P.80-A2

淡いグリーンが特徴的な、セラドン焼きの専門店。シュガーポットやミルクポット、木の葉の形をした皿など、日本の食卓にもフィットする。ラッカー仕上げで内側に金箔を施したマンゴスチンの小物入れ380Bが人気

- 486/127 Ratchathewi Intersection
- 0-2215-6050
- The Legend
- 毎日9:00～18:00
- CC なし

ⓢ タイ・イセキュウ
Thai Isekyu

MAP●P.82-B2

金彩を施したタイらしい華やかさで人気のベンジャロン焼き。日本人経営で、製造から販売まで一貫して行う専門店。かわいらしい象の形をした醤油差し600Bや小皿200Bなど、おみやげに手頃な品がいろいろと揃う。

- 1/16 Soi 10, Sukhumvit Rd.
- 0-2251-1966
- 月～土9:00～17:00
- 日
- CC A D J M V

ⓢ ナラヤ

Naraya

キルトのリボンバッグで人気のショップ。種類が豊富で値段も安いため、おみやげのまとめ買いをする客で店内はいつもいっぱい。常時新作が発表されるので、何度訪れても飽きない。バンコク市内に支店も多い。

MAP●P.83-E4
住 654-8 Soi 24, Sukhumvit Rd.
TEL 0-2204-1146
URL www.naraya.com
営 毎日9:30〜22:30
CC A D J M V

ⓢ アパイプーベート

Abhaibhubej

マンゴスチンやクワの葉、ウコン、ショウガなどの天然素材を使った肌に優しい石鹸が1個30B〜。在住日本人だけでなく、おみやげに大量に購入していく旅行者も訪れる。肝臓の働きを助けるウコンのタブレットは酒飲みに人気。

MAP●P.76-A5
住 1st Fl., Thai CC Tower, 233 Sathorn Tai Rd.
TEL 0-2210-0321
営 月〜金9:30〜18:00、土9:30〜17:00 休 日
CC J M V (350B以上で利用可)

ⓢ 紀伊國屋書店

Kinokuniya

日本人の利用も多いエムクオーティエ（→P.130）にある、タイ国内最大級の書店。日本語の文庫本や単行本、週刊や月刊の雑誌だけでなくタイ語や英語の書籍も充実。新聞やフリーペーパーのコーナーもある。

MAP●P.83-E4
住 Unit 3B01, EmQuartier, 693 Sukhumvit Rd.
TEL 0-2003-6507
URL thailand.kinokuniya.com
営 毎日10:00〜22:00
CC A D J M V

ⓢ エーシア・ブックス

ASIA BOOKS

タイを代表する洋書店のチェーン。一般の単行本のほか、旅行ガイドブックの品揃えも豊富。タイや東南アジアに関するオリジナルの出版物もあり、美しい写真を多数掲載した大判の写真集が人気。支店多数。

MAP●P.80-C3
住 Room C612, 6th Fl., CentralWorld
TEL 0-2251-8574
URL www.asiabooks.com
営 月〜金 10:00〜21:00 土・日10:00〜21:00
CC A J M V

ⓢ センス・オブ・タイ

Sense of Thai

タイの伝統的な衣装が借りられるショップ。男女用どちらもあり料金は600、700、800B。時間制限はなく、閉店時間までに戻ればその間どこへ行くのも自由。見どころを回って、タイ人になりきってセルフィーしよう。

MAP●P.68-A4〜B4
住 2nd Fl., Tha Maharaj
TEL 09-4321-5225
IG sense_of_thai
営 毎日10:30〜19:00
CC A J M V

ⓢ ミュージックランド2002

Musicland 2002

タイポップスのCDやVCDを販売する実店舗が減少するなかで、外国人が店の人と相談しながら購入できる数少ないショップのひとつ。雑然としたショッピングセンターの中にあるが、入ってすぐの場所でわかりやすい。

MAP●P.81-D1〜D2
住 1st Fl., Indra Shopping Center
TEL 08-1209-5727
IG musicland2002
営 毎日11:00〜20:00
CC M V

タイプチ情報 ターオ・マハー・プラマ（→P.109）の外にある屋台で売られているお供え用の花輪は、高い値段を提示されることが多い。お供えは境内にある売店で買えるので、外の屋台では買わないこと。

デパート、ショッピングセンター

タイのデパートは大きくセントラル系とモール系があり、前者はセントラルワールドやセントラル・プラザ、後者はエンポリアムやサヤーム・パラゴンを運営している。どこも規模が大きいのが特徴で、映画館やスーパーマーケット、フードコートやレストラン街を併設している。この数年高級路線のモールが次々にオープンし、目もくらむような欧米の高級ブランドショップが並ぶ様子は日本以上にゴージャスかも。

Ⓢ アイコンサヤーム
ICONSIAM MAP●P.75-E4

- 299 Soi 5, Charoen Nakhon Rd.
- 0-2495-7000
- URL www.iconsiam.com
- 毎日10:00～22:00
- CC 店によって異なる

2018年11月、チャオプラヤー川岸の広大な敷地にオープンした、高層コンドミニアムとショッピングコンプレックスを擁する巨大複合モール。キーテナントは日本の髙島屋。

Ⓢ ターミナル21
Terminal 21 MAP●P.82-B2～C3

- 88 Soi 19, Sukhumvit Rd.
- 0-2108-0888　0-2108-0800
- URL www.terminal21.co.th　毎日10:00～22:00
- CC ADJMV （テナントは店により異なる）

フロアごとに"ローマ""ロンドン"などのテーマに合わせた内装が施され、"トーキョー"フロアもある。トイレの内装もおもしろい。BTSアソーク駅と連絡通路で直結しており便利。最上階にあるフードコートは店の数が多く、値段も安めで大人気。館内のトイレはすべて温水洗浄便座。

Ⓢ MBKセンター（マーブンクローン）
MBK Center (Mar Boon Krong Center) MAP●P.80-A4

- 444 Phayathai Rd.　1285（コンタクトセンター）
- URL mbk-center.co.th　毎日10:00～22:00
- CC 店によって異なる

ドンドンドンキやホテルと一体になったビルの各フロアに小さなショップがぎっしりと詰まっており、屋内市場といった雰囲気。6階には広いフードコート、7階には映画館もある。

Ⓢ ドンドンドンキ
Don Don Donki MAP●P.80-A3～A4

- 2nd Fl., MBK Center, 444 Phayathai Rd.
- 0-2209-1616　URL www.dondondonki.com
- 毎日24時間　CC ADJMV

激安の殿堂ドン・キホーテがタイに進出し、バンコクにすでに6店舗。旅行者が集まるMBKセンター内にオープンした支店は24時間営業。店内に流れる例のメロディは、外国人旅行者もつい口ずさむ中毒性の高さ。タニヤ・プラザ（MAP P.76-C3）、エカマイのソイ10（MAP P.79-F3）などに支店あり。

Ⓢ サヤーム・センター
Siam Center MAP●P.80-A3～B3

- 979 Rama 1 Rd.　0-2658-1000
- URL www.siamcenter.co.th
- 毎日10:00～21:00　CC 店によって異なる

若者に人気のファッションビル。タイのオリジナルブランド店も多い。BTSサヤーム駅から連絡通路で行ける。

Ⓢ サヤーム・ディスカバリー
Siam Discovery MAP●P.80-A3

- 989 Rama 1 Rd.　0-2658-1000
- URL www.siamdiscovery.co.th
- 毎日10:00～22:00　CC 店によって異なる

「The Exploratorium」をテーマにファッションやモダン雑貨のおしゃれショップが並ぶショッピングセンター。3階の「ICONCRAFT」は、タイ各地の名産品や食品ショップが集まりおみやげ探しに便利。

Ⓢ サヤーム・パラゴン
Siam Paragon MAP●P.80-B3～B4

- 991 Rama 1 Rd.　0-2610-8000
- URL www.siamparagon.co.th
- 毎日10:00～22:00
- CC デパートは ADJMV 、テナントは店によって異なる

高級ブランドやアジアン雑貨など、グレードの高いショップが並んでいる。1階は多数のレストランとフードコードが並ぶ充実の飲食エリア。地下には水族館まである。BTSサヤーム駅からの連絡歩道橋あり。

Ⓢ エムクオーティエ
EmQuartier MAP●P.83-E4

- 693 Sukhumvit Rd.　0-2269-1000
- URL www.emquartier.co.th
- 毎日11:00～21:00　CC 店によって異なる

BTSプルンポン駅を挟んでエンポリアムの向かい側にある、巨大ショッピングコンプレックス。高級ブランドのショップや輸入食品が並ぶスーパーマーケットなど、旧来のタイのイメージが変わる場所。

ⓢ エンポリアム
Emporium　MAP●P.83-D4〜E5

- 622 Sukhumvit Rd.
- 0-2269-1000
- www.emporium.co.th
- 毎日11:00〜21:00
- エンポリアム・デパートも
- ADJMV、テナントは店によって異なる

ルイ・ヴィトンやシャネル、プラダなど一流ブランドが揃っている。高級アジアン雑貨のブランドを集めたコーナーもある。BTSプロムポン駅から連絡通路あり。

ⓢ ゲイソーン・ショッピング・センター
Gaysorn Shopping Centre　MAP●P.80-C4〜81-D4

- 999 Phloen Chit Rd.
- 0-2656-1149
- www.gaysornvillage.com
- 毎日10:00〜20:00
- 店によって異なるがだいたい使用可

高級ブランドがズラリと並ぶ。ビル内吹き抜けの床は目が痛くなるほどのまぶしい白さ。ルイ・ヴィトンなどブランドショップが揃い、タイのハイソな人々が集まる。

ⓢ セントラルワールド
CentralWorld　MAP●P.80-C3〜C4

- 4,5 Ratchadamri Rd.
- 0-2640-7000
- www.centralworld.co.th
- 毎日10:00〜22:00
- 店によって異なる

バンコク屈指の巨大ショッピングモール。最上階は各種飲食店が並ぶ。1階にある「ハグ・タイ Hag Thai」はタイ各地から集められたデザイン性の高い名産品や民芸品などを扱う特設コーナー。

ⓢ ザ・マーケット・バンコク
The Market Bangkok　MAP●P.81-D3

- 111 Ratchadamri Rd.
- 0-2209-5555
- www.themarketbangkok.com
- 毎日10:00〜22:00
- 店により異なる

2019年2月オープン。各フロアにファッションや雑貨系のショップが多数詰め込まれた、名称どおりの市場風ショッピングモール。1〜2階にあるスターバックスは、広々とした穴場。

ⓢ セントラル
Central　MAP●P.81-D4〜E4

- 1027, Phloen Chit Rd.
- 0-2793-7777
- www.central.co.th
- 毎日10:00〜22:00
- ADJMV

タイの老舗高級百貨店。バンコク市内にはほかにウイークエンド・マーケット近くやシーロム通り、プラ・ラーム・カーオ（ラーマ9世）通りなどに大きな支店がある。

ⓢ プラティナム・ファッションモール
The Platinum Fashionmall　MAP●P.80-C2

- 222 Petchburi Rd.
- 0-2121-8000
- www.platinumfashionmall.com
- 毎日9:00〜20:00
- 店によって異なる

巨大なビル全体が衣料品のテナントで埋まる、プラトゥーナームらしいデパート。店の総数はなんと約1300。商品は卸値に近い廉価で売られていて、まとめ買いするバイヤー風の人々で狭い通路は大混雑。5階のフードコートも充実している。

ⓢ サームヤーン・ミットタウン
Samyan Mitrtown　MAP●P.76-B2〜B3

- 944 Rama 4 Rd.
- 0-2033-8900
- www.samyan-mitrtown.com
- 10:00〜22:00（24時間オープンのエリアも）
- 店により異なる

おしゃれな生活雑貨やファッション系ショップのほか、24時間オープンのカフェやコワーキングスペース、タイには珍しい単館系映画館の「HOUSE」などがありおもしろい。地下1階とG階にはカフェ多数。5階には展望テラスもある。MRTサームヤーン駅2番出口からSFチックな地下通路で直結。

ⓢ メーガー・プラザー
Mega Plaza　MAP●P.75-D1

- 900 Mahachai Rd.
- 0-2623-7888
- Mega Plaza
- 毎日10:00〜19:30
- 店により異なる

チャイナタウンの外れにあるローカルなデパート。テナントはほぼすべて玩具系。ゲームやフィギュア、トレカ、トイガンにドローンなどのショップが薄暗い館内に並んでいる。最上階のフードコートは、値段が安く眺めもいい穴場。

バンコク　おすすめショップ

タイプチ情報　スクムウィット通りのナーナーからアソークにかけては、夜になると急に猥雑になる。家族連れでは歩きにくい雰囲気になるので、特に子供連れの場合は気をつけたい。

何でもありの巨大市場へGo!
ウイークエンド・マーケット
（チャトゥチャック市場）

Weekend Market (Talat Chatuchak)

毎週土・日曜だけ営業する大規模マーケット。バンコクの若者にも人気で、びっしりと並んだ店の間の通路は人、人、人の波で埋まる。衣類、雑貨、食料品から古本、アンティークまでさまざまなものが揃い、くまなく見て歩くにはまる1日必要だ。衣料品、軍の放出品、ペットや民芸品など、見て回るだけでも飽きない。営業はだいたい8:00から18:00頃まで。日曜は午後には店じまいを始める店があるので、できるだけ早めに出かけよう。

通りに面して何ヵ所か設けられたゲートから入場

さまざまな雑貨が売られている

S ウイークエンド・マーケット
Weekend Market　MAP●折込裏-E2

- URL　www.chatuchakmarket.org
- 営　土・日8:00～18:00（金曜も営業する店もある。日曜16:00頃から店じまい開始）
- 行き方　MRTブルーラインのBL12カムペーン・ペッ駅下車、2番出口からすぐ。BTSスクムウィットラインのN8モーチット駅下車 徒歩5分。バスの場合は3、29、44、59、96、503、509、513番が便利。車掌か運転手に「タラート・チャトゥチャック（チャトゥチャック市場）」と言えば、（たぶん）降りる場所を教えてくれるはず。

友人とはぐれたらこの時計塔で待ち合わせしよう

市場ショッピングのコツ！

1. **欲しいと思ったら即買い！**　ウイークエンド・マーケット内部はごちゃごちゃしており、一度通り過ぎた場所へ再び戻ってこられるとはかぎらない。気になる品物があったら、買うか買わないか素早い決断を。
2. **雑貨の店は金曜も開いているところがある！**　土・日曜は大混雑になるので、金曜に行くのも一考の価値あり。
3. **値切るならまとめ買いを！**　小さな買い物で大きな値引きは期待できない。
4. **単独行動がおすすめ！**　土・日曜の人出はすさまじく、数人で連れ立っていくと迷子は必至。はぐれてしまったときのために、待ち合わせの場所を決めておこう。マーケットの中心部にある時計塔がわかりやすい。

買い物をしたらVAT（付加価値税）の還付を受けよう Column

タイでの買い物には、7%のVAT（付加価値税、日本の消費税に当たる）が課されている。現在タイ政府は、一定の条件を満たした外国人にこの付加価値税の払い戻しを行っている。買い物を満喫した人は、支払い時と出国の際に還付の手続きを忘れずに。

●VATの還付を受けられる人と商品
1）タイ国籍でないこと。
2）タイ国内に永住、定住、もしくは年間180日以上滞在していないこと。
3）スワンナプーム（バンコク）、ドーン・ムアン（バンコク）、ウタパオ（パタヤー）、クラビー、サムイ、チェンマイ、ハート・ヤイ、プーケットの各国際空港から出国すること。
4）タイ発の国際航空便乗務員でないこと。
5）銃や爆発物および類似の品、宝石の原石類、仏像などの禁制品でないこと。宿泊料や飲食代など、タイ国内で消費されるサービスへの課税分は還付の対象にならない。
6）商品は、購入日より60日以内に出国にともなって国外へ持ち出すこと。

●還付の条件
「VAT REFUND FOR TOURISTS」の表示のある店で、同じ日に同じ店で一度に2000B以上の買い物をすると還付を受けられる権利が発生する。還付率は買い物の総額によって変動し、最小4%～最大6.1%。

現在VATの還付を行っているのは、伊勢丹、東急、セントラルなど主要なデパートのほか、ジム・トンプソンなどの有名ブランド店など。

●VAT還付の手続き
1）商品を購入するときにパスポートを提示して「VAT還付申請用紙」（P.P.10と呼ばれる）を作成してもらい、保管しておく。
2）出国時、チェックイン前に空港の税関（Customs）で、購入した商品の現物、VAT還付申請用紙（P.P.10）、購入商品のレシート（VAT還付申請用紙作成時にステープラーで留めてくれることが多い）を提示して検印を受ける。貴金属類や金製品、または時計、めがね、万年筆など（目安は1点1万B以上）を購入した場合は、上記手続きをしてチェックイン後にも出発ロビーにある税務局（Revenue Department）で商品とVAT還付申請用紙を提示し、再度検印を受けること。
3）以上の手続きが終了したら、出発ロビーにあるVAT還付窓口（VAT REFUND OFFICE）で、VAT還付申請用紙を提示して還付金を受け取る。希望する還付金の受け取り方法を用紙に記入後、税務局の指定の箱に投函するか郵送し（宛先は下記問い合わせ先と同じ）、後日受け取ることもできる。

スワンナプーム国際空港のVAT還付窓口

●還付金の受け取り方法
1）還付総額が3万B未満の場合は、現金（タイバーツ）、銀行小切手での受け取り、指定のクレジットカード口座への振り込みのいずれか。
2）VAT還付総額が3万B以上の場合は、銀行小切手、あるいは指定のクレジットカード口座への振り込みのいずれか。

現金で受け取る場合は100Bの手数料、銀行小切手で受け取る場合は100Bの手数料と250B程度の経費（計約350B）、クレジットカード口座への振り込みの場合は100Bの手数料と650B程度の振り込み手数料（計約750B）が差し引かれる。

還付が遅い場合の問い合わせ先
銀行小切手の送付またはクレジットカード口座への振り込みで受け取る手続きをしたが、還付が遅い場合は、下記へ問い合わせを。

VAT REFUND OFFICE
Revenue Department
住 90 Soi 7, Pahonyothin Rd., Bangkok 10400, Thailand
TEL 0-2272-9387　FAX 0-2617-3559
URL www.rd.go.th/vrt

●注意点
空港での手続きは、場合によってはかなりの混雑も予想される。時間には十分に余裕をみておこう。最低でも30分が目安。

タイプチ情報　アムパワー（→P.111）がにぎわうのは週末の午後から。平日の昼間はほとんどの店が閉まっている。行くなら週末、できれば夕方ぐらいに到着するのがおすすめ。

バンコクで美食を極める
レストランガイド
Restaurant

おなかいっぱい召しあがれ

国際都市バンコクでは、タイ料理はもちろん、世界各国の味が楽しめる。屋台の味も侮れない。味にうるさく外食することの多いタイの人は、一食一食が真剣勝負。おいしくない店はすぐ淘汰されてしまうのだ。

タイ料理

R ネバー・エンディング・サマー
Never Ending Summer　MAP●P.75-E3

伝統的なレシピを発掘し、さらに高級素材をふんだんに使ってアレンジしなおした、タイ料理の新潮流が楽しめる。見た目も美しい料理の数々を堪能しよう。古い工場を再開発したザ・ジャム・ファクトリー（→P.105）にある。

住 The Jam Factory, 41/5 Charoen Nakhon Rd.
TEL 0-2861-0954
FB The Never Ending Summer
営 毎日11:00～23:00（LO 月～木21:30、金～日22:00）
CC ADJMV

R スパンニガー・イーティング・ルーム
Supanniga Eating Room　MAP●P.74-B1

オーナーの祖母が作る家庭の味をイメージしたメニューの数々が並ぶ。タイ料理店ならどこにでもあるシンプルな料理 Ka Lum Tod Nam Pla 180B（キャベツのナムプラー炒め）の、驚きの味わいをぜひお試しあれ。

住 392/25-26 Maharat Rd.
TEL 0-2015-4224
URL www.supanniggaeatingroom.com
営 月～金11:00～22:00　土・日は7:30～
CC AJMV

R ローンロット
Rongros　MAP●P.74-B1

現在の大人が子供の頃に、バンコクの家庭で伝統的に食べられていた料理を提供。知っている人は懐かしく、知らない人には新鮮なタイ料理が食べられる。使われている素材は、それぞれの名産地から取り寄せたものばかり。

住 392/16 Maharat Rd.
TEL 09-6946-1785
URL www.rongros.com
営 毎日11:00～15:00、17:00～22:00
CC AJMV

R ルエン・ウライ
Ruen Urai　MAP●P.76-C3

築100年近いチークのタイ風家屋をホテルのプール脇に移築してオープンした、高級タイ料理店。サーモンや果物など元来タイにはなかった素材とタイ伝統のサムンプライ（ハーブや薬草など）の見事な融合が楽しめる。

住 118 Suriwong Rd.
TEL 0-2266-8268
FAX 0-2266-8096
URL www.ruen-urai.com
営 毎日12:00～23:00（LO22:00）
CC ADJMV

R コーアーン・カーオマンカイ・プラトゥーナーム
Go-Ang Kaomunkai Pratunam　MAP●P.81-D3

従業員のユニフォームから「ピンクのカーオ・マン・カイ」として有名な店の支店。本店は常に行列しているので、エアコンが効いて清潔感もあるこちらがおすすめ。本店より少し高く、カーオ・マン・カイ1皿65B（本店は50B）。

住 17 Chaloem Loke Bridge
TEL 0-2251-5299
FB GoAngPratunamChickenRice
営 毎日8:00～21:50
CC なし

134

🅡 テープ・バー

Tep Bar

チャイナタウンの裏町で、アユタヤ一時代から伝わる伝統的な料理をモダンにアレンジして提供。毎晩伝統楽器を使ったライブも行われる。味付けは本格的に辛くて濃い。ヤードン（タイの薬酒）3種セット400B。

MAP●P.75-E2〜F2
- 住 69-71 Soi Nana, Maitrichit Rd.
- TEL 08-8467-2944
- URL TEP BAR
- 営 月〜金18:00〜翌2:00、土〜日17:00〜翌1:00
- CC AJMV

🅡 チム・バイ・サヤーム・ウィズダム

Chim by Siam Wisdom

200年以上前のレシピなども参考にしつつ新しい素材を組み合わせた、新しいタイ料理が食べられる。香り高いマッサマン・カレーは一度食べたら忘れられない味わい。ディナーはセットメニューで2290Bと2990B。

MAP●P.83-D1〜D2
- 住 66 Sawasdee (Yak 4), Soi 31, Sukhumvit Rd.
- TEL 0-2260-7811
- URL Chim By Siam Wisdom
- 営 毎日11:30〜14:30、17:00〜21:30 (LO)
- CC ADJMV

🅡 ルドゥー

Le Du

タイ料理の存在感を和食やフレンチのように高めたいと意気込むシェフが、タイ伝統の味を独創的に使い、芸術的なプレゼンテーションで視覚的にも魅せる、タイフュージョンの人気店。コースのみで4コースディナー2990B〜。

MAP●P.76-B4
- 住 399/3 Soi 7, Silom Rd.
- TEL 09-2919-9969
- URL www.ledubkk.com
- 営 月〜土18:00〜23:00
- 休 日
- CC JMV

🅡 オラヌック・バンコク

Oranuch Bangkok

オーナーが子供の頃、カレン族のメイドさんが作ってくれていた家庭料理がコンセプト。一般的なタイ料理店では見られない、いわゆるタイ料理とは少し異なる種類の辛さが体験できる。店名はオーナーの名前。

MAP●P.82-C2
- 住 36 Soi 23, Sukhumvit Rd.
- TEL 0-2125-3715
- URL www.oranuchbangkok.com
- 営 火〜日11:00〜23:00 (LO.22:30)
- 休 月
- CC JMV

🅡 キャベジズ&コンドームス

Cabbages & Condoms

ユニークな店名は、オーナーのミーチャイ氏が副首相時代、エイズ防止のためコンドームの普及に努めたから。味には定評がある。ヤム（タイ風サラダ）は220B〜、カレー類200B〜、ご飯ものは170B程度〜。

MAP●P.82-B3
- 住 Soi 12, Sukhumvit Rd.
- TEL 0-2229-4610
- URL cabbagesandcondomsbkk.com
- 営 毎日11:00〜23:00 (LO.22:30)
- CC ADJMV

🅡 バーン・クン・メー

Baan Khun Mae

「お母さんの家」という名前の名店が、サヤーム・スクエアからMBKセンター2階に移転。トムヤム・クンは230B。カニの身がたっぷり入ったヌア・プー・パッ・ポン・カリー450Bは、これだけでご飯が無限に食べられそう。

MAP●P.80-A4
- 住 2nd Fl., MBK Center, 444 Phaya Thai Rd.
- TEL 0-2048-4593
- URL www.bankhunmae.com
- 営 毎日11:00〜23:00
- CC ADJMV

タイプチ情報 タリンチャン水上マーケット（→P.112）は、バンコクの中心からバスで行け、規模もそこそこ大きいので、週末の気軽な観光地としておすすめ。

タイ料理

Ⓡ 55（ハーシップハー）ポーチャナー
55 Potchana

手頃な値段と気軽な雰囲気で古くから人気がある中華系タイ料理の大衆食堂。新鮮なカキをたっぷり使ったオースアン（220B）やパックブン・ファイデーン（110B）など、日本人好みのタイ料理が食べられる。

MAP● P.79-E4
- 住 1089-1091 Sukhumvit Rd.
- TEL 0-2391-2021
- 55 Pochana
- 営 日～木18:30～翌3:30　金～土18:30～翌4:00
- CC J M V （1000B以上で利用可）

Ⓡ ピー・オー
Pe Aor

現在バンコクで最も有名かもしれない麺の店。毎日大量に仕入れるエビを惜しげもなく使ったトムヤムスープは、濃厚かつ辛さ控えめで誰でも安心して食べられる。トムヤム・クン・メーナームはエビ2匹入り、麺が選べて60B。

MAP● P.80-A1
- 住 8/51 Soi 5, Petchburi Rd.
- TEL 0-2612-9013
- 営 火～日10:00～21:00
- 休 月
- CC なし

Ⓡ ティップサマイ
Thipsamai

パッ・タイ発祥の店といわれ、70年以上同じ場所で営業を続ける老舗。パッ・タイ90Bのほか、カニやエビなどが入った豪華版のパッ・タイ・ソーンクルアン500Bもある。実のつぶつぶがたっぷり入ったナム・ソム（オレンジジュース）は、時価。

MAP● P.69-D4
- 住 313-315 Mahachai Rd.
- TEL 0-2226-6666
- URL thipsamai.com
- 営 毎日9:00～24:00
- 休 毎月2回水曜　CC なし
- パラゴン・フードホール（→P.141）に出店中。

Ⓡ ハーモニク
Harmonique

古いタウンハウスを改装した、隠れ家風レストラン。緑が生い茂る中庭は天井から薄く光が入り神秘的な雰囲気。一般的なタイ料理なら何でも揃い、しかもおいしい。カーオ・パット120Bなど。カフェ代わりに町歩きの休憩にも。

MAP● P.75-F4
- 住 22 Soi 34, Charoen Krung Rd.
- TEL 0-2237-8175
- Harmonique
- 営 毎日11:00～22:00
- CC A M V

Ⓡ ポーワー
Porwa

控えめにタイ北部風の装飾が施されたおしゃれなカフェ風の店内で、やや現代風にアレンジされたタイ北部の料理が楽しめる、気軽なレストラン。豚の団子を揚げて野菜と串に刺したラープ・ムー・トートは120B。

MAP● P.80-B1
- 住 69/34 Soi Pathumwan Resort, Phaya Thai Rd.
- TEL 06-1464-7917
- PorwaRestaurant
- 営 毎日11:00～21:00
- CC M V

Ⓡ ディライト・キッチン&バーン・カーラケート
Delight Kitchen & Baan Garagade

ていねいに作られた家庭料理風のタイ料理で、地域の人たちから愛されるレストラン。東北料理や南部料理などメニューは幅広く、どの料理からもスパイスやハーブが香り立って、いかにもタイ料理を食べている感じがする。

MAP● P.76-A4
- 住 37 Mahaset Rd.
- TEL 0-2631-8808
- Delight Kitchen & Baan Garagade
- 営 毎日11:00～14:00、17:00～22:30
- CC J M V

タイ料理

R イーサーン・ネイション・キッチン
Esaan Nation Kitchen

MAP●P.82-C3

アソーク交差点近くにあるこぢんまりしたイーサーン料理レストラン。ソムタムやラープなど、手加減なしの辛さが体験できる。コー・ムー・ヤーン160B、カイ・ヤーンのハーフ119B、ホール219B。

住 390/1 Sukhumvit Rd.
電 09-2555-6759
営 毎日10:00～翌2:00
CC なし

R センサムラーン・アット・センセープ
Sansumran at San Saab

MAP●P.72-C5

センセープ運河沿いにある瀟洒な一軒家レストラン。白を基調にしたインテリアがおしゃれ。ひと皿150B程度～と値段も手頃。細切りの豚肉を天日に干してから揚げたムー・デート・ディアオ150Bはビールのお供に。

住 185/3 Soi 31, Sukhumvit Rd.
電 0-2662-1922
FB SansumranatSanSaab
営 火～日11:00～22:00
休 月
CC J M V

R オーディアン（興来飯店）
Odean

MAP●P.75-E2

カニ肉がたっぷり入ったバミー（中華麺）の人気店。バミー・ヌア・プー（カニ肉入りバミー）はナーム（汁あり）かヘーン（汁なしのあえそば）が選べて85B。豪華なカニ爪入りはサイズにより200B～。

住 724 Charoen Krung Rd.
電 08-6888-2341
営 8:30～19:30
休 第2・4火曜
CC なし

R スダー
Suda

MAP●P.82-B3

スクムウィット通りから路地を少し入った角にある気軽な食堂。この手の店が少ないアソーク周辺では貴重な存在で、オープンエアのテーブルでビールを飲みながら料理をつつく、南国ならではの楽しみが満喫できる。

住 6-6/1 Soi 14, Sukhumvit Rd.
電 0-2229-4664
営 月～土11:00～23:00
休 日
CC なし

中国料理

R 和成豊（フアセンホン）
Hua Seng Hong

MAP●P.75-E1

中華街の中心で、味にうるさい華人に支持され約70年。店内も飾り気はなく、いかにも味で勝負の店。地元ではフカヒレ（480B～）で有名だが、シーフードやそのほかの料理も一級品。点心は毎日午後の早い時間に売り切れる。

住 371-373 Yaowarat Rd.
電 0-2222-7053
URL www.huasenghong.co.th
営 毎日9:00～24:00
CC なし

R ヤオワラート・フード・ドリンク
Yaowaraj Food+Drink

MAP●P.75-E1

ヤオワラート通りに面した大衆食堂。香港風のバミーやカーオ・パットなど、ひと皿料理が50B程度からと気軽に食べられる。量は少なめで、チャイナタウン散策の途中で小腹がすいた際などにおすすめ。

住 383 Yaowarat Rd.
電 0-2221-2800
営 毎日10:00～20:00（日は～16:00）
CC なし

タイプチ情報 ときどき耳にするピンクガネーシャ（→P.113）の「願い事が3倍早くかなう」という説。実は「3倍」に根拠はなく、タイ人に尋ねても「聞いたことがない」と言われる。一体どこから来たのか。

シーフード

®サボイ・シーフード・コー
Savoey Seafood Co.

MAP●P.78-C5

1972年創業の老舗シーフードレストラン。漁獲の場所や時期、保存方法にまでこだわりぬいた新鮮なシーフードを提供。プリプリのエビ、ふわふわのカニなど素材のよさは抜群。自家製のデザートもおすすめ。支店あり。

- 住 120/4 Soi 26, Sukhumvit Rd.
- TEL 06-6110-5859
- URL www.savoey.co.th
- 営 毎日11:00～22:00
- CC J M V
- MAP P.68-A4～B4、P.81-D4などに支店。

®興利（ヘーンディー）
Hengdi

MAP●P.75-E1

大衆食堂風の店構えながら、地元の人たちに大人気のフカヒレの名店。土鍋で供されるフカヒレは400B～で、カニの肉や干しシイタケなどもたっぷり入っている。カニチャーハン150Bと合わせて食べれば大満足間違いなし。

- 住 Yaowarat Rd.
- TEL 08-9081-5900
- 営 毎日16:00～翌2:00
- CC なし

®ソンブーン
SOMBOON SEAFOOD

MAP●P.70-A5

値段も安く味もいいと、地元の人にも人気。名物は、ぶつ切りの大きなカニをネギとカレーソースで炒め、最後に卵をからめてふんわりと仕上げるプー・パッ・ポン・カリー。カニだけでなくソースも絶品。

- 住 895/6-21 Soi Chula 8, Ban That Thong Rd.
- TEL 0-2216-4203
- URL www.somboonseafood.com
- 営 毎日11:00～22:00 (LO 21:30)
- CC なし

タイ風洋食

®タンパ・コーヒー・ショップ
Tampa Coffee Shop

MAP●P.70-C3

オムライスやナポリタンスパゲティーなど日本にしかない洋食があるように、タイにもタイ風に受容された洋食がある。今や数少ない伝統的タイ風洋食が食べられる店の1軒がここ。BBQスペアリブ320Bをぜひ。

- 住 1st Fl., Florida Hotel, 43 Phayathai Rd.
- TEL 0-2247-0991
- 営 毎日6:30～24:00
- CC A J M V

®バラニー
Bharani

MAP●P.82-C2

イギリス留学から帰国後に独自のレシピでソーセージやハムなどの肉製品を販売して人気を博した創業者が1949年に開店。そのため一般的なタイ料理以外にブイヤベース295B、ポークチョップ295Bなどのタイ風洋食もおいしい。

- 住 96/14 Soi 23, Sukhumvit Rd.
- TEL 0-2260-1626
- URL www.bharani1949.com
- 営 火～日10:00～20:00
- 休 月
- CC J M V

イタリア料理

®ダ・マンマ
Da Mamma

MAP●P.161-B2

繁華街近くの静かな路地にある小さなレストラン。注文が入るつど店頭の窯で焼く本格的なピザやパスタはどれも200～300B程度。メインもひと皿でおなかいっぱいになるボリューム。3人以上の場合は、予約すると安心。

- 住 36/8 Soi Kasem San 1, Rama 1 Rd.
- TEL 0-2612-3344
- URL damammaitalianrestaurant.jimdo.com
- 営 毎日17:30～23:30
- CC A M V

注：タクシーやトゥクトゥクに乗って「ソンブーン」と告げると、「ここがソンブーンだ」と違う店へ連れていかれ、不当に高い料金を請求される事例があとを絶たない。ソンブーンへ行く際は注意しよう。

ステーキ

ⓒ カルネ
Carne

MAP●P.82-C2

バンコクに数ある高級ステーキ店の中でも、質の高い料理が比較的リーズナブルに食べられると人気。リブアイは300gで1290B、プライム・リブは1kgで4200B。トルティーヤで食べるブレイズド・ビーフ・チークは650B。

住 32, 2 Soi 23, Sukhumvit Rd.
TEL 06-6069-2288
FB Carne BKK
営 毎日11:30～22:30
CC A J M V

ダイニング・カフェ

ⓒ ジジ・カフェ
Gigi Café

MAP●P.82-B2

プロムポンにある大人気ダイニング・レストラン「Gigi Dining Hall & Bar」のカジュアル版系列店。パスタやピザなどが300B程度から食べられ、昼も夜もタイ人のおしゃれな若者や外国人が集まる。

住 28 Soi 19 Sukhumvit Rd.
TEL 06-1995-6060
URL gigicafe-bangkok.com
営 毎日8:00～24:00
CC A D J M V

カフェ

ⓒ バーン・リム・ナーム・タラートノーイ
Baan Rim Naam Taladnoi

MAP●P.75-E3

19世紀末に建てられた倉庫を改装したカフェ＆バー。チャオプラヤー川に面して開け放たれた造りになっており、川を行き交う船を眺めながらくつろげる。コーヒー各種80B～。中庭ではタイ式マッサージも受けられる。

住 378 Soi Wanit 2, Talat Noi
FB Baan Rim Naam, Taladnoi
営 木・金 11:00～21:00、土・日 10:00～21:00
休 月～水　CC なし

ⓒ マンゴー・タンゴ
Mango Tango

MAP●P.80-B4

1年中マンゴーのデザートが食べられる。アイスクリーム、プディング、ゼリーなど、果物好きにはこたえられないラインアップは南国ならではの贅沢さ。アイスクリーム、プリン、フレッシュマンゴーのセット(→P.43)は190B。

住 Soi 3, Siam Square
TEL 06-4461-5956
URL www.mymangotango.com
営 毎日12:00～22:00
CC なし

ⓒ ヒア・タイ・キー
Hia Tai Kee

MAP●P.69-D2

使い込まれた大理石の丸テーブルに重い木の椅子。天井ファンがゆるく店内の空気をかき回すだだるい空気のなかでタイのコーヒーや軽食が楽しめる。地元の人たちの憩いの場。コーヒー30B～。中国茶は飲み放題。

住 78/4 Prachathipatai Rd.
TEL 08-6677-2599
営 毎日5:30～14:30
CC なし

ⓒ ブルー・ホエール・ローカル・イータリー
Blue Whale Local Eatery

MAP●P.74-B1

ワット・ポー近くの古い倉庫街にあるおしゃれカフェ。チョウマメ(バタフライ・ピー)を使った青いラテでブレイク(→P.98)。ホット90B、シナモンスティック1本差しのアイスは120B。スイーツ各種も人気。

住 392/37 Maharat Rd.
TEL 09-6997-4962
FB bluewhalebkk
営 毎日9:00～18:00
CC A M V

タイ プチ情報 レストランに入店したら勝手に席につかず、人数を示して店の人に案内されるのを待とう。屋台や気軽な食堂はこの限りではない。

タイの絶品鍋料理
タイスキを食べよう!!
Let's Try THAISUKI

日本人にも人気のタイスキ。「タイスキ」とは「タイのスキヤキ」の略称で、タイ人は単に「スキー」と呼ぶ。実際にはどう見てもしゃぶしゃぶ風だが、これで定着しているのだから仕方がない。

食べ方は単純で、専用の鍋にはったたし汁につみれや肉だんご、野菜、豆腐、春雨などをどんどん入れて、特製のたれで食べる。具をひととおり入れたら生卵を落とすのがタイ人風。最後に麺を入れてもいいし、ご飯、卵、刻みネギを入れて雑炊を作るのは日本人好み。ひとり300〜400Bもあれば満腹間違いなしと、とってもリーズナブルなので、旅行中に一度はトライしてみよう。

カトラリー各種を駆使してタイスキを楽しもう

野菜

いろいろな種類がある。盛り合わせも用意されている

ひき肉だんご

牛や豚などいろいろ。ほろほろの食感が楽しい

豆腐

チューブに充填するので円筒形をしている

魚のつみれ

ぷりぷりの食感が楽しめるフィッシュボール

カマボコ

日本のカマボコとほとんど同じ味わいでなじみやすい

タイスキの具10選
オーソドックスで値段も手頃なタイスキの具10種類。このほか春雨も必須アイテムだ。豪華にいくならエビやカニもある。

牛肉のつみれ

牛や豚のボールはやや灰色がかっているのが特徴

ワンタン

豚や牛入りなど各種あり。皮がもちもちしている

エビと魚のワンタン

皮が厚く、全体が練り製品のような口当たり

魚つみれの香菜巻き

つみれと野菜の歯ごえのコントラストが楽しい

海藻入り魚のつみれ

エビやカニが入った豪華版もある。食感ぷりぷり

タイスキの有名店はココ!!

バンコク市内にはいろいろな店がある。なかでも人気があるのはチェーン店のエム・ケーMK（URL www.mkrestaurant.com）。支店数が多く、大きなショッピングセンターにはたいていある。老舗ではプロムポンのコカCOCA（MAP P.83-E4 TEL 0-2259-8181 URL www.coca.com）やチャイナタウンのテキサスTexas（MAP P.75-E1 TEL 0-2223-9807）などが人気。店によりたれの味が異なるので、好みの味を探すのも楽しい。どこもメニューは写真付き（エム・ケーは日本語併記）でわかりやすい。回転寿司のように具が回ってくるタイスキ店、カウンターにひとり用の鍋が設置されたタイスキ店もある。

トムヤム味のタイスキ

ビルの中の屋台街 *Food Court*
フードコートにチャレンジ

屋台料理が安心して食べられるよ！

屋台の味が気楽に楽しめるフードコート

南国の熱気が体感できるにぎやかな屋台街をそのままビルの中へ移したのがフードコート。ご飯もの、麺類、デザート、飲み物、果物など、町の屋台街にある料理はたいてい揃っており、同じ場所でいろいろな料理が食べられるのがうれしい。

屋台では注文の際に言葉が通じるかどうか不安、食材や食器類の衛生面が心配などというような人でも、安心して利用できる。

フードコートでの支払い方法

タイのフードコートでは、支払いは現金ではなくカード式かクーポン式。

カード式の場合
各店が独自のカードを発行している

窓口でカードを受け取る際に、任意の金額を支払ってデータを入力してもらい、最後に精算して残額を受け取るところと、最初にカードのみ受け取って購入のつどカードにデータを入力してもらい、最後にまとめて支払うところがある。

まず支払いのカウンターへ。大きなフードコートでは購入と払い戻しの窓口が別になっている

クーポン式の場合
各種額面のクーポン。ちょうどの額がない場合もクーポンでおつりがもらえる

フードコート内にある窓口で専用のクーポン（金券）を購入し、それで支払う。余ったクーポンは当日中なら払い戻しできるので、多めに購入しておこう。

フードコート

R パラゴン・フードホール
Paragon Foodhall　MAP P.80-B3～B4

- 住 1st Fl., Siam Paragon, 991 Rama 1 Rd.
- TEL 0-2610-1000　営 毎日10:00～22:00
- CC A J M V

バンコクを代表する超大型高級ショッピングセンターの1階にあるフードコートは、白を基調にした清潔感あふれるインテリアが自慢。店の数は23軒、料理の値段は50Bくらいからと、立地からは考えられないほどリーズナブル。

店内は明るく清潔感満点

そのほかのフードコート

大きなショッピングセンターやデパートにはたいていフードコートがある。MBKセンター6階にあるMBKフード・アイランドMBK Food Island（MAP P.80-A4）は、バンコクを代表する老舗フードコートで規模も大きい。セントラル・エンバシーのLG階にあるイータイ Eathai（MAP P.81-E4）にはバンコクの有名レストランや屋台が出店し、タイ全土の料理が食べられる。そのほかではアマリン・プラザ4階のザ・クック カラーズ・オブ・テイスト the COOK, Kolors of Taste（MAP P.81-D4）が、広めのスペースと店の多彩さで人気がある。

どこも昼時は大混雑になる

注：パラゴン・フードホールやMBKフード・アイランド、エンポリアム内のフードコートなどはラビット・カード（→P.55）でも支払える。精算の手間がなく便利。

路上のグルメ天国 *Foodstall*
屋台の楽しみ

タイの食といえば屋台を避けて通るわけにはいかない。体にまとわりつく熱帯の空気を全身に感じながら、気軽に食事を楽しむ。タイの屋台は単品営業が多いので、ややこしい注文は不要。目の前に並んでいるものを指さすだけで食べたいものが手に入る、この気軽さがいい。

フード系

麺の屋台やご飯ものの屋台などがあり、屋台脇のテーブルで食べられる。袋に入れて持ち帰ることも可能。

麺屋台
ガラスのケースに麺各種。湯気が立ちのぼる寸胴でさっと湯がいてあっという間にできあがり。1杯40B程度～。

カーオ・マン・カイ屋台
鶏をゆで、そのスープで炊いたご飯にゆで鶏の切り身を乗せる、タイで人気のひと皿ご飯。店頭にぶら下げられた丸ごとの鶏が目印。ひと皿40B程度～。

スナック系

種類豊富。串焼きや串揚げ、焼きバナナ、イナゴやイモムシも。袋に入れてもらって歩きながら食べよう。

フルーツ屋台
町歩きで汗をかいたら水分とビタミンの補給に新鮮な果物を食べよう。好みの種類を指させば、ひと口大にカットしてくれる。ひと袋20B～。

串焼き、串揚げ屋台
タイ人はカマボコやつみれ系の食べ物が大好き。さまざまな種類を串に刺し、焼いたり揚げたりしたものも人気のスナック。1本10B程度。

焼きバナナ屋台
バナナを焼くとイモのような食感になり、ハチミツや甘いシロップにつけて食べる。ひと袋10B程度～。

虫の屋台
揚げたバッタやイナゴ、イモムシ、昆虫のサナギやタガメは東北部出身者には一般的なスナック。カレー味が付いていることも。ひと袋10B程度～。

ドリンク系

フレッシュフルーツを搾ったジュースが人気。その場で搾って容器に入れ、氷で冷やして客を待つ。

みかんジュース屋台
新鮮なみかんを搾ったジュースは甘くておいしい。タイ人にも人気で路上のあちこちで見かける。よく冷えたのをもらおう。1本20B程度～。最近ではザクロやマナーオ（タイのライム）のジュース屋台もある。

バンコクの ホテル&ゲストハウス

Hotel & Guest House

好みのホテルを見つけてください!

超高級ホテルから安ゲストハウスまで、バンコクの宿泊施設にはさまざまな種類やグレードがある。どのようなタイプの旅行者でも受け入れられる、懐の深い町だ。幅広い選択肢のなかから好みや予算、スタイルに応じてホテルを選べる。

宿泊施設の種類

バンコクのホテルは、おおよそ以下のように分類することができる。

高級ホテル
料金:1室4000~5000Bもしくはそれ以上。
付帯施設:複数のレストラン、プール、ジム、スパなどの施設があり、ホテルライフを存分に堪能できる。

中級ホテル
料金:2000~4000B程度。
付帯施設:プールとレストランはたいていある。

手頃なホテル
料金:800~2000B程度。
付帯施設:レストランは朝食のみもしくはルームサービスのみなど制限があるところも。プールはないところが多い。

ホステル
最近増えているのがドミトリー(大部屋)主体のホステル。300~500B程度と安宿なら個室が取れる料金のドミトリーは高いようにも思えるが、たいてい快適なくつろぎスペースがあり、共用のトイレやシャワーも清潔、Wi-Fiや全ベッドに電源を備えるなどモバイル機器を利用するデジタル・バックパッカーへの配慮も行き届いている。

ゲストハウス、旅社
カオサン通り周辺に多いゲストハウスやチャイナタウンに集まる旅社(商人宿風安宿)は、最低250B程度で利用でき節約派旅行者に人気がある。ただし質は千差万別で、トラブルが発生しても旅行者の自己責任。

ホテルが混雑するシーズン

乾季に当たる11~2月(なかでもクリスマスと年末年始)は、特に高級ホテルは混雑するので、早めの予約が必要。ただしこの時期でも、ホテルのグレードを下げれば、バンコクで部屋が取れないことはまずない。そのほかの時期なら、直前の予約でもほぼ希望に沿ったホテルに宿泊することができる。

料金と予約の際の注意点

中級以上のホテルならば通常、掲載の宿泊料金に付加価値税7%(2023年3月現在)とサービス料10%が加算される(「Nett」とあれば総額)。料金には一定のラックレート(ラックレート)はあるが、実際には利用する時期や予約方法によって料金は異なる。特に高級ホテルは差が大きいので、しっかり調べよう。

チェックインとチェックアウトの時間

ほとんどのホテルは、チェックインは14:00から、チェックアウトは12:00までとなっている。ただし客室に余裕があれば融通が利き、部屋が空いてさえいればチェックインは随時可能。チェックアウトについては、あらかじめ連絡しておいて客室に余裕があれば14:00頃までなら無料で遅らせてくれることが多い。それ以降になるとたいてい有料になる。

バンコクのホテルエリア

ホテルを決める場合、料金のほかに立地条件も考慮したい。観光がメインなのか、買い物がしたいのか、交通の便はいいのか。以下にエリアごとの大まかな解説をしておくので、ホテル選びの参考にしよう。

王宮周辺
中級とそれ以下の安宿が点在している。移動はバスかタクシー。安宿街のカオサン通りはこのエリア。

サヤーム・スクエア、ラーチャダムリ通り周辺
ショッピングセンターが多く、買い物好きには楽しいエリア。BTSが2路線ともこのエリアを通っているので、どこへ行くにも便利。

チャルーン・クルン通り周辺
チャオプラヤー・エクスプレス・ボートを利用すれば王宮周辺へのアクセスも簡単。BTSシーロムラインのS6サパーン・タークシン駅利用可。

スリウォン通り、シーロム通り、サートーン通り周辺
中~高級ホテルがこのエリアの外れにマレーシア・ホテルを核とする安宿街がある。BTSのシーロムラインとMRTブルーラインが利用できる。

スクムウィット通り周辺
外国人向けのショップ、レストラン、ナイトスポットも多い。BTSスクムウィットラインが走っており、アソーク駅でMRTブルーラインと連絡している。

チャイナタウン
町歩きが好きな人には楽しめるエリアだが、宿泊して楽しいかどうかは別の話。周辺の道路は常に混雑。

ラチャダーピセーク通り沿い
大型ナイトスポットが多いエリア。中~高級ホテルが点在している。MRTブルーラインで市街中心部へ素早くアクセス可能。

タイ プチ情報:料理の注文で辛さを加減してもらいたい場合、「少し辛く」などの曖昧な表現は伝わりにくく、希望よりも辛くなることも。「唐辛子1本」「辛さナシ」など具体的に注文しよう。

高級ホテル

🄷 マンダリン・オリエンタル・バンコク
Mandarin Oriental Bangkok

バンコクを代表する、伝統と格式を誇るホテル。サービス面での質の高さで評判が高い。スイートは部屋ごとに独自の名前が付けられ、インテリアもそれぞれ異なる。2019年3月大規模な改装工事が終了し、よりモダンで快適になった。

MAP●P.75-E4～F4
住 48 Oriental Av., Charoen Krung Rd. 電 0-2659-9000
URL www.mandarinoriental.co.jp/bangkok 予FREE 0120-663230
料 AC S T 2万2920B～
CC A D J M V 室 331室
プール WiFi

🄷 フォーシーズンズ・ホテル・バンコク・アット・チャオプラヤー・リバー
Four Seasons Hotel Bangkok at Chao Phraya River

2020年にオープンした、バンコク最新のラグジュアリーホテル。チャオプラヤー川に面してゆったりと建てられ、広々とした庭園とプール、最低でも50㎡ある客室など、贅沢な滞在が楽しめる。周囲の下町エリア散策も楽しい。

MAP●P.66-B5
住 300/1 Charoen Krung Rd.
電 0-2032-0888
URL www.fourseasons.com/bangkok 予FREE 0120-024-754 料 AC S T 1万7067B～
CC A D J M V 室 299室
プール WiFi

🄷 カペラ・バンコク
Capella Bangkok

チャオプラヤー川沿いの下町エリアを再開発して建てられた。全室リバービューで、川越しにトンブリー方面のはるかな景色が眺められる。メインダイニングは、タイ版ミシュランで星を獲得している。

MAP●P.66-B5
住 300/2 Charoen Krung Rd.
電 0-2098-3888
URL capellahotels.com
料 AC S T 1万6900B～
CC A D J M V 室 101室
プール WiFi

🄷 カールトン・ホテル・バンコク・スクムウィット
Carlton Hotel Bangkok Sukhumvit

高層ホテルが立ち並ぶスクムウィット通り沿いに、新たに登場したのがカールトン。客室の窓は全面ガラス張りで、発展著しいバンコク市街を見下ろしながらゆっくりとくつろげる。30mプールでは本気で泳げる。

MAP●P.82-C3
住 491 Sukhumvit Rd.
電 0-2090-7888
URL www.carltonhotel.co.th
料 AC S T 5950B～
CC A D J M V 室 338室
プール WiFi

🄷 ハイアット・リージェンシー・バンコク・スクムウィット
Hyatt Regency Bangkok Sukhumvit

スクムウィット通りの繁華なエリアにあり、BTSナーナー駅と歩道橋で連絡しているので移動に便利。客室インテリアはグレー基調で落ち着いた印象。高層なので眺めもよい。最上階は3フロアを使ったラウンジ＆バー。

MAP●P.82-B2
住 1 Soi 13, Sukhumvit Rd.
電 0-2098-1234
URL www.hyatt.com
予FREE 0120-923299
料 AC S T 1万1735B～
CC A D J M V 室 273室
プール WiFi

🄷 パークハイアット・バンコク
Park Hyatt Bangkok

高級デパート、セントラル・エンバシーの上層階にある、36階建ての高級ホテル。40mのインフィニティプール、最上階3フロアを使ったペントハウスとバー、レストラン複合施設など、何もかもゴージャス。

MAP●P.81-E4
住 Central Embassy, 88 Witthayu Rd.
電 0-2012-1234 0-2011-7499
URL www.hyatt.com
予FREE 0120-923299
料 AC S T 9000B～ CC A D J M V
室 222室 プール WiFi

注：掲載の料金はラックレート（定価）、もしくは取材時のホテル公式ウェブサイト上での料金

高級ホテル

🄷 セント・レジス・バンコク
St. Regis Bangkok

MAP●P.80-C5

BTSラーチャダムリ駅から連絡通路で直結した超高級ホテル。全面ガラス張りのバスルーム、モーニングコールとともにコーヒーが届くバトラーサービスなど、セント・レジスならではのサービスを堪能しよう。

- 住 159 Ratchadamri Rd.
- 電 0-2207-7777
- URL www.stregisbangkok.com
- 予 FREE 0120-925659
- 料 AC S T 1万1180B～
- CC ADJMV 室 228室
- プール WiFi

🄷 サイアム・ケンピンスキー
Siam Kempinski Hotel

MAP●P.80-B3

サヤーム・パラゴン裏の広大な敷地にゆったりと立つ、町の喧騒から隔絶されたシティリゾート。客室棟は中庭とプールを囲む形に建てられており、テラスから直接プールへ出られるタイプの客室もある。

- 住 991/9 Rama 1 Rd.
- 電 0-2162-9000
- URL www.kempinski.com
- 料 AC S T 1万1450B～
- CC ADJMV 室 397室
- プール WiFi

🄷 ウォルドーフ・アストリア・バンコク
Waldorf Astoria Bangkok

MAP●P.80-C4

最低でも50m²の広さがある客室、ゆったりとしたロビーなどゴージャス。プールからの眺めもすばらしい。1階にあるレストラン「フロントルーム」では、北欧とタイが融合した味が楽しめる。最上階の55～56階は絶景のバー。

- 住 151 Ratchadamri Rd.
- 電 0-2846-8888
- URL waldorfastoria3.hilton.com
- 料 AC S T 1万6870B～
- CC ADJMV 室 171室
- プール WiFi

🄷 ローズウッド・バンコク
Rosewood Bangkok

MAP●P.81-E4～F4

香港発祥で東南アジア各地に展開する高級ホテル、バンコクの繁華街にオープン。館内の吹き抜けを流れ落ちる滝、壁がほぼ全面窓になったバスルーム、プライベート感あふれるエントランスなどに圧倒される。

- 住 1041/38 Phloen Chit Rd.
- 電 0-2080-0088
- URL www.rosewoodhotels.com
- 料 AC S T 1万3518B～
- CC ADJMV 室 159室
- プール WiFi

🄷 Wバンコク
W Bangkok

MAP●P.76-B4～B5

日本では大阪にあるハイクラスなデザイナーズホテル・ブランドがWホテル。モダンながらタイを感じさせる遊び心のあるインテリアで楽しく滞在できる。敷地内にある1889年に建てられた洋館内のバーは必見。

- 住 106 Sathorn Nua Rd.
- 電 0-2344-4000
- URL www.marriott.co.jp
- 予 FREE 0120-925659
- 料 AC S T 7207B～
- CC ADJMV 室 403室
- プール WiFi

🄷 ザ・サヤーム
The Siam

MAP●P.66-B1

チャオプラヤー川沿いにある豪華な隠れ家リゾート。1万m²余りの敷地にレセプション棟や客室棟、ヴィラタイプの独立した客室やレストランが並び、モノトーンで統一されたロビーエリアや客室などは高級感満点。

- 住 3/2 Khao Rd.
- 電 0-2206-6999
- FAX 0-2206-6998
- URL www.thesiamhotel.com
- 料 AC S T 1万8900B～
- CC ADJMV 室 39室
- プール WiFi

料金の表記について：F ファンのみ、AC エアコン付き、D ドミトリー、S シングル、T ツイン。注記がなければトイレ、シャワーもしくはバス付き。ホテルは注記がなければ朝食付き、ゲストハウスは注記がなければ朝食別。

高級ホテル

🄷 ル・メリディアン・バンコク
Le Méridien Bangkok

パッポン通りにも近く、何をするにも便利なスリウォン通りにあるスタイリッシュなホテル。天井の高い客室や大きなバスタブなど快適に滞在できる。日本式貸切風呂の「FLOW」では、温泉気分でリラックスできる。

MAP●P.76-B3〜C3
住 40/5 Suriwong Rd.
TEL 0-2232-8888
URL www.marriott.co.jp
予 FREE 0120-925659
料 AC S T 4153B〜
CC A D J M V 室 282室
プール WiFi

🄷 コンラッド・バンコク
Conrad Bangkok

オールシーズンズ・プレイスにあり、BTSプルンチット駅から徒歩8分と交通も便利。スタンダードの客室は、バスルームと客室の仕切りが全面ガラス。レトロ調のバスタブにつかりながら、窓の外が眺められる。

MAP●P.81-E5
住 87/3 Witthayu Rd.
TEL 0-2690-9999
URL www.conradhotels.com
予 (03)6864-1633
料 AC S T 7195B〜
CC A D J M V 室 391室
プール WiFi

🄷 スコータイ
The Sukhothai Bangkok

高層ビルのホテルが多いなかあえて低い建物にした、都会のオアシスのようにしっとりと落ち着いたホテル。パティオにはスコータイの遺跡を模した装飾が施され、木や鏡が多用された客室とともに独特な雰囲気がある。

MAP●P.77-D4
住 13/3 Sathorn Tai Rd.
TEL 0-2344-8888
FAX 0-2344-8899
URL www.sukhothai.com
料 AC S T 8900B〜
室 210室 CC A D J M V
プール WiFi

🄷 ウエスティン・グランデ・スクンビット
The Westin Grande Sukhumvit

客船をモチーフにした独特の形が目につくホテル。明るい色調でまとめられた客室に、人間工学に基づいて設計されたヘブンリー・ベッドも導入。1〜4階はロビンソン・デパート、BTSアソーク駅は目の前。

MAP●P.82-B2
住 259 Sukhumvit Rd.
TEL 0-2207-8000
URL www.marriott.co.jp
予 FREE 0120-925659
料 AC S T 6578B〜
CC A D J M V 室 362室
プール WiFi

🄷 バンコク・マリオット・ホテル・スクンビット
Bangkok Marriott Hotel Sukhumvit

客室は22階から41階にあるため眺めがよく、シャワーブースと一体化したバスタブが使いやすい。深い円形のバスタブは外向きの窓に面して設置されているので、下界を見下ろしながらのバスタイムが楽しめる。

MAP●P.79-E4
住 2 Soi 57, Sukhumvit Rd.
TEL 0-2797-0000
URL www.marriott.co.jp
予 FREE 0120-925659
料 AC S T 7387B〜
CC A D J M V 室 296室
WiFi

🄷 シェラトン・グランデ・スクンビット
Sheraton Grande Sukhumvit

客室は広々、大きなウオークインクローゼットが便利。複雑な形をしたプールは、プールサイドに緑が生い茂ってまるでジャングル。最先端のインテリアを施したイタリアンレストランの「ロッシーニ」が人気。

MAP●P.82-B3
住 250 Sukhumvit Rd.
TEL 0-2649-8888
URL www.marriott.com
予 FREE 0120-925659
料 AC S T 7894B〜
CC A D J M V 室 420室
プール WiFi

高級ホテル

❏ オークラ・プレステージ・バンコク
The Okura Prestige Bangkok

MAP●P.81-E4

2012年オープン。客室は26階から上にあり、窓が大きく眺望は抜群。25階にあるインフィニティプールも空中浮遊感が味わえ楽しい。フレンチの「Elements」は、ミシュランガイドのタイ版で星を獲得。

- 住 57 Witthayu Rd.
- TEL 0-2687-9000　FAX 0-2687-9001
- URL www.okurabangkok.com
- 予 0120-003741
- 料 AC S T 5530B～
- CC A D J M V　室 240室
- プール WiFi

❏ ロイヤル・オーキッド・シェラトン
Royal Orchid Sheraton Hotel & Towers

MAP●P.75-E3

広々とした川沿いのテラスや庭園のプールなど、南国ならではの居心地のいい空間。客室は茶系のファブリックが使われ、大きな窓からチャオプラヤー川が見渡せる。プールはふたつあり、リゾート気分満点。

- 住 2 Soi 30, Charoen Krung Rd.　TEL 0-2266-0123
- URL www.marriott.com
- 予 0120-925659
- 料 AC S T 5267B～
- CC A D J M V　室 726室
- プール WiFi

❏ ソフィテル・バンコク・スクンビット
Sofitel Bangkok Sukhumvit

MAP●P.82-B2

32階建ての高層ビルで、どの客室からも眺めがいい。ソフィテルマイベッドと呼ばれる特製のベッドはマットの上に羽毛の敷きパッドがあり、包み込まれるような安心の寝心地。BTSナーナー駅とアソーク駅のほぼ中間。

- 住 189 Sukhumvit Rd.
- TEL 0-2126-9999　FAX 0-2126-9998
- URL www.sofitel-bangkok-sukhumvit.com　予 (03) 4578-4077
- 料 AC S T 5284B～　CC A D J M V
- 室 345室　プール WiFi

❏ ペニンシュラ・バンコク
The Peninsula Bangkok

MAP●P.75-E4

独特の外観が美しい高級ホテル。すべての客室からは、大きな窓越しにバンコク市街の雄大な景観が眺められる。ロビーでは毎日午後になると、香港のペニンシュラ直伝のアフタヌーンティーが優雅に楽しめる。

- 住 333 Charoen Nakorn Rd.
- TEL 0-2020-2888　URL www.peninsula.com/ja　予 0120-348288　料 AC S T 1万1270B～　CC A D J M V　室 370室
- プール WiFi

❏ バンヤンツリー・バンコク
The Banyan Tree Bangkok

MAP●P.77-D4

サートーン通りにそびえる61階建てのホテルで、石板のような外観が印象的。客室は広々としており、また館内の静かさは特筆モノ。屋上には絶景のグリルレストラン「ヴァーティゴ Vertigo」がある。スパも人気。

- 住 21/100 Sathorn Tai Rd.
- TEL 0-2679-1200
- URL www.banyantree.com/thailand/bangkok
- 料 AC S T 4800B～
- CC A D J M V　室 325室
- プール WiFi

❏ ホテル・ニッコー・バンコク
Hotel Nikko Bangkok

MAP●P.79-E4

安心の日系ホテルが2019年1月、BTSトンロー駅前にオープン。バスタブ横には洗い場シャワースペース、全室温水洗浄便座設置、日本料理レストランでは和朝食ビュッフェも提供。アメニティはパンピューリ。

- 住 27 Soi 55 (Thong Lo), Sukhumvit Rd.
- TEL 0-2080-2111　FAX 0-2080-2112
- URL www.nikkobangkok.com
- 料 AC S T 4500B～
- CC A J M V　室 301室
- プール WiFi

タイプチ情報　バンコク市内は条例で月曜日の屋台出店が禁止されている。そのため月曜日は普段屋台で埋まっている歩道が広々となり、驚くほど歩きやすくなる。屋台めあての人は注意。

高級ホテル

🅗 コモ・メトロポリタン・バンコク
COMO Metropolitan Bangkok

MAP●P.77-D4

サートーン通りから少し入った静かな環境にたたずむ。ブラウンの床に白い壁が映える客室はくつろげる。広いバスルームも日本人好み。ミシュランの星を獲得したタイ料理レストラン「ナームnahm」も人気。

住 27 Sathorn Tai Rd.
電 0-2625-3333
URL www.comohotels.com
料 AC S T 4079B〜
CC A D J M V
室 169室
プール　WiFi

🅗 シャングリラ
The Shangri-La Hotel

MAP●P.75-E5〜F5

建物はゴージャスなクルンテープ・ウイングとシャングリラ・ウイングの2棟あり、全室リバービュー。レストランも充実。宿泊客にリゾート地にいるようにくつろいでもらうため、館内はカジュアルな雰囲気。

住 89 Soi Wat Suan Plu, Charoen Krung Rd.
電 0-2236-7777　FAX 0-2236-8579
URL www.shangri-la.com
予 FREE 0120-944162
料 AC S T 6315B〜　CC A D J M V
室 802室　プール　WiFi

🅗 バンコク・マリオット・マーキス・クイーンズ・パーク
Bangkok Marriott Marquis Queen's Park

MAP●P.83-D4

BTSプロムポン駅そば、ベーンチャシリ公園の隣にそびえる大型ホテル。2フロアの吹き抜けになった広大なロビーにはシャンデリアが下がり豪壮。タイ料理、中国料理、ルーフトップバーなど飲食施設も多彩。

住 195 Soi 22, Sukhumvit Rd.
電 0-2059-5555
URL www.marriott.com
予 FREE 0120-925659
料 AC S T 7029B〜
CC A D J M V　室 1388室
プール　WiFi

🅗 JWマリオット・ホテル・バンコク
JW Marriott Hotel Bangkok

MAP●P.81-F4〜F5

カーブを描いた独特の外観が美しい高級ホテル。プール、エクササイズルーム、スカッシュコートなど運動施設も充実。レストランは日本料理の「Tsu」と「Nami」をはじめタイ料理、中国料理、ステーキハウスなどが揃う。

住 4 Soi 2, Sukhumvit Rd.
電 0-2656-7700
URL www.marriott.com
予 FREE 0120-925659
料 AC S T 7567B〜
CC A D J M V　室 441室
プール　WiFi

🅗 グランド・ハイアット・エラワン・バンコク
Grand Hyatt Erawan Bangkok

MAP●P.80-C4〜81-D4

ギリシア神殿のように重厚な外観の建物に一歩足を踏み入れると、緑をあしらった広々とした吹き抜けのロビーになっている。外の喧騒をしばし忘れさせてくれそうな優雅な空間。町の中心で交通も便利。

住 494 Ratchadamri Rd.
電 0-2254-1234
URL www.hyatt.com
予 電 0120-923299
料 AC S T 7086B〜
CC A D J M V
室 380室　プール　WiFi

🅗 So／バンコク
So / Bangkok

MAP●P.77-E4

自然の5要素（水、土、木、金、火）にインスパイアされ、それぞれのテーマに合わせて内装が施された客室がおもしろい。現代タイデザインと自然モチーフの融合が、不思議と落ち着ける。高層ビルで眺めもいい。

住 2 Sathorn Nua Rd.
電 0-2624-0000　FAX 0-2624-0111
URL www.so-sofitel-bangkok.com
予 電 (03)4578-4077
料 AC S T 5016B〜
CC A D J M V　室 237室
プール　WiFi

高級ホテル

H ヒルトン・スクンビット・バンコク
Hilton Sukhumvit Bangkok

MAP●P.83-E5

グレー基調の客室インテリアはシックで落ち着ける。プールは屋上にあり、インフィニティ式で空中浮遊感覚を味わえ楽しい。1階にあるメディテラニアンレストランの「モンド」では、ハイティーも楽しめる。

- 住 11 Soi 24, Sukhumvit Rd.
- 電 0-2620-6666　FAX 0-2620-6699
- URL www3.hilton.com
- 予R (03)6679-7700
- 料 AC S T 5930B～
- CC A D J M V
- 室 280室　プール　WiFi

H プルマン・バンコク・ホテルG
Pullman Bangkok Hotel G

MAP●P.76-B4

シーロム通りにそびえる、ガラス張りのスタイリッシュなホテル。客室は窓が大きく取られており、バンコク市街の景観が楽しめる。37階にあるワインビストロの「スカーレット」は眺めがよく、料理もおいしく人気。

- 住 188 Silom Rd.
- 電 0-2352-4000
- URL www.pullmanbangkok hotelg.com
- 予R (03)4578-4077
- 料 AC S T 3210B～　CC A D J M V
- 室 469室　プール　WiFi

H アマリ・ウォーターゲート・ホテル
Amari Watergate Hotel

MAP●P.80-C2

プラトゥーナームの下町エリアにそびえる、シルバーの外観がモダンなホテル。ロビーは4階分の吹き抜けでゴージャス。周囲にはファッション系のショッピングセンターが多く、買い物好きには便利。スパもある。

- 住 847 Petchburi Rd.
- 電 0-2653-9000
- FAX 0-2653-9045
- URL www.amari.com
- 料 AC S T 5562B～
- CC A D J M V　室 569室
- プール　WiFi

H ザ・アテネー
The Athénée Hotel, a Luxury Collection Hotel, Bangkok

MAP●P.81-E5

アメリカをはじめ各国の大使館が集まる、静かで落ち着いたエリアにあるホテル。ミラーガラスで全体をカバーしたスッキリした外観が美しい。天井が高く広々としたロビーをはじめ、ホテル内は高級感満点。

- 住 61 Witthayu Rd.
- 電 0-2650-8800
- URL www.theatheneehotel.com
- 予FREE 0120-925659
- 料 AC S T 7201B～
- CC A D J M V　室 374室
- プール　WiFi

H ノボテル・サイアムスクエアー
Novotel Bangkok on Siam Square

MAP●P.80-B4

一大繁華街サヤーム・スクエアの中にあり、買い物にも食事にも便利。プールやスパもあり、ホテルライフを満喫できる。客室は改装されたばかりで、都会的で洗練されたシンプルモダンなインテリアでまとめられている。

- 住 Soi 6, Siam Square
- 電 0-2209-8888
- FAX 0-2255-1824
- URL www.novotelbkk.com
- 予R (03)4578-4077
- 料 AC S T 3982B～　CC A D J M V
- 室 426室　プール　WiFi

H アナンタラ・サヤーム・バンコク
Anantara Siam Bangkok Hotel

MAP●P.80-C5

白亜の外観、緑豊かな中庭、ゆったりとしたロビーには重厚感が漂い、重たいドアが外部の音をシャットアウト。ホテル内にあるタイ料理の「スパイス・マーケット」が人気。元フォーシーズンズ・ホテル・バンコク。

- 住 155 Ratchadamri Rd.
- 電 0-2126-8866　FAX 0-2253-9195
- URL siam-bangkok.anantara.com
- 料 AC S T 5346B～
- CC A D J M V　室 354室
- プール　WiFi

タイプチ情報　BTSスクムウィットラインを利用すると、タイの空軍博物館（N22 ロイヤル・タイ・エアフォース・ミュージアム）や海軍博物館（E18 ロイヤル・タイ・ネイヴァル・アカデミー）へ行ける。

バンコク　ホテル&ゲストハウス

H プルマン・バンコク・キングパワー

Pullman Bangkok King Power

MAP●P.70-C3〜71-D3

モダンなインテリアを随所に盛り込んだ館内は、市街の喧騒からは隔絶された別世界。大きくて深いバスタブは日本人好み。館内にあるレストランの「クイジーン・アンプラグド」は、ビュッフェがお得。

住 8/2 Rangnam Rd.
TEL 0-2680-9999 FAX 0-2680-9998
URL www.pullmanbangkokkingpower.com
予 (03)4578-4077
料 AC S T 3574B〜 CC A D J M V
室 354室 プール WiFi

H ザ・ランドマーク

The Landmark Bangkok

MAP●P.82-A2

重厚なインテリアが落ち着ける高級ホテル。スクムウィット通りに面し、有料道路の出入口にも近い便利な場所にある。ホテル内のレストランもおいしいと評判。1〜4階はショッピングアーケード。

住 138 Sukhumvit Rd.
TEL 0-2254-0404
FAX 0-2253-4259
URL www.landmarkbangkok.com 料 AC S T 4000B〜
CC A D J M V
室 399室 プール

H ミレニアム・ヒルトン

Millennium Hilton

MAP●P.75-E3〜E4

チャオプラヤー川べりに2006年オープン。窓が大きく取られた客室は全室リバービュー。最上階のバー「スリー・シクスティ」は、張り出した窓から真下が眺められ大迫力で、ここからの夜景はすばらしい。

住 123 Charoen Nakhon Rd.
TEL 0-2442-2000 FAX 0-2442-2020
URL www.bangkok.hilton.com
予 (03)6864-1633
料 AC S T 5297B〜
CC A D J M V 室 533室
プール WiFi

H パトムワン・プリンセス

Pathumwan Princess Hotel

MAP●P.80-A4

MBKセンター、ドンドンドンキと一体化したホテル。場所柄ショッピングには最適。BTSナショナル・スタジアム駅まではビル内を通って行ける。付近を通るバスの路線も多いので、どこへ行くにも便利。

住 444 Phayathai Rd.
TEL 0-2216-3700 FAX 0-2216-3730
URL www.pprincess.com
料 AC S T 4165B〜
CC A D J M V
室 455室 プール
WiFi

H セントラ・グランド＆バンコク・コンベンション・センター・アット・セントラルワールド

Centara Grand & Bangkok Convention Centre at CentralWorld

MAP●P.80-C3

ショッピングセンターとホテルなどの巨大複合施設セントラルワールドの一画をなすホテル。客室は28階から上にあり、どの部屋からも眺めはすばらしい。デラックスの客室は円形のバスタブにレインシャワー付き。

住 999/99 Rama 1 Rd.
TEL 0-2100-1234
FAX 0-2100-1235
URL www.centarahotelsresorts.com 料 AC S T 5560B〜
CC A D J M V 室 505室
プール WiFi

H サマーセット・スクンビット・トンロー・バンコク

Somerset Sukhumvit Thonglor Bangkok

MAP●P.79-E3

おしゃれなショップや先端的なナイトスポットが続々とオープンするトンローエリアにあり、ホテルながら全室キッチンと洗濯機を設置。最低でも40㎡と広々、天井も高く気分よく過ごせる。プールは9階で眺めよし。

住 115 Soi 55, Sukhumvit Rd.
TEL 0-2365-7999
URL www.somerset.com
予 FREE 0120-914886
料 AC S T 4320B〜
CC A D J M V 室 262室
プール WiFi

高級ホテル

プルマン・バンコク・グランデ・スクンビット
Pullman Bangkok Grande Sukhumvit　MAP●P.82-C2

客室階に上がると内部が大きな吹き抜けになっていて驚く。にぎやかなアソークエリアにあり、巨大ショッピングモールのターミナル21は歩いてすぐ。MRTブルーラインのスクムウィット駅至近で、どこへ行くにも便利。

住 30 Asok Montri Rd.（Soi 21）　電 0-2204-4000
FAX 0-2204-4199　URL www.pullmanhotels.com
予 電（03）4578-4077　料 AC S T 4441B～
CC A D J M V　室 325室　プール　WiFi

ルネッサンス・バンコク・ラッチャプラソーン
Renaissance Bangkok Ratchaprasong Hotel　MAP●P.81-D4

ショッピングエリアの中心となるラーチャプラソン交差点近くにある。どこへ行くにも便利な場所で、ショッピングにグルメにとアクティブに活動する旅行者向け。充実したレストランも人気。

住 518/8 Phloen Chit Rd.
電 0-2125-5000
URL www.marriott.com
予 FREE 0120-925659
料 AC S T 4219B～
CC A D J M V
室 327室　プール　WiFi

トリプルY
Triple Y Hotel　MAP●P.76-B2～B3

バンコク最新のモール、サームヤーン・ミットタウン（→P.131）と同じビル内にオープン。スタジオの客室は共用のリビングスペースが利用できるホステルのようなコンセプト。デラックス以上は通常の客室。

住 948 Rama 4 Rd.
電 0-2219-1611
FAX 0-2219-1612
URL www.tripleyhotel.com
料 AC S T 3900B～
CC A J M V
室 102室　WiFi

高〜中級ホテル

グランドセンターポイントホテル・ターミナル21
Grande Centre Point Hotel Terminal 21　MAP●P.82-B2～C2

人気の大型ショッピングセンター、ターミナル21（→P.130）の奥にある。BTSやMRTの駅とは通路で直結しており、移動にも買い物にも便利。客室内はまぶしいほどの白でまとめられ、大きな窓からはバンコクの町並みを見下ろせる。

住 2 Soi 19, Sukhumvit Rd.
電 0-2056-9000　FAX 0-2056-9009
URL www.grandecentrepointterminal21.com
料 AC S T 3819B～
CC A M V　室 489室
プール　WiFi

スイスホテル・バンコク・ラチャダー
Swissôtel Bangkok Ratchada　MAP●P.67-E1

スタンダードの部屋でもかなり広く、大きな机が意外に便利。ミニバーには湯沸かしポットも用意され、陶器の大きなマグカップがひと味違った心遣いを感じさせる。MRTブルーラインのBL18ファイクワーン駅2番出口から徒歩2分。

住 204 Ratchadapisek Rd.
電 0-2694-2222
URL www.swissotel.jp
予 FREE 0120-951096
料 AC S T 3307B～
CC A D J M V
室 407室　プール　WiFi

サイアム・アット・サイアム
Siam @ Siam Design Hotel Bangkok　MAP●P.161-A2

前衛的な美術館のようなデザインホテル。レトロなタイル張りのバスタブが意外と使い心地がいい。高層階にあるプールからは絶景が楽しめる。クイーンサイズのベッドが3台並ぶトリプルの部屋が女性グループに好評。

住 865 Rama 1 Rd.
電 0-2217-3000
FAX 0-2217-3030
URL www.siamatsiam.com
料 AC S T 2727B～
CC A D J M V
室 221室　プール　WiFi

タイプチ情報　歩道が広い場所にあるバス停には屋根、ベンチ、GPS搭載バスの到着予想時刻などが表示されるデジタルサイネージ、充電用USBポートなどが設置されている。

[H] エバーグリーン・ローレル

Evergreen Laurel Hotel　MAP●P.76-C4

目立たない場所にあるが、しっかりしたサービスと造りで安心感があるため、ビジネス利用も多い。ホテル内の中国料理レストラン「エバー・ガーデン」は飲茶とフカヒレ料理が自慢で、評判がいい。

[住] Soi Pipat, 88 Sathorn Nua Rd. [TEL] 0-2266-9988 [FAX] 0-2266-7222 [URL] www.evergreen-hotels.com [料] [AC]ⓈⓉ3200B～ [CC] [A][D][J][M][V] [室] 160室 [プール] [WiFi]

[H] アナンタラ・バンコク・リバーサイド

Anantara Bangkok Riverside　MAP●P.66-A5

チャオプラヤー川の西岸にあるリゾートムードたっぷりの大型ホテル。中庭のプールでくつろげば、心身ともに解放されたのんびり気分の休日が過ごせる。サートーン船着場との間を30分おきに無料連絡船が往復。

[住] 257/1-3 Charoen Nakorn Rd. [TEL] 0-2476-0022 [FAX] 0-2476-1120 [URL] bangkok-riverside.anantara.com [料] [AC]ⓈⓉ3929B～ [CC] [A][D][J][M][V] [室] 376室 [プール] [WiFi]

[H] クラウンプラザ・バンコク・ルンピニーパーク

Crowne Plaza Bangkok Lumpini Park　MAP●P.76-C3

常時日本語での対応可能で、快適なホテル生活が送れる。ビジネス客向けの機能的な設備以外に屋上のテラス付きプールなどがあり、場所柄日本人ビジネスマンにも人気。全室温水洗浄便座設置。旧パン・パシフィック。

[住] 952 Rama 4 Rd. [TEL] 0-2632-9000 [URL] www.crowneplaza.com [予] [FREE] 0120-677651 [料] [AC]ⓈⓉ4461B～ [CC] [A][D][J][M][V] [室] 243室 [プール] [WiFi]

[H] ルブア・アット・ステート・タワー

lebua at State Tower　MAP●P.75-F5

チャルーン・クルン通りとシーロム通りの交差点にそびえる白亜の高層ビル。全室広々としたスイートで、キッチン設備とバルコニー付き。屋上は、世界最高所にあるオープンエアのレストラン「シロッコ」(→P.117)。

[住] StateTower, 1055/111 Silom Rd. [TEL] 0-2624-9999 [URL] www.lebua.com [料] [AC]ⓈⓉ4259B～ [CC] [A][D][J][M][V] [室] 357室 [プール] [WiFi]

[H] アノーマー・グランド

Arnoma Grand Hotel　MAP●P.81-D3

セントラルワールド（→P.131）の向かいにあり、買い物好きには最適の立地。各国からのツアー利用も多い。館内は明るい造りで、快適に過ごせる。元スイスホテル系列だけあって設備もしっかりしている。

[住] 99 Ratchadamri Rd. [TEL] 0-2655-5555 [FAX] 0-2655-7555 [URL] www.arnoma.com [料] [AC]ⓈⓉ3319B～ [CC] [A][D][J][M][V] [室] 369室 [プール] [WiFi]

[H] ノボテル・スワンナプーム・エアポート

Novotel Suvarnabhumi Airport Hotel　MAP●折込裏-J6

スワンナプーム国際空港前にあり、空港とは地下通路で連絡している。客室は広々としており、大きなバスタブのある安らげる空間になっている。チェックインから24時間滞在可能。デイユースのレートは1泊の8割程度。

[住] 999 Suvarnabhumi Airport Hotel Bldg. [TEL] 0-2131-1111 [FAX] 0-2131-1188 [URL] www.novotel.com [予] [TEL] (03)4578-4077 [料] [AC]ⓈⓉ4220B～ [CC] [A][D][J][M][V] [室] 612室 [プール] [WiFi]

エリア別、バンコクのその他のホテル

王宮、ドゥシット地区周辺

H ロイヤル（ラッタナコーシン）
Royal Hotel MAP●P.68-C3

- 住 2 Ratchadamnoen Klan Rd.
- 電 0-2222-9111　FAX 0-2224-2083
- URL rattanakosinhotel.com
- 料 AC S T 850B～
- CC AJMV　室 300室　プール　WiFi

サナーム・ルアン（王宮前広場）の向かい、1942年オープンの伝統と格式あるホテル。ロビーは広々、スタッフの応対もていねい。王宮周辺の寺院観光には最適の立地。タイ語の名称は「ラッタナコーシン」。

サヤーム・スクエア周辺

H エーシア
Asia Hotel MAP●P.80-A2

- 住 296 Phayathai Rd.
- 電 0-2217-0808　FAX 0-2217-0109
- URL www.asiahotel.co.th/asia_bangkok
- 料 AC S T 1380B～　CC ADJMV
- 室 598室　プール　WiFi

古びた大型の中級ホテル。各国からの団体ツアー客も多く利用。ベトナム料理レストランが人気。2階には占いコーナーがある。BTSラーチャテーウィー駅と連絡しており便利。

H リット・バンコク
LIT Bangkok Hotel MAP●P.161-B1

- 住 36/1 Soi Kasemsan 1, Rama 1 Rd.
- 電 0-2612-3456　FAX 0-2612-3222
- URL www.litbangkok.com
- 料 AC S T 3288B～　CC ADJMV
- 室 79室　プール　WiFi

安宿が集まる路地の奥にあるデザインホテル。客室はモダンなインテリアと多用される暖色が融合して落ち着ける雰囲気。BTS駅まで徒歩3分、サヤーム・スクエアやMBKセンターなどのショッピングエリアも至近。

H ヴィー・ホテル・バンコク
Vie Hotel Bangkok MAP●P.80-A2

- 住 117/39-40 Phaya Thai Rd.　電 0-2309-3939
- URL www.viehotelbangkok.com　料 AC S T 3489B～
- CC ADJMV　室 154室　プール　WiFi

サヤーム・スクエアからも徒歩圏内でショッピングや観光に便利な立地。広めに造られた客室は天井が高くゆったり感がある。宙に浮いているような構造のプールは、周囲の下町が見下ろせて気分がいい。

クルンテープ駅、チャイナタウン周辺

H ザ・クオーター・フアラムポーン by UHG
The Quarter Hualamphong by UHG MAP●P.75-F2

- 住 23/34-35 Traimit Rd.　電 0-2092-7999
- URL quarterhualamphong.com
- 料 AC S T 2576B～　CC AJMV
- 室 150室　WiFi

数少ないクルンテープ駅（フアラムポーン駅）至近の中級ホテルの1軒。鉄道利用者だけでなく、チャイナタウン探訪や、MRTブルーラインを利用してのバンコク市街の移動に便利。

H チャクラボン・ヴィラ
Chakrabongse Villas MAP●P.74-B1

- 住 396 Maharat Rd.　電 0-2222-1290
- FAX 0-2225-3861　URL www.chakrabongse.com
- 料 AC S T 6700B～　CC JMV
- 室 9室　WiFi

王子が王宮への参内前に服装を整えるために使っていた、1908年建設の建物を改装した小さなホテル。重厚で豪華なタイの邸宅にホームステイしているような、くつろいだ滞在が楽しめる。入口の鉄扉は常に閉まっているのでセキュリティも万全。電話での予約受付は月～金曜の9:00～17:00。

H バンコク・センター
Bangkok Centre Hotel MAP●P.75-F2

- 住 328 Rama 4 Rd.　電 0-2238-4848
- FAX 0-2236-1862　URL www.bangkokcentrehotel.com
- 料 AC S T 1104B～　CC MV
- 室 243室　プール　WiFi

国鉄クルンテープ駅とMRTフアラムポーン駅から徒歩すぐと、どこへ行くにも便利な中級ホテル。安いツアーでもよく使われるほか、個人旅行の日本人の利用も多い。ネットや旅行会社を通すと、割安に利用できる。

H バーン 2459
Baan 2459 MAP●P.75-E2

- 住 98 Phat Sai Rd.　電 08-2393-2459
- FB Baan2459　料 AC S T 3800B～　CC MV
- 室 4室　WiFi

ラーマ6世時代の1916年（仏暦2459年）に建てられた、緑の庭に囲まれた美しい洋館。当時このあたりに多かった、ムスリムの家族が建てたもの。併設のカフェ「チャタ CHATA」ではエスプレッソをコーラで割ったコーラプレッソが人気メニュー。

タイプチ情報　本文中で紹介しているバス利用者向けスマホアプリ「VIA BUS」（→P.58）は便利。リリース当初の使いにくさはユーザに揉まれて劇的に改善されている。タイ語がわからなくても直感的に使える。

153

シャンハイ・マンション
Shanghai Mansion　MAP●P.75-E2

- 479-481 Yaowarat Rd.　0-2221-2121
- URL www.shanghaimansion.com
- 料 AC S T 2644B〜　CC A D J M V　室 76室　WiFi

古いビルをレトロチャイナ風に改装したホテル。全室異なるインテリアで、ここを拠点にチャイナタウン巡りをするのもおもしろい。ホテル内にあるレストランの「レッドローズ Red Rose」もレトロムードたっぷり。

チャオプラヤー川岸

イビス・バンコク・リバーサイド
ibis Bangkok Riverside　MAP●P.75-E5

- 27 Soi 17, Charoen Nakhon Rd.
- 0-2659-2888　0-2659-2889
- URL www.ibis.com
- 料 AC S T 1160B〜　CC A D J M V
- 室 266室　プール　WiFi

チャオプラヤー川岸にあり、広い庭と大きなプールがあってリゾート気分も楽しめる。ホテルの周囲は下町で、庶民的な食堂が多い。

ラマダ・プラザ・バイ・ウインダム・バンコク・メナム・リバーサイド
Ramada Plaza by Wyndham Bangkok Maenam Riverside　MAP●P.66-B5

- 2074 Charoen Krung Rd.
- 0-2688-1000　0-2291-9400
- URL www.wyndhamhotels.com
- 料 AC S T 2881B〜　CC A D J M V
- 室 504室　プール　WiFi

チャオプラヤー川岸の巨大ホテル。テラスレストランが気分よし。館内は改装されてモダンに変身。市街へはタクシーか、ホテルの前からバスで。

プラトゥーナーム、ペッブリー通り周辺

ホテル・トランズ
Hotel Tranz　MAP●P.80-B1

- 53 Phayathai Rd.
- 0-2245-6779　0-2245-6253
- URL www.hoteltranz.com　料 AC S T 2560B〜
- CC A J M V　室 79室　WiFi

BTSとエアポートレイルリンクのパヤー・タイ駅前で、スワンナプーム国際空港との行き来に便利。フローリングでウッディなインテリアの客室や、大きなガラス張りで明るいレストランなどで、居心地よく過ごせる。

アナーチャーク・バンコク
Anajak Bangkok　MAP●P.80-B1

- 65/5 Soi Kolit, Phayathai Rd.　0-2252-8899　0-2252-1655　URL www.anajakbangkok.com　料 AC S T 2663B〜　CC M V
- 室 40室　プール　WiFi

随所にタイの伝統的な意匠をモチーフにしたインテリアが見られるデザインホテル。BTSとエアポートレイルリンクのパヤー・タイ駅から徒歩すぐと便利な立地ながら、路地を少し入った所にあるので静か。2016年オープンと、まだ新しい。

バイヨック・スカイ
Baiyoke Sky Hotel　MAP●P.80-C1

- 222 Ratchaprarop Rd., Ratchathewi
- 0-2656-3000　0-2656-3555
- URL www.baiyokehotel.com　料 AC S T 2015B〜
- CC J M V　室 658室　プール　WiFi

88階建ての高層ホテル。客室はかなり余裕のある造りで、バスルームも広い。小さめの窓からは市街が一望できて気分がいい。タクシーの運転手には「バイヨーク2（バイヨック・ソーン）」で通じる。最上部には展望レストランと屋外展望台がある。

バンコク・シティー・イン
Bangkok City Inn　MAP●P.81-D3

- 43/5 Ratchadamri Rd.
- 0-2253-5373
- URL www.bangkokcityinnhotel.com
- 料 AC S T 1100B〜　CC M V　室 98室

プラトゥーナーム市場に近い雑然とした一画にあり、全体に少々古め。インターネットの予約サイトや旅行会社を通すとかなり安くなり、寝るだけと割り切って使うならお得感あり。

ホテル・トーマス・バンコク
Hotel Thomas Bangkok　MAP●P.80-B1

- 57 Soi Kolit, Phayathai Rd.
- 0-2252-5999
- URL www.hotelthomasbangkok.com
- 料 AC S T 3200B〜〜
- CC A J M V　室 74室　WiFi

エアポートレイルリンクのパヤー・タイ駅真下にあり、空港への行き来にとても便利。細かい造りに目をつむれば料金の割に高級感もあり、サービスもよく快適に滞在できる。

FXホテル・メトロリンク・マッカサン
FX Hotel Metrolink Makkasan　MAP●P.72-B4

- 57 Asoke-Dindaeng Rd. Makkasan
- 0-2652-9000　0-2652-9020
- URL www.furama.com/metrolink
- AC S T 1285B〜　CC D M V　90室　プール　WiFi

エアポートレイルリンクのマッカサン駅から徒歩5分、MRTペッチャブリー駅もすぐなので、トランジットや早朝出発などに便利。窓は小さいが白基調の明るいインテリアで居心地も悪くない。屋上にプールもある。

シーロム通り周辺

ノボテル・バンコク・シーロム・ロード
Hotel Novotel Bangkok Silom Road　MAP●P.75-F4

- 320 Silom Rd.　0-2206-9100　0-2206-9200　URL www.novotelbangkoksilom.com
- 予約 (03)4578-4077　AC S T 2430B〜
- CC A D J M V　216室　プール　WiFi

古いホテル（シーロム・プラザ）を改装しておしゃれなノボテルに変身。シーロムの繁華街とチャルーン・クルン通り周辺の古い町並みとのほぼ中間とやや微妙な立地。有料道路の出入口に近く、空港とのアクセスは便利。

ザ・クオーター・シーロム by UHG
The Quarter Silom by UHG　MAP●P.76-B3〜C3

- 12 Soi Silom 6, Suriwong Rd.　0-2038-1999
- 0-2014-2699　URL www.quartersilom.com
- AC S T 2973B〜　CC A D J M V　141室
- プール　WiFi

シーロム通りとスリウォン通りを結ぶ路地の中にあり、繁華街と近ながら比較的静か。プール、サウナ、フィットネスなど設備も整っている。周囲には飲食店が多く屋台街もあり、食事にも困らない。

ココテル・バンコク・スラウォン
kokotel Bangkok Surawong　MAP●P.76-B4

- 181/1-5 Suriwong Rd.　0-2235-7555
- URL www.kokotel.com　AC S T 1100B〜
- CC A J M V　70室　WiFi

手頃なホテルの少なかったエリアに2016年3月オープン。3〜4人で利用できる客室もあり家族連れに便利。多めの電源プラグや収納など、細かいところで使い勝手がいい。フロントはなく、手続きは1階にあるカフェのカウンターで。

スクムウィット通り周辺

ドリーム・バンコク
Dream Bangkok　MAP●P.82-B2

- 10 Soi 15, Sukhumvit Rd.　0-2254-8500
- URL www.dreamhotels.com/bangkok
- AC S T 2660B〜　CC A D M V
- 195室　プール　WiFi

古いホテルを改装して、ポール・スミスのデザインで再オープン、全室42インチの大型フラットテレビを設置。ホテル内にバーではなくクラブがあるのもこだわり。向かいに新館の「ドリーム2 Dream 2」もあり、プールは新館の屋上。

S15 スクムウィット
S15 Sukhumvit　MAP●P.82-B2

- 217 Soi 15, Sukhumvit Rd.　0-2651-2000
- URL www.s15hotel.com
- AC S T 4280B〜　CC A J M V
- 72室　WiFi

デザインと機能をバランスよくまとめたホテル。白とダークブラウン基調の館内は静かで落ち着いて滞在できる。2階にあるレストランは窓が大きく明るい。BTSナーナー、アソーク両駅利用可でビジネスにも個人旅行者にも便利。夜になると入口前に小さなビアガーデンがオープン。

ウェル
Well Hotel Bangkok　MAP●P.82-C4

- 10 Soi 20, Sukhumvit Rd.
- 0-2127-5995　0-2127-5998
- AC S T 2550B〜
- CC A J M V　235室　プール　WiFi

2015年オープンとまだ新しくてきれい。ホテルやレストランは多いが車の少ないソイ（路地）にあり、静かな環境。料金のわりに設備も整い、BTSの駅近にこだわらなければ悪くない。

イビス・バンコク・スクンビット4
ibis Bangkok Sukhumvit 4　MAP●P.82-A2〜A3

- 41, Soi 4, Sukhumvit Rd.　0-2659-2888
- 0-2659-2889　URL www.ibis.com
- AC S T 1005B〜　CC A D J M V
- 200室　WiFi無料

スクムウィット通りからソイ4に入り、夜になるとがぜんにぎやかになるエリアを通り過ぎたところにあるモダンなホテル。機能的に造られた客室、おしゃれで明るいロビー周辺などで、気分よく過ごせる。

バンコク / ホテル&ゲストハウス

 タクシーに乗り込んだ際、メーターの前に小さな仏像などの置物を設置したり、わざとらしく布で隠したりするなど、メーターを目につきにくくする小細工がしてあったら、降りたほうが無難。

バンコクの安宿街

バンコクの安宿エリア

バンコクには、手頃なホテルやゲストハウスなど安宿の集まるエリアがいくつもある。立地や料金水準などそれぞれ特徴があるので、予算や目的に合わせて選ぼう。人気の宿はすぐに満室になってしまうことが多いので、チェックアウト時間の12:00少し過ぎに行くのが狙い目。

ワット・チャナ・ソンクラーム周辺

カオサン通りのすぐ西にあって、寺院の周囲にゲストハウスが並んでいる。大型で質の高いゲストハウスが多い。静かなためカオサン通りよりも人気があり、エリア入口付近の宿から満室になりやすい。

■ホテル

H リーバ・スリヤ・バンコク
Riva Surya Bangkok　MAP●P.84-B2

住 23 Phra Arthit Rd.　TEL 0-2633-5000　URL www.rivasuryabangkok.com
料 AC ⓈⓉ4500B〜
CC AJMV　室 68室　プール　WiFi

チャオプラヤー川沿い、このエリアでラグジュアリーに過ごすならここ。リバービューの客室は1000Bほど高くなる。川沿いのテラスにあるプールが気分よし。

H ワイルド・オーキッド・ヴィラ
Wild Orchid Villa　MAP●P.84-B2〜B3

住 8 Soi Chana Songkhram, Phra Arthit Rd.
TEL 0-2629-4378　URL villachacha.com/web/wildorchidvilla　料 AC Ⓢ1100B〜　Ⓣ1400B〜
CC MV　室 36室　プール　WiFi

一時休業していたが、客室のリノベーション工事を終えて再オープン。1階は広々としたレストランで、バンコクの安宿街らしい雰囲気。客室も広めで清潔感がある。

H カオサン・アート・ホテル
Khaosan Art Hotel　MAP●P.84-B2

住 46, 76-76/1-3 Phra Arthit Rd.　TEL 0-2280-3301　URL www.khaosanarthotel.com
料 AC Ⓢ350B（トイレ、シャワー共用）AC ⓈⓉ450〜1100B　トリプル999B　CC MV　室 104室　WiFi 無料

部屋は比較的新しくて清潔だが、シングルはかなり狭めで、窓のない部屋もある。旧ハピオ・プレイス。

■ゲストハウス

G ニュー・サイアム・リバーサイド
New Siam Riverside　MAP●P.84-B2〜B3

住 21 Phra Athit Rd.　TEL 0-2629-3535
URL www.newsiam.net　料 AC ⓈⓉ1590〜4500B
CC MV　室 114室　プール　WiFi

チャオプラヤー川に面した、造りも料金もやや高級なゲストハウス。テレビ、冷蔵庫、セーフティボックス、仕事机など、各部屋の設備はだいたい同じだが、造りや条件によって料金が異なる。

G ラムブトリ・ヴィレッジ・イン&プラザ
Rambuttri Village Inn & Plaza　MAP●P.85-D2〜D3

住 95 Rambutri Rd.　TEL 0-2282-9162〜3
URL www.rambuttrivillage.com　料 AC Ⓢ900〜1080B　Ⓣ1350〜1800B　トリプル2150B
CC MV　室 100室　プール　WiFi

全室窓とエアコン付きで、屋上に小さなプールもある。敷地内にコンビニ、旅行会社、レストランなどが揃い便利。客室は殺風景だが、広くて清潔なほう。

G サワディー・ハウス
Sawasdee House　MAP●P.85-D3

住 147 Rambutri Rd.
TEL 0-2281-8138　09-2838-9149
URL villachacha.com/web/sawasdeehouse
料 AC Ⓢ1050〜1300B　CC MV　室 56室　WiFi

リノベーション工事を終えて再オープンした大型ゲストハウス。客室は全室バス・トイレ付き。併設のレストランは大勢の旅行者でいつもにぎわっている。

G ベラ・ベラ・ハウス
Bella Bella House　MAP●P.84-B3

住 74 Soi Chana Songkhram, Phra Arthit Rd.
TEL 0-2629-3090　e bella.bella.house74@hotmail.com　料 F Ⓢ220B　Ⓣ320B　トリプル420B（トイレ、シャワー共用）Ⓢ270B　Ⓣ420B
AC Ⓢ530B　CC なし　室 30室

料金は手頃、シンプルな造りだが清潔。レセプションの人たちは気さくで、対応も親切。

G ルーフ・ガーデン
Roof Garden　MAP●P.84-B3

住 62 Rambutri Rd.　TEL 0-2629-0626
料 F Ⓢ200B（トイレ、シャワー共用）Ⓢ300B　Ⓣ400B
AC Ⓢ600B　CC なし　室 55室

部屋は狭いが、家族経営で快適に過ごせるゲストハウス。シャワー付きの部屋はお湯が出る。2階は韓国料理レストランになっている。

G ビービー・ハウス・ラムブトリ
BB House Rambutri　MAP●P.84-B4

住 45 Soi Rambutri　TEL 0-2282-0953
URL www.bestbedhouse.com
料 AC ⓈⓉ580〜680B　室 35室　CC なし　WiFi

部屋は清潔で、テレビなどの設備も整っている。併設のカフェは旅行者同士の情報交換の場になっている。すぐ近くにあと2軒、タイ各地にも支店あり。

夜になると出現する路上バー

料金の表記について：F ファンのみ、AC エアコン付き、Ⓓ ドミトリー、Ⓢ シングル、Ⓣ ツイン。注記がなければトイレ、シャワーもしくはバス付き。ホテルは注記がなければ朝食付き、ゲストハウスは注記がなければ朝食別。

G ニュー・サイアムⅡ
New Siam Ⅱ Guest House MAP●P.84-B3

- 50 Trok Rong Mai, Phra Arthit Rd.
- 0-2629-0303　FAX 0-2629-0101
- URL www.newsiam.net
- 料 AC S T790〜980B トリプル1200B　CC M V
- 室 178室　プール　WiFi

部屋数が多い大型ゲストハウス。奥まった場所にあるため静か。エアコンの部屋のみホットシャワー。エレベーターあり。小さいがプールもある。

G マンゴー・ラグーン・プレイス
Mango Lagoon Place MAP●P.84-B3

- 30 Rambutri Rd.　0-2281-4783
- E Mango_Lagoon_Place1@hotmail.com
- 料 AC S T1200B〜　CC J M V　室 40室　WiFi

大がかりなリノベーション工事が完了し、2017年に再オープン。清潔感のある落ち着いた雰囲気は好感がもてる。

カオサン通り周辺

流行の先端をいくクラブやバーなどもあり、タイ人の若者も集まる繁華街。ゲストハウスは通りの裏に多く、表通り自体に安宿街の面影は少ない。

■ ホテル

H バーン・チャート
Baan Chart MAP●P.85-D3〜D4

- 98 Chakraphong Rd.
- 0-2629-0113　FAX 0-2629-0778
- URL www.baanchart.com
- 料 AC S T1900〜2400B　CC A D J M V
- 室 42室　プール　WiFi

カオサン通りと交差するチャクラポン通りに面した、便利な場所にある中級ホテル。部屋は3種類のデザインから選べる。1階にはレストランがあるほか、バーガーキングやスターバックスも隣接。屋上にはプールバーがある。

H バディ・ロッジ
Buddy Lodge Hotel MAP●P.85-E4〜E5

- 265 Khao San Rd.　0-2629-4477
- URL www.buddylodge.com　料 AC S T1600B〜
- CC A M V　室 76室　プール　WiFi

カオサン通りに面した中級ホテル。通りに面したマクドナルドのあるビルで、奥に入口がある。チーク材や白木を使ったコロニアル風の内装。半地下フロアはショッピングモール。ジムあり。

H ダン・ダーム
Dang Derm Hotel MAP●P.85-D4

- 1 Khao San Rd.
- 0-2629-4449　FAX 0-2629-2049
- 料 AC S T1100B〜　CC J M V　室 144室
- プール　WiFi

客室はタイの民家をイメージしたウッディな造りで、ベッドではなくタイ風に木の床に厚いマットが置いてある。全室にテレビ、冷蔵庫、セーフティボックス完備。屋上プールからの眺めもいい。

H タイ・コージー・ハウス
Thai Cozy House MAP●P.85-E3

- 111/1-3 Thani Rd.　0-2629-5870
- FAX 0-2629-5875　料 AC S T800〜900B
- CC J M V　室 42室　WiFi

カオサン通りの2本北で、徒歩でもすぐの距離にある。建物は古く部屋の造りも地味だが、テレビ、冷蔵庫があり、まあまあ広い。

H スリープ・ウィズイン
Sleep Withinn MAP●P.85-D3〜D4

- 76 Rambutri Rd.　0-2280-3070
- FAX 0-2280-3071　URL www.sleepwithinn.com
- 料 AC S T1000B
- CC J M V　室 60室　プール　WiFi

カオサン通りの1本北のラムブトリ通りにある。周囲はにぎやかで、夜遊び派向け。衛星放送が入るテレビ、セーフティボックス、冷蔵庫あり。ネット予約割引もある。プールは屋上。

H カオサン・パレス
Khaosan Palace Hotel MAP●P.85-D4

- 139 Khao San Rd.　0-2282-0578
- URL www.khaosanpalace.com　AC S T810〜1100B　CC J M V　室 152室　プール　WiFi

通りから奥まった所に入口がある大型ホテル。全室ホットシャワーとテレビ付き。カオサン界隈の騒音が気にならない人向け。立地は便利。

■ ゲストハウス

G パンニー・ロッジ
Pannee Lodge MAP●P.84-C4

- 52 Chakraphong Rd.　0-2629-5112〜3
- URL www.panneehotelkhaosan.com
- 料 AC S T800〜1000B
- CC J M V　室 22室　WiFi

1階にベーカリーカフェを併設した6階建てのゲストハウス。客室は狭いが、エレベーターが付き、屋上に小さな庭園もある。

G オー・バンコク・ホステル
Oh Bangkok Hostel MAP●P.68-C2

- 107 Soi 4, Samsen Rd.　0-2061-9974
- E ohbangkokhostel　料 AC D250B　S T700〜1000B
- CC なし　室 24室（110ベッド）　WiFi

対面にあったエブリデイ・バンコク・ホステルの建物を買い取って大型化。ゲーミング・ルームなども備える。斜向いはスリーハウ・ホステル（→P.158）。

G スネター・ホステル・カオサン
Suneta Hostel Khaosan MAP●P.85-E3

- 209-211 Kraisri Rd..　0-2629-0150
- URL www.sunetahostel.com　料 AC D390〜490B
- S T900〜1000B（朝食付）　CC J M V　室 40室　WiFi

道路からの入口が少しわかりにくいが、エレベーターで階上に上がるとレセプションとロビーがある。バックパッカーが大勢集まる、カオサンらしい雰囲気のホステル。

バンコク｜バンコクの安宿街

タイプチ情報　暑い時期にちょっとした距離を20B程度で移動できるモーターサイは実にありがたい存在。日本にも駅前から100円ぐらいでちょっとそこまで行ってくれるモーターサイがあればいいのに。

[G] セブン・ホルダー

7 Holder Guest House MAP●P.85-E5

[住] 216 Khao San Rd. [電] 0-2281-3682
[料] [F] Ⓢ250B Ⓣ350B [AC] ⓈⓉ600B（トイレ、シャワー共用） [CC] なし [室] 28室 [WiFi]

家庭的な雰囲気のゲストハウスで、料金のわりに清潔。水シャワーのみ。バスタオルは用意されていないので要持参。カオサン通り側にも入口あり。

[G] テイルズ・カオサン

TALES Khaosan MAP●P.85-D4

[住] 88 Chakrabongse Rd. [電] 09-7090-6241
[URL] www.taleskhaosan.com
[料] [AC] Ⓓ 360～400B [AC] ⓈⓉ 800B（トイレ、シャワー共用） [CC] [M][V] [室] 22ベッド [WiFi]

カオサン通りのすぐ近くに2017年に開業したホステル。寝台列車を思わせるしゃれた雰囲気の内装。1階にはカフェも併設。

[G] スリーハウ・ホステル

3Howw Hostel MAP●P.68-C2

[住] 316/5 Soi 4, Samsen Rd. [電] 08-8615-4828
[FB] ThreeHowwHostel
[料] [AC] Ⓓ190～220B [AC] ⓈⓉ690B（トイレ、シャワー共用） ⓈⓉ890B [CC] なし [室] 7室 [WiFi]

カオサン通りからバーンラムプー運河を渡った静かなエリアにあるゲストハウス。女性専用のドミトリーもあり、欧米のバックパッカーが多く集まる。コーヒーの無料サービスあり。周辺の町並みは昔ながらの落ち着いた雰囲気で、手頃な食堂のほか、安ホテルやバックパッカー向けのゲストハウスなども点在している。

オンヌット周辺

下町の雰囲気があるオンヌット周辺に、新しいホステルや手頃なホテルが増加中。BTSスクムウィットラインのE9オンヌット駅が利用でき、繁華街へ出るのも便利。

■ホテル

[H] キューブ・フィフティ

The Qube Fifty MAP●P.158-A2

[住] 89 Soi Ari Rak [電] 06-1428-4958
[FB] The Qube Fifty Hotel [料] [AC] ⓈⓉ1100B～
[CC] [A][J][M][V] [室] 35室 [WiFi]

BTSオンヌット駅から徒歩5分。静かな路地の中にある落ち着いた雰囲気の手頃なホテル。

[H] ベッドルーム・ブティック

The Bedroom Boutique Hotel MAP●P.158-B1

[住] 204/24 Soi 77, Sukhumvit Rd. [電] 08-9485-7048 [FAX] 0-2740-3696 [URL] www.thebedrooms.com
[料] [AC] ⓈⓉ1160B～ [CC] [A][M][V] [室] 57室 [WiFi]

ビッグC（大型スーパー）の隣にある手頃なホテル。ジムが24時間オープンで、朝食は6:00から食べられる。

[H] ココテル・バンコク・スクムウィット 50

Kokotel Bangkok Sukhumvit 50 MAP●P.158-A2

[住] Soi 11, Soi Sukhumvit 50, Sukhumvit Rd.
[電] 0-2333-1350 [URL] www.kokotel.com [料] [AC] ⓈⓉ1254B～ [CC] [A][J][M][V] [室] 65室 [WiFi]

BTSオンヌット駅から徒歩約8分、静かな住宅街にある人気のホステル。大きな窓、清潔なバスルームなどが備わり快適に滞在できる。屋上はリラックススペース。コイン式ランドリーと乾燥機あり。

料金の表記について：[F]ファンのみ、[AC]エアコン付き、Ⓓドミトリー、Ⓢシングル、Ⓣツイン。注記がなければトイレ、シャワーもしくはバス付き。ホテルは注記がなければ朝食付き、ゲストハウスは注記がなければ朝食別。

■ ホステル

Ⓖ ハイド・バンコク・ホステル
Hide Bangkok Hostel MAP●P.158-A2

- 886 Soi 50, Sukhumvit Rd. ☎ 0-2051-8631
- URL hidebangkokhostel.thailandhotels.site
- 料 AC Ⓓ210B〜 Ⓣ710B〜 CC なし 室 18室 WiFi

女性専用のドミトリーはベッド4台。その他4、6、8、10ベッドのドミトリーと、個室(ダブル)もある。ホステルとしては大型で1階の共用スペースも広々、レストランでは簡単なタイ料理が50Bから食べられる。

Ⓖ VX ザ・フィフティ
VX The Fifty Hostel MAP●P.158-A2

- 285/2-4 Soi 50, Sukhumvit Rd. ☎ 0-2331-8256 E VX the fifty hostel
- 料 AC Ⓓ545B〜 CC AMV 室 14室 WiFi

1階はおしゃれなバー。バス、トイレ共用ながら個室もあり、ドミトリー並みの料金で利用できる。

国立図書館周辺

国立図書館周辺のテーウェートと呼ばれるエリアに、落ち着いた雰囲気の宿が集まっていて、下町に暮らす気分で楽しめる。チャオプラヤー・エクスプレス・ボートのN15テーウェート船着場から徒歩13分。

■ ホテル

Ⓗ プラナコーン・ノーンレン
Phra-Nakorn Norn-Len MAP●P.69-D1

- 46 Soi Thewet 1, Krung Kasem Rd.
- ☎ 0-2628-8188 URL www.phranakorn-nornlen.com 料 AC ⓈⓉ930〜1450B
- CC JMV 室 30室 WiFi

古い民家を時間をかけてリノベーションし、レトロな雰囲気を生かしながら凝ったインテリアの客室に仕上げてオープン。静かな住宅街にあり、大都会バンコクでオーガニックなスローライフが実践できる。石鹸作りやパン作り、藍染、タイ料理などのワークショップ(有料)はコロナ禍の影響で休止中。

■ ゲストハウス

Ⓖ サワッディー
Sawatdee Guest House MAP●P.159-A1

- 71 Sri Ayutthaya Rd. ☎ 08-4260-5198
- 料 F ⓈⓉ400B (トイレ、シャワー共用) ⓈⓉ600B
- CC なし 室 16室 WiFi

築20年以上の木造の建物は手入れが行き届いていて、共同のバスルームも清潔。2017年にリノベーション実施済。

Ⓖ シャンティー・ロッジ
Shanti Lodge MAP●P.159-A1

- 37 Soi 16, Sri Ayutthaya Rd.
- ☎ 0-2281-2497 URL www.shantilodge.com
- 料 F Ⓓ250B ⓈⓉ500〜750B (トイレ、シャワー共用) ⓈⓉ750〜850B Ⓢ500B Ⓣ600B (トイレ、シャワー共用) Ⓢ850B Ⓣ950B
- CC JMV 室 30室 WiFi

カラフルなアジアン雑貨が並べられたゲストハウス。簡素だが清潔。1階はウッディなカフェで旅行者に人気。シャワー付きの部屋はホットシャワー。

Ⓖ タウィー
Tavee Guest House MAP●P.159-A1

- 83 Soi 14, Sri Ayutthaya Rd.
- ☎ 0-2280-1447、0-2282-5983
- E TAVEE GUEST HOUSE
- 料 F ⓈⓉ500B (トイレ、シャワー共用) AC ⓈⓉ750〜1050B
- CC なし 室 16室 WiFi

このあたりで最も歴史のあるゲストハウス。安い部屋は狭いが居心地は悪くない。ホットシャワー。

Ⓖ シー・アユタヤー
Sri Ayuttaya Guest House MAP●P.159-A1

- 23/11 Soi 14, Sri Ayutthaya Rd. ☎ 0-2282-5942 料 AC ⓈⓉ900B CC なし 室 15室 WiFi

タイの様式を取り入れたシックなデザインのゲストハウス。部屋は広くて清潔。水シャワーのみ。Ⓖタウィーと同経営。

バンコク / バンコクの安宿街

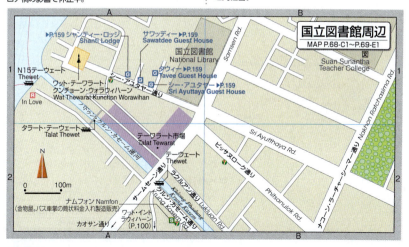

タイ プチ情報 チャオプラヤー川は大河なので船運も盛ん。チャオプラヤー・エクスプレス・ボートは地元の人の足としてだけでなく、外国人旅行者が旅情を楽しむのにももってこい。

159

マレーシア・ホテル周辺

雑然とした下町にある古くからのゲストハウス街。カオサン通りの騒がしい雰囲気がどうも苦手、という人に。MRTブルーラインのBL25ルムピニー駅やBL24クロントゥーイ駅が近い。

■ ホテル

H イビス・バンコク・サトーン
ibis Bangkok Sathorn　MAP●P.160-A1～A2

- 29/9 Soi Ngam Duphli, Rama 4 Rd.
- 0-2659-2888　FAX 0-2659-2889
- www.ibis.com　AC S T 1158B
- CC ADJMV　213室　WiFi

世界各地に展開する、中級と高級の間ぐらいに位置するホテルチェーンで、客室は狭いが機能的。白亜の外観、ガラス張りで明るいレストランがある。感じのいいスタッフが多く、気分よく滞在できる。

H ピナクル・ルムピニー・パーク
Pinnacle Lumpinee Park Hotel　MAP●P.160-A1

- 17 Soi Ngam Duphli, Rama 4 Rd.
- 0-2287-0111　FAX 0-2287-3420
- www.pinnaclehotels.com
- AC S T 1600B
- CC AJMV　179室　プール　WiFi

サウナやフィットネスルームあり。オンライン予約をすると、割安な料金で利用できる場合が多い。

■ ゲストハウス

G ピー・エス・ハウス
P.S. House　MAP●P.160-A1

- 1034/31 Soi Saphan Khu
- 0-2679-8822～3　AC S T 450～700B
- CC なし　9室　WiFi

細い階段を上がった2階がレセプション。部屋は清潔で、全室エアコン付き。

国立競技場周辺

ジム・トンプソンの家がある路地ソイ・カセームサン・ソーンの1本東側にあるソイ・カセームサン・ヌン (Soi Kasem San 1) に手頃な宿が集まっている。BTSナショナル・スタジアム駅が近く市内移動に交通至便。タクシーの運転手に「ソイ・カセームサン」が通じなかったら「マーブンクローン」「サヤーム」「パトゥムワン」で行ける。

■ ホテル

H イビス・バンコク・サヤーム
ibis Bangkok Siam　MAP●P.161-A2

- 927 Rama 1 Rd.　0-2659-2888
- FAX 0-2659-2889　URL www.accorhotels.com
- AC S T 1500B～　CC ADJMV　189室　WiFi

BTS駅1番出口目の前。1軒のビルに同じ系列で少し高級なメルキュールと同居しており、向かって右側にあるセブン-イレブンの奥がイビスのレセプション。コンパクトで機能的な客室。

マレーシア・ホテル周辺
MAP P.77-E4～F5

料金の表記について：F ファンのみ、AC エアコン付き、D ドミトリー、S シングル、T ツイン。注記がなければトイレ、シャワーもしくはバス付き。ホテルは注記がなければ朝食付き、ゲストハウスは注記がなければ朝食別。

H パトゥムワン・ハウス
Patumwan House　MAP●P.161-A1〜B1

- 22 Soi Kasem San 1, Rama 1 Rd.
- 0-2612-3590〜9　FAX 0-2216-0180
- AC S/T 1200〜2600B
- CC なし　138室　WiFi

ソイ・カセームサン・ヌンの奥にあり静か。客室には小さな流し、冷蔵庫、衛星放送チャンネル付きテレビ、バスタブ付き。部屋によっては窓のすぐ外が隣のビルで昼でも薄暗い。

H リーノー
Reno Hotel　MAP●P.161-A2〜B2

- 40 Soi Kasem San 1, Rama 1 Rd.
- 0-2215-0026〜27　FAX 0-2215-3330
- URL www.renohotel.co.th
- AC S/T 2350B〜
- CC JMV　58室　プール　WiFi

古めで割高感のあった客室が、2018年のリノベーションで改善された。ただし料金は以前よりやや高めに。セーフティボックス、バスタブ付き。

H ムアンポン・マンション
Muangphol Mansion　MAP●P.161-B2

- 931/9 Soi Kasem San 1, Rama 1 Rd.
- 0-2219-4445〜8　FAX 0-2216-8053
- URL www.muangpholmansion.com
- AC S/T 830〜980B、トリプル1080B（日〜木）
- AC S/T 1080〜1230B、トリプル1330B（金・土）（朝食別）　CC なし　83室　WiFi

古い建物だが部屋は広い。お湯の出など、部屋の当たり外れが大きい。1階はレストラン。830〜880Bの部屋はダブルベッド、980Bの部屋がツインベッド。ウイークリー、マンスリーの割引あり。

■ ゲストハウス
G ホワイト・ロッジ
White Lodge　MAP●P.161-B1

- 36/8 Soi Kasem San 1, Rama 1 Rd.
- 0-2216-8867、0-2215-3041
- URL whitelodgebangkok.com
- AC S/T 800〜1200B　CC なし　25室　WiFi

家族的な雰囲気だが、部屋は簡素で建物はやや老朽化している。エアコンの温度調節ができないのが難。

チャイナタウン周辺
ヤオワラートと呼ばれるチャイナタウンには、国鉄クルンテープ駅前に中級ホテルが、エリアの奥にも中級や高級ホテルが数軒ある。

■ ホテル
H ニュー・エンパイア
New Empire Hotel　MAP●P.75-E2

- 572 Yaowarat Rd.　0-2234-6990〜6
- FAX 0-2234-6997　AC S/T 720〜800B　トリプル1000B（朝食別）　CC なし　130室　WiFi

外観は塗装しなおされ、館内も改装されたのできれい。フロントは感じがいい。

H クルンカセーム・シー・クルン
Krungkasem Sri Krung Hotel　MAP●P.75-F2

- 1860 Krungkasem Rd.　URL www.srikrunghotel.com　0-2225-0132　AC S/T 900〜1200B トリプル1500B　CC MV　120室　WiFi

全体的にかなり古びているが、部屋は清潔でけっこう広く、ベランダ付きの部屋もある。半地下のレストランは味も悪くない。

バンコク / バンコクの安宿街

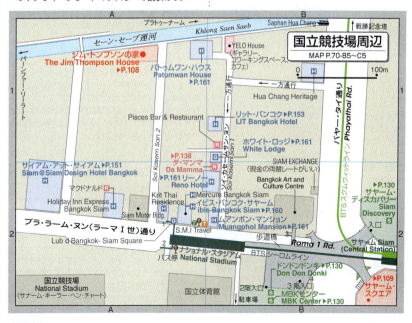

タイ プチ情報　ワット・アルン（→P.89）へ行く際など、渡し船を利用する機会も多いはず。日本とは異なり船着場に柵などはなく、乗り降りの安全確保は自己責任。船が完全に接岸してから乗り降りすること。

H W22
W22 Hotel　　　MAP●P.75-E1

- 422 Mittraphan Rd.　0-2069-6999
- 0-2049-4999　URL www.w22hotel.com
- AC S T 990B～（朝食別）
- CC J M V　123室　WiFi

閉館して伝説となったヤオワラートの台北旅社が、リニューアルして名称も一新。昔日の面影は吹き抜けのみ。2階のコモンスペースにはプールテーブルがあって無料で遊べる。

H ノーン・ヤオワラート
Norn Yaowarat Hotel　　　MAP●P.75-E1

- 6-8, 10, 12 Padung Dao Rd.　0-2013-8866、09-7456-4942　URL www.nornyaowarathotel.com
- AC D 480B　S T 1500B～　19室＋ベッド44台
- CC なし　WiFi

ヤオワラートでもレストランや屋台が集まるにぎやかな路地、ソイ・パドゥン・ダーオの古い中国風建物を改装。客室の造りはコンパクトながら機能的。バルコニー付きの部屋、ロフト付きのファミリールーム、女性専用ドミトリーもある。

■ ゲストハウス

G 天天ホステル
Tian Tian Hostel　　　MAP●P.75-E2

- 29-33 Phat Sai Rd.
- 0-2517-9116、08-1374-1525
- AC D 450B～　CC なし　8室（36ベッド）　WiFi

チャイナタウンのど真ん中に2018年オープン。ドミトリーのベッドはカーテンを閉め切ればプライバシーも守られる造り。1階のカフェがレトロチャイナ風でいい雰囲気。

G ラック・ホステル
Luk Hostel　　　MAP●P.75-E2

- 382, 384-386 Soi Wanit 1　09-2280-3385
- FB LUK Hostel　AC D 315B～　S T 900B～
- CC なし　19室　WiFi

チャイナタウンの中でも特に人通りが多く、常に混雑しているサムペーン・レーン（ソイ・ワニット1）にあるモダンなデザインホステル。24ベッドの大きなドミトリーは、旅人の輪を広げたい人に最適。最上階に屋根が一部ガラス張りのアトリウムのようなカフェ＆バーがあり、明るくて居心地がいい。

雑然とした雰囲気が人気のチャイナタウン

G リバー・ビュー・ゲストハウス
River View Guest House　　　MAP●P.75-E2

- 768 Trok Vanich, Songwat Rd.
- 0-2234-5429　0-2234-2078
- URL www.riverviewbkk.com
- AC S T 700～1000B　40室
- CC A J M V

古い町並みが残るタラート・ノーイの入り組んだ路地の奥にあり、窓の外にはチャオプラヤー川がどーんと広がる。最上階は眺めのいいレストラン。向かいは中国廟。

その他の地域の宿

外国人旅行者の多いスクムウィット通り周辺などをはじめ、バンコク市内には新しくホステルやゲストハウスが次々にオープンしている。

G チューン・ブティック・ホステル
Chern Boutique Hostel　　　MAP●P.69-D4

- 17 Soi Ratchasak, Bamrung Muang Rd.
- 0-2621-1133　URL www.chernbangkok.com
- AC S T 1400B　4人部屋1室2100B　CC J M V
- 48室＋ドミトリー　WiFi

仏像や仏具、お供えなどを扱う店が並ぶバムルン・ムアン通りから路地を入ったところにある、モダンな団地のような角型の建物。ドミトリーのベッドには壁があり、ある程度のプライバシーも確保。各ベッドにコンセントと読書灯もある。パブリックスペースが広めで、ゆったりくつろげる。場所柄下町歩きの拠点に最適。

G プリンティング・ハウス・ポシュテル
The Printing House Poshtel　　　MAP●P.68-C4

- 140 Dinso Rd.　09-4934-4848
- URL printinghouseposhtelbkk.com
- AC D 681B～　S T 2100B～
- CC M V　11室＋ドミトリー4室　WiFi

モノトーンのスタイリッシュな個室と、ウッディで暖かみのある内装のドミトリーがあるホステル。ドミは3階と4階で、うち2室は女性専用。4階のドミには小さいながらテラスもあり、下町の風景を眺めながらのんびりできる。建物前のディンソー通り周辺には古くからの食堂が多く、食べ歩きが楽しめる。

G ベッド・ステーション・ホステル
Bed Station Hostel　　　MAP●P.80-A2

- 486/149-150 Soi 16, Petchburi Rd.
- 0-2019-5477　URL www.bedstationhostel.com
- AC D 450B～　S T 1350B～（バス、トイレ共同、朝食付き）　CC J M V　14室　WiFi

4～8人部屋のドミトリーとダブルサイズのマットが敷かれた個室がある。BTSスクムウィットラインのN1ラーチャテーウィー駅から徒歩すぐで交通便利。朝食は6:30から用意してもらえるので、早くから活動したいアクティブ派やツアー参加の際には助かる。

料金の表記について：F ファンのみ、AC エアコン付き、D ドミトリー、S シングル、T ツイン。注記がなければトイレ、シャワーもしくはバス付き。ホテルは注記がなければ朝食付き、ゲストハウスは注記がなければ朝食別。

郊外の見どころへはツアーを利用しよう　Column

　ダムヌーン・サドゥアク水上マーケットやサームプラーン・エレファント・グラウンド＆ズー、あるいはアユタヤーやカンチャナブリー、ピンクのガネーシャがあるチャチューンサオのワット・サマーン・ラタナーラームなど個人では行きにくい見どころ、あるいは効率よく見どころを回りたいなら、旅行会社のパッケージツアーを利用すると便利だ。バンコクには日本人経営や、日本語が通じる旅行会社もある。

[バンコクの日本語が通じる旅行会社]

ウェンディー・ツアー　Wendy Tour
MAP P.80-B1　Room J、6th Fl.、Phayathai Plaza Bldg.、128/63 Phaya ThaiRd.
TEL 0-2216-2201　FAX 0-2216-2202
URL www.wendytour.com/thailand
　さまざまな日本語ガイド付きツアーを催行。問い合わせ、申し込みも日本語でOK。事前にクレジットカードで決済できるので、オフィスまで足を運ぶ必要もなく便利。当日現金での支払いも可能。

パンダ・トラベル（パンダバス）
Panda Travel
MAP P.76-C3　12th Fl.、Wall Street Tower、33/58 Suriwong Rd.　TEL 0-2632-9914　URL www.pandabus.com/thailand
　日本語観光ツアーの老舗。多彩なツアーを催行。申し込みからツアーまで、すべて日本語で可。変わり種ツアーは催行日が少ないので、事前に要問い合わせ。

帰国前に温泉でリラックス　Column

深夜便で帰国する日の時間つぶし
　タイ国際航空や全日空、日本航空などの直行便のなかでも夜の便は、バンコクを0:00前後に出発するものが多い。ホテルを12:00前にチェックアウトしたとしても、それから観光やショッピングなどに歩き回ると、南国で暑いこともあり汗だくになってしまうことも。そんな状態のままひと晩飛行機に乗るのは気分が悪い、という人は最終日の午後、のんびり温泉につかってみてはどうだろう。

バンコクでのんびり温泉体験
　バンコクにある「湯の森」は、タイ国内の源泉から運んだ温泉水につかれる日本のスーパー銭湯風施設。入口で受け付けを済ませたら、入場後は浴衣に着替え、広々とした館内で思いおもいに過ごせる。男女それぞれに天然温泉風呂や露天風呂、ソーダバスやジェットバスなど大きな浴槽が備えられ、男湯にはサウナ、女湯にはミストもある。お湯でリラックスしたあとはタイ式マッサージで体をほぐしてもいいし、カフェで軽い食事をしてもいい。

リラックスして機上の人に
　汗を流してほろ酔い加減になったら、タクシーで余裕をもって空港に向かい、機内ではゆっくり眠って翌日の朝にスッキリ帰国。旅を楽しく締めくくろう。

湯の森　YUNOMORI ONSEN & SPA
MAP P.78-C5
A Square、120/5 Soi 26、Sukhumvit Rd.
TEL 0-2259-5778
URL www.yunomorionsen.com/bangkok
営 毎日10:00～24:00
料 550B。タイ古式マッサージは1時間550B、1時間30分750B、2時間950B
CC AJMV

天井が高くて気分よく過ごせる大浴場

ショッピング施設のA Square内にある

タイプチ情報　BTSスクムウィットラインやMRTブルーラインの延伸で郊外まで気軽に足を運べるようになり、町歩きの幅が広がったのはうれしい限り。BTSにはワンデイ・パス（1日券。→P.55）もある。

Column

無料バスで回る水上マーケット

週末に運行される無料バス

毎週末の土・日曜日と祝日に、トンブリー地区にある4つの水上マーケットを結ぶ無料バスが運行されている。タリンチャン水上マーケット以外はどこも交通の不便な場所にあるので、自前の車がない旅行者にとってこの無料バスはとても便利。ぜひ活用して、いろいろな水上マーケットを訪れてみよう。始発はMRTブルーラインのBL04バーン・クンノンBang Khun Non駅。2番出口の階段下にあるバス停から出発。

バスの正式名称は「BMA Feeder 4 Floating markets shuttle bus」。バンコク都の運営で、小型の電動バスを使用。車内には無料Wi-Fiもある。

無料バスのルート、所要時間と運行時間
・ルートと所要時間

BL04バーン・クンノンBang Khun Non駅
　↓　約10分
ソーン・クローン水上マーケット
Song Khlong Floating Market
　↓　約2分
タリンチャン水上マーケット
Taling Chang Floating Market
　↓　約7〜8分
南バスターミナル
Southern Bus Terminal
　↓　約10分
クローン・ラット・マヨム水上マーケット
Lat Mayom Floating Market
　↓　約15分
新フラワーマーケット（新パーク・クローン市場）
Flower Market Thailand
　↓　約7分
ワット・サパーン水上マーケット
Wat Saphan Floating Market
　↓　道路事情により5〜15分
BL04バーン・クンノンBang Khun Non駅

・運行時間

9:00〜16:30の間、20〜30分おき。バス停の2次元バーコードを読み取ると、バスの位置がリアルタイムで地図上に表示される。

いわゆるマイクロバスサイズの無料バス

4つの水上マーケットの特徴
・ソーン・クローン水上マーケット

運河沿いにある寺院の境内を利用した、素朴なマーケット。L字形に屋台風の飲食店が並び、運河に沿って並べられたテーブルでのんびり食事ができる。

運河を行き交う船を眺められるように並んだテーブル

・タリンチャン水上マーケット

バンコク市内から路線バスで気軽に行けるので、外国人旅行者の姿も多い。詳細はP.112参照。ソーン・クローン水上マーケットからは歩いてすぐなので、バスを待つ必要もない。

路線バスでも行きやすい

・クローン・ラット・マヨム水上マーケット

運河に架かる橋の両側に広がる、規模の大きなマーケット。多数の飲食屋台があり、種類も多彩。雑貨やおみやげのショップも多い。周辺の寺院とオーキッドファームなどを回る運河のボートツアーは所要1時間30分でひとり100B。

規模が大きく水上マーケットの風情は薄い

・ワット・サパーン水上マーケット

ワット・サパーンの境内にあり、周囲は静かな住宅街で、マーケット脇の運河を手漕ぎのボートが行き来するという、4つのなかで最ものどかな水上マーケット。

マーケット内まで掘り込まれた水路に食堂船が浮かぶ

バンコク近郊と タイ中部
Thailand Central

アユタヤー	168
ロッブリー	182
ナコーン・パトム	184
カンチャナブリー	186
サンクラブリー	196
パタヤー	198
ラヨーン	208
サメット島	210
チャンタブリー	213
トラート	215
チャーン島	218
アランヤプラテート	227

ワット・ヤイ・チャイ・モンコン（アユタヤー → P.176）

THAILAND CENTRAL
バンコク近郊とタイ中部 早わかりNAVI

バンコクから日帰りできる見どころもあるよ

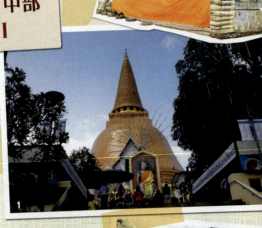

バンコク近郊とタイ中部はこんなとこ

首都バンコクを中心に、北にはユネスコの世界遺産に登録されたアユタヤー遺跡、西にはミャンマー国境に広がる豊かな自然と第2次世界大戦の傷跡を残す町カンチャナブリー、南東にはパタヤーに代表される華やかなビーチリゾートがある多様なエリア。1351年から約400年にわたり栄えたアユタヤー王朝が、15世紀にはカンボジアのクメール帝国を滅ぼし、さらにタイ北部にあるスコータイ王朝を併合してこの地域を治めた。アユタヤー王朝は1767年にビルマのたび重なる攻撃によって滅ぼされるが、王都アユタヤーには寺院や仏像が残り、当時の栄華を今に伝えている。カンボジア国境やミャンマー国境、チャーン島周辺などを除けば観光スポットの多くはバンコクから日帰りが可能で、気軽に遺跡を訪れたり、マリンアクティビティが楽しめる。

1 ナコーン・パトムにある世界最大の仏塔プラ・パトム・チェーディー
2 外国人旅行者に人気がある泰緬鉄道の旅

SEASON
旅の季節

雨がほとんど降らない10～2月の乾季がおすすめ。2月中旬から雨季に入る直前まではかなり暑く、特に4月は「最低」気温が30℃などという猛暑になる。5月中旬から10月の雨季は、雨が降ったりやんだりする状態が続く。しかし気温はそれほど上がらないので過ごしやすい。国民を悩ませる洪水が各地で発生するのは9～10月頃。

サメット島やパタヤーなどのビーチへは10～2月の乾季に行きたい

EVENTS

おもなイベント情報

※イベントの詳しい開催時期と内容については
URL www.thailandtravel.or.jp を参照。

ナーラーイ王祭り
【場所】ロップリー（→P.182）
【時期】2月中旬

アユタヤー朝のナーラーイ王によって第2の都として城塞都市化されたロップリーで、その王の偉業をたたえて行われるイベント。

ロップリーにあるチャオ・プラヤー・ウィチャエーンの家

アユタヤー・ソンクラーン・フェスティバル
【場所】アユタヤー（→P.168）
【時期】4月中旬

アユタヤーで行われる水かけ祭り。各種ショーとミス・ソンクラーンのパレードが華やかに行われる。

パタヤー・マラソン
【場所】パタヤー（→P.198）
【時期】7月中旬

毎年行われる国際大会。距離はフル、ハーフ、クオーターの3種類。

パタヤーはバンコクから気軽に行けるビーチリゾート

パタヤー国際ミュージック・フェスティバル
【場所】パタヤー（→P.198）
【時期】3月の毎週金・土曜

パタヤーの町を挙げて行われる音楽祭。ホテルやビーチに設けられたステージに内外のミュージシャンが登場。入場無料の太っ腹イベント。

クウェー川鉄橋祭り
【場所】カンチャナブリー（→P.186）
【時期】11月下旬～12月上旬

第2次世界大戦の悲劇の歴史が残るカンチャナブリーで開催される、世界平和を訴えるイベント。蒸気機関車が列車を牽引したり、平和を祈るパレードなどもある。

祭りの舞台となるクウェー川鉄橋

アユタヤー世界遺産祭り
【場所】アユタヤー（→P.168）
【時期】12月中旬

アユタヤー歴史公園で行われる壮大な祭り。アユタヤー王朝の栄光を音や光で表現した、きらびやかなショーが目玉。

バンコク近郊とタイ中部　早わかりNAVI

HINTS

旅のヒント

交通
バスを利用すると、バンコクから各都市まで所要約1時間30分から3時間30分程度。カンボジア国境近くの町トラートまでは所要約5時間、飛行機なら約50分。行き先の都市によってバンコクのバスターミナルが異なるので注意。バンコクから近郊の都市へ行くロットゥー（ミニバス）の路線も充実している。バンコクから日帰りツアーも催行されており、効率よく回りたい人におすすめ。

野趣あふれるゲストハウスがあるサメット島

宿の利用
おもな見どころへは日帰りが可能なため、バンコクで宿を取る旅行者も多い。東のエリアには隠れたリゾートが多く、プーケットやサムイ島などの有名リゾート地に比べるとリーズナブルに過ごせる。アユタヤーやパタヤーなど観光客の多い場所をイベントに合わせて訪れる場合は、予約を入れたほうがいい。

パタヤーは手頃なホテルが増加中

ACTIVITIES

アクティビティ

● スノーケリング
● ダイビング
● 遺跡巡り
● 国境越え（カンボジア、ミャンマー）

アランヤプラテート郊外、カンボジアとの国境にあるマーケット

FOODS

名物料理

● シーフード
● うるち米
● アーハーン・チャオワーン（王宮料理）
● ナムプラー（東部沿岸が名産地の調味料）
● カピ（中部沿岸が名産地の調味料）

手の込んだ細工が施された王宮料理

167

Ayutthaya อยุธยา

アユタヤー

世界文化遺産に登録された古都の遺跡

折込表-C5

ワット・マハータート

　バンコクから北へおよそ80km、チャオプラヤー川とその支流に囲まれた中州にアユタヤー（アユッタヤー）の町はある。1351年から417年間にわたり、35代の王がこの地でアユタヤー王国の歴史を築いた。17世紀には遠くペルシアやヨーロッパ諸国とも外交関係を結び、「ロンドンのように見事」とたたえられたほどの国際都市。しかし、たび重なるビルマとの戦いを経て、1767年にアユタヤーは陥落する。ビルマ軍の手によって建造物の多くは徹底的に破壊された。顔のない仏像、途中から崩れ落ちているチェーディー（仏塔）、土台だけが残された寺院……。アユタヤーの遺跡は、今も静かに時を止めたままだ。

行き方

バンコクから
BUS 北バスターミナルから4:30～19:30の間30分～1時間おき、所要1時間30分～2時間、2等83B。北バスターミナルと旧南バスターミナル（サーイ・タイ・ピンクラオ）からは20～30分おきにロットゥー（ミニバス）もある。北バスターミナルから70B～、旧南バスターミナルから80B～。

RAIL クルンテープ駅（フアラムポーン駅）から4:20～18:20の間1日8本、所要約1時間30分。列車により2等35～65B、3等15～45B、ディーゼル特急と急行は175～345B。クルンテープ・アピワット中央駅から7:30～22:30の間1日7本、所要約1時間10分、列車により2等61B、3等20～181B、ディーゼル特急と急行は241～341B。列車により2等35～65B、3等15～45B。ディーゼル特急、急行は175～345B。

チェンマイから
BUS アーケード・バスターミナルからバンコク行きに乗り途中下車。所要約9時間、VIP823B～、1等594B～。ゲストハウス街でピックアップしてくれるツーリストバス（夜行のみ）は400B～。

スコータイから
BUS バンコク行きを途中下車、所要約6時間、1等365B～。

ピッサヌロークから
BUS 所要約5時間、1等320B～。上記以外の北部の町からでもナコーン・サワン経由でバンコクへ行くバスならアユタヤーを通る。

カンチャナブリーから
BUS 11～3月のハイシーズンを中心にツーリスト用ミニバスが1日1～2本ある。所要約3時間、人数によるが1人600B程度。一般のバスはカンチャナブリーのアクセス（→P.186）参照。

アユタヤーの歩き方

バスターミナルから市街へ
　バンコクからのエアコンバスはナレースワン通りNaresuan Rd.沿い（MAP P.169-A3）に到着する。町の中心に近く便利。そのほかの北方面からのバスは、町の中心から東へ約4kmの場所にある長距離バス乗り場に到着する。長距離バス乗り場から市街へはトゥクトゥク（100～150B）かソンテオ（相乗りで20～30B）を利用して所要20～25分。市内から長距離バス乗り場へはトゥクトゥクで100B。市内の旅行会社でチケットを買うと送迎が付くものもある。
　北部方面からのバンコク行きバスには長距離バス乗り場に寄らないものもあり、その場合はハイウエイ上で降ろされる。ハイウエイを徒歩で横断するのは危険。歩道橋もあるが、待機しているモーターサイ（100B）かソンテオ（チャーターで150B）を利用して町まで移動するほうが便利で楽。

鉄道駅から市街へ
　駅から市街へはパーサック川の渡し船（5:00～20:00、圏10B）が便利。渡し船は2路線が交差する形で運航しており、駅を背に左側の乗り場から出る船がチャオロム市場の近くに着く。右からの船は正面に渡る。人が集まりしだい出発。

列車待ちの人が集まるアユタヤー駅のホーム

アユタヤーは川に囲まれた島の町
　アユタヤーは、北をオールド・ロップリー川、東をパーサック川、西と南はチャオプラヤー川に囲まれた、東西約4km、南北約3kmの島。外縁を一周するのがウートーン通りU-Thong Rd.。その内側に

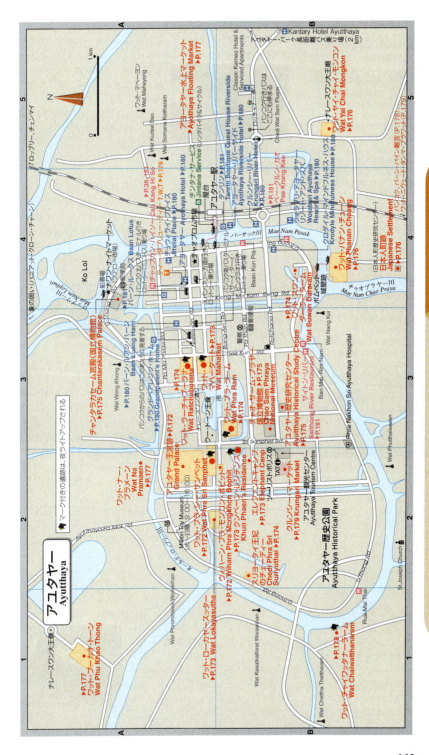

■■ 世界遺産 ■■
アユタヤーは「古都アユタヤー」として1991年にユネスコの世界文化遺産に登録された。

■■ インフォメーション ■■
❶ TAT　MAP P.169-B2
住 Sri Sanphet Rd.
TEL 0-3524-6176
開 月〜金8:30〜16:30
休 土・日・祝

ツーリストポリス
MAP P.169-B2〜B3
住 108 Sri Sanphet Rd.
TEL 1155、0-3524-1446、0-3424-2352

郵便局　MAP P.169-A4
住 U-Thong Rd.
TEL 0-3525-1233
ナイトマーケット近く。バートン通りPa Thon Rd.（MAP P.169-B3）にもある。

■■ 旅のヒント ■■
レンタサイクルとレンタバイク
アユタヤー駅周辺
駅から渡し船乗り場へ行く途中にいくつかショップがある。しかし自転車を船に乗せるのが大変で、橋の通行も交通量が多く危険。対岸に渡ってから借りるのがおすすめ。

ゲストハウス街
ゲストハウスが並ぶエリアにバイクや自転車のレンタル店が並んでおり、宿でもたいてい貸し出しをしている。宿の近くで借りると返却時に楽。

ナレースワン通り〜遺跡エリア
バスやロットゥーで来た場合、そのままワット・マハータート方面へ向かい、途中の❻グランドペアレンツ・ホーム（→P.180）か、ワット・マハータートやワット・ラーチャブラナなどの向かいにある店で借りられる。

ナレースワン通り、ロッチャナー通りなどの大通りが東西に延びている。繁華街は島の北東部分、遺跡は島の西半分に集まっている。遺跡はいずれもチャオプロム市場からトゥクトゥクなどで10〜15分の距離。島の外側にはのどかな田園風景が広がっている。日本人町跡は南東部、ワット・プーカオ・トーンは北西部と、どちらもやや郊外にあるので、トゥクトゥクやレンタバイクで回るのが便利。

町の中心にあるチャオプロム市場

アユタヤーの市内交通
アユタヤーを見て回るには、以下の乗り物が利用できる。

レンタサイクル、レンタバイク：アユタヤーは起伏が少なく、自転車で回るのにいいが、遺跡は広い範囲に点在しているので無理は禁物。また、交通量が多く、道路の横断が危険な所もある。自転車は、ゲストハウスや鉄道駅周辺の店で借りられる。1日50〜100B程度。バイクは6時間250B、24時間300B〜。

トゥクトゥク（エンジン付き三輪車）：
乗る前に料金交渉が必要で、1回50Bが相場。駅のホームに、TATが作製したトゥクトゥクの料金表（若干高め）が掲示されているので参考にしよう（→P.181のコラムも参照）。チャーターは1時間150Bが目安。

アユタヤーのトゥクトゥクは独特のスタイル

モーターサイ（オートバイタクシー）：トゥクトゥクよりスピーディで安い。ただし事故の危険性も高いので、利用の際は注意。1回の利用で50B〜。チャーターする場合は1時間150〜200B程度。短距離、あるいは少ない場所を短時間で回りたい人向け。

ソンテオ：路線バスと同じような役割を果たしている。遺跡周辺で相乗り客がいるような場所なら乗車1回10B程度。

路線バス：アユタヤーにはエアコン付きの路線バスがある。バス停には停車するバスの番号が表示されており、乗車1回10B。ただし本数が非常に少なく遺跡観光には不向き。

ボート：ナワン・ナイトマーケット（MAP P.169-A4）横の船着場でチャーター可能。料金は交渉制で、2〜3時間かけて島を一周して600B程度（6人まで乗船可）。ボートツアーを主催するゲストハウスもある。

Column　アユタヤー観光は自転車やバイクで

アユタヤーは平坦な土地なので、レンタサイクルやレンタバイクを利用して見て回るのも楽。レンタバイクを借りる場合、保証金代わりにパスポートを預けるのが一般的。

レンタサイクルを利用する際は、暑さとひったくりに注意しよう。平坦とはいえアユタヤーの日差しは厳しく気温は高い。こまめに水分を補給し、適度な休憩を取るよう心がけよう。また、自転車の前籠に入れた荷物を、オートバイなどで追い抜きざまにひったくる事件がときどき発生している。荷物はできるだけ身に付けて、ひったくりを誘発しないように心がけよう。

アユタヤー観光には欠かせないレンタサイクル

効率よく回りたい人におすすめ
アユタヤー 1DAY モデルプラン

🚶 :徒歩
🚲 :自転車

START
バンコクからのバス、ロットゥー発着所
ナレースワン通りの終点。
MAP P.169-A3

🚶で5分

🚲で1分

ワット・ラーチャブーラナ前
ワット周辺のショップか、途中の❻グランドペアレンツ・ホーム(→P.180)で自転車をレンタル。

🚲で1分

ワット・ラーチャブーラナ
クメール式仏塔が印象的で、塔は上ることもできる(→P.174)。

ワット・マハータート
木の根元に取り込まれた仏頭がある。規模も大きい(→P.173)。

ワット・プラ・シー・サンペット
3基のセイロン式仏塔が並ぶかつての王室の守護寺院(→P.172)。

一緒にお参りしてみよう

ウィハーン・プラ・モンコン・ボピット
現在も参詣者が多い、活気のある寺院(→P.172)。

🚲 両寺院の間のナレースワン通りを5分

ここで2コースから **CHOICE!**

🚶ですぐ

おいしい料理で元気注入

🚲で10分

チャオプラヤー川沿いのレストランで昼食
名物の川エビを食べよう(→P.181)。

🚲で20分

ポムペット城壁跡とⒽアユタヤー・リバー・ビューの間の渡し船乗り場
自転車を乗せて対岸のワット・パナン・チューンへ(→P.176)。

島内コース
島外コース

🚲で5分

日本人町跡
山田長政が活躍したかつての日本人町跡で往時をしのぶ(→P.176)。

🚲で5分

ワット・パナン・チューン対岸への渡し船乗り場
自転車を乗せて対岸へ。

🚲で10分

🚲で10分

🚲で5分

🚲で10分

大きな寝仏がお出迎え

ワット・ローカヤ・スッター
屋外に寝仏が横たわる(→P.173)。

ワット・プラ・ラーム
クメール式の仏塔がそびえる(→P.174)。

GOAL
自転車を返却し、バンコクへのバス、またはロットゥー乗り場へ

バンコク近郊とタイ中部　アユタヤー

171

アユタヤー王宮跡
⏰ 毎日8:00～16:30
💰 50B（外国人料金）

ワット・プラ・シー・サンペット
⏰ 毎日7:00～18:00
💰 50B（外国人料金）
入って正面左側と中央のチェーディーは中に入れる。

🔶 旅のヒント
夜の遺跡見物は慎重に
LIGHT UP! マークの付いている遺跡は夜になるとライトアップされ、昼間とは異なる趣が楽しめる。しかし、日が暮れると遺跡周辺は人の往来がぱったりと途絶えるので、特に女性が単独で行くのは危険。できるだけ数人で出かけること。係員らしき人がいてライトアップ時に入場できる遺跡もあるが、あくまで非公式でチケットはもらえない。支払った入場料の行き先も不明。

アユタヤー観光センター
Ayutthaya Tourism Centre
🗺 P.169-B2
🏠 108/22 Moo 4, Sri Sanphet Rd.
📞 0-3524-6076～7
⏰ 毎日8:30～16:30
💰 無料
1941年に建てられた元アユタヤー県庁舎を改装して2012年にオープン。1階にTATの観光情報センター、2階にアユタヤーの歴史を解説する歴史展示館、タイの作家の作品を展示するアユタヤー国立美術館がある。歴史展示館では、アユタヤー王国時代の国際交流、アユタヤー各寺院、人々の生活について写真パネルで解説（展示の解説はタイ語と英語。日本語パンフレットあり）。建物前面に掲げられているのは、ウー・トーン王やスリヨータイ妃などアユタヤーに縁のある6人の王や勇者の像。2023年3月現在コロナ禍の影響で閉館中。

白亜の外観が美しいアユタヤー観光センター

おもな見どころ

🐘 アユタヤー島内

完全に破壊され廃墟となった
アユタヤー王宮跡
Grand Palace
★
MAP P.169-A2
พระราชวังโบราณ

アユタヤー北方のスパンブリーとラウォー（現在のロップリー）の支配者だったウー・トーン王が、新たに建国したアユタヤー王国の中心とした場所。1351年に王宮が建てられ、その後も歴代王の手によって宮殿が増築された。しかし1767年のビルマによる侵略のため徹底的に破壊され、現在では見るべきものは残っていない。

破壊し尽くされた王宮跡

3人の王が眠る王室の守護寺院
ワット・プラ・シー・サンペット
Wat Phra Sri Sanphet
LIGHT UP! ★★★
MAP P.169-A2
วัดพระศรีสรรเพชญ์

王宮跡の南にある、バンコクのワット・プラケオに相当するアユタヤー王朝の王室守護寺院。1491年に建立され、1500年には高さ16m、総重量171kgの黄金に覆われた仏像が建造されたと伝えられているが、ビルマに侵略された際に跡形もなく破壊されてしまった。現在残っているのは、アユタヤー中期（15世紀）にセイロン様式で建てられた3基のチェーディー（仏塔）だけ。それぞれのチェーディーの中に3人の王の遺骨が納められ、静かに並んでいる。

アユタヤーの象徴ともいえる3基並んだ仏塔

復元された大仏寺
ウィハーン・プラ・モンコン・ボピット
Wiharn Phra Mongkhon Bophit
★
MAP P.169-B2
วิหารพระมงคลบพิตร

高さ17mのプラ・モンコン・ボピット仏を本尊とする寺院。仏像はナレースワン王治下の1603年に別の場所からここに移されたといわれている。この寺院もビルマ軍に破壊されたが、その後ラーマ5世が再建し、1956年にはビルマからの寄付も受けて礼拝堂（ウィハーン）が復元された。

白い壁と柱が清潔感漂う本堂

復元されたアユタヤー時代の民家
クンペーン・レジデンス
Khun Phaen's Residence

LIGHT UP! ★
MAP P.169-B2～B3

涼しげな外観の建物

タイの有名な叙事物語『クンシャンとクンペーン』の描写をもとに、アユタヤー時代の様式を再現したタイの伝統家屋。内部はチーク材の床が美しく磨かれた気持ちのいいスペース。池のある庭園は芝生も美しく、散歩に最適。

アユタヤーの空の下で悠々と仏が横たわる
ワット・ローカヤースッター
Wat Lokayasutha

★★
MAP P.169-A2～B2

ウィハーン・プラ・モンコン・ボピットの裏から曲がりくねった道を500m近く進むと、広々とした草原に並ぶ遺跡群の奥に、全長28mの寝仏がある。中期アユタヤー様式とされるが、現在あるのはタイ芸術局によって1956年に復元されたもの。

衣をかけられた寝仏

栄枯盛衰を感じさせられる寺院跡
ワット・マハータート
Wat Mahathat

LIGHT UP! ★★★
MAP P.169-A3

ワット・プラ・シー・サンペットと並び重要とされている寺院。2代王ラームスワン（在位1369～1370）建立説と、1374年に3代王ボロムラーチャー1世（在位1370～1388）が建立したとする説がある。高さ44mの仏塔があったといわれるが、やはりビルマ軍によって破壊された。現在その面影を残すのは、木の根に取り込まれてしまった仏像の頭部、苔むしたれんが積みの仏塔、頭部を落とされた仏像だけ。中心にあった仏塔は1911年に崩れたが、1956年にその地下から数々の仏像や宝飾品が発見され、現在チャオ・サーム・プラヤー国立博物館（→P.175）に展示されている。

崩れかけている仏塔

クンペーン・レジデンス
開 毎日8:30～16:30
料 無料

クンペーン・レジデンスのすぐ南にあるエレファントキャンプ（MAP P.169-B2）では象に乗れる。園内だけなら7分300B、外に出ると10分200B、20分400B、25分500B（1人の料金）。

象に乗って遺跡巡り

ワット・ローカヤースッター
開 毎日24時間
料 無料

旅のヒント
バンコクから日帰り観光

バンコクから日帰りする場合は、北バスターミナルから出るロットゥー（ミニバス）が便利。所要時間もバスより短い。ただし車内は狭いので、荷物が大きな人はバスを利用しよう。現地でレンタサイクルの利用を予定している人は、P.170のコラム参照。バンコクでタクシーをチャーターして日帰り観光する方法もある。流しているタクシーと直接交渉すれば、2000B程度で1日チャーターが可能。アユタヤーでトゥクトゥクを探し、観光客ズレした運転手と料金交渉をする手間を考えると、効率よく回れて楽。数人で利用すれば割安で、しかもエアコン付き。

ワット・マハータート
開 毎日8:00～18:00
料 50B（外国人料金）

神秘的な力を感じさせる仏像の頭部

タイプチ情報　ワット・マハータートにある木の根に取り込まれた仏像の頭部。このような状態になっても聖なる存在なので、頭の位置を低くした姿勢で参拝すること。

ワット・ラーチャブーラナ
- 毎日8:00～18:00
- 50B（外国人料金）

各種様式の塔が並び立つ

旅のヒント
仏像は聖なる存在
頭部を切り取られた仏像の後ろからふざけて自分の顔を出したのが見つかり、きついお灸を据えられる外国人旅行者が続出している。壊れていても仏像は仏像。決していたずらはしないこと。

禁止事項が図解された看板

ワット・プラ・ラーム
- 毎日8:00～18:00
- 50B（外国人料金）

ワット・スワン・ダーラーラーム
- 毎日8:30～17:30 無料

スリヨータイ王妃のチェーディー
- 毎日8:30～17:30 無料

スリヨータイ王妃の逸話は2002年に映画化され大ヒット

地下から見事な宝物が発見された　LIGHT UP! ★★
ワット・ラーチャブーラナ
Wat Ratchaburana　MAP P.169-A3

1424年、8代王ボロムラーチャー2世（チャオ・サーム・プラヤー、在位1424～1448）が、王位継承争いで倒れたふたりの兄を火葬した場所に建てたもの。初めはクメール様式に似たふたつのチェーディーだけだったが、後に大きなプラーン（クメール式仏塔）と礼拝堂を増築し、寺院の体裁を整えた。1958年の修復の際に、ボロムラーチャー2世がふたりの兄のために納めた宝物箱が発見され、それらはチャオ・サーム・プラヤー国立博物館（→P.175）に展示されている。大きなプラーンは途中まで上ることができる。内部には小さな空間があり、アユタヤー時代の壁画がわずかだが残っている。

規模も大きく見応えがある遺跡のひとつ

初代王ウー・トーンの火葬跡に建つ　LIGHT UP! ★★
ワット・プラ・ラーム
Wat Phra Ram　MAP P.169-B3

1369年、2代王ラームスワンにより建てられた美しいクメール様式の寺院で、たくさんの石仏がズラリと並ぶ回廊をもつ大きなプラーン、チェーディー、ウィハーンの跡がある。規模が大きく、見応えのある遺跡だ。ここにはウー・トーン王の遺骨も納められていたという。寺院北側の広場には、1970年に除幕された青銅のウー・トーン王像も建っている。

崩れていてもなお美しさを保っている

見事な壁画が描かれている　★
ワット・スワン・ダーラーラーム
Wat Suwan Dararam　MAP P.169-B4

現チャクリー王朝初代王ラーマ1世の父によって建立され、ラーマ1世が王室寺院とした。本堂には150年ほど前に描かれた仏陀の生涯の壁画が残っている。礼拝堂内にはナレースワン王の一生が描かれた洋風壁画もある。

本堂内の美しい壁画

ビルマ軍と戦った勇敢な王妃をたたえる仏塔　★
スリヨータイ王妃のチェーディー
Chedi Phra Sri Suriyothai　MAP P.169-B2

1548年にビルマ王タビンシュエチがアユタヤーへ侵攻した際、王妃スリヨータイは夫のチャクラパット王（在位1548～1568）とともに

戦闘に参加し、夫の危機を救おうとしてビルマ兵に殺害された。王は戦後、王妃の勇気をたたえるためこのチェーディーを建立した。白と金の対比が美しい塔の中には、王妃の遺骨が安置されている。

アユタヤーの歴史がよくわかる ★★
アユタヤー歴史研究センター
Ayutthaya Historical Study Centre
MAP P.169-B3

1987年の日タイ修好100周年を記念して1990年8月に完成したモダンな建物で、模型や映像でアユタヤーの歴史をわかりやすく解説している。展示は「王都としてのアユタヤー」「港湾都市としてのアユタヤー」「政治権力と統治の中心としてのアユタヤー」「昔のタイの村人の生活」「アユタヤーと諸外国の関係（日本人町跡の別館に展示）」と5つのテーマに分かれている。

アユタヤー歴史研究センター
- 0-3524-5123
- 水〜日9:00〜16:30
- 月・火
- 大人100B、学生50B（外国人料金。日本人町跡の入場料含む）

アユタヤーの歴史が学べる

ラーマ4世の遺品や古美術品が集められている ★
チャンタラカセーム宮殿（国立博物館）
Chantarakasem Palace (National Museum)
MAP P.169-A4

1577年に創建され、以後歴代皇太子の公邸となったのがこのチャンタラカセーム宮殿。侵攻してきたビルマ軍に焼かれてしまったが、ラーマ4世が一部を再建し、ラーマ5世がバーン・パイン離宮を再建するまで王の別荘としても使われた。1896年3月からしばらくの間は、アユタヤー市役所としても使用されていた。現在の博物館はプラヤー・ボーラーンラーチャタニンという官吏が収集した品を、宮殿内の馬小屋に展示したのが始まり。後に展示品をチャトゥラムク宮殿Chaturamuk Pavilionに移し、1936年2月に現在の博物館となった。展示は3つの建物に分かれ、ラーマ4世の私物、ブロンズ製の仏像、木製の衣装ケースなどが展示されている。

歴代王子の公邸だった建物

チャンタラカセーム宮殿
- 0-3525-1586
- 水〜日9:00〜16:00
- 月・火・祝
- 100B（外国人料金。館内撮影不可）

旅のヒント
6寺院共通の入場券
ワット・プラ・シー・サンペット、ワット・マハータート、ワット・ラーチャブーラナ、ワット・プラ・ラーム、ワット・チャイワッタナーラーム、ワット・マヘーヨンの6寺院すべてに入場できるチケットが、6寺院の入口のチケット売り場で販売されている。30日間有効、220B。

戦禍をくぐり抜けた貴重な遺物を収集展示 ★
チャオ・サーム・プラヤー国立博物館
Chao Sam Phraya National Museum
MAP P.169-B3

1961年に完成した1号館には、1956〜1957年に行われたタイ芸術局による調査で収集された古美術品がおもに展示されている。1階はドヴァーラヴァティー、ロッブリー、ウー・トーン、アユタヤー時代の仏像が中心。ほかにワット・プラ・シー・サンペットのモンドップ（経蔵）にあった、剣を持つ神を描いた扉など、すばらしい木彫りの数々もある。2階には同じ調査でワット・マハータート、ワット・ラーチャブーラナから発見された宝物を展示する部屋がある。ワット・マハータートの部屋には仏舎利があり、金と宝石と木で作られた7層のストゥーパ形の小箱に納められている。またワット・ラーチャブーラナの部屋には金や宝石で作られた数々の装飾品のほか、王位の印、仏像などが展示されている。さらに各部屋の外には、アユタヤーの寺院で発見されたアユタヤー、ロッブリー、スコータイ各様式の奉納板が展示されている。1970年に完成した2号館は1号館の裏側にあり、ドヴァーラヴァティーからチャクリー朝（現王朝）にいたる、各時代のタイの仏像を年代別に展示している。

チャオ・サーム・プラヤー国立博物館
- Rotchana Rd. & Sri Sanphet Rd.
- 0-3524-1587
- 毎日9:00〜16:00
- 150B（外国人料金。館内撮影不可）
- 改装工事のため、部分的に閉館中。2026年完了予定。

展示は多彩で見応えがある

タイプチ情報　アユタヤー名物のお菓子に「ローティー・サーイマイ」がある。ローティー（クレープ状の生地）にサーイマイ（綿あめのような糸状のお菓子）を包んで食べる。素朴な甘さが癖になる。

島の南東側

遠くからでも見えるチェーディーや坐仏像が壮観
ワット・ヤイ・チャイ・モンコン
Wat Yai Chai Mongkon ★★
MAP P.169-B5

ワット・ヤイ・チャイ・モンコン
開 毎日8:00〜17:00
料 20B（外国人料金）

仏塔はセイロン風のシルエット

セイロン（現スリランカ）に留学し帰国した僧侶たちのために、初代王ウー・トーンが1357年に建てたと伝えられる寺院。境内中央の仏塔は、1592年に20代王ナレースワンが建てたもの。高さが62mあり、ビルマ王子との象上での一騎討ちに勝った記念塔でもある。ナレースワン王は、ビルマが改築して高くしたワット・プーカオ・トーン（→P.177）に対抗して天を突くような高い塔を建てようとして、わずかに及ばなかった。広い境内には中央のチェーディーを囲むように何十もの坐仏像がずらりと並んでおり、比較的大きな寝仏もある。寺院の東側にはナレースワン大王廟がある。

アユタヤー朝以前からある大寺院
ワット・パナン・チューン
Wat Phanan Choeng ★
MAP P.169-B4

ワット・パナン・チューン
開 毎日8:00〜17:00
料 20B（外国人料金。係の人がおらず無料で入れることが多い）
行き方 島側から行く場合、ポムペット城壁跡の少し東にある船着場から出る渡し船を利用すると、直接境内に接岸するので便利。階段が面倒だが、自転車も船に乗せることができる。

本尊は1325年に造られたといわれる高さ19mの黄金の坐仏像プラ・チャオ・パナン・チューンPhra Chao Phanan Choengで、今なお人々の信仰を集めている。また、中国から連れてこられたソーイドークマークという伝説上の悲劇の姫の祠があり、中国系タイ人に信仰されている。

華人の信仰を集める寺院

御朱印船貿易で栄えた時代の名残
日本人町跡
Japanese Settlement ★★
MAP P.169-B4

日本人町跡
TEL 0-3524-5336
開 毎日9:30〜17:00
料 50B（外国人料金）

日本人町の歴史がつぶさにわかる

16〜17世紀、アユタヤーには中国や近隣アジア諸国のほかポルトガル、オランダ、フランス、イギリスなどヨーロッパ諸国からの商人も集まった。アユタヤー王はこれら外国人に住居を与え、町を造成することを許可。こうしてできた町のひとつが日本人町だ。徳川家康時代から御朱印船貿易で栄え、1610〜1630年の最盛期には1500人程度の日本人が住んでいたといわれている。彼らの多くは交易に従事したり、王宮に仕えて傭兵となったりしていた。その後、家光時代の1635年、第3次鎖国令により御朱印船貿易も終わりを告げ、日本人町も消滅した。現在では町の面影はまったく残っていないが、日本人町をはじめ日タイ交流の歴史についての博物館、日本庭園、記念碑などが敷地内にある。博物館では日本人町についてのビデオ上映も行われている。

旅のヒント
アユタヤーと山田長政
史上名高い日本人町の頭領山田長政は、23代ソンタム王に重用され、傭兵隊長、やがては六昆（リゴール。現在のナコーン・シー・タマラート周辺）の地方長官にまで上り詰める。しかし王位継承の争いに巻き込まれ、毒殺されてしまったと伝えられている。

日本語で書かれた記念の石碑と博物館

買い物も楽しめる水上テーマパーク風マーケット ★★
アヨータヤー水上マーケット
Ayothaya Floating Market

MAP P.169-A5

2010年にオープンした、水上マーケットスタイルのテーマパーク。池を取り囲む形で続くボードウオーク沿いには、アユタヤーの伝統家屋の様式で造られた建物が軒を連ね、約300ものショップやレストランが営業している。水上マーケットらしく小舟の上で営業している屋台もたくさんあり、特に休日は大勢の観光客でにぎわう。敷地内をボートに乗ってのんびり巡ることもできる。隣接する敷地にはエレファントキャンプもあり、象乗りを体験できる。

島の北側

アユタヤー時代の王衣をまとった黄金の仏像がある ★
ワット・ナー・プラメーン
Wat Na Pramaen

MAP P.169-A2

王宮の対岸にあり、王の火葬場の跡に13世紀に建てられた。1767年のビルマによる侵攻の際には破壊を免れたが、傷みがひどく、ラーマ3世の時代に建て直された。ここの本堂は幅が16m、奥行き50mもあり、アユタヤーで最大。本堂内に

アユタヤーで最大の本堂

祀られている黄金の仏像は、1569年にタイとビルマがこの寺で講和会議を行った際、証人の代わりとして持ち込まれたもの。小さな礼拝堂は1838年に建立された。内部にドヴァーラヴァティー様式の黒い石仏が安置されている。境内にある3基の古いチェーディーのうち、南側のものは木の根に覆われた神秘的な状態になっている。

アユタヤーを一望できる大仏塔 ★★
ワット・プーカオ・トーン
Wat Phu Khao Thong

MAP P.169-A1

王宮跡から北西へ2〜3kmの水田地帯にそびえ立つ、「黄金の山」という意味の名をもつこの寺院は、1387年に5代王ラームスワン(2代王と同じ人物)によって建立された。バンコクのワット・スラケート(ワット・サケット→P.91)のモデルになったという、高さ80mはあろ

塔からはアユタヤー郊外の田園風景が見渡せる

うかというチェーディーがひときわ目を引く。ビルマ占領下でビルマ様式に改築されてしまったが、その後20代王ナレースワンによってタイ様式に建て直されたとされている。1956年には仏暦2500年記念として、最上部に2.5kgの黄金の珠が取り付けられた。しかし盗難に遭い、今あるのは金メッキ。チェーディーの基部は12角形で50m四方はあり、石積みなのはアユタヤー後期の様式。塔は3層に分かれ、それぞれの部分に幅2mほどの回廊がある。この回廊には四方から階段が設けられており、最上段の回廊まで上がれるようになっている。最上段からは遠くアユタヤーの町も見渡せる。絶好のサンセット・ビュー・ポイントとして、日没時には観光客でにぎわう。

アヨータヤー水上マーケット
住 65/12 Moo 7, Pailing
電 0-3588-1733
開 毎日9:00〜18:00
料 200B(外国人料金)
行き方 市街からトゥクトゥクで所要約10分、100B程度。

屋台船から買い物ができる

ワット・ナー・プラメーン
開 毎日8:00〜17:00
料 20B(外国人料金)
行き方 市街からトゥクトゥクで所要約10分、100B程度。

木に覆われてしまったチェーディー

ワット・プーカオ・トーン
開 毎日24時間
料 無料
行き方 市街からトゥクトゥクで所要約15分、100B程度。

やや傾いてしまっている塔

タイプチ情報 ワット・プーカオ・トーンの仏塔は、バンコクのワット・スラケートにあるプーカオ・トーンのモデルになったと言われているが、形はあまり似ていない。

ワット・チャイワッタナーラーム

開 毎日8:00～18:00
料 50B（外国人料金）
行き方 市街からトゥクトゥクで80B程度。自転車で行く場合は、道路の横断に要注意。

壮大なクメール様式の建築が並んでいる

行き方

バンコクから
BUS 北バスターミナルからは4:50～20:00の間、20分おきに出ている。2等扱いの小型バスで50B。所要時間1時間30分。

アユタヤーから
トゥクトゥクをチャーターした場合、待ち時間を入れて往復500B程度。
RAIL バンコク方面への各駅停車で2駅、バーン・パイン駅下車（所要15分）。各駅停車は午後は本数が少ないので注意。

旅のヒント

バンコクから直接行けるバーン・パイン
アユタヤーからバーン・パインへ行くのはけっこう時間がかかり不便。アユタヤーを見学しない、あるいはアユタヤーに泊まらないでバーン・パインだけを見学する場合は、バンコクから直接行くのも便利。

バーン・パイン離宮
TEL 0-3536-1548
開 毎日8:00～16:00
料 100B（外国人料金）
行き方 バスターミナルからは2km弱。バーン・パイン駅からトゥクトゥクで40～50B、モーターサイなら20B。

動物の形に整えられた植え込みはタイの伝統

🐘 島の南西側

クメール風の美しい寺院
ワット・チャイワッタナーラーム
Wat Chaiwatthanaram

LIGHT UP!
MAP P.169-B1
วัดไชยวัฒนาราม

1630年にプラサート・トーン王が、母親のために建てた寺院の跡。カンボジアに対する勝利を記念し、境内の中央に高くそびえるプラーン（仏塔）をクメール様式にした。1767年には侵攻してきたビルマ軍の駐屯地にされ、破壊されてしまった。現在では修復され、広々とした敷地にそびえる、クメール風の美しい装飾が施された塔を見ることができる。中央の大プラーンを相似形の4つの小プラーンが取り囲み、さらにその周りには8つのプラーンが並んでいる。破壊されたままの仏像も数多く残されている。

郊外の見どころ

🐘 バーン・パイン Bang Pa-In
บางปะอิน

アユタヤーから南へ約20kmのバーン・パインには、プラサート・トーン王（在位1629～1656）によってチャオプラヤー川の中州に築かれた美しい夏の宮殿がある。アユタヤーの歴代王は、ここを離宮とした。現在見られるおもな建物は、どれもラーマ5世が建てたものだ。

広い庭園の中にさまざまな建物が点在している
バーン・パイン離宮
Bang Pa-In Palace

MAP P.169-B4外
พระราชวังบางปะอิน

おもな建物は以下のとおり。

プラ・ティナン・アイサワン・ティッパアート
Phra Thinang Aisawan Thiphya-art

池の中央にある十字形の美しいタイ建築で、ラーマ4世がバンコクの王宮内に建てたアーポーン・ピモーク・プラーサートをコピーしたもの。建物内に軍服姿のラーマ5世の像がある。1876年完成。

タイ風の美しい建物

プラ・ティナン・ワローパート・ピマーン
Phra Thinang Warophat Phiman

宮殿入口の北側にあるこの西洋風の建物は、王の居室および謁見の間として使われた。謁見の間や待合室には、タイの歴史や文学から題材を採った油絵が飾られている。1876年完成。

プラ・ティナン・ウェーハート・チャムルーン
Phra Thinang Wehart Chamrun

雨季、冬季の廷臣の住居として使用されたもの。中国産の床のタイルには美しい鳥や木や動物が描かれているので、ぜひ中に入ってみよう。龍の模様のついたて、中国風の玉座、日本の伊万里焼や明治時代の壺、ラーマ5世の寝台なども見られる。1889年完成。

ホー・ウィトゥン・タサナー　Ho Withun Thasana

池の小島に建っている物見の塔。1881年完成。

スナンター王妃の記念碑　Queen Sunantha Memorial

バーン・パインへ向かう途中で船が転覆して亡くなった王妃のために、ラーマ5世が建てた。隣にはサオワパーク王女と3人の子供たちの碑もある。ほかにも、1996年に完成したシリキット皇太后のダイニングなどがある。

キリスト教会風のユニークな王室寺院
ワット・ニウェート・タンマ・プラワット　MAP P.169-B4外
Wat Niwet Thamma Prawat

ゴシック様式の窓や建立者ラーマ5世を描いた美しいステンドグラスのある、一見教会のような本堂をもつ寺院。

🐘 アユタヤーからのツアー

アユタヤーの各旅行会社やホテル内のツアーデスクなどでは、アユタヤーからの各種ツアーを扱っているが、コロナ禍の影響のほか、レンタバイクやGrab（スマホの配車アプリ）の利用者が増えた関係で、定期的に催行される観光ツアーの数は減少している。事前にツアーの有無を確認しておくのが無難。下記のツアー料金はホテルまでの送迎付き、ティー・ダブリュー・ティー調べ。

市内ツアーでは市場も見学できる

アユタヤー・ヒストリカルパーク・ツアー（トゥクトゥク250〜300B／1時間）：チャオ・サーム・プラヤー国立博物館、ワット・プラ・シー・サンペット、ワット・ローカヤースッターなどアユタヤー島内の重要な遺跡7ヵ所を回ったあと、夜はアユタヤーで最もにぎわうナワン・ナイトマーケットNa Wang Night Market（MAP P.169-A4）に立ち寄る。

カオヤイ国立公園ツアー（1泊2日、1人6000B〜、2人から催行）：2005年にユネスコの世界自然遺産に登録されたカオヤイ国立公園を訪れるツアー。豊かな森林が広がり、希少な動植物や大樹を観察できる。大瀑布見学を体験できるコースもある。鉄道利用と自動車利用とがある。

ナイト・テンプル・ツアー、イブニング・ツアー（約1時間、1人300B〜、2人から催行）：ゲストハウスなどが主催する、島外にある寺院を夕方からトゥクトゥクで回るツアー（訪れる場所や順番はツアーによって異なる）。離れた位置にあるおもな寺院をまとめて回れて便利。

チャオプラヤー・リバークルーズ（約2時間30分、1人250B、4人から催行、貸切1250B〜）：16:00頃のスタートで、夕食前に気軽に参加できる。ワット・パナン・チューン、ワット・ブッダイサワン、ワット・チャイワッタナーラームの3つの寺院が夕日に染まる様子をボートの上から堪能したあとは、ナワン・ナイトマーケット近くで降りて活気に満ちた市場を散策する。

夜空に浮かび上がるワット・チャイワッタナーラーム

ワット・ニウェート・タンマ・プラワット
行き方 バーン・パイン離宮の対岸。離宮の隣にある駐車場奥のゴンドラで対岸に渡る。人が来るとそのつど係の僧侶が操作するので、寄進箱に志を入れよう。

世界的にも珍しいゴシック様式の仏教寺院

内部はステンドグラスが美しい

🔶 旅のヒント

ゲストハウス街の旅行会社
T ティー・ダブリュー・ティー T.W.T
- MAP P.169-A4
- 住 10/29 Soi 2, Naresuan Rd.
- TEL 0-3595-8226
- FB TwtTourwiththai
- 営 毎日8:00〜19:00

各種日帰りツアーやカオヤイ国立公園へのツアーを催行。航空券やバスチケットなども販売。状態のいいレンタサイクルは100B/日。

クルンシー・マーケット
毎週金・土・日曜の夕方17:00頃から、アユタヤー観光センター（→P.172）のすぐ近くで、クルンシー・マーケットと呼ばれるナイトマーケットが開催されている。安宿街からは少し距離があるので、夜間の移動手段をしっかり確保して足を運ぼう。

夕日に浮かぶワット・プーカオ・トーン

ホテル

ホテル事情

高級ホテルはパーサック川沿いとバスターミナル周辺に集まっている。ゲストハウスはほとんどが狭い地域（MAP P.169-A4）に集まっており探しやすい。

高級ホテル

H クルンシー・リバー
Krungsri River Hotel　MAP●P.169-B4

住 27/2 Moo 11, Rotchana Rd.
TEL 0-3524-4333　FAX 0-3524-3777
URL www.krungsririver.com　料 AC S T 1950B～
CC ADJMV　室 206室　プール　WiFi

パーサック川の岸に位置する高級大型ホテル。バスルームのアメニティはもちろん、プール、サウナなど館内の設備も充実。川に面したレストランが人気。日本人の利用も多い。

H ウォラブリ・アヨータヤー・リゾート・アンド・スパ
Woraburi Ayothaya Resort & Spa　MAP●P.169-B4

住 89 Moo 11, Watkluay Rd.　TEL 0-3524-9600
FAX 0-3524-9626　URL www.woraburi.com
料 AC S T 1300～1500B　CC MV
室 100室　WiFi

8階建てで、すべての客室から川かアユタヤー市街を見下ろせる。客室は広く、白とブラウンのシックな内装。プールやレストランなども完備。ただホテルの周囲には何もないので、外出する際には毎回タクシーやトゥクトゥクなどのチャーターが必要になるのがちょっと不便。

H アヨータヤー・リバーサイド
Ayothaya Riverside Hotel　MAP●P.169-B4

住 91/1 Moo 10, Wat Pako Rd.
TEL 0-3524-3139　FAX 0-3524-4139
URL www.ayothayariversidehotel.com
料 AC S T 900～1100B　CC MV
室 83室　WiFi

鉄道駅から徒歩2分のパーサック川沿いにある、7階建ての中級ホテル。設備は調っていて快適。ホテルに併設されている川に浮いたフローティングレストランは、2023年3月現在休業中。

H クロダイル・マインドフルネス・ハウス
Krodyle Mindfulness House　MAP●P.169-B4

住 23 2-5 U Thong Rd.
TEL 09-6771-7177、09-0978-8897
料 AC S T 2000B、バンガロー AC S T 3000B
CC MV　室 6室　WiFi

通りから少し奥まった閑静な立地にあるホテル。瞑想室があるなど、静かな滞在を楽しむことができる。オーナーやスタッフの接客の評判もいい。

H アヨータヤー
Ayothaya Hotel　MAP●P.169-A4

住 12 Moo 4, Tessaban Soi 2
TEL 0-3590-7600　FAX 08-6399-0063
URL www.ayothayahotel.com
料 AC S T 790～1290B（朝食別、120B）
CC AMV　室 96室　プール　WiFi

町の中心にある中級ホテル。近くにチャオプロム市場やデパート、バス乗り場、旅行者向けのレストランがあり、自分の足で動くには便利なロケーション。部屋は広くはないがバスタブ付き。

H バーン・ルアン・ハーン
Baan Luang Harn　MAP●P.169-A3

住 7/43 Tumbon Pratuchai
TEL 08-6024-1147、08-7072-1657
URL baanluangharn　料 AC S T 1200～1400B（朝食付きはプラス200B）　CC AMV
室 15室　WiFi

2015年に開業したホテル。コテージスタイルの部屋と、プールに面した建物の2階に並ぶ部屋がある。造りはコンパクトだがとても清潔。スタッフもフレンドリー。

手頃なホテル

H チッウィライ・プレイス
Jitvilai Place　MAP●P.169-A4

住 38/7 U-Thong Rd.
TEL 0-3532-8177　FAX 0-3532-8483
料 AC S T 500～550B（朝食別）　CC なし
室 30室

町なかにある手頃な料金のホテル。500Bの部屋はダブルベッド、550Bの部屋はツインベッド。部屋は殺風景で雰囲気はないが、1日のほとんどを外で過ごす行動派にはいい。

ゲストハウス

G グランドペアレンツ・ホーム
Grandparent's Home　MAP●P.169-A3

住 19/40 Naresuan Rd.　TEL 08-3558-5829、09-6851-6692　料 AC S T 600B　CC なし　室 25室　WiFi

家族経営のアットホームな宿。バンコク行きバス乗り場から徒歩3分。ワット・マハータートへ向かう途中のナレースワン通り沿いにある。レンタサイクル、レンタバイク、ランドリーマシンあり。カフェレストランも併設されている。

[G] バーン・ルータス

Baan Lotus [MAP] P.169-A4

[住] Pa-Maphrao Rd. [電] 0-3525-1988
[料] [F]Ⓢ200～250B Ⓣ350B（トイレ、シャワー共用）
ⓈⓉ450B [AC]ⓈⓉ500B
[CC] なし [室] 20室 [WiFi]

古いタイ建築の一軒家を改装した人気の宿。表記はタイ人の間での呼び名。英語表記のとおりハス池を含む広い敷地の中にあり、静けさを求める人が利用する。共用シャワーもお湯が出る。レンタサイクル（50B/日）あり。

[G] タンリン

Tanrin Boutique Guest House Riverside [MAP] P.169-B4

[住] 91 Moo 10, Wat Pako Rd.
[電] 08-1755-6675 [FB] Tanrin Boutique Guesthouse Riverside [料] [AC]ⓈⓉ500～800B
[CC] なし [室] 23室 [WiFi]

アユタヤーの鉄道駅にもほど近い、川に面した場所にあるゲストハウス。オープンは2010年。部屋には清潔感があり、リバーサイドの部屋（800B）はすぐ外を川が流れている。近くにはコンビニや飲食店も多く便利。

レストラン

アユタヤーの名物は川で取れる手長エビ。レストランではこのエビのグリルが食べられる。夜になると何十軒もの店が現れるナワン・ナイトマーケット（フアロー市場。[MAP] P.169-A4）も楽しい。

[R] ペー・クルン・カオ

Pae Krung Kao [MAP] P.169-B4

[住] K.4 Moo 2, U-Thong Rd. [電] 0-3524-1555
[営] 毎日10:00～21:00 [CC] [J][M][V]

アユタヤーでは定評あるシーフードレストランで、パーサック川沿いにある。人気の手長エビのグリル（クン・メーナーム・パオ）はサイズにより1匹700B～。魚料理は150～300B。一般的なタイ料理はひと皿150B程度のものが多い。

[R] サイトン・リバー

Saithong River Restaurant [MAP] P.169-B3

[住] 45 Moo 1, U-Thong Rd. [電] 0-3524-1449
[営] 毎日10:30～22:00 [CC] [J][M][V]

川沿いにある、地元の人に人気のレストラン。値段もリーズナブル。日本語メニューには出ていないが、名物の手長エビの料理は1匹500B～。

[R] チャップカン・ハイソー

Cab Kang Hi So [MAP] P.169-A4

[住] Naresuan Rd. [電] 08-2444-4151
[営] 毎日11:00～22:00 [CC] なし

アヨータヤー・ホテルの隣の角地にあるヌードルショップ。手軽な値段のバミー各種のほか、手長エビのグリルを載せたバミー・ヘーンなどの豪快なメニューもある。

トゥクトゥク利用時の注意 Column

アユタヤーのトゥクトゥクは駅前やチャオプロム市場前などにかなりの台数が停車しており、日本人と見るや法外な料金をふっかけてくることが多い。「1日チャーターして2000B払った。楽しかった」「この運転手は親切でいい人です」などと何も気付いていない日本人が書いたメモやノートを見せて営業する。確かに適切な説明のできる運転手もいるが、TAT発行のライセンスがないので、遺跡の中まで一緒に入ってのガイドはできない。

広範囲にわたってあちこちを観光する場合には便利だが、長時間チャーターするのならば何時間でどこを回るのか、数人で利用する場合はひとりにつきいくらなのかなど、条件を最初にはっきりさせておくこと。行き先（回る場所）は紙に書くなどして、しっかり確認しよう。

TATによればトゥクトゥク料金の相場は1～3人乗車で1時間1台200B、4～5人なら300B。交渉しだいで、また長時間になれば割引も可能だ。上手に利用すれば便利な乗り物なので、相手のペースに乗せられないように交渉しよう。

Lopburi ลพบุรี

太陽王ルイ14世の大使も訪れた輝かしい歴史の町
ロップリー

駅のホームにもサルの像

行き方

バンコクから

BUS 北バスターミナルから所要約2時間10分、4:50～20:30の間20分おき。1等124B、2等97B。ロットゥー（ミニバン）は鉄道駅前が終点で、旧市街に行くならこちらが便利。所要時間2時間、140B。

RAIL クルンテープ駅（フアラムポーン駅）から4:20～17:25の間1日7本、所要約3時間10分。クルンテープ・アピワット中央駅から7:30～22:30の間1日7本、所要約2時間15分。

アユタヤーから

BUS 所要約1時間20分、普通46B。北方面から来るバスは旧市街のプラ・プラーン・サーム・ヨート前で停車し、その後新市街にあるバスターミナルへ向かう。

RAIL 所要約1時間15分、2等60B、3等20B。

インフォメーション

駅の荷物預かり
営 24時間
料 1日10B

旅のヒント

路線バス
新市街と旧市街を結ぶのは青と黄色の車体。6:30～19:00の間運行、10B。

サルに注意！
ロップリーの町なかや寺院ではサルが自由に徘徊している。食べ物を見ると飛びかかってくることがあるので気をつけること。

プラ・ナーラーイ・ラーチャニウェート宮殿（国立博物館）
☎ 0-3641-1458
圓 水～日8:00～16:00
困 月・火・祝
料 150B（外国人料金）

9世紀にはラウォーと呼ばれ、モーン族のドヴァーラヴァティー王国の一部だった町。その後スコータイ王朝を経てアユタヤー王朝時代には、ナーラーイ王により第2の都として城塞都市化された。ドヴァーラヴァティーの仏像、クメールの神殿、バロック様式の窓をもつタイ風の宮殿などが、外に開かれたこの町の歴史を物語っている。

ロップリーの歩き方

町は東の新市街と西の旧市街に分かれている。バスターミナルは新市街に、鉄道駅は旧市街にあり、見どころは旧市街に集まっている。バスターミナルから旧市街までは約2km。旧市街の見どころはすべて徒歩圏内にあり、半日あれば見て回れる。

おもな見どころ

ナーラーイ王はここで生涯を閉じた
プラ・ナーラーイ・ラーチャニウェート宮殿（国立博物館） ★★
Phra Narai Ratchaniwet Palace　MAP P.182

1665年から12年かけてタイ、クメール、ヨーロッパの折衷様式で建設された宮殿の跡。中心になるのはピマーン・モンクット宮殿Phiman Mongkut Pavilionで、ラーマ4世が1856年に建てたもの。ラーマ4世の遺品、クメール美術品、アユタヤー王朝時代のロップリーの仏像などの美術品が年代順に展示された博物館になっている。隣にある白亜の純タイ式建物は、チャンタラ・ピサーン宮殿Chantara Phisan Pavilion。1655年にナーラーイ王の住居として建てられたもので、ナーラーイ王時代の国際貿易、特にフランスとの関係を示す展示が興味深い。ピマーン・

モンクット宮殿を挟んでチャンタラ・ピサーン宮殿の反対側にあるのがドゥシット・サワン・ターニャ・マハー・プラーサート・ホールDusit Sawan Thanya Maha Prasat Hall。これはナーラーイ王に外国の大使らが謁見するために建てられたもの。フランス式ドーム型の窓とタイ式方形の窓の折衷様式だったが、現在は崩れている。これらの建物があるブロックの南には、スッタ・サワン宮殿Suttha Sawan Pavilionと呼ばれるナーラーイ王の住居跡も残っている。

外国大使たちの住居跡
チャオ・プラヤー・ウィチャエンの家
Chao Phraya Wichayen House

MAP P.182

洋風の装飾が残っている

ナーラーイ王がフランス王ルイ14世の大使アレクサンデル・ド・ショーモンのために建てたもの。後にナーラーイ王のアドバイザーでもあったコンスタンス・フォールコンが長く住み、彼のタイ名が家の呼び名となった。建物は3棟あり、正面左から住居跡、カトリックの礼拝堂、使節団の宿泊所。礼拝堂のみタイ式で建てられている。

規模の大きなクメール様式の寺院
ワット・プラ・シー・ラタナー・マハータート
Wat Phra Sri Rattana Mahathat

MAP P.182

ロップリーで最も高いプラーンは、12世紀クメールの時代に建てられたもの。その後何度も改築されたので、さまざまな様式が混在している。プラーンやチェーディーはスコータイとアユタヤー時代の建築。美しい漆喰の飾りは14世紀のウー・トーン様式。プラーンの東にはナーラーイ王が増築したウィハーン（礼拝堂）があり、扉はタイ様式、窓枠はゴシック様式。

ロップリーで最も高い仏塔

サルに占領された寺
サーン・プラ・カーン
San Phra Karn

MAP P.182

参道の脇にある像もサル

かつてブラフマーを祀っていたこの寺は新旧ふたつの構造物からなり、手前にあるのが1951年に建てられた新しい寺。奥にあるのがラテライト（紅土）で山のように形造られているクメール時代の寺院。サルが多い。

3基並んだ塔はロップリーのシンボル
プラ・プラーン・サーム・ヨート
Phra Prang Sam Yot

MAP P.182

13世紀にクメール人によって造られ、高くそびえる3基のプラーン（クメール式仏塔）が特徴。これはヒンドゥー神（ブラフマー、ヴィシュヌ、シヴァ）の三位一体を表していたが、後に仏教寺院に改められた。ここもサルが多いので、荷物を取られないよう注意。

チャオ・プラヤー・ウィチャエンの家
圏 毎日8:30～16:00
料 50B（外国人料金）

ワット・プラ・シー・ラタナー・マハータート
圏 毎日8:30～16:30
料 50B（外国人料金）

サーン・プラ・カーン
圏 毎日5:30～18:00　料 無料

プラ・プラーン・サーム・ヨート
圏 毎日8:30～18:00
料 50B（外国人料金）

ロップリーのホテルとゲストハウス

ロップリー・イン・リゾート
Lopburi Inn Resort
MAP P.182外
住 144 Moo 3, Phahonyothin Rd.
TEL 0-3642-0777
URL lopburiinnresort
料 AC S T 990～1390B
CC J M V　室 76室
プール WiFi 無料
新市街にある町いちばんのホテル。

ネット
Nett Hotel
MAP P.182
住 5/5 Ratchadamnoen 2 Rd.
TEL 0-3641-1738
料 F S T 350B
AC S T 500～650B（ウェブで予約すると朝食付き）
CC なし　室 30室
WiFi 無料
駅から徒歩約5分（約300m）。

ノームズ
Noom's Guesthouse
MAP P.182
住 15-17 Phrayakamcat Rd.
TEL 0-3642-7693
Noom Guesthouse
料 F D200B S250B～　360B～（トイレ、シャワー共用）　バンガロー AC T550B
室 6室（ファン）＋バンガロー3棟（エアコン）　CC J M V
WiFi 無料
1階のレストラン＆バーもWi-Fi無料。

塔が3基連なっている

タイ プチ情報　奈良公園に当たり前のようにシカがいるように、ロップリーの市街には当たり前のようにサルがいる。コロナ禍で観光客が減ったために餌も減り、空腹で凶暴になっているサルもいるので注意。

Nakhon Pathom นครปฐม

巨大仏塔がそびえる仏教伝来の聖地
ナコーン・パトム

折込表-B5

大仏塔は駅の正面

行き方

バンコクから
BUS 南バスターミナルから6:00〜22:30の間約20分おき。所要約1時間、1等45B、ロットゥー55B。北バスターミナルのロットゥー乗り場からロットゥーで所要1時間30分、81B。
RAIL トンブリー駅から7:30〜18:25の間に1日5本。所要1時間5分。3等のみで15B。クルンテープ・アピワット中央駅から8:10〜18:50の間に1日7本、所要1時間、列車により2等89〜209B、3等50B、ディーゼル特急と急行216〜369B。クルンテープ駅から9:20、16:40発の1日2本、所要約1時間30分、列車により2等64〜94B、3等28〜58B。

プラ・パトム・チェーディー
📞 0-3424-2143
🕗 毎日8:00〜17:00
💰 60B（外国人料金。料金所には係員が必ずいるとはかぎらない。団体が来たときだけ徴収している場合もある）

世界で最も高いとされる大仏塔

ナコーン・パトムの町に入ると、タイ最大の仏塔プラ・パトム・チェーディーが視野に飛び込んでくる。パーリ語起源の「最初の都」という町の名前は、紀元前3世紀、仏教に帰依したインドのアショーカ王により遣わされた使節が、インドシナ半島で最初の仏塔をここに建てたことに由来する。6〜7世紀頃にはドヴァーラヴァティー（タイ式発音でタワーラワティー）というモーン族の王国の都として栄えていた。仏教国タイの原点ともいえる町だ。

ナコーン・パトムの歩き方

大仏塔プラ・パトム・チェーディーは町の中心にある。駅から南に運河を渡るとまっすぐな参道があり、両側には店が並んでいて、奥には市場もある。まずは大仏塔と、南側の敷地内にあるプラ・パトム・チェーディー国立博物館へ足を運ぼう。市内のもうひとつの見どころサナーム・チャン宮殿は大仏塔の西、直線で1.5kmほど離れているので、モーターサイを利用しよう。宮殿の敷地内は緑が多く、市民の憩いの場になっている。

おもな見どころ

ナコーン・パトムのシンボル ★★
プラ・パトム・チェーディー
Phra Pathom Chedi พระปฐมเจดีย์

MAP P.184

半円形のドームの上にとがった塔頂が天空に向かって高く伸び、全体は薄いオレンジ色。高さ120.45m、タイ国内はもとより、世界でも最も高い仏塔だ。3世紀頃、原形となる高さ約40mの最初の塔（大仏塔内に残っている）がアショーカ王の命により建立されたとい

われているが、その後ビルマ風に改修されてしまった。現在見られるのは、1853年にラーマ4世の命令で改修工事を開始し、ラーマ5世の時代に完成したもの。北側正面入口にある礼拝堂内の立仏像台座にはラーマ6世の遺骨が納められており、参拝者が絶えない。塔を囲む円形の回廊や、四隅に設けられた礼拝堂にさまざまな姿の仏像が安置されている。

ナコーン・パトム駅に列車が到着

ドヴァーラヴァティー王国の遺物を展示する
プラ・パトム・チェーディー国立博物館
Phra Pathom Chedi National Museum　พิพิธภัณฑสถานแห่งชาติพระปฐมเจดีย์
MAP P.184 ★

かつてナコーン・パトム周辺に栄えたとされているドヴァーラヴァティー王国は、ドヴァーラヴァティー様式と呼ばれる独自の仏教芸術を生んだ。この小さな博物館には、ナコーン・パトム周辺から出土した王国の遺物が展示されている。館内の壁にはプラ・パトム・チェーディーの土台にあった漆喰のレリーフが18枚並べてかけられているほか、古いプラ・パトム・チェーディーを装飾していたラテライト（紅土）、石碑や仏像などの展示もある。

大仏塔の脇にある小さな博物館

プラ・パトム・チェーディー国立博物館
- 水～日9:00～16:30
- 月・火・祝
- 100B（外国人料金）

旅のヒント
ナコーン・パトムの名物
大仏塔周辺の露店で見かける長さ30cmほどの竹筒。中身はカーオ・ラームと呼ばれ、ココナッツミルクを入れて蒸したもち米。甘くておいしいので、ぜひお試しを（3本30B程度）。類似品には木の葉で包んだカノム・チャックもある。

サナーム・チャン宮殿

おやつにもいいカーオ・ラーム

ラーマ6世の離宮
サナーム・チャン宮殿
Sanam Chandra Palace　พระราชวังสนามจันทร์
MAP P.184 ★

大仏塔から西へ約1.5kmの所にある洋館。ピンク色をした建物や高床式の建物があり、20世紀の初頭、ラーマ6世が皇太子だった頃に建てられたもの。前には円形の庭園が広がり、中央にはヒンドゥー教の神ガネーシャが祀られている。各建物内には王室関係の展示がある。宮殿の周囲は公園になっており、人々の憩いの場となっている。宮殿前の像になっている犬の名はヤー・レー Ya Leといい、ラーマ6世の愛犬だった。

ラーマ6世が訪れたサナーム・チャン宮殿

- 0-3490-0190
- 毎日9:00～16:00（入場は15:30まで）
- 50B（外国人料金）

入口で荷物チェックあり。各建物に入るのにチケット提示が必要なのでなくさないように。

行き方 プラ・パトム・チェーディーから宮殿入口まで徒歩約20分。モーターサイなら30B程度で、駅からも同料金。戻る際は、ラーチャウィティー通りRachawiti Rd. まで出るとモーターサイ乗り場がある。

ホテル

H ウェール
Whale Hotel
MAP P.184

- 151/79 Rachawiti Rd.
- 0-3425-3855～58
- URL www.whale.co.th
- AC S T 700B～　CC J M V
- 251室　WiFi

大仏塔から徒歩20分の所にある大型ホテル。テレビ、冷蔵庫付きで快適。1300BはVIPルーム、1500Bは4人まで利用できるスイート。

H カモンターラー
Kamonthara
MAP P.184

- 2/15 Nawang Rd.
- 09-2251-3388
- AC S T 900B～
- 78室　CC M V　WiFi

サナーム・チャン宮殿近くにある、モダンなデザインのホテル。市内に手頃なホテルが少ないナコーン・パトムでは貴重な存在。池に面した客室は眺めもよく、気分よく滞在できる。

Kanchanaburi กาญจนบุรี

折込表-B5

『戦場にかける橋』と美しい自然
カンチャナブリー

鉄橋から見るクウェー川

行き方

バンコクから
BUS 南バスターミナルから1等が4:00～22:00の間20分おき、所要約2時間、110B。2等も20分おき、所要約3時間、81B。北バスターミナルから6:00～16:00の間1時間おき、1等135B、2等105B。所要約3時間。
RAIL トンブリー駅7:45、13:55発。所要約2時間30分。カンチャナブリー駅を含む区間の運賃は100B（外国人料金）。

ナコーン・パトムから
BUS 所要約2時間、2等90B。
RAIL 8:57、14:59発。所要約1時間30分、100B。

アユタヤーから
BUS 11～3月はツーリストバスで所要約3時間、600B～。ゲストハウスや旅行会社で申し込む。一般のバスはバンコクの北バスターミナルで乗り継げる。所要4～5時間。北バスターミナル発は16:00が最終。または南バスターミナル行きのロットゥーに乗り（約30分おき、所要約1時間20分、80B～）、カンチャナブリー行きのバスに乗り継ぐのが楽。
　そのほか、フア・ヒンなどタイ南部からは、ラーチャブリーでカンチャナブリー行きに乗り換える。

旅のヒント

バンコクへの簡単アクセス
北バスターミナルや旧南バスターミナル（サーイ・タイ・ピンクラオ）などで下車できる、エアコン付きのロットゥーがある。希望すればその付近のMRTやBTS駅近くでも下車できる。バスターミナルから4:30～20:00の間に20分～1時間おきに運行。所要時間は道路事情により約2時間～、100～130B。スワンナブーム国際空港（所要約2時間、500B）、フア・ヒンとチアアム（所要約3時間、400B）行きもある。

　タイ西部、ミャンマーとの国境近くにある町カンチャナブリー（カーンチャナブリー）。この地域には先史時代から人が住んでいた痕跡はあるが、現在の町の基礎はアユタヤー王朝時代、ビルマに対する防衛のため形成された。カンチャナブリーの名前が世界に知られたのは、映画『戦場にかける橋』にも描かれた戦争のひと幕の舞台となったため。第2次世界大戦中、日本軍はビルマへ軍需物資を輸送するため、数多くの現地の人々や連合国軍捕虜を使って鉄道を敷設した。戦後一部撤去されたが、現在もカンチャナブリーから約80km先のナムトックまで列車が運行されている。周辺には豊かな自然が残され、最近ではバンブーラフティング、エレファントライドなどを含めたトレッキングツアーも盛ん。

観光名所と化したクウェー川鉄橋

カンチャナブリーの歩き方

　カンチャナブリーは、クウェー・ノーイ川とクウェー・ヤイ川の合流点の東側、大通りのセーン・チュト通りSaeng Chuto Rd.を中心に南北に広がっている。鉄道駅やクウェー川鉄橋は町の北部にある。バスターミナルやTATはセーン・チュト通りとウー・トーン通りU-Thong Rd.の交差点周辺にあり、このあたりが町の中心。町の中心近く、セーン・チュト通りとクウェー・ヤイ川に挟まれたエリアは旧市街の趣があり、古い商家や民家が連なっていてのんびり散歩するのにいい。クウェー川鉄橋から第2次世界大戦博物館前の道を通って町の中心へと向かうと、やがてゲストハウスやバーなどが連なる外国人旅行者エリアとなり、夜はそぞろ歩く白人バックパッカーが目立つ。このあたりのクウェー・ヤイ川沿いには、川に面した居心地のいいゲストハウスやレストランが軒を連ねている。

　市内や周辺の移動には駅やバスターミナル、ホテルの周辺で待機しているモーターサイが便利。市内の移動で30～50B、バスターミナルから川沿いのゲストハウス街まで行って30B～。トゥクトゥクはバスターミナルから川沿いのゲストハウ

町の中心セーン・チュト通り

ス街まで50B、人力サームローは30B〜だが、どの乗り物を利用する際でも、料金は乗る前にしっかり交渉してはっきり決めておこう。

　路線バスのように利用できる乗合ソンテオは、慣れてしまえば便利で安い。まず目的地と同じ方向に行く車をつかまえて、自分の行きたい所を通るかどうか聞いてみよう。市内なら10〜20B。チャーター（交渉制、50B〜）もできる。

　体力に自信のある人はレンタサイクルも便利。クウェー川鉄橋やカオプーン洞穴へもこれで行ける。料金は1日50Bほど。レンタバイクは1日150〜250B程度で、クウェー川鉄橋駅付近やゲストハウスなどで借りられる。

インフォメーション

❶TAT
MAP P.187-B2
住 14 Saeng Chuto Rd.
電 0-3451-1200
開 毎日8:30〜16:30

ツーリストポリス
MAP P.187-A1
住 Saeng Chuto Rd.
電 0-3451-2795

郵便局
MAP P.187-B2
住 Saeng Chuto Rd.
電 0-3451-1131
開 月〜金 8:30〜16:30
　　土・日 9:00〜12:00

駅前に静態保存されている蒸気機関車は、前後に2組のシリンダがあるガーラット型

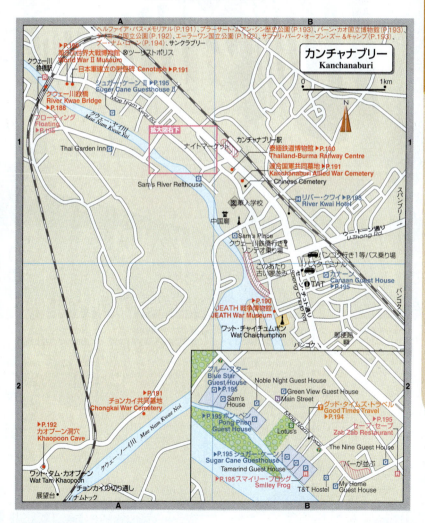

カンチャナブリー
Kanchanaburi

バンコク近郊とタイ中部　カンチャナブリー

187

旧泰緬鉄道と
クウェー川鉄橋の旅

映画『戦場にかける橋』をはじめ、数多くの映画や書籍で取り上げられている旧泰緬鉄道とクウェー川鉄橋。建設時に引き起こされた数多くの悲劇の記憶を絶やさないためにも、カンチャナブリーを訪れたらぜひ見学したい。

クウェー川鉄橋
MAP P.187-A1
行き方 カンチャナブリーの市内からソンテオかトゥクトゥク、モーターサイで。ソンテオはセーン・チュト通りとウー・トーン通りの交差点 **MAP** P.187-B1 などから出ている。市内中心部から歩くのは少し遠いので、安宿街で借りられるレンタサイクルを利用すると便利。カンチャナブリーからナムトックまで旧泰緬鉄道で往復する旅を楽しんだあと、帰りにクウェー川鉄橋駅で下車するのもおすすめ。

旅のヒント その1
旧泰緬鉄道見学のコツ
カンチャナブリー10:35発の列車はかなり混むので、時間に余裕をもって駅に行き、眺めのいい席を確保しよう。カンチャナブリーから乗る場合は進行方向左側の席がおすすめ。ナムトックからの折り返し列車は比較的すいているので、午前中にエーラーワン国立公園かサイヨーク国立公園を車で訪ね、帰りにナムトックかタム・クラセーから鉄道に乗るツアーを利用するのもいい(→P.194)。

旅のヒント その2
確実に席を確保するには？
カンチャナブリー10:35発の列車にはツーリスト車両が連結されている。座席指定付き乗車券、クッキーとドリンク、保険、乗車証明書付きでひとり300B。カンチャナブリー駅の窓口で購入する。11〜2月頃のハイシーズンは混むので利用価値大。それ以外の時期はそれほど混まないので一般の車両でも十分。

カンチャナブリー駅
MAP P.187-B1
TEL 0-3451-1285

旅のヒント その3
週末だけの観光列車
土・日曜のみ、バンコクのクルンテープ駅から観光列車が1往復運行される。909列車がクルンテープ6:30発、カンチャナブリー9:27着、ナムトック11:30着。910列車がナムトック14:25発、カンチャナブリー15:53着、クルンテープ19:25着。復路ではカンチャナブリー駅に1時間停車するので、鉄橋見物も可能。ナムトック駅でも時間に余裕があり、サイヨーク・ノーイ滝などを見物できる。

旧泰緬鉄道　Thailand-Burma Railway　★★★

第2次世界大戦中に日本軍によって建設された、バンコク郊外のノーン・プラードゥックとビルマ（現ミャンマー）のタンビュッザヤを結ぶ全長約415kmの鉄道路線。当時、日本軍は多数の連合国軍捕虜や現地の人々を使役してこの鉄道を建設したが、劣悪な環境と過酷な労働のため、疫病や栄養失調などによる死者数は膨大な数に上った。海外では『Death Railway（死の鉄道）』とも呼ばれている。

戦後、ミャンマー側の全区間と国境からタイのナムトックまでの線路は撤去されたが、タイ側で残された一部の区間では現在も列車が運行されている。カンチャナブリーからナムトックまでは片道2時間30分程度。緑豊かな風景や川沿いの絶景を車窓から味わえる。途中には後述の「クウェー川鉄橋」をはじめ、カオプーン駅近くで垂直の岩壁の間をすり抜ける「チョンカイの切り通し」や、川沿いの断崖沿いに続く約300mの「タム・クラセー桟道橋（アルヒル桟道橋）」などの見どころがある。

クウェー川鉄橋　River Kwae Bridge　★★★

カンチャナブリー市内から約3km、クウェー川に架かる鉄道橋。クウェー川では1943年2月にまず木造橋が建設され、同年4月にはその約100m上流に鉄橋が建設された。大戦中は頻繁に連合国軍の攻撃を受け、1945年2月から6月にかけての爆撃で大きく破損。1950年、日本からの戦後補償により修復された。鉄橋の丸いスパンの部分がオリジナルで、台形のスパンが修復された部分だ。現在は観光名所として人気となっている。鉄橋を歩いて渡ることも可能で、橋の途中には列車が来た際に待避するスペースもある。

この鉄橋をめぐって多くの命が失われた

バンコク（トンブリー）〜ナムトック列車時刻表

（列車は毎日運行。2023年3月現在）

バンコク（トンブリー）→ ナムトック

駅名	列車番号	485番	257番	259番
トンブリー	発	—	7:45	13:55
ナコーン・パトム	発	—	8:52	14:59
ノーン・プラードゥック	発	5:00	9:22	15:22
カンチャナブリー	発	6:08	10:35	16:26
クウェー川鉄橋	発	6:15	10:44	16:33
ター・キレン	発	7:19	11:33	17:33
タム・クラセー	発	7:38	11:53	17:51
ワン・ポー	発	7:49	12:06	18:01
ナムトック	着	8:20	12:30	18:30

ナムトック → バンコク（トンブリー）

駅名	列車番号	260番	258番	486番
ナムトック	発	5:20	12:55	15:30
ワン・ポー	発	5:46	13:23	15:58
タム・クラセー	発	5:57	13:36	16:10
ター・キレン	発	6:14	13:54	16:28
クウェー川鉄橋	発	7:12	14:40	17:31
カンチャナブリー	発	7:21	14:48	17:35
ノーン・プラードゥック	発	8:31	16:01	18:40
ナコーン・パトム	発	9:19	16:30	—
トンブリー	着	9:50	17:40	—

料金：カンチャナブリー駅を含む区間は、外国人は距離にかかわらず乗車1回100B。ナムトック〜ター・キレン間は50B。

タム・クラセー桟道橋を走る旧泰緬鉄道

設立は1977年と歴史がある

JEATH戦争博物館
住 Wat Chaichumphon, Saen Chuto Rd.
開 毎日8:00～17:00
料 50B
行き方 TATから徒歩約10分。
名称の"JEATH"とは、Japan、England、Australia、Thai、Hollandの頭文字を取ったもの。当初"DEATH（死の）"博物館という名称にする案もあったが、それではあんまりだというのでこうなったという。

泰緬鉄道博物館
住 73 Jaokannun Rd.
TEL 0-3451-2721
URL www.tbrconline.com
開 毎日9:00～16:00
料 160B（外国人料金、館内撮影不可）
行き方 連合国軍共同墓地の隣。カンチャナブリー駅から徒歩約5分。

第2次世界大戦博物館
開 月～金8:00～17:30
　土・日8:00～18:30
料 50B
宝石商で財をなしたチャンスィリー家が建設、管理している。館内には捕虜の暮らしについての展示もある。紛らわしい看板を掲げているがJEATH戦争博物館とは違うので注意。

旅のヒント
サームローには上手に対応しよう
カンチャナブリーのサームローやモーターサイはご多分にもれず、外国人とみれば高い値段を言う。P.181のコラムを参考にして、うまく対応しよう。また、サームローに宿探しを任せると運転手は自分にコミッションをもらえるゲストハウスに連れていくので、値引き交渉はしにくくなる。

おもな見どころ

捕虜収容所の記録を残す
JEATH戦争博物館　★★
JEATH War Museum
MAP P.187-B2
พิพิธภัณฑ์สงครามJEATH

　町の南、メー・クロン川に面している。クウェー川鉄橋、連合国軍共同墓地と並んで"死の鉄路"を今に伝える貴重な場所だ。博物館はワット・チャイチュムポンWat Chaichumphonの敷地内にあり、僧によって管理されている。捕虜収容所を再現すべく、建物は竹で造られている。コの字形の建物内には当時の写真、捕虜がひそかに描いていたスケッチ、水彩画などが展示されている。日本軍による捕虜への拷問を描いた絵や劣悪な環境のなかで病魔にむしばまれる捕虜の姿を描いた絵もありショッキング。第2展示室には、小銃や軍刀、弾薬類といった当時の武器や水筒、飯ごうなどの日用品が展示されている。

泰緬鉄道の全容がわかる
泰緬鉄道博物館　★★
Thailand-Burma Railway Centre
MAP P.187-B1
พิพิธภัณฑ์ทางรถไฟไทย-พม่า

戦争の歴史を後世に伝える

　連合国軍共同墓地の隣にあり、泰緬鉄道建設に関する資料を展示している。この工事のために亡くなった人々は、連合国軍の捕虜よりも東南アジア諸国から徴用された人たちのほうがはるかに数が多かったことなどをアピール。工事の模様をジオラマで再現したり、鉄道工事のために日本軍が作った地図などの展示がある。2階にあるカフェからは連合国軍共同墓地が眺められる。

最初の橋が保存されている
第2次世界大戦博物館　★
World War II Museum
MAP P.187-A1
พิพิธภัณฑ์สงครามโลกครั้งที่สอง

　1993年に個人の手で建てられた中国風の建物で、鉄橋の下流すぐの所にある。またの名をアートギャラリーというだけあって、第2次世界大戦に関する展示はごく一部。館内には戦争に関する絵や写真、当時の武器などがとりとめもなく展示されている。敷地の奥にある階段を下りて川沿いに行くと、木造の橋の残骸が残っている。これは1943年2月に日本軍がたった3ヵ月で捕虜に造らせた最初の橋のオリジナルだという。当時の様子を写した写真には、確かにクウェー川鉄橋の少し下流に木の橋が渡されている。
　別の建物にはタイとビルマの戦争の歴史に関する展示や、なぜか歴代ミス・タイランドのマネキンがずらりと並ぶ部屋がある。

最初に架けられた橋の一部だとされる木造の構造物

タイプチ情報　コロナ禍で外国人旅行者が減少し、ツアーを扱っていた旅行会社やゲストハウスが閉鎖したり休業しているところが多い。なじみのショップや宿を再訪するなら、事前に営業を確認しよう。

鉄道建設に関わったすべての人を慰霊する
日本軍建立の慰霊碑 ★★
Cenotaph　　　　　　　　　　　MAP P.187-A1
อนุสาวรีย์

泰緬鉄道建設に従事して亡くなった連合国軍捕虜と周辺諸国から集められた人々の霊を慰めるために、1944年2月に日本軍によって建てられた慰霊碑。クウェー川鉄橋のそばにひっそりと建っており、今では訪れる人も少ない。毎年3月には慰霊祭が行われている。訪れたら、管理人が用意してくれている花と線香を手向けよう。

鉄橋から近いのでぜひ足を運ぼう

美しい花に囲まれて死者が眠る
連合国軍共同墓地、チョンカイ共同墓地 ★
Kanchanaburi Allied War Cemetery, Chongkai War Cemetery　MAP P.187-B1、P.187-A2
สุสานทหารสัมพันธมิตร

日本軍によって泰緬鉄道建設に駆り出され、事故や病気、栄養不足で命を落とした連合国軍兵士が眠る共同墓地が、カンチャナブリーに2ヵ所ある。1ヵ所はセーン・チュト通りに面し、カンチャナブリー駅からもほど近い所にある連合国軍共同墓地Kanchanaburi Allied War Cemetery。6982柱の霊が眠る墓地内は手入れが行き届き、一面緑の芝生の中に美しい花があちこちに咲き乱れている。もう1ヵ所は、クウェー・ノーイ川沿いにあるチョンカイ共同墓地Chongkai War Cemetery。町から離れているので訪れる人も少なく、非常に静か。こちらには、約1750人の連合国軍兵士が埋葬されている。

郊外の見どころ

泰緬鉄道建設でいちばんの難所だった
ヘルファイア・パス・メモリアル ★
Hellfire Pass Memorial　　　　　MAP P.187-A1外
ช่องเขาขาด

カンチャナブリーの北西約80km、泰緬鉄道建設の際最も困難を極めた場所。熱帯のジャングルを切り開き、山を崩し、岩は爆破して前へ前へと線路を敷いていった。現在ではオーストラリアとタイの商工会議所が共同で建てた博物館と、線路跡が保存されている。1998年4月にオープンした博物館には、第2次世界大戦中日本軍の下で働かされた連合国軍捕虜、特にオーストラリア人に関する資料、またヘルファイア・パスでの鉄道建設に関する資料などが展示されている。展示室から出て左の階段を下りて小道に沿って歩くと、ヘルファイア・パスに出る。線路の幅だけ空間があり、両側は垂直に岩壁が立つ切り通し。数mだけ残された線路と枕木が、当時の名残をとどめている。ヘルファイア・パスへは徒歩約10分。そこからかつての線路沿いに、途中いくつかの切り通しを抜けて歩く片道4kmほどのウオーキングトレイルが続いている。

険しい切り通しが工事の困難を物語る

日本軍建立の慰霊碑
🕘 毎日7:00～17:00
💰 任意の寄付
🚶 クウェー川鉄橋から徒歩約2分。

🌟 旅のヒント
クウェー川と「クワイ川」
「クワイ川」として知られているが、この発音では通じない。「クウェー川」のほうが正しい発音に近い。タイ語で「クワイ」と言うと、イントネーションによっては男性器の意味になる。

連合国軍共同墓地
🚶 カンチャナブリー駅から徒歩約5分。バスターミナル周辺からはモーターサイかソンテオを利用すると便利。ソンテオかバスなら2番(オレンジ色)、10B。

チョンカイ共同墓地
🚶 バスターミナルからモーターサイで約10分(50B程度)。

常に美しく手入れされている連合国軍共同墓地

ヘルファイア・パス・メモリアル
🚶 カンチャナブリーのバスターミナル(MAP P.187-B2)から8203番(1時間おき)に乗り、ヘルファイア・パス・メモリアル前で下車。所要約1時間30分、50B。カンチャナブリーに戻る最終のバスは17:00頃。

博物館
🕘 毎日9:00～16:00
💰 任意の寄付
バスで行くとヘルファイア・パス手前に軍のチェックポイントがあり、パスポートなど身分証の提示を求められることがある。

🌟 旅のヒント
レンタサイクルを借りるときの注意
町の観光にはレンタサイクルが便利。1日30～50Bと安い。自転車に乗る場合、荷物は必ず体に斜め掛けし身につけて移動しよう。自転車の籠に入れた荷物のひったくり被害が多発している。

エーラーワン国立公園
- 毎日8:30〜16:30
- 300B（国立公園入場料。外国人料金）
- 行き方 カンチャナブリーのバスターミナル（MAP P.187-B2）から8170番のエーラーワン国立公園行きバス（8:00〜17:40の間50分おき）に乗り、終点で下車。所要約1時間30分、55B。帰りの最終バスは16:30。

サイヨーク国立公園
- 毎日8:30〜16:30
- 300B（国立公園入場料。外国人料金）
- 行き方 カンチャナブリーのバスターミナル（MAP P.187-B2）から8203番のバスに乗り、サイヨーク国立公園前で下車（6:00〜18:30の間30分おき）所要約2時間、60B。帰りの最終バスは16:30。サイヨーク・ノーイ滝へは同じバスでカオ・パンで下車（所要約1時間30分、45B）、または鉄道のナムトック駅からソンテオで約5分、10B。

カオプーン洞穴
- 毎日9:00〜17:30
- 20B

谷間をチョウが飛び交う
エーラーワン国立公園
Erawan National Park　★★
MAP 折込表-B5
อุทยานแห่งชาติเอราวัณ

エーラーワンの2段目の滝

クウェー川流域には多くの滝があるが、最もポピュラーなのがエーラーワン国立公園の中にある滝。カンチャナブリーの北西約65kmにある。ビジターセンターでは公園内の自然や設備、宿泊施設について教えてもらえる。公園内の滝は大きく7段に分かれていて、入口から第1段まではすぐだが、最後の第7段までは山道を2kmほど歩く。ゆっくり歩いて往復2時間程度の散策は、緑のなかを飛び交うチョウたちが、暑さを忘れさせてくれるだろう。

滝や洞窟のある自然公園
サイヨーク国立公園
Sai Yok National Park　★
MAP 折込表-B5
อุทยานแห่งชาติไทรโยค

カンチャナブリーの北西約100kmにある、緑豊かで広大な国立公園。園内にはサイヨーク・ヤイ滝とサイヨーク・ノーイ滝（カオ・パン滝）がある。乾季は滝の水量が少なくやや迫力に欠けることもあるが、雨季には逆に洪水になる場合もある。訪れる際は、事前にTATや旅行会社で現地の状況を確認しておこう。

さまざまな仏像が並ぶ
カオプーン洞穴
Khaopoon Cave　★
MAP P.187-A2
ถ้ำเขาปูน

チョンカイ共同墓地（→P.191）から西に約2kmの場所にある洞穴。寺院の敷地内にあり、第2次世界大戦の頃には日本軍が倉庫としてこの洞穴を利用していた。複雑に入り組んだ内部には、さまざまな仏像が安置されている。照明と案内の標識が整備されているので、見学の際に特別な装備は不要。寺院の敷地の奥にある展望台からはクウェー・ノーイ川や旧泰緬鉄道の線路などが一望できる。

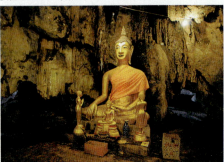

さまざまな仏像が並ぶカオプーン洞穴

動物たちとの距離が近い
サファリ・パーク・オープン・ズー&キャンプ
Safari Park Open Zoo & Camp　　MAP P.187-A1外

カンチャナブリーの北約30kmほどの場所にある動物園。動物たちが放し飼いにされている区画をバスで回るサファリ・パークと、一般的な動物園として運営されているオープン・ズーの両方を楽しめ

大胆不敵なキリン

る。サファリ・パークのうち草食動物エリアでは、バスの窓を開けて、パーク側が用意しているにんじんを餌として動物たちに与えることもできる。餌を求めてバスの窓からキリンが長い首を突っ込んでくる様子は、なかなかシュール。

タイ国内で最も西にあるクメール遺跡
プラーサート・ムアン・シン歴史公園
Prasat Muang Singh Historical Park　　MAP P.187-A1外

カンチャナブリーから43km北西のクウェー・ノーイ川岸（サイヨーク郡シン村）にある遺跡。クメール時代、ここは河川交易の中継点だったと考えられている。遺跡の中心となる大乗仏教寺院は、アンコール朝のジャヤヴァルマン7世の頃（13世紀）に建てられたもので、ロップリーにあるプラ・プラーン・サーム・ヨート（→P.183）と同系の建物だ。四角い境内の中に大きなプラーンがあり、周囲を小さな方形のプラーンが囲んでいる。さらにその周囲を屋根のある回廊が囲む。この寺院で発見された高さ161cmの石の観音菩薩像は、バンコクの国立博物館（→P.95）に展示されている。園内にはクメール時代以前の発掘物を集めた小さな博物館もある。

森の中に残る壮大な寺院の遺跡

埋葬された死者も発掘されている

先史時代の遺物を展示する
バーン・カオ国立博物館
Ban Kao Museum　　MAP P.187-A1外

遺跡からの発掘物を展示する博物館

プラーサート・ムアン・シン歴史公園から約8km離れたクウェー川岸にある博物館。泰緬鉄道建設中に遺跡が発見され、戦後タイとデンマークの学者グループが調査を行い多くの出土品を収集した。約4000年前のほぼ完全な女性の人骨、石器、約2000年前の首飾り、腕輪などを展示し、当時の生活を再現したジオラマもある。

サファリ・パーク・オープン・ズー&キャンプ
住 40/2 Moo 5, Nongkum Bo Phloi
電 0-3467-8225、08-6300-0667
URL safaripark kanchanaburi
開 毎日9:00～17:00
料 大人550B、子供350B（外国人料金）
行き方 カンチャナブリーのバスターミナル（MAP P.187-B2）から325番のバス（6:00～18:30の間30分～1時間おき）に乗りサファリパーク前で下車。所要約45分、30B。

プラーサート・ムアン・シン歴史公園
開 毎日8:00～16:30
料 100B（外国人料金）
車での入場は50B追加。
行き方 カンチャナブリー駅から、ナムトック方面に約1時間のター・キレンTha Kilen駅で下車、そこから川沿いに西へ徒歩約25分。看板も出ている。列車は6:07と10:35発があり、料金は100B。帰りはター・キレン駅13:54と16:28発。

旅のヒント
郊外の回り方
プラーサート・ムアン・シン歴史公園へは、公共交通機関でのアクセスが不便なので、カンチャナブリーでトゥクトゥクなどをチャーターすると楽。旅行会社などに依頼した場合、途中のカオプーン洞窟やバーン・カオ博物館などにも寄って1200B程度（所要約4～5時間）。

バーン・カオ国立博物館
開 水～日9:00～16:00
休 月・火・祝
料 50B（外国人料金）
行き方 鉄道でター・キレンTha Kilen駅下車、駅前に待機しているモーターサイを利用（約8km）、片道100B。モーターサイをチャーターして、プラーサート・ムアン・シン歴史公園も一緒に回ると、料金は250B程度。

旅のヒント

旅行会社

☎ グッド・タイムズ・トラベル
Good Times Travel
MAP P.187-B2
🏠 63/1 Maenam Kwai Rd.
☎ 08-1913-7758
URL www.good-times-travel.com
⏰ 毎日9:00～21:00
日帰りツアー（800B～）が主だが、ミャンマー国境沿いを行く1～2泊のトレッキングもある。
2023年3月現在休業中。

🐃 カンチャナブリーからのツアー

郊外の見どころは点在しており、ツアーに参加すると効率よく回れる。以下はツアーの例。カヌーを扱うツアー会社は少ないので、TATなどで確認のこと。料金は4人参加の場合のひとりのもの（各旅行会社調べ）。

エーラーワン国立公園と泰緬鉄道（1日、1140B～）：午前中にエーラーワン国立公園で7つの滝を見学し、午後はナムトックかタム・クラセーで車を降り、泰緬鉄道に乗ってカンチャナブリー方面へ。クウェー川鉄橋の手前で列車を降りて鉄橋を見物することも可能。エーラーワン国立公園から泰緬鉄道に乗るまでの間に、ヘルファイア・パス・メモリアル訪問（100B追加）を組み込んだり、またはエレファントライドとバンブーラフティング（300B追加）を組み合わせることもできる。その場合、エーラーワン国立公園での滞在時間は少し短くなる。

7つの滝を取り巻く美しい自然を満喫できる

エレファントライドと水浴び（半日、790B～）：エレファントライドを20～30分間楽しんだ後、川の中で象と一緒に約10分間の水浴びを体験できるツアー。8:00～11:00頃と14:00～17:00頃に催行される。食事代はツアー料金に含まれていない。

カレン族の村とジャングルトレッキング（2日、2200B～）：深い森の中をトレッキングして、カレン族の村を1泊2日で訪ねるツアー。ヘルファイア・パス・メモリアル訪問やバンブーラフティング、泰緬鉄道乗車などを組み合わせた、盛りだくさんのプラン。

ほかの国立公園へのトレッキングツアー：上記のほか、サイヨーク国立公園、チャレーム・ラタナーコーシン国立公園など、希望の場所でトレッキングのアレンジも可能。問い合わせてみよう。

象に乗って大自然のなかをトレッキング

Column

国境を越えてミャンマーへ

カンチャナブリーの西、車で約1時間のプー・ナム・ローン　Phu Nam Ron（MAP 折込表-B5）は2014年に外国人に開放されたミャンマー国境の町。ここから国境を越えてミャンマーへ入国することができる。国境から5kmほど移動するとミャンマー側のイミグレーションがあるティーキーに着く。ティーキーからはミニバンでダウェイへ行ける（2万5000チャット程度、所要約4時間。1チャットは約0.08円）。ダウェイには美しいビーチや温泉があるので、時間があったら足を延ばしてみよう。

国境は両国間の情勢によって閉鎖されることもあり、プー・ナム・ローンへの交通手段の運行状況も変更される場合が多いので、あらかじめ現地で最新情報を確認しておこう。

行き方

カンチャナブリーのバスターミナルから、ロットゥーが9:00、12:00、16:20、18:00発、所要約1時間。プー・ナム・ローンからカンチャナブリーまでのロットゥーは6:00、7:50、11:30、14:00発。時刻はしばしば変更されるので注意。

タイとミャンマーのイミグレーション
🕒 毎日6:00～18:00（ミャンマー時間では5:30～17:30。2023年3月現在閉鎖中。）

プー・ナム・ローンの国境ゲート

注：2017年から、国境を接する国から空路以外でのビザなし入国が、暦年で2回までに制限されている。隣接国を日帰りなどで訪れる場合は、出入国の回数に注意。

ホテル

ホテル事情

ホテルはセーン・チュト通り沿いに、ゲストハウスはクウェー・ヤイ川の岸に集まっている。川沿いのゲストハウスは眺めが楽しめ居心地もいいが、週末は夜遅くまで営業しているディスコ船が川を行き来するので騒々しい。

高級ホテル

H リバー・クワイ
River Kwai Hotel　MAP P.187-B1
- 284/15-16 Saeng Chuto Rd.
- 0-3451-0111、0-3451-3348〜9　0-3451-1269
- www.riverkwai.co.th　AC S T 990〜1700B
- CC AJMV　157室　プール　WiFi

市街では最高級。レストランはじめプール、フィットネスルーム、スパ、マッサージ、パブ、ビアガーデンなど娯楽施設も充実している。

ゲストハウス

G ブルー・スター
Blue Star Guest House　MAP P.187-A2〜B2
- 241 Maenam Kwai Rd.　0-3451-2161
- www.bluestar-guesthouse.com
- F S T 350〜450B　AC S T 450〜850B
- CC なし　39室　WiFi

緑に囲まれたゲストハウス。クウェー川の岸に桟橋が架かり、その両側に水上コテージが並んでいる。さまざまなタイプの部屋があるので、見てから決めよう。エアコンの部屋はホットシャワー付き。

G シュガー・ケーンⅠ
Sugar Cane Guesthouse Ⅰ　MAP P.187-B2
- 22 Soi Pakistan, Maenam Kwai Rd.
- 0-3451-1700　F S T 200〜300B
- ラフトハウス F S T 350〜400B　AC S T 650B
- CC なし　25室　WiFi

芝生の中庭を取り囲むようにして建つコテージ棟と、川に浮かぶラフトハウスがある。川に突き出たテラスレストランも感じがよく人気がある。ラフトハウスはホットシャワー。クウェー川鉄橋の近くに、姉妹ゲストハウスのシュガー・ケーンⅡがある（MAP P.187-A1）。そちらは F S T 200〜350B、AC S T 650B。

G ポン・ペン
Pong Phen Guest House　MAP P.187-B2
- 7 Soi Bangladesh, Maenam Kwai Rd.
- 0-3451-2981　www.pongphen.com
- AC S T 650〜1300B　CC MV　50室　プール　WiFi

川を見渡す中庭やプールを囲むように部屋が並ぶ。一部の部屋はホットシャワー付き。1000B以上の部屋は朝食付き。川沿いの庭から眺める夕日は最高。ツアーもここで申し込める。

G カナーン
Canaan Guest House　MAP P.187-B2
- 63 Soi 2, Taopoon Rd., Bannua
- 09-0498-2063　AC S T 350B（トイレ、シャワー共用）　S T 420〜450B　CC なし　18室　WiFi

タイ人姉妹の経営で掃除が行き届き清潔。共用のシャワーもお湯が出る。周辺へのツアーも催行。バスターミナルの裏側、敷地南東の角にある小さな仏塔脇の道に入り、その突き当たりを右折して道なりに行くとすぐ。バスターミナルから徒歩2分。

レストラン

安上がりに済ませるなら、鉄道駅前やバスターミナル脇に夜出る屋台街へ行こう。

R スマイリー・フロッグ
Smiley Frog　MAP P.187-B2
- 28 Soi China, Maenam Kwai Rd.
- 0-3451-4579　営 毎日10:00〜20:00　CC なし

同名のゲストハウスに併設されたレストラン（旧ジョリー・フロッグ）。タイ料理からシーフード、西洋料理にいたるまでメニューが250種類余りと豊富で、ご飯ものが40B〜、一品料理70B〜と値段も安い。

R セープ・セープ
Zab Zab Restaurant　MAP P.187-B2
- 16/27 Donruk Rd.　08-9545-4575
- 営 金〜水11:30〜22:00　休 木　CC なし

カンチャナブリーの安宿街外れにあるレストラン。手頃な値段のタイ料理のメニューが豊富に揃っていて、旅行者だけでなく、地元の人々の間でも人気。店名はイーサーン（東北部）方言で「おいしい」という意味。

R フローティング
Floating　MAP P.187-A1
- River Kwai Bridge　0-3451-2595
- The Floating Restaurant
- 営 毎日8:00〜22:00　CC JMV

クウェー川鉄橋のすぐ目の前にある水上レストランで、下から鉄橋を眺めるのにベストの場所。1品180〜250Bほどのメニューが多く、貝を使ったレッドカレーKeag Kua Hot Khow180B、川エビのグリル360B、各種魚料理180B〜などがある。

バンコク近郊とタイ中部　カンチャナブリー

Sangkhlaburi สังขละบุรี

少数民族が暮らすミャンマー国境の町
サンクラブリー

タイ最長の木造橋

行き方

カンチャナブリーから
BUS バスターミナルから7:30〜16:30の間10本。所要約3時間30分、1等195B。普通1日4本、所要約4時間30分、120B。ロットゥーは175B。

ワット・ワン・ウィウェーッカーラームとチェーディー・ブッタカヤー
時間 本堂毎日7:00〜17:00
料 無料（お布施20B程度）
行き方 モーン・ブリッジから約2km。橋に待機しているモーターサイで、両方回って50B程度。

クウェー・ノーイ川上流のカオ・レム・ダム沿いにある国境の小さな町サンクラブリー。タイ人のほかにミャンマー（ビルマ）の内戦から逃れてきた少数民族のモーン族、カレン族などが住み、食事、生活様式など独自の文化が見られる。ダム湖に浮かんだ水上ゲストハウスでのんびり過ごしたり、トレッキングで周辺の豊かな自然を楽しむこともできる。

おもな見どころ

モーン族の村に続く湖上橋 ★★
モーン・ブリッジ　MAP P.196-A〜B
Mon Bridge　สะพานมอญ

ソンカリア川がちょうどカオ・レム湖と合流する地点に架かる。木材のみを使用しており、木造橋としてはタイで最長とされる。湖の対岸に住まわされたモーン族が、自力で建設したもの。ウッタマヌソーンUttamanuson橋とも呼ばれる。

この町いちばんの見どころ

インドの様式を取り入れたモーン族の寺 ★
ワット・ワン・ウィウェーッカーラーム　MAP P.196-B
Wat Wang Wiwekkaram　วัดวังวิเวกการาม

タイ国民をはじめモーン族、カレン族、ビルマ人からも尊敬を受ける、モーン族出身の僧侶ウッタマ師によって建立された。タイ、インド、ビルマ式の建築様式がミックスされた珍しい寺院として一見の価値がある。本堂とブッタガヤー風の仏塔があり、約50mの回廊で結ばれている。かつてこの寺院は別の場所にあったが、カオ・レム・ダムの完成による水没を避けるため、現在の場所に移った。カオ・レム湖の旧ワット・ワン・ウィウェーッカーラームの廃墟がある場所には、湖の水深が浅い時に上陸可能。

巨大な建物が何棟もある

美しい塔がそびえる
チェーディー・ブッタカヤー　MAP P.196-B
Chedi Buddhagaya

こちらもウッタマ師により建立された。インド式の巨大な仏塔で、遠くからでもよく目立つサンクラブリーのシンボル的存在。入口には2頭の巨大なシン（獅子）が鎮座する。階段を上っていくと金剛仏が置かれ、その先が仏塔。塔の壁の周りには小さな仏像が多数納められている。

巨大な金色の仏塔

ビルマ軍が何度も通過した国境の峠
スリー・パゴダ・パス（チェーディー・サーム・オン）　MAP 折込表-A4
Three Pagodas Pass (Chedi Sam Ong)

サンクラブリーから北へ約22km、ミャンマーとの国境に3基の小さな仏塔が並んでいる。アユタヤー時代、ビルマ軍が侵攻ルートとして通過した峠だ。泰緬鉄道はここからさらにミャンマーへと続いていた。タイ側に数年前まで残っていた線路は大部分撤去されてしまい、仏塔の向かいにミャンマーの物産を売る店が並んでいる。2023年3月現在、スリー・パゴダ・パスにある国境は閉鎖中。

小さな3基のパゴダが並ぶ

旅のヒント

町中心からホテルまでの移動
バス、ロットゥー乗り場から各ホテルへはモーターサイで20B。大きな荷物があると50B前後。

カオ・レム湖のボートツアー
モーン・ブリッジをはじめ、湖中に沈んだ旧ワット・ワン・ウィウェーカーラームの廃墟、湖畔に残る旧ワット・ソムデートの廃墟などを巡るボートツアーを各ホテルやゲストハウスが扱っている。ボート1隻（6人まで乗船可）につき500B程度でチャーターできる。

湖水に沈んだ寺院の跡などを訪ねる

スリー・パゴダ・パス
行き方　サンクラブリーのソンテオ乗り場からソンテオで所要約30分、30B。カンチャナブリーからスリー・パゴダ・パスへの直行バスも1日2本あり、1等245B、2等186B、所要約4時間。バスターミナルの東側にオフィスと乗り場があるエアコン付き12席のロットゥーは所要約4時間。6:30〜16:30の間10本、185B。

ホテル

H サンプラソップ・リゾート
Samprasob Resort　MAP P.196-A

住 122 Moo 3, Tambon Nongloo　電 0-3459-5050
URL www.samprasob.com
料 AC S T 1200〜2400B　トリプル1800B　12人部屋 9000B　ビンテージプールヴィラ（4人用）6000B
CC なし　室 56室　プール　WiFi

カオ・レム湖へはホテル裏の急坂を歩いて下って約3分（150m）。湖が見渡せる高台にある中級ホテル。予約する場合、事前に銀行振込での支払いが必要。

H ポーンパイリンリバーサイド・リゾート
Pornpailinriverside Resort　MAP P.196-B

住 60/3 Tambon Nongloo　電 0-3459-5355、0-3459-5322　料 AC S T 1850〜2600B トリプル4000B ファミリールーム4350B　CC A M V　室 53室　WiFi

客室棟は湖に面して建てられており、いながらにしてバルコニーから美しい景色を堪能できる。

ゲストハウス

G バーミーズ・イン
Burmese Inn　MAP P.196-A

住 52/3 Moo 3, Tambon Nongloo
電 08-6168-1801　URL www.burmese-inn.com
料 F S T 400B　AC S T 700B（朝食付き）
CC なし　室 28室　WiFi

手頃な料金で人気のゲストハウス。全室ホットシャワー付き。エアコンの部屋は新しい。レストランではビルマ料理とビルマ茶が楽しめる。

G ピー
P. Guest House　MAP P.196-B

住 81/2 Moo 1, Tambon Nongloo
電 0-3459-5061、08-1450-2783
FAX 0-3459-5139　URL www.p-guesthouse.com
料 F S T 450B（トイレ、シャワー共同）AC S T 650B（シャワー共同）S T 950〜1200B　CC なし
室 34室（ファン16室、エアコン18室）　WiFi

こちらも湖に面し、広い敷地をもつ人気のゲストハウス。母屋の2階は木造、湖沿いには石造りなどいろいろな部屋があり、どれも清潔。レンタバイク1日200B。

タイプチ情報　スリー・パゴダ・パス周辺の国境を越えたミャンマー国内は、反政府組織の勢力圏。常にミャンマー政府軍の脅威にさらされているだけでなく、内輪もめの戦闘もある。

Pattaya พัทยา

バンコク
折込表-C6

バンコクから日帰りも可能なビーチリゾートの老舗
パタヤー

ビーチで遊ぶならラーン島へ

行き方

バンコクから
BUS 東、北の各バスターミナルとスワンナブーム国際空港からバス、東、北バスターミナルからロットゥーがある。所要2時間～2時間30分。

東バスターミナル：1等6:00～21:00の間1時間おき、131B。ロットゥーは6:00～20:00の間1時間おき、123B。

北バスターミナル：1等6:00～18:00の間2時間おき、131B(19:00～22:00は119B)。ロットゥーは6:00～20:00の間1時間おき、119B。

スワンナブーム国際空港：1等が7:00～21:00の間1時間おき、143B。バスはパタヤー・ヌア通りのバスターミナル(MAPP.200-C2)に到着。機内持ち込みサイズよりも大きな荷物は、大きさにより荷物料(20B～)が必要。バスターミナルから市街へは、待機しているタクシーやモーターサイは高いので相手にせず、乗合ソンテオ(1人30～50B)か配車アプリのGrab、Boltを利用しよう。ロットゥーはセカンド・ロードとパタヤー・ターイ通りの角(MAPP.199-B4)、バリハイ桟橋前(MAPP.199-A4)などに発着。
URL pattayabus.com

RAIL 月～金クルンテープ駅6:55発、パタヤー10:35着、3等31B。土・日クルンテープ駅6:45発、パタヤー9:14着、エアコン付きディーゼル急行で170B。パタヤー発は月～金14:21、バンコク18:15着。土・日パタヤー16:26発、クルンテープ駅18:55着。パタヤー駅からビーチや市街へはソンテオ(40B～)やモーターサイ(100B～)利用。

旅のヒント

ソンテオの利用法
外国人やヨソ者(タイ人でも)と見ると高い料金を要求されることが多いが、例えばビーチ・ロードやセカンド・ロードを南北に移動するだけなら10B。下車する際黙って運転手に渡せばOK。

タイでも老舗のリゾート地パタヤー(パッタヤー)。1960年代にベトナム戦争帰休兵のための休養、娯楽地として開かれて以来、おもに欧米人のアジアにおける代表的なバカンス地として多くの観光客を迎えてきた。浜辺はきれいに整備され、手頃なホテルが多く、ナイトライフも盛ん。周辺には遊園地やテーマパークも多い。

パタヤーの歩き方

パタヤー湾に面して海沿いに走る道がパタヤー・ビーチ・ロードPattaya Beach Rd.(パタヤー・サーイ・ヌン通りPattaya 1st Rd.、「ビーチ・ロード」と呼ばれている)、並行して奥を走るのがセカンド・ロードSecond Rd.(パタヤー・サーイ・ソーン通りPattaya 2nd Rd.)。それら2本の通りを東西に、北からパタヤー・ヌア通りNorth Pattaya Rd.、パタヤー・クラーン通りCentral Pattaya Rd.、パタヤー・ターイ通りSouth Pattaya Rd.が横切っている。パタヤー・クラーン通りの北がノース・パタヤー(パタヤー・ヌア)、南がサウス・パタヤー(パタヤー・ターイ)と呼ばれるエリア。パタヤー・ヌアには大型リゾートホテルが多い。パタヤー・ターイには中級ホテルやレストラン、みやげ物屋が多く、雑然として活気がある。ぶらぶら歩くならビーチ沿いの遊歩道がおすすめ。

砂が入れられ広くなったパタヤー・ビーチ

パタヤーの市内交通

ソンテオ：パタヤーには濃い青色の乗合ソンテオがたくさん走っている。ビーチ・ロードとセカンド・ロードを走っているソンテオは一方通行を周回しているので利用しやすい。合図して乗り込み、降りたい場所で天井などにあるブザーを鳴らして車を停め、運転手にお金を渡すだけ。料金は10B。料金を尋ねると高いことを言われるケースがあるので、黙って手渡せばオーケー。タクシー的な利用の場合は交渉で、P.199の地図内なら20～30Bが相場(数人で利用する場合はひとりの料金か総額かしっかり確認すること)。危険がなければどこでも停車可能。

バンコクからバスやロットゥーを利用すると、パタヤー市街の東を走っている大通りのスクムウィット通りで降ろされることがある。その場合はパタヤー・クラーン通り、パタヤー・ターイ通りを通ってパタヤー市街との間を結ぶソンテオが利用できる。

バスやタクシーのように利用できるソンテオ

モーターサイ：町のあちこちに待機しているモーターサイも便利。市内の移動で30〜60B。

メーター式タクシー：繁華街で客待ちしている。初乗り40B。ただしメーターを使ってくれることは少なく、料金交渉が必要。

ツートンカラーのパタヤーのタクシー

旅のヒント
配車アプリを活用しよう
バスターミナルにいるモーターサイや町中のタクシーは高い料金を言われることが多いので、GrabやBoltなどの配車アプリを活用しよう。

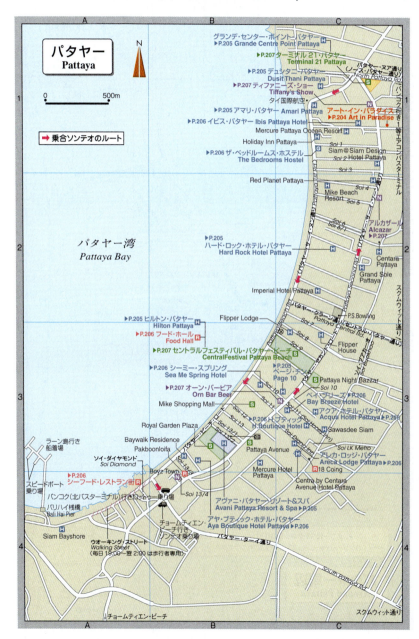

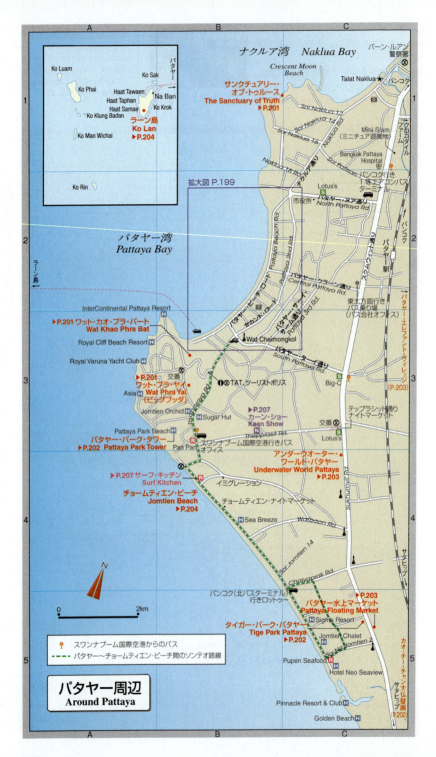

おもな見どころ

バタヤー湾を見渡せる展望台
ワット・カオ・プラ・バート
Wat Khao Phra Bat　　MAP P.200-B3

雄大なパタヤーの全景

パタヤー・ビーチの南、インターコンチネンタル・パタヤー・リゾートやロイヤル・クリフ・ビーチ・リゾート・ホテルへ行く途中の小高い丘の上にある寺院で、ここから見渡すパタヤー湾の景色はすばらしい。

黄金の大仏が鎮座
ワット・プラ・ヤイ
Wat Phra Yai　　MAP P.200-B3

ワット・カオ・プラ・バートの南側にある丘に建つ寺院。参道を上っていくと、丘の頂上に黄金の大仏が鎮座している。横たわったり立っていたり、さまざまなスタイルの仏像が大仏を取り囲むように置かれており、それぞれの仏像には曜日の看板がかかっている。自分が生まれた曜日の仏像を選んで拝んでみよう。

富豪の脳内から生まれたウルトラ・バロック
サンクチュアリー・オブ・トゥルース
The Sanctuary of Truth　　MAP P.200-B1

パタヤー湾の北、ナクルア湾との間にある小さな岬の先にそびえる、謎の木造巨大建築。車の販売で財をなした大富豪が1981年に建設を始め、彼の死後も完成を目指して作業は続けられている。高さ105m、幅100mのこの建物が金属製の釘などを一切使っておらず、すべて木組みだけで建てられているのも驚きだが、やはり目を奪われるのはいたるところに取り付けられた各種神像。仏教とヒンドゥー教の神々が渾然一体となって建物全体を飾り、インド、中国、カンボジア、タイの哲学をミックスした独自の思想を象徴しているそうだ。毎日400人もの人々が作業を続けている様子は、まさにパタヤーのサグラダ・ファミリアだ。

入場料には建物や木彫りの現場見学とボートや馬車、ATV（全地形対応車）乗車、乗馬など各種アクティビティを組み合わせたものがある。タイダンスのショーが行われたりと、開園当初に比べてどんどん遊園地化してきている印象もある。

不思議な造形があふれる異次元空間

完成の時は来ないかもしれないアジアのサグラダ・ファミリア

ワット・カオ・プラ・バート
[行き方] パタヤー市街から車で10分程度。モーターサイで60〜80B。GrabやBoltが便利。

ワット・プラ・ヤイ
[行き方] パタヤー市街から車で10分程度。モーターサイで60〜80B。GrabやBoltが便利。ワット・カオ・プラ・バートとあわせて回ってもらおう。

黄金の大仏が鎮座するワット・プラ・ヤイ

サンクチュアリー・オブ・トゥルース
[住] 206/2 Moo 5, Soi Naklua 12, Bangramung, Chonburi
[電] 0-3811-0653
[URL] sanctuaryoftruthmuseum.com
[営] 毎日8:00〜18:00
[料] 500B（建物と装飾の木彫り製作現場見学。別料金で馬車での移動、ATV：全地形対応車体験、象乗りなども可）
[行き方] パタヤー市街から車で10分程度。モーターサイで60〜80B。GrabやBoltが便利。

🛈 インフォメーション

ツーリストポリス
MAP P.200-B3
[電] 1155、0-3842-9371

🧭 旅のヒント

バンコクの東バスターミナル利用時の注意
1等バスのチケットカウンターはターミナルビル入ってすぐ右側の28番で、正面に「PATTAYA」と表示されている。バスは1番乗り場から出発する。

バンコクからタクシーでパタヤーへ
バンコク市内を流しているタクシーなら、交渉すれば1500B程度（有料道路の料金も含むものかどうかなど、はっきり決めておくこと）でパタヤーへ行ってくれる。希望のホテルまで直行できるので便利。バンコクへの戻りは1200〜1500B程度。

タイプチ情報 タイの中でも特に外国人率の高い町がパタヤー。リタイアした高齢欧米人の在住者から南アジアからの旅行者まで、常に多くの外国人が滞在しており、国際的な雰囲気。

パタヤー・パーク・タワー

- 345 Jomtien Beach
- 0-3825-1201
- 0-3836-4129
- URL www.pattayapark.com
- 展望台9:00〜19:00（土・祝は〜21:00)
- 300B（外国人料金。1ソフトドリンク付き）。レストランで食事をする場合は展望台への入場無料。
- CC J M V
- 行き方 パタヤー市街からモーターサイで片道120〜150B程度。GrabやBoltが便利。

スカイシャトル、スピードシャトル、タワージャンプ
- 日〜金 10:30〜18:00（タワージャンプは〜19:00)
  土・祝 10:00〜19:00
- 200B

カオ・チー・チャン大仏壁画

- Soi Khao Chi Chan
- 毎日7:00〜18:00
- 無料
- 行き方 パタヤー市街からGrabやBoltで片道200B程度。所要約30分。

タイガー・パーク・パタヤー

- 349/9 Moo 12, Nongprue
- 0-3822-5221
- URL tigerpark.co.th
- 毎日9:00〜18:00
- 350B。トラの記念撮影600B〜
- 行き方 パタヤー市街からGrabやBoltで片道150B程度。所要約15分。

決死の飛び下り体験
パタヤー・パーク・タワー
Pattaya Park Tower ★★

MAP P.200-B3
พัทยาปาร์คทาวเวอร์

パタヤー最高所からの眺めを楽しもう

チョームティエン・ビーチのパタヤー側にあるパタヤー・パーク・ビーチ・ホテルに、パタヤーで最も高い展望タワーがある。地上170m、55階にある展望台からはパタヤー・ビーチとチョームティエン・ビーチの両方が見渡せ、まさに絶景。52〜54階は回転レストランで、ビュッフェスタイルのランチ（11:30〜15:00)、ディナー（17:30〜22:00) が景色とともに楽しめる。エレベーターで昇って下りるだけでは物足りない人は、展望台の屋上から3種類の方法でワイヤー伝いに下りることができる。ひとつはスカイシャトルSky Shuttleで、6〜8人乗れる大型のドラム缶のような形をしたゴンドラ。スピードシャトルSpeed Shuttleはふたり並んで乗れる籠のような乗り物。タワージャンプTower Jumpと呼ばれる方法は、命綱付きの専用の器具にぶら下がっただけの状態で、宙ぶらりんのまま一気に地上まで下りる。なにしろ出発点の高さは地上170m。勇気を振り絞ってどうぞ。

岩山の岸壁に彫られた大仏
カオ・チー・チャン大仏壁画
Buddha Mountain Khao Chi Chan ★★

MAP P.200外
พระพุทธรูปแกะสลักหน้าผาเขาชีจรรย์

パタヤー市街から南へ車で約30分のなだらかな丘陵地帯に、岩石の採掘目的で削られた岩山がある。掘り残された山の壁面に、縦130m、横70mの巨大な仏像が彫られている。前国王ラーマ9世の在位50周年を記念して1996年に彫られたもので、金色の輪郭で縁取られている。駐車場から庭園風の広場を抜けるとすぐ左側に、灰色の岩肌に彫られた巨大な座仏像の姿が見える。庭園に建てられた小さな東屋は「ビューポイント」で、有料（1回10B）の望遠鏡もある。仏像の麓に近い東屋と「ビューポイント」裏の東屋では、お参りもできる。

スコータイ様式の仏像とされている

カートの中から間近にトラを観察できる
タイガー・パーク・パタヤー
Tige Park Pattaya ★★

MAP P.200-C5
สวนเสือพัทยา

パタヤー南部、パタヤー水上マーケットの近くにある、多数のトラが飼育された施設。檻の中で飼われているだけでなく、ジャングル風の庭園内に放し飼いされている個体もおり、透明のアクリル板で覆われたカートに乗って、寝そべったり歩いたりするトラの間をサファリ風に回るアトラクションが人気。目の前で見る大人のトラは大迫力だ。トラの成獣や赤ちゃんトラとの記念撮影もできる。

カートの車内から間近に見られるトラ

あふれる自然のなかで象と触れあう
パタヤー・エレファント・ヴィレッジ
Pattaya Elephant Village

MAP P.200-C2外
หมู่บ้านช้างพัทยา

象の訓練の様子は大迫力

1973年にオープンした歴史のある象保護施設。パタヤー郊外の自然豊かな環境のなかで、たくさんの象が飼育されている。飼いならされた象を使って野生の象を捕らえる様子や象を使った戦争の様子、木材を運搬する作業を再現したショーが観られるほか、広大な敷地内をみっちり1時間ほどかけて移動するトレッキングも体験できる。トレッキングでは象の背中に届くぐらいの水深がある池に入ったりして大迫力。徒歩でのジャングル散策と筏で湖を渡るラフティング、牛車乗りとビュッフェの食事を組み合わせたコースもあり、まる1日楽しめる。

パタヤー・エレファント・ヴィレッジ
住 48/120 Moo 7, Tambon Nong Prue
電 0-3824-9818、0-3824-9853
URL www.elephant-village-pattaya.com

象の学校ショー
開 毎日2回、10:30～と16:30～
料 650B

トレッキング
開 毎日9:00、10:30、12:30、16:00発（約45～50分。事前に申し込めば希望の時間に出発可能）
料 1200B

エレファント・トレッキング＆ラフティング
開 毎日10:30、16:00の2回
料 2000B
行き方 パタヤー市街の6kmほど東にある。アトラクションへの参加は事前にウェブサイトからの申し込みが必要。

迫力の餌やりショーは必見
アンダーウオーター・ワールド・パタヤー
Underwater World Pattaya

MAP P.200-C4
อันเดอร์วอเตอร์ เวิล์ด พัทยา

パタヤー市街中心から南東へ約5kmの所にある、規模の比較的大きな水族館。タイのアンダマン海とタイ湾を中心に、シンガポール、オーストラリアなどの海から集められた約200種、2500匹以上の魚が見られ、タイで最初に造られた長さ100mの水槽トンネルが人気になっている。館内は、サンゴやトロピカルフィッシュを集めたコーラルリーフ・ゾーン、サメやエイなど大型の魚類が中心のレイ・ゾーン、暗いなかにクラゲの水槽がいくつも並ぶ様子が神秘的なジェリーフィッシュ・ワールドなどがある。午前と午後に各ゾーンで餌やりショーもあり、まるでサメのような形をしたエイのショベルノーズレイなど、珍しいエイやサメを間近で観察できて興味深い。

頭上をサメが泳ぐ様子が見られる

アンダーウオーター・ワールド・パタヤー
住 22/22 Moo 11, Sukhumvit Rd.
電 0-3875-6877
FAX 0-3875-6875
URL www.underwaterworldpattaya.com
開 毎日9:00～18:00（最終入場は17:30）
料 500B
CC J M V
行き方 送迎付きのツアーで行くか、パタヤー市街からGrabやBoltを利用しよう。所要約10分。

タイの文化をパタヤーで知る
パタヤー水上マーケット
Pattaya Floating Market

MAP P.200-C5
ตลาดน้ำ ๔ ภาค พัทยา

2009年オープンのアトラクション。タイ語の名称を直訳すると「4つの地方の水上市場」。その名のとおりタイの北部、中部、東北部、南部の文化を水上マーケットの形で展示している。水上に設けられた通路を伝って東屋のような建物を順に訪れていけば、タイ全土の文化が見学できる造りになっている。各地の特産物が売られているほか飲食施設も多数あり、料金も町なかとほとんど変わらない。

船で営業する飲食屋台から食べ物が買える

パタヤー水上マーケット
住 451/304 Moo 12, Sukhumvit Rd.
電 08-8444-7777
URL www.pattayafloatingmarket.com
開 毎日9:00～20:00
料 500B（外国人料金）
行き方 パタヤー市街からGrabやBoltで片道150B程度。所要約50分。

農業の様子を再現した展示もある

外国人率の高い町だけあって、タクシーやソンテオをチャーターする際の言い値もかなり高め。配車アプリのGrabやBoltを使うと、言い値よりもかなり安くなるので、ぜひ活用しよう。

アート・イン・パラダイス
住 78/34 Moo 9, Pattaya 2nd Rd.
TEL 0-3842-4500　FAX 0-3842-4588
URL Art in Paradise
時 毎日9:00～22:00（チケット販売は～21:00）　料 400B（外国人料金）

ラーン島
行き方 バリハイ桟橋Bali Hai Pier（MAP P.199-A3～A4）から船が出ている。桟橋の先に船着場があり、乗船時に係員に料金を払う。
ナー・バーン：所要約30分。
ナー・バーン船着場行き：7:00、10:00、12:00、14:00、15:30、17:00、18:30
ナー・バーン船着場発パタヤ行き：6:30、7:30、9:30、12:00、14:00、15:30、16:00、17:00、18:00
料 30B
ター・ウェーン・ビーチ：所要約50分
パタヤ発ター・ウェーン行き：8:00、9:00、11:00、13:00
ター・ウェーン発パタヤ行き：13:00、14:00、15:00、16:00、17:00
料 30B
サメー・ビーチ：所要約30分
パタヤ発サメー・ビーチ行き：9:30、10:30、11:30、12:30、13:30
サメー・ビーチ発パタヤ行き：15:00、16:00、17:00
料 150B
船着場周辺の客引きは小型の高速ボートのチケットを売る。人が集まりしだい随時出発で1人150B～。所要15分程度と早いが揺れが激しく、人が集まらないとなかなか出発しないこともあるので注意。

旅のヒント

ラーン島内の移動
ナー・バーン埠頭から島内のビーチへは、モーターサイかソンテオ利用。モーターサイ乗り場は船着場に、ソンテオ乗り場は船着場前の細い通りを船着場を背に左へ3分ほど歩いた広場にある。船着場周辺にはレンタバイクもあり、1台200B。島内には急坂が多いので運転は慎重に。
ナー・バーンから各ビーチの料金
モーターサイ／ソンテオ
ター・ヤーイ　40B/40B
ター・ウェーン　40B/20B
ティアン　50B/30B
サメー　50B/30B
ヌアン　40B/30B

チョームティエン・ビーチ
行き方 パタヤ・ターイ通りとセカンド・ロードの交差点そばにある乗り場（MAP P.199-B4）からソンテオで20B。チョームティエン・ビーチ内の移動は10B。

展示よりも客のモデルぶりがおもしろい

アート・イン・パラダイス
Art in Paradise

MAP P.199-C1
อาร์ต อิน พาราไดซ์

自称世界最大のトリックアート美術館。館内の壁に描かれた絵画の数々は、その前に人が立ってポーズを取ることによって完成するものばかり。雑誌の表紙になったり、サメに襲われたり、アンコール・ワットに入り込んだり、チョウに変身したりする様子を存分に撮影しよう。

1ヵ所で世界の遺跡巡りができる

巨大な空間の周囲一面にアンコール・ワットやスコータイ、そしてなぜかエジプトの遺跡などが描かれた部屋もあり、世界旅行気分も味わえる（？）。絵の中に入り込んで自由にポーズをつけるタイ人入館者たちの達者なモデルぶりを眺めるだけでもおもしろい。

郊外の見どころ

パタヤー周辺のビーチと島々

パタヤー・ビーチは、海沿いに遊歩道やベンチが整備され、散歩も楽しめる。ビーチにはパラソルやデッキチェアが並んでいるが、すべて有料。マリンスポーツの客引きも多い。ほかには沖に浮かぶラーン島や、チョームティエン・ビーチがある。

パタヤー沖の美しい小島

ラーン島
Ko Lan

MAP 折込表-C6
เกาะล้าน

パタヤーの沖合にあるラーン島は、パタヤーよりもビーチが美しいので日帰り客に人気。パタヤーに面した東側には島最大の集落とナー・バーン船着場があり、ビーチは島の西側に点在している。島内にはビーチが5ヵ所あり、北からター・ヤーイ、ター・ウェーン、ティアン、サメー、ヌアン。人気があるのは比較的規模が大きく海の家なども多いター・ウェーン・ビーチとサメー・ビーチ。ナー・バーン船着場と各ビーチの間は、モーターサイやソンテオで移動できる。

マリンスポーツならラーン島で

静かなリゾートエリア

チョームティエン・ビーチ
Jomtien Beach

MAP P.200-B4～C5
หาดจอมเทียน

パタヤーの南約5km、小高い山を越えるとチョームティエン・ビーチがある。こちらはパタヤー湾よりもあとに開発されたエリアで、ビーチも大きく広い。大型リゾートホテルが多く、騒々しいバーも少ないから、のんびり過ごしたい人におすすめ。タイ人や在住外国人の利用が多い。南東に行くとホテルが点々とあるだけで静か。

にぎやかなパタヤーよりも落ち着ける

204

ホテル

パタヤーのホテル事情

パタヤーの宿は高級リゾートホテル、小さくて気楽なリゾート、快適な中級ホテル、安ゲストハウスとよりどりみどり。500B程度のホテルでも衛星放送チャンネル付きテレビや冷蔵庫、ホットシャワー、無料Wi-Fiなど比較的設備が調っている。手頃なホテルは、セカンド・ロード沿いのパタヤー・クラーン通りとパタヤー・ターイ通りに挟まれたエリア（MAP P.199-C3）に多い。

高級ホテル

H グランデ・センター・ポイント・パタヤー
Grande Centre Point Pattaya　MAP P.199-C1

- 住 456, 777, 777/1 Moo 6, Na Kluea
- TEL 0-3316-8999　FAX 0-3316-8900
- URL www.grandecentrepointpattaya.com
- 料 AC S T 3885B〜　CC ADJMV
- 室 396室　プール　WiFi

パタヤー北にオープンした、32階建ての高層ホテル。全室温水洗浄便座設置でオーシャンビュー。朝食は最上階にあるレストランで、抜群の景観を眺めながら食べられる。最新ショッピングモールのターミナル21に隣接。

H ヒルトン・パタヤー
Hilton Pattaya　MAP P.199-B3〜C3

- 住 333/101 Moo 9, Nong Prue
- TEL 0-3825-3000　FAX 0-3825-3001
- URL www.pattaya.hilton.com　予 TEL (03) 6679-7700
- 料 AC S T 5122B〜
- CC ADJMV　室 302室　プール　WiFi　無料

パタヤーの繁華街にそびえる大型ショッピングセンター、セントラルフェスティバルの上層階に2011年にオープンした高級ホテル。天井の高いロビー、インフィニティスタイルのプールなど、ビル内にありながらリゾート気分満喫。全室ビーチビューの客室は壁一面が大きな窓になっており、ベッドに横たわったまま海を眺めることができ気分がいい。

H アマリ・パタヤー
Amari Pattaya　MAP P.199-C1

- 住 240 Pattaya Beach Rd.　TEL 0-3841-8418
- URL jp.amari.com/pattaya　料 AC S T 4655B〜
- CC ADJMV　室 346室　プール　WiFi　無料

広い庭がありプールもきれい。吹き抜けになったロビーは広々とした造りで居心地もよく、南国のリゾート気分が満喫できる。20階建てのアマリタワーは全室オーシャンビュー。ベッドルームと一体化したバスルームなど、新しい趣向がふんだんに盛り込まれており、快適に過ごせる。

H デュシタニ・パタヤー
Dusit Thani Pattaya　MAP P.199-C1

- 住 240/2 Pattaya Beach Rd.　TEL 0-3842-5611
- FAX 0-3842-8239　URL www.dusit.com
- 料 AC S T 3820B〜　CC ADJMV　室 457室
- プール　WiFi　NET　無料

広大な敷地の中にゆったりと建つ高級リゾートホテル。ロビーの奥に広がる大きな吹き抜けにはまるで植物園のように緑が茂り、滝から水が流れ落ちていて高級感満点。海が見渡せる大きなプールも気分がいい。グリルビュッフェが楽しめる「ザ・ベイThe Bay」は、海が見渡せる贅沢なレストラン。

H アヴァニ・パタヤー・リゾート&スパ
Avani Pattaya Resort & Spa　MAP P.199-B3

- 住 218/2-4 Moo 10, Pattaya Beach Rd.
- TEL 0-3841-2120
- URL www.avanihotels.com
- 料 AC S T 3911B〜　CC ADJMV
- 室 300室　プール　WiFi

ロビーは壁のない造りで、風が吹き抜けリゾート感満点。中庭にあるプールは、緑に囲まれてまるでジャングルの中にいるよう。ブラウン基調の落ち着いた色合いが好ましい客室は、パタヤーの喧騒を忘れさせてくれる。元マリオット。

H ハード・ロック・ホテル・パタヤー
Hard Rock Hotel Pattaya　MAP P.199-C2

- 住 429 Moo 6, Pattaya Beach Rd.
- TEL 0-3842-8755　FAX 0-3842-1673　URL pattaya.hardrockhotels.net　料 AC S T 2820B〜
- CC ADJMV　室 323室　プール　WiFi　NET

ステージ照明風につるされたテレビ、ロゴ入りのベッドスプレッド、客室の壁には有名なアーティストの巨大ポートレートが飾られ大迫力。ビーチ・ロード側にはハード・ロック・カフェがあり、毎晩ライブが行われ深夜までにぎわう。

手頃なホテル

H ページ・テン
Page 10　MAP P.199-C3

- 住 365/3 Moo 10, Soi 10, Pattaya 2nd Rd.
- TEL 0-3842-3333
- URL www.page10hotel.com　料 AC S T 2600B〜
- CC AMV　室 79室　プール　WiFi　無料

モノトーンの客室はベッドルームもバスルームも広々、バスタブとシャワーブースはどちらも大きくて使いやすい。朝食は品数豊富。屋上のプールは眺めもいい。

H アクア・ホテル・パタヤー
Acqua Hotel Pattaya　MAP●P.199-C3

666 Soi 10, Pattaya 2nd Rd.　0-3841-4111
www.acquahotelpattaya.com　AC ⓢⓣ
1988B～　CC AJMV　114室　プール　WiFi

まだ新しいので快適。フローリングでグレー＆ブラウンのインテリアが好ましい。6階建てで屋上に眺めのよいプールとラウンジがあり、気分よく過ごせる。

H アヤ・ブティック・ホテル・パタヤー
Aya Boutique Hotel Pattaya　MAP●P.199-B3

555/54 Moo 10, Pattaya Beach Rd.
0-3890-9555　0-3890-9505
www.ayapattayahotel.com　AC ⓢⓣ2250B～
CC AJMV　78室　プール　WiFi

ウオーキング・ストリートやショッピングエリアに近く、パタヤーの喧騒を堪能したい人にうってつけの立地。プールは屋内なので、天気を気にせず泳げるのがいい。ルーフトップに設けられたテラスでの日光浴も楽しめる。バスタブのない部屋もあるので気になる人は注意。

H シーミー・スプリング
Sea Me Spring Hotel　MAP●P.199-B3

343/21 Moo 10, Soi 10, Pattaya 2nd Rd.
0-3848-9405　0-3848-9409
www.seamespringhotel.com　AC ⓢⓣ
2325B～　CC AJMV　71室　プール　WiFi

手頃なホテルが続々とオープンしているソイ10にある居心地のいいホテル。スタンダードの客室でも45㎡と広々とした造りで全室バルコニー付き。すぐ向かいに姉妹ホテルのシーミー・スプリング・トゥーがある。

H アレカ・ロッジ・パタヤー
Areca Lodge Pattaya　MAP●P.199-C3

198/21, 198/23 Moo 9, Soi Diana Inn
0-3841-0123　0-3841-5550
www.arecalodge.com　AC ⓢⓣ2100B～
CC AJMV　216室　プール　WiFi

3棟の客室棟にプールがふたつある大型ホテル。ホワイト＆ブラウンの内装がリゾート感満点。周辺はナイトライフが盛んなエリアで深夜までにぎやか。おもなショッピングセンターも徒歩圏内で便利。

H イビス・パタヤー
ibis Pattaya　MAP●P.199-C1

463/79 Moo 9, Pattaya 2nd Rd.
0-2659-2889　all.accor.com
AC ⓢⓣ1009B～　CC AJMV　254室

パタヤー・ビーチの北部、シンプルながら清潔な部屋が手頃な料金で泊まれる。周囲はホテルが多く静かな立地。喧騒が苦手な人向き。

H H.ブティック
H.Boutique Hotel　MAP●P.199-C3

529/49-50, Moo 10, Soi 11, Soi Honey Inn, Pattaya 2nd Rd.　0-3841-3555　0-3841-3566　www.hboutiquehotelpattaya.com
AC ⓢⓣ2118B～　CC JMV（＋3％のチャージ）
39室

手頃なホテルが集まる通りにあるブティックホテル。客室は窓が大きく開放的でテラスも付いており、快適に過ごせる。朝食は並びにある系列ホテル（H Honey Inn）のレストランで食べる。

H ベイ・ブリーズ
Bay Breeze Hotel　MAP●P.199-C3

503/2 Soi 11, Soi Honey Inn, Pattaya 2nd Rd.
0-3842-8383～4　0-3842-9137
www.baybreezepattaya.com
AC ⓢ1350B～　ⓣ1500B～　CC ADJMV
82室　プール　WiFi

ビーチまで徒歩約5分の中級ホテル。部屋はシンプルできれい。この料金でミニバーとケーブルテレビ、バスタブ付きはお得感あり。周辺にはほかにも手頃なホテルが多い。

G ザ・ベッドルームス・ホステル
The Bedrooms Hostel　MAP●P.199-C1

Soi 1, Pattaya Beach Rd.　0-3308-0133
www.thebedroomhostelpattaya.com
AC ⓢ750B～　ⓢⓣ1190B～
CC AMV　24室　WiFi

もともと安いホテルが多いパタヤーでは珍しい、ドミトリーもあるホステル。健全派バックパッカーも安心して利用できる。ドミトリーのベッドにも1台ずつテレビ設置（音声はヘッドフォン利用）。ツインルームはバンクベッド（2段）になっている。

レストラン

R パタヤーのシーフード・レストラン街
Seafood Restaurants in Pattaya　MAP●P.199-A4

ウオーキング・ストリート（MAP P.199-A4～B4）沿いには、海に面したシーフード・レストランが並び、通りに面した部分に魚が泳ぐ水槽を置いたり、氷の上にシーフードを並べて、お客を誘っている。何を頼むかによって料金は大きく変わるが、数人で行ってひとり最低500～1000Bくらいのつもりでいよう。

R フード・ホール
Food Hall　MAP●P.199-B3～C3

BF, CentralFestival Pattaya
0-3804-3472　毎日9:00～22:00
CC JMV

[S]セントラルフェスティバル地下1階にあるフードコート。2ヵ所に分かれており、スーパーマーケットのTops脇にある「Beach Eats」はやや高級でイタリアンや中国など外国料理も。反対側にあるフードコートは大衆食堂風にひと皿ものの店が多く、気軽に利用できる。

[R] サーフ・キッチン
Surf Kitchen

MAP P.200-B4

[住] Hat Jomtien [電] 0-3823-1710
[営] 毎日9:00～23:00 [CC] [M][V]

チョームティエン・ビーチの通りに面した、オープンエアのレストラン。テラス席には緑が茂り涼しげ。グリーンカレーやカーオ・パットなどの一般的なタイ料理は100B程度と観光地にしては比較的手頃。サンドイッチやバーガー類、ステーキなど洋食メニューも豊富。

ショップ

[S] ターミナル21・パタヤー
Terminal 21 Pattaya

MAP P.199-C1

[住] 456, 777, 777/1 Moo 6, Na Kluea
[電] 0-3307-9777 [URL] www.terminal21.co.th/pattaya [営] 毎日11:00～23:00 [CC] ショップにより異なる

2018年10月オープン。パリ、ロンドン、東京などフロアごとに異なったコンセプトの内装で、吹き抜けにはエッフェル塔まである。3階にあるフードコートのピア21は、ひと皿ものが40B前後と格安で食べられる。

[S] セントラルフェスティバル・パタヤー・ビーチ
CentralFestival Pattaya Beach

MAP P.199-B3～C3

[住] 333/99-333/100 Moo 9, Nong Prue
[電] 0-3300-3999 [営] 毎日11:00～23:00
[CC] [A][D][J][M][V] （テナントは店により異なる）

2009年にオープンした巨大ショッピングセンター。ブランドショップ、タイ雑貨店をはじめ各種飲食店がずらり。ビーチ側にある飲食店は眺めもよく、ひと休みするのにおすすめ。地下にフードコートもある。上層階には[H]ヒルトン・パタヤー（→P.205）が入る。

ナイトライフ

カウンターの上で水着の女性が踊るゴーゴーバーなどもあるが、気楽で安心なオープン形式のバーも多く、一般にバービアBar Beer、あるいはビアバーBeer Barと呼ばれる。特ににぎやかなのはウオーキング・ストリート周辺やダイヤモンド・ホテルがあるソイ・ダイヤモンド（[MAP] P.199-A4～B4）。ほかにもパタヤー・ターイを歩いていればいくらでも見つかる。値段は、ビールの小瓶1本80～120B程度。チャージなどはない明朗会計。

バービア

[N] オーン・バービア
Orn Bar Beer

MAP P.199-C3

[住] Soi 10, Pattaya 2nd Rd.
[営] 毎日19:00頃～翌2:00頃 [CC] なし

パタヤーでおそらく唯一、毎晩タイ風ステージショーが行われるバービア。歌手とダンサーが繰り広げるゆるいショーは、21:00頃から随時休憩を入れながら閉店まで続く。ビール1本80B～。

エンターテインメント

[N] カーン・ショー
Kaan Show

MAP P.200-B3

[住] 168/8 Moo 12, Thepprasit Rd.
[電] 0-2020-0092 [URL] kaanshow.com
[営] 火～日19:30～ [休] 月
[料] 2500B、3000B、4000B [CC] [A][D][J][M][V]

ワイヤーアクション、プロジェクションマッピングなど最先端の技術を投入し、ステージどころか場内空間狭しと繰り広げられるスペクタクルなショー。2023年3月現在休業中。

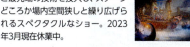

ニューハーフショー

旅行会社を通して予約すると直接行くよりも安くなることが多いので要確認。

[N] アルカザール
Alcazar

MAP P.199-C2

[住] 78/14 Moo 9, Pattaya 2nd Rd.
[電] 0-3841-0224 [URL] www.alcazarthailand.com
[営] 毎日17:00、19:00、20:30
[料] 1800B [CC] なし

パタヤー名物ニューハーフショーの老舗劇場。ステージ狭しと歌い（口パクだけど）踊る芸達者な皆さんの美しいショーに心奪われるのも楽しい旅のひととき。

[N] ティファニーズ・ショー
Tiffany's Show

MAP P.199-C1

[住] 464 Moo 9, Pattaya 2nd Rd. [電] 0-3842-1700
[FAX] 0-3842-1711 [URL] www.tiffany-show.co.th
[営] 毎日18:00、19:30、21:00
[料] 中2階1000B、VIP1600B、VIPゴールド2000B [CC] [J][M][V]

2009年にはるな愛が優勝して日本でも話題になった、世界一のニューハーフ美人を競う「ミス・インターナショナル・クイーン」を開催する有名劇場。出演者は美人揃いといわれる。

Rayong ระยอง

タイ人に人気がある東海岸リゾートへの起点となる町

ラヨーン

下町の中心にある時計塔

ラヨーン川岸に開けたこの町は、ビルマを打ち破った救国の英雄タークシン王ゆかりの地。周辺には美しいビーチがいくつも連なり、タイ人に人気のリゾート地となっている。

行き方

バンコクから

BUS 東バスターミナルから所要約3時間。1等162B。3:30～22:30にほぼ1時間おきに出発。北バスターミナル発も1日5～6便ある。人が集まりしだい出発のロットゥーが、東バスターミナル、北バスターミナルから出ている。道がすいていれば、東バスターミナルから約2時間20分でラヨーンの第2バスターミナルに着く。160B。第2バスターミナルから市街まではソンテオ（15B）で20分程度。

バンコク行きのロットゥー

ワット・ルン・マハーチャイ・チュムポン
開 毎日6:00～20:00　料 無料

ワット・ルン・マハーチャイ・チュムポンのタークシン王像

ラヨーンの歩き方

地元の人たちでにぎわうナイトバザール

ラヨーンの町は、第1バスターミナル周辺から西にある大型スーパーのロータスにかけてのエリアがにぎやか。東西には昔ながらの市場がある。そこから幹線道路のスクムウィット通りSukhumvit Rd.を東へ歩くと、10分ほどで時計塔のある広場に着く。こちらには手頃な飲食店が多く、どちらかというと下町の雰囲気。第1バスターミナルから西へ5分ほど歩くとナイトバザールがある。ラヨーン・シティ・ホテルなどのある中級ホテルが多いエリアのあたりには、付近の工業団地で働く日本人駐在員向けの飲食店が多い。中長距離のバスやロットゥーは、市街から北西へ約4kmの場所にできた第2バスターミナルに発着する。

おもな見どころ

タークシン王を祀る
ワット・ルン・マハーチャイ・チュムポン
Wat Rung Mahachai Chumphon　MAP P.208

ビルマに侵略されアユタヤ朝が滅亡した際ラヨーンへ逃れたタークシン将軍は、ここを拠点に勢力を蓄え、後にビルマを撃退してトンブリー朝を開いた。王を記念したタークシン王廟が境内にある。

208

普通とちょっと違う仏像がある
ワット・パー・プラドゥー
Wat Pa Pradu

MAP P.208

仏像に金箔を貼る参拝客

アユタヤー朝時代に開かれたとされるこの寺院には、長さ11.95m、高さ3.6mの寝仏がある。ここの仏像は一般的な寝仏とは異なり、左側を下にして横たわっている。

ワット・パー・プラドゥー
- 開 毎日6:00〜19:00
- 料 無料
- 行き方 第1バスターミナルから徒歩約10分。

郊外の見どころ

タイ人に人気の雄大なビーチ
メー・ラムプーン・ビーチとカオ・レーム・ヤー
Mae Rumpueng Beach & Khao Laem Ya

MAP P.208外

ラヨーン郊外には美しいビーチが多く、タイ人に人気の行楽地となっている。なかでもメー・ラムプーンは長さ約12kmという雄大さが人気のビーチ。東に続く岬の周辺は小高い丘（カオ・レーム・ヤー）でバンガローが多い。

旅のヒント
ラヨーン県のビーチ
ラヨーンまたはバーン・ペーからソンテオかモーターサイをチャーターする（距離により50〜200Bほど。事前に交渉のこと）。高級リゾートに宿泊する場合は送迎サービスが利用できる場合もあるので、予約時に尋ねてみよう。

ホテル

ラヨーン市街のホテル

スター・コンベンション
Star Convention Hotel　MAP P.208
- 住 109 Rayong Trade Center Rd., No.4
- 電 0-3861-4901〜6
- URL www.starconventionhotel.com
- 料 AC S T1400B〜　CC AJMV　室 336室
- プール　WiFi

第1バスターミナルから徒歩約5分の高級ホテル。NHKの国際衛星放送も観られる。旧館のスターウイングと新館のプラザウイングに分かれ、受付も別。向かいはナイトバザール、その隣はスーパーのロータスと立地もいい。

ラヨーン・シティ
Rayong City Hotel　MAP P.208
- 住 11 Soi 4, Ratbamrung Rd.
- 電 0-3862-4333　0-3862-4200
- 料 AC S950B〜　T1100B〜
- CC AJMV　室 280室　プール　WiFi 無料

第1バスターミナルから西へ1.2km。客室設備、サービス、朝食ビュッフェなどは高級ホテル並み。NHK国際衛星放送も観られる。本格的なスパ＆マッサージ設備も完備。

ゴールデン・シティ・ラヨーン
Golden City Rayong Hotel　MAP P.208
- 住 530/1 Sukhumvit Rd.　電 0-3861-8701〜15
- 料 AC S1000B T1100B
- CC JMV　室 341室　WiFi

第1バスターミナルから西へ約2kmで、幹線道路に面している。バスタブ、ミニバー、セーフティボックス、テレビ、電子レンジ付きで快適。NHKの国際衛星放送も観られる。

ラヨーン県のビーチのホテル
海沿いにはたくさんのバンガロー、ホテルがある。安いところで200B〜、高級クラスでは3500〜5500Bほどだが、常時割引している。バンコクやラヨーンのTATで詳しい地図やホテルリストを入手できる。

レストラン

居酒屋　初瀬
Izakaya Hatsuse　MAP P.208
- 住 76/5 Ratbamrung Rd.　電 0-3801-5388
- 営 毎日16:30〜23:00　CC JMV

近海で取れた新鮮な魚の刺身や塩焼きが食べられる居酒屋。日替わり海鮮丼は200B。アジの開き、豚の冷しゃぶ、ナス餃子などが人気で1品100B〜。日本語での注文も可。ラヨーン・シティー・ホテルの裏側にある。

タイ プチ情報　ラヨーン郊外はフルーツの産地としても名高い。見学や果物狩りができる観光農園もあるので、ホテルなどで車を手配してもらい回ってみよう。

Ko Samet　เกาะเสม็ด

バンコクから気軽に行ける青い海と白い砂の島
サメット島

折込表-C6

バーン・ペーのサメット島行き桟橋

行き方

バンコクから
BUS 東バスターミナルからバーン・ペー直行バスが5:00〜20:30の間に10〜14便、だいたい毎正時出発。所要約3時間30分、1等178B。

白い砂がまぶしい遠浅のビーチが多く、海水浴に最適の美しい島。距離が近いこともあって、バンコクから訪れる若者グループが多く、週末はかなりにぎやかになり安いゲストハウスも混雑気味になる。ラヨーンやパタヤーからなら日帰りもできる。

サメット島の歩き方

サメット島行きの船は、ラヨーン（→P.208）郊外のバーン・ペーから出る。船着場は会社ごとに分かれているのでいくつもあるが、チケットはそのチケットを発行した会社の便のみ有効なので注意。バンコクからバーン・ペーまでのバスとボートをセットにしたジョイントチケットは、ボートの行き先も出発時間も融通が利かないので不便。ホテルの送迎が付いていないかぎり、一般のバスとボートを乗り継いだほうが便利。

ナダン港に着くボートの場合、目的のビーチまでは船着場に待機している乗合ソンテオを利用すると便利だ。途中、国立公園管理事務所で公園入場料を払う（外国人料金で大人200B、子供100B。船のチケット購入時に支払う場合もある）。ナダン港から国立公園管理事務所まで徒歩7〜8分で、この間が島内唯一の商店街。安宿、レストラン、バー、インターネットカフェ、ATMなどが並んでいる。サイケーオ・ビーチは目の前で、パイ湾までは管理事務所から徒歩約10分。

島内の交通

島内はソンテオで移動する。ナダン港の船着場には各ビーチまでの料金が掲示されているが、その料金では10人ほど集まらないと出発しない。ウォンドゥアン湾やサイケーオ・

サメット島の玄関はナダン港

210

ビーチまでの利用者は比較的多いが、それ以外のビーチへ行く場合はチャーター（7～10人分の料金）も覚悟しよう。サイケーオ・ビーチから先は未舗装のでこぼこ道になる。レンタバイクもあるが、運転に慣れていないと事故のもとになる。

サメット島のビーチ

いくつものビーチがあるサメット島

サメット島のビーチは島の東側に集中しており、小さな岬で隔てられ、それぞれに名前がついている。ビーチの周辺には珊瑚礁もあり、波が静かならスノーケリングが楽しめる。にぎやかなビーチと静かなビーチにはっきり分かれており、ビーチ間の移動は比較的面倒なので、目的に合わせて選びたい。

チョー湾あたりまで来ると比較的静か

おもなビーチ

島で特ににぎやかなのがサイケーオ・ビーチHaat Sai Kaewとウォンドゥアン湾Ao Wong Duanだ。サイケーオ・ビーチはタイ人の週末旅行客が多く、浜辺にずらりとレストランが並ぶ。ビーチは遠浅で、島の中では最も砂がきれいで広々としている。静かで

レストランも多いサイケーオ・ビーチ

はないが、商店街も近く何かと便利。ウォンドゥアン湾は深いため、波が穏やかで泳ぎやすいが、人気があるため騒がしく物価も高い。湾内には各種の船がずらりと並び、浜には大きなレストランやショップ、マリンスポーツ屋がある。日帰り旅行者も団体で訪れるので、日中は本当に人が多いが、マリンスポーツをするならこのビーチがおすすめ。

ウォンドゥアン湾の南のティアン湾Ao Thianは人が少なく静かで過ごしやすい。マリンスポーツはほとんどなく、のんびりゴロゴロ派の欧米人が多いのが特徴。さらに南のワイ湾Ao Waiとキウ・ナー・ノック湾Ao Kiu Na Nokは、人が比較的少なく静かに過ごせ、泳ぎやすい。

島で最もにぎやかなウォンドゥアン湾

サメット島のツアー例

サメット島クルージング（所要約1時間、400B～）：島周辺をスピードボートで巡り、数々の美しい湾を訪れる。
サメット島周辺スノーケリング（所要約2時間、400B～）
クディ島周辺スノーケリング（所要約3時間、600B～）
タルー島周辺スノーケリング（所要約3時間、1500B～）
上記はすべて4人以上参加の場合のひとりの料金。参加者が1～3人の場合、追加料金が必要。

行き方

ラヨーンから
BUS 第1バスターミナルからソンテオでバーン・ペーまで行く（所要約30分、25B）。ソンテオは6:00～20:00の間、人が集まりしだい出発。バーン・ペーからサメット島のナダン港まで、船で約40分。料金は片道70B、往復100B。毎時、確実に乗れるのがバスターミナル向かいのヌアンティップ桟橋Nuanthip Pier発ナダン港行き。ナダン港からはソンテオなどで目的のビーチを目指そう。バーン・ペー～ナダン港は双方から8:00～18:00のだいたい1時間に1本出ている。ほかに、人数が集まると出発するスピードボート（定員8人）もあり、ナダン港まで片道200B、往復350B。ウォンドゥアン湾まで片道300B、往復500B。

インフォメーション

ナダン港からのソンテオ料金
（チャーターは7～10倍）
サイケーオ・ビーチ	20B
パイ湾、トゥプティム湾	20B
プラオ湾	30B
ウォンドゥアン湾	30B
ティアン湾、ワイ湾	40B
キウ・ナー・ノック湾	50B

島での両替
島内に銀行はなく、ATMが国立公園管理事務所の前にあるセブン-イレブンとその隣、ウォンドゥアン湾に設置されている。両替はバンガローや旅行会社でできることもあるが、レートが悪い。同様にホテルでのカード支払いも手数料が高く、3～6%加算される。

旅のヒント

マリンスポーツなどの料金
バナナボート	700～1200B/30分
ジェットスキー	1200B/30分
パラソルと椅子（2脚）	30～50B/日
浮輪レンタル	50B/日

タイプチ情報 サメット島はバンコク民にとっても気軽に行けるリゾートなので、週末は混雑し、しかも夜遅くまで騒がしいことがある。できれば平日に訪れたい。

ホテル

サメット島のホテル

料金はシーズンによる変動が大きいので注意。特に年末年始、タイの正月（4月半ば）、中国の旧正月には料金が大幅にアップする。シングル400〜500B程度の安宿は、サイケーオ・ビーチ手前の商店街に多い。

サイケーオ・ビーチ

H サイケーオ・ヴィラ
Saikaew Villa　　MAP●P.210-A

- 58-59 Moo 4, Banphe　0-3864-4144
- 0-3864-4010
- AC S T 1200B〜　CC なし
- 152室　WiFi レセプション周辺のみ

ナダン港から徒歩約10分、サイケーオ・ビーチの入口にある。簡素な長屋タイプの部屋から、高床式コテージ、オーシャンビューまで、予算やスタイルで選べる手頃な宿。全室エアコン設置でホットシャワー付き。

パイ湾

G シルバー・サンド・リゾート
Silver Sand Resort　　MAP●P.210-A

- 92 Moo 4, Banphe　0-3864-4300、08-1996-5720　0-3864-4074
- www.silversandsamed.com
- AC T 2500B〜　ファミリールーム（4人まで利用可）4500B　CC JMV　60室　WiFi

国立公園管理事務所から徒歩約10分。敷地内にミニマートあり。バーやレストランでは音楽が流れ、にぎやか。

チョー湾

H グランドビュー・アオチョー・ハイダウエイ・リゾート
Grandview AoCho Hideaway Resort　　MAP●P.210-B

- 44/4 Moo 4, Banphe
- 08-1295-3044　0-3864-4332
- www.aochohideaway.com
- AC T 2人用3500B〜　4人用4800B〜
- CC JMV　33室　WiFi ロビー周辺のみ

全室ヴィラタイプ。室内はタイ風のインテリアでテレビ、ミニバー付きで快適。旧称アオチョー・グランド・ビュー・リゾート。

ウォンドゥアン湾

H サメット・カバナ・リゾート
Samed Cabana Resort　　MAP●P.210-B

- 13/20 Moo 4, Ao Wong Duan
- 08-1734-5076
- www.samedcabana.com
- AC S T 2190〜4200B　CC JMV（+3％のチャージ）
- 50室　プール　WiFi ロビー周辺のみ

客室からプールやビーチに直接出られるようなカバナを主体としたバンガローが、広い敷地に点在している。部屋の設備はだいたい同じで、プールサイド、ビーチフロント、宿泊曜日など、条件によって料金が異なる。

ティアン湾

H サン・ティアン・ビーチ・リゾート
Sang Thian Beach Resort　　MAP●P.210-B

- 88 Moo 4, Banphe　08-1295-9567
- AC S T 1800B〜　4人部屋3200B〜
- CC AJMV　34室　WiFi

比較的規模が大きめ。きれいなビーチに面し、海を見下ろす丘の斜面に客室棟が建つ。スタッフの感じもよく好感がもてる。バー、レストランあり。

キウ・ナー・ノック湾

H パラディー
Paradee　　MAP●P.210-C

- 76 Moo 4, Tambon Phe
- 0-2438-9771（予約用。月〜金8:30〜17:30）
- www.samedresorts.com/paradee
- AC S T 2万200〜2万8700B
- CC AMV　40室　プール　WiFi

キウ・ナー・ノック湾に面した閑静な場所にある高級リゾート。プライベートビーチに面した南国情緒豊かなヴィラでの滞在を楽しめる。

プラオ湾

H ル・ヴィマーン・コテージ＆スパ
Le Vimarn Cottages & Spa　　MAP●P.210-A

- Ao Prao, 40/11 Moo 4, Tambon Phe　0-3864-4104（予約は0-2437-7849）　0-3864-4109
- www.samedresorts.com/levimarn　AC S T 1万360B〜　CC AMV　31室　プール　WiFi

島の西海岸、静かなプラオ湾に建つリゾート。開放感のあるレセプションや海を見渡せるプール、さりげなく置かれた花など、リゾート気分を盛り上げるアイテムがいっぱい。

ビーチに現れるスルメ売り

Chanthaburi จันทบุรี

カンボジア国境に近い宝石取引の町
チャンタブリー

バンコク
折込表-D6

タークシン大王像

タイ東部カンボジア国境付近の山では、古くからルビー、サファイアの採掘が行われてきた。それらの宝石はチャンタブリーに集められ、世界各地へと送り出されていった。現在でも宝石の集散地としての機能は健在で、各地から宝石商人が集まる。

チャンタブリーの歩き方

川に近いシー・チャン通りSri Chang Rd. とトロック・クラチャン通りTrok Krachan Rd. 周辺には宝石店が多く、後者の通称は宝石通りGem Street。川沿いには古い町並みや大聖堂がある。

おもな見どころ

20世紀初めに建てられたゴシック式の聖堂
カトリック大聖堂（聖母教会）　MAP P.213
The Cathedral of Immaculate Conception (The Church of the Virgin Mary)　อาสนวิหารพระนางมารีอาปฏิสนธินิรมล

タイ最大のカトリック聖堂。1711年に礼拝堂として誕生した後、改築と修復が繰り返され、1909年、4回めの改築で現在のゴシック様式となった。2009年に5回めの修復を終えた聖堂は内部が公開されており、聖人が描かれたステンドグラスが美しい。

堂々とした外観でそびえる

チャンタブリー最大の寺院
ワット・パイローム　MAP P.213
Wat Pai Lom　วัดใผ่ล้อม

アユタヤー時代に建立された、町なかでは最大の寺院。本堂内には巨大な金色の寝仏が横たわっていて壮観。

お堂の中の巨大な寝仏

行き方

バンコクから
BUS 東バスターミナルから5:00～17:30の間に7本、218B。所要4時間。ロットゥーは東バスターミナルから5:30～19:30の間に11本、220B。北バスターミナルから5:00～19:00の間に10本、220B。

ラヨーンから
BUS 所要約2時間、ロットゥー120B。

トラートから
BUS 所要約1時間30分、30分～2時間に1本、70B。ロットゥー70B。

カトリック大聖堂（聖母教会）
住 110 Moo 5, Chantaburi
電 0-3931-1578
開 月～土6:00～19:00、日6:15～（1月は8:30～）　料 任意の寄付

ワット・パイローム
住 Chanthanimit Rd.
開 毎日8:00～18:00（本堂は9:00～17:00）　料 無料

チャンタブリー Chanthaburi

バンコク近郊とタイ中部　サメット島／チャンタブリー

チャンタブーン・ウオーターフロント
[行き方] チャンタブリー中心部の市場から徒歩約10分。宝石通り、カトリック大聖堂とあわせて歩いて回る。

オアシス・シーワールド
[住] 48/2 Moo 5, Tambon Paknam, Laem Sing
[電] 0-3949-9222
[F] OasisSeaWorld
[開] 毎日9:00～18:00
ショーは9:00、11:00、13:00、15:00、17:00、約35分。イルカとの水泳は9:45、11:45、13:45、15:45、45～60分。
[料] 130B（子供80B）（外国人料金）、イルカとの水泳（1週間以上前の予約が必要）は1490B追加。予約はフェイスブックから。
[行き方] 市場前の噴水がある広場から西へ入るとレーム・シン行きソンテオ乗り場がある。10人以上集まると出発。所要約30分、80B。終点のマーケットから約2kmあるので、チャーターが便利。片道300B、半日800B。

珍しいイルカが見られるだけでなく芸まで披露する

★ **狭いエリアに小さな宝石商が並ぶ**
宝石通り
Gem Street
MAP P.213
ถนน พลอย

宝石の原石が取引される問屋街。タイ国内や世界各地の産地から石を持って集まった商人が店に入ると、店員は机上にザッと広げて鑑定を始める。

鑑定の様子が見られるのは金～日曜の9:00～15:00

★★ **レトロな街並みが続くリバーサイド・ストリート**
チャンタブーン・ウオーターフロント
Chanthaboon Waterfront
MAP P.213
ริมน้ำจันทบูร

およそ300年前にチャンタブリー川の水運で栄えた町の様子を今に伝える一角で、約1kmにわたって古風な木造建築が並ぶ。古民家を改装したホテルやみやげ物屋、レストラン、川を眺められるカフェも点在し、週末はタイ人観光客でにぎわう。ホームメイドのお菓子を売る屋台なども出ており、食べ歩きも楽しい。

レトロな雰囲気を満喫しながら町歩き

★ **ピンクのイルカが見られる素朴でのどかな遊園地**
オアシス・シーワールド
Oasis Sea World
MAP P.213外
โอเอซิสซีเวิลด์

チャンタブリー市街から南へ車で30分ほどのレーム・シンLaem Sing（シン岬）の近くにある、世界でも珍しいピンクドルフィン「シナウスイロイルカ（インドウスイロイルカ）」を飼育しているアミューズメントパーク。1日5回イルカのショーを開催。ショーとは別のプールで、イルカと泳ぐこともできる。

タイ人に人気の遊園地

ホテル

H ホップ・イン・チャンタブリー
HOP INN Chanthaburi MAP P.213
[住] 169/5 Tha Chalaep Rd.
[電] 0-2659-2899 [URL] www.hopinnhotel.com
[料] AC S T 720B～
[CC] J M V [室] 75室 WiFi

タイ各地に支店を増やすバジェットホテルチェーンの1軒。客室はシンプルな造りできれい。カードキーがないと建物内に入れない仕組みでセキュリティもばっちり。

H カセームサーン
Kasemsarn Hotel MAP P.213
[住] 98/1 Benchamarachutit Rd. [電] 0-3931-1100
[FAX] 0-3931-4456 [URL] www.hotelkasemsarn.com
[料] AC S T 900B～
[CC] J M V [室] 60室 WiFi

こぎれいで近代的な中級ホテル。1階にはレストランがある。デラックスの部屋（AC S T 2150B）以上はミニバー付き。

H バーン・ルアン・ラーチャマイトリー
Baan Luang Rajamaitri MAP P.213
[住] 252 Sukapibarn Rd.
[電] 08-8843-4516
[URL] www.baanluangrajamaitri.com
[料] AC S T 1690B～ [室] 10室 [CC] なし WiFi

チャンタブーン・ウオーターフロントの真ん中にある、築150年の木造建築を利用したアンティークホテル。全室異なるインテリアで、調度品の一つひとつに歴史を感じさせる。できればチャンタブリー川を見晴らす部屋に泊まりたい。1階は博物館になっている。

Trat ตราด

トラート

カンボジア国境近くに散らばる美しい島々への拠点

折込表-D6

古い町並みが残る

カンボジアと長く国境を接するトラート県の県都。カンボジアやチャーン島周辺の島々への旅の中継地点として旅人が訪れる。

トラートの歩き方

長距離バスは町の中心から北へ約1kmのバスターミナルに着く。バスターミナルからのソンテオはスクムウィット通りSukhumvit Rd.沿い、ナイトマーケットの前に停まる。この周辺が、屋台や市場、商店などがある町で最もにぎやかなエリア。町の南部タナ・チャルーン通り周辺は「オールド・タウン」と呼ばれ、木造の古い家並みが残る。ナイトマーケットは毎日21:00頃まで行われ、飲食の屋台が並ぶ。

上／ゲストハウス街にある古い木造の町並み　右／ナイトマーケットのおかず屋台

おもな見どころ

境内が公園のようになった仏教寺院 ★

ワット・パイローム
Wat Pai Lom　วัดไผ่ล้อม
MAP P.215

約150年前にトラート最初の学校として建てられたもので、その建設に貢献し、"教育の父"と呼ばれるプラ・ウィモン・メーターチャーンPra Vimon Metajarnをはじめとする3人の高僧が祀られている。敷地全体が公園のようになっており、本堂の裏にはふたつの池がある。緑の木々が生い茂る池のほとりは、暑さをしのぐ市民のオアシスにもなっており、散歩がてらお参りに訪れる人が多い。

モダンな仏塔があるワット・パイローム

行き方

バンコクから
AIR スワンナプーム国際空港からバンコク・エアウェイズが1日3便、所要1時間、3190B〜。
BUS 東バスターミナル、北バスターミナルからバスとロットゥーが5:00〜18:30の間にそれぞれ11本、所要時間6時間、279B〜。カオサン発もある。スワンナプーム国際空港からは毎日6:00発、288B。

バンコクの東バスターミナルに停車するトラート行きバス

チャンタブリーから
BUS 所要約1時間30分。6:50〜18:00の間に12本、80B。

リゾート感満点のトラート空港

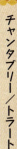

バンコク近郊とタイ中部　チャンタブリー／トラート

215

トラート博物館
- Santisuk Rd.
- 0-3951-2291
- 火～金 9:00～16:00、土・日 9:30～16:30
- 月
- 30B（外国人料金）

旅のヒント

トラート空港から市街へ
リムジンバスで所要約30分、500B。市街から空港へ向かう場合は、前日までに予約しておくこと。ソンテオをチャーターすると200B程度。

市街からバスターミナルへ
ナイトマーケット前から路線ソンテオで15B。チャーターなら60～80B。

カンボジアのビザ取得
カンボジアの観光ビザは1500B（写真がなければ100B追加、簡易な健康診断に20B追加）。クレジットカードを所有していれば、あらかじめカンボジア外務国際協力省のウェブサイトにe-ビザを取得できる。国境のイミグレーションはタイ側もカンボジア側も毎日6:00～22:00オープン。
カンボジア王国外務国際協力省
URL www.evisa.gov.kh
（日本語ページあり）
US$30 + US$6（システム処理料）
CC D J M V

インフォメーション

カンボジア側の情報
URL www.koh-kong.com

旅のヒント

国境情報
クロン・コ・コーンではタイバーツが使えるほか、町のいたるところに両替屋がある。国境からモーターサイやタクシーを利用する場合、通行料（Toll-Fee）が必要。バイク12B、車30B。
国境では、ビザ申請や入国の書類の記入を代行しようと持ちかけてくる人もいるが、利用するとあとから高額の料金をふっかけてくる。絶対に相手にしないように。

★ チャーン島沖海戦の映画は必見!

トラート博物館
Trat Museum

MAP P.215
พิพิธภัณฑ์สถานเมืองตราด

2013年8月にオープンした、トラート県の歴史や自然、文化に関する博物館。1922年にシティホールとして建てられたコロニアルスタイルの建物を再現している。ジオラマを使った解説がわかりやすい。

人形を多用した展示

🐃 国境を越えよう

トラート郊外のハート・レック Hat Lekで国境越えができる。

ハート・レックへの行き方

トラートのバスターミナルからハート・レック行きのロットゥー（ミニバス）が出ている。途中、クローン・ヤイKhlong Yaiを経由し、所要約1時間30分（6:00～18:00に30分～1時間おき、140B）。

★ カンボジア国境の小さな町

ハート・レック
Hat Lek

MAP 折込表-E7
หาดเล็ก

ハート・レックは、トラートから約90km。カンボジアとタイを結ぶ道路周辺に商店や露店が並ぶだけの小さな町。ロットゥーを降りるとすぐ先に国境のゲートがある。ゲートに向かって左側が出国、右側が入国手続きのカウンターとなっている。両替所とATMもある。

柵の向こうはカンボジア

カンボジアへの国境越え

ゲートを越えるとすぐカンボジア側のチェム・イェム・チェックポイントCham Yeam Check Pointがある。イミグレーションのカウンターで入出国カードと入国の目的などを書く用紙に記入し、係員と面接する。その際ビザ代を支払い、観光ビザを取得する。イミグレーションを出るとタクシーやモーターサイが客待ちしている。料金は、モーターサイが150B程度。国境からクロン・コ・コーンKrong Koh Kongの町まで約10km。国境から15～20分ほど走り、全長約1.9kmのコ・コーン橋を渡ると町があり、川沿いには中級ホテルや旅行会社、ツーリスト向けのカフェが並んでいる。町の中央には市場があり、両替商やたばこ、果物などの屋台が並ぶ。宿は川沿いにUS$15～80の中級ホテル、市場の周辺にUS$10前後のゲストハウスがある。国境のそばにはカジノホテルも。いずれもシーズンオフには大幅の割引がある。ここからプノンペンやタイ湾に面した港町シアヌークヴィルSihanoukvilleへはバスが毎日8:00発、所要約4時間30分、US$8。プノンペンPhnom Penhへはバスが7:30～14:00の間4～5本、所要4～5時間、US$8、乗合タクシーなら所要約3時間、交渉で人数によりひとり400～500B、または1台US$65～70程度。シアヌークヴィル、プノンペン、シェム・リアプへはトラートやチャーン島からも直接バスで行くことができる。

カンボジアのイミグレーション

注：2017年から、国境を接する国から空路以外でのビザなし入国が、暦年で2回までに制限されている。隣接国を日帰りなどで訪れる場合は、出入国の回数に注意。

ホテル

🏨 トラート・センター
Trat Center Hotel MAP●P.215外

- 45/65 Tessaban 5 Rd., Wangkrajae
- ☎ 0-3953-1234、08-9749-8899
- FAX 0-3953-1234
- 料 AC S T 600B～ CC JMV 室 74室 WiFi

インテリアはシンプルだが、部屋は広く設備も調っている。近くには夜遅くまで営業のパブレストランもある。チェックイン時にデポジット300Bが必要。24時間営業のミニマートも併設。

🏨 リムクローン・ブティック
Rimklong Boutique Hotel MAP●P.215

- 194 Lak Muang Rd. ☎ 08-1861-7181
- E soirimklong@hotmail.co.th 料 AC S T 1100B～ CC JMV 室 11室 WiFi

トラート屈指のブティックホテル。モノトーンがおしゃれな客室には、上質な寝具を用意。シングル1室以外はすべてダブル。併設のカフェではひきたての豆で入れたコーヒーが飲める。親切なオーナーが詳細な町歩き地図をくれる。

ゲストハウス

町の南を流れる川近くの狭い範囲に集まっている。

🏠 アーティスト・プレイス・トラート
Artist's Place Trat MAP●P.215外

- Thana Charoen Rd. ☎ 08-2469-1900
- 料 AC S T 600～800B CC MV 室 10室 WiFi

人気レストランのオーナーが経営するブティックゲストハウス。ミニガーデンに面した客室やラウンジはおしゃれなインテリア。

🏠 ムックダー・ゲストハウス
Mukda Guest House MAP●P.215

- 1/1 Thana Charoen Rd. ☎ 06-5586-9588
- 料 F S T 450B～ AC S T 750B～ CC なし 室 15室 WiFi

オールドタウンの西側にあるゲストハウスで、市場のある町の中心部までは徒歩5分ほど。部屋のタイプはさまざまだが、どれも広くて清潔。カフェが併設されているので、館内で食事もでき便利。チャーン島などへのボートも手配可。

🏠 バーン・チャイディー
Ban Jaidee Guesthouse MAP●P.215

- 67-69 Chaimongkon Rd. ☎ 0-3952-0678、08-3589-0839 E banjaideehouse@yahoo.com
- 料 F S T 250～350B（バス共用） 室 7室 WiFi 無料

タイ風民家を改装したゲストハウス。共用のトイレとシャワーは清潔で気持ちよく過ごせる。館内にはタイ各地の写真や布地、絵画のほか、カンボジアの古い食器や雑貨なども飾られている。親切な女主人は市内各所の見どころを教えてくれる。

レストラン

🍴 バミー・プー・スクムウィット
Pu Noodle Shop Sukhumvit MAP●P.215

- 20 Soi Thessaban 3 ☎ 0-3951-1972
- 営 毎日8:00～14:30 CC なし

地元の人々に大人気の海鮮食堂。シャコのガーリック炒めご飯60Bなど、格安でおいしいシーフードが食べられる。カニやイカなど海鮮入りの麺もいける。

🍴 ナムチョーク
Namchok MAP●P.215

- 1/8 T.Wi Watthana Bangpha
- ☎ 0-3951-2389 営 毎日11:00～23:00 CC なし

20年以上続く大衆的なシーフードレストランで、地元の人に人気。名物のプー・ニム・トート・クラティアム170B（ソフトシェルクラブのニンニク揚げ）は絶品。広々としたオープンな造りで、いつもにぎわっている。店内Wi-Fiあり。

🍴 セーン・ファー
Sang Fah MAP●P.215

- 157-159 Sukhumvit Rd. ☎ 0-3951-1222
- 営 毎日10:00～21:00 CC なし

カジュアルなファミレス&カフェ風で、シーフードはじめタイ料理全般をエアコンの効いた店内で食べられる。揚げた白身魚に特製甘辛ソースをかけたプラー・トート・サムロート220Bがおすすめ。ケーキもおいしい。

スパ

💆 タイ・スパ・ブーラパー・スクール
Thai Spa Burapa School MAP●P.215

- Pai-Ngen Building, 2nd Fl., 87/7 Rhatanusorn Rd.
- ☎ 0-3952-4479、0-1251-9148
- 営 月～土9:00～18:00
- 料 タイ古式、フットマッサージ各7500B（150時間）、オイルマッサージ8000B（150時間） 休 日 CC なし

経験豊かなシット先生が教えるマッサージ学校。受講生は宿泊も可。インターンによるタイ古式マッサージ1時間250Bなども受けられる。

タイプチ情報 バンコクのパーク・クローン市場（→P.103）をはじめタイの市場に並ぶ大量の花を眺めていると、南国の自然の豊かさを実感できる。お供え用の花輪を作る女性たちの手際のよさにも感心させられる。

Ko Chang เกาะช้าง

注目のリゾートアイランド
チャーン島

バンコク●
折込表-D7

ジャングルに囲まれたクローン・クローイビーチ

行き方

バンコクから
BUS スワンナブーム国際空港からロットゥーとバスが7:00、11:00の1日2便、所要約7時間、600B〜（フェリー込み）。東バスターミナルからも出発。ロットゥー（ミニバス）は、カオサン通り、北、東バスターミナルから600B〜。

レーム・ンゴブから
BOAT アオ・タマチャート埠頭からコ・チャーン・フェリーが発着。6:30〜18:30の間60〜90分おき、所要約30分、80B。料金は時期により変動するので現地で要確認。フェリーを降りた所に、島内西側のビーチをバン・バオ湾まで走るソンテオがいる。

トラートから
BUS+BOAT トラート空港から飛行機の到着に合わせてミニバンが出る。650B〜。
トラート市内からはレーム・ンゴブまでソンテオで移動。アオ・タマチャート埠頭まで60B。チャーターは400〜600B。

レーム・ンゴブからチャーン島に渡るフェリー

旅のヒント

トラート空港からのミニバス、ワゴン、乗用車
T サイアム・リゾーツ・ミニバス・トランスファー・サービス
Siam Resorts Minibus Transfer Services
☎08-0070-0764、08-7026-5515
URL www.kohchangminibus.com
チャーン島1900B〜、レーム・ンゴブ1200B〜、レーム・ソック1400B〜

カンボジア国境近くに浮かぶチャーン島は、プーケットに次いでタイで2番目に大きな島。豊かな自然と素朴な集落が残されている。西側のビーチは観光地の装いでにぎやかだが、開発途上の東側や山間部では、手つかずの自然が残る秘島の雰囲気が味わえる。

チャーン島の歩き方

島内の移動はソンテオ（チャーターすると1日2500B）、レンタルジープ（1日1200〜1800B）やレンタバイク（1日200B前後）、徒歩

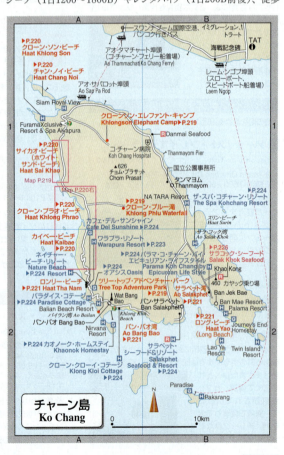

218

で。急な坂やカーブが多く、フェリーの埠頭からサイカオ・ビーチに行く途中やロンリー・ビーチの北側など、かなりの難所が数ヵ所あり、旅行者の事故が多発している。特にバイクの利用は注意が必要。島を周回する道路はほぼ完成しているが、島最南部の一部の工事は停滞中のため、一周することはできない。

おもな見どころ

天然の滝つぼプールで泳げる
クローン・プルー滝
MAP P.218-A1
Khlong Phlu Waterfall

島内に滝はいくつかあるが、最も行きやすいのがここ。クローン・プラオ・ビーチのメインロードから、山に向かって東へ5分ほど行くと入口や食堂、売店がある。そこから500mほどワイルドなトレッキングロードを歩くとたどり着く。滝つぼで泳ぐことができるが、そこまではロープ伝いに川を渡らねばならない。水流が強いので注意しよう。

服の下に水着を着ていくと楽

象と触れ合える貴重な体験
クローンソン・エレファント・キャンプ
MAP P.218-A1
Khlongson Elephant Camp

ビーチを離れた島北部の山岳地帯のジャングルにあるワイルドなキャンプ。象に乗って島を巡ったり、エサやり体験のほか象と一緒にジャングルの中で水浴びが楽しめる。島内各地への送迎あり。

人気のエレファント・バス

秘島の公園でターザン気分
ツリー・トップ・アドベンチャー・パーク
MAP P.218-A2
Tree Top Adventure Park

ロンリー・ビーチとバン・バオ湾の中間、アオ・バイ・ランと呼ばれるビーチ沿いの林にあるアドベンチャーパーク。自然のままの木々にロープをかけてブランコのようにスイングしたり、ロープでできた橋を渡るなど、2コース、40種類のアクティビティが楽しめる。

インフォメーション

TAT MAP P.218-B1
住 100 Moo 1, Laem Ngop
TEL 0-3959-7259〜60
FAX 0-3959-7255
開 毎日8:30〜16:30
レーム・ンゴブ埠頭から車で約5分。
ロンリー・ビーチ行きバスとロットゥー
URL www.bussuvarnabhumikohchang.com

チャーン島の病院
インターナショナル・クリニック・コ・チャーン International Clinic Koh Chang　MAP P.219
TEL 0-3955-1555（緊急時）
バンコク病院系列。24時間対応。英語が通じる。PCR検査可。

旅のヒント

アオ・サパロット埠頭から各ビーチへの乗合ソンテオ料金
サイカオ・ビーチ	50B
クローン・プラオ・ビーチ	70B
カイベー・ビーチ	80B
ロンリー・ビーチ	100B
バン・バオ湾	150B

（料金は1人当たり）
雨季は利用者が少なく値上がりする。

クローン・プルー滝
開 毎日8:00〜16:30
料 200B（国立公園入場料）
行き方 タクシーかレンタバイクで。

クローンソン・エレファント・キャンプ
住 22/4 Moo 3, Klong Son
TEL 08-7811-3599
営 毎日9:00〜17:00
料 水浴び、象乗り、エサやり
　　　　　　　　2時間900B
　象乗り、エサやり　1時間500B
どちらも送迎、水やソフトドリンク、果物がつく。

ツリー・トップ・アドベンチャー・パーク
住 115 Moo 1, Ao Bai Lan
TEL 08-4310-7600
URL www.treetopadventurepark.com
営 毎日9:00、11:00、14:00
料 1100B（サイカオ・ビーチ〜バン・バオ湾のみ送迎付き1250B）
CC なし

ロープを使って樹上を滑るように移動する

タイプチ情報　秘島のイメージがあったチャーン島もすっかりにぎやかなリゾートに変身。静かな海を楽しむなら、クート島やマーク島まで足を延ばしてみよう。

サイカオ・ビーチは島の中心部だがまだまだのどか

🐘 おもなビーチ

サイカオ・ビーチ（ホワイト・サンド・ビーチ）
Haat Sai Khao（White Sand Beach）

サラサラとした白砂のビーチ。ビーチ沿いを中心に、安バンガローから高級リゾートホテルまで50軒以上の宿がひしめき合う、島最大のリゾート地。メインロードには、レストランやパブ、ショップ、コンビニ、両替所などがあり、長期滞在するにも便利。

クローン・プラオ・ビーチとカイベー・ビーチ
Haat Khlong Phrao & Haat Kaibae

遠浅で泳ぎやすいカイベー・ビーチ

クローン・プラオ・ビーチはサイカオ・ビーチの南、チャイ・チェット岬以南の白砂のビーチ。奥まっているせいかのんびりした雰囲気。ビーチ中心部には、高級リゾートやバンガローが並んでいる。その南に続くカイベー・ビーチは、かなりの遠浅。スパ・リゾートや手頃なホテル、バンガロー、レストランなどが並ぶ。

クローン・ソン・ビーチとチャン・ノイ・ビーチ
Haat Khlong Son & Haat Chang Noi

静かなクローン・ソン・ビーチはほとんど全体が🅗フラマ・エクス

✦ インフォメーション

チャーン島と周辺の島々を回るおもなボート会社

●レーム・ンゴプ発
リーラワディー・スピードボート
Leelawadee Speed Boat
☎ 08-7785-7695
URL www.kohmakboat.com
マーク島行き450Bなど。

コ・チャン・スピードボートサービス
Ko Chang Speed Boat Services
URL www.kohchangboat.com
☎ 08-4524-4321
マーク島行き550Bなど。

クルーシブ・リゾート ＆ スパ・アイヤプラのプライベートビーチになっているが、川沿いには手頃な宿もある。

ロンリー・ビーチ　Haat Tha Nam（Lonely Beach）

カイベー・ビーチの南に続く白砂のビーチ。南部はマングローブが生い茂り岩も多く、秘境の雰囲気が残っている。町にはバーや手頃なバンガローがあり、欧米人バックパッカーが集まる。ドミトリー200B〜、シングル500B〜が相場。

静かな秘島の雰囲気があるロンリー・ビーチ

バン・バオ湾　Ao Bang Bao

木製の桟橋の左右に、ゲストハウスやみやげ物屋などが密集していてにぎやか。シービューのレストランも多い。桟橋の奥は、ワイ島やカーム島を周遊するツアーボートなどが発着する港になっている。ローカルな漁村でもあり、水上家屋も並んでいる。

サラペット湾　Ao Salakphet

島の南東部。湾内にのどかな漁村があり、漁港の周辺にはバンガロー、ホームステイ、マリーナがある。

ロング・ビーチ　Haat Yao（Long Beach）

東南部にある白砂のビーチ。人里離れており不便なぶん、のんびりするのには最適。

チャーン島周辺の島々

澄んだ水が打ち寄せる
マーク島　Ko Mak

MAP P.221

遠浅の美しい海に囲まれた島。北側のスワン・ヤイ・ビーチ、南側のアオ・カオ・ビーチを中心にバンガロータイプのリゾートが並ぶ。

●レーム・ソック発
シー・ホワイト・スピードボート
Siri White Speedboats
☎ 09-0506-0020
URL www.kohkoodboat.com
クート島行き600B〜。

コ・クート・プリンセス
Koh Kood Princess
☎ 08-6126-7860
URL kohkoodprincess.com
クート島行き大型船350Bなど。

コ・クート・エクスプレス
Ko Kut Express
☎ 09-0506-0020
URL kohkoodferries.com
クート島行き500〜600Bなど。

●チャーン島発
バン・バオ・ボート Ban Bao Boat
☎ 08-7054-4300
チャーン島のバン・バオ湾、ワイ島、カーム島、ラン島、マーク島、クート島を結ぶスローボートやスピードボートを運航。

ノー・ノウ・カイベー・ハット・スピードボート
Nor Nou Kaibae Hut Speed Boat
☎ 08-1982-9870
URL www.kaibaehut.com
チャーン島のカイベー・ビーチと、ワイ島、マーク島、クート島を結ぶ。

インフォメーション

コ・マーク・インフォポイント
Ko Mak Info Point
MAP P.221
☎ 08-5665-3794
9:00〜14:30、16:30〜20:00
コ・マーク・リゾート内にあるインフォメーションセンター。島内の交通や宿泊などの相談に乗ってくれる。スワン・ヤイ・ビーチに船が着いたときもここでソンテオなどを手配できる。

旅のヒント

チャーン島以外の島情報
雨季には宿泊施設、船とも休みになってしまうことが多いので、旅行会社やTATなどで確認すること。また、マーク島、クート島ともに、銀行のATMはわずか。数軒のリゾートでの支払い以外はクレジットカードも使えないので、現金の用意を。

雨季のフェリー移動
フェリーの乗客が少ない雨季は、チャーン島→マーク島など、島から島への直航便がないことがある。その場合、いったん本土のレーム・ンゴブやレーム・ソックに行き、乗り換える。時間がかかるので注意。

ビーチからそのままスノーケリングできるほど水は澄んでいる。チャーン島からのボートが発着するスワン・ヤイ・ビーチからラン島などに行くスピードボートのツアーも出ている。スノーケリングが楽しめる小島のカーム島へはボートで約5分、入島料込みで往復200B。

チャーン島沖のまさに秘島
クート島
Ko Kut

MAP P.222

マーク島よりも開発が進んでいないぶんワイルドな自然が残り、秘境のムードが漂っている。クローン・チャオAo Khlong Chaoの入江の美しい風景も、ほかの島には見られないところ。島内に公共の移動手段はなく、宿の人に案内してもらうかレンタバイク（250〜300B）を利用するしかない。舗装されているメインロードでもところどころ砂地や荒れた道になっている場所があるので、十分注意しよう。

クローン・チャオの入江は素朴な美しさ

旅のヒント

マーク島のダイブショップ
Ｓ コ・マーク・ダイバーズ
Koh Mak Divers
MAP P.221
59/4 Wonsiri Rd.
08-3297-7724
毎日8:00〜19:30
URL www.kohmakdivers.com
スノーケル790B〜、ファンダイブ1日2本3100B〜など。

マーク島内の移動
宿へは船着場で待ち構えている勧誘や迎えの人の車に乗っていくと楽。島内を回るにはレンタバイク（1日200〜400B）が便利だが、端のほうはまだ未舗装の道が多いので注意しよう。街灯が少ないので日没以降は暗くなり、数少ないガソリンスタンドも閉まってしまうので注意。

マーク島スワン・ヤイ・ビーチの船着場

秘島にある小さな滝
クローン・チャオ滝
Khlong Chao Waterfall

MAP P.222

自然のままの風景がさわやかな小さな滝。舗装道路から悪路に入り、さらに岩がゴロゴロしている川の中を歩かないとたどり着けないので、ひとりでは行かないように。

悪路の奥にある美しい滝

タイ本土やチャーン島から各島へのアクセス

マーク島へは、レーム・ンゴプ（MAP P.220左）からスピードボートが1日5便あり、所要45分〜1時間、450B〜。クート島へは、トラートの南約27kmの所にあるレーム・ソックLaem Sok（MAP P.220左）からスピードボートが1日5便、所要1時間〜1時間30分、900B。チャーン島からも、バン・バオ（MAP P.220左）やカイベー・ビーチから、マーク島、ワイ島、クート島などへのスピードボートやスローボートが出ている（雨季は要確認）。ボートの料金は、埠頭までのタクシー代が含まれている場合とそうでない場合があり、発着時刻は天候と海の状態により前日や当日に変わることもあるので、詳細は現地で確認すること。

チャーン島周辺の島を結ぶスピードボート

ホテル

ホテル事情

サイカオ・ビーチは中～高級リゾートが海沿いにひしめき合っており、ビーチの北部にはゲストハウスも数軒ある。レストランやバー、ショップが多くて便利かつ手頃な宿もあるのはカイベー・ビーチ。やや不便だが、ロンリー・ビーチにはバックパッカー向けのバンガローやゲストハウスがある。マリンスポーツを楽しんだり、のどかな漁村の雰囲気を味わうなら島南部のバン・バオ湾へ。バン・バオの東にあるクローン・クローイには、素朴なバンガローがまだ残っている。秘境気分を堪能するなら東海岸を目指そう。

ハイシーズンは11～5月中旬頃で、宿により10月からハイシーズン料金になることもある。それ以外の時期は30～50%程度の割引をする宿が多い。

サイカオ・ビーチ（ホワイト・サンド・ビーチ）

H ケーシー・グランデ・リゾート＆スパ
KC Grande Resort & Spa MAP P.219

- 1/1 Moo 4, Sai Khao Beach
- 0-3955-2111 FAX 0-3955-1394
- www.kckohchang.com
- AC ヴィラS T 7800B～ ホテル棟 S T 2700B～
- CC J M V 208室 プール WiFi

サイカオ・ビーチ屈指のリゾート。ヴィラとホテル棟があり、客室は基本的に広く快適だが、ヴィラのスーペリアはやや手狭。60×15mの大きなプールやサウナ、スパ、レストランなど設備が充実。屋上のプール＆バーはサンセットに。

G ロック・サンド・リゾート
Rock Sand Resort MAP P.219

- 102 Moo 4, Sai Khao Beach
- 06-1656-9892 Rock Sand Resort
- F S T 600B～ AC S T 1000B～ CC なし
- 30室 WiFi

ソンテオの始発点となるセブン-イレブン横の小道からビーチに出て北へ10分ほど歩いた安宿エリアにある。部屋のタイプは多彩なので、見せてもらうといい。海しか見えないレストランは開放感抜群。満潮時は海の中を歩かないと行けないので注意。周辺には安いバンガローが並ぶ。

H コ・チャーン・ハット
Koh Chang Hut Hotel MAP P.219

- 11/1 Moo 4, Sai Khao Beach
- 08-1865-8123
- www.kohchanghut.com
- F S T 500B～ AC S T 700B～
- CC なし 28室 WiFi

サイカオ・ビーチの町なかにあり便利な格安宿。メインロード沿いに建つホテル棟と海沿いのバンガローがある。朝食は、丘の上にあり眺めのよいイタリアンレストランで食べられる。

H クッキーズ
Cookies Hotel MAP P.219

- 7/2 Moo 4, Sai Khao Beach
- 0-3955-1107
- AC S T 1800B～ CC A M V 68室
- プール WiFi

サイカオ・ビーチ中心部にありながら、ビーチフロントで大きなプールもあり、リゾート感たっぷり。道路を挟んだ反対側にも別館がある。スタッフは親切。オフシーズンには大幅割引あり。

クローン・プラオ・ビーチ、カイベー・ビーチ

G ブルー・ラグーン・コ・チャーン
Blue Lagoon Koh Chang MAP P.220右

- 30/5 Khlong Prao Beach
- 0-3955-7243、08-9515-4617
- www.kohchang-bungalows-bluelagoon.com
- F S T 550～1400B AC S T 1100～2000B
- CC なし 28室 WiFi レセプション周辺のみ

ラグーン沿いやガーデンに木造のかわいらしいバンガローが並ぶ。ムードのあるレストランも人気。料理自慢のオーナーが教える、自家栽培の野菜やハーブを使ったクッキングスクールもある。Wi-Fiは客室まで届かない。

H ケービー・リゾート
K.B. Resort MAP P.220右

- 10/16 Moo 4, Kaibae Beach 06-3382-5665
- sites.google.com/kbresort.com/www-kbresort-com
- F S T 1250B～ AC S T 2800B～ CC J M V
- 70室 プール WiFi

敷地の中は緑いっぱいでさわやか。ホテル棟とバンガローがあり、どちらも広々。ビーチを目前にするレストランもある。充実した朝食ビュッフェも人気の理由。

ロンリー・ビーチ、バイラン湾

H ワラプラ・リゾート
Warapura Resort MAP P.218-A2

- 4/3 Moo 1, Lonely Beach 09-6665-3636
- Warapura Resort KohChang
- AC S T 2000B～ CC M V 21室 プール WiFi

ロンリー・ビーチにあるプチリゾート。外装も内装も白で統一されたヴィラは、インテリアもおしゃれ。雰囲気や設備のわりにリーズナブル。ホームメイドのピザなどが食べられるレストランも評判。

タイプチ情報: タイの地名シーラーチャー（パタヤー郊外）を冠したアメリカ発祥のチリソースが「シラチャー・ソース」。キューピーはタイ国内向けに、タイ人好みにピリ辛の「シラチャーマヨネーズ」を販売している。

[H] パラダイス・コテージ
Paradise Cottage MAP●P.218-A2

[住] 104/1 Moo 1, Lonely Beach [TEL] 09-5149-5935
[URL] paradisecottageresort.com
[料] [F]ⓈⓉ600B～ [AC]ⓈⓉ1500B～
[CC] [J][M][V]（+3%のチャージ） [室] 28室 [プール] [WiFi]

ロンリー・ビーチの南にある。安いファンの部屋は木造で素朴。新築のバンガローはコンクリート打ちっぱなしでモダンな内装。海を眺められるレストランはムードがあって人気が高い。ビーチビューのプールもある。

[H] ネイチャー・ビーチ・リゾート
Nature Beach Resort MAP●P.218-A2

[住] 98 Moo 4, Lonely Beach [TEL] 08-1803-8933
[料] [AC]ⓈⓉ1000～4800B
[URL] www.naturebeachresort.com [CC] [J][M][V]（+3%のチャージ） [室] 59室 [WiFi] レストランのみ

プライベートビーチのヤシ林に、バンブー・ハットやコンクリートのバンガローが並ぶ。海に面したレストラン&バーは雰囲気がよく、欧米人バックパッカーでにぎわっている。

[G] オアシス
Oasis MAP●P.218-A2

[住] 4/28 Moo1, Koh Chang Thai [TEL] 08-1721-2547
[URL] www.oasis-kohchang.com
[料] [F]ⓈⓉ750B～ [AC]ⓈⓉ1800B～
[CC] [M][V]（+3%のチャージ） [室] 16室 [WiFi]

ロンリー・ビーチ内陸の高台にあり、ジャングルの中に居心地のいいバンガローが点在している。レストランからはビーチを見下ろせる。

[G] カフェ・デル・サンシャイン
Cafe Del Sunshine MAP●P.218-A2

[住] 4/51 Moo 1, Lonely Beach [TEL] 09-8552-9364 [料] [F]Ⓓ200B [F]Ⓢ500B [AC]ⓈⓉ650B
[CC] [M][V] [室] 9室 [WiFi]

バックパッカーのたまり場となっているドミトリー宿。部屋はシンプルだが、このあたりでもとりわけ安いので人気。周囲はロンリー・ビーチで最もにぎわうバーエリアとなっている。カフェ&バーも評判。

バン・バオ湾

[G] カオノーク・ホームステイ
Khaonok Homestay MAP●P.218-A2

[住] 50 Moo 1, Banbao [TEL] 08-6154-9260
[URL] www.khaonok-homestay.com
[料] イカ釣り+スノーケリング+3食1990B～などさまざま
[CC] なし [室] 18室 [WiFi]

岬の突端近くにあり、バンバオ湾を一望できる。イカ釣りやスノーケリングなど島でのアクティビティ込みの宿泊プランを用意していて、タイ人ファミリーに大人気。一軒家から手頃なバンガローまでさまざま。

クローン・クローイ・ビーチ

[H] クローン・クローイ・コテージ
Klong Kloi Cottage MAP●P.218-A2

[住] 131 Moo 1, Khlong Kloi Beach [TEL] 06-3955-8169 [FB] klongkloicottage [料] [F]ⓈⓉ800B～
[AC]ⓈⓉ1400B～ [CC] [M][V] [室] 25室 [WiFi]

バン・バオ湾を望む静かなクローン・クローイ・ビーチの中ほどにあり、海が目の前。家族経営であたたかな雰囲気。タイ料理、洋食を出すレストランもあり、こちらも評判。周辺にも小さなリゾートホテルがいくつか並ぶ。

サラ・コック湾

[H] ザ・スパ・コチャーン・リゾート
The Spa Kohchang Resort MAP●P.218-B2

[住] 15/4 Moo 4, Salak Khok [TEL] 08-3115-6566
[URL] www.thespakohchang.com
[料] [AC]ⓈⓉ1350B～ [CC] [J][M][V]
[室] 26室 [プール] [WiFi] 一部客室除く

秘境ムード満点のスパリゾート。自然派コテージの中はスタイリッシュなインテリア。長期滞在のスパパッケージがお得なプラン。

サラペット湾

[H] パラマ・コ・チャーン・バイ・エピキュリアン・ライフスタイル
Parama Koh Chang by Epicurean Life Style MAP●P.218-B2

[住] 8/4 Moo 3, Baan Chek Bae [TEL] 0-3967-1025
[FAX] 0-3967-1026 [URL] www.paramakohchang.com
[料] [AC]ⓈⓉ3500～1万9000B [CC] [M][V] [室] 19室
[プール] [WiFi]

東海岸の静かな海に面し、秘境感満点の高級リゾート。海のパノラマビューが楽しめるデラックスルームやスイートがおすすめ。

[H] サラペット・シーフード&リゾート
Salakphet Seafood & Resort MAP●P.218-B2

[住] 43 Moo 2, Ban Salakphet [TEL] 08-1821-2706
[URL] www.kohchangsalakphet.com [料] [AC]ⓈⓉ1500～4900B [CC] [J][M][V] [室] 20室 [WiFi]

サラペット湾の漁港に浮かぶリゾートと有名シーフードレストラン。マングローブの森と海に囲まれ、秘境の雰囲気。宿から直接離島ツアーに出ることもできる。カニのカレー炒めが名物。

マーク島のホテル、ゲストハウス

北側のスワン・ヤイ・ビーチ、南側のアオ・カオ・ビーチを中心に30軒近いリゾートがある。

H ブリ・ハット・ナチュラル・リゾート
Buri Hut Natural Resort MAP●P.221

- 住 88 Moo 2, Ko Mak　電 08-0570-5454
- URL burihutresort.wixsite.com/kohmakburihut
- 料 AC S T 1500B～　CC M V
- 室 25室　プール　WiFi

部屋はやや狭いがシービューバンガローのあるリゾートの中ではリーズナブル。海を望むインフィニティプールもある。周囲は海と天然ゴム林だけなのでフロントでバイクを借りて島を回ろう。

H アイランダ・リゾート
Islanda Resort Hotel MAP●P.221

- 住 81 Moo 2, Ko Mak　電 08-8782-5325
- URL www.islandaresorthotel.com
- 料 AC S T 2900B～　CC A J M V
- 室 18室　プール　WiFi

高台にあり、マーク島では珍しいインフィニティプールで海を眺めながら優雅に過ごせる。バスルームから海を見晴らせる部屋も。

G バイ・ザ・シー・ゲストハウス
By The Sea Guest House MAP●P.221

- 住 116, Ko Mak　電 09-6657-0602
- URL bythesea-kohmak.com　料 AC S T 1900～2900B　CC なし　室 11室　プール　WiFi

プールを取り囲むように立つホテル棟は広々としていてスタイリッシュ。海に面したバー&レストランもゆったりくつろげる。タイフュージョンの料理も評判。スパも併設。

G コ・マーク・ホームステイ
Ko Mak Home Stay MAP●P.221

- 住 29/1 Ko Mak　電 06-3296-2655
- E Ko Mak Homestay　料 AC S T 850B～
- CC なし　室 4室　WiFi

芝生の中庭に面して4つの部屋が並ぶ。機能的にまとめられた部屋は清潔で、広く使いやすい。物価の高いマーク島ではコストパフォーマンスのよい宿。なぜか床屋も併設している。

クート島のホテル、ゲストハウス

西側の海沿いには中～高級リゾートが離れて点在している。島内にタクシーは数台しかなく、歩いて宿探しをするのは大変。事前に予約しておくか、船着場で客待ちしている宿の人と交渉しよう。また5～9月は営業しない宿もあるので、事前に確認すること。

H チャムス・ハウス・リゾート・コ・クート
Cham's House Resort Koh Kood MAP●P.222

- 住 5 Moo 5, Khlong Hin Beach
- 電 08-1651-4744　URL www.chamshouse.com
- 料 AC S T 2700～9600B　CC A J M V
- 室 53室　プール　WiFi

静かなプライベートビーチもある隠れ家的リゾート。高台から海を一望するプール、屋外ジャクージ付きのヴィラでくつろげる。

H シャンター・リゾート・コ・クート
Shantaa Resort Koh Kood MAP●P.222

- 住 20/3 Moo 2, Ao Tapao　電 08-1817-9648、08-1566-0607　URL www.shantaakohkood.com
- 料 AC S T 5500B～　CC M V　室 19室　WiFi

丘の斜面に建つヴィラは全19棟ともオーシャンビュー。優雅なバカンスを過ごせる。目の前に広がるエメラルドグリーンの海でスノーケリングが楽しめる。

G グム・ロンリークラブ・ルーム&カフェ
Gumm Lonely Club Rooms&Café MAP●P.222

- 住 63/2 Moo 5,Ao Phrao　電 09-8886-3704
- E gummlonelyclub
- 料 F S T 700～1200B（バス共同）、F T 1500B
- CC なし　室 3室　WiFi

マングローブが生い茂る川に面した自然たっぷりの小さな宿。ビーチまでは歩いて5分ほど。家族経営の民宿で、静かに過ごしたい人にはぴったり。エアコンはないが風が通るので涼しい。

G マタ
Mata Guesthouse MAP●P.222

- 住 40/4 Moo 2, Soi Khlong Khang Khao
- 電 08-5811-5351　E mata.guesthouse
- 料 F S 700B～　AC S T 1400B～　CC なし
- 室 8室　WiFi

クローン・チャオ滝に向かう道の途中、マングローブの自然林を歩いた先にあり野趣たっぷり。静かに過ごしたい人にはおすすめ。家族経営でアットホーム。ひとり200Bのテントもある。

タイプチ情報　タイの人は日本食で使われるわさびが大好きで、刺し身にも山盛りのわさびを添えて食べる。キューピーはそんなタイ人向けにタイ国内でわさびマヨネーズも販売している。

[G] コクート・ンガムコー・リゾート

Kohkood-Ngamkho Resort MAP●P.222

[住] Ngam Koh Bay, Baan Ngam Koh
[電] 08-9641-6868 [FB] The Ngam Kho Resort
[料] [F][S][T]800～1000B [AC][S][T]1500B～（朝食別）
[CC] [J][M][V] [室] 11室 [WiFi] レストランのみ

ンガム・コー・ビーチの南端にある手頃な宿。素朴なバンブー・バンガローは、全室シービュー。静かなビーチの丘に建つバンガローは夕日の眺めもきれい。

[G] コ・クート・ガーデンハウス

Koh Kut Garden House MAP●P.222

[住] 3/7 Moo 1 [電] 06-4696-5695
[料] [F]テント500B～（バス共同）、[AC][S][T]800B～
[CC] なし [室] 9室 [WiFi]

島の内陸部、ジャングルに囲まれた静かな立地が売り。テントは格安ながらちょっとしたシングルルームくらいの設備はある。個室のバンガローも快適。レストランには猫がいる。

チャーン島のレストラン

[R] サラコック・シーフード

Salak Khok Seafood MAP●P.218-B2

[住] Koh Chang Tai [電] 08-0479-2947
[営] 毎日8:00～20:00 [CC] なし

マングローブ林の中の漁村にあり、島民に人気。ボラのトムヤム250Bのほかイカやシャコなど、地元の魚介をふんだんに使ったメニューが豊富。

[R] プー・タレー・シーフード

Phu-Talay Seafood Restaurant MAP●P.220右

[住] 4/2 Moo 4, Khlong Prao Beach
[電] 0-3955-1300、0-3969-6500
[FB] Phu-Talay Seafood Koh Chang
[営] 毎日10:00～22:00 [CC] なし

白とブルーを基調にした内装がかわいいレストラン。

多彩なシーフード料理はリーズナブルでおいしく、地元タイ人にも人気。テラスから眺めるラグーンの景色は、昼はさわやかで夜はロマンティック。

[R] ウーディーズ・プレイス

Oodie's Place MAP●P.219

[住] 7/20 Sai Khao Beach [電] 0-3955-1193
[営] 毎日16:00～翌1:00（ライブは21:00～） [CC] なし

洋食レストランの多いチャーン島でもとりわけ人気の理由は、毎晩盛り上がるロックのライブ。料理はフィレミニョンステーキ390B、ピザ200B～、自家製アイスクリーム80Bなどが人気。マッサマンカレー180Bなどタイ料理も充実。店内Wi-Fi無料。

マーク島のレストラン

[R] コ・マーク・シーフード

Koh Mak Seafood MAP●P.221

[住] Ban Bang Bao, Koh Mak [電] 08-9833-4474
[営] 毎日10:30～21:30 [CC] なし

アオニット桟橋Ao Nid Pierを見晴らすテラスレストラン。新鮮なシーフードをふんだんに使ったメニューは地元でも評判。Koh Mak Hotpot（海鮮トムヤム）390Bは、ココナッツの甘みの中にチリの刺激とエビのうま味が凝縮されており絶品。

クート島のレストラン

[R] チョンティチャー・シーフード

Chonthicha Seafood MAP●P.222

[住] Ao Yai, Ko Kood [電] 08-4348-4992
[営] 毎日9:00～21:00 [CC] なし

ヤイ湾に面した昔ながらの漁村の一角にある。プラーカポン（スズキの一種）のハーブ揚げ400Bなどシーフードをたっぷり食べたい。漁村の散策も楽しい。

チャーン島のスパ

[E] ボディワーク

Bodiwork MAP●P.220右

[住] 115/2 Khlong Phrao Beach [電] 0-3955-7399
[営] 毎日11:00～22:00 [CC] なし

タイ式マッサージやアーユルヴェーダ、タラソテラピーなどトリートメントの種類が多彩。送迎サービスあり（有料。要問い合わせ）。早めの予約がおすすめ。

チャーン島のショップ

[S] アド・コレクション

Ad Collection MAP●P.220右

[住] 51/3 Moo 4, Kaibae Beach
[電] 08-6149-7836 [E] adcollectionscafe@gmail.com [営] 毎日10:00～21:00 [休] 不定休 [CC] [M][V]

カイベー・ビーチ・ロードにあるブティック。レディスとメンズのリゾートウエアは、島内随一の品揃えでサイズも豊富。ストールなどの小物はおみやげにも。カフェも併設。

Aranyaprathet อรัญประเทศ

隣国の政変に翻弄された国境の町
アランヤプラテート

折込表-D5

国境のマーケット

　カンボジア内戦以前は交易の町として、そしてクメール・ルージュ政権樹立後はカンボジア難民とそれを支援するNGOや国連の活動の拠点としてにぎわった町。現在では、カンボジア側にあるカジノ目当てにタイ人が訪れる。

アランヤプラテートの歩き方

　バスターミナルは町の西外れにあり、町の中心まで徒歩約10分。鉄道駅は町の北で、中心まで歩いて約5分。町は碁盤の目状に道路が走り、安ホテルが数軒ある。

国境のマーケット

　国境の近くに、「ロンクルア・マーケット」または「タラート・タイ」と呼ばれる大規模なマーケットがある。カンボジアから流れてきた安価な衣料品や雑貨が売られており、タイ人の買い出し客でにぎわっている。

タイからカンボジア側のカジノでギャンブル、カンボジアからタイ側へ出稼ぎに行く人が多いとか

国境を越えよう

　アランヤプラテートから国境を越え、カンボジアへ行ける。国境の町ポイペトだけ見物して戻ってくることも可能だが、日帰りの場合カンボジア側のイミグレーションでワイロを要求されることもあるとか。ポイペトから先のシェム・リアプは、アンコール・ワット見物の拠点となる町。

行き方

バンコクから
BUS 北バスターミナルから4:00〜17:00の間ほぼ1時間おきに出発。所要4〜5時間。1等250B。
RAIL クルンテープ駅（フアランポーン駅）発5:55、アランヤプラテート着11:35の午前便と、13:05発、17:35着の午後便の1日2本。アランヤプラテート発は6:40と13:55、クルンテープ駅着はそれぞれ12:05と19:40。3等48B。鉄路はカンボジアと接続しているが、直通列車はない。

ロンクルア・マーケット
[行き方] バスターミナルからトゥクトゥクで約10分、80B、モーターサイなら60B。町からは50B。

タイのイミグレーション
[開] 毎日7:00〜20:00
[行き方] マーケットと同じ。

カンボジアのイミグレーション
[開] 毎日7:30〜17:00
ビザは1000B。国境で取れる。

バンコク近郊とタイ中部　チャーン島／アランヤプラテート

ホテル

H ステーション・ワン
Station One Hotel
住 41 Tanavitee Rd.　☎ 0-3723-1333
FAX 0-3723-1312　料 AC S T 900B
CC M V　室 100室　WiFi

バスターミナル裏、アランヤプラテート随一の高級ホテル。外向きの窓がない部屋（窓はあるが吹き抜けに面している）もある。2023年3月現在改装中。

H マーケット・モーテル
Market Motel
住 105/30-32 Rat-uthit Rd.　☎ 0-3723-2302
料 F S T 280B　AC S T 400、460、570B（朝食別）
CC なし　室 60室　プール　WiFi

マーケットの東。エアコンの部屋はテレビと冷蔵庫付き。全室ホットシャワー。料金の差は眺めの差。

H マイルーム・バイ・セームサップ
myroom by sermsub
住 168 Thanawithi Rd.
☎ 0-3760-9722
料 AC S T 1100B〜
CC A M V　室 18室　WiFi

鉄道駅から北へ約500m。モダンな外観、ウッドと白のインテリアが落ち着くブティックホテル。

H アラン・ガーデン2
Aran Garden 2 Hotel
住 110 Rat-uthit Rd.　☎ 0-3723-1070
料 F S 280B　T 320B　AC S T 380B　CC なし
室 41室　WiFi

アランヤプラテートの町中にある手頃な旅社。かなり古びているがホットシャワーがある。系列のアラン・ガーデン1は閉鎖。

注：2017年から、国境を接する国から空路以外でのビザなし入国が、暦年で2回までに制限されている。隣接国を日帰りなどで訪れる場合は、出入国の回数に注意。

試してみようコンビニグルメ Column

結構イケるコンビニのレンチンフード

インフレによる物価の上昇が続くタイでは、屋台で食べる食事も値段が上昇中。さらには2022年以降続く円安の影響もあり、日本人にとってタイの物価はかなりの値上がり感がある。スーパーマーケットやコンビニなども活用して、無理なく楽しく節約し、メリハリのある旅をしたい。

レンチングルメにトライ！

タイのちょっとした町には、必ずと言っていいほどコンビニエンスストアがある。県庁所在地クラスの町にあるショッピングモールの中などには、トップスなどのスーパーマーケットがある。それらコンビニやスーパーマーケットでは、持ち帰り用の各種弁当や総菜が売られている。セブン-イレブンには真空パックの冷蔵食品と冷凍食品があり、ご飯ものや麺類、ケーンなどのおかず類など種類が豊富で値段も40〜70B程度。冷凍食品にはカツカレーや親子丼、たこ焼きなど日本料理もある。精算するとレジで温めるかどうか聞いてくれる。冷凍食品は温めるのに6〜7分かかるので注意。スーパーマーケットには弁当コーナーの近くにデリカテッセンやサラダバーを設置しているところもある。野菜不足をここで解消しよう。

セブン-イレブンの弁当コーナーはこの充実ぶり

コンビニ弁当侮るなかれ

タイのコンビニ弁当は味のレベルが高く、ハズレがないと評判だ。屋台の衛生状態に不安があるけれど節約したい人にとっても、救世主のような存在となる。価格面から見れば、屋台がそもそも安いので大きな節約になるわけではないが、タイのコンビニ弁当を食べる一連の体験を、旅のひとつのエンターテインメントとして楽しんでみては。

食べてみましたコンビニ弁当

セブン-イレブンの棚に並ぶ充実したラインアップから、ご飯ものと麺類をチョイス。レジで精算すると温めるかどうか聞かれ、お願いするとカバーに穴を開けてからレンジでチン。箸、スプーンやフォークなどのカトラリーも添えてくれる。小袋入り調味料が添付されており、追加ももらえる。ひと袋に入ったトウガラシや砂糖の量は多く、そんなところにもタイっぽさを感じる。

カーオ・パット・プー（カニチャーハン）45B。ご飯のパラパラ具合が日本人好みでカニの身もしっかり入っている。小袋はプリック・ナムソム（酢漬け刻みトウガラシ）

センヤイ・パット・シーイウ・ムー（太麺のタイ醤油炒めポーク入り）。もちもちの麺とパキパキしたカナー（カイラン菜）の歯ごたえのバランスが絶妙。小袋は粉末トウガラシと砂糖

コンビニで役に立つタイ語

・店名（全部セーウェンで通じる）
セブン-イレブン：เซเว่น（セーウェン）
ファミリーマート：แฟมิลี่มาร์ท（フェーミリーマーツ）
ローソン：ลอว์สัน（ローサン）

・会話
温める：อุ่น（ウン）
温めてください：ขออุ่นหน่อย（コーウンノイ）
温めますか？：อุ่นไหม（ウンマイ？）
はい：女性はค่ะ（カ）、男性はครับ（クラップ）
温め不要なら：ไม่เป็นไร（マイペンライ）
袋：ถุง（トゥン）
袋に入れてください：ขอใส่ถุงหน่อย
　　　　　　　　　（コーサイトゥンノイ）
袋が不要な場合：ถุงไม่เป็นไร
　　　　　　　（トゥンマイペンライ）

・丁寧語尾（語尾にこれを添えないと失礼）
女性：ค่ะ（カ）
男性：ครับ（クラップ）

タイ北部
Thailand North

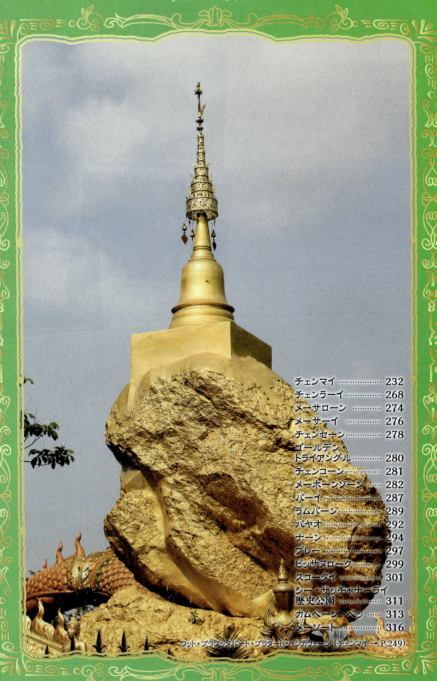

チェンマイ	232
チェンラーイ	268
メーサローン	274
メーサーイ	276
チェンセーン	278
ゴールデン・トライアングル	280
チェンコーン	281
メーホーンソーン	282
パーイ	287
ラムパーン	289
パヤオ	292
ナーン	294
プレー	297
ピッサヌローク	299
スコータイ	301
シー・サッチャナーライ歴史公園	311
カムペーン・ペット	313
メーソート	316

ワット・プラタートパード・プラダート・インカエーン（チェンマイ → P.249）

THAILAND NORTH
タイ北部 早わかりNAVI

タイ北部には楽しい寺院が多いよ

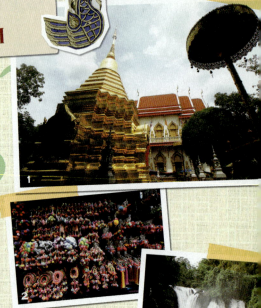

タイ北部はこんなとこ

タイ北西部を支配していたモーン族の国家ハリプーンチャイ帝国を滅ぼしたタイ族のメンラーイ王は、1296年にチェンマイを都として定め、ラーンナー・タイ王朝を興す。この王朝は隣国ビルマとの争いが絶えず、常におびやかされながらも、19世紀後半までの約600年間、タイ北部を治める独立国として存続した。そのためにタイ北部は、寺院の建築様式、美術、料理、服飾などの文化面において、ビルマとタイの要素が融合した独自のスタイルをもっている。見どころとしては、チェンマイ市内に残る歴史ある寺院や、ユネスコの世界遺産に登録されたスコータイ遺跡が有名。自然の豊かさに触れ、さまざまな少数民族の暮らす村を訪ねるトレッキングも体験できる。

1 チェンマイ市内に点在する小さなお寺巡りも楽しい 2 市場で売られる山岳民族のデザインをあしらった雑貨 3 山がちな地形なので滝も見られる

SEASON
旅の季節

山がちな地形で標高が高いため、バンコクなどの平野部より涼しく、年間を通じて比較的過ごしやすい。10月からの乾季はもちろん、2月中旬から5月の暑季も朝と晩は冷え込むことがあるので、長袖の服も用意したほうが安心。中部に近いスコータイは年間を通じて暑い。

なだらかな山岳地帯が続くタイ北部

EVENTS

おもなイベント情報

※イベントの詳しい開催時期と内容については
URL www.thailandtravel.or.jp を参照。

ボー・サーン傘祭りおよびサンカムペーン工芸祭り
【場所】チェンマイ（→P.232）
【時期】1月中旬

みやげ物として人気の高いカラフルな傘の製造で有名なボー・サーンで行われる。ミス・ボー・サーンが選ばれるイベントのほか、大通りに傘や工芸品の店が並ぶ。

チェンマイ・フラワー・フェスティバル
【場所】チェンマイ（→P.232）
【時期】2月上旬

花が最も咲き誇るシーズンに行われるイベント。花で飾られた山車やミス・フラワーのパレード、園芸コンテストがある。

ポイ・サン・ロン
【場所】メーホーンソーン（→P.282）
【時期】3月下旬～4月上旬

メーホーンソーンに住むタイ・ヤイ族の得度式を祝う伝統的なイベント。ビルマ風の色鮮やかな衣装を身にまとった人々の行列を見ることができる。

チェンマイ・ソンクラーン・フェスティバル（水かけ祭り）
【場所】チェンマイ（→P.232）
【時期】4月中旬

天の恵みである水をかけ合い、タイの正月を祝う行事。全国的に行われるが、特にチェンマイでは国内外から訪れた多くの旅行者を巻き込んで、毎年大にぎわいとなる。

ローイ・クラトーン（灯籠流し）
【場所】スコータイ、チェンマイなど
【時期】10～11月

陰暦12月の満月の夜にタイ全土で行われる、水の精霊に感謝する祭り。スコータイではタイダンスやパレードが盛大に繰り広げられる。チェンマイも盛大で、特にコムローイの数が多く、旅行者の人気を集めている。イーペン祭りとも呼ばれる。

ローイ・クラトーンの晩にはコムローイと呼ばれる熱気球も上がり、夜空を幻想的に彩る

HINTS

旅のヒント

交通

北部各都市へはチェンマイかチェンラーイを起点とし、バスや飛行機を利用するのが便利。バンコクからチェンマイへは飛行機の便が毎日多数あり、所要約1時間10分。バスは所要約11時間で、鉄道より本数も多く快適。そのほかバンコクからバスを利用してチェンラーイまでは所要約13時間、メーホーンソーンまで所要約14時間。スコータイへはバンコクからバスで所要約7時間、チェンマイから所要約6時間。

宿の利用

全般的にリーズナブルな宿泊が可能。高級ホテルはもちろん、緑豊かで静かな環境にあるバンガローやゲストハウスも魅力的。トレッキングを行っているゲストハウスは人気が高いが、しつこくツアーに誘われるため宿泊のみの利用者はとまどうことも。ソンクラーンなどイベントのある時期にはどこも混み合うので予約が必要。

隠れ里のような山岳リゾートもある

ACTIVITIES

アクティビティ

- トレッキング
- エレファント・キャンプ
- ゴールデン・トライアングル、少数民族の村を訪問するツアー
- 市街地やマウンテン・リゾート内のスパ
- 国境越え（ラオス、ミャンマー）

メーホーンソーン郊外に住む少数民族。彼らの村を訪れたらたくさん買い物をしよう

FOODS

名物料理

- カントーク
- カオ・ソーイ
- ケップ・ムー（豚皮の唐揚げ）
- サイウア（ハーブソーセージ）
- ケーン・ハンレー（ビルマ風カレー）

タイ北部の郷土料理カオ・ソーイはカレー味のスープに中華麺と揚げ麺が入ったもの

タイ北部　早わかりNAVI

Chiang Mai เชียงใหม่

バンコク●
折込表-B2

「北方のバラ」と呼ばれる美しい古都
チェンマイ

市内に点在する古い寺院も趣がある

行き方

バンコクから
AIR スワンナブーム国際空港からタイ国際航空が毎日10便、所要1時間10分〜1時間20分、1730B〜。格安航空会社も運航しており、スケジュールや運賃は各社のウェブサイト（→P.508）で。

BUS 北バスターミナルから所要9〜11時間。寝ている間に移動できる夜行が便利。6:30〜22:00の間、30分〜1時間おきに出発。VIP823B、1等529〜617B（バス会社によって料金は多少異なる）。旅行会社が運行する、カオサン通りからターペー門付近へ直行の格安ツーリストバスもある。旅行会社やゲストハウスで申し込めるが、盗難や故障などトラブルが多いのでおすすめできない。

RAIL クルンテープ・アピワット中央駅から毎日5本。全席2等エアコン指定席のディーゼル特急は638B、所要約11時間。寝台は人気が高いので、切符の購入は早めに。1等寝台1246〜2446B、2等寝台688〜1038B。座席は2等388〜468B、3等230〜310B（列車の種類により料金が異なる）。

インフォメーション

❶TAT
MAP P.237-F4
🏠 105/1 Chiang Mai-Lamphun Rd.
☎ 0-5324-8604
📠 0-5324-8605
🕗 毎日8:30〜16:30
地図や各地の観光パンフレットがもらえるが、情報は古い。

ピン川沿いにあるチェンマイのTAT

ピン川のほとりに広がる古都チェンマイは、タイ北部最大の都市。かつては北タイ一帯を治めたラーンナー・タイ王国の首都として栄えた。現在でも町には100を超える寺院があり、伝統の技を生かした手工芸品が生産されている。

● チェンマイ到着〜市内へ移動 ●

バスターミナルから市内へ
長距離バスターミナル：「アーケード」と呼ばれるバスターミナル（2と3に分かれている。**MAP** P.235-F2）に、バンコクをはじめ各地からの長距離バスが発着する。アーケードから町の中心までは、路線バス（30B）、モーターサイ（40〜50B）、トゥクトゥク（60〜80B）、ソンテオ（50B〜）、タクシー（150B程度）を利用。乗合ソンテオを利用する場合は、ドライバーに行き先を告げ、目的地と同じ方面へ行くかどうかを確認すること。

アーケードのターミナル3

郊外バスターミナル：城壁の北側にあるチャーン・プアク・バスターミナル（ターミナル1。**MAP** P.236-C1）に、近郊のメー・リム（→P.246）、ター・トーン（→P.267）などチェンマイ県内各地へのバスやソンテオが発着している。

北の終着駅チェンマイ

チェンマイ駅から市内へ
鉄道駅は市街の東外れにあり（**MAP** P.235-F3）、徒歩での移動は大変。トゥクトゥク（60B）かソンテオを利用しよう。ターペー門方面へは、駅前のチャルーン・ムアン通りから乗合ソンテオが利用できる。

チェンマイ国際空港から市内へ
空港（**MAP** P.234-A4〜A5）から市内へはエアポートタクシーかメータータクシー（150B〜/1台）で所要15〜20分。タクシーのカウンターは到着ロビーにある。チェンマイ・シティ・バス（→P.233）を利用すれば30Bで市街まで行ける（2023年3月現在運休中）。市内から空港へは、町を流しているソンテオかトゥクトゥクで80〜100B（要交渉）。

チェンマイ国際空港

チェンマイの歩き方

堀に囲まれた旧市街と、ターペー通りを中心に広がる新市街

　チェンマイは、堀と城壁に囲まれた旧市街と、その周囲を取り巻く新市街とに分けられる。旧市街は細い路地が迷路のように入り組み、少し奥まった通りや寺院周辺は静か。東の城壁沿いのムーン・ムアン通りMoon Muang Rd.周辺にはホテル、レストラン、旅行会社が集まっている。特ににぎやかなのが、旧市街とピン川に挟まれたエリア。ターペー通りTha Pae Rd.、ローイ・クロ通りLoi Kroh Rd.、チャン・クラン通りChang Klang Rd.周辺には旅行者向けのショップやレストランが多い。ナイトバザールも毎晩開かれる。

チェンマイの市内交通

配車アプリ：チェンマイはアプリで呼べる車の数が多く便利。アプリはGrabとBoltの2種あり、Boltのほうが少し安い。

ソンテオ（ソーンテーオ）：小型トラックの荷台を改造して屋根と2列（ソーン・テーオ）の座席を設置した乗り物。チェンマイのソンテオはタクシーのように利用できるものと、おもに路線運行しているものの2種類がある。赤いソンテオはタクシー的な色合いが強く、流しているのを停め

ロット・デーン（赤い車）と呼ばれるソンテオ

行き先と料金を交渉して利用する。旧市街やターペー通り周辺の移動ならひとり30B〜。市街を囲むスーパーハイウエイあたりまで行くと40B程度。方向がだいたい同じなら相乗りも可能で、利用中にほかの客をひろうこともある。チャーターする場合は料金がひとり分なのか1台なのか、しっかり確認しておくこと。黄色や白など赤以外の色をしたソンテオはおもに路線運行。

サームロー、トゥクトゥク：料金は交渉制で、最低でサームローなら20B、トゥクトゥクで40〜60Bくらい。チェンマイは外国人旅行者が多いので、英語を話す運転手も少なくない。サームローの数は少ないが、市場の周辺などではまだ見かける。

路線バス：チェンマイ・シティ・バス（RTC Chiangmai City Bus。路線は MAP P.234〜235参照）。料金は30Bで現金、プリペイドカード、ラビット・カード（→P.55）が利用可。乗車時に下車地点を聞かれるが、名称がわからなくても降車ボタンを押せば停めてくれる。バス停は短い間隔であるので乗り過ごしても安心。2023年3月現在運休中。

メータータクシー：運賃は最初の2kmまで50B、以降1kmごとに5Bずつ追加。流しは少なく、ホテルなどで呼んでもらう。バスターミナルなどで客待ちしている車は料金交渉が必要なことが多い。

レンタバイク、レンタサイクルで行動範囲が広がる

　レンタバイクの料金は排気量や借りる時間によって異なり、100ccで1日250B程度。ガソリン代別（店によっては指定の量のガソリンを入れてから返却する）。借りる際はパスポートを預ける。店によっては国際運転免許証がなくても借りられる。ただし、事故を起こしたとき保険で補償されないことを考えると、無免許運転は問題。国際運転免許証は必ず携帯しよう。ヘルメットは着用義務があり、違反者は罰金200B。

インフォメーション

ツーリストポリス
☎ 1155、0-5321-2146〜8
便利なのはチェンマイ国際空港（MAP P.234-A4〜A5）の交番。

タイ国際航空
MAP P.236-C2
🏠 240 Phrapokklao Rd.
☎ 0-5392-0999
FAX 0-5392-0995
営 月〜土8:00〜17:00
休 日・祝
2023年3月現在休業中。

チェンマイ駅
MAP P.235-F3
前売り窓口
Advance Booking Office
☎ 0-5324-4795、0-5324-5364
営 24時間
荷物預かり
営 毎日4:50〜20:45
料 荷物1個につき1日10B

メータータクシー
☎ 0-5327-9291

空港タクシー
☎ 0-5320-1307

在チェンマイ日本国総領事館
MAP P.234-B5
🏠 Suit 104-107, Airport Business Park, 90 Mahidon Rd.
☎ 0-5201-2500（音声案内に従って下記の内線番号を押す）
邦人保護関係　　内線201
旅券・証明関係　内線103
FAX（代表）0-5201-2505
　　（領事部）0-5201-2515
URL www.chiangmai.th.emb-japan.go.jp/itprtop_ja/index.html
営 月〜金8:30〜12:00、13:30〜16:30　休 土・日・祝

日本語の通じる病院
チェンマイ・ラーム総合病院
Chiang Mai Ram Hospital
MAP P.236-A2
🏠 8 Boonruangrit Rd.
☎ 0-5392-0300
FAX 0-5322-4880
URL www.chiangmairam.com
24時間診察可能。日本語通訳（無料）は月〜金 8:00〜17:00。

旅のヒント

レンタバイク
旧市街東側のターペー門から堀沿いに、レンタバイクとレンタサイクルの店が並んでいる。レンタサイクルは1日40〜50B程度。

タイプチ情報　チェンマイでは数がかなり少なくなってしまった人力のサームロー。カート・ルアンなどの大きな市場周辺ではまだまだ見られるので、体験してみたかったら探してみよう。

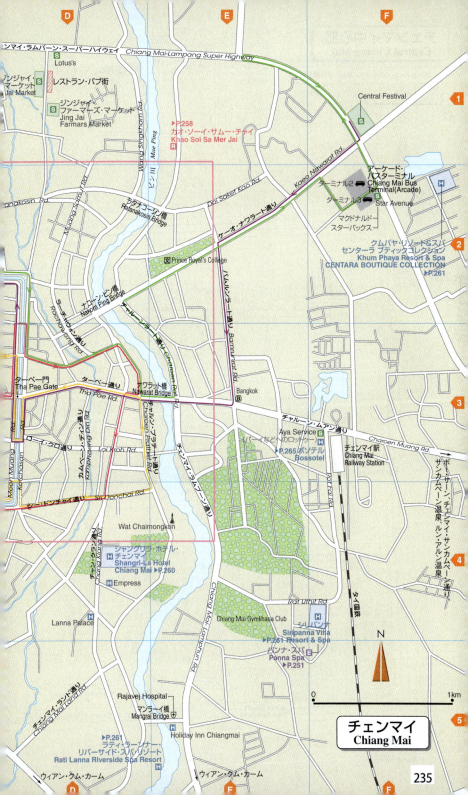

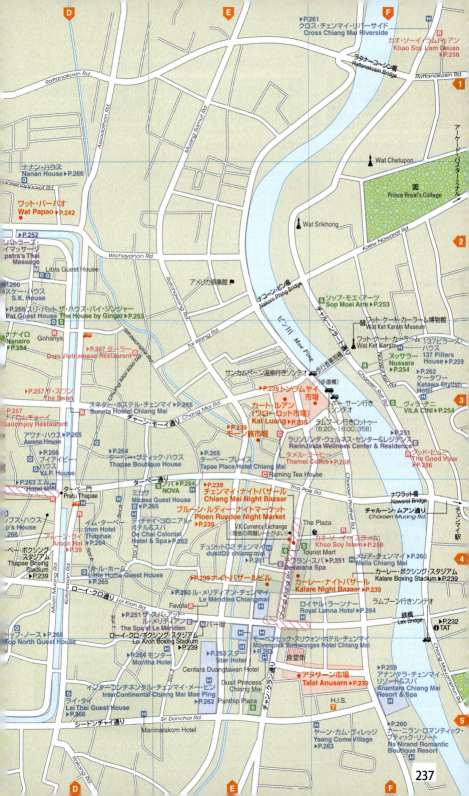

精巧なジオラマで歴史に触れられるチェンマイ市芸術文化センター

チェンマイ市芸術文化センター
チェンマイ歴史センター
ラーンナー民俗博物館
住 Phrapokklao Rd.
TEL 0-5321-7793
URL www.cmocity.com
開 水～日8:30～16:30
休 月・火 料 各90B、3館共通券180B

3人の王像
住 Phrapokklao Rd.
開 24時間 料 無料

広場の奥に立てられている

ラーンナー建築センター
住 117 Ratchadamnoen Rd.
TEL 0-5327-7855
URL www.lanna-arch.net
開 火～日9:00～12:00、13:00～16:00

美しく保存されたタイ北部の伝統的な建物
休 月 料 120B

チェンマイ国立博物館
住 451 Moo 2, Super Highway
TEL 0-5322-1308
　 0-5340-8568
開 水～日9:00～16:00
休 月・火・祝
料 100B（外国人料金）
行き方 スーパーハイウエイに面しており、チャーン・プアク通りとの交差点から西に徒歩約10分。ワット・チェット・ヨートにも近い。

おもな見どころ

まずここでチェンマイの歴史を知ろう ★★
チェンマイ市芸術文化センター
Chiang Mai City Arts & Cultural Centre
MAP P.236-C3

チェンマイ市街のほぼ中心、1924年に王室のために建てられたタイ北部の伝統的な建物は、市や県の役所として使われた後、現在ではチェンマイの歴史や文化を多数のジオラマや模型、ビデオなどで展示する博物館となっている。展示は2フロア、計15室あり、チェンマイ周辺のタイ北部を治めたラーンナー王朝についての解説、チェンマイ市街が建設されていく様子、仏教、ピン川沿いでの生活、実物大に再現されたマーケットの様子、チェンマイ周辺に住む山岳民族についてなど興味深い内容。

チェンマイ市芸術文化センターと並んで西隣には**チェンマイ歴史センター Chiang Mai Historical Centre** があり、チェンマイの歴史を大きく5つに区切ってそれぞれについて出土品などの展示があるほか、地下から出土した城壁の遺構も見られる。広場を挟んで通りの東向かいにある建物は、**ラーンナー民俗博物館 Lanna Folklife Museum**。タイ北部に伝わる宗教や文化などの展示がある。

チェンマイ市芸術文化センター前の広場に立っているのは、チェンマイにゆかりのある**3人の王像**。中央がチェンマイを建設したメンラーイ王。向かって右はスコータイ王国のラームカムヘーン王、左はパヤオ王国のカムムアン王。これら3人の王がチェンマイ王国の建国および町の建設を誓い合っている様子を表している。

タイ北部で育ったラーンナー様式の建築を知る ★★
ラーンナー建築センター
Lanna Architecture Center
MAP P.236-C4

プラポックラオ通りとラーチャダムヌーン通りの角に、100年以上前に貴族の館として建てられた古い建物が残っている。黒光りするチーク材が美しいこの建物にはラーンナー建築に関する展示があって、チェンマイ地方で独自に発展したラーンナー様式について知ることができる。現在ではチェンマイ大学の建築学部が管理しており、写真展などの特別展も随時開催されている。庭にカフェもある。

各種仏像が展示されている ★★
チェンマイ国立博物館
Chiang Mai National Museum
MAP P.234-B1

タイ北部では最大の博物館。展示場は1階と2階の合計6つのブロックで構成され、先史時代からラーンナー・タイ王国を経て現代にいたる、タイ北部の歴史についての見応えある展示が並ぶ。精巧に造られた創建当時の旧市街の模型は、寺院の位置がよくわかっておもしろい。1782年から1939年まで9代続いたチェンマイ朝歴代王の肖像や、1921年に開通した当時の様子を再現した鉄道の模型など、興味深い展示も多い。

充実した展示があるチェンマイ国立博物館

旧市街近くにある大マーケット
カート・ルアン（ワローロット市場） ★★
Kat Luang　MAP P.237-E3

旧市街とピン川に挟まれたエリアにある大きな市場がカート・ルアン。別名ワローロット市場とも呼ばれてチェンマイ市民に親しまれている。大きな建物の中に各種ショップがぎっしりと詰まっており、特に1階は食料品を扱う店が多い。北部特産のお茶やドライフルーツなどはおみやげにもいい。周囲には花や生鮮食料品を扱う**トンラムヤイ市場**、モーン族の衣類や雑貨を扱う**モーン族市場**などもあり、地元の人や観光客が常に行き交う。

みやげ物屋が集まり毎晩にぎやか
チェンマイ・ナイトバザール ★★★
Chiang Mai Night Bazaar　MAP P.237-E4

チェンマイの夜をにぎやかに彩るのがチャン・クラン通り周辺のナイトバザール。特ににぎやかなのは、ローイ・クロ通りの南側にある**アヌサーン市場 Talat Anusarn**（MAP P.237-E5～F5）。タイ雑貨や衣料品、食品などの屋台がずらりと並び、冷やかしながら歩くだけでも楽しい。レストランや気軽な屋台街のほかニューハーフショーの劇場、バーやカフェもある。

アヌサーン市場前からチャン・クラン通りを北へターペー通りの手前あたりまでのエリアには、路上に毎日16時頃から設営される屋台が並び、こちらでも雑貨類が売られている。**ナイトバザールビル**（MAP P.237-E4）地下1階は、現在空きテナントが並ぶ寂しい状態。その向かいにある**カーレー・ナイトバザール Kalae Night Bazaar**にはフードコートと、奥まった所にはステージがあり、毎晩地元アーティストのライブや伝統的な踊りが無料で披露される。

プルーン・ルディー・ナイトマーケット Ploen Ruedee Night Market（MAP P.237-E4）は敷地の外周にカオ・ソーイやハンバーガー、串焼きなどの飲食屋台、その内側にショップとステージがあり、こちらも毎晩外国人旅行者や地元の若者が集まる。

広い敷地に露店がぎっしり並ぶアヌサーン市場

食事が楽しめるプルーン・ルディー・ナイトマーケット

カート・ルアン
営 毎日4:00～19:00頃

1階は食品、2階から上は衣料品などの店が多いカート・ルアン

モーン族市場のカラフルな雑貨

旅のヒント
町歩きの起点はターペー門
チェンマイ市内のツーリストエリアは、ターペー門をほぼ中心に東の新市街と西の旧市街に分かれているので、ターペー門を起点にするとわかりやすい。

趣のある赤れんがのランドマーク

チェンマイでの両替
銀行や両替所はターペー通りやナイトバザール周辺に多い。両替所はターペー通りで20:00頃まで、ナイトバザール周辺で22:00頃まで、土・日曜もオープン。

Column 風情あふれるチェンマイのお祭り

毎年秋に全国で行われるローイ・クラトーン（2023年は11月28日）は、池や川にクラトーンと呼ばれる灯籠を流す美しい行事。あわせてコムローイと呼ばれる熱気球を飛ばし、幻想的な眺めとなる。チェンマイでは、一斉に無数のコムローイが空に放たれる大きなイベントが行われるほか、お寺や広場でも人々がそれぞれの願いを込めてコムローイを夜空に浮かべる。

タイプチ情報 ナイトバザールはコロナ禍で壊滅的な打撃を受け、ナイトバザールビル内のテナントもほとんどが空き家状態。以前のにぎわいを完全に取り戻すのはまだ少し先のことになりそう。

おもな見どころ

古都の風情を満喫する
チェンマイの7大仏教寺院 ★★★

かつてラーンナー・タイ王国の都として栄えたチェンマイには、数多くの寺院が残されている。それぞれに特徴のある寺院を見て歩こう。

チェンマイで最も長い歴史をもつ寺院
ワット・チェン・マン
Wat Chiang Man　　MAP P.236-C2　วัดเชียงมั่น

行き方 旧市街の中。ターペー門から徒歩約13分。
圏 毎日6:00〜17:00　**料** 無料

1296年、ラーンナー・タイ王国を興したメンラーイ王（マンラーイ王とも）がチェンマイに都をつくった際に建てた寺院。太いチーク材の柱が本堂内に見られる、典型的なタイ北部の建築スタイルだ。1993年に修復された本堂には、2体の珍しい仏像が納められている。1体は、1800年前に作られたといわれる水晶の仏像（プラ・セタンガマニ）で、雨を降らせる力が宿っていると信じられている。もう1体はさらに昔にインドかスリランカで作られたといわれる大理石の仏像（プラ・スィラ）。本堂内部の壁は、色鮮やかな壁画で覆われている。本堂の裏にある、基部を15頭の象に囲まれた方形の仏塔も見逃せない。

（上）見事な装飾が施された破風が美しい
（下）寺院の裏側にある仏塔の基壇には象の像が並んでいる

境内もお堂も広壮なワット・プラ・シン

チェンマイで最も格式が高い寺院
ワット・プラ・シン
Wat Phra Sing　　MAP P.236-B3〜B4　วัดพระสิงห์

行き方 ラーチャダムヌーン通りの西端。ターペー門から徒歩約15分。
圏 毎日7:00〜18:00　**料** 無料

1345年、プラ・ヨー王が父親カム・フー王の墓としてチェーディー（仏塔）を建てたことから始まった寺院。寺の名称の由来となったプラ・シン仏が納められているのが、左側奥にあるライカム礼拝堂（ウィハーン・ライカム）。白壁に、金色に塗られた木彫りの正面扉がしっとりと調和した建物だ。内部には、チェンマイ地方の昔の衣装や習慣などを描いた壁画があり、必見の美しさ。境内には経典を納めた図書室のような小さな建物があり、壁はワーイ（合掌礼）をする漆喰の女神像で飾られている。

巨大な仏塔が大迫力
ワット・チェーディー・ルアン
Wat Chedi Luang　　MAP P.236-C4　วัดเจดีย์หลวง

行き方 ターペー門から徒歩約10分。
圏 毎日7:00〜22:00　**料** 50B

ワット・プラ・シンと並んで格式の高い寺院とされている。お堂の入口には蛇神ナークやクジャクの装飾が施され、内部には巨大な仏像がある。その背後には、1411年に建てられ、1545年の地震で壊れるまで高さ86mもあったという仏塔チェーディー・ルアンがそびえている。仏塔はユネスコと日本政府の援助で1992年に修復された。ただし創建当時の確かな記録が残されていないため、タイの建築家による新しいアイデアも取り入れられている。

半壊していてもなお巨大な仏塔

240

ぽてっとした形がかわいらしい仏塔

奇妙な造形の仏塔で有名
ワット・クー・タオ
MAP P.234-C1
Wat Khu Tao　วัดกู่เต้า

行き方 町の北側、住宅街の中。チャーン・プアク門から徒歩約15分。
開 毎日6:00～18:00　**料** 無料

　1579年から1607年にかけてこの地を統治したビルマ王プレーンノーンの墓として、1613年に建てられた寺院。ひょうたんのような丸いシルエットの、独創的な形の仏塔がある。

◉おもな見どころ◉

白いチェーディーが林立しているワット・スアン・ドーク

圧倒的な規模の大きさ
ワット・スアン・ドーク
MAP P.234-A3
Wat Suan Dok　วัดสวนดอก

行き方 城壁の西門（スアン・ドーク門）を出て西へかなり行った所にあるので、トゥクトゥクかサームローを使うと便利。
開 毎日8:00～17:00　**料** 無料

　1383年にクーナ王によって、ラーンナー・タイ王の宮殿の庭に建てられた規模の大きな寺院。広々とした礼拝堂には、500年ほど前に造られた、全国でも1、2を争う大きさの青銅の仏像が安置されている。本堂内にある、釈迦の生涯を描いた色鮮やかな壁画も見事。広々とした境内には、チェンマイ朝王族代々の遺骨を納めたさまざまなスタイルの白いチェーディーが並んでいる。

芝生に囲まれのんびりしたムードが漂う
ワット・チェット・ヨート
MAP P.234-B1
Wat Chet Yot　วัดเจ็ดยอด

行き方 旧市街からソンテオやトゥクトゥクで約20分。近くにはチェンマイ国立博物館もある。
開 毎日7:00～18:00　**料** 無料

　1455年にティロカラート王によって建てられたもので、1477年、同王によって仏典結集が行われた寺院としても知られている。釈迦が悟りを開いた地、インドのブッダガヤにあるマハーボディ寺院（大菩提樹寺）をモデルにしたといわれ、「チェット・ヨート（7つの尖塔）」の名のとおり、中央の高いチェーディーを6基の低いチェーディーが囲んでいる。お堂や仏塔の壁には見事な彫刻が施されており、合掌する天上の神々の表情は柔和で美しい。

ブッダガヤ風のお堂

森の中にひっそりと立つ
ワット・ウモーン
MAP P.243-A3
Wat Umong　วัดอุโมงค์

行き方 旧市街を西へ出てステープ通りを進み、チョンプラタン運河を越えてすぐ左折し、小道を2kmほど入る。トゥクトゥクかサームローを利用すると便利。
開 毎日5:00～20:00　**料** 無料

　緑深い山の中に本堂を構える、瞑想修行を中心とした宗派の寺院。町の喧騒から離れた静かな環境で瞑想ができるようにと、メンラーイ王が14世紀末に建てた。山の中にトンネル（ウモーン）を掘ってその中に仏像を安置しており、そこまでは森閑とした林を抜けていく。トンネル内部には、夏でもひんやりとした空気が漂っている。

独特の神秘的な雰囲気が漂うワット・ウモーン

チェンマイの小さな寺院 10選

チェンマイの旧市街にはそこかしこに寺院が建てられている。人気の見どころになっている大寺院ではなく、人々の生活に溶け込んでいるような小さな寺院もそれぞれに趣がある。レンタサイクルなどを借りて回ってみよう。

ワット・ウモーン・マハーテーラチャン　MAP▶P.236-C3
Wat Umon Mahatherachan　วัดอุโมงค์มหาเถรจันทร์

本堂脇にある仏塔は14世紀後半に建てられたもの。境内は緑濃い。

ワット・プラーサート　MAP▶P.236-A3
Wat Prasat　วัดปราสาท

本堂の屋根など細かい部分までラーンナー様式の装飾が見事。

ワット・チェットリン　MAP▶P.236-C4〜C5
Wat Cet Lin　วัดเจ็ดลิน

境内にある池では、歴代チェンマイ王が即位の際、沐浴をしたと伝えられている。

ワット・プラ・チャオ・メンラーイ　MAP▶P.236-B4
Wat Phra Chao Mengrai　วัดพระเจ้าเม็งราย

チェンマイを都としたメンラーイ王の名を冠した由緒ある寺院。

ワット・チェンユーン　MAP▶P.236-C2
Wat Chiang Yuen　วัดเชียงยืน

旧市街北の堀沿いにあり、仏塔はビルマ風のスタイル。

ワット・ムーン・グン・コーン　MAP▶P.236-B4
Wat Muen Ngen Kong　วัดหมื่นเงินกอน

チークの柱が見事な本堂と、600年近い歴史のある仏像が見どころ。

ワット・パーパオ　MAP▶P.237-D2
Wat Papao　วัดป่าเป้า

18世紀後半の建立とされ、シャン様式（タイ・ヤイ様式）の装飾が見られる。

ワット・ムーンサーン　MAP▶P.234-C4
Wat Muen San　วัดหมื่นสาร

第2次世界大戦中、ここに日本軍の野戦病院がおかれた。記念の慰霊碑、資料館がある。

ワット・パンタオ　MAP▶P.236-C4
Wat Phantao　วัดพันเตา

旧市街のほぼ中心にあり、ラーンナー様式の本堂が美しい。

ワット・ロークモーリー　MAP▶P.236-B2
Wat Lokmoli　วัดโลกโมฬี

1527年建立で巨大な仏塔がある。本堂は新しい建物。

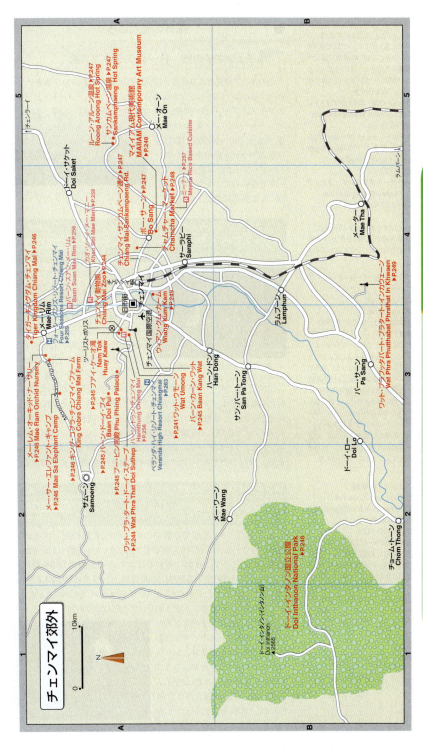

旅のヒント

チェンマイでムエタイ観戦
市内に数ヵ所ボクシング競技場があり、毎日どこかの競技場で試合が開催されている。スタートはだいたい21:00、料金は試合の内容や席によって600B程度～。

ローイ・クロ・ボクシング・スタジアム Loi Kroh Boxing Stadium
MAP P.237-E4

カーレー・ナイトバザール・ボクシング・スタジア Kalare Night Bazaar Boxing Stadium
MAP P.237-E4

ターペー・ボクシング・スタジアム Thapae Boxing Stadium
MAP P.237-D4

チェンマイのナイトバザール
夕方頃から店開きが始まり、本格的な営業は毎日18:00～23:00頃。

ワット・プラ・タート・ドーイ・ステープ
- Doi Suthep
- Doi Suthep
- 毎日8:00～18:00 30B
- チャーン・プアク門（MAP P.236-C2）の向かいに停まっているソンテオを利用すると安上がりだが、5～6人以上集まらないと出発しない。料金は人数により片道60～80B。チェンマイ動物園付近からのソンテオもあるが、人数が集まりにくいのは変わらない。チャーターするのがベスト。往復400B～。
- 注：仏塔の回廊へ入るには、ひざが隠れる服を着用のこと。短パンの人は入口でサロンを借りられる。

チェンマイ動物園
- 100 Huay Kaew Rd.
- chiangmai.zoothailand.org/en/index.php
- 0-5322-1179
- 毎日8:00～17:00
- 150B（外国人料金。子供70B。パンダ見学は別途100B）。園内はかなり広く、徒歩では回りきれない。園内循環バスがあるので利用しよう。30Bで乗り放題自由（チケットはなくさないように）。水族館450B、子供350B、2023年3月現在、改修中で割引料金）も併設。
- チェンマイ・シティ・バスR1紫の終点。

郊外の見どころ

🐘 チェンマイの西　ドーイ・ステープ方面

このエリアの見どころへはかなり急な山道を上るので、車をチャーターするのがベスト。ソンテオなら、ワット・プラ・タート・ドーイ・ステープ、プー・ピン宮殿、バーン・ドーイ・プイを合わせて市内から700～800B程度で行ける。プー・ピン宮殿からバーン・ドーイ・プイまでの道は狭くてカーブも多いので、レンタバイクで行く人は慎重に運転しよう。

ワット・プラ・タート・ドーイ・ステープから眺めるチェンマイ市街

チェンマイに来たら上るべし！ ★★★
ワット・プラ・タート・ドーイ・ステープ
Wat Phra That Doi Suthep　　MAP P.243-A3

山の頂上にあるラーンナー様式の美しい仏塔

標高1080mのステープ山Doi Suthepの頂上に建つこの寺院は、郊外最大の見どころだ。市街から約16km離れた寺院の麓まで車で行き、そこから両側を2匹のナーク（蛇神）に守られた長い参道の階段を上る。麓からはケーブルカー（営 5:00～20:00頃、料 50B）も利用できる。1383年にクーナ王によって建立されたこの寺院は、タイ北部で最も神聖な寺院のひとつとされている。見どころは、土足厳禁の回廊に囲まれた、高さ22mの金色に輝くチェーディー（仏塔）。内部には仏舎利が納められ、人々の信仰を集めている。ラーンナー風に塔の脇に建てられた黄金の美しい傘も印象的。寺院のテラスからはチェンマイ市街を一望のもとに見渡せる。

パンダが人気の広大な動物園 ★★
チェンマイ動物園
Chiang Mai Zoo　　MAP P.243-A3

1977年に、タイ北部では最初にオープンした動物園。山の斜面にあるのでチェンマイ市街方面の見晴らしもいい。園内は広大かつ高低差もあるので、移動は有料のゴルフカートか循環バスを利用すると楽。展示されている動物は300種以上。目玉は2003年に中国から貸与されていたジャイアントパンダのつがい（オスのチュワンチュワンは2019年に死亡、メスのリンフイも2023年4月に死亡）から2009年に生まれた子パンダのリンピン。ほかにもコアラやトラをはじめダチョウやキリン、シマウマがいるアフリカゾーン、フラワーガーデンや鳥園など、内容は充実している。併設された水族館には、世界最長133mの水底トンネルがある。

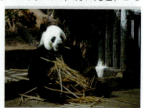
タイ人にも大人気のパンダ

なだらかな流れが続く
フアイ・ケーオ滝
Nam Tok Huay Kaew

MAP P.243-A3

น้ำตกห้วยแก้ว

チェンマイ動物園の少し先にあるフアイ・ケーオ滝は、日本人がイメージするような大量の水が垂直の崖を流れ落ちる滝とは少々異なり、やや角度が急で岩がちな渓流がずっと続いている。瀬音が聞こえるなだらかな河原でお弁当を広げたりビールを飲んだりと、ピクニックを楽しむのがタイ人好みの休日の過ごし方。流れの激しいエリアを眺められるレストラン「フアン・フアイケーオ」もある。

ピクニック先としてタイ人に人気

タイ王室の離宮
プー・ピン宮殿
Phu Phing Palace

MAP P.243-A3

ตำหนักภูพิงคราชนิเวศน์

王室が避暑に利用している宮殿で、1962年の建設。前国王の母（故人）が好んで滞在した。王族が滞在していなければ庭園部分が一般公開される。庭園にはバラをはじめとする美しい花々が咲き乱れている。

山岳民族の生活に触れることができる
バーン・ドーイ・プイ
Baan Doi Pui

MAP P.243-A3

บ้านม้งดอยปุย

タイ北部の山岳民族を代表するモーン族の村を見学できる。村入口の駐車場脇にはずらりとみやげ物屋が並んでいるが、その裏には本物の村落があり、実際に人々が暮らしている。美しい民族衣装を仕上げるために刺繍をする女性の姿もあちこちで見られる。

村では民族衣装や工芸品が売られている

改装した古民家が並ぶアーティスト村
バーン・カーン・ワット
Baan Kang Wat

MAP P.243-A3

บ้านข้างวัด

「お寺の隣の村」という意味の名称のアート系クラフト村かつノスタルジックな雰囲気の漂うショッピング施設。オーナーの土地に古民家風の家屋を建て、焼物や染め物、木工や手工芸品などのさまざまなアーティストが入居して作品を製造、販売している。施設内にはおいしいコーヒーが飲めるカフェもあり、チェンマイ大学やワット・ウモーン（→P.241）からひと足延ばして休憩に寄るのもおすすめ。

各種ワークショップも行われる

フアイ・ケーオ滝
行き方 チェンマイ・シティ・バスR1紫の終点から徒歩。

プー・ピン宮殿
住 Doi Buak Ha
開 毎日8:30～15:30（不定期に閉まるので、TATなどで事前に確認しておくこと）
料 50B
行き方 ワット・プラ・タート・ドーイ・ステープからさらに山奥に向かって約5km。ドーイ・ステープ前からソンテオ。人数が集まらないと出発しないうえに帰りの足が確保できないので、チャーターするのが安心。

高原の避暑地の風情があるプー・ピン宮殿

バーン・ドーイ・プイ
行き方 ドーイ・ステープ前の道をさらに十数km山奥に向かって進む。ドーイ・ステープ前からソンテオが出ているが、プー・ピン宮殿行き同様人数が集まらないと出発しないうえ帰りの足が確保できない。チャーターするのが安心。

民族衣装を着てモデル代を稼ぐ少女たち

バーン・カーン・ワット
住 191-197 Soi Wat Umong
電 09-3423-2308
URL Baan Kang Wat
営 火～日 10:00～18:00
休 月

緑が茂るテラス席でコーヒータイム

タイプチ情報 チェンマイ周辺で人気のアトラクションといえば象乗り。しかし最近では批判の高まりを受けて休止するところが多く、2023年3月現在チェンマイで象に乗れる施設は1ヵ所のみ。

旅のヒント

「チャーオ」と言ってみよう
タイ語を話せる女性は、標準語のていねい語尾「カー」を「チャーオ」に変えてみよう。これは北タイの方言で、「サワディー・チャーオ（こんにちは）」と使う。

キング・コブラ・チェンマイ・ファーム
住 160 Moo 1, Maerim-Samoeng Rd.
電 08-0491-1151
開 毎日8:00～17:00（ショーは11:30、14:15、15:30の1日3回）
料 200B

メー・レム・オーキッド・ナーサリー
住 100 Moo 9, Maerim-Samoeng Rd. 電 0-5329-8801～2 開 毎日7:00～17:00
料 40B 行き方 チャーン・プアク通りからスーパーハイウエイを越えて107号線を北進し、メー・リムの町を越えてすぐの三差路を左折。1096号線に入って約4km先の左側。この周辺にはほかにも「オーキッド・ファーム」が何ヵ所かあり、チョウは飼育していないところもある。

大きなランの花が咲き乱れている

メー・サー・エレファント・キャンプ
住 Maerim-Samoeng Rd.
電 0-5320-6247
URL www.maesaelephantcamp.com 開 毎日7:00～14:00
料 250B メー・サー滝からさらに5kmほど進んだ左側。

やや腰が引けつつ象に餌をやる子供

タイガーキングダム・チェンマイ
住 51/1 Moo 7, Rim-Tai, Mae Rim 電 06-1268-2669
URL www.tigerkingdom.com
開 毎日9:00～17:00（最終入場16:30） 料 250B（トラとの記念撮影は別料金で750B～）
CC AMV

チェンマイの北　メー・リム方面

チェンマイ市内からメー・リムまで約16km。メー・リム周辺は、通り沿いに旅行者向けの観光施設が点在している。チャーン・プアク・バスターミナルからメー・リムまでバスが出ているが、周辺での移動手段の確保が難しい。道路は舗装されているので、レンタバイクで行くのもいい。

手に汗握る蛇対人間のショー ★★
キング・コブラ・チェンマイ・ファーム
King Cobra Chiang Mai Farm
MAP P.243-A3

タイ国内に生息する各種蛇をはじめ爬虫類や昆虫類を飼育しているスネーク・ファーム。毎日行われる蛇のショーが人気。土俵のようなステージで蛇使いが大蛇や毒蛇を飼育箱から引っ張り出し、そっと触ったりキスをしたりとハラハラドキドキ。ちょっと驚く趣向もあり、けっこう楽しめる。ショー終了後は、大蛇を首にかけての記念撮影タイム。アメリカの俳優シルベスタ・スタローン（映画『ランボー 最後の戦場』）の看板が目印。

スリル満点の毒蛇ショー

タイといえばラン ★
メー・レム・オーキッド・ナーサリー
Mae Ram Orchid Nursery
MAP P.243-A3

タイ名産のランの栽培場兼即売場で、マニアが目をむくような品種の豊富さと美しさ。奥にはチョウの育成場もあり、ネットで囲われた庭の中に数種類の熱帯のチョウが飛び交っている。おみやげコーナーではランを使った細工物やアクセサリーが充実している。

象の芸達者ぶりが見られる ★★★
メー・サー・エレファント・キャンプ
Mae Sa Elephant Camp
MAP P.243-A3

山中を流れる川沿いにある象の保護施設。親子あわせて30頭近い象がここで生活している。象に直接エサをやったり、運がよければ水浴びの様子なども見学できる。

珍しいホワイトタイガーがいる ★
タイガーキングダム・チェンマイ
Tiger Kingdom Chiang Mai
MAP P.243-A3

赤ちゃんトラから大人のトラまで、大小さまざまなトラが暮らす施設。目の前の檻の中を歩き回るトラは大迫力。飼育されているなかには珍しいアルビノのトラ（ホワイトタイガー）もいる。別料金で大小のトラと記念撮影できる。

ホワイトタイガーも間近で見られる

神秘的な洞窟寺院 ★★
ワット・タム・チェンダーオ（チェンダーオ洞窟） MAP 折込表-B1
Wat Tham Chiang Dao

歩道が整備されており安心して歩ける

タイで3番目の高峰チェンダーオ山中腹にある、全長約12kmの鍾乳洞を利用した寺院。池や庭園のあるエリアから階段を上ると、洞窟寺院の入口がある。さまざまな形をした鍾乳石が照明に浮かび上がり、何体もの仏像も祀られている。公開されているエリアは約360m、追加料金が必要な有料コースは、照明を持ったガイドの案内付きでさらに約735mある。有料コースには動物や植物の形に見立てられた鍾乳石が多く、見ごたえあり。内部は歩きやすく整備されているが、頭上から鍾乳石や岩が突き出しているところもあるので、頭をぶつけないように注意しよう。周辺には温泉や象の訓練センターがあるほか、おしゃれなカフェも点在しているので、1日かけてのんびり回ってみよう。

🐘 チェンマイの東　サンカムペーン方面

チェンマイ郊外の工芸通り ★★
ボー・サーンとチェンマイ・サンカムペーン通り MAP P.243-A4
Bo Sang, Chiang Mai-Sankampaeng Rd.

チェンマイの東郊外には、古くから伝わる伝統工芸を生かした観光工房やショップが集まったエリアがある。そのひとつが竹と紙で作られたチェンマイ特産の傘で有名なボー・サーン。日本の番傘のような傘はすべて手作業で生産されており、その製作過程をアンブレラ・メイキング・センターで見学することもできる。全面に描かれた色とりどりの素朴な絵が魅力的。絵つけの見学も可能で、注文すればオリジナルも描いてもらえる。価格は小さいもので100B前後から。

もう1ヵ所がチェンマイ・サンカムペーン通り。ツアー客を対象にしたシルク、セラドン、皮革、銀、漆、木彫り、ヒスイ、手漉き紙などの大きな店がある。

伝統的な傘の製作を見学できるアンブレラ・メイキング・センター

天然温泉につかってリラックス ★★
サンカムペーン温泉 MAP P.243-A5
Sankampaeng Hot Spring

硫黄泉質の温泉が絶え間なく湧き出している、花と緑に囲まれた美しい公園。中には浴場もあり、のんびりお湯につかれる。浴場はバスタブ付きの地味な個室で、湯元から直接引いているため湯量が豊富でとても熱い。売店で卵を買い、ゆで卵を作って食べるのもピクニック気分で楽しい。温泉プールもある。サンカムペーン温泉の少し手前には花や木に囲まれた**ルーン・アルーン温泉**もある。こちらは民営の温泉リゾートで、105度ある温泉が直接浴室に供給されるようになっている。ロックガーデン、バンガローやレストランなどの施設もある。

卵を買ってゆで卵を作ろう

ワット・タム・チェンダーオ
- 273 Moo 5, Chiang Dao
- 0-5324-8604
- URL www.chiangdaocave.com
- 毎日8:00〜17:00
- 40B（洞窟内有料コースはガイド付きで100B）
- 行き方 チャーン・プアク・バスターミナル（ターミナル1）からファーン行きソンテオかター・トーン行きバスでチェンダーオのひとつ手前、チャーターソンテオ乗り場で下車、5:30〜17:30の間30分おき、約90分、44B。ここからソンテオをチャーターして300B程度。帰りはチェンダーオまで送ってもらおう。

ボー・サーン
- 行き方 カート・ルアン近くのピン川沿いにある乗り場（MAP P.237-F3）から、白い車体の直行ソンテオがある（15B）。

サンカムペーン温泉
- Moo 7, Ban Sahakorn, Mae On
- 0-5303-7101
- 毎日6:00〜20:00
- 入園料100B（外国人料金）。入浴料は個室1人1時間60B、団体用家族風呂300B。貸タオル1枚10B、水着20B。マッサージ1時間220B〜。
- 行き方 カート・ルアン近くのピン川沿い（MAP P.237-F3）から、サンカムペーン温泉行き黄色のソンテオが4:30〜16:30の間30分〜1時間おきに出発。所要1時間30分、50B。戻りの最終は16:30だが、早く終わることもあるので、ソンテオをチャーターすると安心。1台500〜600B程度。レンタバイクでの日帰りトリップにも最適。

ルーン・アルーン温泉
- 108 Moo 7, Ban Sahakorn, Mae On
- 08-1883-0337
- 毎日8:00〜18:00
- 個室入浴料90B、ジャクージ180B（貸タオル付き）。サウナ1室400B（5人以上）。ハーブサウナ150B（1人、1室）
- 行き方 サンカムペーン温泉行きソンテオで途中下車（乗車時に運転手に伝えておくこと）。もしくはソンテオをチャーターするのが便利。

タイプチ情報　チェンマイ郊外は道路が整備されているので、オートバイでも走りやすい。周囲の交通に注意しながらのんびりツーリングしよう。

マイイアム現代美術館

住 122 Moo 7, Tonpao, Sankampheang
TEL 0-5208-1737
URL www.maiiam.com
営 金〜月 10:00〜18:00
休 火・水・木
料 150B
行き方 カート・ルアン近くのピン川沿い（MAP P.237-E3〜F3）から、サンカムペーン行きの白いソンテオ利用、約30分、30B。

鏡のような外観で周囲の風景に溶け込む建物

チャムチャー・マーケット

住 13, 16 Moo 2, Soi 11, San Klang, Sankamphaeng
TEL 09-7462-4296
FB ChamchaMarket
営 土・日 9:00〜14:30
休 月〜金
行き方 チェンマイ市街からソンテオ、タクシーなどで約20分。

古いバスを利用したカフェ

ドーイ・インタノン国立公園

TEL 05-3286-6729
英 Doi Inthanon National Park
料 200B（国立公園入場料。外国人料金）
行き方 チェンマイの南約60kmにあるチョーム・トーンChom Thongの手前で右折し、さらに頂上まできつい上りを含む約50kmの道程。坂が多く厳しい行程なので、タクシーやソンテオをチャーターしよう。往復1200B〜。

ここがタイ最高地点

チェンマイでタイの現代アートに触れる ★★
マイイアム現代美術館
MAIIAM Contemporary Art Museum　พิพิธภัณฑ์ศิลปะร่วมสมัยใหม่เอี่ยม
MAP P.243-A4

チェンマイ郊外、サンカムペーンに2016年にオープンした現代アートの美術館。個人コレクションを中心に、チェンマイをはじめタイ出身の現代アート作家の作品を常設で展示するほか、随時企画展も行われている。ミラータイルをモザイク状に貼った、銀色に太陽光を反射する外観の2階建ての建物は、もとは倉庫だったもの。そのため天井の高い大きなホールのようなスペースもあり、巨大な作品も余裕で展示できる。1階は企画展のスペースで、大きなホールがあるのもこちら。

1階の展示ホールは2階分の高さがある

入り組んだ造りになっていて、じっくりと作品を鑑賞できる。2階は常設展。映像展示の小部屋では、アクリル板に背面から映像を投影するリア投影のスタイルで、ショートフィルムが上映されている。1階にはカフェ、ショップがある。

伝統工芸品のショップが集まる ★
チャムチャー・マーケット
Chamcha Market　ตลาดฉำฉา
MAP P.243-A4

伝統工芸品の製造が盛んなチェンマイ市街の東郊外、サンカムペーンにある週末だけのマーケット。地域おこしのような活動の一環としてオープン。メインになる全長200mほどの通りの両側に大小50軒ほどのショップが並び、それぞれに手作りの伝統工芸品、雑貨、藍染製品、ファッション雑貨などを販売している。マーケットの脇にある「カート・チュムチョン กาดชุมชน」は、プチプラファッションのマーケット。山岳民族やタイ伝統の意匠をアレンジしたシャツやジャケット、ワンピースなどが手頃な値段で売られている。マーケットの名前の由来は、マーケット内の広場にあるチャムチャー（レインツリー）の巨木。突き当たりを左に入ると、人気レストランの「ミーナー」（→P.257）がある。

静かな通りの両側に手作り雑貨や工芸品のショップが並ぶ

🐘 チェンマイの南

タイ王国最高峰がそびえる ★
ドーイ・インタノン国立公園
Doi Inthanon National Park　อุทยานแห่งชาติดอยอินทนนท์
MAP P.243-B1〜B2

旧市街から約100km、標高2565mのタイ最高峰ドーイ・インタノン（インタノン山）を中心とした緑あふれる国立公園で、チャオプラヤー川の源流もある。頂上付近にはハイキングコースがあり、木道の上から「雲霧林」と呼ばれる林や池沼を眺められる。530km²の広大な公園全体を覆った木々の深い緑と、咲き乱れる花が美しい。生態系も多様で、鳥類だけでも362種が生息している。山の上には寺院があり、景色がいい。

いにしえの都の遺跡が点在する
ウィアン・クム・カーム
Wiang Kum Kam

MAP P.243-A4

1984年に偶然発見されたこの遺跡は、ラーンナー・タイ王国最初の都だった。18世紀初頭に洪水の被害を受けたため放棄されたと考えられており、発見されるまでは伝説のみが言い伝えられていた。1.5mほどの地下から数々の寺院の遺構が発掘されている。都を押し流したこの洪水はピン川の流れを変えてしまうほど激しいもので、古い流れの跡がウィアン・クム・カーム遺跡群の中に残っている。全体では東西約8km、南北約6kmの範囲に広がっており、往事の様子がうかがえるのは一部。城壁と堀に囲まれた遺構があり、現在残っている4つの寺院を除いて21もの寺院跡が確認されている。

ウィアン・クム・カーム
圏 毎日8:00～17:00
料 無料。ワット・チェーディー・リアムにいる馬車やトロリーは、ガイド（英語かタイ語）付きで6ヵ所の寺院跡を回れる。所要約40分。馬車1台300B程度。トロリー1人20B。
行き方 チェンマイ市街から車で約10分。100～150B程度。

ワット・イーカーン跡

落ちそうで落ちない岩の仏塔
ワット・プラプッタバート・プラタート・インカウェーン ★★
Wat Phra Phutthabat Phrathat In Khwaen

MAP P.243-B4

チェンマイ市街の南、ラムプーン郊外の山上にある。ミャンマーのチャイティーヨー・パゴダのように、危ういバランスで岩の上に乗った落ちそうで落ちない岩を仏塔に祀った寺院。タイ人はあまり訪れることのない山の上にこのような岩を発見したのは、信仰があつい山岳民族のカレン族。駐車場から石畳の参道を10分ほど上がると、右に小さな寺院の建物があり、岩は左側。岩の手前はテラス状に整備されているので、靴を脱いで上がること。テラスの先にある岩は、台になっている岩とともに金泥と金箔で黄金に彩られ、小さな仏塔が載り、周囲をナーガが守っている。

ワット・プラプッタバート・プラタート・インカウェーン
住 Pa Sak, Lamphun
TEL 08-8758-5336
行き方 チェンマイ市街からタクシーチャーターなどで約1時間。

岩があるのはテラスの縁で下からも眺められる

林の中を歩くのどかな参道

Column ツアーの途中で立ち寄るショップに注意

郊外の見どころを回るにはツアーが便利。しかし途中でガイドが突然「ここのトイレはきれいですから」などともっともらしいことを言って、ショップに立ち寄ることがある。売られているのは妙に高価なタイシルクや絨毯など、こんな場所で買う必要のないものばかり。これらのショップは、客を連れてきたガイドにコミッションを払っているのだ。時間の無駄なので立ち寄る必要はない。ガイドに「店に寄っていいか？」と聞かれてもきっぱり断ろう。

タイプチ情報 郊外の見どころを回るには車をチャーターするのが便利。旅行社やホテルなどでアレンジしてもらえる。半日で1000B程度が目安。

行き方

チェンマイから

BUS ピン川沿いの乗り場（MAP P.237-F3）からロットゥーで所要約30分、35B。TAT近くの乗り場（MAP P.237-F5）から青いソンテオが15分おき。所要約45分、30B。ワット・プラ・タート・ハリプーンチャイ前を通る。チャーン・プアク・バスターミナルからも6:30～18:10の間、カート・ルアンを経由して20～30分おきにエアコンバスがあり、所要約50分、35B。

ラムプーンのホテル

H ジョムケオ・レジデンス
Jomkaew Residence
MAP P.250 住 4 Wankam Rd.
☎ 0-5356-0702、09-3135-2870
料 AC⑤⑤600～700B
16室 CC なし WiFi 無料
町の中心部にある。オーナー夫妻はラムプーン王族の末裔に当たる。部屋はシンプルだが清潔で、オーナーの心遣いが行き届いている。コーヒーとトーストの朝食付き。

ワット・プラ・タート・ハリプーンチャイ
☎ 08-7714-4488
開 毎日6:30～21:00
料 20B

ワット・チャーム・テーウィー
行き方 ハリプーンチャイ博物館前からモーターサイで往復40B。徒歩15～20分。

郊外の小都市

🐘 ラムプーン Lamphun ลำพูน

11世紀頃にロッブリー周辺から来たモーン族が興したハリプーンチャイ王国の都があった町。13世紀後半にラーンナー・タイ王国に吸収されるまで、北部モーン文化の中心だった。美しい寺院がいくつかあり、チェンマイから気軽に行けるので、ぜひ足を延ばしてみよう。

おもな見どころ

ラーンナー・タイ王国の王が建てた寺院 ★★
ワット・プラ・タート・ハリプーンチャイ
Wat Phra That Hariphunchai วัดพระธาตุหริภุญชัย　MAP P.250

897年にハリプーンチャイ王国の王が仏塔を建立し、その後1044年にアーティタヤラート王が現在見られる寺院の元となる寺院を建てたとされる。大きな青銅のドラがつるされた、赤茶色の木造御堂も美しい。寺の向かいには、仏教美術を中心に展示した小さな**ハリプーンチャイ博物館**（開 水～日9:00～16:00 休 月・火・祝 料 30B）がある。ハリプーンチャイ様式の仏像や陶器が並べられているほか、建物の裏側にモーン語、パーリ語、ラーンナー・タイ語、タイ語の4言語で彫られた石の碑文が展示されている。

黄金の仏塔がまぶしいワット・プラ・タート・ハリプーンチャイ

ハリプーンチャイ様式の仏塔が見事 ★
ワット・チャーム・テーウィー（ワット・ククット）
Wat Cham Thewi（Wat Kukut） วัดจามเทวี　MAP P.250

多層式四角錐の表面に合計60体の仏像が納められた、高さ21mの古い石造仏塔（チェーディー・スワン・チャン・コット Chedi Suwan Chang Kot）が見どころ。8世紀の建当時は金色の装飾で覆われていたとされているが、現在はれんがが剥き出しになっている。納められた仏像は逆に比較的新しい。チャーム・テーウィーとは、この仏塔を建てたとされるハリプーンチャイ王国初期の女王の名前。台座には彼女の遺骨が納められているといわれている。町の南西には彼女の銅像が建てられており、参拝する市民の姿が絶えない。

ワット・チャーム・テーウィー

チェンマイで極楽体験 Spa & Massage
スパ、マッサージ

チェンマイには趣向を凝らしたスパが続々とオープンし、旅行者のみならず地元の人々にも人気だ。トレッキングやショッピングで疲れたら、マッサージで癒やされ、スパでより美しくなろう。

スパ

E オアシス・スパ・ラーンナー
Oasis Spa Lanna MAP●P.236-B4

チェンマイ市内とバンコクにも支店があるオアシス・スパの1軒。水の流れる中庭を囲む5棟のヴィラは、都会の喧騒を忘れさせてくれるリラックスした気分を演出。ふたりのテラピストによるマッサージもあり、極上の心地よさ。

- 住 4 Samlan Rd.
- TEL 0-5392-0111
- FAX 0-5322-7495
- URL www.oasisspa.net
- 営 毎日10:00～22:00
- CC A J M V

E ラリンジンダ・ウェルネス・センター&レジデンス
RarinJinda Wellness Center & Residence MAP●P.237-F3

美容だけでなく健康にも気を配ったトリートメントを施す高級スパ。4階建てのビルは、2階がヨガスタジオ、3階がマッサージ室、4階がスパ専用のフロア。宿泊施設も併設されており、ゆっくり滞在しながらスパを満喫できる。

- 住 14 Charoen Rat Rd.
- TEL 0-5324-7000
- URL www.rarinjinda.com
- 営 毎日10:00～22:00
- CC J M V

E テワラン・スパ
Devarana Spa MAP●P.237-E4

「天国の庭園」を意味する名をもつテワラン・スパ。東洋と西洋の融合をコンセプトに、伝統と近代技術の粋を集めたトリートメントが用意されている。ラーンナー建築をイメージしたインテリアでリラックスできる。

- 住 dusitD2 chiang mai, 100 Chang Klang Rd.
- TEL 0-5325-2511
- URL www.devaranaspa.com
- 営 毎日11:00～20:00
- CC A D J M V

E ザ・スパ・アット・ル・メリディアン
The Spa at Le Méridien MAP●P.237-E4

チェンマイ随一の高級ホテルスパ。クリスタルストーンテラピーのチャクラリチュアル4500B（120分）など、多彩なトリートメントで癒やされたい。トラディショナル・タイ・マッサージは2700B（60分）～。

- 住 Le Méridien Chiangmai, 108 Chang Klan Rd.
- TEL 0-5325-3248
- URL lemeridienchiangmai.com
- 営 毎日10:00～22:00
- CC A D J M V

E パンナ・スパ
Panna Spa MAP●P.235-F4

チェンマイ中心部にほど近いリゾートホテル内にある高級スパ。オリジナルのスパプロダクツを使ったトリートメントや、タイ北部に伝わるトック・セン・マッサージ（木を使ってたたくマッサージ）などが受けられる。

- 住 36 Rat Uthit Rd.
- TEL 0-5329-4656
- FAX 0-5324-4665
- URL www.pannaspa.com
- 営 毎日9:00～21:00
- CC A D J M V

 タイプチ情報 チェンマイの寺院には、境内でマッサージ店が営業しているところがある。料金は一般の店よりも安めなので利用してみよう。

ファー・ラーンナー・スパ
Fah Lanna Spa

広々とした庭園のある一軒家スパ。足マッサージとタイ式マッサージのセット1400B（2時間）、さらにトック・センを付けると2800B（3時間）。旧市街（MAP P.236-C2）に支店あり。チェンマイ市内と空港の送迎無料。

MAP●P.234-A2
住 4/1 Soi 15, Nimmanhaemin Rd.
☎ 0-5341-6191
URL www.fahlanna.com
営 毎日10:00～22:00
CC A J M V

チェンマイ女性矯正施設
Chiang Mai Women's Correctional Institution

刑務所に服役している女性の矯正教育の一環として運営されているマッサージ店。みな真面目で真剣、腕も確か。スパのような内装の清潔なベッドで受けられる。足マッサージ1時間250B、タイ式マッサージ1時間250B。

MAP●P.236-B3
住 100 Ratchawithi Rd.
営 月～金8:00～16:30
　 土・日9:00～16:30
休 なし
CC 予約不可。午後は混雑するので午前がおすすめ。支店（MAP P.236-C2、P.236-C3）あり。

レッツ・リラックス
Let's Relax

マッサージの質を求めるならここへ。タイ国内各地に支店があり、そのテクニックは地元でも評判。特にフット・マッサージ500B（45分）のていねいさはピカイチ。良心的な料金も魅力だ。タイ式マッサージは2時間1200B。

MAP●P.236-C4
住 97/2-5 Rachadamnoen Rd,
☎ 0-5208-7336、0-5327-1339
営 毎日13:00～22:00
CC A J M V

プラノーム・ヘルス・マッサージ
Pranom Health Massage

カフェやレストランが集まるカート・クラーン・ウィアン内にある実質本位の手頃な店。上手なマッサージ師が多い。タイ式マッサージと足マッサージ1時間180B、オイルマッサージとタイ・ハーバル・マッサージ1時間300B。

MAP●P.236-C4
住 71 Ratchadamnoen
☎ 08-1366-3867
URL Pranom health massage
営 毎日10:00～22:00
CC なし

スパトラーズ・タイマッサージ
Supatra's Thai Massage

盲目のマッサージ師がていねいにマッサージしてくれる。施術者は複数いるが（英語を話す施術者もいる）、地元の人にも人気の店なので夕方は要予約。1時間150B。トレッキングの疲れをマッサージで取ろう。

MAP●P.237-D2
住 15/5 Soi 9, Moon Muang Rd.
☎ 0-5322-4107
営 毎日8:00～22:00
CC なし

アイティーエム
ITM (International Training Massage)

タイ式マッサージ学校。レベルは5段階あり、生徒がふたり1組になって先生が見て回るという方式。クラスは9:00～16:00。基本クラスは毎週月曜にスタートし5日間で修了できる。受講料6000B～、日本語コース9000B～。

MAP●P.236-B1
住 59/9 Soi 4, Chang Phuak Rd.
☎ 0-5321-8632
URL www.itmthaimassage.com
CC A J M V

チェンマイの *Shopping* おすすめショップ

古くから手工芸が盛んなチェンマイ周辺には、アジアン雑貨の工房が多数あり、バンコクよりよいものが安く買えると評判だ。実用品としても使えるし、インテリアにもいい。手頃なおみやげにもなる。

アジアン雑貨

ⓢ バイ・デザイン
ByDesign

チェンマイやその周辺に住むアーティストの手による、アート小物や雑貨が多数並ぶ、創業14年のショップ。ポップなイラストが楽しいオリジナルTシャツは450B。浴衣風リバーシブルのジャケットは1380B。

MAP●P.236-C4
- 住 145 Ratchadamnoen Rd.
- TEL 09-5678-9345
- 営 月〜金10:00〜19:00、土11:00〜19:00、日10:00〜15:00
- CC J M V

ⓢ シルバー・バーチ
Silver Birch

1988年創業、シルバーのアクセサリーやソー（弦楽器の弓に使う木）、マンゴーの木から削り出した小物類を扱う。商品はすべてオリジナルで、チェンラーイの工場で制作し店内で彩色。タイ語の店名は「マイムンングン」。

MAP●P.234-A2
- 住 28 Nimmanhaemin Rd.
- TEL 0-5322-7474
- 営 月〜土10:30〜19:00
- 休 日
- CC J M V

ⓢ ソップ・モエ・アーツ
Sop Moei Arts

織物や竹製品など、カレン族の手仕事アイテムを扱う。カレン族の女性用ブラウスの刺繍を使ったバッグやクッションなど、おしゃれでクオリティも高い。売り上げの60％以上が製作者に還元され、残りは若者の奨学金に。

MAP●P.237-F2
- 住 150/10 Charoen Rat Rd.
- TEL 08-6194-1988
- URL www.sopmoeiarts.com
- 営 月〜金 10:00〜17:00
- 休 土・日
- CC A J M V

ⓢ ハーブ・ベーシックス
Herb Basics

手作りハーブ製品の専門店。入浴剤やアロマテラピー、スキンケア商品など香り豊かなグッズが揃う。店内にカフェが併設された。セントラル・プラザ・チェンマイ・エアポート（→P.255）や空港などにも支店あり。

MAP●P.236-C3
- 住 174 Phrapokklao Rd.
- TEL 0-5332-6595
- URL www.herbbasicschiangmai.com
- 営 月〜土 10:00〜19:00、日 14:00〜22:00（支店により営業時間は異なる）
- CC A J M V

ⓢ ザ・ハウス・バイ・ジンジャー
The House by Ginger

アジアと北欧が融合した、チェンマイ発のファッション＆雑貨ブランド、ジンジャーの本店。敷地内にショップ、カフェ、キッチン雑貨を扱うショップ兼カフェがあり、色鮮やかでポップなデザインの商品が揃っている。

MAP●P.237-D2〜D3
- 住 199 Moonmuang Rd.
- TEL 0-5328-7681〜2
- URL www.thehousebygingercm.com
- 営 毎日10:00〜23:00
- CC A J M V

タイ北部 チェンマイ

タイプチ情報 山岳民族のカレン族は銀細工が得意。カレンシルバーは一般的なアクセサリーで使われる銀よりも純度が高く柔らかいために、細かい細工が可能。

陶磁器

Ⓢ メンラーイ・キルンズ
Mengrai Kilns

セラドン焼き専門店。ティーセットやボウル、お皿など、食器類が手頃な値段で売られている。ハスの花や白菜など植物や野菜をモチーフにしたデザインが印象的。自社工場をもっているので細かいオーダーも可能。

MAP●P.236-A4
- 住 79/2 Soi 6, Arak Rd.
- TEL 0-5327-2063
- FAX 0-5381-5017
- URL www.mengraikilns.com
- 営 毎日8:30～16:30
- CC A J M V

ファッション

Ⓢ ナナイロ
Nanairo

日本人オーナーが経営するアパレルショップ。自らデザインを手がけるファッションアイテムを販売するほか、手作りシルバーアクセサリーのアトリエ兼ショップを新設。ラーメンやカレーライスも提供している。

MAP●P.237-D3
- 住 20 Soi 6, Moonmuang Rd.
- TEL 08-6908-3776
- URL Nanairo chiangmai
- 営 火～日12:00～20:00
- 休 月（ハイシーズンは無休）
- CC J M V

タイシルク、コットン

Ⓢ ヴィラ・チニ
VILA CINI

タイ産の高級素材のみを使い、自社工場で手織りで仕上げた高級シルク製品の専門店。茶色やグレー、深い緑、群青のような青色など、日本人好みの落ち着いた色彩の布も多い。クッションカバーなど小物類も充実。

MAP●P.237-F3
- 住 30, 32, 34, Charoen Rat Rd.
- TEL 0-5324-6246
- FAX 0-5324-4867
- URL www.vilacini.com
- 営 月～土8:30～21:00 休 日
- CC A J M V

Ⓢ ヌッサラー
Nussara

タイ北部の山岳民族が織るシルクやコットンの布を使った、オリジナルデザインのファッショングッズを扱う。ドーイ・インタノン近くのメー・チェム村に住むカレン族の織る質の高い布は手触りもやわらかで肌になじむ。

MAP●P.237-F3
- 住 66 Charoen Rat Rd.
- TEL 06-2252-3545
- 営 月～土10:00～20:00
- 休 日
- CC J M V

ジュエリー、アクセサリー

Ⓢ ノバ
NOVA

ターペー通りにある、おしゃれなシルバーとジュエリーのショップ。洗練されたアーティスティックなデザインのものが多い。上階でアート系のスクール「ノバ・アートラブ NOVA artlab」も開催している。（月～土10:30～16:30）

MAP●P.237-E4
- 住 179 Tha Pae Rd.
- TEL 0-5327-3058、08-9635-4917
- URL nova-collection.com
- 営 毎日10:00～19:00
- CC A D J M V

Ⓢ シップソン・パンナー
Sipsong Panna

タイ北部やラオス、ミャンマー、中国雲南省にかけて広く伝わる銀製品を扱う。ピアスやブレスレットなどの小物類や、銀を網状に編み上げた小物入れなど、細工の細かさには驚かされる。ブレスレットは250B程度～。

MAP●P.234-A2
- 住 6/19 Nimmanhaemin Rd.
- TEL 0-5321-6096
- URL Sipsongpanna Silver
- 営 木～火10:30～18:00
- 休 水
- CC J M V

ショッピングセンター

🆂 セントラル・プラザ・チェンマイ・エアポート
Central Plaza Chiang Mai Airport

MAP●P.234-B5

空港近くにある、チェンマイで最初にできた大型のショッピングセンター。シネコンやロビンソン・デパートのほか、北部の民芸品や工芸品を扱うショップが集まったノーザン・ヴィレッジがあり、買い物に便利。

住 2 Mahidon Rd.
TEL 0-5328-1661
FAX 0-5327-4078
営 月〜金11:00〜21:00
　土・日10:00〜21:00
CC ADJMV（店によって異なる）

🆂 メーヤー
Maya

MAP●P.234-A1〜A2

2014年に「ライフスタイルモール」と銘打ってオープンしたショッピングセンター。おしゃれな雑貨ショップが多く、おみやげ探しに便利。フードコートやファストフード店も充実。地下1階にはスーパーマーケットも。

住 55 Huay Kaeo Rd.
TEL 0-5208-1555
URL maya.chiangmai
営 毎日11:00〜22:00
CC ADJMV（店によって異なる）

🆂 ワン・ニマーン
One Nimman

MAP●P.234-A2

れんが造りのヨーロッパ風建物内にカフェ、レストランが集まっており、タイの高級コスメブランドのショップもある。メイン棟2階にはおみやげ向きの雑貨ショップが並ぶ。食事や休憩、おみやげ探しに便利。

住 1 Nimmanhaemin Rd.
TEL 0-5208-0900
URL www.onenimman.com
営 毎日11:00〜23:00
CC ADJMV（店によって異なる）

🆂 カーム・ヴィレッジ
Kalm Village

MAP●P.236-C5

2021年末に開業したアート・クラフト・カルチャーセンター。伝統的な様式美と現代的なセンスが調和した空間に、ブティック、ショップ、レストラン、カフェ、ギャラリー、多目的ホールなどが設置されている。

住 14 Soi 4, Phrapokklao Rd.
TEL 0-2115-2956, 06-2445-4276
URL www.kalmvillage.com
営 木〜火9:30〜18:30
休 水

タイ北部 / チェンマイ

Column 週末のナイトマーケット

毎週日曜には旧市街のラーチャダムヌーン通り（MAP P.236-B3〜237-D4）が、土曜には旧市街南部のチェンマイ門前から南西へ延びるウアラーイ通り（MAP P.236-B5〜C5）が、ナイトマーケットとなる。夕方頃から車両が通行止めになって屋台が立ち並び、散歩がてら見て回るのもおもしろい。

売られているのは衣類や雑貨が中心で、地元の人たちのオリジナルデザインや、手作りの品が多い。ショップは通りの周辺にある寺院の境内にも進出し、どこもたくさんの買い物客でにぎわっている。タイダンスやライブが披露されるステージまであり、老舗のナイトバザールよりも盛り上がっている。

手仕事アイテムから雑貨まで揃う

タイプチ情報　おみやげを探すなら旧市街のラーチャダムヌーン通りやターペー門から東に延びるターペー通り、旧市街の西にあるニマーンヘーミン通り周辺にショップが多い。

チェンマイで美食を極める
レストランガイド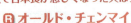

外国人旅行者の多い町チェンマイには、タイ料理以外にも世界各国料理のレストランが揃っていて、レベルも高い。日本料理店も多く、長旅で日本食が恋しくなった人はチェンマイがおすすめ。

タイ北部料理

R オールド・チェンマイ
Old Chiangmai　MAP● P.234-B5

タイ北部伝統のお祝い膳として、小さな丸いテーブルで出されるカントーク・ディナーを食べながら、タイ舞踊ショーを楽しめる。ハンレー・カレーや鶏の唐揚などいろいろな料理をもち米と一緒に食べよう。1人690B。予約がおすすめ。

住 185/3 Wualai Rd.
電 0-5320-2992
URL OldChiangmaiCultural Center
営 毎日19:00～21:30（予約は18:45までに）
CC A M V

R ハーン・トゥン・チェンマイ
Harnthung Chiang Mai　MAP● P.243-A3

空き地にバラック建てという雰囲気ながら、手頃な値段で気軽に本格的なタイ北部料理が楽しめる人気店。3～4月がシーズンになるカイ・モット（蟻の卵）を試してみよう。店名は「チェンマイに着いたら行く店」という意味。

住 63/9 Soi Suthep
電 09-1076-6100
営 毎日9:00～20:30
CC M V

R フアン・ムアン・チャイ
Huen Muan Jai　MAP● P.236-A1

ラーンナー様式の装飾が施された建物の、北部料理の高級店。山で採れる野草のような野菜など地のものを多用した料理は、しっかり辛い本格派。プチプチした食感が楽しいキノコのスープ、トム・ヘット・トープは150B。

住 24, Ratchapruk Rd.
電 0-5340-4998
URL huenmuanjai2554.com
営 木～火　11:00～21:00
休 水
CC A M V

R バーン・スアン・メー・リム
Baan Suan Mae Rim　MAP● P.243-A3

ピン川を見下ろす川岸にある、タイ北部料理の高級店。大きな屋根に覆われた屋内席とテラス席があり、夕方にはドーイ・ステープに夕日が沈む様子が眺められる。地産野菜を使ったサラダ、ヤム・パック・ワーンは150B。

住 261 Moo 2, Chiang Mai-Fang Rd.
電 0-5329-7421
URL baansuanmaerim.com
営 毎日10:00～22:00
CC J M V

R グッド・ビュー
The Good View　MAP● P.237-F3

ピン川の岸に並ぶおしゃれな店のなかの1軒。地元の人から外国人旅行者まで幅広い層が訪れる。北タイ料理から西洋料理、寿司まで、料理は約200種類と豊富。写真付きのメニューがあり選びやすい。毎晩ライブ演奏あり。

住 13 Charoen Rat Rd.
電 0-5324-1866
電 0-5330-2764
URL www.goodview.co.th
営 毎日10:00～1:00
CC J M V

256

タイ料理

Ⓡ パンパン
Pun Pun

契約農園で栽培されたオーガニック野菜を使ったベジタリアン料理が食べられる。パッ・タイ55B、スパゲティやサラダなどの洋食は65B〜と値段も手頃。タイ風ミルクティーのチャーノム40B〜もある。日本語メニューあり。

MAP●P.234-A3
- 住 Wat Suan Dok, Sutep Rd.
- 電 08-4365-6581
- 営 毎日8:00〜16:00
- CC なし

Ⓡ チョーク・ソムペッ
Jok Sompet Restaurant

砕米を煮込んだお粥「チョーク」が24時間食べられる。具はチキン、ポーク、エビなどから選べる（30〜120B）。雑炊風のカーオ・トムKhao Tomも同料金。卵入りはプラス5B。点心風の料理は35B〜。

MAP●P.236-C2
- 住 Sri Phum Rd.
- 電 0-5321-0649
- 住 Jok Som Phet Restaurant Chiang Mai
- 営 毎日24時間
- CC なし

Ⓡ サイロムチョーイ
Sailomjoy Restaurant

蒸したもち米にマンゴーを添えてココナッツミルクと食べるカーオ・ニャオ・マムアン60Bが外国人旅行者に大人気。フレッシュマンゴーを使ったマンゴースムージー50Bも濃厚で癖になる味わい。ひと皿ご飯も各種食べられる。

MAP●P.237-D4
- 住 7 Ratchadamnoen Rd.
- 電 08-0798-2429
- 営 毎日7:30〜16:00
- CC なし

Ⓡ ミーナー
Meena Rice Based Cuisine

「お米」をテーマにした創作タイ料理のレストラン。池のある広い敷地に高床式の木造やエアコンの効いた棟などさまざまな席があり、小上がり風の席も人気。野菜をたっぷり使ったヘルシーな食事を楽しもう。

MAP●P.243-A4
- 住 13/5 Moo 2, San Kamphaeng
- 電 09-5693-9586
- IG meena.rice.based
- 営 毎日10:00〜17:00
- CC JMV

ビルマ料理

Ⓡ ザ・スワン
The Swan

お隣の国ミャンマー（ビルマ）料理のレストラン。サラダと呼ばれるあえ物風料理や、油を使った煮込み風のカレーなど、どれも日本人の口に合う。ひと品80B程度と値段も手頃で量も多い。ケーン・ハンレーは130B。

MAP●P.237-D3
- 住 48 Chaiyapoom Rd.
- 電 08-2983-6670
- 住 TheSwanBurmese Cuisine
- 営 毎日11:00〜23:00
- CC なし

ベトナム料理

Ⓡ ダーラー
Dara Vietnamese Restaurant

野菜たっぷりのベトナム料理が手頃な価格で食べられる。裏庭にも席があり、静かで居心地がよい。ミエン・トート（揚げ春巻き）55B、スープ別添えのフォー（ベジかポークソーセージ）60B、ベトナムコーヒー50B。

MAP●P.237-D3
- 住 59 Chang Moi Kao Rd.
- 電 0-5387-4040
- IG daravietnamese
- 営 月〜土10:00〜21:00
- 休 日
- CC なし

タイプチ情報 外国人旅行者が多いチェンマイは、タイ料理以外の外国料理レストランも多い。本格的なフレンチやイタリアンなど欧米の料理が手頃な値段で食べられるので、試してみては。

カフェ

C タメル・コーヒー
Thamel Coffee

MAP●P.237-E3

カート・ルアン近くの古い商店が並ぶエリアにあるカフェ。ネパール雑貨を扱うショップの2階にあり、こちらもネパール風のインテリア。界隈にカフェは少ないので、市場散策の休憩に。コーヒー各種70B程度～。

住 2nd Fl., 45/57 Khongmain Rd.
TEL 0-5323-2228
FB Thamel coffee
営 毎日8:30～17:00
CC なし

C アカ・アマ・プラシン
Akha Ama Phrasingh

MAP●P.236-B3

タイ北部の少数民族アカ族の村で、持続可能な農法で作られているコーヒーを提供するカフェの2号店が、ワット・プラ・シンの近くに開店。シックな雰囲気の店内で、フェアトレードで高品質なコーヒーを堪能できる。

住 175, 2 Rachadamnoen Rd, Tambon Si Phum
TEL 08-8267-8014
URL www.akhaamacoffee.com
営 毎日8:00～17:30
CC M V （500B以上で利用可）

チェンマイ名物　カオ・ソーイを食べよう Khao Soy

カオ・ソーイはもともとビルマ（ミャンマー）から伝わった料理で、カレー味のスープに麺を入れ、さらに揚げ麺をのせたもの。具はチキンが一般的だが、ポークやビーフ、シーフードが注文できる店もある。とろりとしたスープと柔らかな麺、そこに加わるクリスピーな揚げ麺の組み合わせは絶妙。添えられるライムを搾り、たいてい2種類ある付け合わせ（みじん切りのタマネギと、パック・カートと呼ばれる白菜によく似た野菜の漬け物）を好みで入れて味をととのえる。

カオ・ソーイ・サムー・チャイのカオ・ソーイ

R カオ・ソーイ・メー・マニー
Khao Soi Mae Mani　MAP●P.243-A4

住 18 Chotana Rd., Chang Phueak
TEL 0-5321-8519　FB khaosoimaemani
営 毎日9:00～15:30　CC なし

チェンマイ市街の北郊外、住宅街の中にある壁なし、エアコンなしの気軽な食堂。太めの平麺に辛めのスープ（3段階に調節可）がよく合う。ココナッツミルクは薄め。よく煮込まれてスプーンでほぐれる鶏肉もいい感じ。カオ・ソーイ・カイ50B。

R カオ・ソーイ・サムー・チャイ
Khao Soi Sa Mer Jai　MAP●P.235-E1

住 391 Charoen Rat Rd.　TEL 08-1764-8723
営 毎日7:30～17:00
CC なし

伝統的なカオ・ソーイの味に近いとされる濃いスープと強めの辛さが癖になる人気店。丼の上に箸を差し渡してその上に薬味の小皿が載ってくるのもおもしろい。カオ・ソーイ・カイ50B。おかずにいいムー・サテは10本50Bで、店頭で炭火で焼いている。

R カオ・ソーイ・イスラーム
Khao Soy Islam　MAP●P.237-F4

住 22-24 Soi 1, Charoen Phrathet Rd.
TEL 08-2392-0142　営 毎日7:30～17:00
CC なし

地元の人に人気があり、食事時は大混雑。ナイトバザールに近く気軽に行ける。辛さは控えめでさっぱりしたスープ、揚げ麺が真っすぐなのが特徴。カオ・ソーイ・カイ60B。ドリンク各種20B～。

R カオ・ソーイ・ラムドゥアン
Khao Soy Lam Deuan　MAP●P.237-F1

住 352/22 Charoen Rat Rd.
TEL 0-5321-8661　営 毎日8:30～14:30
CC なし

1940年創業の老舗。大衆食堂風の店内は、地元の人で常に混雑している。サイドメニューのポーク・サテも人気。カオ・ソーイ・カイ55B。日本語メニューあり。

チェンマイの ホテル＆ゲストハウス
Hotel & Guest House

観光都市チェンマイはホテルの数が多く、設備の調ったホテルが手頃な料金で利用できる。市街全体にまんべんなく点在しており、ナイトバザール周辺には比較的多く集まっている。

高級ホテル

H フォーシーズンズ・リゾート・チェンマイ
Four Seasons Resort Chiang Mai　MAP●P.243-A3

チェンマイ市街から車で北へ約30分、山の奥に隠れた小さな王国のようなリゾートホテル。広大な敷地の中にフロント棟とプール、客室棟、スパが点在し、電動のカートで移動できる。パビリオンPavilionと呼ばれる客室棟はすべて水田を取り巻く林の中に点在するコテージタイプ。渡り廊下で結ばれた東屋風のベランダが併設され、ライステラスビューの客室なら水田を見ながらくつろげる。東屋でヨガやムエタイのトレーニングができたり、レストランでは料理教室が開催されるなど、各種アクティビティも開催。

▶ベッドのすぐ脇に大きな窓があり、外の様子が眺められる
▼緑の中に隠れるように客室棟が点在している

- 502 Moo 1, Mae Rim-Samoeng Old Rd., Mae Rim
- 0-5329-8181
- URL www.fourseasons.com/jp/chiangmai
- フォーシーズンズ・ホテルズ＆リゾーツ東京セールスオフィス FREE 0120-024754
- AC S ① 2万3740B〜
- CC ADJMV
- 98室 プール WiFi

H 137ピラーズ・ハウス
137 Pillars House　MAP●P.237-F3

19世紀にイギリスで設立されタイのチーク材や米を扱った貿易会社イースト・ボルネオ・トレーディング・カンパニー。その北部本社として使われたチーク材の豪壮な建築「バーン・ボルネオ」を中心に、広大な敷地に全室スイートの客室棟が点在。各室ごとに趣向を凝らしたインテリアに彩られ、バルコニーやガーデンシャワーなどの設備で優雅に滞在できる。バーン・ボルネオはリノベーションされてメインダイニングのザ・ダイニング・ルームとなっており、オーガニックなタイ北部料理が楽しめる。2011年12月オープン。

▶イースト・ボルネオ・スイートのベッドルーム
▼コロニアルな造りのレセプションエリア

- 2 Soi 1, Na Wat Ket Rd.
- 0-5324-7788
- URL 137pillarschiangmai.com/en/
- AC S ① 1万6670B〜　CC ADJMV
- 30室 プール WiFi

H アナンタラ・チェンマイ・リゾート＆スパ
Anantara Chiang Mai Resort & Spa　MAP●P.237-F5

城壁のような白壁で市街の喧騒から隔てられたシティリゾート。純白の廊下とミニマルなウッドの客室ドア、客室入口の造りなどは、日本の高級旅館を彷彿させる。ナイトバザールから徒歩約5分。元チェディ。

- 123 Charoen Prathet Rd.
- 0-5325-3333
- URL chiang-mai.anantara.com
- AC S ① 1万709B〜
- CC ADJMV
- 108室 プール WiFi

タイプチ情報　旧市街の中や周辺の古い町並みにあるホテルは、規模がそれほど大きくなくて中庭があったりオープンエアのレストランがあったりと、落ち着いて気分よく過ごせるところが多い。

高級ホテル

H ル・メリディアン・チェンマイ
Le Méridien Chiangmai

MAP●P.237-E4

チェンマイ市街の中心部にそびえる22階建ての高層ホテル。2階分吹き抜けになった豪壮なロビーは高級感満点。白を基調にブラウンを配したインテリアの客室は、さり気なく施されたタイ風の装飾がアクセント。窓が大きく、ドーイ・ステープ側でも市街側でも存分に景観を楽しめる。現在旧市街に高層建築は建てられないので、この眺めは貴重。純白の大理石とガラスが多用されたバスルームはまばゆいばかりで、深いバスタブが日本人好み。2階にあるイタリアンの「ファヴォラ」は在住外国人にも人気。

▶白い柱が豪華かつ涼し気なロビー
▼広々とした客室。窓際のソファが気分よし

- 住 108 Chang Klan Rd.
- 電 0-5325-3666
- URL www.marriot.co.jp
- 予 FREE 0120-925659
- 料 AC S T 5200B CC A D J M V
- 室 383室 プール WiFi

H ナー・ニラン・ロマンティック・ブティック・リゾート
Na Nirand Romantic Boutique Resort

MAP●P.237-F5

ピン川沿いに広がる敷地の中心にそびえる、このホテルのシンボルともいえる樹齢100年以上という巨大なレインツリーを中心に、19世紀末のラーマ5世時代に誕生したコロニアル様式とラーンナー様式が混淆したスタイルで造られた2階建ての客室棟が並ぶ、優雅なリゾート。客室内にはラーンナーや山岳民族の意匠が施され、クリームとダークブラウンのインテリアで落ち着ける。テキスタイルなどは地元の職人に依頼した伝統的な工芸品で、タイ北部にいる気分を満喫できる。アメニティはタイの人気スパブランド、ハーン。

▶落ち着いた色使いが好ましい客室のインテリア
▼樹齢100年を超えるレインツリーを見上げるプール

- 住 1/1 Soi 0, Charoen Phrathet Rd.
- 電 0-5328-0988
- URL www.nanirand.com
- 料 AC S T 1万602B〜
- CC A D J M V
- 室 45室 プール WiFi

H シャングリラ・ホテル・チェンマイ
Shangri-La Hotel Chiang Mai

MAP●P.235-D4

ラーンナー様式で装飾された客室は、窓が大きく明るい造り。テラスにジャクージを備えたデラックス・スパルームは、客室にいながらにしてリゾート気分を味わえる。中国料理レストランの「香園（シャンガーデン）」も人気。

- 住 89/8 Chang Klan Rd.
- 電 0-5325-3888
- URL www.shangri-la.com
- 予 FREE 0120-944162
- 料 AC S T 4930B〜
- CC A D J M V
- 室 277室 プール WiFi

H メリア・チェンマイ
Melia Chiang Mai

MAP●P.237-F4

ピン川近く、チャルーン・プラテート通りとカーレー・ナイトバザールに挟まれたエリアに登場した、2022年オープンとチェンマイ最新の高級ホテル。スタイリッシュなデザインで早くも人気。元ポーンピン・タワー。

- 住 46, 48 Charoen Prathet Rd.
- 電 0-5209-0699
- URL www.melia.com
- 料 AC S T 4419B〜
- CC A D J M V
- 室 260室 プール WiFi

高級ホテル

H デュシットD2 チェンマイ
dusitD2 chiang mai

MAP●P.237-E4

随所に斬新なデザインが施されたモダンなホテル。フロントとバー、ロビーが一体になった空間は、夜になるとDJが入りまるでクラブのよう。日替わりで届けられるサプライズギフトなど、滞在すること自体が楽しめるホテル。

住 100 Chang Klang Rd.
電 0-5399-9999
URL www.dusit.com/dusitd2
料 AC S T 2500B〜
CC A D J M V
室 130室
プール　WiFi　無料

H ラチャマンカ
Rachamankha

MAP●P.236-A4

チェンマイに増えつつあるラーンナー様式ホテルのさきがけで、高級かつ重厚感のある雰囲気で人気。落ち着いた住宅街にあり、のんびり静かに滞在できる。白い柱と茶色の屋根、庭園の緑が調和して美しい。

住 6 Soi 9, Rachamankha Rd.
電 0-5390-4111
URL www.rachamankha.com
料 AC S T 8314B〜
CC A D J M V
室 25室　プール　WiFi

H シリパンナ
Siripanna Villa Resort & Spa

MAP●P.235-F4

緑の庭園や水田が広がる広大な敷地に、ラーンナー様式で建てられた客室が並ぶ。市街地の近くにありながらリゾート気分も満喫できる。プールの周囲に建てられたロイヤル・ラーンナー・ヴィラがおすすめ。

住 36 Rat Uthit Rd.
電 0-5329-4656
FAX 0-5329-4665
URL www.siripanna.com
料 AC S T 2524B〜
CC A D J M V
室 104室　プール　WiFi

H クムパヤ・リゾート&スパ センターラ ブティックコレクション
Khum Phaya Resort & Spa CENTARA BOUTIQUE COLLECTION

MAP●P.235-F2

寺院のようなレセプション棟やプール沿いに並ぶ客室棟、そこかしこに施された美しいラーンナー様式の装飾と、ふんだんに使われたチーク材が贅沢。天井の高い客室が落ち着ける。プールアクセスの客室もある。

住 137 Moo 5, Chiangmai Business Park
電 0-5341-5555　FAX 0-5341-5599
URL www.centarahotelsresorts.com
料 AC S T 5940B〜
CC A D J M V
室 85室　プール　WiFi　無料

H クロス・チェンマイ・リバーサイド
Cross Chiang Mai Riverside

MAP●P.237-F1

ピン川沿いの静かなエリアにある、城壁風外観のリゾート。館内に足を踏み入れると一転してモダンでスタイリッシュ。客室は全室テラス付き。川に面した庭園にあるガラス張りのダイニングは、ミシュランスターシェフ監修。

住 369/1 Charoen Rat Rd.
電 0-5393-1999
URL www.crosshotelsandresorts.com/ja/crosschiangmai
料 AC S T 4608B〜
CC A J M V
室 29室　プール　WiFi

H ラティ・ラーンナー・リバーサイド・スパ・リゾート
Rati Lanna Riverside Spa Resort

MAP●P.235-E5

伝統的なラーンナー様式のインテリアとブラウン基調の色使いで落ち着ける客室、ウッドデッキのリラックススペースに囲まれた大きなプールなど、シティリゾートでのんびり過ごしたい人にはぴったり。

住 33 Chang Klang Rd.
電 0-5399-9333
URL www.ratilannachiangmai.com
料 AC S T 6000B〜
CC M V
室 75室
プール　WiFi

タイ北部　チェンマイ

タイプチ情報　外国人旅行者の利用が多かったチェンマイのゲストハウスは、コロナ禍を乗り切れず姿を消してしまったところも多い。

高級ホテル

H タマリンド・ヴィレッジ
Tamarind Village

チェンマイの旧市街にある、落ち着いた雰囲気のリゾートホテル。敷地は広くはないが静か。建物はタイの古い民家をイメージしており、リラックスできる。プールサイドで食べる朝食もいい気分。

MAP●P.236-C3
住 50/1 Ratchadamnoen Rd.
TEL 0-5341-8896〜9
FAX 0-5341-8900
URL www.tamarindvillage.com
料 AC S T 7000B〜
CC A J M V
室 46室 プール WiFi

H ユー・チェンマイ
U Chiang Mai

旧市街のほぼ中心にあるこぢんまりしたホテル。チェックインから24時間を1泊と数え、24時間いつでも朝食が食べられるユニークなシステム。枕やアメニティも予約時に好みのものを指定できる。

MAP●P.236-C3
住 70 Ratchadamnoen Rd.
TEL 0-5332-7000
URL www.uhotelsresorts.com
料 AC S T 3499B〜
CC A D J M V 室 41室
プール WiFi

H イースティン・タン
Eastin Tan Hotel

チェンマイで人気のオシャレエリア、ニマーンヘーミン通りに近い。近くには S メーヤー（→P.255）や S ワン・ニマーン（→P.255）があり買い物が楽しめる。全室テラス付きで、周囲に高い建物もなく眺めがいい。

MAP●P.234-A2
住 165 Huay Kaeo Rd.
TEL 0-5200-1999
FAX 0-5200-1900
URL www.eastinhotels residences.com 料 AC S T 2528B〜 CC A J M V
室 128室 プール WiFi

H デ・チャイ・コロニアル・ホテル&スパ
De Chai Colonial Hotel & Spa

静かな住宅街にあるコロニアル風のブティックホテル。天井から下がるレースの布が照明を和らげながらベッドをふんわりと包み、ロマンティックな雰囲気を醸し出している。従業員の落ち着いた物腰も好ましい。

MAP●P.237-D4
住 6/3 Soi 4, Tha Pae Rd.
TEL 0-5320-9000
URL www.dechaihotel.com
料 AC S T 4200B〜
CC A J M V 室 40室
プール WiFi

H インターコンチネンタル・チェンマイ・メー・ピン
InterContinental Chiang Mai Mae Ping

広い敷地の中にそびえ立つ、カーブを描いたクリーム色の建物がひときわ目立つ高層ホテル。ナイトバザールへは徒歩数分、ホテル周辺にも気軽なレストランが多い。テレサ・テンが愛したホテルとしても有名。元インペリアル・メー・ピン。

MAP●P.237-E5
住 153 Sri Donchai Rd.
TEL 0-5209-0998
URL www.ing.com
予 0120-829-718
料 AC S T 2800B〜
CC A D J M V
室 240室 プール WiFi

高〜中級ホテル

H ケータワー
Ketawa Stylish Hotel

木造の古い建物が点在するチャルーンラート通りから少し入った所にある、こぢんまりとスタイリッシュなホテル。部屋ごとに異なるテーマカラーが施されたインテリアがおしゃれ。ペットの同伴ウエルカム。

MAP●P.237-F3
住 121/1 Soi 2, Bamrungrat Rd.
TEL 08-3943-5959
URL www.ketawahotel.com
料 AC S T 3228B〜
CC A J M V 室 13室
WiFi

高～中級ホテル

H ヤーン・カム・ヴィレッジ
Yaang Come Village
MAP●P.237-F5

緑あふれる公園のような敷地のリゾート風ホテル。スタンダードの客室でも小さなテラスがある。駐車場の奥にあるタイ風の建物はレセプション棟。その奥にプールがあり、客室棟はプールの周囲に立つ。

住 90/3 Sri Donchai Rd.
TEL 0-5323-7222
FAX 0-5323-7230
URL www.yaangcome.com
料 AC S T 6500B～
CC A D J M V
室 42室　プール　WiFi

H モーベンピック・スリウォン・ホテル・チェンマイ
Mövenpick Suriwongse Hotel Chiang Mai
MAP●P.237-E4～E5

古くからの高級ホテルがリノベーションし、モーベンピックにリブランドして再登場。町の中心にありナイトバザールにも近く、散策するのに便利。客室は窓が大きく明るい。屋上のプールが気分よく過ごせる。

住 110 Chang Klang Rd.
TEL 0-5327-0051～7
FAX 0-5327-0063
URL www.movenpick.com
料 AC S T 3115B～
CC A D J M V　室 266室
プール　WiFi

H ベランダ・ハイ・リゾート・チェンマイ
Veranda High Resort Chiangmai
MAP●P.243-A3

チェンマイ市街から約20km南西のなだらかな山あいにあるリゾート。水田もある広大な庭園に向かって建てられた客室は、大きな窓から豊かな緑が眺められ気分よく過ごせる。都会の喧騒を忘れてのんびり滞在するのにいい。

住 192 Moo 2, Bangpong, Hanngong
TEL 0-5336-5007
URL www.verandaresort.com/verandachiangmai/
料 AC S T 6512B～
CC A J M V　室 69室
プール　WiFi

H メルキュール・チェンマイ
Mercure Chiang Mai
MAP●P.236-B1

チャーン・プアク・バスターミナルの向かい、活気のある商業エリアに位置する低層のホテル。インテリアは薄いブラウンやクリーム系の色調でスッキリとまとめられている。旧市街の見どころは徒歩圏内。客室は広め。

住 183 Chang Phuak Rd.
TEL 0-5322-5500
FAX 0-5322-5505
URL www.mercure.com
料 AC S T 1350B～
CC A D J M V　室 159室
プール　WiFi

H エム
Hotel M
MAP●P.237-D4

ターペー門のすぐ目の前にあり便利。手頃な料金のわりに客室は清潔で、ミニバーやセーフティボックスも完備。NHK国際衛星放送も観られる。デラックスルームはバスタブ付き。2010年にモントリから改称。

住 2-6 Ratchadamnoen Rd.
TEL 0-5321-1069～70
URL www.hotelmchiangmai.com　料 AC S T 1100B～（朝食なし） 1300B～（朝食付き）
CC A J M V
室 79室　プール　WiFi

H スター
Star Hotel
MAP●P.237-E5

ナイトバザールから1本奥に入った通り沿いにあり、立地のわりには低料金。ナイトバザールまで徒歩2分で、近くのローイ・クロ通りにはマッサージ店や旅行会社が多く便利。豪華さはないが部屋も清潔。

住 36 Soi 4, Loi Kroh Rd.
TEL 0-5327-0360～70
FAX 0-5327-0371
URL www.starhotelchiangmai.com
料 AC S T 1200B～
CC A J M V　室 131室
プール　WiFi

タイ北部　チェンマイ

263

高〜中級ホテル

H ル・ナーウィウ@プラシン
Le Naview @ Prasingh

MAP●P.236-B4

ワット・プラ・シン近くの静かな住宅街にある。ウッドを多用したインテリアが好ましい。大きなバスタブも日本人好み。全室テラス付き。1階の客室は駐車場に面して落ち着かないので、2階以上をリクエストしよう。

住 12 Samlan Rd.
電 0-5208-7686
URL www.lenaview.com
料 AC S T 2300B〜
CC A J M V 室 52室
プール WiFi

H モンター
Montha Hotel

MAP●P.237-E5

タイル張りの床、赤いクロスや青いカーテンはヨーロッパ風。全室テラスか、1階の客室はパティオ付き。朝食は120Bで、中庭と通りに面したレストランで食べられる。レストランでは夕方までコーヒーとスナックを無料で提供。

住 20 Soi 3, Loi Kroh Rd.
電 0-5327-5937
URL hotel-montha.com
料 AC S T 750B〜（朝食別）
CC A M V 室 35室
WiFi

H ロイヤル・ラーンナー
Royal Lanna Hotel

MAP●P.237-E4

ナイトバザール近くにある22階建ての高層ホテル。プール、レストランなどがあり一見普通のホテルと変わりはないが、マンスリーなど長期滞在者向けの料金もある。ホテル周辺はにぎやかなエリア。

住 119 Loi Kroh Rd.
電 0-5381-8773〜5
FAX 0-5381-8776
料 AC S T 1600B〜（ローシーズンは1400B〜） CC M V
室 274室
プール WiFi

H イム・ターペー
Imm Hotel Thaphae

MAP●P.237-D4

シンプルな設備で、ちょっといいビジネスホテルといった趣。館内にはくつろげる雰囲気はないが、簡単な朝食ビュッフェも付き、快適なベッドさえ確保できればいい行動派におすすめ。入口に24時間営業のマクドナルドあり。

住 17/1 Kotchasan Rd.
電 0-5328-3999 FAX 0-5328-3998
URL www.immhotel.com
料 AC S T 1300B〜（朝食なし）1500B〜（朝食付き）
CC A D J M V
室 106室 WiFi

H ターペー・ブティック・ハウス
Thapae Boutique House

MAP●P.237-D4

ターペー通りから少し入った静かな場所にある。ナイトバザールや旧市街は徒歩圏内で便利。客室の床はフローリングで清潔。オープンなスタイルのレストランで鳥の声を聴きながら食べる朝食は、豊かな気持ちになれる。

住 4 Soi 5, Tha Pae Rd.
電 08-5080-8866
URL www.thapaeboutiquehouse.com
料 AC S T 800〜1300B（ローシーズンは700〜1200B）
CC A J M V 室 21室 WiFi

H バイヨック・チャオ・チェンマイ
Baiyoke Ciao Chiang Mai Hotel

MAP●P.234-A2

おしゃれなショップやカフェ、レストランが続々とオープンしている、ニマーンヘーミン通りにある手頃なホテル。最低でも50m²と客室は広々。テラスがあるほか簡単なキッチンも設置されたアパートメント風。

住 8/11 Nimmanhaemin Rd.
電 0-5335-7000、0-5335-7228 FAX 0-5335-7227
URL www.baiyokehotel.com
料 AC S T 1400B〜
CC A D J M V
室 31室 WiFi

264

チェンマイの手頃なホテル

H ボソテル
Bossotel　MAP●P.235-F3

- 10/4 Rot Fai Rd.
- 0-5324-9045〜8　FAX 0-5324-9099
- URL www.bossotelinn.com
- 料 新館 AC S T 1100〜1300B　旧館 AC S T 900B
- CC J M V　室 150室　プール　WiFi

チェンマイ駅のすぐ脇にある中規模ホテル。旧館のシティウイングと駅に面した新館のレイルウエイウイングがある。繁華街から離れているせいか、プールなど充実した施設のわりに低料金で利用できる。

H アノダート
Anodard Hotel　MAP●P.236-C4

- 57-59 Rachamankha Rd.
- 0-5327-0756〜8　FAX 0-5327-0759
- 料 F S T 340B〜　AC S T 369B〜　CC M V
- 室 70室　プール　WiFi

ターペー門から徒歩10分、5階建ての大型ホテル。建物はやや古いが部屋はリノベーション済みで、ゆったりとした広さがあり快適。周囲は静かな住宅街ながらレストランやカフェも近くに多く、不便さはない。

H ターペー・プレイス
Tapae Place hotel Chiang Mai　MAP●P.237-E4

- Soi 3, Tha Pae Rd.
- 08-9999-3508　AC S T 650B〜　CC J M V
- 室 77室　プール　WiFi

古びたホテルながら旧市街とナイトバザールのどちらへも徒歩圏内で便利。周囲にはタイ雑貨などのショップが多い。ターペー通りから路地を少し入った静かな立地で、ローイ・クロ通りまで出れば飲食店もある。

チェンマイのゲストハウス

G ギブ・ミー・ファイブ・ホステル
Give Me 5 Hostel　MAP●P.236-C2

- 179 Ratchapakinai Rd.　08-3942-3772
- Give Me 5 Hostel
- 料 AC D 300B　S T 700〜1000B
- CC M V　室 12室　WiFi

ワット・チェン・マンと R チョーク・ソムペッの間にあるホステル。4ベッドと6ベッドのエアコン付きドミトリーのほか、個室もある。各部屋とも白とブラウン基調のモダンなインテリアで、快適に過ごせる。

G アワナ・ハウス
Awana House　MAP●P.237-D3

- 7 Soi 1, Ratchadamnoen Rd.
- 0-5341-9005　URL www.awanahouse.com
- 料 AC S T 700〜825B　ファミリー1400B
- CC なし　室 20室　プール　WiFi

ターペー門から徒歩2分。通りから少し入った、ゲストハウスが並ぶ路地にある。敷地は広くはないが、部屋は手入れが行き届いており清潔で、快適に過ごせる。小さなプールと、レストランスペースがある。夜間は鍵がないとゲートが開かず、さらに受付も人の出入りをチェックしており、安心感がある。バルコニー付きの部屋もある。

G スネター・ホステル・チェンマイ
Suneta Hostel Chiang Mai　MAP●P.237-D3

- 20 Chang Moi Kao Rd.
- 0-5323-2345　FB sunetachiangmai
- 料 AC D 440B　S 550B　T 990B (トイレ、シャワー共用)　S T 1290B　ファミリー1590B (すべて朝食付き)　室 29室　CC J M V　WiFi

ターペー門にほど近い、閑静な立地にあるホステル。多くの欧米人バックパッカーが利用している活気のある宿で、スタッフもフレンドリーでノリがいい。メニューが選べる朝食も好評。

G リトル・ホーム
Little Home Guest House　MAP●P.237-D4

- 1/1 Soi 3, Kotchasarn Rd.
- 09-1067-9651
- Little Home GUEST HOUSE
- 料 AC S T 600〜800B　CC なし　室 9室　WiFi

ターペー門から徒歩3分のところにある、小さなゲストハウス。家族経営で静かな環境。小さな前庭に面したテラスは風が通って居心地がいい。

G ミカサ
Micasa Guest House　MAP●P.237-D4

- 2/2 Soi 4, Tha Pae Rd.
- 0-5320-9127
- 料 AC S T 400〜1200B (一部客室トイレ、シャワー共同)
- CC M V　室 17室　WiFi

ターペー通りからソイ4を少し入った場所にある、洒落た雰囲気のゲストハウス。部屋ごとに異なる内装はどれも女性的なセンスでまとめられている。朝食付き。

[G] ブイアイピー・ハウス
V.I.P. House MAP●P.237-D3

[住] 1 Soi 1, Ratchadamnoen Rd. [TEL] 08-1884-5035、08-1366-5625 [FAX] 0-5341-8619
[料] [F]Ⓢ180B Ⓣ250B（トイレ、シャワー共同）Ⓢ300B Ⓣ350B [AC]Ⓢ400B Ⓣ450B
[CC]なし [室] 38室 [WiFi]

旧市街、ターペー門のすぐ脇の道を入った所にある。部屋は料金のわりには広めで、全室ホットシャワー。ただし設備が古く、たばこの臭いが気になる部屋もある。Wi-Fiが入りにくい部屋もあるので注意。

[G] ナナン・ハウス
Nanan House MAP●P.237-D2

[住] 12/4 Maneenopparat Rd.
[TEL] 09-4164-2822、06-3429-5655
[料] [AC]Ⓢ540B Ⓣ1100～1340B トリプル1800B 4人部屋1980B
[CC] [A][D][J][M][V] [室] 20室 [WiFi]

オーナーが自宅を改装して、2016年にゲストハウスとして開業。家族経営ならではのあたたかいもてなしと交流が楽しめる。館内に共用キッチンあり。レンタサイクル無料。

[G] エスケー・ハウス
S.K. House MAP●P.237-D2

[住] 30 Soi 9, Moon Muang Rd.
[TEL] 0-5341-8396、0-5321-0690
[FAX] 0-5321-0675
[料] [F]ⓈⓉ400B [AC]ⓈⓉ700B
[CC] [A][M][V] [室] 54室 [プール] [WiFi]

入口はレストラン。リブラ・ゲストハウスの隣にあり、奥へと建物が続いて見た目よりも規模が大きい。小さいながらプールがある。ツアーデスクもあり、トレッキングを主催。

[G] スリ・パット
Sri Pat Guest House MAP●P.237-D2～D3

[住] 16 Soi 7, Moon Muang Rd.
[TEL] 0-5321-8716～7 [FAX] 0-5321-8718
[URL] www.sri-patguesthouse.com [料] [AC]ⓈⓉ1600～2200B [CC] [J][M][V] [室] 24室 [プール] [WiFi]

静かな環境にある、高級感のあるゲストハウス。全室テレビ、冷蔵庫、セーフティボックス、ヘアドライヤー付き。

[G] ガップス・ハウス
Gap's House MAP●P.237-D4

[住] 3 Soi 4, Ratchadamnoen Rd. [TEL] 0-5327-8140
[URL] www.gaps-house.com
[料] [AC]ⓈⓉ800B [CC] なし [室] 15室 [WiFi]

雰囲気のいいチークの一軒家。敷地内は緑が多くジャングルのよう。盛りつけやフルーツカービングも教えてくれる本格的な料理教室は現在休止中。

[G] トップ・ノース
Top North Guest House MAP●P.237-D4

[住] 15 Moon Muang Rd.
[TEL] 0-5327-8900 [FAX] 0-5327-8684
[料] [F]ⓈⓉ400B [AC]ⓈⓉ500～600B
[CC] [J][M][V] [室] 40室 [プール] [WiFi]

3棟の建物があり、広いプールもある大型ゲストハウス。レストラン、ツアーデスクもある。ファンの部屋は古びておりいまひとつ。エアコン付きの部屋には大小があるので要事前チェック。

[G] ライ・タイ
Lai Thai Guest House MAP●P.237-D5

[住] 111/4-5 Kotchasarn Rd. [TEL] 0-5327-1725、0-5320-6438、09-0053-1115
[URL] www.laithai.com [料] [AC]ⓈⓉ690～790B（ハイシーズン990～1090B） [CC] [A][J][M][V]
[室] 102室 [プール] [WiFi]

北タイ建築の建物を利用した大型ゲストハウス。全室テレビ、ホットシャワー付きで、プールやレストランもあり、設備は中級ホテル並み。ただし、表通りに面した部屋は、昼夜問わずかなりうるさいので注意。

トレッキングとゲストハウス　Column

チェンマイには多数のゲストハウスがあり、そのなかにはトレッキングツアーを主催しているところも多い。ゲストハウスによっては宿泊料金を安めに抑えて、そのぶん宿泊客をトレッキングに参加させて利益を出しているところもある。そのような宿では、必然的に宿泊者へのトレッキングの勧誘がしつこくなる。極端なケースでは、トレッキングの参加を断ると途端に扱いが悪くなったり、宿を追い出されるような目に遭うこともある。トレッキングに興味がなければ、いくら安いからといってもそのような宿は避けたほうが、不愉快な思いをせずに済む。

Column チェンマイから船に乗ってチェンラーイへ

コック川のボート下り

チェンマイ（→P.232）からチェンラーイ（→P.268）へ行くには、ファーンFang経由のバスでター・トーンTha Tonまで行き、そこからエンジン付きの細長い船でコック川を下るルートもある。途中では緑の田園、裸になって川で遊ぶ子供や魚取りの男たちなど、タイ北部の雄大な自然と人々の生活を船の上から見ることができる。山岳少数民族の村や、カレン族が運営するエレファント・キャンプKaren Ruammit Villageにも立ち寄ることができる。時間はかかるが逆ルートも可。

川を行く船旅を体験しよう

静かな山の町 ★

ター・トーン Tha Ton

MAP 折込表-B1

หมู่บ้านท่าตอน

ター・トーンの町自体は、川沿いに店が10軒程度、食堂とゲストハウスが7〜8軒、民家が数十軒、ワット・ター・トーンWat Tha Tonと呼ばれる寺が丘の上にひとつあるくらいの小さな町。橋の横の道を上流に向かって40mほど行くと左側に白い急な階段があり、寺へはそこから上がれる。ここからはコック川の流れ、ター・トーンの町、周囲の田園風景などを一望のもとに見渡すことができる。アカ族など山岳民族の人々が周辺の村から下りてきて、町で手作りの小物を売っていることもある。

山の中にひっそりとたたずむター・トーンの町

■ター・トーンへのアクセス

チェンマイのチャーン・プアク・バスターミナル（ターミナル1）から、ター・トーン行き直通バスが6:00〜15:30の間6本。所要約4時間、100B。またはター・トーン手前の大きな町ファーンFangまで5:30〜19:30の間20〜30分おきに普通バスとロットゥー（ミニバス）が出ているので、これに乗ってまずファーンへ行き（普通80B、ロットゥー130B）、ソンテオ（15分おき、25B）に乗り換えてター・トーンへ行くこともできる。メーサローンからは1日4本ソンテオがある。所要1時間〜1時間30分、60B。

■コック川の船

2023年3月現在定期船は運航しておらず、運航時間も定期船が再開するまで不明。チャーターは可能で、1隻2800B。人数が集まれば頭割りで安くなるので、ゲストハウスなどで仲間を募ってみては。

チェンラーイのボートオフィス [TEL] 0-5375-0009

■ター・トーンのバスターミナル

ボート乗り場から、橋を渡ってすぐ左側小さな広場があり、チェンマイ、バンコク行きのバスが発着している。ファーンやメーサローン行きのソンテオはさらに先、約150m行った右側のソンテオ乗り場から出ている。時間はゲストハウスなどで確認すること。

ター・トーンのゲストハウス

[G] ガーデン・ホーム・ネイチャー・リゾート
Garden Home Nature Resort

[住] 14 Moo 14, Tha Ton
[TEL] 0-5337-3015、08-1024-1372
[料] バンガロー[F]ⓈⓉ300B [AC]ⓈⓉ500〜1200B
[CC] なし [室] 28室 [WiFi] 無料

バス乗り場からコック川沿いに奥へ5分ほど歩いた所にある、手頃なゲストハウス。敷地内は緑が多く静かで快適。リバービュールームは1200B。

[G] タートーン・ガーデン・リバーサイド
Thaton Garden Riverside

[住] 17 Moo 14, Tha Ton
[TEL] 08-1951-7102
[料] [AC]ⓈⓉ400B、川に面した部屋は600B
[CC] なし [室] 20室 [WiFi] 無料

管理がしっかりしており、安心して利用できるゲストハウス。川に面したカフェスペースがある。

Chiang Rai เชียงราย

魅力あふれる静かな北の町
チェンラーイ

派手に装飾された時計塔

行き方

バンコクから
AIR スワンナブーム国際空港からタイ国際航空が毎日3～4便、所要約1時間10分、1340B～。格安航空会社の情報は各社のウェブサイト（→P.508）で。
BUS 北バスターミナルから所要約13時間。VIP815B～、1等626～722B。

チェンマイから
BUS アーケード・バスターミナルから7:00～19:00に22本、所要3時間～3時間30分。VIP305B、1等196B、2等140B。

13世紀にタイ北部で隆盛を誇ったラーンナー・タイ王国の都だったチェンラーイは、現在もタイ最北の県都として栄えている。北部のラオスやミャンマー国境沿いの町はここからバスで日帰りが可能で、北部観光の拠点としても便利。

チェンラーイの歩き方

メインストリートのパホンヨーティン通りPhahonyothin Rd.と、東西に走るバンパプラカン通りBanphaprakan Rd.の交差点から南がツーリストエリア。南側には第1バスターミナル、すぐ横にナイトバザールがあり、周辺には旅行者向けのみやげ物屋やレストラン、バー、両替所、旅行会社が多い。時計塔から南へ延びるチェットヨート通りJctyod Rd.にもバーやレストランなどが並ぶ。対して時計塔の北側には、地元の人たち中心ににぎわう大きな市場がある。朝や昼は近隣の住民や周辺の山岳少数民族などが買い物に訪れ、夜には屋台目当ての人出が多い。市場の近くには新しい時計塔がある。土・日曜にはそれぞれ別の場所でナイトマーケットが開かれる。

おもな見どころ

エメラルド仏の故郷
ワット・プラケオ ★★
Wat Phra Kaew　　　MAP P.268-A1
วัดพระแก้ว

チェンラーイで地元の人に最もあがめられている寺院で、バンコクのワット・プラケオにあるエメラルド仏も、かつてここに納められていたことがあるという。扉の美しい本堂の裏側にあるラーンナー・タイ様式の小さなお堂には、1990年に前国王の御母堂90歳の誕生日を祝って造られたエメラルド仏が納められている。カナダ産のヒスイを北京で加工したもので、高さ65.9cmとバンコクのエメラルド仏とほぼ同じ大きさ。境内にあるHong Luang Saeng Kaewという建物は博物館（開毎日9:00〜17:00 料無料）になっており、寺院ゆかりの仏像などが荘厳な雰囲気の部屋に展示されている。

本尊のエメラルド仏

14世紀創建の古い寺院
ワット・プラ・シン ★★
Wat Phra Sing　　　MAP P.268-A1
วัดพระสิงห์

14世紀の創建と伝えられる伝統ある寺院。市街の北、コック川の近くにある。流れるようなカーブを描く入口の破風が美しい。チェンマイにあるワット・プラ・シンと兄弟寺。敷地内には大きな菩提樹があり、幹をぐるりと囲むようにして、誕生曜日ごとの守護仏像が並んでいる。

北部タイの様式で建てられている

タイの国民的英雄
メンラーイ王像 ★
King Mengrai Monument　　　MAP P.268-B1
อนุสาวรีย์พ่อขุนเม็งราย

20世紀初頭までタイ北部を治めたラーンナー・タイ王国の建国者として名高いメンラーイ王（マンラーイ王とも）の記念碑。メンラーイ王は、スコータイのラームカムヘーン王と並んで現在でも国民の人気が高い名君だ。像の周囲には常に献花が絶えない。

少数民族の文化を展示する
山岳民族博物館 ★
Hilltribe Museum & Education Center　　　MAP P.268-B1〜B2
พิพิธภัณฑ์ชาวเขา

タイ北部の山岳地帯で生活している少数民族に関する資料や衣装、生活用具の展示のほか、手工芸品や民族音楽のCD販売も行っている。収益は山岳民族の支援に役立てられる。山岳民族についての日本語解説付きビデオは、トレッキングに行く前の予習にいい。館内にはキャベジズ＆コンドームス（→P.135）の支店がある。

インフォメーション

❶TAT MAP P.268-A1
🏠 448/16 Singhaklai Rd.
☎ 0-5371-7433、0-5374-4674〜5
📠 0-5371-7434
🕐 毎日8:30〜16:30
ここでもらえる地図（Chiang Rai Map）は通り名などに英語とタイ語が併記されていて便利。

ツーリストポリス
☎ 1155、0-5315-2547

タイ国際航空 MAP P.268-B2
☎ 0-5371-1179、0-5371-5207
🕐 月〜金8:00〜17:00
休 土・日・祝
2023年3月現在休業中。

チェンラーイのバスターミナル事情
メーサーイやチェンセーン、チェンコーンなど北へ向かうバスは第1バスターミナル発着。南郊外にある第2バスターミナルは、基本的にはチェンラーイ県以外に行く長距離バスが発着。チェンマイ発のバスは第2バスターミナルを経由して市内の第1バスターミナルまで来る。逆のチェンラーイ行きも第1バスターミナル始発。第2バスターミナル発着のバスのチケットも、第1バスターミナルで買える。両バスターミナル間はCR BUS（20B）のほか、乗合ソンテオ（20B）が結んでいる。ソンテオは最低5〜6人集まらないと出発しない。トゥクトゥクは80B〜、モーターサイ50B〜。

旅のヒント

空港から市内への行き方
空港とチェンラーイ市内との間を往復するCR BUSが、6:20〜22:00の間、約30分おきに運行（20B）。空港内の到着ロビーにあるカウンターでタクシーを申し込むと1台200B〜。ターミナル外で客待ちしているタクシーは交渉次第で150B〜。遅い時間帯は、外にタクシーがいないこともある。2023年3月現在運休中。

ワット・プラケオ
🕐 毎日6:00〜18:00　料 無料

ワット・プラ・シン
🕐 毎日6:00〜19:00　料 無料

メンラーイ王像
🕐 毎日24時間　料 無料

山岳民族博物館
🏠 620/1 Thanalai Rd.
☎ 0-5374-0088
📠 0-5371-8869
🕐 8:30〜17:00
料 25分のビデオ上映が付いて50B。館内撮影不可。

タイプチ情報 チェンラーイには白と青、そして黒など、色をメインのテーマにした寺院や見どころがある。どちらも全体のデザインから細かい装飾まで手が込んでおり、見ていて飽きない。

旅のヒント

チェンラーイの市内交通
トゥクトゥク、ソンテオがある。ソンテオは路線運行で15～20B。トゥクトゥクは交渉制で、市街から出なければ高くても40～60B程度。

レンタカー、レンタバイク
1日当たりの平均的な料金は以下のとおり（保険料別）。
レンタカー　800B～
レンタバイク　200B～

サタデーマーケット
毎週土曜の夕方から23:00頃まで、パホンヨーティン通りの1本北にあるタナライ通りThanalai Rd.で行われる。衣料品や雑貨、屋台料理の店がびっしりと並び、地元住民でにぎわう。

空港の名称
チェンラーイ空港の正式名称は、メーファールアン・チェンラーイ国際空港（Mae Fah Luang-Chiang Rai International Airport）。

ワット・ローン・クン
☎ 0-5367-3579
🏠 Wat Rong Khun
🕐 毎日8:00～17:00　💰 100B
🚗 市街からトゥクトゥクなどで20～30分。またはチェンマイ方面行きのバスに乗って途中下車。第1バスターミナルには、ワット・ローン・クン方面に行くバスの乗り場がわかりやすい形で設置されている。バス通りから徒歩約3分。あらかじめ車掌に伝えておくこと。チェンラーイ市内にある時計塔やキンキラの装飾が施された街灯も、ワット・ローン・クンを制作しているチャルームチャイ・コーシピパット氏のデザイン。

ワット・ローン・スア・テン
🏠 306 Moo 2, Rim Kok
🏠 Blue Temple
🕐 毎日6:00～20:00
💰 無料
🚗 市街からトゥクトゥクなどで10～15分、80～100B。歩くと30～40分。

山岳民族の民芸品が手に入る
チェンラーイ・ナイトバザール
Chiang Rai Night Bazaar　★
MAP P.268-B2

毎晩第1バスターミナル北西側で行われるナイトバザール。チェンマイのナイトバザールに比べると小規模だが、織物、ポーチ、飾り物など山岳民族の製品に関してはチェンマイより豊富。ライブやニューハーフショーなどが行われるステージを囲んで屋外のフードコートもあり、毎日23:00近くまで旅行者や地元の人でにぎわう。

郊外の見どころ

タイのアーティストがデザインした純白の寺院　★★★
ワット・ローン・クン
Wat Rong Khun
MAP P.268-B2外

チェンラーイ市街からチェンマイ方向へ約14km。仏教や神話をモチーフとしたグラフィックでタイでは有名なチェンラーイ出身のアーティスト、チャルームチャイ・コーシピパットChalermchai Kositpipat氏がデザインし、1997年から建設が始まった寺院。純潔をイメージした寺院の外観は白一色で、コテコテの金色が多いタイの寺院のなかでは、その姿は異色。寺院はいまだ増築中で、年々境内の建物は増えている。建設資金を捻出するために敷地内で氏の作品を販売中。

若くして成功したデザイナーが私財を投じて建設中の寺院

神秘的な青に彩られた寺院　★★★
ワット・ローン・スア・テン
Wat Rong Suea Ten
MAP P.268-B1外

白亜の寺院ワット・ローン・クンをデザインしたチャルームチャイ・コーシピパット氏の弟子が制作に携わっている寺院。こちらは鮮烈な青を基調とした配色が印象的で、精緻を極めた数々の装飾の美しさはワット・ローン・クンにもひけをとらない。純白の仏像がある本堂の内部は、壁から柱、天井にいたるまで、美しい絵画と文様で彩られている。この寺院も敷地内で建物の増築が現在進行形で進められており、チェンラーイの新たな観光スポットとしても注目を集めている。

ブルーとゴールドの対比が美しい

独特の美意識で生み出された空間

成長を続けるタイ伝統建築の美術館 ★★
バーン・ダム
Baandam Museum
MAP P.268-B1外

タイを代表するチェンラーイ出身のアーティスト、タワン・ダッチャニー Thawan Duchanee 氏による私設ミュージアム。広い敷地には精緻な木彫による装飾が施された、大小約40棟のラーンナー様式の「黒い家」が点在しており、象やシカ、水牛など、さまざまな動物の骨や皮革などが印象的に展示されている。ワット・ローン・クンやワット・ローン・スア・テンと同様、いまだに制作が続けられている未完成の芸術作品だ。

漆黒の外壁が艶やかで美しい

日本の陶器に触発された作家の窯元 ★★
ドーイ・ディン・デーン・ポッタリー
Doy Din Dang Pottery
MAP P.268-B1外

チェンラーイ市街の12kmほど北にある陶工房。オーナーのソムラック・パンティブン氏は、かつて日本の唐津焼の窯元で修業した著名な陶芸家。工房では、職人による陶器製作の様子を間近で見学できる。ギャラリー兼ショップでは小物類は80B程度から、お皿などは250B程度から販売されている。カフェも併設。

個性的で味わいのある器の数々が並ぶ

前皇太后の離宮と庭園 ★
ドーイ・トゥン・パレス
Doi Tung Palace
MAP 折込表-B1

チェンラーイから北へ約60km。地域の発展プロジェクトのひとつ、再植林事業の基地として、前皇太后の財産と寄付により建設された離宮。前皇太后はかつて滞在したスイスがお気に入りだったことから、地元タイ北部の伝統的ラーンナー・タイ様式にスイス山小屋風の要素がミックスされた建築様式で建てられている。1995年に亡くなられるまで実際ここに住んでいた。離宮の真下には、なだらかな傾斜に色とりどりの花が植えられた植物園がある。この宮殿があるドーイ・トゥン山頂には、1493年に建立されたワット・プラタート・ドーイ・トゥンがあり、小ぶりのラーンナー・タイ様式のチェーディーが双子のように並んでいる。

品のいい庭園が前皇太后の人柄をしのばせる

断崖絶壁のビューポイント ★★
プー・チー・ファー
Phu Chee Fah
MAP 折込表-C1

チェンラーイの110kmほど東、ラオスとの国境にある、標高1628mの切り立った山。山頂からはメーコーンとラオスの壮大な景観や、運がよければ眼下に雲海が望める。やや離れて眺めるこの山を含めた景色も美しい。タイ人の間では日の出を見るスポットとして有名で、多くの人が訪れる。空気が澄む乾季の12～2月がベストシーズン。2月にはドーク・シエオDok Sieoと呼ばれる白い花が咲き乱れる。

タイ北部 チェンラーイ

バーン・ダム
- 住 414 Moo 13, Nanglae
- ☎ 0-5370-5834
- IG baandammuseum_official
- URL Thawan Duchanee
- 営 毎日9:00～17:00
- 料 80B
- 行き方 市街からトゥクトゥクなどで約20分。

ドーイ・ディン・デーン・ポッタリー
- 住 49 Moo 6, Nanglae
- ☎ 0-5370-5291
- URL Doy Din Dang Pottery
- 営 月～土8:00～17:00
- 休 日
- 行き方 市街から車で約20分。メーサーイ方面行きのバスに乗り、カレン族の観光村（Long Neck Karen Village）の看板がある場所で途中下車して行く方法もあるが、降りた場所から東へ2kmほど歩かなければならないため、タクシーやトゥクトゥクで行くのがおすすめ。

ドーイ・トゥン・パレス
- ☎ 0-5376-7015～7
- FAX 0-5376-7077
- 営 毎日離宮 7:00～17:30
  - 庭園 6:30～18:00
  - Hall of Inspiration 8:00～17:00
- 休 離宮のみ、王室の利用時は休館
- 料 離宮90B、庭園90B、Hall of Inspiration 90B（外国人料金。建物内撮影禁止）
- 行き方 第1バスターミナルからメーサーイ行きのバスに乗り、国道1号線からドーイ・トゥンへ左折する地点バーン・ファイ・クライBan Huay Khraiで下車（23B）。そこで青色のソンテオ（1台600Bの人数割り）に乗り換えるか、モーターサイで往復140B。メーサーイのほうが近いので、そちらからアクセスしてもいい。メーサーイから車をチャーターすると片道600B程度。

プー・チー・ファー
- 行き方 第1バスターミナルからまずトゥーンToengまで行く（30B）。寺院の前で降ろされるので、その寺院の裏からソンテオに乗りプー・チー・ファーへ。100B（チャーターの場合1台700～800B）。11～2月の乾季には第1バスターミナルから直行ロットゥー（13:00発、翌日9:00帰着。往復300B、片道150B）が出ることもあるので、バスターミナルで要確認。ゲストハウスは1500B～。テント持参すればキャンプも可能。日の出を見るだけならツアーに参加すると便利。一般的なのは3:00頃出発し、5:30頃到着。暗いなか30分ほど山道を上る。料金は1名では3500B～、2名では1名あたり2300B～。

ホテル

ホテル事情

高級ホテルは、ローシーズンになると30〜50％程度割引が可能。中級以上のホテルは、たいてい空港への送迎サービス（無料〜100B）がある。予約時に要チェック。

高級ホテル

H ザ・リベリエ・バイ・カタタニ
The Riverie by Katathani　MAP●P.268-A1外

住 1129 Kraisorasit Rd.　電 0-5360-7999
FAX 0-5371-5801　URL www.theriverie.com
料 AC S T 3500B〜　CC A D J M V
室 271室　プール　WiFi

旧デュシット・アイランド・リゾート・チェンライが、カタタニ・コレクション傘下となってリニューアル。街の喧騒から離れた静かな立地。眺めのいいレストランやスパがある。

H ラルーナ・ホテル&リゾート
Laluna Hotel & Resort　MAP●P.268-A2外

住 160 Sanambin Rd.　電 0-5375-6342、08-7910-5620　FAX 0-5375-6558　URL www.lalunaresortchiangrai.com　料 AC S T 3000〜4200B　CC A M V　室 79室　プール　WiFi

第1バスターミナルから南西へ1.5km。全室バンガロータイプのリゾートで2006年オープン。緑多い中庭を囲むようにしてバンガローが並ぶ。部屋のカテゴリーは、ツインベッドかキングサイズベッド、中庭に面しているかプールに面しているかの4タイプに分かれている。ホテルの公式サイトから予約すると、部屋によってはピーク時を除けば50％ほどの大幅割引あり。

H スクニラン
Hotel Sooknirund　MAP●P.268-A2

住 424/1 Banpaprakarn Rd.　電 0-5379-8788
URL www.sooknirund.com
E reservations@sooknirund.com
料 AC S T 3000〜6000B　CC J M V　室 52室　WiFi

1962年創業の老舗のホテルが、高級ホテルとしてリニューアルオープン。時計塔のすぐ近くという便利な立地はそのままに、建物は完全に新しくなった。料金はそのぶん高めに。レストランも併設。

中級ホテル

H ウィアン・イン
Wiang Inn　MAP●P.268-B2

住 893 Phahonyotin Rd.　電 0-5371-1533
FAX 0-5371-1877　URL www.wianginn.com
料 AC S T 1800B〜（ハイシーズン2400B〜）
CC A D J M V　室 257室　プール　WiFi

ナイトバザールから徒歩3分の所にある大型ホテルで、グループツアー客もよく利用している。ロビー、客室とも落ち着いた色調のインテリアでまとめられている。

H ワンカム
Wangcome Hotel　MAP●P.268-A2

住 869/90 Pemawibhat Rd.　電 0-5371-1800
FAX 0-5371-2973　URL www.wangcomehotel.com　料 AC S T 1200B〜（朝食付きは1500B〜）
CC J M V　室 200室　プール　WiFi

町のほぼ中心にあるので町歩きに最適。部屋はたびたび改装されているのできれい。ホテル内全館禁煙。カラオケ、プール、ツアーデスクなど設備も充実。周辺にはバーが多い。

ゲストハウス

チェットヨート通り周辺の住宅街に、手頃な料金のゲストハウスが多い。

G ベッド・フレンズ・ポシュテル
BED Friends Poshtel　MAP●P.268-B2

住 897/20-25, Phahonyothin Rd.
電 09-0317-9916　FAX BEDFriendsPoshtel
料 AC D 300B〜　S 350B〜　T 700〜750B　ファミリー2100B〜（朝食付き）
CC J M V　室 34室　WiFi

2019年にオープンしたホステル。真新しい建物は今風のしゃれたデザイン。安い部屋は少し狭く感じられる。1階のレストランのほか、ルーフトップバーもある。無料の朝食付き。

G スピノマド・ホステル
Spinomad Hostel　MAP●P.268-B2

住 596/1 Phahonyothin Rd.　電 09-0328-1166
FB spinomadhostel　FAX Spinomad Hostel
料 AC D 300B〜　S T 750B〜（トイレ・シャワー共同）1150B〜　CC なし　室 8室　WiFi

2018年に開業したホステル。市街中心部の便利な立地にある。1階には、Spinnというしゃれた雰囲気のワインバーが併設。電話予約や直接来訪しての宿泊には割引あり。

G バーン・ブア
Baan Bua Guest House　MAP●P.268-A2〜B2

住 879/2 Jetyod Rd.
電 0-5371-8880
料 F S T 250〜400B　AC S T 400〜550B
CC なし　室 17室　WiFi

路地を入った奥にあり、静かで評判がいい。客室棟は平屋建てで、部屋は広くて風もよく通る。中庭の芝生に椅子やテーブルがあり、のんびり過ごせる。

G ツーリスト・イン
Tourist Inn MAP● P.268-A2

- 1004/1 Jetyod Rd. 0-5375-2094
- touristinn.th@gmail.com
- F S T 500B AC S T 600B(朝食付き)
- CC なし 25室 WiFi

以前日本人とタイ人の共同経営だったためか、日本人の宿泊客が多い。ホームメイドのベーカリーは評判がよく、サンドイッチなどが食べられる。2017年から朝食が付くようになった。ロビーには日本語の本も置かれている。予約はメールで。

G バーン・ジャール
Baan Jaru MAP● P.268-A2

- 1003 Jetyod Rd. 0-5371-3640
- Baan Jaru B&B baanjaru@gmail.com
- AC S T 800〜1000B(朝食付き)
- CC なし 13室 WiFi

チェットヨート通りに2012年にオープン。黒い看板と建物が目印。部屋は清潔でセンスよくまとめられ、ホットシャワー、テレビ、冷蔵庫などを完備。料金には朝食も含まれる。スタッフの対応はていねいで、利用者の評価も高い。

G ジャンソム・ハウス
Jansom House MAP● P.268-A2

- 897/2 Jetyod Rd. 0-5371-4552
- 0-5371-4779 AC S T 350〜600B(朝食付き)(ハイシーズン450〜700B) CC なし 40室 WiFi

ゲストハウスが多いエリアにあり、比較的新しい。ホテルのような造りで全室テレビ、冷蔵庫、ホットシャワー付き。パンとコーヒーだけの簡単な朝食も付く。どの部屋も広さと造りは基本的に同じだが、1階には窓がない部屋もある。館内全面禁煙。

レストラン

R バラーブ
Baraab MAP● P.268-B2

- 897/60 Phahonyothin Rd. 09-4812-6670
- 木〜火10:00〜21:00 水 CC なし

旅行者に人気のレストランが、安宿の多く集まるワット・チェット・ヨートの近くに移転。写真映えするメニューの数々は味もなかなか。席数は多くなく、よく混雑するので、予約した方が無難。

R ラーン・ポーチャイ
Ran Pho Cai MAP● P.268-A2

- 1023/3 Jetyod Rd. 0-53712935
- 毎日8:00〜16:00 CC なし

タイ風カレー麺のカオ・ソーイ(40B)が安くておいしいことで有名な、老舗の食堂。時計塔の近くにあり、いつも地元の人々でにぎわっている。写真付きのメニューには英語も併記されている。夕方前には閉店してしまうので注意。

R 大衆食堂が並ぶエリア
Restaurants near Clock Tower MAP● P.268-A2

時計塔から西へ延びる通りに食堂が並んでいる。向かって右から「ラーチャブリー」(0-5371-4633 毎日6:00〜21:00)と「ペッチャブリー」(0-5375-2071 毎日6:00〜20:00)。この2軒は店構えがそっくりで看板もタイ語のみ。どちらもバットに入れたカレーやおかずが店先に並ぶ。ご飯におかずを2〜3種類のせても40B程度という安さ。左端はビーフヌードルの「ロテ・イェム・ビーフ・ヌードルRote Yiam Beef Noodle」(0-5360-1190 毎日7:00〜15:00)。ピリッと辛くてコクのあるスープ、火の通り具合が絶妙な牛肉は虜になる味で1杯80B〜。写真付きの英語メニューで注文できる。

旅行会社

T ピーディーエー
PDA MAP● P.268-B1〜B2

- 3rd Fl., PDA Bldg., 620/25 Thanalai Rd.
- 0-5374-0088 www.pdacr.org
- 8:30〜17:00 CC JMV

環境を守りながら地域開発を目指しつつ山岳少数民族を支援するNGOで、ここが主催するツアーは長年の伝統による実績もあり評判がいい。山岳民族博物館と同じビルにオフィスがある。人気があるコースはエレファントトレッキングとアカ族やラフ族などの村を訪ねるトレッキングを組み合わせたもの(日帰り2300B〜、1泊2日2900B〜。ふたり以上参加のひとりの料金)。

T スコルピオンズ・ツアーズ
Scorpions Tours MAP● P.268-B2

- 595/2 Sri Gate Phahoyothin Rd.
- 08-6429-3880 Scorpions Tours
- 24時間 CC なし

閉店したジェイ・トラベルのあった建物にオープンした新しい旅行会社。英語の通じるスタッフはとても気さくで、親身に旅行の相談に乗ってくれる。

Mae Salong แม่สลอง

山岳少数民族と華人が暮らす山あいの村
メーサローン

緑が美しいメーサローン

第2次世界大戦終戦後の1949年、中国に共産党政権が樹立された。内戦に敗れた国民党軍は大部分が蒋介石に率いられて台湾へ逃れた。しかし雲南省、四川省方面にいた部隊とその家族は行き場を失い、ビルマ領のシャン高原へ、その後1960年代に入るとビルマ政府軍に追われてタイ北部へと移動し、麻薬取引などで資金を得ながら組織を維持してきた。1987年に武装解除に応じ、引き換えにタイ国籍を取得。中国の文化を保ったまま、現在では平和な生活を営んでいる。タイ北部にあるそのような村のひとつがここメーサローンだ。

メーサローンの歩き方

メーサローンへ向かうには、バーン・パー・サンBan Pa Sanでソンテオに乗り継ぐ旧道と、メーチャンMae Chanからター・トーンを通りチェンマイへ向かう新道を利用するふたつのルートがある。旧道の場合、アカ族、ヤオ族の村を過ぎ、少し下って橋を渡り、急坂を上るとようやく漢字で「美斯樂（メーサローン）」と書かれた看板が見えてくる。バス停がある一本道の周辺にはスーパー、食堂、ゲストハウス、ホテルが数軒あるだけ。派手な民族衣装の帽子をかぶったアカ族の往来も多い。バス停から左にカーブを描きながら歩いていくと、お茶や干物などを売る中国物産の店や、野菜、果物、ハーブが並ぶ露天市場が見えてくる。その先で道はふた手に分かれ、ワット・

行き方

チェンラーイから
BUS メーサーイまたはメーチャンセーン行きのバスに乗りメーチャンで下車（所要約50分、20B）。メーチャンにメーサローン行きのソンテオ（青か緑）乗り場があり、7:00～18:00頃まで人数が集まり次第出発。所要約1時間、100B。ローシーズンは1日3便程度。ハイシーズンには増便になる。チャーターすると1台片道600～700B程度。メーサローンからの戻りは、セブン-イレブン前からメーチャン行きの緑のソンテオが10:00～17:00頃までの間、人数が集まり次第出発。

メーサーイから
BUS チェンラーイ行きのバスに乗り、上記のようにメーチャンで乗り換えるか、メーチャン手前のバーン・パー・サンBan Pa Sanで下車（所要約40分）、旧道を行くソンテオに乗り換える。所要約1時間。乗合で100Bだが、7:00～9:00頃以外はチャーターになることが多く、1台600～700B。

ター・トーンから
BUS チェンマイ行きバス乗り場から川と反対方向へ道なりに行った所から出ている黄色のソンテオに乗る。1日3～4本、所要約1時間20分、60B。時間は宿やで確認のこと。

旅のヒント

にぎわう朝市
スィンセン・ゲストハウス近くのT字路付近で毎日朝市が開かれる。5:00～8:00頃がピークで、近隣の村からやってくる山岳民族の姿も見られる。

メーサローンの銀行
ソンテオ乗り場からター・トーン方面へ800mほど行った所にTMB銀行がある（圏月～金8:30～15:30）。ATMもあり。

冬季は防寒着が必要
11～2月の夜間はかなり冷え込むので、防寒具を持参しよう。

274

サンティキーリー、その背後の山上にあるプラ・ボロマタート・チェーディー Phra Boromathat Chediへの階段へと続く。ここからは遠くにミャンマーの山並み、眼下にはメーサローンの村を一望できる。

おもな見どころ

村の歴史を物語る
メーサローン・リゾート
Maesalong Resort
MAP P.274
แม่สลองรีสอร์ท

村で老舗のホテルのメーサローン・リゾートMaesalong Resortは、国民党軍の軍事訓練所をホテルに転用したものだ。国民党軍は1987年に武装解除に応じるまで、大陸反攻の機が熟すのを待って軍事訓練も行っていた。庭園には中国風の東屋、中国茶が楽しめる茶屋、雲南料理レストランがあり、ここは中国かと錯覚するほど。

中国国民党軍人戦没者を祀る
泰北義民文史館
Chinese Military Memorial
MAP P.274外
อดีตทหารจีนคณะชาติภาคเหนือ ประเทศไทย

ビルマ政府軍との戦いで戦死した中国国民党の軍人を祀る記念館。正面中央の霊廟には戦死者の位牌が各戦役ごとにまとめて並べられている。その両側の建物は資料館となっており、向かって左側は戦史陳列館で、活躍した軍人たちの写真や地図などを展示する。右の愛心陳列館は、1960年代から1990年代にかけて、中華民国（台湾）の援助を受けて、村の基礎が築かれていく様子を写真パネルで紹介している。

異境で亡くなった中国兵を祀る

旅のヒント

中国村の参考書籍
国共内戦を経てタイへといたる国民党軍の苦闘を描く『異域 中国共産党に挑んだ男たちの物語』（柏楊著、出口一幸訳、第三書館）を読むと、メーサローンのような村の成り立ちに対する理解が深まる。

メーサローン・リゾート
行き方 ソンテオ乗り場からター・トーン方面へ向かい、スィンセン・ゲストハウスを過ぎて1本目のかなり急な坂道を上がる。徒歩約12分。またはソンテオ乗り場周辺にいるモーターサイで。

メーサローン・リゾート内にある歴史写真館

泰北義民文史館
住 Doi Mea Salong
電 0-5376-5180
開 毎日8:00～17:00 料 20B
2023年1月現在、一部改装工事中につき、入場無料。
行き方 村の中心から車で約5分。徒歩約20分。

ホテル

高原に位置しており涼しいので、ファンがあれば十分。11～1月は料金が高くなる。

H メーサローン・ヴィラ
Maesalong Villa
MAP P.274

住 5 Moo 1, Mae Salong Nork 電 0-5376-5114～5
URL maesalong-villa.com
料 F S T 1200B AC S T 1500B（12月からのハイシーズンF S T 1500B AC S T 1800B）
CC なし 室 60室 WiFi

メーサローンでは比較的規模の大きなホテル。グループ割引あり。多くの部屋からは、町を取り巻く山並みの見事な眺望が楽しめる。中国料理が食べられるレストラン併設。

ゲストハウス

G スィンセン（新生）
Shinsane Guest House
MAP P.274

住 32 Moo 3, Mae Salong Nork 電 0-5376-5026
料 F S T 300B（トイレ、シャワー共用） S T 500B
CC なし 室 26室 WiFi

1970年創業の老舗の宿で、リピーターも多い。村周辺の見どころなどを紹介しているオリジナル地図ももらえる。近くでは毎日朝市が開かれ、散策が楽しめる。オーナーは英語を話せるので、コミュニケーションに支障はない。新棟と新レストランが2017年1月にオープンした。

G リトル・ホーム
Little Home Guesthouse
MAP P.274

住 31 Moo 1, Mea Salong Nork
電 0-5376-5389
料 バンガロー F S T 500B（ハイシーズンは800B）
AC S T 800B（10月からのハイシーズンは1000B）
CC なし 室 16室 WiFi

レセプションのある建物から少し奥に入った所にあるバンガロースタイルの客室は、清潔感があってくつろげる。近郊の村を訪ねるトレッキングの手配も可能（700B/日）。

 タイ北部の山中にある小さな町では山岳民族の姿も多く見られる。早朝から行われる朝市などに郊外からソンテオに乗ってやって来る。

Mae Sai แม่สาย

バンコクから
折込表-B1

タイ最北端にあるミャンマーとの国境の町
メーサーイ

国境ゲートビルの先はミャンマー

国境に架かる小さな橋の対岸はミャンマー。川の両側でそれぞれ雰囲気が異なる、現在国境は通れないが、国境の不思議を体験できる。

行き方

長距離バスは市街の南にあるバスターミナルに到着する。バスターミナルから市街まではソンテオ（赤色）で約10分、15B。モーターサイで60B。

バンコクから
BUS 北バスターミナルから所要約12時間30分。VIP 905B、1等698〜765B。

チェンマイから
BUS アーケード・バスターミナルから毎日8:00〜17:40の間1日6本。所要4時間40分〜5時間15分、VIP467B、1等247B。

チェンラーイから
BUS 第1バスターミナルから6:00〜18:00の間、20分おき。所要約1時間30分。普通40B。帰りはメーサーイ発18:00が最終。ロットゥーは6:00〜18:00の間30分おき、50B。

チェンセーンから
BUS ゴールデン・トライアングル経由の青色のソンテオで所要約1時間、8:00発、50B。ゴールデン・トライアングルからは40B。

インフォメーション

ツーリストポリス
MAP P.277 TEL 1155
毎日8:00〜17:00
国境ゲートビル手前。

タイのイミグレーション
TEL 0-5377-3161
毎日6:30〜21:00

ワット・プラ・タート・ドーイ・ワオ
毎日7:00〜18:00 無料

ワット・プラ・タート・ドーイ・ワオから眺めるミャンマー

メーサーイの歩き方

町の中心をミャンマーに向かって延びるパホンヨーティン通りPhahonyothin Rd.沿いが繁華街。北の突き当たりには出入国審査所や税関が入った大きな国境ゲートビルがあり、その先に国境の橋がある。ビル周辺には観光客目当ての雑貨屋やみやげ物屋が並ぶ。みやげ物屋では山岳少数民族の衣装や工芸品のほか、ビルマ風葉巻や宝石、化粧品、食料品などミャンマーや中国の物産が売られている。ビルの右側には"The Northern Most Point of Thailand（タイ最北端）"の看板がある。

タイ最北端の碑は記念撮影ポイント

おもな見どころ

メーサーイとタチレイが一望できる丘の上の寺院
ワット・プラ・タート・ドーイ・ワオ ★
Wat Phra That Doi Wao
MAP P.277

小高い丘の頂上にある小さな寺院。足元のメーサーイ市街から、国境の川を挟んで対岸にあるミャンマー側の町タチレイまでが、一望できる。ミャンマー側をにらむように置かれている黒いサソリのオブジェもタイ人の間で知られている。パホンヨーティン通りから坂を上がっていくと階段になった参道の入口があり、歩いて上がってもいいし、そこに待機しているモーターサイも利用できる（片道20B、往復30B）。

国境を越えよう

ミャンマー側の町タチレイ Tachileik
2018年からミャンマーは観光目的のビザなし入国が可能になったので、事前にビザを取得することなくメーサーイを流れる国境のサーイ川を渡って気軽にミャンマーへ行ける。

ミャンマー側の町タチレイは、サーイ川とほぼ並行して走るメインストリート沿いに、埃っぽく雑然とした町並みが続く。町自体は2〜3時間もあれば回れる程度の大きさ。通り沿いにある喫茶店をのぞいてみれば、低いテーブルの周囲に置かれた椅子に腰掛けたミャンマー人が、紅茶を飲みながらスナック類をつまんでおしゃべりに興じる様子が見られ

注：2017年から、国境を接する国から空路以外でのビザなし入国が、暦年で2回までに制限されている。隣接国を日帰りなどで訪れる場合は、出入国の回数に注意。

旅のヒント

タチレイでトゥクトゥクをチャーター

国境の川を渡ってミャンマー側のイミグレーションを出ると、橋の周辺にトゥクトゥクのドライバーが集まっており、市内観光をしないかとしきりに声をかけてくる。丘の上の寺院などおもな見どころをいくつか回って200〜300B程度なので、手頃な時間つぶしになる。

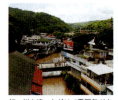

細い川を渡っただけで雰囲気がまるで違うのがおもしろい

旅のヒント

2023年3月現在、ミャンマー国境は閉鎖中。

る。テーブルに置かれたサービスの中国茶が入ったポットに、川を渡るだけで国も民族も文化も変わる不思議さが感じ取れることだろう。橋の周辺は市場になっており、酒やたばこ（ほとんどが偽物で、タイ側では摘発の対象）、中国産の薬品が売られている。タイバーツが通用するので、チャット（ミャンマーの通貨）に両替する必要はない。

タチレイに入ってすぐの所にあるロータリー

ホテル

ホテル事情

中級ホテルはパホンヨーティン通り沿い、ゲストハウスは国境の橋から川沿いに西へ向かうサイロムチョーイ通りSailomjoy Rd.の奥にある。

中級ホテル

ピヤポーン・パビリオン
Piyaporn Pavilion Hotel　MAP●P.277

- 925/36 Moo 1, Wiang Pang Kam
- 0-5373-1395
- Piyaporn Pavilion
- AC S T 1200B〜　CC J M V　79室　WiFi

通りから少し入った所に2011年にオープンした、メーサーイでは新しいホテル。広めの客室はシンプルモダンなインテリア。窓が大きく床もフローリングで居心地がいい。

ピヤポーン・プレイス
Piyaporn Place Hotel　MAP●P.277

- 77/1 Moo 1, Wiang Pang Kam
- 0-5373-4511、08-9953-9992
- AC S T 800B〜800B
- CC J M V　78室　WiFi

手頃なホテル

国境ゲートビルから南のチェンラーイ方面へ500mほど。部屋の内装は明るく、気分よく過ごせる。全室テレビ、ミニバー、バスタブ付き。

トップ・ノース
Top North Hotel Maesai　MAP●P.277

- 306 Phahonyothin Rd.　0-5373-1955
- 0-5364-0417　F S T 450〜490B
- AC S T 750〜950B　CC なし　24室　WiFi

パホンヨーティン通り沿いにある。部屋の内装はシンプルで旅社風で上階ほど安い。1階は手頃なカフェ＆レストラン。

バーン・コーン・カム
Bann Khong Kam　MAP●P.277

- 221/1, Moo 7, Tambon Mae Sai
- 0-5373-4388、09-8798-4750
- ～1000B　CC M V　18室　AC S T 500　WiFi

国境に架かる橋から下の通りに下り東へ歩いてすぐの手頃なホテル。ブラウン基調のインテリアが好ましい。2016年オープンとまだ新しい。

タイプチ情報　ミャンマーと国境を接しており、イミグレーションがある町も多いタイ北部。残念ながらクーデターとコロナ禍の影響で、国境の状況は流動的。現地で要確認。

Chiang Saen เชียงแสน

バンコク●
折込表-B1

ゴールデン・トライアングルに近い国境の町
チェンセーン

古くは近隣諸国との交易で栄えた

チェンセーン王国の都として1328年に開かれた町で、チェンセーン様式と呼ばれる仏塔や寺院が残っている。19世紀には中国との交易の中継点として栄えた。現在でもメーコーンを軸としたラオス、ミャンマー、中国との交易が行われている。

行き方

バンコクから
BUS 北バスターミナルから所要約12時間30分。1等655B〜。

チェンラーイから
BUS 第1バスターミナルから約1時間30分。30分おきに出発、普通40B。グリーンバス社のロットゥー（ミニバス）は6:00〜18:00の間に1時間おきに運行。50B。戻りは17:00発が最終。

メーサーイから
BUS ゴールデン・トライアングル経由の青色ソンテオで1日1、2本程度、所要約50分、50B。チャーターで500B。

チェンコーンから
BUS 直行ソンテオは10:00頃に出る1便のみ（不確実なのでゲストハウスなどで要確認）。所要約1時間30分、100B。それ以降はチェンラーイ経由が一般的。ソンテオをチャーターすると1000B。

パーサック歴史公園
🕐 毎日8:00〜17:00
💰 50B（外国人料金）

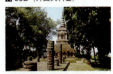
公園の中にひっそりとあるワット・パーサックの仏塔

旅のヒント

チェンセーンへボートで移動
5人乗りのボートでゴールデン・トライアングル（→P.280）からチェンセーンまで1艘片道800B、往復1000B。日没頃まで運航しているので、チェンセーンへ戻る最終ソンテオに乗り遅れたときにも利用できる。

減りつつあるソンテオ
自家用車が普及したためか、チェンセーンやチェンコーン周辺を運行していたソンテオは激減。出発の時間は不定で利用者が少ないと運休するなど、かなり不便なので注意。

チェンセーンの歩き方

チェンラーイからのバスは、チェンセーンの町を東西に貫くパホンヨーティン通りPhahonyothin Rd.に到着する。町は歩いて回れる広さ。メーコーン沿いの道には、夕方になると多くの屋台とテーブルが並び、そぞろ歩く人でにぎわっている。

おもな見どころ

チェンセーン王国の遺跡が公園になった
パーサック歴史公園 ★
Pasak Historical Site
MAP P.278
อุทยานประวัติศาสตร์ป่าสัก

市街の西に広がる遺跡地帯を公園にしたもの。チークの林と草むらの中に崩れかけた寺院跡がひっそりと点在している。中心になるのがワット・パーサックWat Pasakの仏塔で、保存状態が最もいい。14世紀に造られたもので、ハリプーンチャイ、スコータイ、そしてビルマの影響を受けた様式といわれている。

小さいけれど見応えあり
チェンセーン博物館
Chiang Saen Museum
MAP P.278

西から市街に入るとすぐ右側にある小さな国立博物館。14〜15世紀に作られたラーンナー・タイ様式の仏像や工芸品、山岳少数民族の民族衣装、楽器などといったタイ北部の文物が展示されている。

小さな町の小さな博物館

チェンセーン博物館
- 702 Phahonyothin Rd.
- 0-5377-7102
- 水〜日9:00〜16:00
- 月・火・祝
- 100B（外国人料金）

ワット・チェーディー・ルアン
行き方 チェンセーン博物館の隣。

近くで見ると迫力がある
ワット・チェーディー・ルアン
Wat Chedi Luang
MAP P.278

12〜14世紀の間に建てられたといわれている寺院の廃墟。八角形の基壇の上に高さ18mの塔が残っている。たまに手入れされているようだが、草むしていることが多い。

侘び寂びの風情がある

ワット・プラ・タート・チョーム・キッティ
行き方 歩いて行くには遠いので、レンタサイクルなどを利用しよう。

ワット・プラ・タート・パーン・ンガオ
スカイウオーク
- 7:00〜18:00　40B

行き方 レンタサイクルを利用するか、チェンコーン行きのソンテオを利用し寺院の入口前で降ろしてもらう。乗車時に運転手に頼んでおかないと通過されてしまうので注意。

ラオスを見渡せる丘の上の寺院
ワット・プラ・タート・チョーム・キッティ
Wat Phra That Chom Kitti
MAP P.278

町の北西約3km、小高い山にある寺院。麓にある廃墟の脇から続くれんがの階段があり、歩いて上がる。黄金の仏塔前や礼拝堂の裏側から、チェンセーンの全景やメーコーン、対岸のラオスまで眺められる。

仏像のレリーフがある本堂

ここからもラオスを見渡せる
ワット・プラ・タート・パーン・ンガオ
Wat Phra That Pang Ngao
MAP P.278外

チェンセーンから南に4kmほど離れた小高い山にある寺院。麓からソンテオ（30B）で山頂に登ると、白を基調とした仏塔と、2022年に完成したガラス張りの回廊を巡らせたスカイウオークがあり、滔々と流れるメーコーンやチェンセーンの町が一望できる。

どことなくモダンなデザインの仏塔

床がガラス張りのスカイウオーク

ホテル

H サイアム・トライアングル
Siam Triangle Hotel
MAP P.278外

- 267 Moo 9, Tambon Wiang Chiang Saen
- 0-5365-1115、09-4641-4447
- 0-5365-1119　URL siamtriangle.com
- AC S T 1500〜2000B
- CC JMV　52室　プール　WiFi

チェンセーン中心部からメーコーン沿いに1kmほど南にある、2010年オープンのリゾートホテル。メーコーンに面したベランダがあるリバービュールームがおすすめ。プールやレストランからも川を眺められ、気持ちがいい。ローシーズンはさらに割安になることも。レンタサイクルあり。

H アティタ
Athita Hotel
MAP P.278

- 984 Moo 2 Wiang Chiang Saen
- 06-3426-9464、05-3602-7312
- URL athitahotel.com
- AC S T 4500〜6500B
- CC JMV　9室（7室増築予定）　プール　WiFi

町の北の閑静な場所にある家族経営のブティックホテル。レンガとチーク材で造られた瀟洒な建物は、レトロモダンで落ち着いた雰囲気。伝統的なタイ北部料理を提供するカフェレストランを併設。近隣で楽しめる各種アクティビティのラインアップも充実している。

Golden Triangle (Saam Liam Thong Kham) สามเหลี่ยมทองคำ

タイ、ラオス、ミャンマーの3ヵ国の国境が接する
ゴールデン・トライアングル
(サーム・リアム・トーン・カム)

折込表-B1〜C1

3ヵ国が接する地を示す看板

行き方

チェンセーンから
BUS パホンヨーティン通りから出るゴールデン・トライアングル行きの青いソンテオで所要約20分、20B。8:00発の1便のみ。自転車なら1時間弱(行きはずっと上り坂)。モーターサイでも行ける。

メーサーイから
BUS チェンセーン行きソンテオが9:00〜14:00の間40分おき、所要約40分、40B。

タイとラオス、そしてミャンマーと3ヵ国の国境が接するゴールデン・トライアングル。麻薬の生産地として名高かったこの地域は現在、知名度を生かして観光地として売り出し中。

ゴールデン・トライアングルの歩き方

川の合流地点近くには道路沿いにぎっしりとみやげ物屋が並び、大きな黄金色の仏像がある。異色なのが**オピウム博物館 House of Opium**(TEL 0-5378-4060 開毎日7:00〜19:00 料50B)。周辺地域で栽培されるケシの花、アヘン交易の資料、アヘン吸引の道具や秤、そして麻薬の製造密売組織のボスだったクンサーについての展示がある。博物館に向かって右側の丘の上にある寺院は展望台になっている。もう1ヵ所、2kmほど北にアヘンに関する資料を集めた展示館の**オピウム・ホール Hall of Opium**(TEL 0-5378-4444 開8:30〜16:00 料外国人200B)がある。ここでは、ビデオによるガイダンスのあと、ガイドの案内で3階の古代エジプトから中世ヨーロッパにいたるアヘンの歴史に関する展示を見学できる。17〜18世紀のアヘンによる三角貿易や、中国のアヘン戦争、タイにおけるアヘン汚染の資料が中心。名称が似ているがオピウム博物館とは別。

アヘンに関する展示のあるオピウム博物館

少し離れた場所にあるオピウム・ホール

黄金色の仏像が鎮座するゴールデン・トライアングル

ホテル

H インペリアル・ゴールデン・トライアングル・リゾート
The Imperial Golden Triangle Resort

住 222 Golden Triangle, Chiang Saen
TEL 0-5378-4001〜5 FAX 0-5378-4006
URL www.imperialgoldentriangleresort.com
料 AC S T 1800B(ハイシーズン3000B)
CC ADJMV 室73室 プール WiFi

ゴールデン・トライアングルの美しい緑に囲まれ、落ち着いた雰囲気の高級リゾートホテル。のんびり滞在できる。オピウム博物館まで徒歩3分。

ゲストハウス

G プーワン
Pu-one Guest House

住 431 Moo 1, T. Wiang, Chiang Saen
TEL 0-5378-4168 料 F S T 300B AC S T 400B
CC なし 室9室 WiFi

オピウム博物館からチェンセーン方面へ30mほど行った路地を右に入り約100m。全室ホットシャワー、冷蔵庫付きで清潔。朝はフロントでコーヒー、クッキーなどのサービスあり。斜め向かいにある **G ラーンナー・ホーム Lanna Home** も似たような内容。

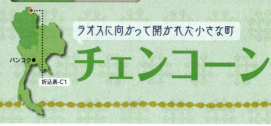

Chiang Khong　เชียงของ

ラオスに向かって開かれた小さな町
チェンコーン

折込表-C1

対岸はラオスの町フエサイ

外国人といえばラオスへ渡る旅行者くらいしか立ち寄らない小さな町。川沿いにある居心地のいいゲストハウスに泊まり、メーコーンの流れを見ながら、ゆったりと時間を過ごしたい。

チェンコーンの歩き方

国境を越えよう

対岸のラオスにある町フエサイHuay Saiへ渡り、古都ルアンパバーンを目指す旅行者が、訪れたついでにのんびり滞在する静かな町。タイとラオスを隔てるメーコーンが流れ、2013年12月には町の近郊に第4タイ・ラオス友好橋が完成した。ラオスへ行くにはまずトゥクトゥクで橋まで行き（150B）、橋を渡るバス（8:00～17:50の間20分おき、20～25B。ラオス発の最後は20:00）に乗り換える。

行き方

バンコクから
BUS 北バスターミナルから所要約13時間、VIP 926B～、1等791B～。

チェンマイから
BUS 1日2本、所要約6時間30分、1等311B。ロットゥーが1日数本、350B。

チェンラーイから
BUS 7:00～16:30の間30分～1時間おき、所要約2時間30分、70B。友好橋までは120B。

チェンセーンから
BUS ソンテオで所要約1時間30分、100B。10:00頃発の1便のみだが運休することが多い（→P.278）。チャーターは1000B。レンタバイク（1日250B程度）が便利。

旅のヒント

友好橋と町とを結ぶ白いソンテオ
第4タイ・ラオス友好橋とチェンコーン間の移動手段として、白いソンテオがある。チケット制で60B。橋からの移動の際、希望の場所や宿の名称を伝えれば、そこまで乗せていってくれる。

ホテル

H ナムコーン・リバーサイド
Namkhong Riverside Hotel　MAP●P.281
住 174-176 Moo 8, Sai Klang Rd.　TEL 0-5379-1796
FAX 0-5379-1801　URL www.namkhongriverside.com
料 AC S T 700～1000B（朝食120B）
CC JMV　室 40室　WiFi

川沿いの4階建てで、全室ホットシャワー、テレビ付きできれい。泊まるならメーコーンに面したリバービュールームがおすすめ。川を望むレストランも人気。

ゲストハウス

G バーンファイ
Baan-Fai Guest House　MAP●P.281
住 Sai Klang Rd.　TEL 0-5379-1394
料 F S T 200B　AC S T 500B（ハイシーズンは750B）

CC JMV　室 10室　WiFi

全室ホットシャワー。入口がカフェ兼みやげ物屋になっている。一時復活したドミトリーは再び廃止。

G パパイヤヴィレッジ
Papaya Village　MAP●P.281外
住 543 Moo 1, T. Wiang, Chaing Khong
TEL 06-3838-8107　E papaya.hiroko@gmail.com
料 F D 200B S 300B T 400B（トイレ、シャワー共同）T 500B　CC なし　室 4室　WiFi

日本人女性ヒロコさん経営のカフェ＆民宿。緑豊かな小高い丘にあり、川は見えないが、対岸のラオスはよく見える。素朴な小屋で蚊帳をつっての寝泊まりや、薬草サウナ（100B）も体験できる。朝食セットは100B。レンタサイクル無料。

注：2017年から、国境を接する国から空路以外でのビザなし入国が、暦年で2回までに制限されている。隣接国を日帰りなどで訪れる場合は、出入国の回数に注意。

Mae Hong Son แม่ฮ่องสอน

折込表-A1

ビルマ文化の香り漂う山あいの町
メーホーンソーン

山々に囲まれた盆地の町

行き方

バスターミナルは市街の南約1km。

バンコクから
BUS 北バスターミナルから所要約17時間。VIP1263B、1等812～947B。

チェンマイから
BUS ロットゥーが6:30～14:30の間1時間おき、所要約6～8時間、250B。

パーイから
BUS ロットゥー1日1本8:30発、所要約3時間30分、150B。

タイ北部に広がるなだらかな山岳地帯にある、盆地に開けた小さな町。名物の朝霧がたちこめ町を覆う、そんな幻想的な風景に出合える。交通は不便だが、美しい自然を目当てに訪れる内外からの旅行者が多い。

メーホーンソーンの歩き方

お寺の脇のナイトマーケット

町を南北に貫くクンルムプラパート通りKhunlumprapat Rd.とシンハナット・バムルン通りShinghanat Bamrung Rd.が繁華街。1日中地元の人たちでにぎわっている。空港から市場まで徒歩約10分ほどで、見どころも歩いて回れる。10～2月の旅行シーズンには、町の東側にあるチョーン・カム湖のほとりで夕方からナイトマーケットが開かれる。

おもな見どころ

湖面に映るビルマ風建築が美しい
ワット・チョーン・カムとワット・チョーン・クラーン ★★
Wat Cong Kham & Wat Cong Klang

MAP P.282-B2

湖のほとりに双子のように並ぶ様子が美しいふたつの寺院。対岸から向かって左がワット・チョーン・カム、右がワット・チョーン・クラーン。何層にも重なり合った屋根には銀色の装飾が施され、ビルマの影響を感じさせる。どちらも本堂内が見学可能。ワット・チョーン・カムの礼拝堂には見事な大仏があり、高さ15mほどの金色に輝くチェーディーも目立つ。

湖に映る姿が美しいワット・チョーン・カムとワット・チョーン・クラーン

山の上にあり眺めがいい
ワット・プラ・タート・ドーイ・コーン・ムー
Wat Phra That Doi Kong Mu
MAP P.282-A2

メーホーンソーン国の最初の王シンハナトラチャによって、標高424mのコーン・ムー山頂に建立された寺院。東を見ればメーホーンソーンの市街が、西にはるかミャンマーへと続く山々が見渡せる。早朝に上ると霧に覆われた町を見ることができる。空港の全景も見渡せる。

飛行機の発着時間に合わせて行くのもおすすめ

ワット・チョーン・カムとワット・チョーン・クラーン
開 毎日8:00～17:00　料 無料

ワット・プラ・タート・ドーイ・コーン・ムー
開 毎日8:00～17:00　料 無料

山の頂上にある白亜の仏塔

郊外の見どころ

不思議な姿の山岳民族
パドゥン・カレン族の村
Pa Dong Tribe Village
MAP 折込表-A1　★★

メーホーンソーンからのツアーの目玉が、パドゥン・カレン族の村訪問。パドゥン・カレン族の女性は、真鍮のコイルを巻いて首を長く伸ばす風習がある。特に選ばれた女性が、25歳くらいまでに何度かコイルを替えて伸ばしていくのだが、なぜこのような風習が始まったのかははっきりわかっていない。メーホーンソーン近郊にはパドゥン・カレン族が住む村がフアイ・スア・タオ村Baan Huai Seua Tao、ナイソイ村Baan Nai Soi、ナム・ピアン・ディン村Baan Nam Piang Dinの3ヵ所ある。

上／機織りに励む女性　下／リングをはめて耳たぶを大きく伸ばすカヨー族の女性

パドゥン・カレン族の村
料 入場料250B
行き方 3つの村はどれもメーホーンソーンの西、ミャンマー国境に近い地域にある。最も行きやすいのは12kmほど離れたフアイ・スア・タオ村Baan Huai Seua Tao。道は舗装されているが、途中洗い越し（路面を川が流れている場所）が10ヵ所近くあるので、レンタバイクなどで行く人は慎重に運転しよう。
注意：彼らはもともとミャンマーからの難民で、ここへ住むにもタイの旅行業者やカレン族のミャンマー反政府組織がかかわっている。入場料や村内での買い物は見せ物的な生活を強いられる彼らの生活の足しになるのだが、背景は頭に入れておこう。

村ではおみやげをたくさん買おう。真鍮のリング80B、小さなバッグひとつ80B。どれも手作り

温泉とマッド・スパを試してみよう
プークローン
Phuklon
MAP 折込表-A1　★★

パーイ方面に続く国道の1本西の道にある温泉で、地下100mから140度の高温の温泉が湧き出ている。ここで人気なのは、肌にいいとされるカルシウムを多く含むマッド・スパ。ヨーグルトやハーブを混ぜた泥を体や顔に塗って、しばらく放置。洗い流すと肌はすべすべになっている。温泉プール、ジャクージ、マッサージもある。

温泉水を使ったプール

プークローン
TEL 0-5328-2579
URL www.phuklon.co.th
開 毎日8:30～18:30
料 80B（顔。20分）、350B（顔、スクラブマッサージ付き。30分）、700B（ボディトリートメント。90分）など。温泉プールは60B（ジャクージ付き。15分）。同種の泥は、世界でここ以外にイスラエルとルーマニアにしか産しない。
行き方 公共の乗り物はないのでツアーの利用が便利。レンタバイクならメーホーンソーンから20～30分。

タイ プチ情報　メーホーンソーンの空港は市街のすぐ隣。ワット・プラ・タート・ドーイ・コーン・ムーからは、離発着する飛行機の様子がよく見えておもしろい。（2023年3月現在就航便なし）

インフォメーション

❶TAT
MAP P.282-B1
住 4 Ratchatampitak Rd.
TEL 0-5361-2982
FAX 0-5361-2984
開 毎日8:30～16:30
地図が無料でもらえる。

ツーリストポリス
MAP P.282-B1～B2
住 1 Rajchathampitak Rd.
TEL 1155、0-5361-1812
FAX 0-5361-1813
開 毎日8:30～19:30

郵便局 MAP P.282-A2
住 79 Khunlumprapat Rd.
TEL 0-5361-1888
開 月～金 8:30～16:30
土・日 9:00～12:00

パースア滝
開 毎日24時間 料 無料
行き方 メーホーンソーンから約22km。ツアーかレンタバイクで。

タム・プラー
TEL 0-5396-2055
開 毎日8:30～16:30 料 無料
行き方 パーイ行きのロットゥーに乗り、北に約17km。道沿いに看板がある。降りる場所を教えてもらえるよう、あらかじめ運転手に頼んでおくこと。洞窟は公園入口からさらに約500m奥。バスの便は少ないので、レンタバイク（所要約30分）かトゥクトゥク、ツアー利用が便利。

スートーンペー橋
開 24時間
料 無料
行き方 プークローン（→P.283）の少しメーホーンソーン寄りにある。公共交通はないのでツアーが便利。レンタバイクならメーホーンソーンから15～25分。

森に囲まれた迫力満点の滝
パースア滝
Nam Tok Pha Sua

MAP 折込表-A1

メーホーンソーン市街からプークローン前を通る道をさらに北へ約10kmの所にある大きな滝。通り沿いの駐車場から険しい斜面を下りていくと谷底に川が流れており、そこから見上げるとこの滝がある。落差はそれほどでもないが幅が広く、特に8～10月の雨季終盤は水量が増えて大迫力。周囲の山並みが見渡せる展望台もある。

雨季は大量の水が流れ落ちる

神秘の魚がすむ洞穴
タム・プラー（プラー洞窟）
Tham Pla

MAP 折込表-A1

パーイ方面へ約17km、小高い山の麓の国立公園のなかに小さな洞穴がある。この洞穴の下を流れる小川には、どういうわけか青い鱗をもつ体長50cm～1mほどの鯉に似た魚がびっしり集まっていて、神聖な存在と信じられている。公園内はつり橋や遊歩道もあり、よく整備されているので散策も楽しめる。

たくさんいる青い魚

タム・プラーのある公園は緑のなかを散策できる

水田の上を渡る竹製の橋
スートーンペー橋
Sutongpe Bridge

MAP 折込表-A1

メーホーンソーン市街から約8km北、バーン・クン・マイ・サック村から川を渡った対岸の丘にある寺院へ行くために、村の人々が協力して水田の上に橋を架けた。歩道部分には裂いた竹が敷かれており、全長約500mは竹製としてはタイ最長とされる。緑なす水田と、その上に緩やかな曲線を描きながら延びる橋のたたずまいが美しいと、SNSに投稿された画像によりタイ人の間で知名度がアップ、人気の観光地となっている。橋の名称はタイ・ヤイ（シャン族）の言葉で、「成功を祈る」「成功」という意味。

水田の上を歩いて渡れる竹の橋

対岸の丘にある寺院への参道として建設されたもの

内部に川が流れる巨大な洞窟
タム・ロート（ロート洞窟）
Tham Rot ★★
MAP 折込表-A1

メーホーンソーンとパーイを結ぶバスの休憩地点、パンマパ近くにある全長約1kmの洞窟。大きく3窟に分かれており、中は真っ暗なのでランプを持ったガイドが同行する。乾季（3～6月）以外は内部に川が流れ、窟内の移動に竹の筏を利用することになる。第1、2窟では象や犬の形をした鍾乳石、第3窟では古代人が残した木棺を見ることができる。雨季は第1、第2窟のみ入場可。

気軽に洞窟探検が楽しめる

日本兵と地元の人々の交流の記録
タイ日友好記念館
Thai-Japan Friendship Memorial Hall ★★
MAP 折込表-A2

メーホーンソーンの南約65kmの所にある小さな町クンユアムは、第2次世界大戦中に多数の日本兵が訪れ、彼らが残していった水筒やヘルメット、毛布や外套などが住民の家々に保管されていた。1995年にクンユアムの警察署長として赴任したチューチャイ・チョムタワット氏は当時の住民と日本兵との関係に興味をもち、私費を投じて日本兵関連の品物を集め、1996年に博物館を開設した。2006年には立派な建物に建て替えられ、館内に資料が雑然と展示されていた。

その後2007年にはクンユアム市に管理と運営が移管、2012年にはさらに建物が新設されて、展示にはクンユアム周辺に暮らす山岳民族の文化紹介などが加わり、クンユアムと旧日本軍との関係についての展示は減ってしまった。しかも第2次世界大戦に関する展示は資料写真の誤用や日本語解説文の間違いも目立つ。立派になる建物と反比例して展示がお粗末になるのは残念。記念館裏に残っている旧博物館の建物内には日本兵が残した品物が所蔵されているが公開はされていない。記念館を背に通りを渡ってすぐ右にあるワット・ムアイトーWat Muayto 境内には、旧日本軍の慰霊碑が建てられている。その向かいにある細長い草地は飛行場の跡。

新しくなった記念館

🐘 トレッキングに参加しよう！

メーホーンソーンから行けるトレッキングのコースは、パドゥン・カレン族、モーン族（メオ族）、シャン族など山岳少数民族の村々を訪問し、これにエレファントライド、バンブーラフティングやパースア滝、タム・プラー、タム・ロートなど周囲の見どころツアーを組み合わせたものとなる。ミャンマーとの国境にある、中国国民党の残党が住む村バーン・ラック・タイBan Rak Thaiなどを訪問するツアーもある。エレファントライド、バンブーラフティング込みの1日ツアーが2000B前後、1泊2日が2500～3000B前後（ふたり参加のひとり料金）など。

タム・ロート
- 毎日8:00～17:30
- 150B（別途ガイド代30B必要）
- 市街から東に約60km。パーイ行きのロットゥーに乗り、パンマパPangmapaで下車（所要約2時間）、さらにモーターサイで約10分（50B程度）。帰りの足の確保が大変なので、ツアー参加が便利。自力で行く場合はパンマパにゲストハウスが7～8軒あるので、宿泊すると楽。

タイ日友好記念館
- 400 Moo 1, Khun Yuam
- 0-5369-1117
- 毎日8:30～16:30
- 100B（外国人料金）
- クンユアムへは、メー・サリアン行きバスで所要約1時間30分、43B。バスターミナルから徒歩6～7分。バスの本数が少ないので注意。メーホーンソーン発8:00の便（金曜は10:30も）で出発し、クンユアム11:00か13:30発で戻るのが便利。クンユアム発メーホーンソーン行きの最終は21:00。

ワット・ムアイトーにある日本軍慰霊碑

🌿 インフォメーション

ローズ・ガーデン・ツアー
Rose Garden Tour
- 08-1027-1725
- www.rosegarden-tours.com
- 毎日9:00～21:00

メーホーンソーンの老舗旅行会社。近郊ツアーやタクシーの手配が可能。現在実店舗はなく、電話のみの営業。

中国風の家屋が並ぶバーン・ラック・タイはお茶が名物

ホテル

ホテル事情

高級ホテルは町の中心からやや離れているが、たいてい飛行機の発着時間に合わせて送迎が出ている。予約時に確認しよう。中～高級ホテルはローシーズンならフロントで30～40%ほど割引可能。11月中旬～12月初旬の花見シーズンと新年は混雑し、料金も跳ね上がるので注意。

高級ホテル

H インペリアル・メーホーンソーン・リゾート
The Imperial Mae Hong Son Resort　MAP●P.282-A2外

⌂ 149 Moo 8, Pang Moo
☎ 0-5368-4444　URL www.imperialmaehongson.com　料 AC S T 1318B～
CC A D J M V　室 104室　プール　WiFi

町の中心から南へ約2.5km、メインストリート沿いにある規模の大きなリゾートホテル。大きなプールなど設備も調っており、庭園に張り出したテラスで食べる朝食は気持ちがいい。

手頃なホテル

H ンガームター
Ngamta Hotel Mae Hong Son　MAP●P.282-A2

⌂ 5/9 Khunlumprapat Rd.　☎ 0-5361-2794
F Ngamta Hotel Mae Hong Son
料 AC S T 800B～　CC J M V　室 20室　WiFi

町の中心を通るクンルムプラパート通りの三叉路、郵便局の向かいにある手頃なホテル。客室はゆったりした広めの造りで居心地がいい。全室テレビ、冷蔵庫完備。町のほぼ中心にあるので、どこへ行くにも便利。

H バイヨック・シャレー
Baiyoke Chalet Hotel　MAP●P.282-A2

⌂ 90 Khunlumprapat Rd.　☎ 0-5361-3132
F baiyokechalethotel　料 AC S T 1000、1200、1400B　CC J M V　室 35室　WiFi

外観は古い感じがするが、中は清潔でウッディな雰囲気の山小屋風ホテル。全室テレビ、冷蔵庫完備。町の中心にあり便利。

ゲストハウス

メーホーンソーンのゲストハウスは、チョーン・カム湖の周囲に集まっている。特に湖の1本北にあるウドムチャオンテート通り Udomchaonthet Rd.沿いには、何軒も点在しているので探しやすい。

G ブンディー・ハウス
Boondee House　MAP●P.282-A1

⌂ 6 Soi Phadungmuaito　☎ 0-5361-1409、08-8435-9258　F Boondeehouse Hotel Maehongson　料 F S T 400～480B　AC S T 550～750B　4人部屋800B　CC なし　室 10室　WiFi

町の中心となる十字路から少し山側へ入った所にある。エアコン付きの客室にはポットとコーヒー、冷蔵庫、テレビ付き。全室ホットシャワー。2階にはテラスがあってのんびり過ごせる。

G ピヤ
Piya Guest House　MAP●P.282-A2

⌂ 1/1 Soi 3, Khunlumprapat Rd.　☎ 0-5361-1260 (7:00～21:00)　F Piya Guesthouse, Mae Hong Son　料 AC S T 700B (学生と65歳以上100B割引)　CC なし　室 18室　WiFi

寺院が並ぶ湖畔の広い敷地に立つ宿。バンガロー形式の客室が点在している。室内はシンプルで居心地がいい。学割は学生証提示のこと。エキストラベッドは180B。

レストラン

クンルムプラパート通り沿いに食堂が数軒ある。H バイヨック・シャレーの隣にあるイタリア料理の R ラ・タスカ La Tasca は数少ない洋食のレストラン。

R カイムーク
Kaimook　MAP●P.282-A2

⌂ 23 Udom Chao Ni-Thet Rd.　☎ 0-5361-2092、08-5106-2883　営 毎日10:00～22:00　CC J M V

クンルムプラパート通りから少し入ったところにある手頃なタイ料理レストラン。各種タイ料理がひと皿90～290B程度。英語、写真メニューあり。

R バイ・フン
Fern Restaurant　MAP●P.282-A2

⌂ 87 Khunlumprapat Rd.　☎ 0-5361-1374
営 毎日11:00～14:00、17:00～21:30　CC なし

木の葉で包んだチキンのカイ・オップ・バイトゥーイ (150B) が店の名物料理。その他の料理も100～200B程度と手頃。1987年オープンの老舗。

カフェ

C アーラワー
Alawaa　MAP●P.282-A1～A2

⌂ 19 Phadungmualto Rd.　☎ 0-5361-5988
営 月～土8:00～17:00　休 日　CC なし　WiFi 無料

ほぼ全面ガラス張りの明るい店内でコーヒー45Bが飲める。フレッシュなフルーツを使ったスムージー70B～、マンゴーやチョコレートなどケーキ各種55B～。2019年末にチョーン・カム湖畔から移転。

パーイ・メモリアル・ブリッジ

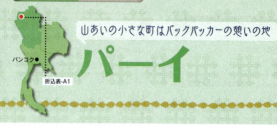

Pai ปาย

山あいの小さな町はバックパッカーの憩いの地
パーイ

バンコク●
折込表-A1

チェンマイとメーホーンソーンを結ぶバスの休憩地点として、また周辺に中国国民党（KMT）の残党やリス族、ラフ族など山岳少数民族の村が点在することから、1990年代初頭から旅行者に注目されだした町。パーイ川に囲まれ、高い建物はなく交通量も少ない。のんびりした雰囲気に魅せられ長期滞在する旅行者も多い。毎年10月中旬頃にはシャン族のお祭りが行われ、見物の旅行者が集まる。年末年始と中国の旧正月には多くの旅行者が訪れ、どのゲストハウスも満室状態になる。

行き方

チェンマイから
BUS アーケード・バスターミナルから座席指定制のロットゥー（ミニバス）が6:30～17:30の間にほぼ毎時発、エアコン付きで150B。所要約3時間30分。

メーホーンソーンから
BUS ロットゥーが7:00～14:00の間1時間おき、所要約3時間30分、150B。

旅のヒント

レンタバイク&ミニバスの店
S アヤ・サービス
Aya Service
MAP P.287
住 22/1 Moo 3, Chaisongkram Rd.
TEL 08-6920-8666
URL www.ayaservice.com
営 毎日8:00～21:00 CC なし
バイクは110ccで100B、125ccが140B程度（いずれも1日）。プラス80Bで保険に加入できる。遠出する場合は給油を済ませておこう。チェンマイのアヤ・サービス（MAP P.235-F3）での乗り捨て可。またロットゥーは毎日チェンマイから7:00～17:30の間にほぼ1時間おき、150B。チェンマイ空港やターペー門へは200B。予約すればゲストハウスなどでピックアップ可)、チェンコーンへのロットゥーも運行している。ラオスのルアンパバーンへのツアーもある。レンタバイク店は周辺にも同程度の料金の店がたくさんある。レンタサイクルは同じ通りにあるほかの店で1日80B。

日本軍が建設した橋
第2次世界大戦中、ミャンマー（当時のビルマ）へ物資を輸送するために日本軍が建設した鉄橋が現在も残っている。パーイ・メモリアル・ブリッジと呼ばれ、パーイ川を見下ろす名所としてにぎわう。チェンマイ方面から町に入る手前のパーイ川にある（MAP P.287外）。

パーイの歩き方

バスの休憩地点として発展してきただけあって、バス乗り場周辺が町の中心。トレッキングオフィスやレストラン、カフェなどが軒を連ね、銀行や両替所もこの周辺にある。バス乗り場前の通りは夕方からツーリスト向けのグッズなどを売る露店も出てにぎやか。町は徒歩で十分回れるサイズだが、郊外の温泉や滝へ足を延ばすなら、レンタバイクが便利。坂が多いため、自転車ではきつい。

パーイのメインストリート

タイフチ情報 チェンマイとパーイを結ぶ道路は高低差があり、さらには誰が数えたのかカーブが762もあって、Tシャツの絵柄ネタにもなっているほど。車に酔いやすい人は薬を飲むなどの備えを。

インフォメーション

ツーリストポリス
MAP P.287
☎ 1155
営 毎日8:00〜21:00
チェンマイ方面から町に入る手前にある。

巨大なポストはパーイを舞台にした映画をまね、パーイから絵はがきを出すのがタイ人の間で流行したなごり

おもな見どころ

中国国民党の残党やリス族、ラフ族など山岳民族の村が徒歩圏内（4〜8km）にあることからトレッキングが人気。バス乗り場前の通りをはじめ、町なかにはトレッキングオフィスが数多くある。山岳民族の村だけでなく、パーイ川でのラフティング、エレファントライドや滝見学などが含まれるものが多い。

町の中心から9kmほど南東には、ター・パーイ温泉Tha Pai Hot Springがある（開 毎日6:00〜17:00、料 200B）。フアイナムダン国立公園Huai Nam Dang National Park内にあり、水着を着用して入浴できる。足湯や温泉卵も楽しめ、簡易更衣室やシャワーも完備。また、パーイ・メモリアル・ブリッジの近くに、パーイ渓谷Pai Canyonという断崖絶壁がある。景色はいいが柵がないので注意。

緑に囲まれた野趣あふれる露天風呂

ホテル

ザ・クオーター
The Quarter　　MAP P.287

住 245 Moo 1, Chaisongkram Rd.　☎ 0-5369-9423
FAX 0-5369-8248　URL www.thequarterhotel.com
料 AC S T 2200B〜（ハイシーズン4400B〜）
CC MV　室 45室　プール　WiFi

町外れの静かな場所にあるブティックホテル。建物はまだ新しく、部屋には料金より1ランク上の高級感がある。ローシーズンには割安感のある料金で利用できる。スタッフの応対もていねいで感じがいい。市街中心部までシャトルバスを運行。

ゲストハウス

リム・パーイ・コテージ
Rim Pai Cottage　　MAP P.287

住 99/1 Moo 3, Wiangtai　☎ 0-5369-9133
E Rim Pai Cottage
料 AC S T 1200〜1500B（ハイシーズン S T 2000〜2500B、朝食付き）　CC MV　室 19室　WiFi

パーイ川沿いに並ぶコテージ。町の中心部では最高級の宿だが、やや割高感がある。川沿いの部屋は3200B。

タヤイズ
Tayai's Guest House　　MAP P.287

住 115 Moo 3, Wiangtai　☎ 0-5369-9579
料 F S T 200B　AC S T 400B（ハイシーズン F S T 400B、AC S T 600B）　CC なし　室 12室　WiFi

バス乗り場から徒歩約3分。表通りから外れた裏道にある。家族経営で管理の目が行き届いている。

チャーリーズ・ハウス
Charlie's House　　MAP P.287

住 9 Rangsiyanont Rd.　☎ 0-5369-9039
料 AC S T 399〜450B（ハイシーズン500〜600B）
CC なし　室 15室　WiFi

メインストリートに面した銀行の隣。緑に囲まれて雰囲気がいい。長期滞在者向けの割引（時期により変動）もある。

レストラン

長期滞在の欧米人が多いため、洋食を提供するレストランが目立つ。タイ料理も含め値段は高め。

ドゥアン
Duang Restaurant　　MAP P.287

住 5 Rangsiyanout Rd.　☎ 0-5369-9101
営 毎日6:00〜23:00　CC なし

手頃な価格のタイ料理が豊富に揃っている、旅行者に人気のレストラン。写真と英語表記付きのメニューがあるので、外国人旅行者でも利用しやすい。

アンカミー
Annkamii　　MAP P.287

住 Pai Walking Street　営 毎日10:30〜22:00
CC なし

白く大きな屋根の下にあるオープンエアースタイルのカフェ。パットママー（45B〜）などの軽食が、比較的手頃な値段で食べられる。さっと軽めの昼食などにおすすめ。

町なかに残る古い建築

Lampang　ลำปาง

花馬車が行き交い古い家並みが残る町
ラムパーン

折込表-B2

ラムパーンはモーン族によって築かれ、11～13世紀はハリプーンチャイ王国に、その後の約300年間はラーンナー・タイ王国の支配を受けた。18世紀中頃までビルマの影響下におかれたために、ラーンナー・タイとビルマ両文化の痕跡が見られ、精緻で美しい木造建築が残っている。

ラムパーンの歩き方

町はワン川の南側に発達し、ブンヤワート通りBoonyawat Rd.の一帯が中心。川沿いのタラート・カオ通り Talat Kao Rd. には古い木造家屋の町並みが残り、土・日曜にはナイトマーケットも開かれる。ラムパーンの名物は、1台1台美しく飾りたてられた花馬車。県庁周辺が乗り場。

おもな見どころ

由緒あるビルマ風寺院　★★
ワット・プラケオ・ドーンタオ　MAP P.290-C1
Wat Phra Kaew Don Tao　วัดพระแก้วดอนเต้า

ラムパーン随一の名刹

見どころは高さ50mのハリプーンチャイ様式仏塔と、その前にある木造本堂。ビルマ風の重層屋根をもち、柱と壁のモザイク装飾が美しい。小さな博物館もある。バンコクのワット・プラケオにあるエメラルド仏がここに納められていたこともあるといわれている。

珍しい白いチェーディーと黄金の仏像が見られる　★
ワット・チェーディー・サーオ　MAP P.290-C1外
Wat Chedi Sao　วัดเจดีย์ซาว

ラーンナー・タイ様式の白いチェーディーが20基並んでいる。小さな池の上の御堂には、15世紀に作られた黄金の仏像が安置されている。この仏像は、1983年に近くの寺院跡で発見されたもので、高さは30cm、重さは1507g。頭部には仏舎利が、胸部にはパーリ語の経典が納められているといわれている。

チーク材で建てられた古い民家　★★
バーン・サオ・ナック　MAP P.290-C1
Baan Sao-Nak　บ้านเสานัก

1895年に建てられた木造建築で、ビルマとラーンナー・タイ両方の様式が組み合わされた美しい外観をもっている。特に2階のベラ

行き方

バスターミナルは町の中心部から約1.5km離れている。ソンテオ利用で20B、チャーター100B。

バンコクから
BUS 北バスターミナルから所要8～9時間。VIP795B、1等511～596B。
RAIL クルンテープ・アピワット中央駅から毎日5本、所要約11時間。列車により1等寝台1365～2635B、2等寝台651～1001B、2等座席351～391B、3等座席214～254B。ディーゼル特急601B。

チェンマイから
BUS アーケード・バスターミナルからスコータイ、ピッサヌローク行きなどで途中下車。日中約1時間おき。VIP157B、1等101B。約1時間30分。ロットゥーは89B。
RAIL 毎日6本、所要約2時間。

インフォメーション

❶ツーリスト・インフォメーション
MAP P.290-B1～B2
🏠 246 Chatchai Rd.
☎ 0-5423-7229
🕐 月～金9:00～12:00、13:00～16:00
休 土・日

ワット・プラケオ・ドーンタオ
開 毎日8:00～17:00　料 20B
行き方 県庁周辺からソンテオで約5分、20B。バーン・サオ・ナックから徒歩約10分。

ワット・チェーディー・サーオ
開 毎日7:00～18:00　料 無料
行き方 市街から約6km北にある。県庁周辺からソンテオで約20分、20～30B。チャーターなら往復で200B程度。

白亜の仏塔が立ち並ぶワット・チェーディー・サーオ

タイ北部　パーイ／ラムパーン

チーク材の交易で栄えた歴史があるラムパーンは、町並みなどの文化的蓄積を活用した町おこしに取り組んでいる。

289

バーン・サオ・ナック
🏠 6 Ratwattana Rd.
☎ 0-5422-7653
⏰ 毎日10:00〜17:00
💰 50B（ドリンク付き）
2023年3月現在休館中。

20世紀初頭の生活が再現されている

ワット・プラ・タート・ラムパーン・ルアン
⏰ 毎日7:30〜17:00　💰 無料
🚌 市場南側の乗り場からソンテオで約30分、60B。乗り合いのソンテオは少ない。帰りの足を考えると、チャーター（往復250〜300B）が確実。

タイで最も古い木造建築のひとつ

カート・コーン・ター（ウオーキング・ストリート・マーケット）

⏰ 土・日17:00〜22:00
休 月〜金

古い建物の前を人々が行き交う

ンダはいかにもビルマ風。116本のチーク材の柱を使った家の中には、元の所有者が収集したタイ、ビルマ両国の骨董品が並んでおり興味深い。

ラーンナー・タイ様式が美しい
ワット・プラ・タート・ラムパーン・ルアン ★
Wat Phra That Lampang Luang　MAP P.290-A2外

ラムパーンの町から約18km南西にある、北部タイで最も美しいといわれる寺院。チーク材の柱に支えられた3層屋根の本堂は15世紀半ばに建てられたもので、タイ国内に現存する最古の木造建築のひとつといわれている。本堂の奥にある黄金の仏塔内には仏像が納められ、本堂の後ろには高さ45mのラーンナー・タイ様式のチェーディーがそびえる。

歴史的な町並みで週末に開かれるナイトマーケット
カート・コーン・ター（ウオーキング・ストリート・マーケット） ★★
Kad Kong Ta（Walking Street Market）　MAP P.290-B1〜C1

100年ほど前、ワン川沿いのこのエリアはラムパーンの交易の中心地で、船着場には多くの品物が荷揚げされ、立派な木造家屋が建ち並んだ。この時代に建てられた建物は、タイ、ビルマ、中国、西欧の建築様式を折衷したもの。1916年にラムパーンに鉄道が通じると水運は衰退し、町の中心が川から離れてこの通りはさびれてしまう。長年忘れられていたこの通りで、近年古い建物を観光に活用しようという試みが始まり、2005年から週末にかぎりナイトマーケットが開かれるようになった。それにともない建物の修復がなされ、それまで小さな商店しかなかった通りに、レストランやカフェ、ゲストハウス、ブティック、アートギャラリーのラムパーン・アート・センターなどもオープン。ラムパーンの新たな観光スポットとして注目されている。

また、毎週金曜の17:00〜20:00には、ワン川の北岸で**タノン・ワッタナタム** Thanon Wattanatam（直訳すると「文化通り」、別名カルチュラル・ロード Cultural Road、MAP P.290-C1）と呼ばれるナイトマーケットが開催される。こちらは伝統舞踊のパフォーマンスなども行われ、より伝統文化色の強いものとなっている。

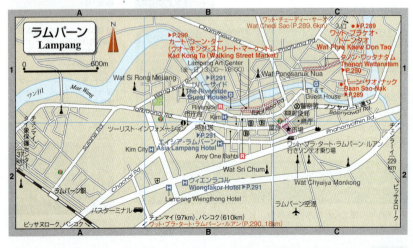

ホテル

[H] ウィエンラコル
Wienglakor Hotel MAP●P.290-B2

[住] 138/35 Phahonyothin Rd.
[TEL] 0-5431-6430～4、09-7924-4345
[料] [AC]Ⓢ1200B～ Ⓣ1600B～ [CC] [J][M][V]
[室] 100室 [WiFi]

タイの伝統工芸品が飾られたロビーにセンスのよさを感じる。中庭やオープンエアのレストランなど全体が美しくまとめられている。

[H] エイシア・ラムパーン
Asia Lampang Hotel MAP●P.290-B2

[住] 229 Boonyawat Rd. [TEL] 0-5422-7844～7
[FAX] 0-5422-4436 [URL] www.asialampanghotel.com
[料] [AC]ⓈⓉ550～700B [CC] [A][J][M][V] [室] 73室 [WiFi]

町の中心の便利な立地にある中級ホテル。客室は2018年に全室リノベーションが行われ、以前より明るく快適になった。

ゲストハウス

[G] リバーサイド
The Riverside Guest House MAP●P.290-B1

[住] 286 Talat Kao Rd.
[TEL] 0-5422-7005
[URL] www.theriverside-lampang.com
[料] [F]ⓈⓉ700B [AC]ⓈⓉ900～2400B（朝食付き）
[CC] [J][M][V] [室] 8室 [WiFi]

1階のテラスは川を眺めリラックスするのに最適。併設のレストランではオールデイ・ブレックファストが食べられる（7:00～16:30、70B～）。カート・コーン・ターまで歩いてすぐ。

ラムパーンで象との触れ合いを満喫 Column

●国立の象保護施設

ラムパーンとチェンマイを結ぶ幹線道路の途中に、タイ象保護センターThai Elephant Conservation Centerがある。1969年に創設され、1991年に現在の場所へ移転したこの施設には、象の扱い方を学ぶ学校や、けがをしたり病気になった象を治療するための病院がある。ここでは、施設のPRと象の運動を兼ねたショーを毎日開催している。象の賢さを目の当たりにできるとタイ人や外国人旅行者に評判だ。

●象使い学校へ体験入学

象使い（マフート）体験ができるプログラムもあり、実際に象に乗ったり、象に命令して物をひろわせたりできる。巨大な象が自分の命令どおりに動く様子は感動的だ。象に乗るだけならタイ各地でできるが、象使い体験ができる場所は珍しい。ショーに参加できる1日コース（[料]4000B）以外に、数日間泊まりがけの訓練も可能。

■タイ象保護センター（国立象研究所）

[MAP] 折込表-B2 [URL] www.thailandelephant.org
[住] Km.28-29, Lampang-Chiang Mai Highway, Hangchat District, Lampang 52190, THAILAND
[TEL] 0-5482-9333 [E] info@thailandelephant.org
[開] 毎日8:30～15:30

象使い学校のひとこま。寝ている象にまたがって、立ち上がらせる

ショー

象の水浴び　10:45～、13:15～の1日2回
象のショー　11:00～、13:30～
[料] ショーの見学200B エレファントライド　1人10分200B（外国人料金）
[行き方] ラムパーンのバスターミナルからチェンマイ行きのバス（6:00～16:30の間30分おき）で約35分、30B。研究所のバス停でバスを降りたら看板の出ている入口から進み、ふた股に分かれた道を左へ約1.5km。バスを降りてからが遠いが、入口そばの駐車場からシャトル（25B）がある。チェンマイからはラムパーン行きのバスで所要約1時間30分、43B。

●隣接してある別の象病院

タイ象保護センターのそばに、フレンド・オブ・ジ・エイシアン・エレファント Friend of the Asian Elephantの象病院があり、山での作業中にけがをした象の治療などを行っている。こちらは民間の施設で、自由に見学できる。活動資金はほとんど寄付に頼っている。

■Friend of the Asian Elephant

[住] 295 Lampang-Chiang Mai Highway, Hangchat District, Lampang 52190, THAILAND
[TEL] 0-5482-9307
[FAX] 0-5482-9308
[URL] www.elephant-soraida.com
[E] fae@elephant-soraida.com

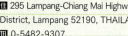

Phayao พะเยา

クワーン・パヤオの湖畔に広がるのどかな町

パヤオ

湖があるので風が涼しいパヤオ

タイで3番目に大きな淡水湖クワーン・パヤオ（パヤオ地方の言葉で「パヤオ湖」という意味）のほとりに広がる町。

行き方

バンコクから
BUS 所要約10時間30分、VIP 818B、1等526～613B。

チェンマイから
BUS 6:30～17:45の間に5～7本。所要約3時間、VIP263B、1等169B。

チェンラーイから
BUS 第2バスターミナルからロットゥー(6:00～18:00の間25分おき)で所要約1時間30分、92B。直通は15:00発が最終。

ワット・シー・コーム・カム
毎日7:00～18:30　無料
地獄寺（→P.21）でもある。

ワット・プラ・タート・チョーム・トーン
毎日6:00～18:00　無料

パヤオ文化展示館
0-5441-0058～9
40B（外国人料金）
水～日8:30～16:30　休月・火
2023年3月現在休館中。

2階建ての小さな展示館

パヤオの歩き方

徒歩で回れる小さな町。にぎやかなのはバスターミナルからラク・ムアンにかけて。パヤオ文化展示館、ワット・シー・コーム・カム、ワット・プラ・タート・チョーム・トーンはモーターサイなどをチャーターしてまとめて回ると便利。

おもな見どころ

美しい経蔵がある湖畔の寺院
ワット・シー・コーム・カム
Wat Sri Khom Kham　　MAP P.292　วัดศรีโคมคำ

パヤオ市街の入口に位置する規模の大きな寺院。さまざまな仏像が並ぶ回廊に囲まれ純白の石が敷かれた中に立つ本堂は、天井が高く細長い造りで、広々とした内部の空間には仏像がゆったりと座っている。湖畔には水に浮かぶように建てられた経蔵もあり、整ったスタイルが美しい。

ゆったりとした空間に収まる仏像

丘の上からクワーン・パヤオを一望
ワット・プラ・タート・チョーム・トーン
Wat Phra That Chom Thong　　MAP P.292　วัดพระธาตุจอมทอง

美しい装飾が施された本堂

丘の麓から緩やかな参道を10分ほど上がった先にある、広々とした境内をもつ寺院。普段は人も少なく森閑としている。クワーン・パヤオの眺めがのんびり楽しめる。

湖に面した博物館は内容充実
パヤオ文化展示館
Phayao Cultural Exhibition Hall　MAP P.292　หอวัฒนธรรมนิทัศน์พะเยา

パヤオ地方の歴史を、模型や出土品など豊富な資料を使って解説した展示館。この地域はラーンナー王朝やビルマなどに支配された複雑な歴史をもっていることがわかる。

湖上に浮かぶ小島の寺院
ワット・ティローカ・アーラーム
Wat Tiloka Aram ★★

MAP P.292外

วัดติโลกอาราม

クワーン・パヤオに浮かぶ小島に仏像が祀られており、寺院として参拝の対象になっている。船の運賃を払うと花と線香、ろうそくの3点セットがもらえるので、湖上の仏様にお参りしていこう。

船でしか行けない仏様にお参り

ワット・ティローカ・アーラーム
寺院行きの船
片道所要約10分。
☎ 08-9533-7311
⏰ 8:30～17:30
💰 1人30B（5人から出発。150Bでチャーター可能）

ホテル

🏨 プークローン
Phuglong Hotel　MAP P.292

- 888 Chai Kwan Rd.
- 0-5448-1915、06-3789-1999
- Phuglong Hotel
- AC S T 1200B～　CC A J M V
- 30室　WiFi

クワーン・パヤオの湖畔にある7階建て、パヤオ屈指の高級ホテル。2015年オープンで、白基調のインテリアの客室は清潔感満点。デラックス以上の客室は湖に面しており、抜群の眺望が楽しめる。

🏨 エムツー
M2 Hotel　MAP P.292

- 23/3 Pratru Klong 1 Rd.
- 0-5448-0962　M2 Hotel Waterside
- AC S T 990B～　CC M V
- 28室　WiFi

モノトーンの外観とインテリアがおしゃれな、パヤオ最新の中級ホテル。バスターミナルから徒歩約5分。床がタイル張りの客室は窓も大きく居心地よし。ベッドはふかふかで安眠できる。4階建てだがエレベーターはない。

🏨 パヤオ・ゲートウエイ
Phayao Gateway Hotel　MAP P.292

- 7/36 Pratru Klong 2 Rd.　0-5441-1333
- 0-5441-0519　AC S T 900B～（ダブルベッドは1000B）　CC J M V　108室　プール　WiFi

10階建てでパヤオ市街とクワーン・パヤオが見渡せる。バスタブ、冷蔵庫、テレビ付き。

🏨 ウィン
Win Hotel　MAP P.292

- 38/7 Rachasamphan Rd.
- 0-5448-0333　winhotelphayao
- AC S T 450、550B　CC なし
- 110室　WiFi

少し奥まったところにあり、カラフルな外観が目印。部屋によって異なるインテリアはブティックホテル風。午前中はロビーでコーヒーと紅茶の無料サービスも。表通りに英語の看板がないので注意（タイ語の大きな看板はある）。

🏨 ターン・トーン
Tharn Thong Hotel　MAP P.292

- 55-57 Don Sanam Rd.　0-5443-1302
- 0-5448-1252　F S T 280B　AC S T 340B（朝食別）　CC なし　100室　WiFi

バスターミナルから徒歩約10分の旅社。テレビ付きで、ファンの部屋でもお湯が出る。レンタサイクル1時間20B。

レストラン

クワーン・パヤオの湖岸にレストランが並んでいる。パヤオの名物は湖で取れる淡水魚。香草を詰め全体を塩で覆って焼いたり、切り身をトムヤムにする。

🍴 チットロム・チョムクワーン
Chidlom Chomkwan　MAP P.292

- 684/5 Phahonyothin Rd.　08-4483-1274、06-3251-6526　chidlomchomkwan
- 毎日10:00～23:00　CC J M V

クワーン・パヤオ湖畔のタイ料理レストラン。エアコンの効いた屋内席と屋根のあるテラス席があり、夜になると湖畔のガーデンテラス席もオープン。肉類のバジル炒めのせご飯やカーオ・パッドなどひと皿の料理は100B以下で食べられる。

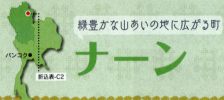

市街に残る古い城壁

行き方

バンコクから
BUS 北バスターミナルから所要約10時間、VIP780B、1等508〜592B。

チェンマイから
BUS アーケード・バスターミナルから7:15〜22:30の間6〜8本、所要約6時間30分、VIP428〜476B、1等275B、2等214B。

プレーから
BUS チェンマイ発のバスがプレーを経由する。人が集まりしだい出発するロットゥー（ミニバス）が2時間に1本ほどあり、所要約2時間、94B。

チェンマイから東へ約200km、北と東をラオスに接するナーン県は山がちな土地。県庁所在地のナーンは、ナーン川沿いの盆地に発達した小さな町だ。14世紀にはタイ北部に栄えたラーンナー・タイ王国の一部として、豊富なチーク材を産出して繁栄したが、16世紀後半のビルマに支配された時代には住民も奴隷として連れ去られ、町は荒廃した。現在の市街が建設されたのは、19世紀に入ってからと比較的新しい。

ナーンの歩き方

ホテルやレストラン、寺院や市場などの見どころは歩いて回れる範囲内にある。にぎやかなのはスモンテワラート通りSumon Thewarat Rd.とアナンタ・ウォラリッティデート通りAnanta Worarittidet Rd.の交差点付近で、ホテルやショップが集まっている。ナーン川に沿って公園や遊歩道が整備されており、ナーン川に架かる橋のたもとには、夜になると屋台が出る。

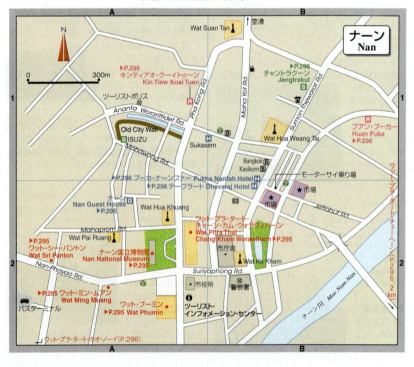

おもな見どころ

本堂内の壁画が美しい
ワット・プーミン ★★
Wat Phumin　　　MAP P.294-A2
วัดภูมินทร์

1596年に建立された寺院。十字形の美しい本堂は、かつて1バーツ紙幣の図案として使われたこともある。四方にある入口のうち、南北の入口両側には本堂を貫くような形で2体のナーク（蛇神）が配されている。内部にある本尊は過去仏を四面に配した珍しいもの。壁画もあり、ジャータカ（仏陀の生涯）、ラーンナー地方の民間伝承、古い時代のナーン地方における人々の生活の様子が、3層に分かれて描かれている。

左右対称が美しい本堂

14世紀に建立されたと伝えられる
ワット・プラ・タート・チャーン・カム・ウォラウィハーン ★
Wat Phra That Chang Kham Worawiharn　MAP P.294-A2
วัดพระธาตุช้างค้ำวรวิหาร

市役所の向かいにあり、大きな本堂が目立つ。本堂北側にある仏塔は、全体のスタイルはラーンナー・タイ様式だが、スコータイの影響を受けて基壇に塔を支える象が配置されている。

黒象牙が展示されている
ナーン国立博物館 ★
Nan National Museum　　MAP P.294-A2
พิพิธภัณฑ์สถานแห่งชาติน่าน

ナーン地方の歴史や周辺に住む山岳民族などに関する展示が充実している。2階には、長さ94cm、外周47cm、重さ18kgの黒象牙がガルーダ像の台座に鎮座している。これは1353年にビルマのチャイントン王から第5代ナーン王パヤーガーンムアンに贈られたもの。

まばゆく輝く黄金の寺院
ワット・シー・パントン ★★
Wat Sri Panton　　MAP P.294-A2

バスターミナルにほど近い場所の交差点近くに立つ寺院。本堂は壁も屋根もすべて金色に覆われ、圧倒的な存在感。正面左右にある7つの頭のナーク像も迫力。ナーンの歴史が描かれた壁画は一見の価値あり。

迫力ある姿の黄金の寺院

生まれ変わった白銀の寺院
ワット・ミン・ムアン ★
Wat Ming Muang　　MAP P.294-A2

スリヤフォン通り沿いにある寺院。廃寺となっていたが、1980年代に建て直された。白一色に統一された外観には精緻な装飾が施されていて、チェンラーイのワット・ローン・クン（→P.270）を連想させる。

隅から隅まで装飾されている

インフォメーション

❶ツーリスト・インフォメーション・センター
MAP P.294-A2
Suriyaphong Rd.
0-5471-0216
毎日8:30～16:30
県が運営するインフォメーション。地図がもらえる。親切だが英語はあまり通じない。

郵便局
MAP P.294-B2
Mahawong Rd.
月～金8:30～16:30
土・日・祝9:00～12:00

ワット・プーミン
0-5477-1897
毎日6:00～18:00　無料
ワット・プーミン境内にある円筒形の建築は、内部に地獄の様子がコンクリート像で再現されている。

ワット・プーミンでもっとも有名な壁画

ワット・プラ・タート・チャーン・カム・ウォラウィハーン
無料

本堂の大きさはナーン随一

ナーン国立博物館
Pha Kong Rd.
0-5471-0561　URL www.finearts.go.th/nanmuseum
水～日9:00～16:00
月・火　100B（外国人料金）

ワット・シー・パントン
無料

ワット・ミン・ムアン
無料

タイ北部 / ナーン

295

ワット・プラ・タート・カオ・ノーイ
- TEL 08-5623-3602
- 開 毎日6:00～18:00
- 行き方 市街からモーターサイで所要約10分、40B。
- 料 無料

ナーン市街を見渡せる
ワット・プラ・タート・カオ・ノーイ ★★
Wat Phra That Khao Noi　MAP P.294-A2外
วัดพระธาตุเขาน้อย

市街の西、丘の上にあるこの寺院からは、ナーン市街が見渡せる。市街を見下ろす斜面にテラスが設けられており、そこに町のほうを向いて仏像が1体立っている。

テラスからはナーン市街が一望できる

ワット・プラ・タート・チェー・ヘーン
- 行き方 市街からモーターサイで所要約10分、30～40B。
- 開 毎日6:00～18:00
- 料 無料
- 隣の公園
- 料 無料

高さ約55mの仏塔がある
ワット・プラ・タート・チェー・ヘーン ★
Wat Phra That Chae Haeng　MAP P.294-B2外
วัดพระธาตุแช่แห้ง

1348年、スコータイから招来した仏舎利を納めるため、ナーン北方にあるプアの王チャオプラヤー・カムムアンが建立したとされる歴史のある寺院。正方形をした壁の内側に建てられた仏塔はプラ・ボロム・タート・チェー・ヘーンと呼ばれ、高さ55.5m。

丘の上にそびえる仏塔

ホテル

H プーカ・ナーンファー
Pukha Nanfah Hotel　MAP● P.294-B1～B2
- 住 369 Sumon Thewarat Rd.　TEL 0-5477-1111
- URL www.pukhananfahotel.co.th
- 料 AC S T 2800B～（ローシーズンは2600B～）
- CC AJMV　14室　WiFi

築約100年の3階建て、チーク材を主材に建てられたホテル。改装されておりモダン。広くて風通しのいい共用スペースでくつろげる。

H テーワラート
Dhevaraj Hotel　MAP● P.294-B2
- 住 466 Sumon Thewarat Rd.　TEL 0-5471-0212、06-3516-9800　URL www.dhevarajhotel.com
- 料 AC S T 900～1400B　CC MV　150室　プール　WiFi

ナーン市街の高級ホテル。奥に広い造りで客室はやや古め。全室衛星チャンネル付きテレビ、冷蔵庫付き。スイートは2500～3500B。

ゲストハウス

G ナーン
Nan Guest House　MAP● P.294-A2
- 住 57/15 Mahaprom Rd.　TEL 0-5477-1849
- Nan Guest House　F S T 400B（トイレ、シャワー共同）　AC S T 650B（ローシーズン F S T 350B）　AC S T 500B）　CC なし　15室　WiFi

路地の奥、静かな住宅街の中にある小ぎれいなゲストハウス。部屋は広々としており、窓も大きく開き涼しい。シャワーはすべてお湯が出る。

レストラン

R フアン・プーカー
Huan Puka　MAP● P.294-B1
- 住 13/2 Kha Luang　TEL 08-4614-4662
- 営 毎日9:00～21:00　CC なし

ナーン出身のオーナーシェフが2015年にオープンした、ナーン料理のレストラン。地元の食材を活かした伝統料理の数々が人気で、いつも大勢の客でにぎわっている。

R キンティアオ・クーイトゥーン
Kin Tiew Koai Tuen　MAP● P.294-A1
- 住 Pha Kong Rd.　TEL 09-6323-6544、09-3293-6562　FB tiewkeythun　営 毎日10:30～20:00
- CC なし

地元の若者たちに人気のヌードルショップ。看板メニューのセンレック・トムヤム・ムー（60B）など、味だけでなく独創的な盛り付けで見た目も楽しめる。

ショップ

S チャントラクーン
Jangtrakul　MAP● P.294-B1
- 住 304-306 Sumon Thewarat Rd.　TEL 0-5471-0016、08-1473-6588　営 毎日8:00～19:00　CC JV

ナーン地方で生産される伝統的な布を扱うショップ。流れる水を図案化した「ラーイ・ナム・ライ」という柄が特産で、さまざまな種類が揃っており、手頃なおみやげになる。

Phrae　แพร่

藍染め木綿で作られるタイ風シャツの名産地

プレー

バンコク●
折込表-C2

旧市街のロータリー

タイ北部、南に向かって流れるヨム川に沿って広がるプレー県の県庁所在地。タイの農民が好んで着るスア・モーホーム（藍染め木綿のシャツ）はプレー周辺の特産品。

プレーの歩き方

プレーの町は、ヨム川沿いにあって崩れかけた城壁に囲まれた旧市街と、旧市街の東に広がる新市街に分かれている。旧市街には見どころとなる寺院が集まり、通り沿いにチーク材で建てられた古くて趣のある民家が点在している。新市街から旧市街への入口にあたるプラトゥー・チャイ Prathu Chai（勝利の門）は、現在では広場のようになっており、夜になるとたくさんの屋台が出る。

おもな見どころ

ビルマ風の木造寺院
ワット・チョム・サワン ★★
Wat Com Sawan　MAP P.297-B1

新市街のやや外れにある木造の寺院。シャン族が建てたこの寺

行き方

バンコクから
AIR ドーン・ムアン国際空港からノックエアが1日1便。詳細はウェブサイト（→P.508）で。
BUS 北バスターミナルから所要約8時間、VIP 728B～、1等546B～。

チェンマイから
BUS アーケード・バスターミナルから7:15～22:30の間に1時間おき、所要約4時間30分、VIP322B、1等207B。

ワット・チョム・サワン
料 無料

天井の美しい装飾も見逃せない

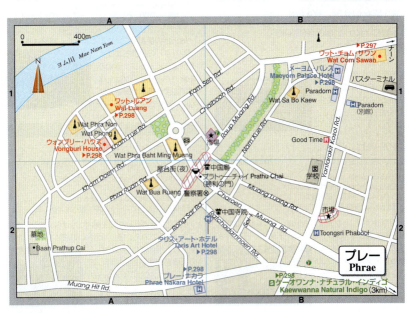

タイプチ情報　ナーンやパヤオは盆地の町で、それぞれが小さな王国を形成していた歴史をもつ。町の中心は歩いて回り、美しい寺院も多く、訪れるだけでホッとできる好ましさがある。

旅のヒント
名産品のショップ
ワット・チョム・サワン前の通りをナーン方面に1kmほど行ったあたり（テッサバン通りのソイ4～11にかけて）に、名産のスア・モーホーム（藍染めの農民服）を売る店が並んでいる。

ワット・ルアン
料 無料

ワット・ルアンにあるチェンセーン様式の古い仏塔

ウォンブリー・ハウス
住 Phra Non Tai Rd.
TEL 0-5452-1127（プレーのTAT）
開 毎日9:00～16:00 料 30B

まるで芸術作品のような外観

院は、本堂に並ぶ木の柱、本尊が置かれた広間の高い天井、本堂入口の左右にある東屋の多層構造になった屋根など、ビルマ風の建築となっている。ひんやりと薄暗い本堂の中で天井に目を凝らせば、ガラス片を使った美しい装飾が見られる。境内への入口には、プラ（お守り）を売る露店が並んでいる。

1200年近い歴史がある
ワット・ルアン
Wat Luang　　　MAP P.297-A1 ★

829年に、町の建設とほぼ同時に建立されたと伝えられる由緒ある寺院。八角形をした古びた仏塔は、チェンセーン様式のもの。寺院の東側にはれんが積みの塔のようなものが残っている。現在はふさがれているが、城壁の一部で市街の入口だったと考えられている。

チーク材で財をなした豪商の邸宅
ウォンブリー・ハウス
Vongburi House　　MAP P.297-A1 ★★

かつてプレー周辺を治めた王国の最後の王子ルアン・ポンピブーンは、チーク材の販売権を独占し財をなした。1897年築のその邸宅が、現在博物館として公開されている。建物全体に細かな木彫りの装飾が施され、それ自体が美術品のようだ。館内にはさまざまなアンティークのコレクションや、チーク材取引の際に使われた古い書類などが展示されている。珍しいのは、1900～1905年にかけて、計69人の奴隷を3142.75Bで取引したことを示す書類。

ホテル

H プレー・ナカラ
Phrae Nakara Hotel　　MAP P.297-A2
住 3 Muang Hit Rd.　TEL 0-5452-1321
FAX 0-5452-3503　URL www.phraenakarahotel.com
料 AC S T 800～2200B　CC J M V
139室　WiFi

プレー随一の高級ホテル。バスタブ付きがうれしい。新市街の少し外れ、ラムパーンへ向かう通り沿いにある。2016年に改装工事が完了してきれいになった。

H メーヨム・パレス
Maeyom Palace Hotel　　MAP P.297-B1
住 181/6 Yantarakit Kosol Rd.　TEL 0-5452-1028～30
URL www.maeyompalace.com
FAX 0-5452-2904　料 AC S T 980～1200B
CC M V　54室　プール　WiFi

やや古びているが高級なホテル。ゆっくりとお湯につかれる大きなバスタブが日本人好み。テーブルや椅子、床まですべて木材を使ったテラスレストランと、建物裏に大きなプールがある。バスターミナルまで徒歩3分と至近。

H タリス・アート・ホテル
Taris Art Hotel　　MAP P.297-B2
住 69 Rasadamnern Rd　TEL 0-5451-1120、
08-8252-3098　URL tarisart.com
料 AC S T 800～2000B（ハイシーズン1100～2500B）
CC M V　100室　WiFi

新市街の便利な立地にあるホテル。部屋は清潔で、水回りなどの設備もまずまず快適。ビュッフェ形式の朝食付き。スタッフは全体的にあまり英語が得意ではない。旧ナコーン・プレー。

ショップ

S ケーオワンナ・ナチュラル・インディゴ
Kaewwanna Natural Indigo　　MAP P.297-B2外
住 160 Moo 8, Nacakorn　TEL 08-9631-2905
E wottikai@gmail.com
URL kaewwanna.blogspot.com
営 毎日だいたい9:00～17:00　休 不定　CC なし

伝統的な天然藍染めの工房。さりげないオリジナリティが加味された、優しい色合いの服は実用的なおみやげに。場所がわかりにくいので事前に宿などで相談して確認しよう。ウェブサイト（ブログ）のトップに、タイ語で所在地が記載されている。

Phitsanulok พิษณุโลก

ピッサヌローク

歴史のある町はスコータイへの中継地点

折込表-C3

町の中心にある鉄道駅

ナーン川に沿って広がるピッサヌロークは、スコータイ時代には首都として、アユタヤー王朝時代にも重要な都市として栄えた歴史のある町。市街の北にあるワット・プラ・シー・ラタナー・マハータートの本尊は「タイで最も美しい仏像」として有名だ。

ピッサヌロークの歩き方

町は鉄道駅を中心に発達している。見どころは駅からやや離れているので、トゥクトゥクやモーターサイを利用しよう。トゥクトゥクの市内移動は50B程度、モーターサイは30～50B。繁華街は鉄道線路とナーン川に挟まれた地域。駅前のロータリーからは徒歩5～6分で川に着く。駅近くの市場北側は夕方から屋台街となる。橋のたもとでは毎晩ナイトバザールが開催される。飲食屋台、衣料品の露店などが並び深夜まで人出がある。バスターミナルは市街から東へ約2km離れた場所にある。スコータイ方面から来た場合、川を越えてすぐのバス停で降りると便利（目印となる大きな川はナーン川のみ）。

駅前は広々としたロータリー

行き方

バスターミナルから駅周辺へは市バス1番を利用、10B～。トゥクトゥクやソンテオは60B。

バンコクから
AIR ドーン・ムアン国際空港からノックエアが1日2～3便、1490～2490B。
BUS 北バスターミナルから所要6時間、8:00～18:15の間1時間に1～2本、夜間は20:00～24:00に計7本。VIP627B、1等350～380B。
RAIL クルンテープ・アピワット中央駅から毎日7本、所要5～7時間。列車により1等寝台960～2150B、2等寝台547～887B、2等267～347B、3等178～258B。ディーゼル特急477B。

チェンマイから
BUS アーケード・バスターミナルからタークTak経由で428km、所要約6時間。7:00～17:30の間にほぼ1時間おき、1等438B。ウタラディットUtaradit経由のバスもある。
RAIL 所要7～8時間。列車により1等寝台945～2135B、2等寝台600～880B、2等座席260～470B、3等65～215B。ディーゼル特急470B。

スコータイから
BUS 7:50～23:00の間30分～1時間おきに出発。所要約1時間、2等42B。ロットゥーは50B。

インフォメーション

❶TAT
MAP P.299-A2
209/7-8 Borom Trailokanat Rd.
☎ 0-5525-2742～3
開 月～金8:30～16:30
休 土・日・祝

ツーリストポリス
MAP P.299-A1外
☎ 1155、0-5525-8777

旅のヒント

メータータクシー
メータータクシーは、トゥクトゥクなど既存の乗り物の利権が強いため駅前など客の多い場所での客待ちはしておらず、流しも少ない。宿などでは呼んでもらえる。

299

ワット・プラ・シー・ラタナー・マハータート
- 毎日8:00～18:00
- 無料

旅のヒント
スコータイへの最終バスを逃したら
トゥクトゥクの言い値は1000Bという法外な料金。メータータクシーを呼んでもらったほうが安いし早い（300～400B程度）。タクシーは何社かあるので、鉄道駅のインフォメーション、あるいはバスターミナルで聞いてみよう。

民俗資料博物館
- 26/138 Wisutkasat Rd.
- 0-5521-2749、0-5525-8715
- 毎日8:30～16:30
- 50B
- TATから徒歩約20分。

仏像鋳造所
- MAP P.299-B2外
- 毎日8:00～17:00
- 無料

「タイで最も美しい」ピッサヌロークの守護仏像がある
ワット・プラ・シー・ラタナー・マハータート（ワット・ヤイ） ★★
Wat Phra Sri Ratana Mahathat (Wat Yai)　MAP P.299-A1

1357年に建立された寺院。アユタヤー時代後期に造られた、真珠貝の螺鈿細工が施された扉が見事な本堂がある。その背後には、回廊に囲まれた高さ36mのクメール様式のプラーン（仏塔）が立っている。本堂内に安置されたチンナラート仏と呼ばれる高さ3.5mの仏像は、寺院建立当時この地を支配していた王の命により造られた3体の仏像のひとつで、優雅な美しさをもつ。

黄金に輝くチンナラート仏

ひとりの博士が集めた民芸品が並んでいる
民俗資料博物館 ★
Folklore Museum　MAP P.299-B2外

シーナカリン大学のターウィー博士が、タイの各地から20年以上かけて収集した民芸品を展示する博物館。食器、かまどからネズミ捕りや牛車まで、生活に密着したさまざまな品々がところ狭しと並んでいる。博物館を出て右に50mほど行った所にある仏像鋳造所では、仏像を作る様子が見学できる。

生活雑貨やおもちゃ、武器などが展示されている

ホテル

Ｈ トップランド
Topland Hotel & Convention Centre　MAP P.299-A1
- 68/33 Akathodsarod Rd.　0-5524-7800
- 0-5524-7815　URL www.toplandhotel.com
- AC S T 1200～4000B
- CC ADJMV　252室　プール　WiFi

日本人ビジネスマンも利用する、ピッサヌローク有数の大型ホテル。デパートと一体になった16階建ての建物で買い物にも便利。ホテル内は重厚な内装。プールやスパなどもあり、施設は充実している。ワット・プラ・シー・ラタナー・マハータートへ徒歩約5分。

2012年にオープンしたホテル。ピッサヌローク市街の中心部に近い便利な立地にある。欧米人ツアーグループの利用が多い。部屋はシンプルながらカラフルで清潔感がある。

Ｈ アヤラ・グランド・パレス
Ayara Grand Palace Hotel　MAP P.299-B1
- 99/5 Wisutthikasat Rd.
- 0-5590-9999　0-5590-9993
- Ayara Grand Palace Hotel　AC S T
- 1200B～　CC MV　72室　プール　WiFi

ゲストハウス

Ｇ リタイ
Lithai Guest House　MAP P.299-A2
- 73/1-5 Phyalithai Rd.　0-5521-9626～9
- 0-5521-9627　lithaiphs@yahoo.com
- F S 280B　AC S 380B　T 550B
- CC MV　42室　WiFi

長期滞在者向けアパートメントの一部をホテルとしており、高級感はないが清潔感あり。エアコン付きの部屋は朝食が付く。580Bのツインが快適。受付はビルの中のオフィスで目立たない。

Sukhothai สุโขทัย

タイ族最初の独立国家の遺跡は人類共通の遺産

スコータイ

橋を渡って行く遺跡もある

テラワーダ仏教を取り入れ、中国元朝から陶芸を移入してスワンカローク焼を生み出し、クメール文字を改良したタイ文字を考案して石碑に刻ませるなど、数々の偉業を行ったとされる第3代王ラームカムヘーン（在位1279〜1300年）の時代が「水に魚あり、田には米あり……」とうたわれたスコータイ王朝の絶頂期。王朝は「幸福の夜明け」という意味の名前にふさわしく繁栄したが、徐々に衰退して1378年にアユタヤーの属国となり、約140年間という短いながらも輝かしい歴史の幕を閉じた。ここスコータイには、スコータイ王朝以前のクメールの影響を受けた遺跡も含め、スコータイ王朝時代に築かれた数々の寺院の遺跡が広大な草原や丘陵地帯に点在している。

■■世界遺産■■

スコータイは、周辺のシー・サッチャナーライ、カムペーン・ペッと共に「古代都市スコータイと周辺の古代都市群」として1991年にユネスコの世界文化遺産に登録された。

インフォメーション

TAT MAP P.301-A2
℡ 0-5561-6228
開 月〜金8:30〜16:30
休 土・日・祝
スコータイの地図やパンフレットがもらえる。新市街のやや西にある。

タイ北部

ピッサヌローク／スコータイ

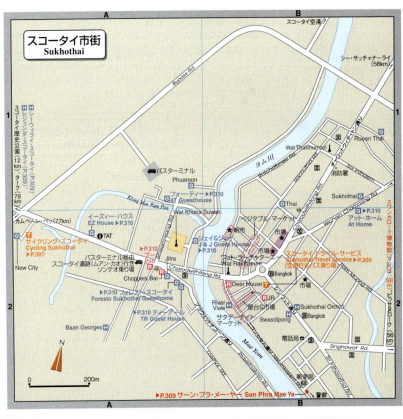

タイプチ情報 ユネスコの世界文化遺産に登録されているスコータイ。広大なエリアに仏教寺院の跡が点在しており、徒歩で回るのは無理。レンタサイクルやレンタバイクを活用しよう。

301

行き方

バンコクから
AIR スワンナブーム国際空港からバンコク・エアウェイズが毎日2便、所要約1時間20分、1510B〜。

BUS 北バスターミナルからのルートは2種類あり、どちらも所要約7時間。1日40本余りあるが、午後〜夕方は数が少ない。VIP469B、1等378B。

チェンマイから
BUS アーケード・バスターミナルから1日に数本、所要約6時間。VIP 384B、1等304B。

ピッサヌロークから
BUS 5:40〜18:10の間30分〜1時間おきに便があり、所要約1時間、2等42B、ロットゥー50B。

メーソートから
BUS ミニバスが1日7本あるがキャンセルが多いので、タークまで行き乗り換えたほうが早い。

アユタヤーから
BUS バンコクからのバスに途中乗車で、所要約6時間、料金はバンコクからと同じ。

旅のヒント

バスターミナルから市内へ
バスターミナルと市内の移動は、New City（新市街）行きの乗合ソンテオ（20B）利用か、トゥクトゥクまたはソンテオをチャーターする（100B程度）。

スコータイの歩き方

スコータイの市街はヨム川沿いにある。町の中心はチャロットウィティトン通りCharodwithitong Rd.とシンハワット通りSinghawat Rd.が交差するロータリー（MAP P.301-B2）。この周辺には毎晩たくさんの屋台が出るが、特に水・木曜の18:00〜22:00がにぎやか。銀行やショップなどもこのあたりに集まっている。川を挟んで向かいのプラウェットナコーン通りPravethnakorn Rd.周辺にはゲストハウスやツーリスト向けのレストランが多い。ちょっとした移動にはトゥクトゥク、モーターサイ（50B〜）が便利。

［スコータイ歴史公園（ムアン・カオ）への行き方］

スコータイ歴史公園は、スコータイ市街から西へ12kmほど離れたムアン・カオMuang Kao（「古い町」）と呼ばれる地域にあり、乗合ソンテオで行くのが安い。市街からヨム川を渡って約200m先の左側に乗り場がある。ある程度人が集まると発車し（6:00〜17:30の間、だいたい20分おき。料 30B）、約30分で城壁内のラームカムヘーン国立博物館近く（MAP P.304）に到着する。（2023年3月現在運休中）

スコータイ歴史公園入口

［スコータイ歴史公園の歩き方］

公園は総面積約$70km^2$と広大なので、すべて見て回るならまる1日かかる。効率よく見学するためには自転車（30B）かオートバイ（200B）を借りよう。ソンテオの終点近くに何軒も店がある。駐車場そばのチケット売り場脇でも借りられる（40B）。市内でトゥクトゥクかモーターサイをチャーターするのもひとつの方法。料金は要交渉。

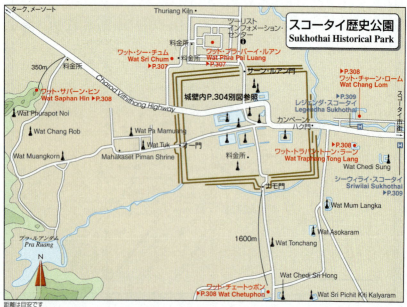

距離は目安です

スコータイ 1DAY モデルプラン

効率よく回りたい人におすすめ

🚶 ：徒歩
🚲 ：自転車
🚐 ：ソンテオ

START
新市街の乗り場から
ムアン・カオ（遺跡）行き
ソンテオに乗る
MAP P.301-A2

🚐で30分

ソンテオの終点で降り、
目の前に並ぶショップで
自転車をレンタル。

🚲で1分

スコータイ独特の
スタイルです

ワット・マハータート
遺跡内で最も大きい寺院。
見応え十分（→P.305）。

🚲で5分

ワット・シー・サワーイ
3基のクメール式の仏塔が並び
立つ小さな寺院（→P.305）。

🚲で3分

ワット・トラパン・ングン
遊行仏の浮き彫りが残る（→P.306）。

🚲で3分

ワット・スラ・シー
池の中に浮かぶように
建てられている
（→P.306）。

🚲で3分

ラームカムヘーン国立博物館
午後の暑い日差しを避け、
館内をゆっくり見学
（→P.307）。

🚲で1分

一度遺跡の外に出て、
町のレストランで食事
遺跡内に食事ができる店
はないので、外で
ランチ。

🚲で1分

ラームカムヘーン
大王記念碑
王国最盛期の王の像
（→P.307）。

名君の
誉れ高い王様

🚲で5分

ター・パー・デーン堂
道路の脇にひっそりと立っている。
北の寺院群への目印（→P.306）。

スコータイ
といえば
この仏像

🚲で10分

ワット・プラ・パーイ・ルアン
お堀を越えて行く。規模は大き
いが、建物はあまり残っていない
（→P.307）。

🚲で5分

ワット・シー・チュム
大きな坐仏像。入口で北
部のチケットを買う
（→P.307）。

🚲で15分。ムアン・カオ
（歴史公園）へ戻る。

GOAL
自転車を返却し、
新市街行きの
ソンテオに乗る

※2023年3月現在、ムアン・カオ行きソンテオは運休中。トゥクトゥクかソンテオをチャーターしよう。

タイ北部 / スコータイ

スコータイ歴史公園

城壁内	100B
城壁の西部	100B
城壁の北部	100B

各エリアで自転車での入場は10B、オートバイは20B、車は50B追加。オーディオガイドの貸し出しあり（150B）。入口で公園の地図をもらえる。

毎日6:30〜19:00（チケット販売は18:00まで）。城壁西部のチケット売り場は無人のことも多い。

インフォメーション

❶ ツーリストインフォメーション・センター
MAP P.302
0-5569-7527
毎日 8:30〜16:30

警察
MAP P.301-B2外
257 Nikornkasem Rd.
0-5561-1199

スコータイのツーリストインフォメーション・センター

おもな見どころ

世界遺産に登録された遺跡群 ★★★
スコータイ歴史公園（ムアン・カオ）
Sukhothai Historical Park　　MAP P.302

うっそうとしたジャングルの中に数百年間にわたって放置されていた遺跡群を、タイ芸術局とユネスコが協力して修復した広大なスコータイ歴史公園。園内には芝生が植えられ、池にはハスの花が咲いている。主要な遺跡は城壁内に36ヵ所、城壁外に90ヵ所確認されているほか、小さなものも含めると合計300ヵ所以上あるという。

スコータイ歴史公園は東西約1800m、南北約1600mの三重の城壁に囲まれた城壁内（中心部）と、城壁外の東部、西部、南部、北部の5つのエリアに区分され、城壁内、西部、北部でそれぞれ入場料を徴収される。北側のワット・プラ・パーイ・ルアンの前に北部タイの建築様式を模した外観のインフォメーションがある。用意されているのはほとんどがタイ語の資料だが、歴史公園の模型は全体を把握するのにいい。係員に尋ねるとパンフレットなどがもらえる。

🐘 城壁とその内部の見どころ

城壁の東西南北に門があり、そのうちのひとつには鐘がつるされ、国民が王の助けや調停を求めるときには、この鐘を鳴らしたといわれる。城壁内には宮殿や王室寺院があった。

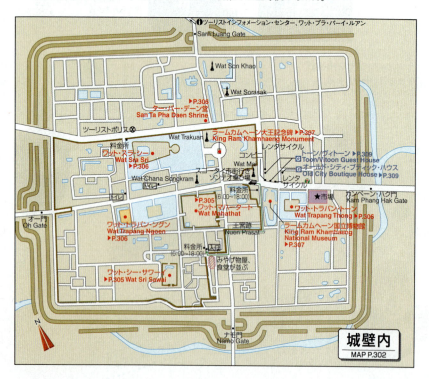

スコータイの王室寺院
ワット・マハータート ★★★
Wat Mahathat

MAP P.304

もともとは屋根があったのが、石の柱と仏像だけ残った

城壁内のほぼ中央にある、スコータイで最も重要な王室寺院。増築、修復を繰り返したため、構成は複雑。西と南北を堀で囲まれた約200m四方の境内には、209基の塔や10の礼拝堂、8つのモンドップと呼ばれるお堂、4つの池などが点在する。それらの中心となるのが、スコータイ独自の建築様式であるハスのつぼみ型の巨大なチェーディー（仏塔）。それを取り囲むように、スリランカの影響を受けたレリーフで飾られた仏塔4基と、四隅に円錐形チェーディーと呼ばれるハリプーンチャイ＝ラーンナー・タイ様式の仏塔が並んでいる。さらにこの基部には礼拝するブッダの弟子たちの像、台座の上にはブッダの坐像がある。そしてその両側に、高さ8mの仏像を納めた一対の建物が配置されている。最も目立つのは、東側にある2列に並ぶ柱の間、高いれんがの土台に座る巨大な仏像。これはアユタヤー時代に増築された部分とされている。昼間光を浴びて影を落としている様子と、夕闇を背にした様子とでは、その印象は対照的

旅のヒント

空港から市内への行き方
フライトに合わせてリムジンバスが出る。到着ゲートを出ると右にカウンターがあり、宿泊するホテルまで送迎してもらえる。料金は180〜350B。空港に行く際は宿で予約してもらえる。

🏢 スコータイ・トラベル・サービス
Sukhothai Travel Service
- MAP P.301-B2
- 🏠 10-12 Singhawat Rd.
- 📞 0-5561-3075〜6
- 📠 0-5561-1505
- ✉ sukhothai_travel@hotmail.com
- 🕐 月〜金 8:30〜17:00
- 土 9:00〜15:30
- 休 日・祝

林立する石の柱が印象的

といってもよいくらいだが、池の向こうに見えるその姿はどちらも美しい。このワット・マハータートのすぐ東側のあたりに、木造建築の宮殿があったと推定されているが、基壇のれんがしか残っていない。

3基のプラーンが目を引く
ワット・シー・サワーイ ★★
Wat Sri Sawai

MAP P.304

スコータイ空港はタイ風の外観

ワット・マハータートの350mほど南にある、ロップリー様式のプラーン（クメール式の塔堂）をもつ寺院。もともとはヒンドゥー教の神殿として建立されたが、後に仏教寺院となった。ラテライト（紅土）とれんがの二重囲いの中にそびえる3基のプラーンは下部に広がりのないのが特徴で、どすんと太く重量感がある。どれも内室をもち、中央のプラーンは内部のトンネルで聖堂と連結している。

長距離バスの途中下車も便利
バンコク発やチェンマイ発で、タークTakを経由するスコータイ行きのバスは、ほとんどが歴史公園の中を通ってから新市街へ向かうので、遺跡前で下車するのも手。乗車の際にスコータイの町ではなく、ムアン・カオMuang Kao（歴史公園）で降りる旨を告げておくと停車してくれる。停車場所はトーン／ヴィトーン・ゲストハウス（MAP P.304）の前。そこでチェックインしてもいいし、レンタサイクルを借りて回ってもいい。またムアン・カオでバンコクやアユタヤー行きのバスのチケット（1日6本）が買えるので、わざわざ新市街まで行く必要もない。空港までのリムジンバス（300B）も申し込める。

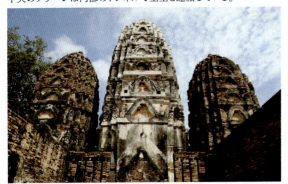
3基並んだクメール様式の仏塔

旅のヒント

スコータイでレンタバイク

スコータイ歴史公園付近は、城壁の内も外も交通量が少なく、比較的おとなしい運転をする車が多いので、それほど危険を感じないという利用者の声は多い。レンタバイク屋は免許の提示などは求めず、パスポートを預ければ簡単に借りられる。ただし、無免許で事故を起こした場合、海外旅行保険は適用されない。

おすすめレンタバイク屋

ティーアール・ゲストハウス（MAP P.301-A2）のレンタバイクがメンテナンスがいいと評判。1日300B、保険なし。レンタサイクルは1日100B。
TEL 0-5561-1663
営 毎日6:30～22:00

島に仏塔と礼拝堂が建てられているワット・トラパン・トーン

歴史公園内の施設

料金所近くの駐車場に食堂、みやげ物屋、トイレ（3B）、城壁の北側ワット・シー・チュム付近に小さなみやげ物屋がある程度。公園内に飲食施設はない。チケットを持っていれば当日なら出入り自由なので外で食事ができる。公園に長時間いるつもりなら、飲料水くらいは持参しよう。

公園内では気をつけて！

2007年11月に、スコータイ歴史公園内を単独で見学中の日本人女性が殺害されるという痛ましい事件が発生した。犯人はまだつかまっておらず、その後の捜査状況も定かではない。スコータイ遺跡内は広大で城壁内を除き人は少なく、特に犯行現場となったワット・サパーン・ヒン付近などは昼間でも人通りが途絶えがち。遺跡見学の際はゲストハウスで同行者を募るなどし、できるだけ数人連れだって行こう。女性の単独行動は絶対に避けること。

インフォメーション

郵便局
MAP P.301-B2
住 241 Nikornkasem Rd.
TEL 0-5561-1645
営 月～金 8:30～16:30
土・日 9:00～12:00

"銀の池"の寺院
ワット・トラパン・ングン
Wat Trapang Ngoen ★★
MAP P.304

遊行仏の浮き彫りも見られる　池の中の小島にある寺院

ワット・マハータートの西側に"銀の池"と呼ばれる長方形の池がある。この池の西側に残るのがワット・トラパン・ングンのチェーディーと、れんがの上に座る仏像。ハスのつぼみ型のチェーディー上部には、立仏像と遊行仏像が納められている。池の中央に浮かぶ小島には、崩壊してその土台と柱のみ残っている礼拝堂の跡がある。

"金の池"に浮かぶ寺院
ワット・トラパン・トーン
Wat Trapang Thong ★★
MAP P.304

ラームカムヘーン国立博物館の東側にも大きな池がある。この池は"金の池"と呼ばれ、その中央に浮かぶ小島にあるのがワット・トラパン・トーン。ワット・トラパン・ングンとシンメトリーをなしている。

橋を渡ってたどり着く
ワット・スラ・シー
Wat Sra Sri ★
MAP P.304

ワット・スラ・シーのセイロン風仏塔

ラームカムヘーン大王記念碑（→P.307）の西側、池に浮かぶ小島にある寺院で、チェーディー、本堂、礼拝堂が残る。橋が架けられているので、それを渡って見学できる。中心にある大きなチェーディーはセイロン（スリランカ）様式の釣鐘型。柱が残るスコータイ様式の本堂には大きな仏像が残っている。

スコータイに現存する最古の建造物
ター・パー・デーン堂
San Ta Pha Daen Shrine ★
MAP P.304

ワット・マハータートの北側にあり、アンコール・ワットを建設したアンコール朝のスールヤヴァルマン2世時代（1113～1150年）に建てられたといわれる。ラテライト（紅土）のれんがを組んだ造りの小さなヒンドゥー教の祠堂で、階段を上がった内部からは、アンコール・ワットにあるものと同じ様式のヒンドゥーの神像が何体か発見されている。

スコータイ遺跡内でも最古とされている建造物

偉大な王を記念する
ラームカムヘーン大王記念碑
King Ram Khamhaeng Monument ★

MAP P.304

　スコータイの最盛期を築いたラームカムヘーン大王の像。右手に経典を持ち左手で人民にその教えを説き、王の生涯を表す浮き彫りのある玉座に座っている姿。凛としたなかにも慈愛に満ちた表情は、偉大な王の性格を物語っている。

スコータイのことがわかる博物館
ラームカムヘーン国立博物館 ★★
King Ram Khamhaeng National Museum

MAP P.304

各種仏像が見学できる

　1964年にオープンした博物館。スコータイおよびその周辺で発掘された美術品や骨董品が集められている。スコータイ遺跡の模型や、スコータイ独自の様式として知られる遊行仏像をはじめ、おもな寺院で発掘された数々の仏像、ヒンドゥー教のリンガ（男根）とヨーニ（女陰）などが展示されている。

城壁の北側の見どころ

見事なレリーフがプラーンに残る
ワット・プラ・パーイ・ルアン ★★
Wat Phra Pai Luang

MAP P.302

　城壁のおよそ500mほど北側にある、スコータイではワット・マハータートに次ぐ重要な寺院。東側のチェーディーはその基壇を坐仏像で囲まれている。ここにはワット・シー・サワーイに似た3基のプラーンがあったが、現在残っているのは北側の1基のみ。表面には細かい彫刻が施され、ブッダが描かれた漆喰のレリーフが残っている。

ごく一部に残っている装飾が見られる

柱の中いっぱいに納まった仏像
ワット・シー・チュム ★★★
Wat Sri Chum

MAP P.302

　スコータイのイメージを象徴する寺院。ワット・プラ・パーイ・ルアンから1kmほど西にある。屋根のない32m四方、高さ15m、そして壁の厚さが3mもある本堂内の空間に、その大きな手で降魔印を結んだ巨大な坐仏像がいっぱいに納められている。れんがに漆喰をかけて造られており、修復されているのでたいへん状態がいい。ラームカムヘーン大王の碑文によれば、この仏像は「恐れない者」という意味の「アチャナ仏」と呼ばれ、現在でもなお人々の信仰を集めている。

壁の切れ目から中のアチャナ仏がのぞける

タイ国民に敬愛されているラームカムヘーン大王

ラームカムヘーン国立博物館
☎ 0-5569-7367
圏 毎日9:00～16:00
料 150B（外国人料金。館内撮影禁止）

🚩 旅のヒント

世界遺産
シー・サッチャナーライ歴史公園（→P.311）、カムペーン・ペッ歴史公園（→P.313）を含めてスコータイ遺跡として登録されている。

古い遺跡ほどよく残る
スコータイ遺跡はアユタヤー遺跡より古いにもかかわらず、アユタヤー遺跡に比べて保存状態がいい。これは、スコータイ時代の寺院の柱がれんが造りだから。屋根は木製だったので残っていないが、アユタヤー時代は柱も屋根もすべて木造だったため、仏塔や寺院の基礎部分といったれんがで造られた部分しか残っていない。スコータイ時代よりもっと古いクメール時代の寺院などは柱も屋根もすべて石造りだったため、より完全な状態で残っている。

池に浮かぶ島に残る礼拝堂
仏教で水は清浄のシンボル。礼拝堂を水に囲まれた島に建てることは、より神聖な領域で宗教儀式を行うという仏教の概念を具現化したもの。

自転車で回るスコータイ
サイクリング・スコータイ
Cycling Sukhothai
MAP P.301-A2
☎ 0-5561-2519
URL cyclingsukhothai.com
新市街発で自転車によるスコータイの半日、1日ツアーを行っている。歴史公園を回るツアーは8:00スタート（所要5～6時間）。料金は人数により異なるので要問い合わせ。

スコータイを象徴するアチャナ仏

遊行仏の像がなんとか姿をとどめているワット・チェートゥポン

🐘 城壁の南側の見どころ

本堂の壁に遊行仏像が残る
ワット・チェートゥポン
Wat Chetuphon
★★
MAP **P.302**
วัดเชตุพน

　城壁の南側、ナモ門からおよそ1.5kmに位置する、後期スコータイ王朝の重要寺院。南側に残る遺跡では最大のもので、広い境内に石柱が並んでいる。本堂の四方には、坐像、立像、臥像、遊行像の4体の仏像が祀られていたが、現在でも比較的しっかりと残っているのは遊行仏像のみ。

🐘 城壁の東側の見どころ

かつてスコータイ美術の最高傑作があった
ワット・トラパン・トーン・ラーン
Wat Traphang Tong Lang
★★★
MAP **P.302**
วัดตระพังทองหลาง

ワット・トラパン・トーン・ラーンの装飾はほとんど剥落してしまった

　城壁の東側、カムペーン・ハク門からおよそ1kmの所にある四角い建物。アーチ形の入口をもつ立方体状の本堂外壁は、漆喰で作られたレリーフで美しく飾られていたという。南側には天女に囲まれて天から下りてくるブッダが、西側には父や親族に説法するブッダが、北側にはブッダが妻に説法するために戻ってきたときの様子が描かれていた。特に南側のものはスコータイ美術の最高傑作といわれていたが、今では残念ながらわずかに漆喰が残るのみ。崩壊する前に作られたレプリカは、ラームカムヘーン国立博物館に展示されている。東側にあるのは礼拝堂の跡。

象に支えられるチェーディーが残る
ワット・チャーン・ローム
Wat Chang Lom
★
MAP **P.302**
วัดช้างล้อม

　歴史公園の入口から約1km東にある。釣鐘型のチェーディーの土台を32頭の象が支えているのがユニーク。同じスタイルの仏塔がシー・サッチャナーライ(→P.311)やカムペーン・ペッ(→P.313)にもある。

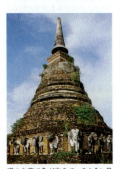
塔の台座で象が支えているように見えるワット・チャーン・ロームの仏塔

🐘 城壁の西側の見どころ

　城壁の西側には、なだらかな丘陵地帯が広がる。訪れる人が少ないので、安全面を考慮してグループで出かけるのが望ましい。

スコータイ遺跡公園を見渡そう
ワット・サパーン・ヒン
Wat Saphan Hin
★★
MAP **P.302**
วัดสะพานหิน

　ワット・シー・チュムを南に行くと、ターク方面に向かう道路に出る。それを北西に行くと丘の上に立つ仏像が見えてくる。これがワット・サパーン・ヒンだ。サパーン・ヒン(石橋)の名のとおり、石を敷いた道が橋のように高さ約200mの丘の頂上まで続いている。途中にはハスのつぼみ型のチェーディーがあり、この寺の中心である頂上には、厚いれんが壁を背に、高さ12.5mの「アッターロ」と呼ばれる右手を挙げた仏像が東を向いて立っている。ここから緑に覆われた公園や田畑を見渡せる。やや遠いが見逃せない遺跡のひとつ。

丘の上に残っているワット・サパーン・ヒンの仏像

新市街の見どころ

サーン・プラ・メー・ヤー
San Phra Mae Ya

MAP P.301-B2

スコータイの全盛期に君臨したラームカムヘーン大王が、亡き母親の霊を弔うために建立したとされる祠で、堂内にはメー・ヤー石像が祀られている。この祠で祈願すると願いごとがかなうと信じられていて、今も毎日多くの人々が訪れて、花と線香を手向けている。

毎日たくさんの人がお参りに訪れる

サーン・プラ・メー・ヤー
無料

スワンカローク焼について知りたければ
スワンカローク博物館
Sangkhalok Museum

MAP P.301-B2外

1階にはスワンカローク焼などタイ（スコータイ王国）の陶磁器の歴史がわかるような品々や、スコータイ周辺から出土した青銅器、古くから交易があったことを示す中国の銅貨などを展示。2階は陶製の仏像や器のモチーフなどを取り上げ、タイ人の思想や哲学を知るコーナーになっている。

スワンカローク博物館
0-5561-4333
毎日8:00～17:00　100B
入口で日本語の案内を貸してもらえる。
町から2kmほど離れているので、トゥクトゥクを利用。帰りのために待っていてもらおう。待ち時間を含め往復200B程度。

ホテル

スコータイ歴史公園周辺の高級ホテル

H シーウィライ・スコータイ
Sriwilai Sukhothai　MAP P.302

- 214/4 Moo 2, Muang Kao
- 0-5569-7445、09-4194-4122
- 0-5569-7447　sriwilaisukhothai.com
- AC S T 2800B～（ハイシーズンは3500B～）
- CC MV　54室　プール　WiFi

スコータイ歴史公園の東、幹線道路から少し奥まった静かな場所にある高級ホテル。まるで遺跡の中に宿泊しているかのような、独特の優雅な雰囲気を味わうことができる。レストラン、スパ、プールなど、設備も充実。

H レジェンダ・スコータイ
Legendha Sukhothai　MAP P.302

- 214 Moo 3, Muang Kao　0-5569-7249、08-2450-0179　www.legendhasukhothai.com
- AC S T 1800～8000B　CC MV
- 65室　プール　WiFi

ワット・チャーン・ロームの近くにある高級ホテル。敷地内を流れる水路沿いのレストランで、気分よく食事ができる。客室は古風で落ち着いた雰囲気。プールやマッサージもあり、のんびり滞在できる。

ゲストハウス

スコータイ歴史公園周辺のゲストハウス

G オールド・シティ・ブティック・ハウス
Old City Boutique House　MAP P.304

- 326 Moo3 T.Muang Kao
- 0-5501-3788、09-1030-0393
- AC S T 400～500B
- CC なし　39室　WiFi

閉業したGオールド・シティを経営していたオーナー一族のひとりが近隣で経営するゲストハウス。朝食としてコーヒー、トースト、バナナの無料サービスあり。

G トーン／ヴィトーン
Toon/Vitoon Guest House　MAP P.304

- 49 Moo 3, Charodwithitong Rd.
- トーン 0-5563-3397　ヴィトーン 0-5569-7045
- vitoonguesthouse@gmail.com
- F T 400B　AC S T 600～700B
- CC なし　30室　WiFi

目の前が歴史公園で早朝からの見学に便利な好立地。同じ宿だが、ファン棟はヴィトーン、エアコン棟はトーンと呼ばれている。

タイ北部　スコータイ

スコータイ市街のゲストハウス

[G] ティーアール
TR Guest House MAP●P.301-A2

[住] 27/5 Pravetnakorn Rd. [電] 0-5561-1663、08-4049-9445
[URL] www.sukhothaibudgetguesthouse.com
[料] [AC]Ⓢ600B Ⓣ650B [CC] なし [室] 19室 [WiFi]

日本人旅行者に人気があるゲストハウス。タイル張りの床もピカピカで、料金に比べて清潔感あり。2016年に各部屋の水周りを中心にリノベーションされた。ロビーでは朝食も食べられる。

[G] アット・ホーム
At Home MAP●P.301-B2

[住] 184/1 Wichian Chamnong Rd.
[電] 0-5561-0172 [FAX] 0-5561-0173
[料] [F] Ⓣ600～700B [AC]ⓈⓉ800～900B バンガロー [AC]ⓈⓉ900～1100B（すべて朝食付き）
[CC] なし [室] 11室 [WiFi]

タイの古い木造民家にステイしているような、ウッディな造りがいい。1階にレストラン、入口と裏側に庭があり、池に面したバンガロータイプの部屋もある。

[G] ジェイ&ジェイ
J & J Guest House MAP●P.301-A2

[住] 12 Koohasuwan Rd. [電] 08-1785-4569
[E] jjguest-house@hotmail.com
[料] [AC]ⓈⓉ500～600B [CC] なし [室] 8室 [WiFi]

ベルギー人とタイ人の夫婦が経営する、スコータイでは老舗のゲストハウス。バンガロースタイルでダブルベッドの部屋とシングルベッド2台の部屋があり、料金は同じ。川辺に面したレストランの居心地がいい。新市街の中心に近いわりに静か。

[G] フォー・ティー
4T Guesthouse MAP●P.301-A1

[住] 122/7 Soi Maeramphan [電] 0-5561-4679、08-9858-9459 [料] [F]ⓈⓉ300～500B [AC]ⓈⓉ400～500B [CC] なし [室] 22室 [WiFi]

全室ホットシャワー付き。2010年に全面改装済み。プールは現在、一時使用停止中。元ジェイ&ジェイ・ゲストハウス。

[G] フォレスト・スコータイ
Foresto Sukhothai Guesthome MAP●P.301-A2

[住] 16/1-16/3 Prawetnakhon Rd.
[電] 09-5625-9681 [FB] Foresto Sukhothai Guesthome [料] [AC]ⓈⓉ1250～1350B
[CC] なし [室] 13室 [プール] [WiFi]

2014年開業のゲストハウス。通りから少し奥まった場所にあり、静かな環境での滞在を楽しめる。部屋は広くて清潔。敷地内にレストランもある。

[G] イーズィー・ハウス
EZ House MAP●P.301-A2

[住] 240/4 Moo 7, Charodwithitong Rd.
[電] 08-3995-4055 [FB] EZ House Sukhothai
[E] tookkadia@hotmail.com [料] [AC]ⓈⓉ450～890B [CC] なし [室] 15室 [WiFi]

2010年にオープン。新市街の中心部からやや西、TATの近くにある。部屋はシンプルだが清潔で設備も調っている。スタッフの態度もていねいかつフレンドリー。ビルの1階は同経営のカフェレストラン。宿泊客はレンタサイクル無料。

レストラン

[R] プー
Poo Restaurant MAP●P.301-A2

[住] 24/3 Jarot Withithong [電] 09-3197-4070
[営] 9:00～22:00 [CC] なし

新市街の中心部近くにあるレストラン。タイ料理のほか、外国人向けの洋食メニューも多い。エアコンとWi-Fiのある店内で、快適に食事ができる。

Column
スコータイのローイ・クラトーン

旧暦12月の満月の夜（太陽暦の11月頃）に行われるローイ・クラトーンは、タイで最も美しい祭りのひとつ。チェンマイやバンコクでも楽しめるが、もともとはタイ最初の首都スコータイで始まったもので、現在もスコータイが一番の盛り上がりを見せる。夜になると遺跡には松明がたかれ、周囲の池には大量の灯籠が星のようにまたたく。見どころはワット・マハータートで上演されるスコータイの歴史劇。クライマックスには大量の花火とコムローイ（小さな熱気球）が夜空を染め、迫力も満点。日程が合えばぜひ見学したい。

満月の夜の幻想的なお祭り

シー・サッチャナーライ歴史公園

スコータイ時代の重要都市

ワット・チャーン・ローム

スコータイ市街から北に約50km、ヨム川沿いに広がる総遺跡数215以上という大規模な公園。スコータイ時代にはシー・サッチャナーライとソン・ケーオ（ピッサヌローク）、カムペーン・ペッ、サ・ルアン（ピチット）が王の直轄地とされており、シー・サッチャナーライはスコータイに次いで2番目に大きな都市として発展し、王位継承者が治めた。

シー・サッチャナーライ歴史公園の歩き方

バス通りから歴史公園入口まで約2kmあり、総面積も45km²以上と広く、見どころも点在している。2016年に歴史公園の入口が新しくなり、城壁内への車両の乗り入れは禁止された。見学の際はレンタサイクル（30B〜）やトラム（10名以下は1台300B、10名以上の場合は1人30B）を利用すると便利。

おもな見どころ

崩れかけた象が支える
ワット・チャーン・ローム
Wat Chang Lom ★★
MAP P.311

スコータイ王朝のラームカムヘーン大王の命により13世紀に建てられた寺院で、城壁内のちょうど中心に位置する。崩れかかった38頭の象の像に支えられた正方形の基壇に、スリランカ様式の釣鐘型仏塔が立っている。同形同名の寺院がスコータイ歴史公園とカムペーン・ペッにあるが、こちらのほうが保存状態がいい。

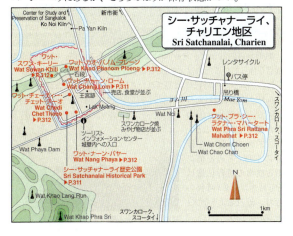

■■■世界遺産■■■
シー・サッチャナーライは、周辺のスコータイ、カムペーン・ペッと共に「古代都市スコータイと周辺の古代都市群」として1991年にユネスコの世界文化遺産に登録された。

行き方

スコータイから
BUS バスターミナルからプレー経由チェンライ行きを利用し、所要約1時間20分、2等53B。6:30、9:00、10:30、11:30発の1日4本。遺跡はシー・サッチャナーライの新市街より約12km手前のチャリエンCharienと呼ばれる地区にあるので、あらかじめ車掌に町ではなく歴史公園へ行くことを必ず告げておくこと。ワット・プラ・シー・ラタナー・マハタートの川向こうにある村の入口で降ろしてくれる（レンタサイクル屋の目の前）。帰りは同じ場所からスコータイ行きのバスに乗る。時間は12:00、14:30、16:30頃。レンタサイクル屋で帰りのバスについて確認すると、バスを停めるための目印の旗を道端に出してくれる。

プレーから
BUS スコータイ行きのバスで途中下車（ピッサヌローク行きのバスは別の道を通るので注意）。11:30発の1日1本のみ、所要約2時間30分、139B。この場合も、車掌にあらかじめ町ではなく歴史公園へ行くことを必ず告げておくこと。11:20発のバスを逃すと、シー・サッチャナーライを見学してスコータイへ向かうのは難しくなる。

シー・サッチャナーライ歴史公園
MAP P.311
圖 毎日8:00〜18:00
料 100B（外国人料金。城壁内のみ）。ワット・プラ・シー・ラタナー・マハタートは別料金で20B。

新しくなった公園入口

旅のヒント

観光は車のチャーターが便利
シー・サッチャナーライ、カムペーン・ペッの遺跡観光は、スコータイでソンテオなどをチャーターして行くこともできる。ともに片道1時間～1時間30分ほどの距離で、往復と現地での滞在時間を入れて所要4～5時間。料金は車種や交渉しだいで800B～。両方を1日で回るなら所要8～9時間、1600B～。

紛らわしい標識に注意
スコータイからバイクや車で行く人は、チャロットウィティトン通りをひたすら北上し、スコータイから54km地点で左折する。「Sri Satchanalai National Park」という標識もあるが、これは歴史公園ではなく、かなり離れた所にある自然公園のことなので注意。

古い漆喰細工がかろうじて保存されているワット・ナーン・パヤー

丘の上のワット・カオ・パノム・プレーンに残る仏像

ワット・プラ・シー・ラタナー・マハータートのプラーン前にある仏像

7種の塔が一度に見られる
ワット・チェーディー・チェット・テーオ ★★
Wat Chedi Chet Thaeo　MAP P.311

多彩な様式の塔が建てられている

ワット・チャーン・ロームの向かいに立つ寺院。チェーディー（仏塔）が7列（チェット・テーオ）になっていることからこの名がついた。チェーディーはこの地を支配した各王朝の文化の変遷を示すように、ヒンドゥー教や大乗、テラワーダの各仏教の様式、ラーンナー・タイ様式など変化に富んでいる。中央にはスコータイ様式ともいわれるハスのつぼみ型のチェーディーがある。その周囲には大小さまざまな仏塔が33基あり、それぞれの壁には仏像が納められている。

傷みの激しい古い寺院
ワット・ナーン・パヤー ★
Wat Nang Phaya　MAP P.311

全体に傷みが激しく、ラテライト（紅土）のブロックを積み重ねた7つあったといわれる礼拝堂も今はひとつしか残っていない。全体が漆喰細工で飾られていた痕跡は、屋根で覆われた西の壁にある縦格子の窓の浮き彫りに見ることができる。これは植物のつるがモチーフになった、初期アユタヤー様式のものといわれている。仏塔はスリランカ様式で、15～16世紀頃に建てられた。

丘の上に並ぶふたつの寺院
ワット・スワン・キーリーとワット・カオ・パノム・プレーン ★
Wat Suwan Khili & Wat Khao Phanom Ploeng　MAP P.311

公園内の小高い丘の上に立つ寺院。麓からワット・カオ・パノム・プレーンに続く長い階段は、ラテライトのブロックを積み上げて造られている。スリランカ様式の釣鐘型チェーディーがあるワット・スワン・キーリーは隣の丘の上に建てられており、尾根沿いの道を伝って行くことができる。

クメール式の巨大なプラーンが目を引く
ワット・プラ・シー・ラタナー・マハータート ★★
Wat Phra Sri Rattana Mahathat　MAP P.311

城壁から約2km東、チャリエンCharienにある寺院。建築様式が混ざり合っているためはっきりしないが、スコータイ時代以前に建てられ、アユタヤー時代に改築されたらしい。プラーンには階段が付けられ上れるようになっている。内部には仏舎利が納められているという。プラーン前の礼拝堂の本尊とその左側にある漆喰の遊行仏像はともにスコータイ時代のもの。流れるようなフォームが美しい。

巨大な塔はクメール風

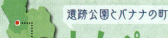

カムペーン・ペッ

遺跡公園とバナナの町

Kamphaeng Phet　กำแพงเพชร

ワット・プラケオの仏像

スコータイ、アユタヤー朝時代には、ビルマの侵略に対抗する要塞都市だったカムペーン・ペッ。当時の面影は、現在も残っている堅固な城壁と、ふたつのエリアに分かれた歴史公園に見ることができる。

■■■世界遺産■■■
カムペーン・ペッは、周辺のスコータイ、シー・サッチャナーライと共に「古代都市スコータイと周辺の古代都市群」として1991年にユネスコの世界文化遺産に登録された。

カムペーン・ペッの歩き方

町は城壁に囲まれた歴史公園地区と、テッサ通りTesa Rd.を中心とした繁華街に分かれる。有名な遺跡だが、繁華街と歴史公園を結ぶ交通手段は少ない。そのため繁華街でつかまえるソンテオやモーターサイなどの言い値はやや高め。粘り強く交渉しよう。ピン川沿いの遊歩道は散歩によく、夜には露店や飲食店が並ぶ。

行き方

バンコクから
BUS 北バスターミナルからVIPと1等が1日8本、所要約5時間30分、VIP 594B、1等362B。

スコータイから
BUS 2等が7:30〜22:40の間30分〜1時間おき、所要約1時間、81B〜。

ピッサヌロークから
BUS 5:00〜18:00の間に2等が13本、所要約2時間30分、68B。

おもな見どころ

スコータイ王国の南の守り ★★
カムペーン・ペッ歴史公園　MAP P.313
Kamphaeng Phet Historical Park

城壁によって守られていた寺院跡周辺区域と、森の中に40余りの寺院が点在するアラニックAranyikと呼ばれる北西区域に分かれている。いずれの遺跡も修復され、植栽も整備されて全体が公園化されている。

エメラルド仏も一時期ここにあった？ ★
ワット・プラケオ　MAP P.313
Wat Phra Kaew

バンコクのワット・プラケオにあるエメラルド仏がここに祀られていたことがあったともいわれる王室寺院。チェーディー（仏塔）、礼拝

何体もの仏像が残っているワット・プラケオ

タイ北部

シー・サッチャナーライ歴史公園／カムペーン・ペッ

カムペーン・ペッ歴史公園
図 150B（寺院跡周辺区域とアラニックどちらも見学する場合の外国人料金。どちらか片方なら100B）
圏 毎日6:00〜18:00
北西部は自転車10B、バイク20B、車50Bの通行料が必要。

地肌がむき出しになったワット・プラ・タートの仏塔

カムペーン・ペッ国立博物館
TEL 0-5571-1570
圏 水〜日 9:00〜16:00
休 月・火・祝
料 100B（外国人料金）

🔸旅のヒント

バスターミナルから市内へ
カムペーン・ペッのバスターミナルはピン川を隔てて町の対岸にあり、市内まではモーターサイで7〜8分、40〜50B程度。スコータイ方面からのバスは、歴史公園前、繁華街を経てバスターミナルへ行くので、終点までは行かず目的地近くで降ろしてもらうといい。スコータイ方面へ向かうバスは、テッサ通りの1本裏のスタジアム前を通るので注意。街道沿いの歴史公園入口でもスコータイ行きのバスに乗車できる。

レンタサイクル
公園（城壁の北西）入口のレンタサイクルは1回20B。

近郊にあるもうひとつの遺跡 ピチット歴史公園
スコータイ時代のもうひとつの直轄衛星都市サ・ルアン（ピチット）も、ピチット歴史公園Phichit Historical Park（**MAP** 折込表-C3）として整備されている。ピチット市街から約7km離れた所にある。

歴史公園の中で2番目に大きい寺院
ワット・プラ・タート ★★
Wat Phra That **MAP P.313**

ワット・プラケオの南東側にあり、緑の生い茂った広い敷地にはラテライト（紅土）のれんがで造られたスコータイ様式のチェーディーと礼拝堂跡が残っている。

スコータイ関係の展示が充実
カムペーン・ペッ国立博物館 ★
Kamphaeng Phet National Museum **MAP P.313**

周辺地域で発掘されたスコータイやカムペーン・ペッ関係の遺物と、スワンカローク焼などの陶器を中心に展示している。サーン・プラ・イスワン像の実物もここに展示されている。ラーマ5世時代、像の頭部と手がドイツ人旅行者によって盗まれたが、王の呼びかけによって戻されたといういわくつきのもの。

博物館はタイ風の建物

ヒンドゥー神のための祠
サーン・プラ・イスワン ★
San Phra Isuan **MAP P.313**

現在実物はカムペーン・ペッ国立博物館に展示されているヒンドゥー教の神シヴァの像サーン・プラ・イスワンが、本来祀られていたのがここ。現在ここにあるのはレプリカの像。もともとのヒンドゥー様式に仏教とバラモン教の両方からの影響を受けたスタイルといわれるシヴァ神像の前には、いつも近隣の善男善女が捧げるお供え物が絶えない。

表情もどことなく南アジア風

🐘 城壁の北西部

聖なる象に支えられた寺院
ワット・チャーン・ロム ★★
Wat Chang Lom **MAP P.313**

スコータイ後期か初期アユタヤ時代に造られた、低い丘の上に

象の像はほとんど欠けてしまっている

立つ大きな寺院。「象に囲まれた寺」の名前どおり、68頭の半壊した象の像に支えられた正方形の基壇をもつ、スコータイ様式のチェーディーが立っている。同様の寺院がスコータイ、シー・サッチャナーライにもある。

インフォメーション

郵便局
MAP P.313
住 23 Tesa Rd.
☎ 0-5571-1729
営 月〜金8:30〜16:30
土・日9:00〜12:00

旅のヒント

カムペーン・ペッ名物
クルアイ・カイ（直訳すると卵バナナ）と呼ばれる全長10cmほどの小ぶりのバナナは、カムペーン・ペッ名物。熟したものはそのまま、未熟の青いバナナはスライスして油で揚げ、バナナチップスにして食べる。ポテトチップスそっくりの味がする。旬は9〜10月。

壁に浮かぶ仏像が残る
ワット・プラ・シー・イリヤーボット ★
Wat Phra Sri Iriyabot
MAP P.313

スコータイ時代に造られたワット・プラ・シー・イリヤボット。この寺院の壁には寝仏像（北）、遊行仏像（東）、坐仏像（南）の細工も施されていたが、現在は裏側（西）へ回りこんだ所にある高さ9mの立仏像しか原形をとどめていない。柔らかな輪郭の仏像が往時の華やかさを伝えている。

ワット・プラ・シー・イリヤーボット西側に残るスコータイ様式の立仏像

林立する柱が残る
ワット・プラ・ノーン ★★
Wat Phra Non
MAP P.313

南の入口から最も近い位置にある。何本ものラテライトの太い柱をもつ寺院には巨大な寝仏像（プラ・ノーン）が安置されていたという。現存する遺跡のなかでも非常に珍しいスタイルといわれている。

柱だけが林立しておりさびしい雰囲気

ホテル

ナワラート・ヘリテージ
Navarat Heritage Hotel
MAP P.313
住 2 Soi 21, Tesa 1 Rd.
☎ 0-5571-1219、08-1533-5799
FAX 0-5571-1961 URL www.navaratheritage.com
料 AC S T 900〜2500B
CC J M V 室 69室 WiFi

料金のわりには設備が調っている。フィットネスルームあり。スイートは1万3000B。英語の看板は入口にあるだけで、わかりにくいので注意。

ゲストハウス

スリー・ジェイ
Three J. Guesthouse
MAP P.313
住 79 Rachawitee Rd.
☎ 08-1887-4189
料 F S T 350B（トイレ、シャワー共同） AC S T 400〜600B
CC なし 室 14室 WiFi

歴史公園と繁華街の間にあるゲストハウス。豊かな緑の庭に囲まれ、部屋は清潔で快適。オーナーは近郊のネイチャーウオークやバードウオッチングにも詳しい。レンタサイクル（70B/1日）、レンタバイク（250B/1日）あり。

タイプチ情報 メーコーン経済圏の東西回廊上に位置するメーソート（→P.316）。郊外には工業団地もあり、世界各国の企業が進出しているので、ビジネスで訪れる人も多い。

タイ北部 / カムペーン・ペッ

Mae Sot แม่สอด

国境の複雑な表情をもつ町
メーソート

ミャンマーとの国境ゲート

🚌 行き方

バンコクから
AIR ドーン・ムアン国際空港からノックエアが1日2便。詳細はウェブサイト(→P.508)で。
BUS 北バスターミナルからVIPが1日3本、703B。1等が1日9本、452B、所要約8時間、夜行は所要9時間30分〜10時間。

チェンマイから
BUS アーケード・バスターミナルからVIPが13:30発、490B。所要約6時間。ラムパーン、タークを経由。1等は13:30〜20:15の間1日4本、315B。

タークから
BUS ロットゥー(ミニバス)が満席になりしだい出発、所要約1時間30分、101B。

スコータイから
BUS 直行のロットゥー(153B)が1日5本ほどあるが、満席の場合も多い。まずタークまで行き(2等56B)、ターク始発のロットゥーに乗り換えるほうが便利。

　メーソートはミャンマーとの国境となるモエイ川近くに開けた小さな町で、通りには独特の巻きスカート姿をしたミャンマー人も多い。山がちな土地で、郊外には滝や洞窟などが点在し自然が豊か。

● メーソートの歩き方 ●

　町を東西に横切るインタラキーリー通りIntharakhiri Rd.とプラーサートウィティー通りPrasatviti Rd.沿いに、銀行や商店、ホテル、食堂などが集まっている。モーターサイやトゥクトゥクは、プラーサートウィティー通りの市場入口からやや東寄りの道端で客待ちしていることが多い。

● おもな見どころ ●

🐘 国境を越えよう

モエイ川の国境でタイと接する町
モエイ川とミヤワディ ★★
Mae Moey River Border & Myawaddy
MAP P.316-A2外

　メーソート市街から西へ約7km、タイとミャンマーを隔てるモエイ川が流れている。乾季には歩いて渡れるほどのこの川に「国境に架かる橋」があり、外国人もミャンマー側の町ミヤワディへ行ける。

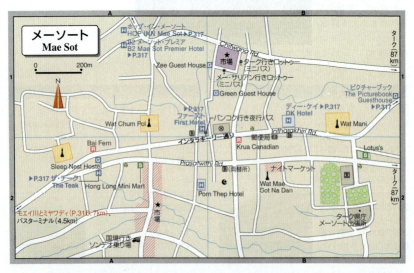

注:2017年から、国境を接する国から空路以外でのビザなし入国が、暦年で2回までに制限されている。隣接国を日帰りなどで訪れる場合は、出入国の回数に注意。

2018年10月から、観光目的であればミャンマーにビザなしで入国できるようになった。橋のたもとにあるイミグレーションで出入国手続きをすれば、国境を越えての行き来が可能だ。タイ側から橋を渡りすぐの所にあるミャンマー側の町ミヤワディには、小さな市場、学校、寺院、ショッピングセンター、食堂などがあり、のんびりした雰囲気が漂っている。2～3時間もあれば、町の中をひととおり見て回れるだろう。

川の向こう岸はミャンマー

旅のヒント

主要都市行きバス乗り場
バンコク行きのバスが発着するのは、町の南西にあるバスターミナル。町の中心からモーターサイで50B、トゥクトゥクで100B程度。便によっては前日にバスターミナルでチケットを買っておいたほうが無難。状況はよく変わるので、最新情報は宿などで確認すること。

町の市場にはミャンマー人の姿も

国境への行き方

町の中心を東西に走るプラーサートウィティー通りPrasatviti Rd. 近くから市場の中を下っていった先の交差点から、国境行きソンテオが出る（8:00～17:00、所要15～20分、20B）。人が集まると出発。帰りは橋の手前から。モーターサイなら60～80B程度。

地元の人は船でも行き来しているが外国人は橋を利用すること

ミャンマー入国情報
2023年3月現在ミャンマー情勢は流動的。国境越えに関しても最新の情報を確認すること。

ホテル

メーソートのホテル事情

市街の中心部にあるホテルやゲストハウスは古い造りのものが多い。新しめのホテルは、市街から離れた場所にありやや不便。

中級ホテル

🇭 ザ・チーク
The Teak　　MAP●P.316-A2

住 666/1 Prasatwithi Rd.　TEL 0-5503-1888
料 AC S T 1750B～　CC A D J M V
室 115室　プール　WiFi

広めの客室に大きめのプールがあり、ゆっくり滞在できるリゾート風のホテル。町の中心にも比較的近い。

🇭 ホップ・イン・メーソート
HOP INN Mae Sot　　MAP●P.316-A1外

住 81/9 Asia Highway
TEL 0-2659-2899　料 AC S T 620B～（朝食別）
CC A D J M V　室 156室　WiFi

タイ全国にチェーン展開中の手頃なホテルチェーンがメーソートにもオープン。町の郊外に立地しており、自前の車がある旅行者向け。ここメーソートでも、市街からミャンマー国境に向かうアジアハイウェイ沿いに建てられている。

🇭 B2 メーソット・プレミア
B2 Mae Sot Premier Hotel　　MAP●P.316-A1外

住 200 Mae Pa, Mae Sot
TEL 0-5200-9161　料 AC S T 540B～（朝食別）
CC A D J M V　室 81室　WiFi

手頃な料金で快適に滞在できるバジェットホテルチェーンの1軒。メーソート市街の北にあり、ビジネス利用者には手頃。

手頃なホテル

🇭 ファースト
First Hotel　　MAP●P.316-A1

住 444 Intharakhiri Rd.　TEL 0-5553-1233
料 F S T 350B　AC S T 450B（朝食別）　CC なし
室 45室　WiFi

タークからのロットゥーが着く市場から徒歩約5分。建物は古いが、料金のわりに設備は調っている中級ホテル。客室も広くゆったりできる。

🇭 ディー・ケイ
DK Hotel　　MAP●P.316-B1

住 298/2 Intarakhiri Rd.　TEL 0-5553-1699、
08-6200-1155　E dkmaesod@hotmail.com
料 AC S T 380B　CC なし　室 52室　WiFi

インタラキーリー通りに面した場所にあるホテル。白と青の外観で見つけやすい。部屋は広いがやや殺風景でそれなり。周辺には商店やコンビニもあり、滞在には便利。

ゲストハウス

🇬 ピクチャーブック
The Picturebook Guesthouse　　MAP●P.316-B1外

住 125/4-6 Soi 19, Intharakhiri Rd.
TEL 09-0459-6990　URL picturebookthailand.org
料 AC S T 600B～　室 11室　WiFi

全室異なるインテリアが施された、アート感覚のゲストハウス。緑あふれる中庭が居心地よし。

タイプチ情報 メーソートにはビジネス客向けのホテルが多い。ただしほとんどは町の郊外に位置しており、旅行者が使うにはやや不便。

「地球の歩き方」公認
地球の歩き方 オンラインショップ

スーツケース・キャリーバッグはもちろん旅行用バッグやトラベル便利グッズ、デザイン雑貨などを豊富に取り揃え、あなたの「快適な旅」をサポートします。

環境に優しいサステナブルなスーツケース

今まで無意識に使っていたスーツケースを「TIERRAL（ティエラル）」に替えて旅に出る。それが環境配慮への小さな第一歩。ボディの外装素材にリサイクルPET樹脂を使用した環境に優しい、2つのタイプの「TIERRAL」誕生！

スライド操作でトマル

TOMARU

伸縮ハンドルのベース部分に設置されたスライドスイッチで背面2輪が固定できる「キャスターストッパー」機能を搭載。しゃがみこんだり、足で踏んだりせずに、ワンタッチでのロックが可能に。信号待ちや傾斜のある場所、揺れる電車・バスでの不用意な動き出しを防げるストレスフリーなスーツケース【TOMARU】。

TORERU

旅から帰ったら、すぐに汚れたキャスターが簡単に"トレル"。清潔にスッキリと収納できるスーツケース【TORERU】。別売りのリペアキャスターを使用すれば擦り減ったキャスターだけを自分で簡単に交換することも可能。長く使い続けてもらうこと、それも「TIERRAL」が提案するサステナビリティ。

5,500円以上送料無料	平日12時までのご注文で当日発送可能	各種ブランド・メーカー正規販売店	当店だけのお得なイベントやセール情報も満載

楽天市場店 　　Yahoo!ショッピング店

地球の歩き方オンラインショップ

<運営> TTC株式会社

タイ東北部
Thailand Northeast

ナコーン・ラーチャシーマー（コラート）	322
ピマーイ	328
スリン	331
パノム・ルン遺跡	334
シー・サケート	336
カオ・プラ・ウィハーン遺跡	338
ウボン・ラーチャターニー	340
コーン・チアム	347
ローイエット	348
ヤソートーン	350
コーンケン	351
ウドーン・ターニー	355
ノーンカーイ	361
ルーイ	366
ナコーン・パノム	369
タート・パノム	371
ムクダーハーン	372

ワット・タイ・プラチャオ・ヤイ・オントゥー（ウボン・ラーチャターニー → P.343）

THAILAND NORTHEAST
タイ東北部 早わかりNAVI

のんびり移動して旅の醍醐味を楽しもう

タイ東北部はこんなとこ

　イーサーン（イサーン）と呼ばれるタイ東北部は、北から東は大河メーコーン（メコン）を境にラオス、南はカンボジアと接している。見渡すかぎりの大平原と田園風景が広がる、のどかなエリアだ。9世紀にカンボジアでジャヤバルマン2世によって開かれたクメール帝国が、インドシナ半島のほぼ全域を支配する大帝国となると、その後11世紀頃から14世紀後半にアユタヤー王朝が強大化するまで、タイ東北部はクメール帝国に支配されていた。その間に"タイのアンコール・ワット"とも呼ばれているピマーイや、神殿として建てられたパノム・ルンを代表とする多くのクメール建築が築かれた。各地に点在するクメールの遺跡と、メーコーン沿いに見られる雄大な自然の造形も見どころだ。

1 東北部には大河メーコーンに面した町が多い。対岸はラオス　2 各地にあるクメールの小さな遺跡は精緻なレリーフなどを間近で見ることができる

SEASON 旅の季節

　なだらかな高原地帯の東北部。バンコクと同じように熱帯モンスーン気候地域なので、最も快適なのは10～2月にかけての乾季。この時期なら雨の心配もなく安心して遺跡巡りができる。年間を通じて比較的降水量が少ないため、5月中旬からの雨季に入ってもさほど支障なく旅行が楽しめる。ただし気温は高く、暑季には最高気温が40℃を超えることも珍しくない。帽子をかぶり飲料水を持ち歩くなど、暑さ対策は万全に。

メーコーン沿いにあるサオ・チャリエン（→P.347）は溶岩が侵食されてできた奇岩

320

EVENTS
おもなイベント情報

※イベントの詳しい開催時期と内容については
URL www.thailandtravel.or.jp を参照。

ブン・バンファイ（ロケット祭り）
【場所】ヤソートーン（→P.350）
【時期】5月中旬

雨季入り前、田植えの始まる時期に、降雨と豊作を祈って天にロケットを打ち上げる豪快なお祭り。集落対抗のように何発も打ち上げられ大迫力。ロケットは手作りで、落下して火事になったり暴発して死傷者が出ることも。見学する場合、発射場所にはあまり近寄らないこと。

ピーターコーン
【場所】ルーイ（→P.366）
【時期】6月

独特の意匠を凝らした仮面を付けて人々が練り歩く、タイ随一の奇祭

ろうそく祭り
【場所】ウボン・ラーチャターニー（→P.340）
【時期】7月

仏像や動物の形に造形されたろうそくが、巨大な山車となって通りをパレードするイベント。

ろうで造られた巨大な山車が通りに登場

バンファイ・パヤーナーク
（ナーガ・ファイアーボール・フェスティバル）
【場所】ポン・ピサイ（ノーンカーイ郊外）
【時期】オーク・パンサー（陰暦11月の満月の日）

この夜にだけ、メーコーンの水面から発光体が出現し空へと昇る神秘的な現象が見られる。映画の題材にもなったほど有名で、数十万人の見物客が押し寄せる。あわせて大きなお祭りも行われる。

灯火船祭り
【場所】ナコーン・パノム（→P.369）
【時期】オーク・パンサー（陰暦11月の満月の日）

動物やガルーダ、寺院、仏塔などの形に造られ、多数のライトで飾られたボートがメーコーンに何隻も登場し、川面に映え美しく輝く。

ピマーイ・フェスティバル
【場所】ピマーイ（→P.328）
【時期】11月中旬

毎年11月の第2週にピマーイ遺跡公園で行われる。タイとカンボジアのグループによる舞台や光と音のショー、郊外の運河で行われるボートレースもある。

クメール様式の美しさが堪能できるピマーイ遺跡

スリンの象祭り
【場所】スリン（→P.331）
【時期】11月第3週の週末

多数の象が集まるタイならではのイベント。特設会場での象の曲芸、サッカーというジョーのほか、象が市内を練り歩く姿が間近で見られ大迫力。

HINTS
旅のヒント

交通
おもな都市へは、バンコクの北バスターミナルからバスで直接移動できる。周遊する場合は東北部の玄関口であるナコーン・ラーチャシーマーかコーンケンを起点とし、各方面へ移動するのが便利。バンコクからナコーン・ラーチャシーマーまではバスで所要約4時間、北のウドーン・ターニーへはバスで約9時間、東のウボン・ラーチャターニーへは約10時間。鉄道はゲーンコーイとナコーン・ラーチャシーマーで北方面と東方面に分岐するので、注意が必要。

宿の利用
のんびり滞在できる手頃なホテルが多い。普段は比較的すいているので、予約も不要。中〜高級ホテルもリーズナブルな料金で利用できる。ただし何かイベントが行われると、多少不便な場所でも開催中はずっと満室になってしまうので予約は必須。さらにイベント期間中は割増料金になるところがほとんど。イベントなどにぶつかって宿がどこも満室だったら、お寺や大きな病院などを当たってみると、泊めてもらえることもある。

ACTIVITIES
アクティビティ

- メーコーンクルーズ
- クメール遺跡ツアー
- 国境越え
  （ラオス、カンボジア）

ムクダーハーンからメーコーンに架かる橋を渡って行けるラオス側の町、サワンナケート

FOODS
名物料理

- カイ・ヤーン（鳥のあぶり焼き）
- ソムタム（未熟パパイヤのサラダ）
- カーオ・ニャオ（蒸したもち米）
- ラーブ（ミンチのサラダ）
- プラー・ブク（メーコーン産の大ナマズ）
- ネーム（タイ風発酵ソーセージ）
- ムーヨー（蒸しソーセージ）

ノーンカーイの町に毎晩出現するカイ・ヤーン製造マシーン

タイ東北部　早わかりNAVI

321

Nakhon Ratchasima (Korat) นครราชสีมา

タイ救国の女傑ターオ・スラナーリーの町

ナコーン・ラーチャシーマー（コラート）

折込表-D4

旧市街の入口チュムポン門

イーサーン（タイ東北部）の玄関口に位置するナコーン・ラーチャシーマーは、イーサーンを代表する大都市。バンコクから東北へ255km、標高100～200mの高原地帯にあり、通称コラートと呼ばれる。郊外にはクメール時代の神殿で有名なピマーイ（→P.328）など、数多くの遺跡が残されている。

🌸 行き方

ナコーン・ラーチャシーマーにはバスターミナルが2ヵ所あるので、どちらに到着するのか確認しておこう。新市街にあるバスターミナルは旧バスターミナル（ボーコーソー・カオ）、新市街の北にあるバスターミナルは新バスターミナル（ボーコーソー・マイ）と呼ばれている。

バンコクから
BUS 北バスターミナルから24時間、40分～1時間ごとに出発。所要約4時間。1等232B、2等162B。ロットゥー197B。ナコーン・ラーチャシーマーからバンコクへは約3時間30分。ドーン・ムアン国際空港前でも下車可能。
RAIL クルンテープ・アピワット中央駅から1日9本。特急は所要約4時間、急行、快速、普通約5時間。列車により1等808～1518B、2等寝台423～633B、2等座席163～323B、3等99～199B。ディーゼル急行423B。

スリンから
BUS 3:30～19:15の間40分～1時間おきに1日20本、所要約4時間、1等180B、2等140B。

🌸 インフォメーション

ⓘ **TAT**
MAP P.322
🏠 2102-2104 Mittraphap Rd.
☎ 0-4421-3666
📠 0-4421-3667
⏰ 月～金8:30～16:30
🚐 市内から西向きに走るソンテオ1、2、3番に乗り、ミットラパープ通りとの交差点で下車（約10分）。交差点の南西、シーマー・ターニー・ホテル駐車場隣の白い建物1階。

近郊の地図やパンフレットがもらえる

ナコーン・ラーチャシーマーの歩き方

2ヵ所あるバスターミナル

バスターミナルは2ヵ所あり、おもな長距離バスは市街から少し離れたハイウエイ沿いにある新バスターミナル（ボーコーソー・マイ、**MAP** P.323-A3）に発着する。新市街にある旧バスターミナル（ボーコーソー・カオ、**MAP** P.323-A3）は、近郊の町を結ぶバスやソンテオがおもに発着する。バンコクからのバスはいずれかに到着するので、チケット購入時に確認すること。バンコク行きのバスも、両方から出る。鉄道で来る場合は、新市街にあるナコーン・ラーチャシーマー駅（**MAP** P.323-B1）で下車。

ナコーン・ラーチャシーマーのバスターミナルはイーサーン（タイ東北部）路線の要

ターオ・スラナーリー像を中心に町の概要をつかもう

ナコーン・ラーチャシーマーの町は、堀で囲まれた旧市街と、鉄道駅のある新市街に分かれている。町の中心となる広場に建ってい

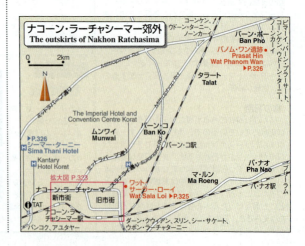

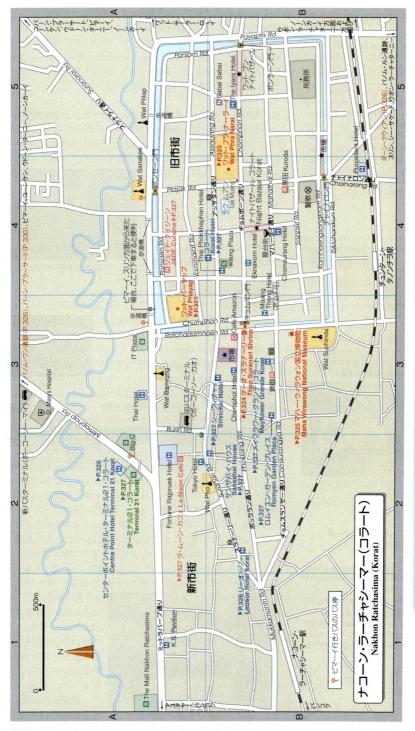

| タイ プチ情報 | ターミナル21・コラート（→P.327）の展望台は無料。展望台へは5階からエレベーターで上がる。イーサーンは平坦な土地なので、はるか遠くまで見渡せる。 |

旅のヒント

市内交通はソンテオ
7:00頃〜21:00頃の間、ソンテオが路線運行している。市内一律8B。

おもなソンテオの路線
1番：ナコーン・ラーチャシーマー駅前とターオ・スラナーリー像前を結ぶ
7番、10番、15番：ターオ・スラナーリー像前と新バスターミナルを結ぶ
4424番：新バスターミナルから旧バスターミナルを通って旧市街方面へ行く
4699番：旧バスターミナルから新バスターミナルへ行く

ナコーン・ラーチャシーマーの呼び名について
通称の「コラート」で呼ばれることが多い。乗り物の切符を買う際も、「コラート」と言ったほうが通じやすい。

チョムポーン通りのナイトバザール営業中
旧市街西端のポンラーン門からチョムポーン通りを1ブロック分使って行われているワット・ブン・ナイトバザール（MAP P.323-B5）。古くからあるナイトバザール・コラート（MAP P.323-B4）よりも広く、飲食の屋台が多いので軽い食事にも便利。

広い通りを使ったワット・ブン・ナイトバザール

ターオ・スラナーリー像
開 24時間　料 無料

インフォメーション

郵便局
アッサダン通りAssadang Rd.（MAP P.323-A4〜B4）とチョムスランヤー通りComsurangya Rd.（MAP P.323-B3）にある。チョムスランヤー通りの局は営業時間が長く便利。
開 月〜金8:30〜22:00
　　土・日9:00〜22:00
休 なし

るのは、ラオス軍を撃退した女傑ターオ・スラナーリーの像。この広場はラーチャダムヌーン通りRatchadamnoen Rd.とチョムポーン通りChomphon Rd.が交わる場所にあり、町歩き中の息抜きには最適だ。公園として整備されておりトイレもある。周辺にはショップや屋台、飲食店、安宿なども集まっており、常に人出が多くにぎやか。この広場の西が新市街、東が旧市街となる。

鉄道駅からターオ・スラナーリー像にかけてにぎわう新市街

新市街には、並行して東西に延びるスラナーリー通りSuranari Rd.、ポックラン通りPhoklang Rd.、チョムスランヤー通りComsurangya Rd.に沿って数多くの商店が並び、手頃なホテルも多い。鉄道駅よりも西は、静かな住宅街になる。市街は、北へラオスまで続くスーパーハイウエイ＝ミットラパープ通りMittraphap Rd.にぐるりと取り巻かれており、この通り沿いには大型の郊外型ショッピングセンターが数軒ある。

駅前には蒸気機関車が静態保存されている

堀に囲まれた旧市街

四角く堀に囲まれた旧市街は、アッサダン通りAssadang Rd.とチョムポーン通り一帯が繁華街で、金を扱う金行や食堂、商店が軒を連ねている。夜になると通りが屋台で埋まるナイトバザール・コラート（MAP P.323-B4）もある。ワット・プラ・ナーラーイより東は静かな住宅街。

ナイトバザールの露店

おもな見どころ

タイを救った女性の勇姿を見に行こう ★★
ターオ・スラナーリー像（ヤー・モー）
Thao Suranari Shrine
MAP P.323-B3
อนุสาวรีย์ท้าวสุรนารี

市街のほぼ中心にあるチュムポン門前の広場に設けられた台座に建つ、ターオ・スラナーリーことモー夫人の像。1826年、この町は侵入してきたラオス軍に襲撃された。副領主の妻であったモー夫人は機転を利かせて敵陣に潜入し、敵兵士たちに酒を飲ませて酔いつぶした。それに乗じてタイ軍はラオス軍を打ち破り、町を危機から救ったという。この像はモー夫人をたたえて1934年に建てられたもので、タイ国民からはヤー・モーの愛称で呼ばれ、深く敬愛されている。毎年3月下旬から4月上旬に彼女をたたえるターオ・スラナーリー祭りが行われ、各地から集まる多数の見物人で町はにぎわう。広場の隣には参拝用の花と放生用の生き物を売る店やタイダンスが披露される東屋が並び、普段からお参りに来る人が絶えない。

町の人々から深く敬愛されているモー夫人の像

クメールの遺物を展示する
マハー・ウィラウォン国立博物館 ★★
MAP P.323-B3
Maha Wirawong National Museum
พิพิธภัณฑ์สถานแห่งชาติมหาวีรวงศ์

展示は建物に向かって入口の左部分だけ

ワット・スチンダーの境内に図書館と並んで建てられている小さな建物が、マハー・ウィラウォン国立博物館。展示室は建物内のごく一部で、室内に近郊のクメール遺跡で発見された遺物が展示されている。

仏教学校もある町の中心の寺院
ワット・プラ・ナーラーイ ★
MAP P.323-B4～B5
Wat Phra Narai
วัดพระนารายณ์

旧市街中心部にある大きな寺院で、僧侶のための仏教学校も併設されている。この寺院で最も有名なのは砂岩で作られた4本の手をもつクメール様式の像だが、一般公開はされていない。ナコーン・ラーチャシーマーのラク・ムアンLak Muang（町の柱）は、この寺がある区画の南西角にある。

ターオ・スラナーリーが眠る寺
ワット・サーラー・ローイ ★
MAP P.322
Wat Sala Loi
วัดศาลาลอย

1827年にターオ・スラナーリーことモー夫人が創建した寺院。旧市街の東、静かな住宅街の中にある。境内にはモー夫人の遺骨が安置されており、彼女の遺品を展示した博物館もある。1967年に新たに建てられたこの寺院の建物は、屋根や窓のデザインが独特な、現代風の造りになっている。

モダンで斬新なデザインで建てられたワット・サーラー・ローイの本堂

不思議な手造りの洞窟がある
ワット・パーヤップ ★★
MAP P.323-A3
Wat Phayap
วัดพายัพ

深い瞑想に入れそうな洞窟部屋

旧市街の角にある一見何の変哲もないこの寺院は、ある僧侶が造り上げた謎の小部屋が評判になっている。各地から集めた石や鍾乳石を壁や天井一面に張り付けて洞窟のようにしつらえた神秘的な雰囲気の部屋で、僧侶や在家信者の瞑想などに使われている。

マハー・ウィラウォン国立博物館
- 水～日9:00～16:00
- 休 月・火・祝
- 50B（外国人料金）
- 行き方 ターオ・スラナーリー像から徒歩約5分。

ワット・プラ・ナーラーイ
- 毎日6:00～20:00
- 無料
- 行き方 ターオ・スラナーリー像から徒歩約10分。

コンクリート製のモダンな仏塔

ワット・サーラー・ローイ
- 毎日6:00～20:00
- 無料
- 行き方 市街からトゥクトゥクで40B程度。

仏塔も現代的な造形

ワット・パーヤップ
- 毎日6:00～20:00
- 無料
- 行き方 ターオ・スラナーリー像から徒歩約5分。

珍しい円形の建物もある

タイ東北部 ナコーン・ラーチャシーマー（コラート）

タイプチ情報 ナコーン・ラーチャシーマーの近くには工業団地があり日系企業が進出しているので、日本人駐在員もいる。そのため日本語の看板を出した日本人向けのカラオケ屋や日本料理店もちらほら。

パノム・ワン遺跡
- 毎日7:30〜18:00
- 50B（外国人料金）
- 行き方　新市街の旧バスターミナル（MAP P.323-A3）から出ている4144、4698番のソンテオで約15分、12B。よい目印がないので、事前に運転手に頼んでおけば、最寄りの十字路で降ろしてくれるはず。そこから徒歩約20分、もしくはモーターサイ利用（20〜30B）。

ダーン・クウィアン
- 行き方　新バスターミナルからスリン、チョークチャイ方面行きのバスに乗り、ダーン・クウィアンで下車（15〜20B）。道幅が広がり、両側に焼き物の店が並んでいるのが見えてから運転手に合図しても間に合う。

さまざまなデザインの焼き物が並んでいる

郊外の見どころ

見応えのあるクメール寺院跡 ★★
パノム・ワン遺跡
Prasat Hin Wat Phanom Wan

MAP P.322　ปราสาทหินวัดพนมวัน

ピマーイ遺跡（→P.328）とほぼ同時期の建立と推定されるクメール様式の寺院跡。ナコーン・ラーチャシーマー市街から北東へ約20km離れているが、クメール遺跡に興味がある人は足を運んでみよう。のどかな田園地帯の中にポツンと建っている。規模は比較的大きく修復もされているので、見応えがある。

石積みの大きな建物が残っている

街道沿いの陶器製造直売の町 ★
ダーン・クウィアン
Dan Kwian

MAP 折込表-D5　ด่านเกวียน

ナコーン・ラーチャシーマーから南へ14kmの所にある、各種陶器が特産の町。クメール様式の像やレリーフなどをモチーフにした大物も並べられているが、10B程度のかわいらしい素焼きのネックレスやカラフルに彩色された風鈴などはおみやげにもいい。街道沿いの店の裏側などが工房になっているところもあり、気軽に見学させてくれる。

カラフルな小物はおみやげに人気

ホテル

ホテル事情
バックパッカー向けのゲストハウスなどはなく、節約するなら旅社と呼ばれる商人宿風の安宿が、ターオ・スラナーリー像の広場を中心に新市街と旧市街のにぎやかなエリアに点在している。数は多いので、贅沢をいわなければ宿にあぶれることはないだろう。郊外にある工業団地への出張者などが利用する比較的高級なホテルは、町の外側を走るミットラパープ通り沿いに多い。個人旅行者には不便。

高級ホテル

H センターポイントホテル・ターミナル21・コラート
Centre Point Hotel Terminal21 Korat　MAP P.323-A2
- 99 Mittraphap Rd.　0-4449-8880
- 0-4449-8870　www.centrepoint.com/korat
- AC S T 3866B〜　CC A D J M V
- 185室　プール　WiFi

2020年11月オープン、ナコーン・ラーチャシーマー最新の高級ホテル。大型ショッピングモールのターミナル21・コラートに隣接するやや奥まった位置に建てられている。グレーとベージュ基調のすっきりしたインテリア。

H シーマー・ターニー
Sima Thani Hotel　MAP P.322
- 2112/2 Mittraphap Rd.　0-4421-3100
- www.simathani.com
- AC S T 2297B〜　CC A J M V
- 267室

バンコク方面から来ると市街の入口に当たる場所に建っている、町を代表するホテル。大きな吹き抜けや、客室の随所に施されたクメール様式の装飾など、館内は高級感満点。2019年に改装され、館内はモノトーンでモダンかつおしゃれになった。

中級ホテル

H リーオーソー
Leosor Hotel Korat　MAP P.323-B2
- 555 Suranari Rd.　0-4427-3555、08-8581-5050　LeosorHotelKorat
- AC S T 1200B〜　CC A J M V
- 74室　WiFi

2016年オープン。フローリングでブラウン基調のウッディなインテリアが落ち着ける。町の中心からは少し外れる。

H ロムイエン・ガーデン・プレイス
Romyen Garden Place　MAP●P.323-B3

- 168/9 Comsurangya Rd.　0-4425-8816
- www.romyengardenplace.com
- AC ST 990B～　CC AJMV
- 65室　プール　WiFi

ロムイエン（意味は「涼風」）という名称のとおり廊下は外向き、朝食はテラスレストランで提供されるなどリゾート風。地下に洗濯機（有料）が設置され、長期滞在向けコンドミニアムも兼ねる。

手頃なホテル

H コラート
Korat Hotel　MAP●P.323-A4～B4

- 191 Assadang Rd.　0-4434-1345
- 0-4434-1125　www.korat-hotel.com
- AC ST 1500B～
- CC AJMV　106室　WiFi

旧市街には数少ない手頃な料金のホテル。旧市街のほぼ中心にあり便利。2017年にリノベーションされロビー周辺は広々、通りに面したレストランや客室の雰囲気も明るくなり、Wi-Fiも全室で利用可能になった。

H シーウィチャイ
Srivichai Hotel　MAP●P.323-B3

- 9-11 Buarong Rd.　0-4424-2194
- AC ST 500B～（朝食別）
- CC MV　50室　WiFi

コラート市街に多い古くからあるホテルや旅社のなかでは比較的まとも。フローリングでエアコンもよく効き、バスルームの設備は相応に古いがそこそこ清潔。改装されてモダンになったスーペリア（AC ST 670B）がおすすめ。朝はレストランでコーヒーの無料サービスあり。

H メイフラワー・グランデ・コラート
Mayflower Grande Korat　MAP●P.323-B3

- 62/1 Comsurangya Rd.
- 0-4426-0555　0-4425-8657
- AC S 650B～ T 700B～（朝食別）　CC JMV
- 128室　WiFi

部屋は広くテレビ、冷蔵庫もある。建物は通りに面しているが、入口は少し奥。2017年に全館改装が終了し、客室はモダンに、古い造りだったバスルームも相応に新しくなり、この料金はお得感あり。NHKの国際衛星放送が見られる。コーヒーショップの朝食は、フロントで朝食券を買えば90B。旧称チャオパヤー・イン。

H サンサバイ・ハウス
Sansabai House　MAP●P.323-B2

- 335, 337 Suranari Rd.　0-4425-5144
- www.sansabai-korat.com
- F ST 300B　AC ST 450B
- CC なし　41室　WiFi

町の中心に近く便利な場所にある手頃な宿。全室TV付きでホットシャワー。タイル張りで窓が大きく客室は明るい。

レストラン

H ロムイエン・ガーデン・プレイスの周辺は夕方から屋台街になり、いろいろ試してみるのも楽しい。

R ジェイド・クイジーン
JADE Cuisine　MAP●P.323-A4

- 28 Ponsaen Rd.　08-7644-2693
- jade-cuisine.business.site
- 毎日17:00～24:00　CC AMV

旧市街をぐるりと囲む堀に面した高級店。テラス席があり気分よく食事ができる。カオ・パット・プー（カニチャーハン）小150B。サーモン・マクア・ムアン Salmom Makuea Muang（サーモンとナスのグリル、グリーンカレーかけ）320Bなどフュージョン風タイ料理もある。

C ラ・ムーン・カフェ
La-Moon Cafe　MAP●P.323-A2

- 110 Suranari Rd.　08-9844-5534
- 毎日8:00～19:00　CC AMV

ナコーン・ラーチャシーマーのハイソに大人気のカフェ。エアコンの効いたガラス張りの店内席と、緑の生い茂るリゾート風のテラス席が選べる。豆はタイ北部のドーイ・チャーン産を使用。コーヒー各種60B～。

ショップ

S ターミナル21・コラート
Terminal 21 Korat　MAP●P.323-A2

- 99 Mittraphap Rd.　0-4449-8888
- www.terminal21.co.th/korat
- 毎日10:00～22:00　ショップによって異なる

バンコクで人気のショッピングセンターが支店をオープン。バンコク同様フロアごとにロンドン、パリ、イスタンブール、東京など異なるテーマのインテリア。4階のフードコートは値段も安め。スカイデッキと呼ばれる管制塔のような高さ110mの展望タワーがあり、入場無料。

タイプチ情報　バンコク方面からイーサーンを訪れる場合、交通の要のような位置にあるのがナコーン・ラーチャシーマー。そのためか古い旅社が多く、とにかく安く泊まるならこのあたりが選択肢のひとつになる。

Phimai　พิมาย

タイのアンコール・ワットともいわれるクメール遺跡
ピマーイ

折込表-D4

町の中心にあるピマーイ遺跡

行き方

ナコーン・ラーチャシーマーから
BUS 新バスターミナル41番乗り場から、8:40～17:40の間1時間おきに出るピマーイ行きのバスかロットゥー利用。所要50分～1時間10分、59B。ピマーイ発ナコーン・ラーチャシーマー行きの最終は16:10なので注意。

インフォメーション

ツーリストポリス
MAP P.329
TEL 1155
ピマーイ遺跡公園入口前。

旅のヒント

お手軽ツアーはいかが
ナコーン・ラーチャシーマーの旅行会社が、2000B程度でピマーイと周辺の遺跡を回る1日ツアーをアレンジしている。

ピマーイ遺跡公園
開 毎日7:30～18:00
料 100B（外国人料金）
入口から入ってすぐ右にあるオフィスで、日本語版の案内図がもらえる。

参道の入口を守っている獅子

　タイの遺跡はアユタヤー、スコータイが名高いが、イーサーンの平原にもさまざまな古い遺跡が点在している。これらの多くは1000年ほど前、クメール帝国の時代に建てられたものだ。そのなかでも特に重要なのがピマーイの遺跡。11世紀、アンコール朝のスールヤバルマン1世の治世に完成したといわれるこの遺跡は、クメール様式の美しい建築スタイルで、タイのアンコール・ワットとも称される。

ピマーイの歩き方

　ナコーン・ラーチャシーマー方面から来るバスは遺跡入口近くの時計塔（ホー・ナーリカー）がある駐車場前で停車し、さらに西側の川向こうにある新市街へと向かう。遺跡を見物するにも宿を探すにも、時計塔前で下車するのが便利だ。車掌によっては「ホー・ナーリカー」と連呼してくれる。

　ピマーイの町には、以前は四方を石の城壁で囲まれていたことを示す3つの門が北、西、南に残っている。現在の町はピマーイ寺院の境内に人々が集まってできたものとされ、寺院が形成されたあとの12世紀頃には、この市街地全体が聖域だった。南北に1030m、東西に665mもあったその聖域の壁も今では大半が失われているが、門周辺と町の西側に当時の名残がある。町の中には崩れた仏塔や寺院が点在し、遺跡の町らしい雰囲気が感じられる。

おもな見どころ

タイの代表的クメール遺跡 ★★★
ピマーイ遺跡公園
Prasat Hin Phimai Historical Park
MAP P.329
ปราสาทหินพิมาย

　ピマーイ遺跡公園は、厚い石の塀に囲まれた広大な公園だ。白色砂岩で造られた高さ28mの塔がそそり立つ中央の神殿と、赤いラテライトのレンガを組み上げた回廊は、タイ芸術局によって1964～1968年にかけて修復されたもの。回廊は4つの門をもち、正面には蛇神ナーク（ナーガ）に守られたテラスを備えている。神殿内の中心部

中心の構造物は修復されて往時の偉容がよみがえっている

にある堂内には、アンコール・トムを増築し、仏教の熱心な信者でもあった12世紀後半のアンコール朝王、ジャヤバルマン7世のものと推定される石像が安置されている。

　巨大な塔だけでなく、堂内の入口や塔の上部に飾られている彫刻にも注目してみよう。クメール風の顔立ちをした仏陀や、シヴァやヴィシュヌに代表されるヒンドゥー教の神々、舞い踊る天女たちの姿が石板の上に生きいきと彫り込まれている。

芝が植えられ公園風に整備されているピマーイ遺跡

数々の出土品や資料が展示されている ★★
ピマーイ国立博物館
Phimai National Museum　　MAP P.329

　1992年に新築された館内に、ピマーイ遺跡に代表されるナコーン・ラーチャシーマー周辺のクメール遺跡から出土した美術品が展示されている。レリーフや仏像などが目の高さ、手を触れられるような位置に展示してあり、細かい部分までじっくり観察できる。博物館の前にある大きな池は、1100年頃に寺院の水源用として掘られたものだと考えられており、これも立派な遺跡のひとつ。

博物館の庭に展示されているレリーフ

ピマーイ国立博物館
- 毎日9:00〜16:00
- 100B（外国人料金）

館内は広く展示も充実

ベンガル菩提樹もここまで育てば確かにスゴイ！ ★★
サイ・ンガーム公園
Sai-ngam Park　　MAP P.329

　ピマーイ旧市街の北東およそ2kmの所に、樹齢350年を超えるとされるベンガル菩提樹（バンヤン樹）の大木が名物となっている公園がある。この木は枝が横へと伸び、その枝から気根が地面に向

サイ・ンガーム公園
- 毎日7:00〜18:00
- 無料
- 行き方 遺跡公園周辺からサームローやモーターサイで約10分、片道30〜40B。

木漏れ日が神秘的な光景を造り出すサイ・ンガーム公園

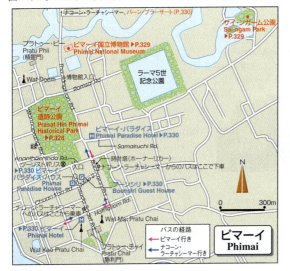

タイ東北部　ピマーイ

タイプチ情報　ナコーン・ラーチャシーマーとピマーイを結ぶバスはコロナ禍以降減便され、特にナコーン・ラーチャシーマーへ戻る便は満席で乗れない可能性もあるので、早めに行動するのが無難。

周囲の池ものみ込まんばかりに繁茂するサイ・ンガーム

かい、またそれが新たな幹となっていくもので、この公園内の池にある島にその大木がある。枝が互いにからまり合い、全体が長径50m、短径20mもの大きさに達している。うっそうと気根が垂れ下がり、その中には祠なども設けられていて神秘的でもある。気根の間には遊歩道があり、自由に歩けるようになっている。緑陰で涼しく、市民の憩いの場。大木の脇には東屋がズラリと並び、タイ式の食堂や売店になっている。

先史時代の墳墓遺跡がある村
バーン・プラーサート ★
Ban Prasat　MAP 折込表-D4
บ้านแหล่งปราสาท

バーン・プラーサート

行き方 ピマーイからナコーン・ラーチャシーマー行きのバスに乗り約10分、「バーン・プラーサート」で降ろしてもらう。2等20B、普通16B。バスはかなりのスピードで走るので、乗車時に「バーン・プラーサート」で停車するよう車掌に頼んでおくこと。ナコーン・ラーチャシーマーからは約1時間、2等40B、普通27B。バス停からモーターサイで約3分（ひと回り50〜60B）。3ヵ所のピットを回ってくれる。

ピマーイ郊外の小さな村に先史時代の墳墓遺跡がある。全部で3ヵ所ある発掘現場（ピット）は深さ5mほどの縦穴になっており、地層が変わるごとに時代と出土品が変化していく様子がよくわかる。バーン・チアン（→P.357）の遺跡と同様、土器とともに人骨まで並んでいて迫力満点。多いピットには人骨が16体も並んでおり、2000〜3000年前のものと推定されている。

発掘された状態のままで展示されている人骨

ホテル

ホテル事情

遺跡公園の周辺には、手頃なホテルが2軒とゲストハウスが2軒ある。どこもフレンドリーで居心地がいい。高級ホテルはない。

手頃なホテル

Ⓗ ピマーイ・パラダイス
Phimai Paradise Hotel MAP●P.329

- 100 Moo 2, Samairuchi Rd.
- 0-4428-7565　0-4428-7575
- www.phimaiparadisehotel.com
- AC S T 450〜600B
- CC なし　42室　プール　WiFi

2013年オープン、ピマーイでは最新の手頃なホテル。日貸しもしていたサービスアパートメントを増築、改装して開業したホテル部門。客室はシンプルながら全室テレビ、冷蔵庫、ホットシャワー設置。小さなプールもある。裏にあるサービスアパートメントも、改装されておりきれい。朝食はおかゆ。

Ⓗ ピマーイ
Phimai Hotel MAP●P.329

- 305/1-2 Hathairom Rd.
- 0-4447-1306　0-4447-1940
- F S 280B　AC S 380B〜　T 450B〜（朝食別）
- CC なし　41室
- WiFi（ロビー周辺と2階までの客室のみ）

部屋はシンプルな造りだが清潔。全室テレビ付き、エアコンの部屋はホットシャワー。VIPルームはAC S 500B、T 600B。従業員もみな親切。5階建てだがエレベーターはない。1階にあるレストランは、値段も安くおすすめ。

ゲストハウス

Ⓖ ピマーイ・パラダイス・ハウス
Phimai Paradise House MAP●P.329

- 214 Moo 14, Chomsuda Sadet Rd.
- 0-4447-1918　www.phimaiparadisehotel.com
- AC S 200B〜　S T 500B〜（朝食付き）
- CC なし　10室　WiFi

タイ古民家風のウッディな造り。ドミトリーは4ベッドと6ベッド。ツインは2段ベッド。スーペリアはダブルベッドで600B。

Ⓖ ブーンシリ
Boonsiri Guest House MAP●P.329

- 228 Moo 2, Chomsuda Sadet Rd.
- 08-9424-9942　F S 150B　S T 350B
- CC なし　17室　WiFi

通りに面した入口から細長い食堂の奥に抜けると受付があり、客室はその裏。部屋も清潔。小さな中庭や2階のテラスでのんびり過ごせる。全室テレビ付き、ホットシャワー。レンタサイクル1日60B（ビジター80B）。

Surin สุรินทร์

年に一度の象祭りで有名な小さな町
スリン

バンコク
折込表-E5

駅前にある象の家族像

　スリンは象で有名な町で、市内には象の像がいくつもある。毎年11月に開催される象祭り（→P.333）には多数の象が集合して市内をのし歩き、町は大勢の旅行者でにぎわう。それ以外の日々は、静かでのどかな地方都市。カンボジア国境に近く、周辺にはクメール時代の遺跡も多い。

スリンの歩き方

　スリンの町は駅の南側に広がっている。小さな町なので、ぶらぶら歩くだけでも十分に見て回れる。夜になるとワット・ブーラパーラーム北側の通りが、食べ物の屋台がずらりと並ぶナイトマーケットになる。バスターミナルの東にあるトーン・ターリン・ホテル前から鉄道線路にかけての通り沿いには、タイ風のパブやレストランが集まっており、こちらも夜は人々が集まってにぎやかだ。

　象の町らしく市内には象の像が点在している。駅前にあるのは父母と子供の3頭が並んだ象の家族像。市街の南にあるフィットネス・パーク南端には、クーイ族が飼い慣らした象を使って野生の象をつかまえる様子を再現した像がある。県庁の前にも象の親子像がある。

手織りの布なども売られる土曜のマーケット

　この像近くにOTOP（タイの一村一品運動）のショップがあり、毎週土曜の午前中に建物の周囲でマーケットが開かれる。

おもな見どころ

白象を捕らえたスリンの初代領主
スリン・パクディーの像 MAP P.331
Statue of Surin Phakdee　อนุสาวรีย์สุรินทร์ภักดี

　スリン・パクディーは、18世紀に当時の首都アユタヤーから逃走した白象を捕獲した功により、スリンの初代領主となったクーイ族の族長。現在のスリンの町は1786年に彼の手によって開かれた。クーイ族は伝統的に象の扱いがうまいことで知られている。

お供えが絶えない

♦ 行き方

バンコクから
AIR ドーン・ムアン国際空港からノックエアが1日1便。詳細はウェブサイト（→P.508）で。
BUS 北バスターミナルから所要約7時間、VIP 402〜417B、1等367B。
RAIL クルンテープ・アピワット中央駅から1日6本、所要約6時間30分〜8時間。列車により1等1172〜2172B、2等寝台557〜897B、2等座席277〜396B、3等182〜222B。ディーゼル急行487B。

ナコーン・ラーチャシーマーから
BUS 新バスターミナル12番乗り場から274番バスが6:30〜16:30の間に7便、所要約4時間、1等185B、2等144B。

スリン・パクディーの像
🕐 毎日24時間　💰 無料

タイプチ情報 スリン周辺のクメール遺跡はバスなどで回ると効率が悪い。ホテルなどでタクシーを手配すれば、1日で見て回ることができる。1日2000B程度で依頼できる。

タイ東北部　ピマーイ／スリン

331

郊外の見どころ

シー・コーラプーム遺跡公園

シー・コーラプーム遺跡公園
圏 毎日7:30～18:00 圏 50B
行き方 スリンのバスターミナルからシー・サケット行きのロットゥーに乗り、スリンの東約40kmのシー・コーラブーム Sri Khoraphum下車。所要約45分、40B。あるいは列車でシー・コーラブームまで行き、駅から徒歩約15分。遺跡の場所はわかりにくいので、駅からモーターサイを利用すると便利。片道約5分、20B程度。

バーン・プルアン遺跡
圏 毎日7:30～18:00 圏 50B
行き方 スリンのバスターミナルからナコーン・ラーチャシーマー行きのバスに乗り、スリン市街の南32kmにあるプラーサートで下車、所要約30分、25B。またはチョーム行きのロットゥーも利用できる（20B）。プラーサートのバスターミナルからはモーターサイで約5分。最寄りのバス停から遺跡まで約600mあり、帰りのバスをひろうのも大変なので、モーターサイで往復するのが安心。50～60B程度。

プラーサート・プームポーン
圏 毎日7:30～17:00 圏 無料
行き方 ワット・ノーンブア前のバス停からサンカSangkha行きのソンテオに乗ってサンカの町まで行く。所要約1時間30分、40B。ロットゥーは50B。さらにバスターミナル付近にいるモーターサイに乗って約15分、往復150～200B程度。サンカのバスターミナルからはソンテオ（18B）もあるが、戻りの最終が15:00頃。モーターサイを待たせておくのが確実。

チョーン・チョーム
行き方 スリンのバスターミナルからロットゥーが5:30～18:30の間、だいたい30分おきに出発。所要約1時間15分、60B。国境からマーケットまでのモーターサイは30B。

柵の向こうはカンボジア

カンボジアのビザ
国境で取得でき料金は1200B。写真が2枚必要で、持っていない場合追加料金100B。

彫刻が美しいクメール様式の寺院跡 ★★
シー・コーラプーム遺跡公園
Prasat Hin Sri Khoraphum Historical Park
MAP P.331外
ปราสาทหินศีขรภูมิ

田園地帯にそびえる遺跡

U字型の池に囲まれた縦25m、横26m、高さ1.5mの台座の上にれんが造りの5基の仏塔が建つ。中央にある高さ32mの仏塔入口上部のレリーフと、両脇の柱に残るクメール風彫刻が美しい。12世紀頃にヒンドゥー寺院として建造され、16世紀頃に仏教寺院に転用されたもの。

修復されて美しく再現されたクメールの神殿跡 ★
バーン・プルアン遺跡
Prasat Hin Ban Phluang
MAP P.331外
ปราสาทหินบ้านพลวง

アンコール王朝全盛のスールヤバルマン1世から6世の治世（11～12世紀）に造られた神殿の跡。周囲の関連建築物はすべて失われてしまい、残る仏塔も倒壊していたが、現在では仏塔のみ修復され、装飾のクメール風彫刻も再現されている。

修復された仏塔だけが芝生の広場に建っている

タイ最古のクメール神殿跡 ★
プラーサート・プームポーン
Prasart Phumpon
MAP P.331外
ปราสาทภูมิโปน

今にも崩れそうな様子の仏塔

カンボジアのアンコール朝が隆盛を極める以前の、8世紀頃に建造されたといわれるタイ最古のクメール遺跡。古いだけあって保存状態が悪く、残念ながら今では仏塔の一部が残っているだけ。集落の中にポツンとある。

🐘 国境を越えよう

大きなマーケットがある ★
チョーン・チョーム
Chong Chom
MAP 折込表-E5
ช่องจอม

スリンから南に下ったカンボジア国境の町チョーン・チョームと、カンボジア側の町オスマックとの間にある国境が、外国人にも開放されている。国境の手前に大きなマーケットがあり、チョーン・チョーム行きのロットゥーはマーケットを経由して国境まで行く。国境からマーケットまでは、モーターサイで移動できる。

注：2017年から、国境を接する国から空路以外でのビザなし入国が、暦年で2回までに制限されている。隣接国を日帰りなどで訪れる場合は、出入国の回数に注意。

ホテル

ホテル事情

町中にやや高級なホテルが数軒、中級ホテルも数軒、あとは安宿。毎年11月第3週に行われる象祭り期間中はたいへん混雑するので、この時期にスリンを訪れる場合は早めの予約を。

高級ホテル

H スリン・マジェスティック
Surin Majestic Hotel　MAP●P.331

- 99 Jitbumrung Rd.　0-4471-3980
- www.surinmajestic.com
- AC S T 1200B〜　CC A D J M V
- 71室　プール　WiFi

広々とした客室は全室テラス付きで、窓も大きく明るい。大きなプールやジムも完備。朝食は隣のレストランで食べる。バスターミナルがすぐ隣で移動にも便利。プールのビジター利用は130B。

H トーン・ターリン
Thong Tharin Hotel　MAP●P.331

- 60 Sirirat Rd.　0-4451-4281
- www.thongtarinhotel.com
- AC S T 2000B〜　CC A J M V　217室
- プール　WiFi

バスターミナルから東へ徒歩7分の所にある高層ホテル。周囲に高い建物がないので見晴らしもいい。全室テレビ、冷蔵庫付き。周辺にはディスコやパブが数軒ある。

H ザ・ウッド
The Wood　MAP●P.331

- 6 Soi Thesabanbamrung
- 06-3023-7999　The Wood
- AC S T 1100B〜　CC A J M V
- 30室　WiFi

通りから入った静かな路地の中にある、高級マンションのようなたたずまいのホテル。入口周辺を始め館内そこかしこに緑が配され、廊下や階段も風がよく通りエココンシャス。

中級ホテル

H ホップ・イン・スリン
HOP INN Surin　MAP●P.331外

- 5/1 Soi Poy Tang Ko　0-2659-2899
- www.hopinnhotel.com　AC S T 620B〜
- CC A J M V　79室　WiFi

調った設備と手頃な料金で人気ホテルチェーンの1軒。町の中心に比較的近く歩いて移動でき便利。ブルーとグレーの外観が目印。

手頃なホテル

H アマリン
Amarin Hotel　MAP●P.331

- 235 Tessaban 1 Rd.　0-4451-3300
- F S T 250B　AC S T 350B〜（朝食別）
- CC なし　70室　WiFi（使えない部屋あり）

ペッカセーム・デパートの裏側にある安旅社。妙な色に塗られた外観だが部屋はきれい。全室テレビ、冷蔵庫付きでホットシャワー。

レストラン

R シット・イン
Sit-in　MAP●P.331

- 27/46 Soi Ploupring, Lak Muang Rd.
- 08-4477-6688　Sit-in
- 毎日8:00〜22:30　CC なし

緑の庭に囲まれたかわいらしい一軒家のレストラン。おしゃれなカフェ風の店内で、モダンかつ本格的なタイ料理が楽しめる。

C タイ・トーン・テイスト
Thai Tone Taste　MAP●P.331

- 400 Thanasarn Rd.　06-1961-9946
- Thai Tone Taste　毎日10:30〜20:30　CC なし

おしゃれなカフェ風店内でタイのスイーツが楽しめる。クラッシュアイス入りココナツミルクやミルクに好みのトッピングを1〜4種類選んで39B〜と手頃。追加トッピング1種類5B。

たくさんの象が町を練り歩くスリンの象祭り

スリンで毎年11月の第3土・日曜に開催される町を挙げての大規模なお祭りが、スリンの象祭りElephant Round-up。この日はスリン周辺から多数の象が集められ、町は象と観光客であふれる。

象が大挙して市内を練り歩く様はこの2日間だけの見もの。象に乗れたり餌をやったりと、象とのスキンシップが楽しめる。さらに特設会場では曲芸や綱引きが行われ、象のサッカーや古式にのっとった象戦争などが繰り広げられる。

タイプチ情報　スリンのバスターミナルは町の中心にありとても便利。バスターミナルを取り巻くように食堂街もあり、手頃な値段で食事ができる。

Prasat Hin Khao Phanom Rung ปราสาทหินเขาพนมรุ้ง

バンコク●
折込表-D5〜E5

丘の上に建設された大遺跡
パノム・ルン遺跡

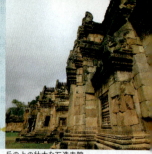

丘の上の壮大な石造寺院

行き方

ナコーン・ラーチャシーマーとスリンを結ぶバスでバーン・タコーBaan Takoまで行く。乗車時に車掌に「バーン・タコー」あるいは「パノム・ルン」とはっきり告げておくこと。バーン・タコーからパノム・ルンへはモーターサイを利用する。所要約20分で往復250B。言い値は450〜500Bとかなり高いのでしっかり交渉しよう。ムアン・タムへも行く場合は350B。

ナコーン・ラーチャシーマーから
BUS 274番のスリン行きバスが6:30〜16:30の間に7便、所要2〜3時間、2等90B。

スリンから
BUS ナコーン・ラーチャシーマー行きバス274番（上記の逆）利用。所要約1時間30分、2等78B。

ブリーラム県の南、カンボジア国境近くにある小高い死火山の上に建つパノム・ルン神殿の跡は、カオ・プラ・ウィハーン（→P.338）、ピマーイ（→P.328）、あるいはカンボジアのアンコール・ワットなどと並んで、アンコール朝時代に建てられた重要な寺院。クメール語で「大きな丘」を意味するパノム・ルンの遺跡は、丘の上から周囲に広がる大平原を見下ろしている。

おもな見どころ

アンコール・ワットとピマーイを結びつける大遺跡 ★★★
パノム・ルン遺跡公園
Prasat Hin Khao Phanom Rung Historical Park　MAP 折込表-D5〜E5
สวนสาธารณะเขาพนมรุ้ง

標高383mの小高い死火山の上にそびえるクメール王国の神殿跡。1988年5月に17年がかりの修復工事が終了し、往時をしのばせる荘厳さを見せている。

遺跡の建立はアンコール・ワットと同時期の12世紀頃と推定され、クメール王国の絶頂期らしい重厚な造りと規模を誇っている。パノム・ルンのパノムとはカンボジアの首都プノン・ペンのプノンと同様、クメール語で「丘」を表す言葉。神殿の境内から南を眺めると、そこに広がっているのはタイの農村。その先におぼろげに見える山々はカンボジアとの国境でもあるドンラック山脈。カンボジアはすぐそこなのだ。

入口のゲートから中に入るとまず長さ約160m、幅7mの石畳の参道に出る。この参道は両側にハスの花のつぼみをかたどった石灯籠が70基、神殿正面の階段まで並んでいる。参道を進んでいくと、3頭のナーク（ナーガ＝蛇神）に守られたテラス状の橋に出る。ここから急な石段を上っていくと、神殿は目の前だ。

縦66m、横88mの回廊に取り囲まれた神殿はピンクと白色の砂岩で築かれており、内部にはヒンドゥー教の神シヴァの乗り物である牛

パノム・ルン遺跡公園
🕐 毎日6:00〜18:00
💰 100B。ムアン・タム遺跡公園との共通入場券150B（外国人料金）

チケット売り場手前にインフォメーションの建物があり、日本語パンフレットがもらえる。内部には修復前の遺跡の写真が展示されていて興味深い。資料のDVDやガイドブックも販売している。

遺跡への入口脇にあるインフォメーション

参道を上りきるとそびえている巨大建築

遺跡から見渡すイーサーンの大地

随所に精緻な浮き彫りが見られる

修復された尖塔

像が祀られている。外壁は多数の緻密なクメール様式の宗教装飾が施されているが、特に有名なのは神殿の正面入口上部に飾られている「水上で眠るナーラーイ神」のレリーフ。これは復元修理に取りかかる前に盗まれ、アメリカのシカゴ博物館で発見されたのを返還させたもの。当初アメリカ側は返還に難色を示したものの、カラバオ（タイの人気バンド）が返還要求の歌をヒットさせたこともあって元の場所に戻ってきた。保存状態のいいものとは決していえないが、そこにはタイ国民の執念が宿っているようにも思える。ちなみに3〜4月にかけての満月の日には、神殿を真っすぐに貫く中央通路の両側に、昇る太陽と満月が正対するように設計されている。日の出は神殿正面の参道側から。

旅のヒント

数人で旅行するなら
人数が集まれば車をチャーターすると楽。ナコーン・ラーチャシーマーやスリンからソンテオや乗用車をチャーターできる。バーン・タコーのモーターサイが高い料金を言うので、3〜4人集まればチャーターのほうが割安でしかも安全。

お手軽ツアーはいかが
ナコーン・ラーチャシーマーやスリンの旅行会社、ホテルのフロントやツアーデスクで、パノム・ルン周辺を回る1日ツアーをアレンジできる。2200〜2500B程度。

クメール様式のヒンドゥー寺院 ★★
ムアン・タム遺跡公園
Prasat Muang Tam Historical Park
MAP 折込表-E5
ปราสาทเมืองต่ำ

パノム・ルン遺跡のある死火山から5kmほど南東の麓にあるムアン・タム遺跡は、10〜11世紀頃の建立とされるヒンドゥー寺院。クメール様式の美しい装飾が施されている。120m×170mのラテライトの塀に囲まれた遺跡の中央には、U字型の人工池に囲まれた大型の塔が並び、エーラーワン象に乗るインドラ神や、シヴァ神のレリーフなどを見ることができる。遺跡の周囲は芝が植えられて公園のように美しく整備されており、パノム・ルン遺跡とあわせてぜひ立ち寄ってみたい。入口の斜め向かいに小さな資料館があり、昔の遺跡の写真などが展示されている。
遺跡公園の隣には広大な人工池があり、ムアン・タムの寺院と同じ時期にため池として掘られたもので、ピマーイのピマーイ国立博物館（→P.329）敷地内にあるもの同様、遺跡のひとつ。

人工池に囲まれたムアン・タム遺跡

ムアン・タム遺跡公園
開 毎日6:00〜18:00
料 100B（外国人料金）
行き方 P.334欄外参照

遺跡の隣にある資料館

Column
パノム・ルンのお祭り

毎年4月のソンクラーン（タイの正月）期間中に、パノム・ルンでは遺跡修復記念祭が行われる。当日は公園内でさまざまな催しがあり、夜間は遺跡の周辺で花火が盛大に打ち上げられる。夜には公共の交通機関はなくなるので、車をチャーターするなどして足を運んでみよう。

お祭り当日は人々で埋まる参道

タイプチ情報 ナコーン・ラーチャシーマーとスリンを結ぶバスはコロナ禍以降便数が大幅に減少してしまい、途中下車してパノム・ルンを訪れるのはややリスキー。車のチャーターが無難。

Sri Saket ศรีสะเกษ

点在するクメール遺跡を巡る拠点となる町
シー・サケート

バンコク
折込表-F4

ワット・マハーブッターラームの仏像

🌸 行き方

バンコクから
BUS 北バスターミナルから所要約9時間、VIP784B、1等463B。
RAIL クルンテープ・アピワット中央駅から1日6本、所要9～11時間。列車により1等1272～2222B、2等寝台609～959B、2等座席309～559B、3等196～236B。ディーゼル急行559B。

ウボン・ラーチャターニーから
BUS ロットゥーが6:00～18:00の間、30分～1時間おき、所要約1時間、53B。

スリンから
BUS バスターミナル12番乗り場からロットゥーが5:30～17:30の間、40分おきに出発。所要1時間30分～2時間、75B。

シー・サケートの歩き方

駅の北側は古くからある町並み。商店などもあるがやや閑散としている。駅を背に右へ行くと通り沿いに大衆的な食堂が並び、そのあたりだけ少しにぎやか。

駅のすぐ南側は夕方から飲食屋台が並び人出でにぎわう。クーカーン通りKhukhan Rd.を南へ下ると銀行や商店の建ち並ぶ商業エリアになり、通りを行き交う車の数も多くなる。バスターミナルは駅の南約1kmの所にあり、駅からモーターサイやサームローで30B。

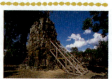
今にも崩壊してしまいそうなサ・カムペーン・ノーイの塔

郊外の見どころ

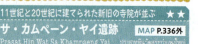
11世紀と20世紀に建てられた新旧の寺院が並ぶ
サ・カムペーン・ヤイ遺跡 ★★
Prasat Hin Wat Sa Khampaeng Yai MAP P.336外
ปราสาทหินวัดสระกำแพงใหญ่

規模の大きな遺跡に隣接して建てられたワット・カムペーン・ヤイの敷地内にあり、ぐっとモダンなタイ風の寺院と古いクメール様式の神殿が並び建っている。クメール王国が勢力を誇っていた11世紀頃に建立された神殿跡で、タイ芸術局によって大がかりな修復工事が行われ、遺跡の敷地内はきれいに整備されている。見どころは、石造りの回廊入口と内部の建築物に施された美しい彫刻。

新しい寺院と古い遺跡が隣り合っているサ・カムペーン・ヤイ

シー・サケート Sri Saket

アンコール・トムと同時期の建立とされる
サ・カムペーン・ノーイ遺跡
Prasat Hin Wat Sa Khampaeng Noi

★ MAP P.336外

12世紀頃に建立されたクメールの神殿跡。アンコール朝のジャヤバルマン7世が建設したとされている。病院のような施設として使われていたらしい。大きな寺院の境内にひっそりと建っている。

不思議な造形があふれる
ワット・バーン・サラーン・ルアン
Wat Ban Sarang Ruang

★★ MAP P.336外

シー・サケートから北西に8kmほど離れた場所にある一風変わった寺院。境内には仏教説話に題材を取ったと思われるさまざまな造形が並ぶ。中心となるプラ・タート・ルン・ルアンと呼ばれる建物にはきらびやかな装飾が施され、まばゆいばかりに輝く。3階はイーサーンで生活するタイ族やラーオ族、クメール族などの民具を展示した博物館となっている。

建物全体に細かな装飾が施されている

ガラスの空き瓶で造られた寺院
ワット・パー・マハー・チェーディー・ケーオ (ワット・ラーン・クワット)
Wat Pa Maha Chedi Kaeo

★★ MAP 折込表-F5

シー・サケートの南約62knmの小さな町クンハーンにある寺院。境内に立ち並ぶ本堂や礼拝堂などは一見普通の寺院。しかしよく見ると建物の壁や柱、屋根などにビールや清涼飲料水のガラス瓶が無数に埋め込まれており、その造形だけでなくよくもこれだけ大量の瓶を集めたものと妙な感心をさせられる。

本堂の壁も柱も瓶で埋め尽くされている

サ・カムペーン・ヤイ遺跡
料 無料
行き方 シー・サケートから約24km。バスターミナルからウトゥムポン・ピサイUtumphon Phisai行きのロットゥーに乗り終点下車(7:00～18:00の間30分おきに出発。所要約30分、30B。戻りの最終は17:15発)、そこからサームローなどで。あるいは鉄道でウトゥムポン・ピサイ駅に行き、そこから線路に沿って西(ナコーン・ラーチャシーマー方向)に15分ほど歩くと正面に見えてくる。

サ・カムペーン・ノーイ遺跡
料 無料
行き方 シー・サケートから約12km。ウトゥムポン・ピサイ行きのロットゥーに乗り(→上記)、「ワット・サ・カムペーン・ノーイ」前で降ろしてもらう。所要約15分、15B。

ワット・バーン・サラーン・ルアン
開 博物館は毎日8:00～17:00
料 無料
行き方 シー・サケートからモーターサイで所要約10分、往復100～150B。

ワット・パー・マハー・チェーディー・ケーオ
開 毎日6:00～18:00
料 無料
行き方 シー・サケートのバスターミナル11番乗り場からクンハーンKhun Han行きバスで所要約1時間30分、45Bの終点クンハーン下車。終点のロータリーから反対側へ徒歩10分。モーターサイで10B。

ホテル

駅北側にあるロータリーの周辺には、300B程度で利用できる安宿がある。対して駅の南側には中級～手頃なホテルがある。

中級ホテル

H ケッシリー
Kessiri Hotel   MAP P.336

住 1102-05 Khukhan Rd. TEL 0-4561-4006、08-6461-6485 URL www.kessiri.com 料 AC S T 550B～ CC MV 室 85室 WiFi

町の中心の便利な場所にある、最上階にタイ風の東屋が造られたよく目立つ建物。高いビルなので眺めもいい。ロビー周辺はダークブラウンの重厚な雰囲気。改装されて明るくモダンになったスーペリア650Bがおすすめ。ただし全体に水回りは古い。朝食は120B。

手頃なホテル

H プロムピマーン
Phrompiman Hotel   MAP P.336

住 849/1 Luk Muang Rd. TEL 0-4561-2696 FAX 0-4561-2271 料 AC S T 600～1500B(600Bの部屋は、朝食なしなら400B) CC MV (+3%のチャージ) 室 188室 WiFi

駅の南側を線路沿いに200mほど西へ行った所にある手頃なホテル。フロントは正面玄関を入ってすぐ左、レストラン入口脇の小さなカウンター。

H ポンナウィン
Ponnawin Hotel   MAP P.336

住 147/5 Sri Saket Rd. TEL 0-4561-3478 料 F S T 260B AC S T 360B(朝食別) CC なし 室 32室 WiFi

静かな環境にある安旅社。一部ホットシャワー。

タイプチ情報 夕方から営業が始まるシー・サケート駅前の屋台街はかなりにぎやか。持ち帰りのお惣菜やスナック類がいろいろ売られており、見て回るだけでも楽しい。

| Khao Phra Wiharn | เขาพระวิหาร |

カンボジア国境にある絶壁上の大神殿
カオ・プラ・ウィハーン遺跡

バンコク●
折込表-F5

入口は急な石段

行き方

ウボン・ラーチャターニーから
TAXI 片道約1時間30分、2000B程度。ホテルで紹介してもらえる。

シー・サケートから
TAXI 片道約1時間30分、2000B程度。❶で紹介してもらえる。駅前でも客待ちしている。いずれも料金は要交渉。

BUS シー・サケートまたはウボン・ラーチャターニーからカンタララックKantharalakまで行き（約1時間30分、60B）、そこから車（400〜500B）かモーターサイ（300B）をチャーターする。

現在カオ・プラ・ウィハーン遺跡はタイからの入場不可
周辺の国境が未確定のまま遺跡がカンボジア領として世界遺産に登録されたことから、タイとカンボジアの間で紛争となり、2023年3月現在、遺跡周辺タイ側からの一般の立ち入りは禁止されている。タイ側の国立公園は入れるので、パー・モー・イー・デーンまでは行ける。

タイとカンボジア国境の絶壁上からカンボジア側の大平原を見下ろす巨大なクメール遺跡カオ・プラ・ウィハーン。カンボジアではプリア・ヴィヘアと呼ばれ、アンコール・ワットよりも古い。この遺跡はカンボジア領内にありながらカンボジア側からのアクセスがあまりよくないため、タイ側から出かけるのが便利だ。（2023年3月現在、タイ側からの入場不可）

おもな見どころ

アンコール・ワットに匹敵するクメール遺跡 ★★★
カオ・プラ・ウィハーン遺跡（プリア・ヴィヘア）
Khao Phra Wiharn (Preah Vihear)　MAP 折込表-F5　เขาพระวิหาร

　カオ・プラ・ウィハーン遺跡は標高657mのプラ・ウィハーン山の頂上にある本殿と、そこにいたる石段やお堂などで構成される壮大なスケールのクメール遺跡だ。主祠堂は屋根付きの回廊に取り巻かれ、長く急な石段や石畳の参道と、その途中にある3ヵ所の楼門で構成されている。入口から頂上にたどり着くだけでも30分近くかかるこの巨大遺跡はアンコール・ワットよりも古く、9世紀末にクメール帝

重厚な石積みの建物が残る

崩壊を免れた主祠堂の一部には仏像が祀られている

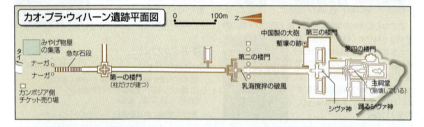
カオ・プラ・ウィハーン遺跡平面図

注意 2023年3月現在、カオ・プラ・ウィハーン遺跡周辺地域には日本の外務省より「十分注意」の危険情報が発出されています。

国のヤショバルマン1世が建設し、11世紀にスールヤバルマン1世が現在見られる規模に増築したとされる。

遺跡はタイとカンボジア国境の真上に位置しており、長年両国間で領有権争いが繰り返されてきたが、1962年に

1門だけ残された中国製の大砲は内戦時に使われたもの

国際司法裁判所の裁定によって正式にカンボジア領とされた。周囲の大平原を見渡せる戦略的要地のため、カンボジアの内戦中は遺跡周辺で激しい戦闘がたびたび行われた。すでに崩れていた遺跡は、戦闘によってさらに荒らされてしまった。絶壁の外れには、中国製の大砲が1門だけ大平原を向いたまま残っている。

［見学の手続き］

遺跡はカンボジア領内にあるが、出入国の手続きやビザは不要。まずタイ側の国立公園入口で国立公園の入園料を支払い、そのまま行くと駐車場と売店、食堂などが並ぶ広場に出る。そこから徒歩で道なりに進むと森林局のチェックポイントがあり、ここで5B支払う。そのまま進むとやがて舗装がとぎれ、緩やかな下り坂になったなめらかな岩場を下りると小さな谷がある。谷を渡る階段の途中に金網を張ったゲートがあり、ここが国境。谷から上がると右に小屋があってカンボジア側の入場料を徴収している。左にはみやげ物を売る小屋が並んでいる。奥に見えるのが主祠堂への石段だ。遺跡の中にはカンボジア人の物売りがいて、飲み物や絵はがきなどの記念品を売っている。

カンボジアの大平原が一望のもと

第一の楼門にひるがえるカンボジア国旗

カンボジアを見渡す絶景の崖
パー・モー・イー・デーン ★★
Pha Maw I Daeng　　　ผามออีแดง

カオ・プラ・ウィハーンの駐車場から左側へ延びる道を上ると、パー・モー・イー・デーン（モー・イー・デーンの崖）がある。谷を挟んでカオ・プラ・ウィハーンとカンボジアの大平原を見渡せる絶景ポイントだ。崖の手前にはタイ軍の小さな駐屯地があり、迷彩が施されたトーチカが見える。

モー・イー・デーンの崖

カオ・プラ・ウィハーン遺跡
⏰ 毎日8:00〜16:30（入場は15:00まで）
💰 タイ側の国立公園入場料200B＋タイ側の森林局管理料5B＋カンボジア側の入場料200B（またはUS$5）。合計405B（または205B＋US$5）。

塹壕の跡がところどころにある

🧭 旅のヒント

地雷に注意
遺跡の周辺にはカンボジア内戦中に多数の地雷が埋められた。国連や日本のNPOによる除去作業が行われているが、まだあちこちに残っている。「Danger Mines（危険、地雷）」の標識は脅しや冗談ではないので、金網や柵などで仕切られた地域には絶対に入らないように。

この看板よりも奥へは絶対に行かないこと

タイ東北部

カオ・プラ・ウィハーン遺跡

Ubon Ratchathani อุบลราชธานี

ムーン川に面したタイ最東の県都
ウボン・ラーチャターニー

ラク・ムアンの祠

行き方

バスターミナルは、市街から北西に5kmほど離れた場所にある。

バンコクから
AIR スワンナプーム国際空港からタイ国際航空が1日2便、所要約1時間5分、1150B〜。ドーン・ムアン国際空港からエアアジアが1日4便。ノックエアが1日3便。詳細はウェブサイト（→P.508）で。
BUS 北バスターミナルから所要約10時間、VIP 662B、1等 544B。

ラオスとカンボジアに接するタイ最東部の県ウボン・ラーチャターニー。ベトナム戦争当時はここの空港からアメリカ軍機が出撃し、基地の町として特需景気に沸いたが、今ではすっかり落ち着きを取り戻している。郊外には数千年の時の流れと壮大な自然の営みを感じさせる見どころがある。

ウボン・ラーチャターニーの歩き方

市街は広く、「ここが中心」と呼べるような場所がない。市内の中心を南北に貫くウッパラート通りUpparat Rd.沿いが古くからの繁華街で、なかでもムーン川とクアンタニ通りKhuanthani Rd.の間の

ウボン・ラーチャターニー中心部 / Central Ubon Ratchathani

一帯が、近くに大きな市場がありにぎわっている。手頃なホテルもこのエリアに多い。川沿いの通りは散歩するのにいい。最近では町の北西、ウボン・インターナショナル・ホテルより北のチャヤンクン通りChayangkun Rd.沿いに大型の高級ホテルや郊外型のショッピングセンターなどがオープンしており、地元の人でにぎわっている。ウボン・ラーチャターニーの空港は市街のすぐ北にあり、町並みをかすめるような高度で飛び去る旅客機は大迫力。

行き方

RAIL クルンテープ・アピワット中央駅からナコーン・ラーチャシーマー経由で1日6本運行。所要8時間25分～12時間5分。列車により1等1317～2327B、2等寝台629～979B、2等座席329～369B、3等205～245B。ディーゼル急行579B。ウボン・ラーチャターニー駅はウボンの南のワーリン・チャムラープ市にあり、ウボン市街まで約3km。駅から市内へのアクセスはP.342欄外参照。

コーンケンから
BUS ターミナル3-1、22番乗り場から所要約5時間、VIP294B。

シー・サケートから
BUS 所要約1時間、普通40B。ロットゥー43B。

ラオス行きのバス
チョーン・メック経由パクセーPakse行きの直通バスが、バスターミナルから1日2本（9:30、15:30）、所要約3時間、200B。

おもな見どころ

公園の一画は夜になると屋台街に ★★
トゥン・シー・ムアン
Tung Sri Muang
MAP P.340-A2

ウボン・ラーチャターニー市街にあるトゥン・シー・ムアンは、大きな芝の広場と無料のジム施設がある、市民のための広場。毎日夕方になるとエクササイズタイムとなり、ジム施設横のステージにインストラクターが登場し、かけ声と音楽に合わせて人々が体を動かしている。広場の南にはラク・ムアン（町の柱）の祠があり、人々がお参りに訪れる。

トゥン・シー・ムアンの北西角にあるろうそくのモニュメント

ウボンのエメラルド仏を祀る ★
ワット・シーウボンラッタナーラーム
Wat Sriubonratanaram
MAP P.340-A3

バンコクのワット・ベーンチャマボピットを模して建てられた寺院。本堂の内部にはタイ最高の寺院ワット・プラケオにあるエメラルド仏と同じ様式の仏像が納められている。サイズはやや小さい以外色も形もそっくりで、18世紀にラオスから持ち込まれたという来歴も同じ。境内には博物館があり、古い仏像や仏典、周辺地域の歴史に関する展示があり興味深い。

広い境内に建つ本堂

インフォメーション

TAT
MAP P.340-B3
264/1 Khuanthani Rd.
0-4524-3770～1
0-4524-3771
毎日8:30～16:30

旅のヒント

ソンテオ
料金は市内一律10B。下車してから運転手に料金を払う。夕方以降は数が減るので注意。

便利なウボン・シティ・バス
ウボン・ラーチャターニー空港から市街を経由してバスターミナルを結ぶ路線バスが運行されている。空港発7:30～19:00の間、バスターミナル発6:30～18:00の間30分おき、20B。

トゥン・シー・ムアン
毎日24時間
無料

ワット・シーウボンラッタナーラーム
毎日5:00～22:00
無料

博物館
水～日 9:00～16:00
無料

タイプチ情報 ウボン・ラーチャターニー空港の空軍基地入口には、軽攻撃機A-27ドラゴンフライ2機が展示されて軍の基地であることをアピール。一般の空港入口とは別なので注意。

ワット・トゥン・シー・ムアン
圏 毎日6:00～20:00
料 無料

お堂に納められた大きな仏足石

ワット・スパッタナーラーム
圏 毎日4:00～21:00
料 無料

旅のヒント

バスターミナルから市内へのアクセス
バスターミナル内、入口を背に右側にメータータクシー乗り場があり、これを利用すれば市街まで70～80B。運転手も比較的礼儀正しい。とことん安く上げるなら2、3、7、10番のソンテオを利用すれば10Bで市内へ行ける。経路はそれぞれ異なるが、どれも最終的にセーリー・プラチャーティパタイ橋を渡ってワーリン・チャムラープ市方面へと向かう。そのほかはトゥクトゥク1台150B～、交渉制タクシー1台200B～と強気の料金。バスが着くと集まってくるのはこれらの運転手で、ガラの悪い者が多いので相手にしないこと。

空港から市内へのアクセス
タクシーで40～50B。

駅から市内へのアクセス
駅前から白い車体の2番のソンテオ（駅前始発）に乗り、川を数本渡って最後に大きなムーン川に架かる橋を渡ると、そこからウボン市街。夕方以降ソンテオは数が減るので、夜発の列車を利用する際はタクシーを使おう。

ウボン・ラーチャターニーの呼び方について
省略して「ウボン」と呼ばれることが多い。

ワット・プラ・タート・ノーン・ブア
圏 毎日5:00～19:00
料 無料
行き方 町の中心から10番か11番のソンテオに乗り約15分。大通りのチャヤンクン通りから左折してソイ・チャヤンクン21に入り、しばらく走ると十字路を右折するのでそこで下車。ソンテオとは反対に左へ曲がり、最初の交差点をさらに左折した先の右側にある。

木造の経蔵は見逃せない ★★
ワット・トゥン・シー・ムアン
Wat Thung Sri Muang
MAP P.340-B2
วัดทุ่งศรีเมือง

ラーマ3世時代の1829年に創建された寺院。バンコクにあるワット・スラケート（ワット・サケット）の修行僧がウボン・ラーチャターニーを訪れ、瞑想に適した森を見つけてその地に建てたのがこの寺院だとされている。彼はワット・スラケートから仏足石のレプリカをもらい受け、お堂を建てて中に納めた。現在そのお堂は本堂（ウボーソット）として使われており、内部にはブッダの生涯とタイ東北部の古い生活様式が、壁画となって残されている。ほかにもこの寺院で見逃せないのが、人工の池の中に建てられたホートライと呼ばれる木造の経蔵。タイとビルマ、ラオスの様式を用いて建てられており、6層になった美しい屋根が印象的だ。

貴重な経典が納められた経蔵はネズミの害を防ぐため池の中に建てられている

王室の流れをくむ由緒ある寺院 ★
ワット・スパッタナーラーム
Wat Supattanaram
MAP P.340-A3
วัดสุปัฏนาราม

イーサーン（タイ東北部）で最初に建てられたタマユット・ニカーイ（タマユット派）の寺院。タマユット・ニカーイとはラーマ4世が創始した、パーリ語の原典に沿った戒律の実践を主張する宗派。寺院の名称は「ふさわしい場所」という意味で、タイだけでなくラオスやカンボジアへのタマユット・ニカーイ浸透の拠点ともなった。

本堂は奥行き20m、幅34m、高さ22mの巨大なもの。屋根は伝統的なタイ様式、本体部分にはクメール様式の装飾が見られる。

学校も併設された大きな寺院

ブッダガヤ風の仏塔がそびえる ★★
ワット・プラ・タート・ノーン・ブア
Wat Phra That Nong Bua
MAP P.341
วัดพระธาตุหนองบัว

17m四方の台座に乗った高さ56m、四角錐の形状をした大仏塔は、仏陀入滅2500年を記念して1956年に建てられたもの。仏陀が悟りを開いた地とされるインドのブッダガヤにある仏塔を模したこの仏塔の内部には、さらに黄金の小仏塔が建ち、その中に仏舎利が納められている。仏塔の全面に施された仏教に関する彫刻は、本家ブッダガヤの仏塔にも見られないほど手の込んだ精緻なものだ。

仏教発祥の地ブッダガヤにある仏塔をモデルにしている

ワット・タイ・プラチャオ・ヤイ・オントゥー

テーマーパーク的造形があふれる寺院 ★★

Wat Tai Phrachao Yai Ong Tue　MAP P.340-B3～C3

きらびやかながらも落ち着いた雰囲気の多いタイ寺院の中では異色の存在。境内には細かい装飾が施されたお堂が何棟も建てられ、その周囲にさまざまな姿や色をした大小の仏像がぎっしりと並べられている。よく見れば仏像だけでなく観音像や、ヤックやナーガ、エーラーワン象を始めヒンドゥー教、タイの伝統的な説話に登場するキャラクターなどもあり、きらびやかかつ情報量の多さにめまいがしそう。

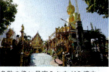
多数の像に見守られながら境内へ

旅のヒント
ウボン・ラーチャターニーのメータータクシー
基本料金は30Bか40Bで、走行500mにつき2B（会社により多少異なる）。ホテルなどで呼んでもらうと確実。その場合会社により20～25B追加。流しも増加中。
☎ 0-4526-5999
☎ 0-4528-0888

ウボン国立博物館

イーサーンの歴史が基礎から学べる ★★

Ubon National Museum　MAP P.340-A3

広い中庭のある大きな木造の建物を使った博物館。ウボン・ラーチャターニー周辺の遺跡から発掘された先史時代の土器やクメール寺院の遺物などを中心に展示しているだけでなく、そのほかにも地球の誕生から生命の進化、コラート高原の地質、東北地方の文化なども詳しく解説されている。パー・テム（→P.347）に残る、先史時代人の描いた壁画のレプリカも興味深い。

博物館は大きな木造の建物

ウボン国立博物館
住 Khuanthani Rd.
☎ 0-4525-5071
営 水～日9:00～16:00
休 月・火・祝
料 100B（外国人料金）
館内は土足厳禁。入口で靴を脱いで上がる。博物館の北側にある色鮮やかな寺院風建物は、ウボン市発祥の地を示すラク・ムアン（町の柱）。

ピブーン・マンサーハーン
行き方 ウボン・ラーチャターニーのバスターミナル18番乗り場からチョーン・メック行きロットゥーで途中下車。所要約50分、50B。戻りのソンテオはワーリン市場行きで所要1時間20分、35B。終点近くから「ม」印の赤いソンテオ（→MAP P.341）でウボン市街まで移動できる。

郊外の見どころ

ピブーン・マンサーハーン

バスターミナルの隣は大きな市場 ★

Phibun Mangsaharn　MAP P.344

ウボンから東の町コーン・チアムや、ラオス国境の町チョーン・メックに向かう道は、ここピブーン・マンサーハーンで2方向に分かれる。町には見どころもあるので立ち寄ってみよう。ソンテオ乗り場の隣は大きな市場で、散策も楽しめる。

旅のヒント
おすすめの回り方
ピブーン・マンサーハーンからウボンへ戻るにはチョーン・メック発のロットゥーも利用できるが、満席の可能性もある。先にピブーンを見物してからソンテオなどでチョーン・メックへ移動し、国境の市場見物を済ませたらウボン行きのロットゥーで戻るのが楽。

Column　ウボン・ラーチャターニーのろうそく祭り

毎年7月頃、カオ・パンサーの日に盛大に行われるのが、ウボン・ラーチャターニー名物のろうそく祭り。オレンジ色のろうで仏教説話のシーンなどを表現したり、表面に見事な彫刻を施した巨大なろうそくを作り、それらが山車に乗せられて町を練り歩く。ワット・マハーワナーラーム（MAP P.340-B2）など大きな寺院の境内には、普段でも山車が展示されていることがあるので、のぞいてみよう。

ワット・プラ・タート・ノーン・ブアにある山車

タイプチ情報　ウボン・ラーチャターニー市街には、掲載以外にも多数の寺院がある。それぞれに特徴があり、見て回るだけでも興味は尽きない。

ワット・プー・カオ・ケーオ

行き方 ピブーン・マンサーハーンの市場からトゥクトゥクかモーターサイですぐ、20B。徒歩なら約10分で、市場からロータリーを挟んで向かいにある警察署脇の道を進み、最初の角を右折して直進すると突き当たり。行きはずっと上り坂。

ケーン・サプー

行き方 ピブーン・マンサーハーンのバスターミナルから徒歩約15分。ムーン川に架かる橋から下流へ向かう。

チョーン・メック

行き方 ウボン・ラーチャターニーのバスターミナル18番乗り場からロットゥーで約1時間45分、100B。5:00～17:00の間1時間おきに出発。またはピブーン・マンサーハーンのバスターミナルからチョーン・メック行きソンテオ（約1時間、40B）を利用。チョーン・メックのバスターミナルから国境まで徒歩約5分。モーターサイは20B。

旅のヒント

タイのイミグレーション
国境の建物。向かって左側が出国用ゲート。
開 毎日6:00～20:00
土・日・祝にイミグレーションを通過する場合、休日手数料5B必要。

ラオスのビザ
15日以内の滞在なら不要。

国境での両替
国境の建物にクルンタイ銀行の支店（**営**月～金8:30～16:30 **休**土・日・祝）とATM、国境を背に右側の商店街内にカシコーン・バンクとサイアム・コマーシャル・バンクがある。
営 月～金 8:30～15:30
休 土・日・祝

地元民の信仰を集める
ワット・プー・カオ・ケーオ
Wat Phu Kao Kaew ★★

MAP P.344

วัดภูเขาแก้ว

1937年に瞑想用に建てられたという、町外れの小高い丘にある寺院。本堂はつやのある赤いタイルと精巧な木彫りのレリーフで装飾され、境内にも見事な木彫りの像が何体も並んでいる。内部は美しい木の床が涼しげ。

丘の上にある瞑想寺院ワット・プー・カオ・ケーオ

地元の人々の手軽な行楽地
ケーン・サプー
Kaeng Saphu ★

MAP P.344

แก่งสะพือ

大きな岩がムーン川の水面からごろごろと顔を出し、地元の人たちが訪れて気軽に川遊びを楽しんでいる。ただし遊べるのは水の少ない乾季のみで、雨季は水びたしになってしまう。

大きな川幅いっぱいに瀬が広がるケーン・サプー

国境を越えよう

タイ～ラオス国境のマーケット
チョーン・メック
Chong Mek ★

MAP P.344

ช่องเม็ก

外国人が利用できる7ヵ所のタイ～ラオス国境のなかで2ヵ所ある陸路の国境のひとつがここで、ほかはすべて船か橋を利用してメーコーンを渡らねばならない。タイ側ラオス側ともに市場があり、人や物品の出入りは多い。ラオス側の市場の特徴は、タイと違って中国製やベトナム製の物品が多く並んでいること。タイ側のマーケットには、中古衣料品や雑貨、生鮮食料品やお茶やお菓子などの食品類を扱うショップが並んでいる。

イミグレーションのある国境の建物

ウボン・ラーチャターニー郊外

注：2017年から、国境を接する国から空路以外でのビザなし入国が、暦年で2回までに制限されている。隣接国を日帰りなどで訪れる場合は、出入国の回数に注意。

ホテル

ホテル事情

毎年7月頃に行われるろうそく祭り期間中はどこも満室となるので、少なくとも1ヵ月以上前には予約したほうがいい。

高級ホテル

[H] スニー・グランド
Sunee Grand Hotel MAP●P.341

[住] 512/8 Chayangkun Rd. [TEL] 0-4535-2900
[URL] www.suneegrandhotel.com
[料] [AC] ⓈⓉ1800B～ [CC] [A][D][J][M][V]
[室] 222室 [プール] [WiFi]

2009年オープンの高級ホテル。シティ・モールCity Mallと呼ばれる大型ショッピングセンターとの複合ビルになっており、ホテルは奥にある。客室はスタンダードでも広々としている。

中級ホテル

[H] ラーイトーン
Laithong Hotel MAP●P.340-C2

[住] 50 Pichitrangsan Rd. [TEL] 0-4524-1401
[FAX] 0-4524-1509 [URL] www.laithong.com
[料] [AC] ⓈⓉ1400B～ [CC] [A][J][M][V]
[室] 124室 [プール] [WiFi]

静かな住宅街にある8階建てのホテル。カーペット敷きの客室は重厚感のある広めの造りで、全室テレビ、冷蔵庫、バスタブ付き。ロビーやレストランも豪華で高級感がある。

手頃なホテル

[H] ユー・ホテル・ウボン・ラーチャターニー
Yuu Hotel Ubon Ratchathani MAP●P.340-A2

[住] 179/1-4 Upparat Rd. [TEL] 08-6460-8337
[FB] yuuhotelandcafe [料] [AC] ⓈⓉ1000B～
[CC] [A][J][M][V] [室] 28室 [WiFi]

改称、改装されてモノトーンのモダンな内装に。ロビー周辺と隣の朝食スペースはメルヘンチック。全体に清潔感があり、スタッフもフレンドリーで居心地がいい。料金のわりにお得感あり。

[H] ティーサーム・ハウス
T3 House MAP●P.340-B2

[住] 1/1 Soi Sapphasit 1, Sapphasit Rd.
[TEL] 0-4524-4911 [FB] T3HouseUbon
[料] [AC] ⓈⓉ600B～（朝食別）
[CC] [J][M][V] [室] 80室 [WiFi]

静かな路地の中ほどにある手頃なホテル。タイル張りで涼しげな客室はモノトーンでおしゃれ。全室テレビ、冷蔵庫、小さなテラス、ホットシャワー付き。

[H] ウボン
Ubon Hotel MAP●P.340-A3

[住] 2 Ubonkit Rd. [TEL] 0-4524-1045
[料] [AC] ⓈⓉ560B～ [CC] なし [室] 126室 [WiFi]

設備は全体的にかなり古びているが、従業員の感じはよく立地も便利なので、寝るだけと割り切れば十分利用価値あり。客室数も多く、飛び込みでも泊まれる可能性が高い。

[H] パーデーン
Phadaeng Hotel MAP●P.340-A2

[住] 126 Phadaeng Rd. [TEL] [FAX] 0-4525-4600
[URL] thephadaeng.blogspot.com
[料] [AC] Ⓢ500B Ⓣ600B（朝食別）
[CC] なし [室] 77室 [WiFi]

全室ホットシャワー、テレビ、冷蔵庫付き。部屋の広さとテレビの大きさで料金が異なる。ロビーや客室内には世界の名画（の複製）が飾られている。

[H] トーキョー
Tokyo Hotel MAP●P.340-A2

[住] 360 Upparat Rd. [TEL] 0-4524-1739
[FAX] 0-4526-3140 [料] [F]ⓈⓉ360B [AC] ⓈⓉ450B～（朝食別） [CC] なし [室] 59室 [WiFi]

路地を入った奥。料金が手頃で部屋も清潔なためバックパッカーにも人気。衛星テレビ、ホットシャワー。タイ風の呼び方は「トーキアオ」。

ゲストハウス

[G] アウトサイド・イン
The Outside Inn MAP●P.340-C1外

[住] 11 Suriyat Rd. [TEL] 08-8581-2069
[URL] www.theoutsideinnubon.com
[料] [AC] ⓈⓉ650B、799B [CC] [J][M][V] [室] 8室 [WiFi]

木造の民家を改装した、静かで居心地のいいゲストハウス。全室エアコン、ホットシャワー、テレビ付き。メキシカン＆タイ料理レストランを併設。利用者は欧米人旅行者が多い。

[G] 28ラーチャブット・ホステル
28 Ratchabutr Hostel MAP●P.340-B3

[住] 28 Ratchabutr Rd. [TEL] 09-5930-0187
[FB] 28 Ratchabutr [料] [F]ⓈⓉ400B～（バス、トイレ共用） [CC] なし [室] 5室 [WiFi]

坂の途中にある3階建ての一軒家を利用したホステルで、4人部屋なら1人1泊200B。タイの一般家庭にホームステイしているような雰囲気が楽しめる。ホットシャワー。

タイ プチ情報 イーサーン（タイ東北部）の東部はベトナム系の住民が多く、そのためかベトナム料理の食堂も多い。生春巻きやフォー、バインセオなどおなじみの料理が手頃な値段で食べられる。

レストラン

　ザ・ラーチャターニーThe Ratchathani Hotel前の広場（MAP P.340-A3～B3）には、夕方になるとさまざまな飲食屋台が並び、深夜まで客足が絶えない。Mウボンウェート・タイ・マッサージから北へ向かい最初の交差点南東角にあるR997クワイチャップ（MAP P.340-B2）は人気がある麺の食堂。ここで出しているクワイチャップは、とろみのあるベトナム由来の麺料理。具は骨付きチキンか骨なしチキン、ポークなど各種選べる。隣はそっくりさんのR899クワイチャップ。

R アーカーウェー
Agave Vietnamese Cuisine & Cafe　MAP●P.340-B2

- 153 Phalorangsit Rd.　0-4590-0367
- agave.ubon　火～日 11:00～20:30
- 休月　CC M V

　ウボン・ラーチャターニーに多いベトナム料理レストランのなかでもスタイリッシュな1軒。コーヒーやケーキなどのカフェメニューも人気。カノム・ブアン（いわゆるバインセオ）は90B、小ぶりの器に米の麺と豚ひき肉、揚げ玉ねぎを盛って蒸したカノム・トゥアイ・ルーク・クルン105Bなど。

R インドチーン
Indochine　MAP●P.340-B2

- 168-170 Sapphasit Rd.　0-4525-4126
- 毎日9:00～21:00　CC J M V

　古くからあるベトナム料理の店で、味もよく値段も安めの人気店。生春巻き（ミエン・ソット）は100B、揚げ春巻き（ミエン・トート）も100B。クン・パン・オーイ（エビすり身のサトウキビ巻き）2本で160B。ビアシン大瓶100B。同じ名前の店が2軒並んでおり、向かって左はエアコンなしの大衆食堂風。右は大きな木造一軒家でエアコン付き（18:00～21:30）。メニューと料金は同じ。

R シンサー・フレンチ・レストラン
Sincere French Restaurant　MAP●P.340-B2

- 126/1 Sappasit Rd.
- 0-4523-5061　月～土11:00～22:00
- 休日　CC なし

　30年近い歴史がある、落ち着いた雰囲気のフレンチ・レストラン。4卓の店をご主人がひとりで切り盛りする。9種類もあるスープ（メニュー上は8種類だが、チキンスープはクリアとクリームの2種類ある）やメインの付け合せからうかがわれるていねいな仕事が好ましい。フィレ・ミニョン、テンダーロイン、ペッパーステーキは各395B。

マッサージ

M ウボンウェート・タイ・マッサージ
Ubonvej Thai Massage　MAP●P.340-B2

- 113 Thepyothi Rd.　0-4526-0345
- 毎日10:00～22:00　CC なし

　広い庭に囲まれた一軒家のマッサージ店。トリートメントルームは個室になっている。タイ式マッサージ1時間200B、オイルマッサージ2時間500B、ハーバルボール使用タイ式マッサージ1時間30分550B、ハーバルボール＆オイルマッサージ1時間550B、足マッサージ1時間220B。

ショップ

　Hスニー・グランド（→P.345）に併設されたショッピングセンターのシティ・モールCity Mallには、屋上にプールがある。

S カムプン
Kampun　MAP●P.340-A2

- 124 Phadaeng Rd.　0-4525-4830
- 毎日7:00～19:00　CC M V

　シルク製マットミー（伝統的織物）の超高級店。すべて手織りで、ショーケースに飾られた様子は芸術品のよう。おみやげに手頃な1枚数百Bのスカーフから数万B、なかにはそれ以上する高級品もある。

S パンチャート
Punchard　MAP●P.340-A2

- 156 Phadaeng Rd.　08-9717-9570
- 木～火9:00～18:30
- CC J M V

　タイ東北部の手織りシルクやコットン製品、手作りの民芸品、インテリア雑貨を扱うショップ。小物から大型家具まで、多彩な品ぞろえ。広い店内でゆったり買い物ができる。

S ウボン・レンタサイクル
Ubon Rental Cycle　MAP●P.340-B2～B3

- 124-115 Srinarong Rd.
- 09-6240-8470　ubonrentalcycle
- 月～土8:00～17:00　休日
- 1時間20B、5～24時間100B　CC なし

　タイ人男性と、日本人の奥さん陽子さんが経営するレンタサイクル店。旅行手配も手助けしてもらえる。入口はコインランドリー。

Khong Chiam　โขงเจียม

雄大な自然の造形が楽しめる
コーン・チアム

バンコク●
折込表-F4

メー・ナーム・ソーン・シー

メーコーン周辺の雄大な自然や景観を楽しめる小さな町。ゲストハウスも数軒あり、のんびり滞在できる。

おもな見どころ

先史時代の壁画が残る驚異の絶壁
パー・テム ★★
Pha Taem　MAP P.344　ผาแต้ม

2000～3000年前のものと推定される動物や狩りの様子などを描いた壁画が、高さ数百mの絶壁の表面に約200mにわたって残っている。壁画は駐車場から険しい山道を1kmほど下った所にある。壁画の先にも道は続き、再び絶壁に上って、駐車場に戻る約4kmのハイキングコースとなっている。途中タイ語の標示がある。足場の悪い林の中を行くのでそのつもりで。

コーン・チアムからパー・テムにいたる道の途中には、サオ・チャリエンSao Charieng（MAP P.344）と呼ばれる、溶岩が固まってできたキノコ状の奇岩もある。130万年前にできたとされる石柱だ。

メーコーンとムーン川の合流点
メー・ナーム・ソーン・シー ★★
Mae Nam Son Si (The River of Two Colors)　MAP P.344　แม่น้ำสองสี

ムーン川の澄んだ流れとメーコーンの泥で濁った水が混ざり合わず、しばらくの間2色のまま流れていく。船で川の中ほどまで進むと、その様子がよくわかる。

ゴツゴツした岩が川の中州に突き出している
ケーン・タナ国立公園 ★
Kaeng Tana National Park　MAP P.344　อุทยานแห่งชาติแก่งตะนะ

奇妙な形に固まった溶岩の大岩がムーン川の中州に洗濯板のように並んでいる。水量の少なくなる乾季にはこれら無数の奇岩が姿を見せ、美しい景勝地となる。

平らになった岩が連なる

行き方

バンコクから
BUS 北バスターミナルから所要約10時間30分、1等526B。

ウボン・ラーチャターニーから
BUS バスターミナル28番乗り場からコーン・チアム行きロットゥー（6:00～18:00の間、1時間おき）で所要約2時間、90B。

パー・テム
[料] 400B（外国人料金。国立公園入場料）
[行方] コーン・チアムのバスターミナルにいるトゥクトゥクを利用する。帰りのために待っていてもらうこと。往復で300B程度。片道約30分。

メー・ナーム・ソーン・シー
[行方] コーン・チアムのバスターミナルから徒歩約20分。町外れにあるムーン川のほとりにレストランとみやげ物屋が並び、堤防に遊覧船のカウンターがある。船は1時間程度チャーターして200～300B。

ケーン・タナ国立公園
[料] 200B（外国人料金）
[行方] コーン・チアムのバスターミナルからトゥクトゥクで所要約20分。150～200B。

ホテル

トーサン・ヘリテージ・コーンチアム・リゾート
Tohsang Heritage Khongjiam Resort　MAP P.344

[住] 68 Moo 7, Baan Huay-Mak-Tai, Khong Chiam
[TEL] 0-4535-1174　[URL] tohsang.com/khongchiam/
[料] AC S T 4500B～　[CC] J M V

[室] 55室　[プール]　WiFi

対岸にラオスの山々を望むリゾートホテル。美しい自然に囲まれて過ごせる。ウッディな内装の客室、大きめのプール、メーコーンに面したテラスレストランなど、高級感あふれる造り。

タイ東北部　ウボン・ラーチャターニー／コーン・チアム

Roi-Et ร้อยเอ็ด

バンコク●
折込表-E4

池と城壁がある小さな町
ローイエット

町の中心プラーンチャイ湖

イーサーンのほぼ中心に位置するローイエットは、16世紀にラオス南部から移住してきた人々が建設した町。モーラムと呼ばれるタイの伝統音楽で使われる楽器が名産品で、ローイエット・タワー（→P.349）のモチーフにもなっている。

行き方

バンコクから
BUS 北バスターミナルから所要7～8時間。VIP672B、1等432B。

ナコーン・ラーチャシーマーから
BUS 新バスターミナルからナコーン・パノム、ムクダーハーン行きなどで所要3～4時間、2等210B。

ウボン・ラーチャターニーから
BUS 所要約3時間、2等125B。

コーンケンから
BUS バスターミナル3-2からロットゥーで所要約2時間30分、127B。

スリンから
BUS 所要約2時間30分、2等106B。

ローイエットの歩き方

市街の中心にはプラーンチャイ湖（ブン・プラーンチャイ）と呼ばれる大きな池のある公園があり、それを囲んで町並みが広がり、さらにその外側に四角い城壁が残っている。プラーンチャイ湖から東側の城壁にかけての一帯がにぎやかで、大型ショッピングセンターや市場、旅社、行政関係のオフィスがある。プラーンチャイ湖の北も城壁にかけてにぎわっており、生鮮食料品の市場では周囲の路上にまで野菜を並べて売っている。この地方特産の伝統的な葦笛ウォートなどの楽器や、絹や綿の織物を扱う店も見られる。

おもな見どころ

町を見渡すスリムな仏像は高さ59.2m ★★
ワット・ブーラパー・ピラーム
Wat Burapha Phiram　MAP P.349　วัดบูรพาภิราม

タイで有名な高僧ルアン・ポー・トーにゆかりのある寺院。プラ・ブッダ・ラタナー・モンコン・マハー・ムニPhra Buddha Rattana Mongkon Maha Muniと呼ばれる高さ59.2m、台座も含めると高さ67.85mの立仏像があり、市街を見下ろしている。仏像の後ろを支える建物は上れるようになっているが、普段は閉鎖されている。台座までは自由に上がれる。台座内の空間には仏像が置かれ、お参りの人々が訪れている。仏像の向かいには大きなバンヤン樹があり、その根本にはブッダ入滅の様子を表したジオラマが造られている。境内は広く、学校も併設されており、平日は子供たちが多くにぎやか。

1000年以上前に建立された仏塔 ★
ワット・ヌア
Wat Neua　MAP P.349　วัดเหนือ

「北の寺」という意味の名前をもつこの寺院には、壁がなく屋根が柱だけで支えられた涼しげな礼拝堂がある。その脇にあるぽってりしたシルエットで全体に黒ずんだ仏塔はプラ・サトゥープ・チェーディーPhra Satup Chediと呼ばれ、約1200年前のドヴァーラヴァティー時代に建設されたと考えられている。住宅街の中にあり、普段は訪れる人も少なく静か。

旅のヒント

ローイエットの市内交通
トゥクトゥク、サームローがいたるところに待機しており、市内の移動なら15～20B。市内とバスターミナル間は50B。バスターミナルにいるトゥクトゥクはふっかけてくるが、交渉すれば50Bになる。

ワット・ブーラパー・ピラーム
毎日6:00～20:00　無料

本堂と細く高くそびえる仏像

ワット・ヌア
毎日7:00～20:00　無料

ぽてっとしたシルエットがどことなくユーモラス

348

旅のヒント

ローイエットの水族館
プラーンチャイ湖の南西にある水族館は、おもにイーサーンの淡水魚が展示されている。小さいながら水底トンネルもある。
🕘 水〜日8:30〜16:30
休 月・火・祝
料 無料

5mほどの水底トンネル

ローイエット・タワー
🏠 101 Khaohommali Rd.
☎ 0-4351-4101
URL www.roiettower.com
🕘 毎日10:00〜20:00（チケット販売は〜19:00)
料 50B

イーサーン随一の高さを誇る
ローイエット・タワー
Roiet Tower　ทอโหบถดอ　★★★
MAP P.349

ローイエット市街のほぼ中心、プラーンチャイ湖の畔にある公園に建設され2020年にオープンしたローイエット・タワー。高さ101mは町の名称「ローイエット（タイ語で"101"という意味)」にちなんでいる。長さの異なるパイプが並んだような特異な外観は、タイの伝統的な楽器「ウォート」を模したもの。入口は3階で、31階の360度展望フロアまでエレベーターで上ることができ、さらに階段で33階の仏像などの博物館、34階の展望台とスカイウオーク、35階の仏間まで行ける。最上階が仏像を祀るスペースになっているのがタイらしい。展望台やスカイウオークからは、イーサーンの平原がはるか彼方まで見渡せまさに絶景。ローイエット市街も見下ろせるので、町歩き前に地理を頭に入れておくのもいい。

ローイエットの新しいシンボル

ホテル

ホテル事情
市街にあった唯一の高級ホテル、Hローイエット・シティが2016年に閉館してしまい、現在ローイエット市内にあるのは中級ホテルか旅社。

中級ホテル

H エム・グランド
M Grand Hotel　MAP P.349
🏠 99 Haisok Rd.　☎ 0-4351-1038
URL mgrandhotel.com　AC S T 750〜1200B
CC J M V　室 112室　WiFi

2018年に改装されてモダンに生まれ変わった。タイル張りの床や純白の壁など清潔感満点。旧称「マイタイ」。

H ロム・インタニン・パーク
Rohm Intanin Park Hotel　MAP P.349
🏠 69 Roab Muang Rd.　☎ 0-4351-6660
AC S T 490〜590B (時期により朝食別)
スイート1000B　CC J M V　室 66室　WiFi

旧市街を取り巻く堀に沿った道路に面した、手頃なホテル。設備は古びているが清潔。

手頃なホテル

H サイティップ
Saithip Hotel　MAP P.349
🏠 95 Suriyadet Bamurung Rd.　☎ 0-4351-5515
F S T 240B　AC S T 320B (朝食なし)
CC なし　室 50室　WiFi

典型的な地方の商人宿的ホテル。奥行きのある大きな建物で、全室水シャワー。タオルはないので注意。

Yasothon ยโสธร

年に一度のロケット祭りで名高い
ヤソートーン

町の中心にあるワット・マハータート

行き方

バンコクから
BUS 北バスターミナルから所要8〜10時間。VIP689B、1等443B。

ウボン・ラーチャターニーから
BUS バスターミナルから所要約1時間30分、1等99B。

ヤソートーンのホテル

H グリーン・パーク・グランド
The Green Park Grand Hotel
MAP P.350
住 209/12 Wareeratchadet Rd.
TEL 0-4571-4700
料 AC S T 700B〜 CC M V
室 108室 プール WiFi
比較的設備も調ったホテル。

パヤーカンカーク博物館

住 2168 Wareeratchadet Rd.
TEL 0-4571-4212
開 水〜月10:00〜16:00
休 火
料 40B（ヤソートーン県外人料金）
行き方 バスターミナルからモーターサイで50〜60B。

チケットは博物館がある広場入口の建物で購入する。同じチケットで、隣りにあるナーガの形をしたウィマーン・パヤーテーンにも入場できる。

イーサーンの小さな町ヤソートーンは、毎年5月に行われるブン・バンファイというお祭りが有名。豊作を願って近隣の農民が手作りのロケットを打ち上げる迫力のあるお祭りで、大勢の見物客が全国から集まる。それ以外の時期は旅行者も少なく、静かでのんびりしている。

ヤソートーンの歩き方

バスは市街を取り巻く環状道路沿いにあるバスターミナルに到着する。バスターミナルから市街へは、モーターサイで約5分、40〜50B。宿泊しないならまずワット・マハータートへ行ってもらい、寺院見学後市街を散策すると効率がいい。市場や繁華街は、ワット・マハータートとは通りを挟んだ反対側にある。ワット・マハータートから南西方向にはチー川が流れており、川沿いの散歩も楽しめる。

これといって特徴のない町並み

おもな見どころ

カエルの形をしたカエルの博物館
パヤーカンカーク博物館 ★★
Phayakhankhak Museum
MAP P.350
พิพิธภัณฑ์พญาคันคาก

ヤソートーン市街の東を流れるチアム運河の岸に鎮座する巨大なカエル。ある王妃が不思議な夢を見たあとカエルの顔をした子供を産み、その王子が後に立派な王に育ったというイーサーンの言い伝えにちなんでいる。カエルの中は5階建ての博物館で、2階はカエル、3階は同じ言い伝えにちなんでいるブン・バンファイに関する展示があり、5階は口の部分で展望台になっている。

高さ19mは世界でも最大級のカエルでは

高架化されたコーンケン駅

Khon Kaen ขอนแก่น

イーサーンのモデル都市として建設された町
コーンケン

折込表-D3

コーンケンは16万以上の人口をもつコーンケン県の県都。町が形成されたのは1783年と歴史は比較的浅いが、現在ではイーサーン有数の整備された町並みをもつ都市となっている。大きなバスターミナルがあり、バス交通網の拠点でもある。

行き方

バンコクから
AIR スワンナブーム国際空港からタイ国際航空が1日5便、所要55分〜1時間、1150B〜。格安航空会社のスケジュールや運賃は各社のウェブサイト（→P.508）で。
BUS 北バスターミナルから所要約6時間。7:00から20:20の間1時間に1〜2本。VIP 487B、1等365B。
RAIL タイ東北線はナコーン・ラーチャシーマーでノーンカーイ方面とウボン・ラーチャターニー方面に分岐する。コーンケンはノーンカーイ線。クルンテープ・アピワット中央駅から乗り換えなしの列車は1日3本、所要8〜9時間。列車により1等1194〜2194B、2等寝台807〜907B、2等座席399B、3等座席187〜227B。

ナコーン・ラーチャシーマーから
BUS 新バスターミナルから所要約3時間。2等150B。ロットゥー135B。

ウボン・ラーチャターニーから
BUS 所要約5時間。VIP 294B。

ラオス行きのバス
ヴィエンチャン行きのバスが1日2便、8:00、15:15発、180B。バスターミナル3-1から出発。

インフォメーション

TAT
MAP P.351-B2
住 15/5 Prachasamosorn Rd.
TEL 0-4324-4498〜9
FAX 0-4324-4497
営 毎日8:30〜16:30

タイ国際航空
MAP P.351-A3
住 9/9 Prachasamran Rd.
TEL 0-4322-7701
営 月〜金8:00〜16:00
休 土・日・祝
H プルマン・コーンケン・ラジャ・オーキッド内。
（2023年3月現在休業中）

タイプチ情報 コーンケンのバスターミナルは市街から遠く、少々不便。タクシーは高い料金を言われるので、節約したければ時間に余裕をもってソンテオを利用しよう。

旅のヒント

空港から市内への行き方
コーンケン空港は市街から西へ8kmほど離れており、トゥクトゥクだと100B程度。市内の中級以上のホテルなら有料（50～70B）で送迎を行っている。

バスターミナル3から市街へのアクセス
メータータクシーは100～150B程度、所要時間15分。下記のコーンケン・シティバスも便利。ソンテオは3、4、8、23番が市街の中心を南北に通る。

便利なコーンケン・シティバス
バスターミナル3始発で市街を結んで運行されている市営バス。同じ経路を右回りと左回りの2系統と空港に寄る1系統の計3系統あり、24時間運行（6:00～20:00は10分おき、20:00～6:00は30分おき）、15B。下記ウェブサイトでバスの現在位置がリアルタイムで確認でき便利。（2023年3月現在運休中）
🌐 livemap.khonkaencitybus.com

コーンケンのメータータクシー
市内を流している車も多い。バスターミナルで客待ちしている車のなかにはメーターを使わず料金を提示してくる運転手もいるが、その場合はほかの車を利用しよう。初乗り40B。

コーンケンの呼称
タイ語表記をそのまま読むと「コーンケーン」だが、なぜか「コーンケン」と呼ばれる。

コーンケン国立博物館
☎ 0-4324-6170
🕐 水～日9:00～16:00
休 月・火・祝
料 100B（外国人料金）
行き方 市街から12、17、21番のソンテオ。

ブン・ケン・ナコーン
🕐 24時間
料 無料
行き方 市街からコーンケン・シティバスか13、17、21番のソンテオ。トゥクトゥクなら30～40B。

ブン・ケン・ナコーンの水上レストラン

コーンケンの歩き方

コーンケンの鉄道駅は町の中心から南西へ少し離れた所にある。市内交通整備事業のため高架化され、エアポートレイルリンクを除いたタイ国鉄本線では珍しい高架駅となった。

町の中心シーチャン通りと、ナー・ムアン通りNa Muang Rd.の周辺はだいぶにぎやかになる。さらにクラーン・ムアン通りKlang Muang Rd.との交差点周辺は、奥に市場があるためいつも大にぎわい。歩道上にも露店や屋台が数多く出て、夕方は歩きにくいほどの混雑になる。ナー・ムアン通りとクラーン・ムアン通りは並行して南北に延びる大通りで、こことシーチャン通りの周辺にはホテルやショップなど旅行者に必要な施設がほぼ集まっている。また、駅前から東、ナー・ムアン通りまでの通りも、オープンエアのレストランが何軒も並び、にぎわっている。

コーンケンのバスターミナル

コーンケンのバスターミナルは、市街の南東約7kmの所にあるターミナル3。以前は市内に2ヵ所あるバスターミナルが使われていた。2013年に新しくターミナル3が建設され、しばらく併用されていたがついに1ヵ所に集約された。ターミナル3内には1等エアコンやVIPバスが発着するターミナル3-1、ロットゥーが発着するターミナル3-2、ソンテオが発着するターミナル3-3がある。ターミナル3-3にはコンビニと小さな食堂街もある。

おもな見どころ

発掘された仏像の展示が充実 ★★
コーンケン国立博物館
Khon Kaen National Museum
MAP P.351-B1
พิพิธภัณฑสถานแห่งชาติขอนแก่น

コーンケン周辺の遺跡で発掘された土器や仏像、クメール様式のレリーフなどが充実している。2階の一画にはコーンケン周辺の民族衣装や民芸品も展示されている。遺跡から集められたバイ・セーマーと呼ばれる聖域を示す石板を配置した広い庭園も、まるで公園のように整備が行き届いて美しい。規模が比較的大きく、見応えのある博物館。

国立博物館の庭にはバイ・セーマーと呼ばれる結界石が展示されている

湖畔のレストランでのんびりしよう ★
ブン・ケン・ナコーン
Bueng Kaen Nakhon Lake
MAP P.351-B4
ทะเลสาบบึงแก่นนคร

広大なこの湖は、コーンケン市民の憩いの場。湖畔の公園では人々が運動し、水辺では子供たちが水遊びをしている。遠くにはきらびやかなタイ寺院の屋根が見える。水上レストランもあり、のんびりとくつろげる。

貸ボートもあるブン・ケン・ナコーン

きらびやかな9層の仏塔がある
ワット・ノーンウェーン
Wat Nongwaen ★★
MAP P.351-B4外

ブン・ケン・ナコーンにほど近い通り沿いにある、規模の大きな寺院。創建は1789年で、境内にそびえる9層の仏塔は、前国王ラーマ9世の即位50周年を記念して建てられたもの。基壇の1辺が50m、高さが80mあり、階段で上がるとブン・ケン・ナコーンやコーンケン市街の眺望がすばらしい。仏塔の1階は仏像が安置されたお堂で、随時仏教行事が行われる。2階は東北部の文化に関する博物館となっており、3階は仏教説話、4階は古い仏教美術のコレクション、5階はジャータカの彫刻など、各階それぞれに仏教に関する展示があるので、ゆっくり見て回ろう。

コーンケンにある寺院の中でも指折りの美しさ

ワット・ノーンウェーン
- 593 Klang Muang Rd.
- 09-4519-5516
- 毎日8:00～18:00
- 無料
- 市街から徒歩約30分。

郊外の見どころ

タイの地質や恐竜について詳しくなれる
プー・ウィアン化石研究センター＆恐竜博物館 ★★
Phu Wiang Fossil Reserch Center and DinosaurMuseum
MAP 折込表-D3

プー・ウィアン国立公園（→下記）の3kmほど手前に、2012年にオープンした博物館。タイの鉱物資源や国内各地の特徴的な地質などに関する資料のほか、プー・ウィアン周辺で発掘された恐竜などの化石、恐竜が暮らしていた時代の想像復元模型やジオラマなどを展示している。

タイにいたと考えられている恐竜

プー・ウィアン化石研究センター＆恐竜博物館
- 0-4343-8204
- 火～日 9:00～17:00
- 月
- 60B（外国人料金）
- コーンケンのバスターミナル3-2、20番乗り場からノーンブアランプー、プー・ウィアン方面行きのバスに乗り、プー・ウィアンまで所要約1時間30分、2等57B、普通45B。プー・ウィアンの町から博物館とプー・ウィアン国立公園は15～18km離れている。公共の交通機関はないので、モーターサイかトゥクトゥクをチャーターする。片道約20分、往復で200～300B（要交渉）。

恐竜の足跡が残るタイのジュラシックパーク
プー・ウィアン国立公園 ★★
Phu Wiang National Park
MAP 折込表-D3

1976年、埋蔵ウラン調査の際に発見された、ジュラ紀のものと思われる恐竜の化石で有名な国立公園。公園入口にビジターセンターがあり、園内の地図や首長竜の大腿骨などが展示されているので、まずここに寄って情報を得よう。運がよければ発掘の様子を撮影したビデオ（英語版）を見せてもらえる。発掘現場は離れて数ヵ所あり、途中車の入れない山道をけっこう歩くが、モーターサイならかなり近くまで行くことができる。全部回ると3時間ほどかかり、山の中のコースを歩く軽いトレッキングとなる。途中展望台もあり楽しい。1時間あれば、最低でも1ヵ所は見学できる。発掘現場は保護用の立派な建物で覆われ、化石とはガラス越しの対面となる。

ビジターセンターでは恐竜のコンクリート像がお出迎え

プー・ウィアン国立公園
- 200B（外国人料金）
- プー・ウィアン化石研究センター＆恐竜博物館への行き方参照。公園入口からさらに奥にある発掘現場の途中まで行ってくれる。9番ピットはモーターサイで近くまで行ける。

化石が発見された状態の展示

建物で覆われている発掘現場

タイプチ情報 コーンケン駅はタイ国鉄でも珍しい高架駅。切符がなくてもホームまで上がることができ、周囲の景色が眺められる。

ホテル

ホテル事情

バックパッカー向けのゲストハウスはないが、手頃な中級ホテルが多い。高級ホテルは町の中心に集まっている。

高級ホテル

H プルマン・コーンケン・ラジャ・オーキッド
Pullman Khon Kaen Raja Orchid　MAP●P.351-A3
- 住 9/9 Prachasamran Rd.　TEL 0-4391-3333
- FAX 0-4391-3334　URL www.pullmanhotels.com
- 予 アコー予約サービス 日本(03)4578-4077
- 料 AC S T 2180B～
- CC A D J M V　室 293室　プール　WiFi

タイ東北部最高級のホテル。ロビー中央は吹き抜けのアトリウムで、開放感のある明るいカフェスペース。ベトナム料理や中国料理のレストラン、ビアホール、コーヒーショップなどレストランも充実している。

H グレイシャー
Glacier Hotel　MAP●P.351-A3
- 住 141 Prachasamran Rd.　TEL 0-4333-4999
- URL glacierhotelkhonkaen.th-thailand.com
- 料 AC S T 1300B～　CC A D J M V
- 室 72室　プール　WiFi

コーンケン市街にそびえるデザインホテル。白亜の外観、白と青を基調にした館内のインテリアは、名称のとおり氷河のイメージ。

中級ホテル

H コーンケン
Khon Kaen Hotel　MAP●P.351-B2
- 住 43/2 Pimpasoot Rd.　TEL 0-4324-5989
- URL www.khonkaen-hotel.com
- 料 AC S T 1200B～　CC J M V　室 125室　WiFi

バスターミナル1跡から徒歩約5分。改装されてモダンなインテリアとなった。冷蔵庫やバスタブなど設備も整っており、窓際にはソファも置かれている。料金も手頃でおすすめ。

H ル・ケーシア
Le Cassia Hotel　MAP●P.351-A2
- 住 68 Pimpasoot Rd.　TEL 0-4333-3666
- URL www.lecassiahotel.com
- 料 AC S T 1000B～　CC J M V　室 152室　WiFi

バスターミナル1跡からひとつ南のブロックにある。客室はベージュ基調の上品なインテリアで、テレビ、冷蔵庫、バスタブあり。従業員も感じがいい。元ブッサラーカム。

手頃なホテル

H チャダ・ベランダ
Chada Veranda Hotel　MAP●P.351-A3
- 住 88, 90 Srichan Rd.　TEL 0-4322-4255
- E ChadaVerandaHotel　料 AC S 690B～ T 790B～
- CC M V　室 50室　プール　WiFi

ショッピングや散策に便利な町の中心にある手頃なホテル。広い敷地の中にある6階建てで、全室ベランダ付きで窓も大きいので客室内は明るく、簡素な造りながら気分よく過ごせる。

H ローマー
Roma Hotel　MAP●P.351-B2
- 住 50/2 Klang Muang Rd.　TEL 0-4324-5888
- 料 AC S T 550B（朝食別）　CC J M V
- 室 190室　WiFi

部屋はフローリングで落ち着いた色合い。全室テレビ、ホットシャワー付き。1階はレストラン「ソレント」で、夜はライブ付きビアガーデン風に変身する。

H チャイパット
Chaipat Hotel　MAP●P.351-B2
- 住 106/3 Soi Na Muang 27, Na Muang Rd.
- TEL 0-4333-3059　FAX 0-4323-6860
- 料 AC S 550B～ T 650B～（朝食なし）
- CC A J M V　室 128室　WiFi

大きな通りから少し入った所にある手頃なホテル。細く見えるが奥行きのある建物で、比較的規模が大きい。清潔な客室が手頃な料金で利用できる。

レストラン

H プー・インPhu Innの隣は、夕方から夜遅くまで営業している屋台街のルアムチット・ナイト・マーケット（MAP P.351-B3）。ご飯ものや麺類が40B～で、お菓子や果物の店もある。

ショップ

S セントラル・プラザ
Central Plaza　MAP●P.351-A2～A3
- 住 99, 99/1 Srichan Rd.　TEL 0-4300-1000
- FAX 0-4301-1209　URL www.centralplaza.co.th
- 営 月～金10:30～21:00、土・日10:00～21:00
- CC ロビンソン・デパートではA D J M V、テナントは店によって異なる

コーンケン随一の大規模なショッピングモール。ロビンソン・デパートをキーテナントに、各種ブランドショップやファストフードレストランが館内にぎっしり並ぶ。

時計塔ロータリー

Udon Thani อุดรธานี

タイ・フランス条約から1世紀、新しい時代を迎える都市
ウドーン・ターニー

バンコク
折込表-D3

1893年、インドシナへ進出しラオスの植民地化を図るフランスとタイとの間に衝突が発生し（シャム危機）、軍事的圧力を加えるフランスの要求を受け入れる形で、メーコーン右岸に幅25kmの非武装地帯を設けることになった。その結果できた町がウドーン・ターニー。それからわずか100年で人口40万人近い大都市となった。その後の発展の歴史には、ほかの東北部の都市と同様ベトナム戦争が強く影響している。ベトナム戦争当時、ここはアメリカ空軍の基地の町として多数のアメリカ兵が駐屯し、急速に発展を遂げた。アメリカ兵向けのバー、クラブ、レジャー施設が建ち並び、かなりにぎわったという。それらはすべてアメリカ軍の撤退とともに姿を消し、大きくなった町だけが残った。郊外には世界最古の農耕文明かと騒がれ、ユネスコの世界遺産にも登録されているバーン・チアン遺跡（→P.357）がある。

行き方

バンコクから

AIR スワンナブーム国際空港からタイ国際航空が1日4便、所要約1時間5分、1150B〜。格安航空会社も運航しており、スケジュールや運賃は各社のウェブサイト（→P.508）で。ウドーン・ターニー空港から市内へはタクシー（200B）やロットゥー（80B）が利用できる。

BUS 北バスターミナルから所要約9時間、VIP658B、1等423B。

RAIL クルンテープ・アピワット中央駅から1日3本、所要約10時間。列車により1等2313〜1313B、2等寝台877〜977B、2等座席244〜477B、3等204B。

タイ東北部

コーンケン／ウドーン・ターニー

タイプチ情報 ウドーン・ターニー駅の東側に、中国風の建物が並ぶ公園がある。ウドーン・ターニーの町を開いたのは中国系の住民で、その歴史を解説する博物館もあり興味深い。

355

市街の東外れにある鉄道駅

行き方

コーンケンから
BUS バスターミナル3-2、18番乗り場から6:00～20:00の間、30分おき。所要約2時間、ロットゥー95B、2等90B。長距離バスターミナル（MAP P.355-B2）着。

ノーンカーイから
BUS 6:00～20:00の間、1時間おき。所要約1時間、ロットゥー55B、2等50B。長距離バスターミナル（MAP P.355-B2）着。

ラオス行きのバス
長距離バスターミナルから、ヴィエンチャン行きのバスが1日8本（8:00、9:00、10:30、11:30、14:00、15:00、16:30、18:00）、80B。ヴァンヴィエン行きのバスが1日1本8:30発、320B。

インフォメーション

❶TAT
MAP P.355-A2
住 16/5 Mukkhamontri Rd.
TEL 0-4232-5406～7
FAX 0-4232-5408
営 毎日8:30～16:30
入口はノーン・プラチャック公園側。

ノーン・プラチャック公園
営 毎日5:00～20:00　料 無料

ウドーン・ターニー地域博物館
営 火～日8:30～16:30
休 月　料 無料

旅のヒント

便利なウドーン・シティ・バス
2019年4月からウドーン・ターニー市内を東西南北に2路線バスが走っている。20番はウドーン・ターニー国際空港から新旧のバスターミナルとセントラル・プラザ、UDタウンを経由し西のビッグCまでを結んでおり便利。空港発7:20～19:40の間、ビッグC発6:20～19:20の間、10～40分おきに運行、20B。アプリでバスの現在位置がわかる。
URL www.udoncitybus.com
（2023年2月現在運休中）

ウドーン・ターニーの歩き方

駅は東の町外れ、バスターミナルは3ヵ所

鉄道駅は市街の東（MAP P.355-B2）。バスターミナルは方面別に3ヵ所あり、ルーイやチェンマイ方面からのバスは西にある新ターミナル（ボーコーソー2、MAP P.355-A2）、バンコクおよび南や東北方面からのバスは市街にある長距離バスターミナル（ボーコーソー1、MAP P.355-B2）、郊外からのバスやソンテオは市街の北にあるラーンシーナー市場ターミナル（タラート・ラーンシーナー、MAP P.355-B1）に発着する。新バスターミナルから市内まではサームローやモーターサイで80～100B。ラーンシーナー市場バスターミナルからは6番のソンテオが、ウドーン・ドゥッサディー通りUdon Dutsadee Rd.を通って市街まで走っている。サームローなら80B程度。

3つあるロータリーを町歩きの目印に

市内にはロータリーが3つあり、町歩きの目印になる。プラチャック通りPrajak Rd.とウドーン・ドゥッサディー通りの交差点にあるのが時計塔ロータリー。南へ下ると噴水ロータリーがある。この間は、夕方から夜にかけて歩道上に屋台や露店が並ぶ。噴水ロータリーでウドーン・ドゥッサディー通りと交差するのがポーシー通りPhosri Rd.で、人通りの多い繁華街。最後はプラチャック王子像ロータリー。市内最大のショッピングビルのセントラル・プラザ（MAP P.355-B2）は長距離バスターミナル近く。鉄道駅南側一帯はユーディー・タウンUD Townと呼ばれるショッピングモールで、スーパーマーケットや各種ショップ、レストランがある。

多数のレストランやショップが集まるユーディー・タウン

おもな見どころ

市民のレクリエーション広場
ノーン・プラチャック公園 ★
Nong Prajak Park
MAP P.355-A1～A2

広大な敷地に池や島が造られ、それらをつり橋や太鼓橋で結んである。売店があって飲み物や魚の餌なども買える、ウドーン市民の憩いの場。

アヒルがかわいいノーン・プラチャック公園

ウドーン・ターニーの歴史がわかる
ウドーン・ターニー地域博物館 ★★
Udon Thani Provincial Museum
MAP P.355-A2

ラーマ6世時代の1920年に建てられた、学校だった建物を使った博物館。床にペイントされた足跡に従って進むと壁のドアが開いて次の部屋へ進めるのがおもしろい。順に進めばウドーン・ターニー地域の歴史がひととおり頭に入る。

古い木造の建物を使った博物館

見晴らしのいい仏塔がある ★★
ワット・ポーティソムポーン
Wat Phothisomphon
MAP P.355-A2

ウドーン・ターニー地域博物館の並びにある、ラーマ5世の時代に創建された規模の大きな寺院。境内にあるモダンな仏塔は、2009年に建てられたもの。内部は3層構造になっており、1階には小さな祭壇、2階にはさまざまな仏像が並べられている。3階には仏舎利が高い基壇の上に置かれており、周囲の壁面には仏教説話の美しい壁画が描かれている。2階と3階には塔を取り巻く形でテラスが設けられており、ウドーン・ターニー市街の眺めがいい。

ナークに守られた階段で上がる仏塔

━━━ 郊外の見どころ ━━━

東南アジア最古の文明跡かと騒がれた世界遺産 ★★★
バーン・チアン
Ban Chiang
MAP 折込表-E3

1992年に世界文化遺産に登録された、ウドーン・ターニーの東約45kmにある先史時代の墳墓遺跡。1966年6月、人類学を研究するためこの村を訪れたハーバード大学の学生ステファン・ヤングStephen Youngが、転んだはずみに土器が地表に顔を出しているのを発見。タイ芸術局とペンシルヴァニア大学の共同で2度にわたり大規模な発掘作業が行われた。発掘当初は7000～6000年前の遺跡と判断され、世界最古の農耕文明かと騒がれた。最近の研究では紀元前3000～2000年頃のものだろうと推定されているが、確かなことはまだ不明だ。

この遺跡の特徴は、埋葬された人骨とともに大量に出土した素焼きの土器。独特の彩色と文様が施されたこの土器はバーン・チアンだけのオリジナルで、今やウドーン・ターニーのシンボルにもなっている。初期型の土器は幾何学的な直線基調の装飾が彫り込まれた厚みのある黒いもので、それが後期は土質が変わって肉厚が薄くなり、下地はクリーム色となって表面に赤い大きな渦巻き模様を描いたものへと変化した。

出土品は村の中にあるバーン・チアン国立博物館Ban Chiang National Museumに展示されている。館内にはバーン・チアンで出土した土器や発掘の様子を再現したジオラマだけでなく、タイ各地の遺跡から出土した土器や鉄器なども展示されている。発掘現場は、博物館から歩いて10分ほどのワット・ポー・シー・ナイWat Po Si Nai境内にあり、大きな東屋風の屋根に覆われている。

博物館の建物は2012年に拡張、改装された

ワット・ポーティソムポーン
圖 毎日6:00～18:00
圍 無料

🔶 旅のヒント

市内交通
モーターサイ、サームローは市内30～50B。市バス（黄色い車体）とソンテオは10B。

ウドーン・ターニーからバスでほかの町へ行く場合の注意
バスターミナルは厳密に方面別に分かれているわけではないので、利用する前に自分が乗りたいバスがどのターミナルから出るのか、ホテルのフロントなどで確認しよう。

赤いスイレンの咲き乱れる湖
ウドーン・ターニー市街から車で約40分のノーンハーン湖はタレー・ブア・デーンとも呼ばれ、乾季の12～2月頃の早朝、湖上一面に赤いスイレンが咲き乱れる美しい光景が眺められる。

■■■世界遺産■■■
バーン・チアンは、「バーン・チアンの古代遺跡」として1992年にユネスコの世界文化遺産に登録された。

バーン・チアン
行き方 長距離バスターミナル（MAP P.355-B2）17番乗り場からサコーン・ナコーン方面行きのバス（6:00～18:00の間1時間おき）に乗り、バーン・チアンへのバス停（三差路）で降ろしてもらう（所要約1時間、2等55B）。そこから待機しているサームローかモーターサイに乗り換えて約15分（約6km）でバーン・チアン国立博物館に着く。帰りのために待っていてもらうと安心。往復150～200B。戻りの最終バスは18:00頃。

バーン・チアン国立博物館
☎ 0-4220-8340
FAX 0-4220-8341
圖 水～日9:00～16:00
休 月・火
圍 150B（外国人料金。発掘現場と共通）

館内にジオラマ展示された発掘の様子

ワット・ポー・シー・ナイの発掘現場
圖 毎日8:30～18:00
圍 150B（博物館と共通）

タイプチ情報　バーン・チアンへ行く際に利用するサコーン・ナコーン行きのバスは、コロナ禍以降便数が減少。戻りのバスが何時まであるのか、ウドーン・ターニーを出発する際に確認しておこう。

林の中に奇岩が点在するハイキングコースとなっている

プー・プラ・バート歴史公園
[開] 毎日8:30〜16:30
[料] 100B（外国人料金）

プー・プラ・バート歴史公園とワット・プラ・タート・プラ・プッタバート・ブアボック
[行き方] ラーンシーナー市場バスターミナルからバーン・プーBan Phu方面行きバスかソンテオに乗り、公園への分岐点（バーン・ティウBan Tiu）で下車（所要約1時間30分、40B。6:00〜17:00の間20〜30分ごとに出発）、待機しているモーターサイで約10分。プー・プラ・バート歴史公園は往復80B、ワット・プラ・タート・プラ・プッタバート・ブアボックは往復60B。120B程度で両方回ってもらえる。戻りの最終バスは16:00頃なので注意。

広い境内にはそこかしこに仏像がある

先史時代の岩絵がある奇岩の名所 ★★

プー・プラ・バート歴史公園

MAP 折込表-D3

Phu Phra Baat Historical Park　อุทยานประวัติศาสตร์ภูพระบาท

ウドーン・ターニーの北西約64kmにある、大小さまざまの奇岩が並ぶ山。先史時代はここに住人がいたらしく、当時の人たちが描いた絵が岩壁に残っている。公園は樹木の生い茂る山中にあり、奇岩を結ぶちょっとしたトレッキングコースがある。ひととおり歩いて見物すると2〜3時間はかかるので、飲み水などを持参しよう。公園入口のゲートから2kmほど行ったパーキングエリアにインフォメーションセンターと売店がある。公園の模型や地図などがあるので、ここで情報を得よう。売店は閉まっていることもあるので、あてにしないように。

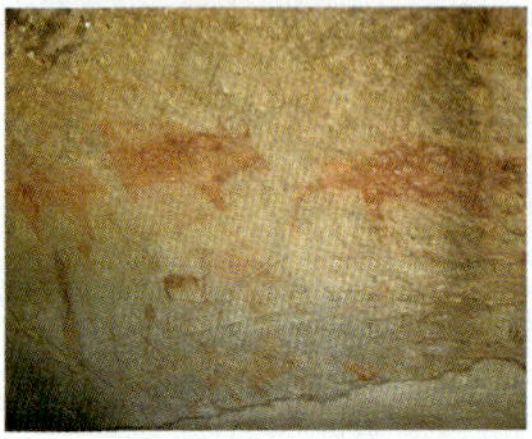

鮮明に残っている壁画

有名な仏足石がある山中の寺院 ★★

ワット・プラ・タート・プラ・プッタバート・ブアボック

MAP 折込表-D3

Wat Phra That Phra Phutthabat Buabok　วัดพระธาตุพระพุทธบาทบัวบก

プー・パーン山にある高名な仏教寺院。仏足石を祀る白い仏塔は寺の入口付近にあり、台座は8.5m四方、高さは45mある。その内部に安置されている仏足石は長さ1.93m、幅90cm、深さ60cmの足型のくぼみ。毎年3月の祭りの日にはタイ全土から大勢の参拝者が訪れ、かなりのにぎわいになる。プー・プラ・バート歴史公園入口から約1km奥。

山の中にそびえる巨大な仏塔

ホテル

ホテル事情

高級ホテルから手頃なホテルまで数は多いので、宿にあぶれることはないだろう。鉄道駅や長距離バスターミナルのあるエリアと、ノーン・プラチャック公園に近いマッケーン通り Mak-khaeng Rd.周辺、これらふたつのエリアに集まっている。セントラル・プラザの1本東の通りは安宿が多い。

高級ホテル

[H] センタラ・ホテル&コンベンション・センター・ウドーン・ターニー

Centara Hotel & Convention Centre Udon Thani　MAP●P.355-B2

[住] 277/1 Prajaksillapakhom Rd. [電] 0-4234-3555
[URL] www.centarahotelsresorts.com
[料] [AC]ⓈⓉ1810B〜 [CC] [A][D][J][M][V] [室] 259室
[プール] [WiFi]

ウドーン・ターニー随一の高級ホテル。ソファも置かれた32㎡の客室はフローリングで、大きなデスクが何かと便利。長距離バスターミナルは徒歩圏内。

[H] シヴィライズ

Civilize Hotel　MAP●P.355-B2

[住] 396/28 Phosri Rd. [電] 0-4211-1456
[URL] www.civilizehotel.com [料] [AC]ⓈⓉ2100B〜
[CC] [A][M][V] [室] 79室 [プール] [WiFi]

2018年オープン、ウドーン・ターニー最新の高級ホテル。周囲は古い商業エリアで、通りから少し入っているので静か。館内のインテリアはウッディなナチュラルテイストで心安らぐ。

[H] チャルーン

Charoen Hotel　MAP●P.355-B2

[住] 549,559 Phosri Rd.
[電] 0-4224-8155 [URL] www.charoenhotel.com
[料] [AC]ⓈⓉ2000B〜 [CC] [A][D][J][M][V]
[室] 239室 [プール] [WiFi]

長距離バスターミナルまで徒歩3分と便利な場所にある。館内はタイ風の調度品でまとめられ、従業員も親切で居心地がいい。緑に囲まれた庭にある大きなプールも気分よく泳げる。朝食はビュッフェで豪華。常時1200B程度で利用可。

中級ホテル

ザ・ホワイト・ホテル by チャルンシー
The White Hotel by Charoensri　　MAP●P.355-A2

- 60 Phosri Rd.　06-3482-7777
- URL thewhitehotel7777.com
- AC S T 1270B〜　CC AJMV
- 72室　WiFi

古びたホテルが大改装されて純白の外観と内装に変身。客室内は壁も床もデスクもベッドもカーテンもとにかく真っ白で、まるでSF映画に登場する宇宙船の船室。バスルームは全面ガラス張り。元チャルンシー・パレス。

パラダイス
Paradise Hotel　　MAP●P.355-B2

- 44/29 Phosri Rd.　0-4223-7490
- URL www.paradiseudon.com
- AC S T 1600B〜
- CC AJMV　65室　プール　WiFi

ベトナム戦争時代から営業していた古くてさびれたホテルが2010年に大改装され、ブティックホテルに美しく変身。中庭にあるプールは広くて気分よく過ごせる。スタンダードの部屋はクイーンサイズのベッド1台。スーペリア（S T 1800B〜）からベッドがやや大きくなる。

カウィンブリー・グリーン・ホテル・ウドーン
Kavinburi Green Hotel Udon　　MAP●P.355-B2

- 299/99 Prajak Rd.　0-4232-6888
- E kavin Buri　AC S T 1000B〜
- CC AJMV　69室　プール　WiFi

2014年オープンとまだ新しく、やや狭めながらモダンなインテリアの客室は清潔感あり。6階建てで屋上にはラウンジバーとプールもある。長距離バスターミナルと鉄道駅が徒歩圏内で移動にも便利。事前リクエストで空港無料送迎可。

手頃なホテル

シー・トラカーン
Sri Trakarn　　MAP●P.355-B2

- 298/1 Sai Utid Rd.　0-4222-2454
- E Sritrakarn Hotel
- AC S 500B T 600B（朝食別）
- CC なし　46室　WiFi

長距離バスターミナルの正面にあるので便利。やや雑然とした雰囲気。遅くに到着して翌朝すぐ出発するような人向け。

プラチャックトラー・シティ・ホステル
Prajaktra City Hostel　　MAP●P.355-B2

- 106/45 Srisuk Rd.　0-4222-2998
- FAX 0-4224-8567　URL www.prajaktracity.com
- AC S T 1000B〜
- CC AMV　53室　WiFi

名称はホステルだが内容はほとんどホテル。この料金で設備の調った個室が取れるのはタイの地方都市ならでは。モダンな内装にフレンドリーなスタッフ、周辺には飲食店も多い。朝食はコンチネンタルのビュッフェ。

レストラン

ウドーン・ターニー駅の正面には大きなマーケットがあり、町の中心に向かう通り沿いには屋台街が数ヵ所あって、夜は食事を楽しむ人たちでにぎわう。なかには日本風ラーメンの屋台もある。途中にはバーが集まる路地がある。

メー・ヤー
Mae Ya　　MAP●P.355-B2

- 79-81 Rachapatsadu Rd.　0-4222-3889
- 営 毎日9:59〜22:59　CC MV

地元の人ならみんな知ってる老舗のファミリーレストラン風タイ料理店。メニューは豊富で、麺類やご飯ものなら100B程度で食べられる。サンデーなどアイスクリームのデザートもあり、家族連れの客も多い。

ヌア
NEUA　　MAP●P.355-B2

- 12 Rachapatsadu Rd.　08-4792-9225
- 営 毎日16:00〜22:00　CC なし

目利きの店主が選んだ熟成肉をショーケースから選ぶと、好みの加減で焼いてくれる。肉好きなら訪れてみよう。店は11:00から肉屋として営業しており、食事ができるのは16:00から。500B程度で食べごたえのあるサイズになる。客席は店の前に並べられたテーブルだけなので、予約が確実。

ユーディー・フード・バザール
UD Food Bazaar　　MAP●P.355-B2

- 88 Tongyai Rd.　0-4293-2999
- 営 毎日16:00頃〜24:00頃（店によって異なる）　CC なし

ウドーン・ターニー駅前に開発されたショッピングモールのユーディー・タウン UD Town内にあるフードコート。麺の店やご飯物の店などがズラリと並び、どれもおいしそうで選ぶのに苦労しそう。土地柄かイーサーン料理の店が多いのも特徴。

タイプチ情報　セントラル・プラザの1本東にあるSamphanthamit Rd.には、手頃なホテルやアパートが並んでいる。アパートは短期利用も可能なところも多いので、節約派にはうれしい。

Column

ウドーン・ターニー周辺の寺院巡り

人気寺院が多いウドーン・ターニー周辺

イーサーン(タイ東北部)のなかでもウドーン・ターニー周辺は、山がちな地形の中に美しい寺院が多数点在しており、それらの寺院

ワット・パー・ターク・スアのスカイウオーク

巡りはタイ人にとって徳を積みながら観光も楽しめる一石二鳥のアトラクション。ワット・プラ・タート・プラ・プッタバート・ブアボック(→P.358)のように公共の交通機関で行けるところは少ないので、タクシーをチャーターして回ってみよう。1日2000B程度で、人気の寺院4〜5ヵ所を訪れることができる。どの寺院も週末は混雑するので、平日がおすすめ。すべて入場無料。

仏塔の天井画が美しい
ワット・パー・バーン・コー

1985年建立の寺院。なだらかな丘陵地帯にあり、高さ72m、美しい純白のスリランカ風仏塔プラ・マハータート・

仏塔の四方にはピンク色の象の像がある

チェーディー・チャルーム・バーラミー・プラ・ナワミン Phra Mahathat Chedi Chaloem Barami Phra Nawaminがそびえる。仏塔内の天井やその周囲に描かれたブッダの生涯図は必見の美しさ。仏塔の脇には、スリランカから移植された菩提樹もある。寺院ゆかりの高僧と寺院建立のいきさつに関する博物館併設 ◉毎日9:00〜17:00、◉無料。

ワット・パー・バーン・コー
Wat Pa Ban Ko วัดป่าบ้านค้อ
MAP 折込表-D3 URL www.watpabankoh.com ◉毎日6:00〜18:00

おどろおどろしい地獄の像がある
ワット・ポー・チャイ・シー・ルアン・ポー・ナーク

本堂に収められた3体の仏像はどれも7頭のナーガ(ナーク)に守られており、本堂の周囲にも奉納されたナーガ像が何体も並ぶ。少し離れた大きな池の中央に

リアルな造形が不気味な地獄の像

造られた小島に建てられたお堂も美しいが、この寺院の見どころは境内にコンクリート像で再現された地獄。タイ各地の寺院に見られる造形で、最近では「地獄寺」(→P.21)とも呼ばれて好事家の人気を集めている。この寺院の「地獄」は像の数も比較的多い。

ワット・ポー・チャイ・シー・ルアン・ポー・ナーク
Wat Pho Chai Sri Luang Pho Nak
วัดโพธิ์ชัยศรีหลวงพ่อนาค
MAP 折込表-D3 ◉5:00〜18:00

丘上のお堂に横たわる純白の寝釈迦
ワット・パー・プー・コーン

ノーンカーイ県やルーイ県との県境に近い山中に、2010年から2013年にかけて建設された。小高い丘の頂上に設

穏やかな表情の寝釈迦仏

けられたテラスに3つのお堂が建てられており、鮮やかな青で統一された屋根が太陽の光をまぶしく反射する様子が美しい。最も奥にある最大の建物が本堂で、内部にイタリア産の大理石で造られた全長約20mの寝釈迦がある。本堂の裏側からは、イーサーンの山並みが眺められる。

ワット・パー・プー・コーン
Wat Pa Phu Kon วัดป่าภูก้อน
MAP 折込表-D2 URL www.watpaphukon.org
◉毎日6:00〜18:00

ガラス張りのテラスからラオスを眺める
ワット・パー・ターク・スア

メーコーンに面した高台にある寺院で、2016年に建設された"スカイウオーク"が人気を集めている。崖際のテラス

本堂天井の仏画

からU字型に空中に張り出しており、床がガラス張りで下の森が見えスリリング。目を上げれば雄大なメーコーンの流れを挟んで手前はタイの町サンコム Sang Khom、対岸にははるかに続くのはラオスの大地。丘の上にある本堂の天井に描かれた仏画は必見。

ワット・パー・ターク・スア
Wat Pha Tak Sua วัดผาตากเสื้อ
MAP 折込表-D2 ◉毎日6:00〜18:00。スカイウオークは9:30〜16:30

タイとラオスを結ぶ友好橋

Nong Khai　หนองคาย

ラオスと橋で結ばれた国境の町
ノーンカーイ

折込表-D2

バンコクから615km、タイ国鉄東北線最北端の地ノーンカーイは、メーコーンを隔ててラオスと国境を接する町。ラオスの首都ヴィエンチャンからわずか25km、1994年に完成したタイ・ラオス友好橋を利用してメーコーンを渡り、ラオスを目指す旅行者が訪れる。

ノーンカーイの歩き方

メーコーン沿いに整備された遊歩道

ノーンカーイはメーコーンに沿った小さな町。町の西端に鉄道駅、東にバスターミナルがある。メインストリートはミーチャイ通りMeechai Rd.。銀行や郵便局、雑貨屋、金行や薬局などが並んでおり、なかなかのにぎわいだ。特にハーイソーク通りHai Sok Rd.とホー通りHo Rd.に挟まれた一画に店が多い。

ミーチャイ通りよりもメーコーン寄りを通るリムコーン通りRimkhong Rd.のワット・ハーイソークWat Hai Sok裏に、ラオスへの船が出るイミグレーション兼船着場がある。外国人は利用できないが、日中ひっきりなしに行き交う渡し船を見ていると、両国の関係の深さがあらためて実感できる。リムコーン通り一帯は、アーケードの中にラオスやベトナムの特産品を売る店が並び、日中はかなりの人出。ラオス特産の銀細工や絹織物、中国雑貨などが安い価格で並べられ、見ているだけでも楽しい。変わったみやげ物探しには最適。

イミグレーション兼船着場からはメーコーンに沿って遊歩道が整備されており、大河の流れを眺めながらの散歩を楽しむこともできる。レストランやカフェもある。

おもな見どころ

ラオスや中国の物産が売られる ★★
ター・サデット市場
Talat Thasadej　MAP P.362-A4

メーコーンと並行した通りを中心に、タイの東北地方やラオス、中国、ベトナムなどの産品を扱うショップがズラリと並んだアーケード街がター・サデット市場。漢方薬や中国茶、安物のおもちゃや衣料品などが多い。中心にはOTOP（タイの一村一品運動）のショップがあって、地元産のワインや織物などが売られており興味深い。

屋根があるので風が通らず暑い

行き方

バンコクから
AIR スワンナプーム国際空港からウドーン・ターニー空港までタイ国際航空が1日4便、所要約1時間5分、1150B～。ドーン・ムアン国際空港からの便もある。空港からノーンカーイ行きリムジンで所要約50分、200B。希望の場所で降ろしてもらえる。
BUS 北バスターミナルから所要約10時間。VIP 801B、1等505B。
RAIL クルンテープ・アピワット中央駅から1日3本すべて夜行。急行列車で所要約11時間。列車により1等1350～2350B、2等寝台894～994B、2等座席344B、3等251B。

ウドーン・ターニーから
BUS セントラル・プラザ前からロットゥーが、6:00～18:00の間1時間おきに出発。所要約1時間、55B。

ラオス行きのバス
バスターミナルから、ヴィエンチャンのタラート・サオ・バスターミナル行きのバスが1日4本（7:30、10:00、15:30、18:00）、55B。ヴァンヴィエン行きが1日1本、10:30発、270B。これらのバスを利用する場合、イミグレーションで5B徴収される。

旅のヒント

バスターミナルから市内へ
ノーンカーイのバスターミナル（MAP P.362-A5）は市街東部にある。

鉄道駅から市内へ
ノーンカーイはタイ東北線の北の終着駅。駅は市街から西へ2kmほど離れている（MAP P.362-B2）。駅と市街を結ぶ路線バスなどはないので、サームローを利用しよう（40～50B）。

ター・サデット市場
毎日9:00頃～19:00頃

タイ東北部　ノーンカーイ

タイプチ情報 ノーンカーイ駅には食堂などの飲食店や売店がない。鉄道を利用する場合は、駅へ行く前に食事や買い物を済ませておこう。

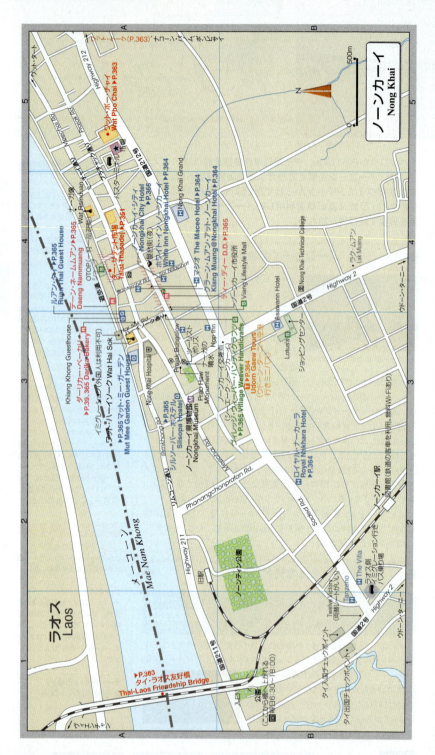

メーコーンをまたいだ最初の橋 ★★
タイ・ラオス友好橋
Thai-Laos Friendship Bridge

MAP P.362-A1

オーストラリアの援助で完成した、メーコーンに架かる橋。開通は1994年4月。全長は1174mと長いが幅は狭く、片側1車線ずつ。橋の両側には歩道が設けられており、途中の国境線手前まで歩いて行ける。完成当初から中央に鉄道線路が敷かれていて、2008年末にヴィエンチャン郊外のターナーレーンThana Langまでの路線が開通。ノーンカーイから1日2往復列車が運行されている。これはラオス初の旅客鉄道。

橋の途中にある国境の少し手前で歩道は通行止め

人々の信仰を集めるありがたい仏像がある ★★
ワット・ポー・チャイ
Wat Pho Chai

MAP P.362-A5

バスターミナルの近くにあるこの寺院は、大きな本堂の中に置かれている仏像が人々の信仰を集めている。青銅製の胴体に純金の頭部が載ったこの像は、もとはラオスにあったもの。洪水で流されて25年間メーコーンの川底に沈んでいたのを、漁師が偶然引き揚げたと言い伝えられている。

ノーンカーイ市民の信仰を集めているワット・ポー・チャイ

ある在家信者の執念が築きあげた幻想的な寺院 ★★
ワット・ケーク（サーラー・ケーオクー）
Wat Khaek (Sala Keo Kou)

MAP P.362-A5外

緑豊かな庭園の中に、インドの神話から抜け出してきたようなさまざまな像が並ぶ不思議な寺院。像の数もさることながら、一つひとつの像がもつインパクトは強烈で、独特な世界をつくりあげている。これは1996年に亡くなったルアンプー・ブンルア・スラリット師の指導で建てられたもので、氏は対岸のラオスでワット・ケークとよく似た最初の寺院を築き、1975年にタイへと亡命してこの寺院を建てた。すべての像にはこの僧の思想が反映されているという。

ひとめ見ただけで強烈な印象に圧倒される

不思議な造形が林立するワット・ケーク

タイ・ラオス友好橋
行き方 市街から西へ約3km。サームローで約10分（60B）。橋の下にある脇道から橋へ歩いて上がれ、橋のほぼ中央まで行くことができる。そのまま徒歩でラオスまで行くことはできない。

タイのイミグレーション（出入国チェックポイント）
MAP P.362-B1
開 毎日6:00～22:00
6:00～8:30と12:00～13:00、16:30～22:00に通る場合手数料10Bが必要。ラオス側でも40Bか9000Kip（ラオスの通貨キップ）を徴収される。

ワット・ポー・チャイ
開 本堂は毎日7:00～17:00
料 無料

ワット・ケーク（サーラー・ケーオクー）
開 毎日7:00～18:00　料 40B
行き方 ノーンカーイ市街の南を走る212号線を東（ポン・ピサイPhon Phisai方面）に約4km行った右側の路地、Soi Sala Keo Kouの奥。市街からサームローで所要10分、片道80B、往復150B程度。レンタサイクルを借りて行くのが安上がり。

インフォメーション
郵便局
MAP P.362-A4
住 Meechai Rd.
開 月～金8:30～16:30
　 土・日9:00～12:00

旅のヒント
ノーンカーイの市内交通
サームローやトゥクトゥクが多く、基準となる料金がバスターミナルなどに掲示されているので参考にしよう。ゲストハウスや町なかのショップで、レンタサイクル（1日30～50B）やレンタバイク（1日200B～）も利用できる。

ノーンカーイのサームロー標準料金
一応下記の料金が標準となっているが決められた時期が古く、現在ではこれに20B程度上乗せした金額で利用されている。
バスターミナルから
　ター・サデット市場　40B
　ノーンカーイ駅　80B
　タイ・ラオス友好橋　60B
ノーンカーイ駅から
　タイ・ラオス友好橋　30B
　ター・サデット市場　50B
　バスターミナル　60B

タイプチ情報　タイ・ラオス友好橋は徒歩で途中まで行ける。ただし歩道の幅は狭く、水面からかなり高い位置にあるので、高所恐怖症の気味がある人は少しつらいかも。

旅のヒント

ウドーン・ターニー空港行きミニバス
利用前日までに予約すること。ホテルまで迎えに来てもらえる。1人200B。

Udorn Gaew Tours
MAP P.362-B3
☎ 0-4241-1530

ラオスのビザ情報
15日以内の滞在ならビザ不要。

ラオスでも通用するバーツ
ヴィエンチャン市内なら、やや割高になるもののタイバーツが通用する。日帰り程度なら、あえてラオスの通貨（キップ Kip）に両替する必要もない。

ヴィエンチャンのシンボル、パトゥーサイ

国境を越えよう

ノーンカーイからラオスへの行き方

直通バス利用：ノーンカーイのバスターミナル発、ヴィエンチャンのタラート・サオ・バスターミナル行きバスが1日6本（→P.361欄外）、55B。ヴァンヴィエン行きが1日1本、270B。ノーンカーイへ戻るタラート・サオ発も同じ時間発で1万5000Kipか55B。乗客全員が出入国手続きを終えるまで待つため、時間がかかることがある。

鉄道利用：ノーンカーイとターナーレーンの間を列車が1日2往復している。ノーンカーイ7:30発ターナーレーン7:45着と、14:45発15:00着。逆はターナーレーン10:00発ノーンカーイ10:15着と17:30発17:45着。20B。バンコクからの直行列車はなく、乗り換えが必要。ターナーレーン駅周辺で客待ちしているトゥクトゥクはボッタクリが多いので、直接ヴィエンチャン市街まで行けるバスの利用がおすすめ。

公共交通乗り継ぎ：ラオス側イミグレーション行きバス乗り場（MAP P.362-B1～B2）から6:00～21:30の間随時出発するロットゥー（300B）かバス（20B）を利用。ラオスのイミグレーションからヴィエンチャン市街まではバス（30B）、トゥクトゥク（交渉で200～300B）利用で所要45分～1時間。ラオス側イミグレーション行きバスは便が多いので、手続きに時間がかかった場合、乗ってきたバスには置いていかれることもある。その場合はチケットを見せれば次のバスを利用できる。徒歩などで直接タイ側のイミグレーションまで行き、出国審査を済ませた所からバスを利用することも可。

バスの終点となるタラート・サオ・バスターミナルからヴィエンチャン市街までは約500mで、歩いて移動できる距離。

ホテル

高級ホテル

Ⓗ マシオ
The Maceo Hotel
MAP P.362-A4

住 595 Moo 4, Prajak Rd. ☎ 09-5672-2228
URL www.themaceohotel.com
料 AC S T 2400B～
CC A J M V 室 72室 WiFi

ノーンカーイ市街の中心にそびえる6階建て、ノーンカーイでは高層の部類に入るホテル。重厚な欧風の外観とインテリア。スタンダードの客室はベッド脇に柱がある不思議な造り。朝食ビュッフェの種類が豊富なのはうれしい。

Ⓗ ロイヤル・ナーカーラ
Royal Nakhara Hotel
MAP P.362-B2

住 678 Saded Rd. ☎ 0-4242-2889
0-4242-2811 URL www.royalnakhara.com
料 AC S T 1200B～
CC A J M V 室 80室 WiFi

タイ・ラオス友好橋とノーンカーイ市街を結ぶ広い通り沿いにある。客室内はシンプルモダンなインテリアで明るい造り。朝食のレストランは別棟で、夜はビアガーデンになる。

中級ホテル

Ⓗ クラーン・ムアン・アット・ノーンカーイ
Klang Muang @ Nongkhai Hotel
MAP P.362-A4

住 823 Soi Banthoengchit, Prajak Rd. ☎ 0-4241-4066 Ⓕ Klang Muang at Nong Khai
料 AC S T 1200B～ CC J M V 室 48室 WiFi

町のほぼ中心で、ター・サデット市場やメーコーンは徒歩すぐの立地。小さな物干し場風テラスがあり、白基調のインテリア。朝食は2階にある明るいレストランでトーストとお粥、コーヒーと紅茶。5階建てだがエレベーターはない。

Ⓗ ホワイト・イン・ノーンカーイ
White Inn Nongkhai Hotel
MAP P.362-A4

住 1299 Soi Nitaphat, Prajak Rd.
☎ 0-4242-2666
料 AC S T 600B～（朝食別）
CC J M V （+3%のチャージ） 室 36室 WiFi

高い建物が少ないノーンカーイ市街で5階建ての建物がよく目立つ。外観は古ぼけているが中は壁も床も真っ白で、冷蔵庫やテレビも設置。タイ人の間では「ワイ・イン」と呼ばれる。向かいにはバーピアが並んでいる。

注：2017年から、国境を接する国から空路以外でのビザなし入国が、暦年で2回までに制限されている。隣接国を日帰りなどで訪れる場合は、出入国の回数に注意。

H ノーンカーイ・シティ
Nongkhai City Hotel　MAP P.362-A4

- 1129/12 Soi Nitaphat, Prajak Rd.
- 0-4242-1441　0-4241-3842
- AC S T 550B〜（朝食別）
- CC JMV　21室　WiFi

バービアが並ぶ路地にある手頃なホテル。1階と2階にダブルベッドとツインベッドの客室がある。午前中はロビーでコーヒーや紅茶、クッキーの無料サービスあり。場所柄夜は、近隣からの音が少々騒がしい。

ゲストハウス

G シルソーパー・ホステル
Silsopa Hostel　MAP P.362-A3

- 897/1　08-2375-4598
- silsopahostel.business.site　AC D 240〜350B S T 1200B〜　CC MV　5室　WiFi

市街の西に広がる住宅街の中にある、瀟洒な洋館を改装した小さなホステル。センスのいい家庭に招かれたような気分で滞在できる。緑の美しい庭でくつろぐ時間も楽しい。アートギャラリーが併設されており、随時企画展も行われる。

G マット・ミー・ガーデン
Mut Mee Garden Guest House　MAP P.362-A3

- 1111/4 Keaworawut Rd.
- 0-4246-0717　0-4241-2182
- www.mutmee.com　mutmee@mutmee.com
- F S 300B〜（トイレ、シャワー共用）
  AC S T 700〜1000B　新館 AC S T 900〜1650B
- CC MV　30室　WiFi

林のような庭の中にバンガローや受付棟などが点在する造りで、壁のないオープンな造りのレストランで食べる朝食は気分がいい。料金は客室の造りや設備によってさまざま。メーコーン沿いに遊歩道が建設されてしまい、プライベート感がなくなってしまったのが残念。連絡は電話よりもメールで。

G ルアン・タイ
Ruan Thai Guest House　MAP P.362-A3〜A4

- 1126 Rimkhong Rd.　0-4241-2519
- F S 400B　AC S T 500〜600B
- CC なし　20室　WiFi

メーコーンから1本内側に入った、バーやゲストハウスが並ぶ通りにある。駐車場を兼ねた中庭の脇に客室棟がある。エアコンの部屋はテレビ、冷蔵庫、ホットシャワー付き。

レストラン

R デーン・ネームムアン
Daeng Nammuang　MAP P.362-A4

- 526-527 Rimkhong Rd.　0-42411961
- daengnamnuang.net
- 毎日6:00〜20:30（LO 20:00）　CC なし

値段が手頃で味がよく清潔感もある、ノーンカーイで大人気のベトナム料理レストラン。メーコーンが望める広い客席は連日団体客でにぎわう。サトウキビにエビのすり身を巻いて揚げたもの（5本250B、3本150B）や揚げ春巻き70B、生春巻き50Bなどがおいしい。

R ディー・ディー
D.D.　MAP P.362-A4

- Prajak Rd.
- 0-4241-1548　毎日12:00〜24:00
- CC JMV

体育館のような空間にテーブルがぎっしりと並んだ大型の大衆食堂で、夜になると前の歩道にまでテーブルが並ぶ。一般的なタイ料理なら100B程度、ご飯物や麺類は40B程度からある。おかずとスープ1品ずつにご飯、ビールを付けても300B程度で収まるはず。

R ダーリカー・ベーカリー
Darika Bakery　MAP P.362-A3

- 669 Meechai Rd.
- 0-4242-0079　毎日5:30〜15:00　CC なし

1985年の創業時は通りの向かい側にあった老舗。カイ・カタと呼ばれる独特のフライパンで作る卵料理とパンのセット（ベトナム風と呼ばれるが、この店のメニューでは"THAI BREAKFAST"）55Bが朝食に人気。雑炊風のカーオ・トム、粥のチョクは40〜50B。タイ式コーヒー20〜30B。

ショップ

S ヴィレッジ・ウィーバー・ハンディクラフツ
Village Weaver Handicrafts　MAP P.362-A3

- 1020 Prajak Rd.
- 0-4242-2651〜3　0-4242-0333
- 毎日8:00〜20:00
- CC JMV

タイでも特に貧しい地域ノーンカーイ県で活動する、自助プロジェクトの店。村の女性たちがていねいに染め、織り上げたマットミー製品をおもに扱う。デザイン、品数豊富でおみやげに手頃な品も見つかるはず。

タイプチ情報　のんびり滞在できる雰囲気があるノーンカーイには、手頃なゲストハウスも多い。掲載のものだけでなく、町中にも点在しているので、好みのゲストハウスを探してみよう。

Loei เลย

人の気持ちも自然も豊かな小都市
ルーイ

景勝地ケーン・クッ・クー

山あいの小さな町ルーイは、緑豊かなルーイ県の中心都市。タイで最も涼しいとされるルーイ県は、乾季には気温が0℃近くまで下がることもあり、この気候を利用して花卉や野菜の栽培が盛んに行われている。軽いトレッキングが楽しめる国立公園も3ヵ所ある、自然に恵まれた土地だ。県内のダーン・サーイで毎年旧暦の8月（太陽暦で6月頃）に行われるピーターコーン（正式名称はブン・プラ・ウェート）は、人々が仮面をかぶって練り歩く特異なお祭りとして有名。

■ 行き方

バンコクから
AIR ドーン・ムアン国際空港からエアアジアが1日3便。詳細はウェブサイト（→P.508）で。空港から市街へはリムジンが200B。
BUS 北バスターミナルから所要約10時間、VIP 661B、1等472B。

ウドーン・ターニーから
BUS 新バスターミナルから所要約3時間30分。2等108B。

コーンケンから
BUS バスターミナル3-2、12番乗り場から約4時間、2等150B。

■ 旅のヒント

バスターミナルから市内へ
ルーイのバスターミナルから市内へは、待機しているトゥクトゥクで40～50B。市街からは30B～。

プー・クラドゥン国立公園
ルーイ郊外のプー・クラドゥン国立公園は、涼しい気候でタイ人に人気の自然公園。標高1360mのクラドゥン山へいたる約3時間のトレッキングコースがあり、山歩きが楽しめる。公共の交通機関を利用して日帰りするのは難しいので、ツアーを利用しよう。

ルーイの歩き方

ルーイの町なかは道が比較的広いわりに交通量が少ないので、ぶらぶら歩きを楽しもう。にぎやかなのはチャルンラート通りCharoenrat Rd.で、派手な赤い看板の金行が数軒並んでいる。近くには大きな市場もある。チュムサイ通りChumsai Rd.の1本南の通りは、夜になると飲食屋台が並び、人々が集まる。町の南には大きな池があり、中州のチャルーン・プラキアット公園は市民の憩いの場。夕方には池の周囲をジョギングする人なども見られる。

市内の通りは広々としている

366

郊外の見どころ

ラオスを対岸に望む町はタイ人に人気の観光地 ★★★
チェンカーン
Chiang Khan

MAP 折込表-D2

レトロなイメージでタイ人に人気

ルーイから北へ約50kmの所にある、メーコーン沿いの小さな町。とうとうと流れるメーコーンに沿って並ぶ木造のショップハウスが、古い時代のタイの小都市の空気を保ち続けている。町には古い寺院が点在し、いたって静か。この雰囲気にひかれて、川沿いのゲストハウスなどに長期滞在する旅行者が多い。町からメーコーン沿いに東へ2kmほど下流にあるケーン・クッ・クーKaen Kud Kuは、早瀬とビーチが広がる行楽地。

奇祭で名高い ★★
ダーン・サーイ
Dan Sai

MAP 折込表-C3

塔に閉じこめられた悲劇の姫の伝説がある

年に一度の奇祭ピーターコーンが盛大に行われる時期以外は静かな田舎町。この町を見下ろす丘にあるワット・ネラミット・ウィパッサナーWat Neramit Wipassanaは、紅色のラテライトれんがで建てられた仏塔や本堂と、本堂内部に描かれた仏教説話が印象的。地元出身の高僧が開基したもので、僧の亡骸は本堂脇の仏塔内に棺に納められた状態で保存されている。

ここから1kmほどの所には、プラ・タート・シー・ソーン・ラックPhra That Si Song Rakと呼ばれる仏塔がある。なだらかな参道を上がると本堂があり、その裏にあるラオス風の白い仏塔は高さ約20m。1560年に当時のラオスとアユタヤー2国間の友好のために建てられたもの。仏塔建設にまつわる悲劇の姫の伝説が残されており、仏塔の中ほどに開いている小さな穴は、人柱のように閉じこめられた姫のための空気穴だったといわれている。現在では恋愛成就の神様として人気があり、タイ人男女の参拝客が訪れている。

チェンカーン
行き方 ルーイのバスターミナルから30分おきに出発するチェンカーン行きのソンテオで所要約1時間15分、35B。チェンカーン発の最終は17:30。

メーコーンの対岸はラオス

ケーン・クッ・クー
MAP P.366外
行き方 チェンカーンからサームローで約15分。往復150～200B。

ダーン・サーイ
行き方 ルーイのバスターミナルからダーン・サーイ行きのバスで所要約1時間30分、2等65B。

プラ・タート・シー・ソーン・ラック
参拝に際しては、赤い服の着用は禁止。祀られている姫の嫉妬を防ぐためとされている。

🔶 旅のヒント
タイ随一の奇祭を見よう
ダーン・サーイで毎年6月頃に行われるピーターコーン。地域や集落ごとのグループが、手作りの仮面や衣装をまとい町を練り歩く天下の奇祭。

カラフルかつ奇抜なデザインの衣装がおもしろい

Column 南国で生産されるワイン

熱帯のタイでも、ルーイ県は標高が600m以上あるために比較的気温が下がり、ブドウの栽培に適している。ルーイ市街から約60km南西にあるシャトー・ド・ルーイChateau de Loeiは、すでに30年以上の歴史があるタイ随一のワイナリー。栽培されているのはシュナンブランとシラーの2種で、ワイナリーと同名のワイン（赤、白、ロゼ）のほかにスパークリングワインやブランデーも生産されている。ルーイの旅行会社を通せば見学が可能なので、暑い国には珍しいワイナリーの見学はいかが。通年見学できるが、2～3月にかけてのブドウの収穫時期がおすすめ。

ワインは試飲もできる

タイプチ情報 何もないけどのんびり滞在できる居心地のいい町、ルーイ。ダーン・サーイのピーターコーンは、タイ人も一度は見てみたいと憧れる奇祭。

ホテル

ホテル事情

高級ホテルが1軒あるほかは、中級以下のホテルばかり。町なかにある古めのホテルは施設、料金ともに似たりよったり。最低350～400B程度でエアコン、ホットシャワー、テレビ、冷蔵庫が用意されている。土地柄かどこも極めて感じがいい。

高級ホテル

H ルーイ・パレス
Loei Palace Hotel　MAP●P.366

住 167/4 Charoenrat Rd.
TEL 0-4281-5668　FAX 0-4281-5675
URL jp.mosaic-collection.com/loeipalace
料 AC S T1780B～　CC AJMV
室 156室　プール　WiFi

7階建てのビルは、ルーイ随一の高級ホテル。英語も通じるので安心して利用できる。ロビーエリアから館内の吹き抜けに連なる広々とした空間や、2階にある大きなプールはリゾート気分満点。窓外に広がる緑の山並みも心を落ち着かせてくれる。ジム、サウナあり。フロント後ろの壁に引かれている横線は、以前洪水で「ここまで水が来た」という記録のための印。1階にあるツアーデスクでは、レンタカーや郊外ツアーのアレンジが可能。

中級ホテル

H ルーイ・ヴィレッジ
Loei Village Hotel　MAP●P.366

住 17/62 Soi 3, Nok Rd.　TEL 0-4281-1599
FAX 0-4281-4862　URL Loei Village Hotel
料 AC S T1500B～
CC AMV　室 46室　WiFi

静かな住宅街にあるウッディな造りのホテル。隣接した建物がないので、1階でも部屋は明るく外も眺められる。バスタブはないがシャワーブースは広々としており快適。朝食のビュッフェも豪華。無料レンタサイクルもある。

バスとソンテオが発着するルーイのバスターミナル

チェンカーンはレンタサイクルで回るのが楽しい

手頃なホテル

H ルーイ・オーキッド
Loei Orchid Hotel　MAP●P.366

住 1/41 Sathon Chiangkhan Rd.
TEL 0-4286-1888～9　URL loeiorchid.com
料 AC S450B T470B（朝食別）
CC なし　室 70室　WiFi

ロータリーから少し入った所にある。明るいタイル張りの館内は気分よく過ごせるが、やや老朽化。全室エアコン、テレビ、冷蔵庫、ホットシャワー付き。少し高い部屋をすすめられることもあるが、スタンダードでも十分快適。

H ロイヤル・イン
Royal Inn Hotel　MAP●P.366

住 22/16 Chumsai Rd.　TEL 0-4281-2563、
0-4238-0873　FAX 0-4283-0177　URL www.royalinn-loei.com
料 F S230～250B　AC S300B～
T320B～（朝食別）　CC なし　室 36室　WiFi

全室テレビ、冷蔵庫、ホットシャワー付き。エレベーターがないので上層階ほど安い（AC Tの2階は350B、3階は320B、4階は390B）。

H キング
King Hotel　MAP●P.366

住 11/8-12 Chumsai Rd.　TEL 0-4281-1225
URL King Hotel Loei　料 AC S T399～450B（朝食別）　室 48室　CC JMV　WiFi

外観は古びているが中は改装されておりきれい。中庭の吹き抜けを囲んで客室がある。全室テレビ、エアコン付き。安いほうの料金は少し狭い部屋で5階にある。エレベーターがある4階までのデラックスは550Bで広めの造り。

チェンカーンのゲストハウス

メーコーンと並行して延びる町のメインストリート沿いに、ホテルやゲストハウス、ホームステイが多数並んでいる。週末は混むので要予約。

Nakhon Phanom นครพนม

メーコーン沿いに寺院が並ぶ
ナコーン・パノム

メーコーンに昇る朝日

メーコーンの対岸から見ると緑豊かな山々の美しい景観をもつナコーン・パノムは、クメール語で「丘の都」を意味する名。ラオス側にあるター・ケークの町との間に、メーコーンを挟んだ交易が行われている。

ナコーン・パノムの歩き方

ナコーン・パノムは歩いて十分回れる小さな町。メーコーン沿いにはスントーン・ウィチット通りSunthorn Wichit Rd. という並木道があり、夕暮れ時ともなると、川沿いのベンチで涼む人、散歩を楽しむ人などでにぎわう。朝この通りを歩けば、メーコーン対岸のラオスから昇る美しい朝日が眺められる。イミグレーションオフィスと税関は、この並木道から続く道路沿いにある。周辺にはラオス産やベト

行き方

バスターミナルは市街の西外れにあり、町の中心まではサームロー（30～40B）を利用。

バンコクから
AIR ドーン・ムアン国際空港からエアアジアが1日2便。詳細はウェブサイト（→P.508）で。
BUS 北バスターミナルから所要12～13時間、VIP1050B、1等605B。

ウドーン・ターニーから
BUS 長距離バスターミナルから所要約4時間、1等245B。

コーンケンから
BUS バスターミナル3-2から所要約5時間30分。1等255B。

ムクダーハーンから
BUS 所要約2時間、2等90B。ロットゥー95B。

ラオス行きのバス
バスターミナルからター・ケーク行きのバスが1日4本（8:30、11:30、13:30、16:30）、70B。

インフォメーション

❶TAT
MAP P.369
184/1 Sunthorn Wichit Rd.
0-4251-3490～1
0-4251-3490～2
毎日8:30～16:30

旅のヒント

メーコーンを渡る橋
メーコーンをまたいでタイとラオスを結ぶ3番目の橋、第3タイ・ラオス友好橋は2011年11月11日の開通。バスで対岸のター・ケークへ行ける。

ナコーン・パノムの北郊外にある第3友好橋　©タイ国道局

注：2017年から、国境を接する国から空路以外のビザなし入国が、暦年で2回までに制限されている。隣接国を日帰りなどで訪れる場合は、出入国の回数に注意。

ワット・マハータートの仏塔

旅のヒント
ラオスのビザ
15日以内の滞在なら不要。

ナム産の物品を扱う店やレストランがある。スントーン・ウィチット通り沿いにあるメーコーンに面したレストランは、川に向かって開け放たれた造りになっており、涼しい川風に吹かれながら食事ができる。

スントーン・ウィチット通りとシーテープ通りSritep Rd.、フアン・ナコーン通りFuang Nakhon Rd.の交差点にあるベトナム時計塔は、ベトナム難民が建てたもの。このあたりには、19世紀から20世紀にかけてラオス経由で移住してきたベトナム人も住んでいる。

スントーン・ウィチット通り沿いにあるワット・マハータート（MAP P.369）には、タート・パノム（→P.371）のワット・プラ・タート・パノムにあるような、ただしやや小ぶりの、ラオス様式の美しい仏塔が建っている。

毎年10月頃に行われるお祭りでは、ライトアップされた船が川を行き来する

ホテル
ホテル事情
メーコーン沿いに市街から南へ行った所に中級ホテルが2軒ある。市街にあるホテルはすべて中級以下。

中級ホテル

H フォーチューン・ビュー・コン
Fortune View Khong Hotel　MAP●P.369
住 527 Sunthorn Wichit Rd.
電 0-4251-3564, 08-3989-1465
URL www.fortunehotelgroup.com
AC ⓢⓣ1350B〜 CC MV 室 113室 WiFi

市街から南へ川沿いに約1kmの所にある。プラー・ブクのメニューがあるレストランを併設。タイ人は「ウィウ・コーン」と呼ぶ。

手頃なホテル

H ポーピアン
Porpiang Hotel　MAP●P.369
住 90/9 Soi Cert Ca, Fuang Nakhon Rd.
電 0-4251-5444, 09-9669-8992
URL porpianghotel.com AC ⓢⓣ888B〜
CC MV 室 21室 WiFi

客室エリアにはカードキーを使わないと入れないのでセキュリティもばっちり。朝食はカイカタやクワイチャップ・ユワンなど地元風。

H トーンチェット・ホームテル
Tong Jet Hometel　MAP●P.369
住 75/4 Bamrung Muang Rd.
電 0-4251-4777, 08-7770-7413
URL www.777hometel.com/web/
AC ⓢⓣ600〜800B CC DJMV
室 27室 WiFi

無駄な装飾のないシンプルなインテリアかつ手頃な料金。ホテルの周辺にはレストランが並ぶ。室数が少ないので、できれば予約を。「777」を「トーンチェット」と読む。

H TC ホテル
TC Hotel　MAP●P.369
住 Talat Indchine, Fase 2
電 06-1669-6479
AC ⓢⓣ800B〜（朝食別）
CC MV 室 14室 WiFi

客室の床はタイル張り、妙に大きな冷蔵庫とテレビがあるぐらいのシンプルさ。メーコーンに面したテラス付きの客室が8室あり、そちらは800B。設備に比べて感じられる割高感は眺め料。1階はショップでフロントは正面左奥の小さなカウンター。

レストラン
市街にはベトナム料理の食堂が何軒もある。また、メーコーンで取れる大ナマズ「プラー・ブク」も食べられる。5〜10月頃の雨季が旬で、半分サカナ、半分ポークといった感じの、不思議な食感だ。プラー・ブクPla Buegまたはキャットフィッシュ Cat Fishと言って注文しよう。H フォーチューン・ビュー・コン内の川に面したレストランでは、通年食べられる。高級食材なので、1品100B以上はする。

ナマズを揚げたプラー・ブク・トート

ショップ

S マルッカ
Markka　MAP●P.369
住 304 Srithep Rd.
電 08-8305-0209
営 毎日7:00〜20:00 CC AMV

ナコーン・パノムを中心に地元特産の食品や手工芸品など、イーサーンのおみやげが販売されている。ナコーン・パノム周辺に住むタイ族の7支族それぞれが持つ独自の織物など、よそでは手に入りにくい品物も多い。

タート・パノムの象徴

That Phanom ธาตุพนม

東北タイにある仏教徒の聖地
タート・パノム

ラオスの仏教徒からも深く信仰されているのが、タート・パノムにある寺院ワット・プラ・タート・パノム。毎年陰暦2月に行われる7日7晩通しての祭りには、ラオスからも大勢の人が訪れる。

タート・パノムの歩き方

バスを利用するとワット・プラ・タート・パノムの前で降りられる。寺院正面の道を真っすぐに進むとメーコーンに出る。そのあたりが繁華街で、月～木曜にはラオス・マーケットと呼ばれる市場が開かれ、ラオス産の品物が並べられている。祭りの日にはまともに歩くこともできなくなるほどにぎわう以外、普段は静かでのどかな町だ。

おもな見どころ

美しく装飾された仏塔がある
ワット・プラ・タート・パノム ★★★
Wat Phra That Phanom　　　　　　วัดพระธาตุพนม

遠くからでもよく目立つワット・プラ・タート・パノムの仏塔は、ラオスによく見られる直線と面を基調とした様式。高さ52mの塔内部には仏舎利が納められており、表面の装飾には約110kgの純金が使われている。

もともとの仏塔は9～10世紀頃に建てられたものといわれ、1975年8月11日19時頃、激しい雨の中で原因不明のまま一瞬にして崩壊してしまった。現在見られる仏塔は、1979年に再建されたものだ。仏塔の裏には寺院で使う器や鐘、仏像や古い経典などを展示する2階建ての木造の博物館がある。

均整の取れたスタイルが美しい巨大な仏塔

熱心な参拝客が集まる

行き方

バンコクから
BUS 北バスターミナルから所要11～12時間、VIP 954B、1等589B。

ナコーン・パノムから
BUS バスターミナルからムクダーハーン、ウボン・ラーチャターニー方面行きを利用し所要約1時間、2等50B。ロットゥーは5:30～18:00の間1時間おき、50B。

ムクダーハーンから
BUS バスターミナルから所要約1時間。2等45B。ロットゥーは50B。寺院正面門近くのマーケット前に発着する。ロットゥーの最終は17:30発。

ワット・プラ・タート・パノム
開 毎日6:00～17:30　料 無料

仏塔裏の展示館
開 毎日8:00～16:00　料 無料

ホテル

中級ホテル

🏨 タートパノム・リバービュー
Thatphanom Riverview Hotel

住 258 Moo 2, Thatphanom　　TEL 0-4254-1555
URL www.thatphanomriverviewhotel.com
料 AC S T1050B　トリプル1390B　CC M V
室 69室　WiFi

タート・パノムでは唯一の中級ホテル。3階建てで部屋も広々、立地はメーコーンから少し入るがリバービューの部屋（1300B）もある。

手頃なホテル

🏨 ナー・タートパノム・プレイス
Na That Panom Place Hotel

住 117 Moo 10, Chayangkun Rd.
TEL 0-4253-2149　F NaThatphanomPlace
料 AC S T890B～
CC M V　室 26室　WiFi

ワット・プラ・タート・パノム前の通りを南（ムクダーハーン方面）へ進み、最初の交差点を右折して少し行くと通りに面して喫茶店があり、その脇の路地奥にある広い庭園に面したホテル。建物や設備はやや老朽化しており、料金相応。

Mukdahan　มุกดาหาร

ラオスと橋で結ばれた新商業都市
ムクダーハーン

郊外の丘から町を見下ろす大仏

行き方

バスターミナルは市街から少し離れているので、サームローなどを利用（30〜40B）。

バンコクから
BUS 北バスターミナルから所要10〜11時間、VIP 871B、1等653B。

ナコーン・パノムから
BUS 所要約1時間30分、2等90B、ロットゥー95B。

サワンナケート（ラオス）行き
8:15〜19:00の間、1日12本。所要1時間、45B。

ムクダーハーン・タワー
☎ 0-4263-3211
⌚ 毎日8:00〜18:00
💰 50B（外国人料金）
🚗 ムクダーハーン市街から1kmほど南。サームローで所要約5分、片道30〜40B程度。内部は土足厳禁。

　タイとラオスを隔てる大河メーコーン沿いには、ラオスとの交易でにぎわっている町がいくつかある。そうした「開かれた国境の町」のひとつがここムクダーハーンだ。2006年に開通した国際橋で渡れる対岸にはラオス有数の大都市サワンナケートがあり、そこからはベトナムまで続くインドシナハイウエイ9号線が延びている。ラオスにベトナム、それに中国を加えた多国籍交易の基地としてにぎわっている。

 ムクダーハーンの歩き方

　町の中央を東西に走るソーン・ナン・サティット通りSong Nan Satit Rd.がメインストリート。突き当たりはメーコーンで、川岸は遊歩道が整備され、露店なども出てにぎわっている。メーコーンの突き当たりを右に曲がる角にはワット・シーモンコン・タイがあり、その先に広がるのは商店や露店が並ぶ市場で、**タラート・インドチーン（インドシナ・マーケット）**と呼ばれている。ベトナム陶器、ラオス産のコーヒーや茶、中国産の雑貨などを格安の値段で売る店が川に沿って100mほど並び、日中はたいへんな混雑になる。

 おもな見どころ

メーコーンとラオスが一望のもと ★★
ムクダーハーン・タワー　MAP P.372外
Hor Kaew Mukdahan　หอแก้วมุกดาหาร

　1996年、前国王の即位60周年を記念して建てられた、高さ65.5mの展望タワー。エレベーターで上がると、6階が360度の展望スペースになっている。ムクダーハーン周辺だけでなく、メーコーンとその対岸のラオス側が一望できる。そこから階段で上がるタワー最上部には仏像が祀られており、ここのお参りに訪れるタイ人も多い。展望スペースにお参りセットが用意されているので、20B程度の喜捨をしてお供えにしよう。タワー基壇部の1〜2階は博物館のようになっており、周辺に住むタイ・カー族、タイ・セーク族などタイ族の8つの支族の文化に関する展示がある。

お参りに訪れる人も多い

372

メーコーンを望む寺
ワット・シーモンコン・タイ
Wat Sri Mongkhon Thai

MAP P.372

ムクダーハーンの町の伝説上の創始者タオ・キンナリーThao Kinnareeが菩提樹の下で2体の仏像を発見し、それを祀るために建てたとされる寺院。本堂には大きな金色の仏像が納められている。寺の前はタラート・インドチーン。

白い巨大な座仏が鎮座する
ワット・ローイ・プラ・プッタバート・プー・マノーロム
Wat Roi Phra Putthabat Phu Manorom ★★★

MAP P.372外

市街南の丘上にある寺院。巨大な大仏を建設中で、純白のその姿はムクダーハーン市街からもよく見える。大仏やその手前の展望台、近くにある龍のモニュメントからは眼下に雄大な展望が開け、ムクダーハーン市街からメーコーン対岸のラオスまでがはるかに眺められる。

青い龍のモニュメントと白い大仏

旅のヒント

タイ出入国時の追加料金
タイのイミグレーションは6:00～22:00オープン。土・日・祝と平日6:00～8:30、12:00～13:00、16:30～22:00に通過する場合手数料5B必要。日帰りの場合ラオス側イミグレーションで手数料を要求されることも。

ラオスのビザ
15日以内の滞在なら不要。

ワット・ローイ・プラ・プッタバート・プー・マノーロム
■毎日7:00～18:00
料 無料
行き方 市街からサームローで所要約10分、往復100B程度。麓の駐車場で専用のソンテオに乗り換える。ソンテオ利用時に20B程度の喜捨を。

ホテル

高級ホテル

■ デ・ラッダ
Hotel de Ladda　MAP P.372
住 77 Samran Chai Khong Tai Rd.
TEL 0-4261-1499　FAX 0-4261-1497
URL www.hotelladda.com
料 AC S T 2400B～
CC ADJMV　室 47室　プール　WiFi

ムクダーハーン随一の高級ホテル。メーコーンに面して建てられており、全室妙に奥行きのないベランダ付きでリバービュー。プールは川に面したテラスにあり、空が広くて開放感抜群。ヨーロピアンスタイルのゴージャスなインテリア。ロビーのカフェは、メーコーンを眺めながらコーヒーとケーキでひと息つける。

中級ホテル

■ リバー・シティー
River City Hotel　MAP P.372
住 28 Mukdahan-Dontan Rd.
TEL 0-4261-5444　FAX 0-4261-5451
URL www.rivercityhotel.com
料 AC S T 1200B～　CC JMV　室 200室
プール　WiFi

全室テレビ、冷蔵庫付きで、暗めの照明が落ち着ける。設備も調っておりこの料金はお得。最上階の16階は回転レストラン。

手頃なホテル

■ リバーフロント
Riverfront　MAP P.372
住 22 Samran Chaikhongtai Rd.
TEL FAX 0-4261-2948
URL www.riverfrontmukdahan.com
料 AC S T 850B～　CC JMV
室 75室　WiFi

タラート・インドチーンの並び、メーコーンに面して建つホテル。川に面した客室は16室あり、1250B。

■ ファ・ナム（華南旅社）
Hua Num Hotel　MAP P.372
住 36 Song Nan Satit Rd.　TEL 0-4261-1137
料 AC S 350B T 450B（朝食別）　CC なし
室 20室　WiFi

客室はシンプルだが清潔。全室ホットシャワー。フロント前は今風のカフェ。

カフェ

■ グッド・ムク
good mook　MAP P.372
住 10 Song Nan Sathit Rd.　TEL 0-4204-2198、08-5841-1218　FB Goodmookcafe
営 火～日9:00～22:00　休 月　CC JMV

タラート・インドチーンの喧騒に疲れたらここで休憩しよう。ソファの席でのんびりできる。コーヒー各種80B～、パッ・タイなどタイ風軽食もある。オリジナルのレトロ調ポストカードも販売。

注：2017年から、国境を接する国から空路以外でのビザなし入国が、暦年で2回までに制限されている。隣接国を日帰りなどで訪れる場合は、出入国の回数に注意。

日本のよさを再発見！

地球の歩き方 国内版

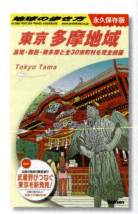

＼日本も、はじめました。／

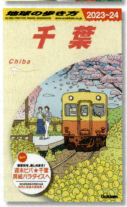

歴史や文化をとことん深掘り！

【地球の歩き方 国内版】

J00	日本
J01	東京
J02	東京　多摩地域
J03	京都
J04	沖縄
J05	北海道
J07	埼玉
J08	千葉

……さあ、次はどの街を歩きましょうか。

タイ南部
Thailand South

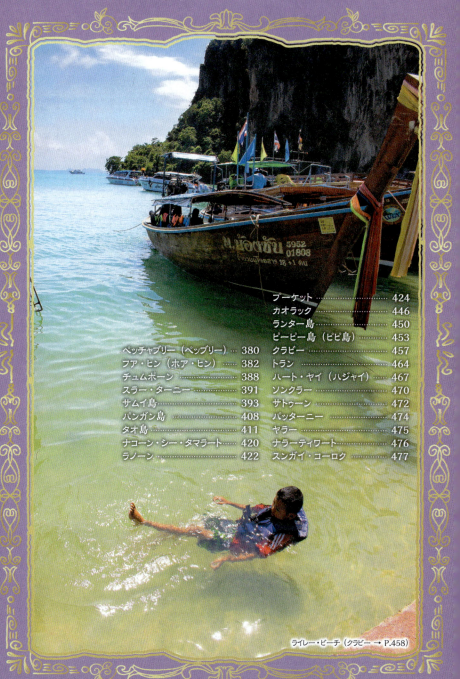

ペッチャブリー（ペップリー）	380
フア・ヒン（ホア・ヒン）	382
チュムポーン	388
スラー・ターニー	391
サムイ島	393
パンガン島	408
タオ島	411
ナコーン・シー・タマラート	420
ラノーン	422
プーケット	424
カオラック	446
ランター島	450
ピーピー島（ピピ島）	453
クラビー	457
トラン	464
ハート・ヤイ（ハジャイ）	467
ソンクラー	470
サトゥーン	472
パッターニー	474
ヤラー	475
ナラーティワート	476
スンガイ・コーロク	477

ライレー・ビーチ（クラビー → P.458）

THAILAND SOUTH
タイ南部 早わかりNAVI

個性的で美しいビーチがよりどりみどり

タイ南部はこんなとこ

西はアンダマン海、東はタイ湾と東西両側を海に挟まれたタイ南部。高級ビーチリゾートとして世界的に知られるプーケット、サムイ島のほか、王室の別荘があるフア・ヒン(ホア・ヒン)といった個性豊かなビーチが揃う。ハート・ヤイ以南のマレーシアに近い地域では、町なかに建つモスクや人々の服装などにイスラーム圏の雰囲気が漂い、北部や東北部とは違う、タイの別の一面を発見できるだろう。かつてインドネシアのパレンバンを中心として7世紀半ば頃に興ったとされるシュリーヴィジャヤ帝国は、スマトラ島やマレー半島で東西交易によって栄えた。タイ南部も支配下におかれ、スラー・ターニー郊外のチャイヤーにはそのシュリーヴィジャヤ帝国の都があったという説もある。

1 美しい白砂が続くピーピー島のレームトーン・ビーチ
2 島へと向かう船は高速船からのんびりフェリーまでさまざま

SEASON
旅の季節

タイ南部も5月中旬から10月が雨季とされているが、サムイ島など東のタイ湾側では11〜12月の降水量が1年のなかで最も多い。ビーチリゾートへ行く際は、タイ湾側かアンダマン海側かをチェック。ダイビングやスノーケリングなどのマリンアクティビティを楽しむなら、降水量の少ない乾季(アンダマン海側10月中旬〜5月中旬、タイ湾側1〜8月)がおすすめ。高級リゾートは通年快適な滞在が約束される。

外国人向けの店やレストランが多いクラビーのアーオ・ナン・ビーチ(→P.458)

376

EVENTS

おもなイベント情報

※イベントの詳しい開催時期と内容については
URL www.thailandtravel.or.jp を参照。

国際凧フェスティバル
【場所】フア・ヒン（→P.382）
【時期】3月
　色鮮やかなタイの凧を見ることができるイベント。凧揚げショーや凧のコンテスト、タイの伝統的な歌や踊りなどが披露される。

ソンクラー・ソンクラーン・フェスティバル
【場所】ハート・ヤイ（→P.467）、ソンクラー（→P.470）
【時期】4月中旬
　水かけ祭り期間中行われる。ミス・ソンクラーンのパレードやダンスショーのほか、テニス、ビーチバレー、各種コンテストが行われるにぎやかな祭り。

第15回ラグーナ・プーケット国際マラソン2023
【場所】プーケット（→P.424）
【時期】2023年は6月10〜11日
　2004年末に発生した津波で大きな被害を受けたプーケットの復興を願って、増田明美氏が企画し2006年から開催されているマラソン大会。フル、ハーフのほか10.5kmラン、5kmウオーク、2kmキッズランなどがあり、幅広いランナーが参加できる。

プーケット・ベジタリアン・フェスティバル
【場所】プーケット（→P.424）
【時期】10月上旬
　プーケットに住む中国系タイ人によって始められた祭り。参加者は9日間肉や魚などを口にしない。期間中は関連する儀式も盛大に執り行われる。

チュムポーン・トラディショナル・ロングボートレース・フェスティバル
【場所】チュムポーン（→P.388）
【時期】10月下旬
　チュムポーンの伝統的なロングボートによる競技大会。競技だけでなく水上パレードも行われる。

プーケット・キングス・カップ・レガッタ
【場所】プーケット（→P.424）
【時期】12月上旬
　毎年前国王の誕生日（12月5日）前後に開催されてきたヨットの競技大会。優勝チームには国王杯が授与される。海外からのチームも参加する。

Hints

旅のヒント

交通
　各都市へはバンコクを起点にバスや鉄道で移動できる。バンコクから南部の都市ハート・ヤイまでバスで所要約14時間、鉄道で所要16〜17時間。プーケットへはバンコクから飛行機が運航しており、毎日20便程度、所要1時間25分、バスでは所要14〜15時間。フア・ヒンなど近場のリゾートを除いて、バンコクからの移動は長旅になるので、飛行機も活用しよう。夜行バス内では盗難に十分注意すること。

宿の利用
　プーケット、サムイ島などのリゾート地では、スパや広い中庭、専用プールが付いたヴィラタイプの客室がある高級リゾートホテルや、野趣あふれるゲストハウスといったバラエティ豊かな宿が揃う。料金はリゾートだけにほかの地域と比べて割高。また11〜5月のシーズン中は予約を入れておくのがベター。マレーシアに近い地域では比較的旅行者が少なく、宿の心配はいらない。

超高級ホテルから格安ゲストハウスまで、あらゆる旅のスタイルに対応できる宿がある

南部の治安状況
　マレーシア国境に近い深南部では、分離独立派と思われる集団の動きが活発化し、銃撃事件や爆弾事件が散発している。日本の外務省からは、ハート・ヤイを含むソンクラー県には「不要不急の渡航は止めて下さい」、パッターニー県、ヤラー県、スンガイ・コーロクを含むナラーティワート県には「渡航は止めて下さい」（渡航中止勧告）の海外安全情報（危険情報）が発出されている。

ACTIVITIES

アクティビティ

- ダイビング
- スノーケリング
- パラセイリング
- サーフィン
- 水上バイク
- クルージング

旅行者を満載して島へと向かう船

FOODS

名物料理

- ロティ（イスラーム風クレープ）
- マタバ（イスラーム風オムレツ）
- サテ（マレー風串焼き）
- ケーン・タイ・プラー（魚カレー）
- パット・サトー（サトー豆の炒め物）
- 海鮮料理
- 中国料理
- マレーシア、シンガポールの料理

新鮮なシーフードが食べられるのも南部の旅のいいところ

タイ南部　早わかりNAVI

タイのビーチで満喫！
海のアクティビティ
Enjoy Marine Activity

ビーチで楽しめるおもなアクティビティ

プーケットを筆頭に、タイのビーチではいろいろなアクティビティが楽しめる。何もしない贅沢もいいが、ビーチならではのアクティビティも満喫してみよう。ただしせっかく行っても、雨季の真っ最中では風が強く波も高いため、楽しめないものがほとんど。ビーチへは、なるべく乾季に訪れたい。

バナナボート
Banana Boat
空気を入れたバナナ状の大きな浮きに乗って、ボートに引っ張られる。簡単にバランスを崩して海に落ちてしまうが、それがまた楽しい。子供から大人まで楽しめる。

ヨット、カタマラン（双胴船）
Yacht, Catamaran
ヨットはほかのスポーツに比べて費用がかかるが、それも人数しだい。カタマランはヨットよりもずっと手軽に楽しめる小型の双胴船。帆に風を受けて水面を疾走するのはいい気分。

パラセイリング
Parasailing
誰でも気軽に空中散歩が楽しめる人気のスポーツ。パラシュートを身につけ、スピードボートに引っ張られて、一気に大空へ舞い上がれば気分は最高！

スノーケリング
Snorkeling
最も手軽にできるマリンスポーツ。マスク、フィン、スノーケルの3点セットを借りて海の中をのぞいてみよう。

ウインドサーフィン
Wind Surfing
ダイビングショップやホテルなどで貸し出しと指導を行っている。上級者には風が強くなる雨季がおすすめ。

アクティビティの利用法

宿泊しているホテルで用意されている場合もあるし、ビーチで営業している業者を利用してもいい。後者の場合、料金などはビーチボーイと交渉するのが主流。

利用の際の注意点

ビーチで各種マリンアクティビティを利用する際は、小さな机にアクティビティのメニューを置いたり、ヤシの木に料金表などを掲げてその下で客待ちをしている業者と直接交渉する。ビーチで声をかけてくるガイド風の男たちも、結局はそれら業者のところへ客を連れて行く。

料金に関しては協定があるのかだいたいどのショップも同一で、交渉しても大きな値引きはほとんどない。逆にボラれるケースは多いので、支払いの前に利用時間や、数人で利用する場合はひとり当たりなのか全員分の総額なのかなど、条件を必ずはっきりさせておくこと。その際曖昧な対応をとるような業者は利用しないほうがいい。

トラブルに注意

最近ブーケットやパタヤーで問題になっているのが、水上バイク（ジェットスキー）の詐欺。故障するように仕組んだり見えないところに傷がある水上バイクを貸し出し、客は遊んでいる最中にエンジンが止まり海上を漂流。やっと救助されたと思ったら「お前が壊した」「傷をつけた」と因縁をつけられ高額の修理代を脅し取られる。警察やツーリストポリスすらグル（もしくは業者に丸め込まれている）であることも多く、ほとんどの被害者は泣き寝入り。ブーケットやパタヤーで水上バイクに乗るなら、少々割高でもホテルで紹介してもらうのが無難。

シーズンを選ぶ

ベストシーズンは雨の少ない乾季。ブーケットやピーピー島、ランター島、カオラック、クラビーなどのアンダマン海側は11～5月頃。サムイ島やタオ島、パンガン島のあるタイ湾側では1～8月頃が乾季に当たる。

タイでCカード（ダイビング認定証）を取る際の注意

タイでは日本と比べてかなり安くダイビングのCカード（認定証）を取得することができる。講習料金は店によりまちまちなので、旅行者は料金の安い店を選びがち。しかし、ショップを選ぶときには料金のほかに、講習を日本人インストラクターが担当するかどうかを確認することが大切だ。

海の中を安全に楽しく潜るためには、正しい知識と技術を身につける必要がある。講習を安く設定しているショップのなかには、たとえ受付が日本語でも講習は外国人インストラクターが英語で行う場合もある。講習のなかには正しく理解しないと命にかかわる内容も含まれているので、難しい話を英語で聞いて完全に理解できる英語力がある人以外は、少々割高でも日本人による日本語での講習が受けられる店を選ぶべき。

ビーチのベストシーズン

	1月	2月	3月	4月	5月	6月	7月	8月	9月	10月	11月	12月
旅行者の多い時期												
サムイ島、タオ島などタイ湾側の雨量												
ブーケット、クラビーなどアンダマン海側の雨量												

■…旅行者の多い時期　雨量：■…少ない　■…多い　■…極めて多い

タイ南部　海のアクティビティ

フィッシング
Fishing

恵まれた漁場に囲まれ、タイではフィッシング大会もよく開催される。ボートをチャーターしてのフィッシングクルーズも気軽に楽しめる。釣りのためにリピーターになった人も多い。

ダイビング
Diving

アンダマン海とタイ湾はダイビングポイントが多いことで世界的に知られている。申し込みはダイビングショップ、旅行会社、ホテルなどで。数日滞在するのなら、Cカードの取得も可能だ。日本人が常駐し日本語で講習が受けられるショップも多いので、安心して参加できる。

水上バイク（ジェットスキー）
Water Bike (Jet Ski)

乗る前にガソリンが十分かどうかと傷の有無を確かめておこう。ブーケットやパタヤーでは故障した状態で貸し出し、因縁をつけて法外な修理費を取る悪質な事件が多発している。銃を突きつけて脅すケースも報告されている。利用する際は信頼できる旅行会社やホテルをとおすこと。

サーフィン
Surfing

波がなければ楽しくないので雨季におすすめのスポーツ。初心者でも楽しめるポイントも多い。

Phetchaburi เพชรบุรี

バンコク
折込表-B6

古寺とラーマ4世、5世の宮殿がある町
ペッチャブリー
（ペプブリー）

カオ・ワンからの眺め

行き方

バンコクから
BUS ロットゥーはサーイ・タイ・ピンクラオ（→P.53）、南バスターミナルから5:00〜19:00の間約30分おきで164B、所要約2時間。
RAIL クルンテープ駅から、毎日普通が1本、所要約3時間30分。クルンテープ・アピワット中央駅から毎日快速が3本、急行が2本、特別急行が5本、普通が1本、所要約2時間50分。1等729〜1129B、2等124〜754B、3等30〜220B。ディーゼル特別急行は384B。

プラ・ナコーン・キーリー歴史公園／プラ・ナコーン・キーリー国立博物館
☎ 0-3242-5600
開 ケーブルカー 毎日8:30〜16:30
博物館 毎日9:00〜16:00
料 200B（外国人料金。ケーブルカー料金込み）
行き方 ケーブルカーは丘の西側の麓に乗り場がある。歩いて登る場合は東側からで、ケーブルカー料金（50B）不要で入場料150B。

バンコクから南へ約160km、ペッチャブリーはマレー半島の付け根に位置し、古くから交通の要衝として栄えてきた。丘の上にあるプラ・ナコーン・キーリー歴史公園（カオ・ワン）からは、平地に開けた町並みと、その中にある多くの寺院を見下ろすことができる。短く「ペプブリー」とも呼ばれる。

ペッチャブリーの歩き方

鉄道駅は町の北にあり、中心からはやや離れている。駅の向かいにそびえる小高い丘がカオ・ワン。市内の移動はソンテオ10B、モーターサイ20B〜。ラーマ5世の宮殿は町の南部にある。

おもな見どころ

ラーマ4世の遺産 ★★
プラ・ナコーン・キーリー歴史公園（カオ・ワン） MAP P.380
Phra Nakhon Khiri Historical Park (Khao Wang)　อุทยานประวัติศาสตร์พระนครคีรี

高さ90mほどの丘の上には、西と南の2ヵ所に建物がある。西側には、ラーマ4世の立像が祀られているプラ・ティナン・ウェチャヤン・ウィチェン・プラーサートPhra Thinang Wetchayan Wichien Prasatという白い塔をはじめ、複数の建物がある。ラーマ4世が1860年代に建てた離宮で、その一部はプラ・ナコーン・キーリー国立博物館として公開されており、中国や日本の陶磁器、螺鈿を施した器などが展示されている。南側には高さ45mの白亜の仏塔プラ・タート・チョム・ペットPhra That Chom Phetとプラ・プラーン・デーンPhra Prang Daengという赤茶色の塔が並ぶ。

今も敬愛され続ける王の宮殿 ★
ラーマ5世の宮殿 MAP P.380
Phra Ram Ratchaniwet Palace　พระรามราชนิเวศน์

20世紀初頭に建設されたラーマ5世の雨季用の離宮。バン・プエン・パレスBan Puen Palaceとも呼ばれる。1階では円形ホール、2階ではスタディールーム、ラーマ5世と6世の像などが見られる。

タイ国民に敬愛されているラーマ5世

ペッチャブリー
Phetchaburi

アユタヤー王朝をしのばせる寺院
ワット・ヤイ・スワンナーラーム ★★
Wat Yai Suwannaram　MAP P.380

　ペッチャブリー川の東側にある寺院。仏殿の内壁には仏画が描かれている。18世紀、ビルマがアユタヤーに攻め入った際に人々が避難した建物もあり、扉にはビルマ軍が刀で切りつけた跡とされる傷が今も残る。

白亜の塔がそびえる
ワット・マハータート・ウォラウィハーン ★★
Wat Mahathat Worawihan　MAP P.380

高さ55mある白亜の仏塔

　カオ・ワンから眺めると、ペッチャブリー川の西側にひときわ目立つ白い塔がある。クメール様式のこの塔はプラ・プラーン・ハー・ヨートPra Prang Ha Yot。高さ55m、1000年以上前のものといわれている。4つの塔が中央の塔を囲み、さらに周囲を長方形の回廊が巡っている。手前の寺院の中には金の仏像が前後に3体並ぶ。

古い遺跡が境内にある
ワット・カムペーン・レーン ★
Wat Kamphaeng Laeng　MAP P.380

　参道から本堂に向かう途中に5ヵ所、ラテライト（紅土）のブロックを組んで造られた塔の遺跡がある。崩れたものもあるが、形が残っているものには今も仏像が祀ってある。12世紀頃のクメール遺跡らしい。

差し込む光が神秘的な雰囲気を醸し出す
カオ・ルアン洞穴 ★
Tham Khao Luang　MAP P.380外

　カオ・ワンから約5kmの所にある、岩山の中の洞穴。洞内は壁に沿って仏像や塔が並び、奥には金の寝仏像もある。

ホテル

H ロイヤル・ダイヤモンド
The Royal Diamond Hotel　MAP P.380
- 555 Moo 1, Phetkasem Rd.
- 0-3241-1061〜63　FAX 0-3242-4310
- URL www.royaldiamondhotel.com
- AC S T 890B〜　CC MV　58室　WIFI

　設備の調った中級ホテル。市街から少し外れるので静か。スタッフの対応もよい。プラ・ナコーン・キーリー歴史公園まで徒歩約5分。

H ペッカセーム
Phetkasem Hotel　MAP P.380
- 86/4 Phetkasem Rd.　0-3242-5581
- laohapukdee@hotmail.com　AC S 450B
- T 550B（朝食別）　CC なし　51室　WIFI

ラーマ5世の宮殿
毎日8:30〜16:30（入館は16:00まで）
50B　市街からモーターサイで30B程度。

ワット・ヤイ・スワンナーラーム
無料

アユタヤー時代からある寺院

ワット・マハータート・ウォラウィハーン
無料

サイズ違いで3体並んだ仏像

ワット・カムペーン・レーン
無料

クメール風の塔が残る

カオ・ルアン洞穴
無料　市街からモーターサイで100B程度。

高架道路沿いにある。近年、一部改装した客室はモダンな内装。ダブルの客室は850B、全室ホットシャワー。

ゲストハウス

G ホワイト・モンキー
White Monkey Guesthouse　MAP P.380
- 78/7 Khlong Krachaeng Rd.
- 0-3240-0187
- whitemonkeygh
- AC S T 500B〜（バス共用、朝食付き）　CC なし
- 12室　WIFI

　新しくてきれい。共用バスも清潔でホットシャワー。コーヒーやパン、フルーツの簡単な朝食付き。

タイプチ情報　バンコクからロットゥーで所要約2時間のペッチャブリー（ペップリー）は、歩いて回れる範囲に寺院や丘などの見どころが集まっている。1泊2日ぐらいの日程でちょっと出かけるのにちょうどいい。

Hua Hin　หัวหิน

バンコク●
折込表-B6

由緒正しい王室リゾート
フア・ヒン
（ホア・ヒン）

カオ・タキアップ麓の寺院

行き方

バンコクから
BUS 南バスターミナルから6:25～18:15の間に15本、180B。ロットゥーは5:00～19:30の間に23本、220B～。カオサン通りからも便がある。スワンナプーム国際空港からVIPバスが1日7本、325B。
URL www.airportthuahinbus.com

ラーマ7世の離宮「クライ・カンウォン（愁いなき館）」が1928年に完成して以来、今日にいたるまで王室の別荘がある地として知られている。「フア・ヒン」とはタイ語で「石の頭」という意味。ビーチには岩が多く、プーケットやサムイ島のような南国ムードはあまり感じられない。ここの特徴は、タイ的な町の雰囲気に浸りながらリゾート気分を満喫できること。おいしいシーフードが食べられるレストランも多い。

フア・ヒンの歩き方

フア・ヒンの中心街はそれほど広くないので歩いて回れる。鉄道

382

駅からフア・ヒン・ビーチまでは約1km、ダムヌーンカセーム通りDamnoenkasem Rd.からナレダムリ通りNaresdamri Rd.に入り、チョムシン通りChomsin Rd.まで徒歩約15分。少し離れた場所へは緑のソンテオや、駅やホテルのそばで客待ちしているモーターサイ、トゥクトゥクを利用すれば楽だ。市街南部にはⓈ Blu Portなど大型ショッピングモールが並び、観光客でにぎわう。

町の中心を通るペッカセーム通り

行き方

バンコクから
RAIL クルンテープ・アピワット中央駅から急行、快速で所要3時間30分～4時間15分、毎日10本。寝台車は1等778～1478B、2等280～800B。座席は2等150～290B、3等94～234B。

撮影スポットにもなっているフア・ヒン駅

おもな見どころ

タイ南部の落ち着いた大人のリゾート
フア・ヒン・ビーチ ★★
Hua Hin Beach MAP P.382-B2
หาดหัวหิน

乗馬が人気

フア・ヒンの名にふさわしく、大きな岩がゴロゴロしているが、白砂のビーチには鳴き砂エリアもある。日光浴やフア・ヒン名物の乗馬（20分300B～）を楽しむ旅行者が多い。

砂が鳴るのはきれいなビーチの証し
スワンソーン・ビーチ ★
Suanson Beach MAP P.383-B
หาดสวนศรี

砂のきめがとても細かく、歩くとキュッキュッと音がする「鳴き砂の浜」。ひなびた雰囲気。

かわいらしい駅舎と待合室
フア・ヒン鉄道駅と王室待合室 ★★
Hua Hin Train Station & The Royal Lounge MAP P.382-A2
สถานีรถไฟหัวหิน

かつて王族が離宮を訪れる際に使用していた待合室がホームにあり、まるで寺院のようなきらびやかな造り。公開はされておらず、一般の人は外から見るだけ。

一般人は外から見学するだけで中には入れない

地元の人も旅行者も訪れるナイトマーケット（→P.384）

フア・ヒン周辺

383

カオ・タキアップ

行き方 ナイトマーケットそばから出発するソンテオで約15分、10B。山の上の寺院まで行くと30B、モーターサイ100B、トゥクトゥク250B。

海を見守る巨大な立仏

チャッシラー・ナイトマーケット

営 毎日17:00頃〜

のんびりビーチライフを楽しもう

ラーチャパック公園

圏 24時間 圏 無料

像は左から順にラームカムヘーン王（スコータイ王朝）、ナレースワン王、ナーライ王（以上アユタヤー王朝）、タークシン王（タークシン王朝）、ラーマ1世：チュラーロック、ラーマ4世：モンクット、ラーマ5世：チュラーロンコーン（以上現チャクリー王朝）。

カオ・ヒン・レック・ファイ

行き方 モーターサイ（80B）、トゥクトゥク（250B）で。鉄道駅北の踏切から西へ約5分。

旅のヒント

ソンテオを上手に利用しよう
フア・ヒンでは、ソンテオ網がかなり便利。緑のソンテオは、セブン-イレブン（MAP P.382-A1）向かい発でペッカセーム通りを南北に、空港、カオ・タキアップ行き路線があり10B〜。本数も多い。観光局でもらえる冊子に詳しい情報がある。トゥクトゥクが初乗り100B〜と高いので、ソンテオを活用しよう。

マーケット・ヴィレッジなどを巡るオレンジのソンテオ

そのほかの交通料金目安
ナイトマーケットから鉄道駅まではモーターサイで20〜30B。

大仏様とサルに出合える
カオ・タキアップ
Khao Takiab

MAP P.383-B

市街から南へ約6km行くと、小高い岩山と金色の大きな立仏像が見えてくる。直訳すると「箸の丘」という名前の丘と階段を上がると、高台にある仏塔からフア・ヒン市街を一望できる。中国寺院には観音像もあり、地元の人々の信仰を集めている。ここは通称"モンキー・マウンテン"と呼ばれるほどサルが多い。

フア・ヒンがはるか一望できる

毎晩観光客で大にぎわい
チャッシラー・ナイトマーケット
Chatsila Night Market

★★★ MAP P.382-A1〜A2

フア・ヒン市内中心部で毎日夕方から始まるマーケット。軽食から生活雑貨、フルーツ、おみやげにいいタイ雑貨など、目移りしそうな屋台がたくさん並ぶ。飲食店も充実しており、人気はシーフード。ケーオー・シーフードなどが人気になっている。

ナイトマーケットではシーフードも食べられる

タイ歴代人気王の像が並ぶ新名所
ラーチャパック公園
Rajabhakti Park

★ MAP P.383-B

フア・ヒン市街から南におよそ8kmほどの場所に、2015年8月オープン。現王朝を開いたラーマ1世を中心に、スコータイ王朝のラームカムヘーン、アユタヤー王朝のナレースワンなど名君の巨像7体が並ぶ。その前は広大な公園となっていて、市民の憩いの場。

勇ましい様子の歴代王

多彩な景観が楽しめる見晴らしの丘
カオ・ヒン・レック・ファイ
Khao Hin Lek Fai View Point

★ MAP P.383-B

町から約2kmの丘の上にあるビューポイント。ラーマ7世の像が立つ公園内に6つのポイントがあり、それぞれ異なる眺めが楽しめる。早朝か日没頃がおすすめ。足場が悪い所もあるので、歩きやすい靴で行こう。

カオ・ヒン・レック・ファイからは遠く広がるタイ湾の眺めが美しい

郊外の見どころ

ワインと料理が楽しめるブドウ園
モンスーンバレー・ヴィンヤード
Monsoon Valley Vineyard　MAP P.383-B外

見事に手入れされたブドウ畑

フア・ヒン郊外の丘の上にあるワイナリー。約72万8000m²のブドウ畑を見下ろすレストラン兼ワインセラーは眺めがいい。コロンバード種を使った白ワイン、シラーズ種の赤ワインなど7種類のワインが楽しめる。レストランでは、テイスティングセット3種290B〜、3種のタパス付き650B、タイ料理などが味わえる（飲食代は、税サービス料別）。

数々の奇跡を起こした高僧の不思議な力にあやかろう ★★
ワット・フアイ・モンコン
Wat Huay Mongkon　MAP P.383-B外

タイで最も有名な僧侶の巨大な像がある寺院。パッターニーのワット・チャンハイの高僧であったルアン・プー・トゥアットPhra Luang Phor Thuadは、幼少時から不思議な力をもっていたとされ、僧の姿をかたどったお守りは魔除けとして大人気。また近くに立つ金色の牙のある象のおなかの下をくぐったり、コインを投げてうまく口の中に入れられると、幸運が訪れると信じられている。

バンコクに近いビーチリゾート
チャアム
Cha-am　MAP P.383-A

フア・ヒンとペッチャブリーのほぼ中間にあるリゾート地。タイ湾に面して広がる素朴なビーチは、バンコクなどから来るタイ人に人気。近年、町の周辺にはテーマパークが増えている。

松風と鳥のさえずりが絶えない
マルカターイヤワン宮殿
Marukhathaiyawan Palace　MAP P.383-A

ビーチの脇に建つ涼しげな宮殿

タイと西洋の建築技法をミックスした、風通し抜群の高床式の宮殿。ビーチに面して建っているので、眺望もいい。全体がチーク材で造られており、各建物が長い渡り廊下でつながっている。内部にはラーマ6世の玉座も残っている。

タイの自然に触れられる
カオ・サーム・ローイ・ヨー国立公園
Khao Sam Roi Yot National Park　MAP 折込表-B7

市内から南へ約60km、石灰岩でできた山々からなる広さ98km²の国立公園。サル、リスなどの動物、カイツブリやチドリなどの野鳥も生息している。レーム・サラ・ビーチLaem Sala Beachにはラーマ5世の来訪記念堂が建つプラヤー・ナコーン洞穴Phraya Nakhon Caveがある。

インフォメーション

Tourist Information Service Center
MAP P.382-A1
at Clocktower
0-3251-2797〜8
月〜金8:30〜19:00
土・日・祝9:00〜17:00

モンスーンバレー・ヴィンヤード
1 Moo 9, Baan Khork Chang Patana, Nong Plup
08-1701-0222（予約）
Villa Market, Hua Hin 84, 218 Phetkasem Rd.
www.monsoonvalley.com
毎日9:00〜18:30（11〜3月は〜20:00）
行き方 ヴィラ・マーケット（MAP P.383-B）2階のモンスーンバレー・ワインバーから10:30と15:00にシャトルバスが出る。所要約45分、往復300B、要予約。

ワット・フアイ・モンコン
行き方 鉄道駅より少し南にある乗り場から白のソンテオで50B。またはトゥクトゥクやレンタバイクで。町から約18km西にあり、車で約30分。

チャアム
行き方 ペッチャブリー行きバスで所要約50分、30B。チャアム駅周辺からビーチへは約2km、モーターサイで20B程度。

かわいらしいチャアムの鉄道駅

マルカターイヤワン宮殿
木〜火8:30〜16:00
水　入場料30B、宮殿内2階入場料30B。2階に入れるのは30分おき。軍の施設内にあるのでパスポートの提示を求められることもある。
行き方 フア・ヒンからレンタバイクなどで所要約30分。軍の敷地内に入りさらに5分ほど走る。
※2023年2月現在改修中。2023年中にリニューアルオープン予定。

カオ・サーム・ローイ・ヨー国立公園
200B（国立公園入場料。外国人料金）
行き方 レンタカーやタクシー、あるいはツアーで。タクシーを利用する場合、往復で2500Bが目安。

旅のヒント

フア・ヒンの路上旅行会社
フア・ヒン中心部には各所に屋台だけで営業する旅行会社があり、市内や近郊へのツアーから、車のチャーター、バイクのレンタルなど幅広く対応。ジャンク船での1日クルーズツアー1800B、サンセットディナークルーズ1600Bなども人気。

フア・ヒンからのツアー

申し込みは市内の旅行会社で。ランチやホテルへの送迎付き。
カオ・サーム・ローイ・ヨー国立公園ツアー（7時間、1800B）：パイナップル農場見学後、バーン・プー村Bang Pu Fishing Villageへ。ここでボートか車に乗り換えて国立公園へ行く。プラヤー・ナコーン洞穴見学後昼食。
ペッチャブリー・ツアー（6時間、1700Bなど）：カオ・ワン、カオ・ルアン洞穴、ワット・マハータート・ウォラウィハーンなどペッチャブリー（→P.380）の見どころを訪ねる。

ホテル

ホテル事情

高級ホテルからゲストハウスまで幅広いニーズに応える宿が繁華街に集中している。特に1泊1500B程度の中級ホテルが豊富で、このクラスでもバスタブが付くところが多いのが特徴だ。バンコクから近いので、タイ人の富裕層や在住外国人向けの高級リゾートが、チャアム方面、カオ・タキアップ方面に続々とオープンしている。

11～3月の乾季からソンクラーン（タイ正月）のある4月まではハイシーズン料金に設定しているところが多い。通年楽しめるが、5～10月の雨季はモンスーンの影響により海が荒れるので、ビーチ沿いの宿を予約するときは注意したい。

高級ホテル

センタラ・グランド・ビーチ・リゾート&ヴィラズ・フアヒン
Centara Grand Beach Resort & Villas Hua Hin　MAP●P.382-B2

⊠ 1 Damnoenkasem Rd.　☎ 0-3251-2021～38
FAX 0-3251-1014　URL www.centarahotelsresorts.com　AC S T 5220B～
249室　プール　WIFI

鉄道駅が完成した翌年の1923年、ラーマ7世の離宮を訪れる人々が滞在するレイルウエイホテルとして開業した。古きよき時代の面影と格式はそのままに、現代的なリゾートとしての設備が充実。ビーチの目の前に広いガーデンがあり、それを囲むようにコロニアルスタイルのウイングが建つ。42棟のデラックスヴィラではテラスにプライベートジャクージまたはプールがあり、優雅に過ごせる。

アナンタラ・ホアヒン・リゾート&スパ
Anantara Hua Hin Resort & Spa　MAP●P.383-A

⊠ 43/1 Phetkasem Rd.
☎ 0-3252-0250　FAX 0-3252-0259
URL huahin.anantara.jp　AC S T 4856R～
CC A D J M V　190室　プール　WIFI

フア・ヒン空港から約1kmのビーチ沿いにある高級スパリゾート。中心街に向かうメインロード沿いのゲートから入れるのは、ホテルのゲストのみでプライベート感満点。ヤシの木や熱帯植物が生い茂る5.6ヘクタールの広大なトロピカルガーデンの中に、タイの伝統的な建築様式のヴィラやプール、レストランがある。町の喧騒から離れ、隠れ家的ムードたっぷり。

中級、手頃なホテル

シリン
Sirin Hotel　MAP●P.382-B2

⊠ 6/3 Damnoenkasem Rd.　☎ 0-3251-1150、0-3251-2045　FAX 0-3251-3571　URL www.sirinhuahin.com　AC S T 1200B～
CC J M V　25室　プール　WIFI

ビーチや繁華街に近い。客室はシンプルながら4室を除きバスタブ付き。1階にレストラン、外に小さなプールがある。

チャレラーン・ホテル・フア・ヒン
Chalelarn Hotel Hua hin　MAP●P.382-A1

⊠ 53/1 Soi Praephan
☎ 0-3251-2233
URL Chalelarn　AC S T 1000B～　CC M V
41室　プール　WIFI

部屋は広々としており、窓が大きく明るい。1200B以上ではバスタブのある部屋も。屋上にはプールがあり、フア・ヒンの町を眺めながらくつろげる。この料金帯のホテルではかなりお得。

ジェッ・ピー・ノーン
Jed Pee Nong Hotel　MAP●P.382-B2

⊠ 17 Damnoenkasem Rd.　☎ 0-3251-2381
FAX 0-3253-2063　URL jedpeenonghotel-huahin.com　AC S T 1500～1800B　CC J M V
41室　プール　WIFI

ダムヌーンカセーム通りにあり、便利な立地。バスタブ（6、7階のみ）、衛星テレビや冷蔵庫など設備の調った客室は、清潔で居心地がいい。こぢんまりとしたプールもある。朝食はタイ料理かアメリカンが選べる。

[H] ラジャナ・ガーデン・ハウス
Rajana Garden House MAP●P.382-A2

[住] 3/9 Sra-Song Rd. [TEL] 0-3251-1729
[料] [AC]ⓈⓉ1200B バンガローⓈⓉ1700B（年末年始とソンクラーンの期間は500B、連休にかかる週末は200B、バンガローは500B値上がり） [CC] なし
[室] 15室 [WiFi]

バンコク行きバスとロットゥー乗り場のすぐそばにあり移動に便利。部屋は広く清潔で、全室ケーブルテレビ、セーフティボックス付き。ホットシャワーの湯量が豊富。

ゲストハウス

[G] フアヒン・ナイト・マーケット・ホステル
Huahin Night Market Hostel MAP●P.382-A1

[住] 70/4 Dechanuchit Rd. [TEL] 09-6905-5974
[FB] HuahinNightMarketHostel [料] [AC]Ⓓ340B
[CC] なし [室] 4室（20ベッド） [WiFi]

青色でまとめられ清潔感のあるドミトリーは全ベッドに電源、電灯あり。鍵付きロッカー完備、即席麺やコーヒーは無料。屋上には椅子とテーブルがあり、にぎわうナイトマーケットを見下ろせる。

[G] シリマ
Sirima Guest House MAP●P.382-B1

[住] 31/6 Naresdamri Rd. [TEL] 0-3251-1060
[URL] www.sirimaguesthouse.com
[料] [F]ⓈⓉ550B～ [AC]ⓈⓉ850B～
[CC] なし [室] 28室 [WiFi]

海に沿って突き出した桟橋のようなゲストハウス。格安でシービューの部屋に泊まることができる。海を見晴らす共用スペースのテラスは、旅行者のくつろぎスペース。周囲には似たようなゲストハウスが並ぶ。

レストラン

[R] ソン・ムー・ジョーム
Son Moo Joom MAP●P.382-A1

[住] 51/6 Dechanuchit Rd. [TEL] なし
[営] 毎日6:30～12:30、17:30～19:30頃 [CC] なし

チムチュムと呼ばれるイーサーン風鍋の店。行列必至なので早めに行こう。豚肉、エビや魚、野菜など具だくさんのミックスは250B。魚介のうま味が溶け込んだスープが美味。鍋は夜だけで、午前中はカーオ・マン・カイなどを供する食堂になる。

[R] バーン・ラーン・プラートゥー・ルアイ
Pla Too Luay Restaurant MAP●P.382-A1

[住] 136/1 Hua Hin Soi 55 [TEL] 0-3251-2275
[営] 月～金16:00～21:00、土・日15:30～21:00 [CC] なし

サバの一種プラートゥー専門のレストラン。プラートゥーを使ったレッドカレー100B、フライ100Bのほか、チリソースあえやトムヤム、サラダなど、多彩なメニューが並ぶ。

[R] ジェーポーン・シーフード
Jae Porn Seafood MAP●P.383-B

[住] Fisherman Village, Khao Takiab
[TEL] 08-9657-5269 [営] 毎日9:00～20:30 [CC] なし

取れたての魚介が味わえると、地元で評判の漁村の一画にある。さまざまな種類の魚から、エビやシャコ、カブトガニまで、生けすで泳いでいるものを指定し、好みの調理法で楽しめる。同様の店が周囲にたくさんある。

[R] バーン・クン・ポー
Baan Khun Por MAP●P.383-B

[住] Soi 88, Hua Hin
[TEL] 0-3252-1188 [営] 毎日夕方～翌1:00 [CC] なし

タイ人と在住外国人に大人気の、ステージ付き巨大フードコート。バンドのライブで毎晩盛り上がる様子はこれぞタイ。料理はイーサーン、タイ、洋食と各種揃い、ソムタム50B、ヤムウンセン60Bなどリーズナブル。

ショップ

[S] シカーダマーケット&タマリンドマーケット
Cicada Market & Tamarind Market MAP●P.383-B

[住] Khao Takiab Hua hin [営] 金・土・日17:00～23:00頃 [休] 月～木 [CC] 店舗によって異なる

大人気の週末ナイトマーケット。雑貨や服、おみやげなどの屋台が並び、歩いているだけで楽しい。タイ料理やファストフードの屋台も充実。

スパ

[M] ロイヤルシルク
Royal Silk MAP●P.382-B2

[住] Naresdamri Rd. [TEL] 06-2536-5198
[営] 毎日11:00～23:00 [CC] なし

観光客でにぎわう通りに位置するマッサージ店。タイマッサージ1時間300Bなどリーズナブル。周囲にもマッサージ店が立ち並ぶ。

タイ プチ情報 バンコクから程よい距離にあるフア・ヒンは在住や長期滞在の欧米人が多く、そのため本格的な洋食が手頃な値段で食べられる店も多い。タイ料理に疲れたら試してみよう。

Chumphon ชุมพร

タイ湾の島々への玄関口
チュムポーン

タオ島行きの船を待つ旅行者

行き方

バンコクから
AIR ドーン・ムアン国際空港からノック・エアが1日1便、所要約1時間5分。
BUS 南バスターミナルと北バスターミナルのそれぞれから所要7〜8時間、400B〜620B。ロットゥーはプラチュアップ・キーリーカン経由。
RAIL クルンテープ・アピワット中央駅から特急、急行など毎日10本、所要7〜9時間。列車により1等寝台990〜2020B、2等寝台399〜769B、2等座席299〜509B、3等192〜272B。

タオ島から
BOAT カタマランボートが1日2便、10:15と14:45発、所要約1時間45分、750B。ナイトボートは22:00発、所要約6時間、400〜450B（船着場から市街へのバス、ロットゥー別）。

マレー半島の幅が最も狭くなるクラ地峡（最狭部で64km）に近い町。のんびりした雰囲気で物価も安く、旅人に優しい。郊外にはバンガローの並ぶビーチがあり、タイ湾に浮かぶ島々の周囲ではダイビングやスノーケリングが楽しめる。

チュムポーンの歩き方

鉄道駅から徒歩約5分のサラデーン通りSaladaeng Rd.、夕方には屋台が並ぶクロム・ルアン・チュムポーン通りKrom Luang Chumphon Rd.周辺がチュムポーンの中心街で、銀行、商店、ホテルが集まっている。長距離バスターミナルは市街から約12km郊外にあるが（モーターサイで150〜180B、ロットゥーで50B）、駅周辺や中心街にもバンコクやプーケット、スラー・ターニーなどからのバス発着所がある。

郊外には美しいビーチも多い

おもな見どころ

白砂の広がる静かなビーチ
トゥン・ウア・レーン・ビーチ
Thung Wua Laen Beach ★★

MAP P.389

หาดทุ่งวัวแล่น

市内から北東に約16km。2km近く続く白砂のビーチの目の前にはバンガローが並んでいて、のんびり滞在してみるのも楽しい。カイト・サーフィンの学校もある。

市街から気軽に行けるトゥン・ウア・レーン・ビーチ

川沿いに風情ある漁村が広がる
パクナーム
Pak Nam ★

MAP P.389

ปากน้ำ

チュムポーン東部の川口が漁村となっている。中心は川の南側で、ローカルな商店街が広がっており散歩が楽しい。川の北側はオールド・パクナームと呼ばれており、木造の家屋が水路の上に迷路のように建ち並んでいる。

カラフルな船が行き交う

チュムポーン東部の一大パノラマが見渡せる
カオ・マッシー・ビューポイント
Khao Matsee View Point ★

MAP P.389

จุดชมวิว - เขามัทรี

パクナームの南部、小高い丘の上にある展望台。パクナームの漁村の様子や、パラドーンパープ・ビーチのほか、はるか北西部にはチュムポーン市街も望む。頂上には寺院があり、市民の憩いの場ともなっている。

壮大な景観が広がる

静かな白砂の海岸が続く
パラドーンパープ・ビーチ
Pharadonphap Beach ★

MAP P.389

หาดภราดรภาพ

カオ・マッシー・ビューポイントから南東に2kmほど延びる白砂のビーチで、静かに過ごせる。ホテルとシービューのレストランが点在している。

美しいビーチでのんびり過ごしたい

気取らずくつろげる庶民的ビーチ
サーイリー・ビーチ
Sai Ri Beach ★

MAP P.389

หาดทรายรี

パラドーンパープ・ビーチからさらに南下すると、ビーチパラソルを広げたシーフード屋台が並ぶ場所に出る。リーズナブルなホテルやレストランも多く、のんびりできる。

タイ人の行楽客も多いビーチ

ラノーンから
BUS 所要約3時間、100～130B。ロットゥー120B。6:00～17:00の間。

トゥン・ウア・レーン・ビーチ
行き方 ソンテオ（30B～）で所要約30分。

パクナーム
行き方 チュムポーンのポラミンタラマンカ通りからソンテオで約20分、50B。乗客が集まらないときはチャーターで300～400B。

カオ・マッシー・ビューポイント
行き方 パクナームからトゥクトゥク、モーターサイなどで約10分、50B。売店があり、軽食やジュース類も販売。

パラドーンパープ・ビーチ
行き方 パクナームからトゥクトゥク、モーターサイなどで約20分、80B。

サーイリー・ビーチ
行き方 チュムポーンのポラミンタラマンカ通りからソンテオで約20分、50B。乗客が集まらないときはチャーターで300～400B。

旅のヒント

お役立ち旅行会社
フェイム・ツアー＆サービス
Fame Tour & Service
MAP P.388
188/20-21 Saladaeng Rd.
0-7757-1077
URL www.chumphon-kohtao.com
毎日8:00～20:00

タオ島などに向かうボートをはじめ、バスや飛行機のチケット手配、バイクのレンタル、ツアーと幅広く提供。カフェと、250B～と格安なゲストハウスも併設。

チュムポーン郊外

タイプチ情報 タイ国内のビーチや島は各地で開発が進み、その中で最近注目されているのがチュムポーン周辺のビーチ。比較的交通の便がよくまだ知名度も低いので、穴場的雰囲気がある。

旅のヒント

船着場への行き方

ボートのチケットを旅行会社やゲストハウスで購入すると、ナイトボート以外は船着場までの送迎が付く。個人で行く場合は、タクシーで30〜40分、400B〜。船着場は、船会社によって場所が異なる。鉄道駅やバスターミナルでは高いチケットを売りつける人がいるので、旅行会社や船会社のオフィスで買おう。

チュムポーンからのツアー

旅行会社やゲストハウスで、近郊にある見どころへのツアーを取り扱っている。行き先はサーイリー・ビーチSai Ri Beachと地元の名士クローム・ルアン・チュムポーン海軍大将の記念碑をはじめ、ロブ・ロア洞穴 Rub Ror Cave、トゥン・ウア・レーン・ビーチなど。料金はひとり500〜900B程度（所要約7時間、ランチと飲み物込み、ふたりから催行）。

サーイリー・ビーチ

ホテル

エーテ・チュムポーン
A-Té Chumphon Hotel MAP●P.388

- 36 Municipality Market, Thatapao Rd.
- 0-7750-3222　0-7750-3618
- www.atechumphon.com
- AC Ⓢ Ⓣ 1200B〜
- CC JMV　56室　プール　WiFi

市内屈指の高級ブティックホテル。設備の調った客室は、スタンダードからプレジデンシャル・スイートまで6種類。大きなプールがあり、リゾート気分でリラックスできる。

ナナブリ
Nanaburi Hotel MAP●P.388

- 355/9 Saladaeng Rd.
- 0-7750-3888　0-7750-3188
- AC Ⓢ Ⓣ 800B〜　スイート1800B
- CC JMV　145室　WiFi

シンプルモダンなインテリアの部屋は広くてきれい。清潔感もあり快適に滞在できる。マッサージ、レストランも併設。

チュムポーン・ガーデンズ（順華大旅社）
Chumphon Gardens Hotel MAP●P.388

- 66/1 Thatapao Rd.
- 0-7750-6888、0-7751-2400〜2
- 0-7751-2399
- www.hotelchumphongarden.com
- AC Ⓢ Ⓣ スタンダード690B　スイート1590B（朝食別）
- CC JMV　70室　WiFi

町の中心にある手頃なホテル。客室はシンプルだが、ケーブルテレビやミニバー付きで快適。朝食は100B。英語はまあまあ通じる。

ナナ・ビーチ
Nana Beach Hotel MAP●P.389外

- 10/2 Moo 8, Thung Wua Laen Beach, Saphli, Pathio
- 0-7762-2999、08-0530-6674
- AC スタンダード Ⓢ Ⓣ 1500B〜2500B
- CC JMV　38室　WiFi

海を目の前にするプールが開放的。整備された庭に独立型ヴィラのプールハウスが並び、その奥にホテル棟がある。

チャリチャ・リゾート
Chalicha Resort MAP●P.388

- 185 Moo 9, T.Takdad　08-9873-7328
- 0-7750-2424
- AC Ⓢ Ⓣ 500〜900B
- CC JMV　（800B以下は+3%のチャージ）　50室
- プール　WiFi

タタパオ運河近くにある、のんびりしたムードのリゾート。町なかには珍しくヴィラがあり、料金のわりに部屋も広く快適。ホテル棟はモダンなインテリア。プールにはオゾン水を使用。町の中心へ車で約5分。

ゲストハウス

サルサ・ホステル
Salsa Hostel MAP●P.388

- 25/42 Krommaluang Rd.
- 0-7750-5005
- AC Ⓓ 250〜550B　AC Ⓢ Ⓣ 550B
- CC MV　15ベッド+1室　WiFi

清潔にこだわるオーナーの方針で館内はとてもきれい。ドミトリーは男女混合と女性のみがある。個室は広々としておりタイの三角枕なども置かれ、バスタブもありホテル並み。屋台街からも近く便利。

レストラン

屋台街
Food Street MAP●P.388

- Krumluang Chumphon Rd.
- 毎日17:00〜23:00頃　CC なし

チュムポーン市民に大人気の屋台街。オースアン（牡蠣の卵とじ）、パッ・タイ、焼き鳥やスイーツなどの食べ歩きが楽しい。

チャイヤーの端正な仏像

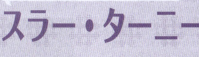

Surat Thani สุราษฎร์ธานี

タイ湾の島々へ向かう船が発着する町

スラー・ターニー

折込表-B9

バンコクから南へ約700km、南タイ最長のターピー川のほとりにある港町スラー・ターニー。サムイ島やパンガン島方面への船が出るため、外国人バックパッカーも町を闊歩する。郊外には、サルにココナッツの実を落とす作業を教える学校もある。

スラー・ターニーの歩き方

町の中心はナー・ムアン通りNa Muang Rd.で、ホテル、銀行、レストラン、デパートがひしめいている。バンドーン通りやナー・ムアン通りの路地には夜になると露店が並び、町は夜遅くまでにぎやかだ。福建会館周辺にも多数の屋台が並ぶ。

ナイトマーケットの食べ物屋台

おもな見どころ

雄大な川をボートで探検 ★★
ターピー川
Mae Nam Tapee แม่น้ำตาปี
MAP P.391

ターピー川の夕焼け

南国らしいダイナミックな夕日が見られるターピー川では、ボートで遊覧もできる。支流や運河、水上家屋、マングローブ林などを巡り1時間400Bほど（1艘の料金）。夜はホタルの群れも観察できる。

行き方

バンコクから

AIR スワンナプーム国際空港からタイ国際航空が1日2便、所要約1時間15分、1800B〜、ドーン・ムアン国際空港からエアアジアが1日2便、ノックエアが1日4便（詳細はウェブサイト参照→P.508）。

BUS 南バスターミナルから所要10〜12時間。VIP858B、1等558〜651B。北バスターミナルからも便あり。

RAIL クルンテープ・アピワット駅から毎日10本、所要9〜12時間。寝台は1等1172〜2372B、2等654〜1004B、座席は2等354〜604B、3等216〜296B。

旅のヒント

スラー・ターニーの鉄道駅
町から約14kmのプン・ピンPhun Phinにある。第1バスターミナルから5:00〜18:30の間、10分おきにバスが運行、20B。タクシー200B。

新バスターミナルは遠い
郊外の幹線道路沿いにあり不便。第1バスターミナルから鉄道駅行きのバスで約20分。

スラー・ターニー空港から市内
バス100B、ミニバス150B、タクシー400B。所要約40分。

タイ南部　チュムポーン／スラー・ターニー

391

モンキー・トレーニング・カレッジ
[住] 24 Moo 4, Tambon Thungkong, Amphoe Kanchanadit
[TEL] 08-4745-5662
[URL] firstschoolformonkeys.com
[営] 随時。訪問前には必ず電話かウェブサイトで予約をすること。英語可。
[料] 500B（1～1時間30分）
[行き方] スラー・ターニー市内からトゥクトゥクで300B～。要交渉なのでGrabが便利。あるいはレンタバイク（1日250B～）でスラー・ターニー市内から20分ほど。

チャイヤー
[行き方] 第2バスターミナルからバスかソンテオで所要50分～1時間、40B。ロットゥー（ミニバス）で150B。

プラ・ボロム・タート・チャイヤー
[行き方] チャイヤー駅前からモーターサイで約5分、片道20B程度。往復は待ち時間込みで50B程度。
博物館
[開] 水～日9:00～16:00
[休] 月・火 [料] 無料

スラーターニー市内のナイトマーケットは地元名物

サルの調教を見学しよう ★★

モンキー・トレーニング・カレッジ

Monkey Training College
MAP P.391外
ศูนย์ฝึกหัดลิง

ソンポン先生の娘や弟子が技術を受け継いでいる

サルを使ってココナッツの実を落とすのはこの地域の伝統的な収穫方法で、そのサルを訓練する様子を見学できる。有名な調教師の故ソンポンさんが1957年に設立した。周囲には同じような施設が多いので、トゥクトゥクなどには「ソンポン」と伝えよう。

郊外の見どころ

大乗仏教の影響が見られる大きな寺院 ★

プラ・ボロム・タート・チャイヤー

Phra Borom That Chaiya
MAP P.391外
พระบรมธาตุไชยา

チャイヤーの駅から約1kmの所に、8世紀のシュリーヴィジャヤ時代に建立された仏塔が建つ寺院がある。四角い基壇の上に3層の塔が重なり、その周囲には回廊が巡っている。回廊に沿って仏像が並んでおり、金箔がきれいに施された端正なものや、全体が崩れかけているものがあったりとさまざま。隣接する博物館には、付近からの出土品が展示されている。10～13世紀の仏像、器類、影絵、タペストリーなど見応えがあり、小粒ながら中身の濃い博物館。中庭もきれい。

独特の美しさがあるプラ・ボロム・タート・チャイヤー

ホテル

[H] シービーディー・ホテル・スラー・ターニー

cbd Hotel Surat Thani
MAP●P.391

[住] 428/8 Na Muang Rd.
[TEL] 0-7728-1999
[料] [AC]デラックスツインⓈⓉ690B、ジュニアスイートⓈⓉ1190B（朝食別） [CC] なし [室] 60室 [WiFi]

町の中心街、ビジネスエリアにある。モダンな内装の客室は広く、設備が調っていて快適に過ごせる。ターピー川の対岸に支店あり。

[H] ザ・ワン

The One Hotel
MAP●P.391外

[住] 118/68 Thathong Rd. [TEL] 0-7721-2111
[FB] The One Hotel Suratthani
[料] [AC]ⓈⓉ690～1300B
[CC] [M][V] [室] 110室 [WiFi]

第2バスターミナルから東に歩いて5分ほどの場所にある中級ホテル。部屋は広く快適。レストランでは本格的なタイ料理が味わえる。カラオケ店併設。空港までの送迎もある。

[H] マイ・プレイス@スラート

My Place@Surat Hotel
MAP●P.391

[住] 247/5 Na Muang Rd.
[TEL] 0-7727-2288 [FAX] 0-7727-2287
[URL] www.myplacesurat.com
[料] [F]ⓈⓉ199B～（バス、トイレ共用） 360B～[AC]ⓈⓉ490B～(朝食別) [CC] なし [室] 55室 [WiFi]

町の中心にあり、屋台街に近い格安ホテル。スタッフは親切で居心地がいい。清潔な客室はケーブルテレビ付き。共用シャワーは水のみ。

レストラン

[R] ナイトマーケット

Night Market
MAP●P.391

[営] 毎日17:00～22:00くらい [CC] なし

夕涼みに食事にと、地元の人々から観光客まで集まってくる。タイ南部独特のサトー豆を使った料理や、マッサマン、クアクリン（タイ風の激辛ドライカレー）、ケーン・ソムなど、屋台も南部の味がたくさん。

海も空も真っ青なラマイ・ビーチ

Ko Samui เกาะสมุย

自然あふれるリゾートへようこそ
サムイ島

バンコク●
折込表-B8〜B9

プーケット島と並ぶ、タイを代表するリゾート地サムイ島。にぎやかな歓楽街から静かなビーチまで揃い、家族連れもバックパッカーも楽しめる。大自然に包まれ、動物たちと触れ合えるアクティビティやマリンスポーツもたっぷり。世界中から訪れる旅行者で国際的な雰囲気だ。

行き方

バンコクから
AIR スワンナブーム国際空港からバンコク・エアウェイズが1日12〜22便、所要1時間5分〜1時間30分、3300B〜。タイ国際航空が毎日2便、4595B〜。
BUS/RAIL＋BOAT 所要約12時間〜。北バスターミナル、南バスターミナルから619〜963B（フェリー代込み）。ロンプラヤー社のバス＋ボートで1450B〜、鉄道＋ボートは598〜2762B。カオサン通り発VIPツーリストバス＋ボート1200B〜など。

プーケットから
AIR バンコク・エアウェイズが1日4〜6便、所要約55分、3100B〜。
BUS＋BOAT 所要6〜9時間、620B（フェリー代込み）。

スラー・ターニーから
BUS＋BOAT P.394の表参照。

サムイ島への船での行き方

旅情満点の船の旅

サムイ島へは、時間があれば船の旅も楽しい。船はマレー半島の町スラー・ターニー（→P.391）から出ている。あるいはチュムポーン（→P.388）からタオ島（→P.411）、パンガン島（→P.408）とアイランドホッピングを楽しみながら移動してもいい。

サムイ島行きの船はバックパッカーを満載

便利なジョイントチケット

バンコクをはじめ、国内各地からサムイ島へ行く場合、旅行会社や船会社、駅で売られているジョイントチケットが便利で割安。これはチュムポーンやスラー・ターニーまでのバスや列車と各種ボートを組み合わせたチケット。途中でいちいちチケットを買う必要もなく、チケットによってはホテル、駅やバスターミナルから港までの交通費込み。
料金は季節や店によって異なるのでいろいろあたってみよう。サムイ島発のチケットもある。

サムイ島の玄関ナートーン港

スラー・ターニーで船のチケットを買う場合

スラー・ターニー市街から東へ車で約1時間のドーン・サク港から出る船が多いが、港までの移動が不便。船会社や旅行会社、ホテルでバスと船がセットになったジョイントチケットを買うと、船の出発時刻に合わせてバスが出るので効率的。スラー・ターニー空港や鉄道駅発のものもある。また島に着いてから各ビーチへの移動は船会社の島内トランスファーサービス（100〜200B）を利用するのが便利。

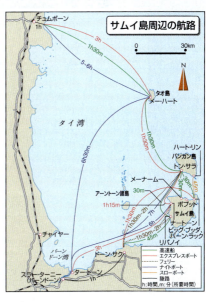

サムイ島周辺の航路

タイ南部　スラー・ターニー／サムイ島

タイプチ情報 プーケット島、チャーン島についで、タイで3番めに大きなサムイ島。開発が進んでも島内はまだまだ自然豊か。ヤシの林が広がり、ココナッツが名産品。

393

インフォメーション

❶ TAT MAP P.396
住 370 Moo 1, T.Angtong
℡ 0-7742-0504、0-7742-0720~2
営 月~金8:30~12:00、13:00~16:30 休 土・日

ツーリストポリス MAP P.395-B1
住 119/32 Moo 1, 4169 Ring Rd.
℡ 1155、0-7742-1281
FAX 0-7743-0018
営 毎日8:30~12:00、13:00~16:30

郵便局 MAP P.396
営 月~金 8:30~16:30
土 9:00~12:00 休 日・祝

イミグレーション MAP P.395-A1
住 46/3 Moo 1, Taweerat Phakdee Rd.
℡ 0-7742-3440
営 月~金 8:30~12:00、13:00~16:30 休 土・日・祝

サムイ国際空港 MAP P.395-C1
℡ 0-7742-8500
営 毎日6:00~22:00

船会社の連絡先
ロンプラヤー
℡ 0-7742-0121
URL www.lomprayah.com
シートラン・ディスカバリー
℡ 08-6476-4825
URL www.seatrandiscovery.com

サムイ島へのおもな船の種類と特徴

高速船：ロンプラヤー社のカタマランボートが最も速い。バスとボートのジョイントチケットでバンコクほかプーケットやクラビー、ピーピー島、ハート・ヤイなど南部の町からの便もある。サムイ島~タオ島間はシートラン・ディスカバリー社のハイスピードフェリーも運航している。

エクスプレスボート：ソンサーム社が運航。高速船より少し時間がかかり揺れも大きいが料金は安い。

カーフェリー：船体が大きく揺れが少ないため、乗り心地は最もいい。車を積むのに時間がかかり出発時刻が遅れることもある。

スローボート：サムイ島とパンガン島を結ぶ木造の船。フルムーンパーティの時期は、夜も運航する。

ナイトボート：スラー・ターニー市内の港から出発。蚕棚のようなスペースが確保され、横になることができるので楽。貴重品には細心の注意を払うこと。

高速で欠航も少ないロンプラヤー社のカタマラン

揺れが少なくゆったり乗れる大型のフェリー

ハート・リン直航のスローボート

寝ている間に移動できて楽なナイトボート

サムイ島周辺のおもな航路リスト

船の種類	便数(1日)	スラー・ターニー	所要時間/料金	サムイ島	所要時間/料金	パンガン島	所要時間/料金	タオ島	所要時間/料金	チュムポーン
ロンプラヤーカタマランボート	2~3便	ドーン・サク	45分 ↔ 450B	ナートーン、メーナーム	30分 ↔ 350B	トン・サラ	1時間10分 ↔ 600B	メー・ハート	1時間30分 ↔ 750B	タン・マカーム・ノイ
シートラン・ディスカバリー	2便	-	-	バーン・ラック	45分 ↔ 450B	トン・サラ	-	-	-	-
ソンサームエクスプレスボート	2便	-	-	メーナーム	60分 ↔ 250B	トン・サラ	2時間 ↔ 500B	メー・ハート	-	-
シートラン・フェリー	14便	ドーン・サク	1時間30分~2時間 ↔ 190B	ナートーン	-	-	-	-	-	-
ラジャ・フェリー	14便	ドーン・サク	1時間30分 ↔ 190B	リパノイ	1時間30分 ↔ 190B(2便)	トン・サラ	-	-	-	-
	7便	ドーン・サク	2時間~2時間30分 ↔ 260B			トン・サラ				
ハードリンクイーンスローボート	4便	-	-	ビッグ・ブッダ	50分 ↔ 200B	ハート・リン	-	-	-	-

※会社や便により発着する港が異なるので要注意。本数や出発時刻は、必ず現地の船会社、旅行会社で確認すること。
※所要時間は目安。海の状態により出発の遅れや到着の遅延、運航中止などもあるので、時間に余裕をもったスケジュールを。
※高速船、エクスプレスボート、スローボートで宿でのピックアップサービスを利用する場合、車の定員があるので、宿のフロントなどで前日までに予約すること。港までのバス、タクシーが付く場合、上記料金に追加される。

サムイ島の歩き方

まずはどのビーチへ行くのか決めよう

サムイ島は大きな島なので、島内の移動に時間がかかる。宿が決まっておらず、自分の足で探す場合は、まずどのビーチに行きたいかを決めよう。宿探しは目的のビーチに到着してから。

空港から各ビーチへ

空港には飛行機の到着に合わせて、ビーチ行きのタクシーが待機している。チケットはタクシーカウンターで購入する。車は方面別にあるので、係員の指示に従うこと。ビッグ・ブッダ・ビーチへは所要約5分、それ以外のビーチへは15～30分程度、乗客を各ホテル

インフォメーション

船会社の連絡先
ソンサーム
☎ 0-7742-0157
URL songserm.com
シートラン・フェリー
☎ 0-7742-6001
URL www.seatranferry.com
ラジャ・フェリー
☎ 0-7741-5230～3
ハードリン・クイーン
☎ 0-7737-5113

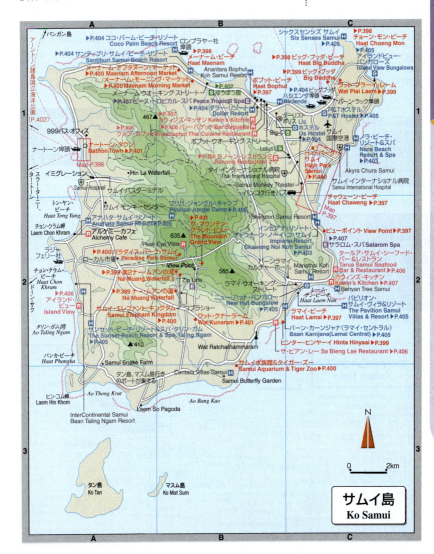

サムイ島
Ko Samui

旅のヒント

空港から島内各地へのタクシー料金（1人当たり／チャーター）

ビッグ・ブッダ・ビーチ	100/400B
ボプット・ビーチ	125/400B
チャウェーン・ビーチ	150/500B
チョーン・モン・ビーチ	125/400B
メーナーム・ビーチ	175/600B
ラマイ・ビーチ	175/600B
ナートーン・タウン	225/800B

ナートーン・タウンから各ビーチへのソンテオ／タクシー料金目安

メーナーム・ビーチ	80/500B
ボプット・ビーチ	100/600B
チャウェーン・ビーチ	100/800B
ラマイ・ビーチ	100/800B
ビッグ・ブッダ・ビーチ、チョーン・モン・ビーチ	100/600B

オフシーズンにはソンテオは10～20B、タクシーは100～200B程度安くなる。

ルートは車に表示されているが、乗る際に確認しよう

事故にはくれぐれも注意

に降ろしながら行くので時間がかかる。台数にかぎりがあるので、乗り遅れたときは次の飛行機が来るまで待つか、チャーターする。

港から各ビーチへ

サムイ島に着いてからの交通手段は、船の到着に合わせてロットゥー（ミニバス）やソンテオ、タクシーが待ち構えているのでそれを利用する。宿や船会社が手配してくれる場合もあるので確認を。

🐃 サムイ島の島内交通

ソンテオ

ソンテオのおもなルートは3つ。ナートーン船着場前の乗り場からメーナーム・ビーチ経由チャウェーン・ビーチ行き、またはラマイ・ビーチ行きが出ていて人数が集まったら出発。チャウェーン・ビーチとラマイ・ビーチ間は、日中は頻繁に走っているので観光に便利だ。見かけたら手を挙げれば停まってくれる。乗る際に運転手に行き先を伝えて確認する。チャウェーン・ビーチ内なら料金は50B程度。ほかは行き先によって交渉制。チャーターはかなり割高になる。

タクシー

屋根の上のサインに「METER TAXI」と書いてあっても交渉制。メーターは使ってくれない。

タクシーはツートンカラーが目印

モーターサイ（オートバイタクシー）

ナートーン・タウンから各ビーチへは行ってくれるが、ビーチ間の移動はあまりしてくれない。1乗車50B程度～。

レンタカー、レンタバイク

レンタカー（ジープ）やレンタバイクも島内移動に便利。ホテルや各ビーチの店で申し込め、借りる日数が長くなれば割安になる。借りる際にパスポートを預けるのが通例。保険には入っていないケースが多いので要注意。レンタバイクはヘルメットを着用しないと罰金。夜間は飲酒運転が増えるので十分に注意すること。

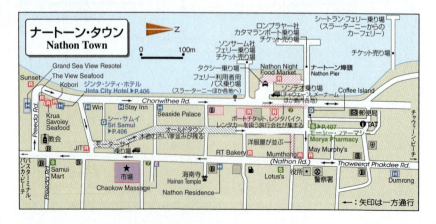

サムイ島のおもなビーチ

チャウェーン・ビーチ
Haat Chaweng
MAP P.395-C1～C2

ツーリストが多く集まるチャウェーン・ビーチ

島の東部にある島内最大のビーチ。粒子の細かい白砂と真っ青に輝く海が美しい。泳ぐのに向いており、マリンスポーツも盛んだが、11～2月は波が高いので注意したい。島を周回する道路4169号線から少し入ったチャウェーン・ビーチ通り沿いにはしゃれたバンガローから大型リゾートまでが並び、レストランやバー、旅行会社、みやげ物屋などが道の両側にひしめいている。夜もにぎやかなためツアー客のほとんどがここに集まってくる。そのためか、物価は島内でも高めになっている。

旅のヒント
ビューポイント
View Point
MAP P.395-C2
チャウェーン・ビーチからラマイ・ビーチへ続く、坂とカーブの多いリングロード沿いにある。チャウェーン・ビーチを一望しながら、ココナッツアイスを食べるのがお約束。

雄大に広がる海を眺めよう

ポプット・ビーチ
Haat Bophut
MAP P.395-B1

こぢんまりとしたホテルの多いポプット・ビーチ

約2kmにわたって続く白砂のビーチに沿って、タイの古民家を利用したカフェやブティック、雑貨店などが並び、歩くのが楽しい。雰囲気のよいレストランも多く、いまやサムイで最もおしゃれな店が集まるエリア。毎週金曜の夜はウオーキング・ストリートとなる。海は穏やかでマリンスポーツにもちょうどいい。

夜の散策が楽しいポプット・ビーチは落ち着いたたたずまい

ラマイ・ビーチ
Haat Lamai
MAP P.395-C2

静かに過ごせるラマイ・ビーチ

チャウェーン・ビーチの南に位置しており、素朴な雰囲気が残っている。透明度の高い海は、泳ぎやすくてマリンスポーツもできる。ビーチ沿いに中級リゾート、安めのバンガローが並び、北側には高級ホテルが増えてきた。レストランやバーもあるが、チャウェーン・ビーチほどの派手さはない。町にはバーエリアがあり、ハイシーズンの夜はにぎわっている。

チャウェーン・ビーチ
Haat Chaweng (Chaweng Beach)

タイプチ情報 チャウェーン・ビーチは島内随一の繁華街でもある。昼はビーチで遊び、夜はナイトライフも楽しみたいようなアクティブ派向けのビーチ。

旅のヒント

レンタカー、レンタバイク
レンタカー（保険付き）
　　　　　　　　1000B〜/日
レンタバイク　　250〜700B/日

マリンスポーツそのほかの料金目安
ウインドサーフィン　500B〜/日
ジェットスキー　　2000B〜/30分
水上スキー　　　　1800B〜
ウエイクボード　　1500B/15分
パドルボード　　　200B/30分
パラセイリング　　2000B/1回
（風の具合でできないときもある）
バナナボート　　一艘1500B〜

バンコク〜サムイの長距離バスに注意
南部方面行きバスのなかでもバンコク〜サムイ線は、盗難事件が多いことで悪名高い。ほとんどの場合特定の会社のバス内で起きているとのこと。カオサン発の安すぎる夜行バスには特に注意。比較的安全と人気が高いのが南バスターミナルや北バスターミナルから出ている政府バス（999番）。しかし、どんなバスに乗っても荷物管理は自己責任。貴重品の管理は万全に。

999番VIPバスのオフィス
🏠 304/10 Moo 3, Chaweng
☎ 0-7723-1833
🕐 毎日6:00〜18:30

ソンテオ（タクシー）乗車時の注意
旅行者は料金をかなりふっかけられるので、面倒でも乗る前に、TATやホテルで相場を確認したうえで運転手と交渉し、つり銭のいらない渡し方を心がけよう。値切ってもめることはあまりないようだが、料金を払う際になって居直る運転手もいる。そのような場合は、相手のナンバーを控えてツーリストポリスに訴えよう。高級ホテル周辺で客待ちしている車も避けること。

サムイ島内の足となってくれるソンテオ。利用時には乗車前に料金をしっかり確認しよう

メーナーム・ビーチ
Haat Maenam　　　　　　MAP P.395-B1
หาดแม่น้ำ

島の北側にあるメーナーム村を中心に弓状に広がるビーチ。ややきめの粗いベージュ色の砂で、対岸にパンガン島が望め、海から昇る朝日も見える。遠浅ではないが年間を通じて波は穏やかで、ウインドサーフィンに向いている。バンガローから高級リゾートまでビーチ沿いに点在している。島を周回するリングロード4169号線に面しているので交通の便もよく、夜も静かに過ごせる。

海から昇る朝日が見られるメーナーム・ビーチ

ビッグ・ブッダ・ビーチ（ハート・プラ・ヤイ）
Haat Big Buddha（Haat Phra Yai）　MAP P.395-C1
หาดพระใหญ่

島の北東部にあり、空港から最も近いビーチ。ここからパンガン島のハート・リン行きボートが出る。金色に輝く大仏を見ながらの海水浴は不思議な気分。宿の数はほかのビーチに比べて少なく、静かな雰囲気。

パンガン島行きの船も発着するビッグ・ブッダ・ビーチ

チョーン・モン・ビーチ
Haat Choeng Mon　　　　MAP P.395-C1
หาดช่องมน

チャウェーン・ビーチの北側、狭い入江にある遠浅の美しいビーチ。高級リゾートホテルが、ゆったりとした間隔をとって並んでおり、ところどころにレストランや旅行会社がある。ここまで来るタクシーは少ないため、移動はやや不便。

きめの細かいさらさらとした白砂が気持ちいい

島の西側のビーチ
島の西側は、ナートーン・タウンからのタクシーも非常に少なく、車を借りないかぎりとても不便。繁華街もなく宿も少ない。北側や東側のにぎわいから見ると別世界のようだ。静かな環境に恵まれているので長期滞在を目的にした人に好まれ、夕日がきれいなことでも知られている。

サムイ島〜ドーン・サク（スラー・ターニー）間を結ぶフェリーの船着場周辺はチョン・クラム・ビーチHaat Chon Khram（トン・ヤン・ビーチ）といい、さらに南下すると西海岸唯一の大型リゾートがあるタリン・ガム湾Ao Taling Ngamにいたる。南端のヒン・コム岬Laem Hin Khomとタリン・ガム湾に挟まれた小さなパンカ・ビーチHaat Phangkaは、かなりの沖でもひざまでの深さしかない超遠浅。

おもな見どころ

ヤシ茂る南洋の島に光り輝く黄金の仏像 ★★
ビッグ・ブッダ
Big Buddha　　　　MAP P.395-C1　พระใหญ่

ビーチの沖に浮かぶ小さな島にあるワット・プラヤイWat Phra Yaiの境内には、金ピカの大仏が鎮座している。参拝や見学の際には、階段の下で靴を脱いでから上がること。階段の上の回廊からは、ボプット・ビーチやパンガン島の眺望がいい。寺はサムイ島から埋め立てた道でつながっており、周囲にはみやげ物屋が軒を連ねている。

変わった仏像のある寺院 ★★
ワット・プラーイ・レーム
Wat Plai Laem　　　MAP P.395-C1　วัดปลายแหลม

タイでは珍しい千手観音

ボプット・ビーチからビッグ・ブッダ・ビーチに向かう途中にある寺院。巨大な千手観音とえびす様（？）が目を引く。あたりは景観のいい公園になっていて、湖畔に浮かぶように寺院が建っている。寺院の壁画もきれい。

展望抜群の仏塔 ★
カオ・フア・チュク・パゴダ
Khao Hua Jook Pagoda　　MAP P.397-A　เขาหัวจุก

チャウェーン・ビーチ北側の丘を登った所に建つ、金色の仏塔。周りは展望台になっていて、チャウェーン・エリアを360度パノラマで見渡す眺めがすばらしい。仏塔の中には仏足石がある。

行ってみてのお楽しみ ★★
ヒンター・ヒンヤーイ
Hinta Hinyaai　　　MAP P.395-B2　หินตา หินยาย

天を突く勢いのおじいさんの岩

海岸に巨大な奇岩がゴロゴロしていて、そのなかにおじいさんの岩、おばあさんの岩と呼ばれる岩がある。おみやげには、ここでしか売っていないというココナッツキャラメルを。屋台で、できたてのキャラメルを試食させてくれる。

心癒やされる美しい滝 ★
ナー・ムアンの滝
Na Muang Waterfall　　MAP P.395-B2　น้ำตกหน้าเมือง

全長40mほどある岩の表面を伝って清流が流れ落ちているナー・ムアンの滝。穏やかな滝つぼがあってプール代わりに泳いだり、涼を求めて遊んだりするのにぴったり。水着を忘れずに持っていこう。第1の滝からさらに山の奥に入った所にある第2の滝は、島内随一の美しさといわれている。

清流が岩を流れ落ちて涼しげ

露天に鎮座するビッグ・ブッダ

ビッグ・ブッダ
住 Big Buddha
開 毎日7:00～18:30　料 無料
行き方 ナートーン・タウンからボプット・ビーチ行きのソンテオに乗り、運転手に頼むとプラス50B程度でビッグ・ブッダまで行ってくれる。

ワット・プラーイ・レーム
住 Haat Big Buddha
開 6:00～18:00
料 無料
行き方 ナートーン・タウンからビッグ・ブッダ・ビーチ行きのソンテオに乗る。100B程度。

カオ・フア・チュク・パゴダ
開 毎日9:00～22:00
料 20B
行き方 レンタカー、タクシーで。

すばらしい眺めが楽しめる

ヒンター・ヒンヤーイ
行き方 ナートーン・タウンからラマイ・ビーチ行きのソンテオで100B程度。

ナー・ムアンの滝
行き方 ナートーン・タウンからラマイ・ビーチ行きのソンテオで100B程度。
料 50B（飲料水付き。第1の滝は無料）

タイプチ情報　スパやエステ店は男性も大歓迎。贅沢な気分が味わえるので、日頃縁がない人も一度体験してみては。男性にもトリートメント中に着用する使い捨て下着が用意されているので安心。

サムイ水族館&タイガー・ズー

- 33/2 Moo 2, Maret, South Lamai Beach (Baan Harn Village)
- 0-7742-4017~8
- FAX 0-7742-4019
- URL www.samuiaquariumandtigerzoo.com
- 毎日11:00~16:30
- 入場料650B（子供550B。110cm以下の子供は無料）。トラとの撮影込みのセットは850B。
- CC JMV（+3%のチャージ）

メーナーム・マーケット

- Mae Nam
- モーニング・マーケット5:00~10:00、アフタヌーン・マーケット16:00~20:00

豊富に売られる新鮮な野菜

サムイ・エレファント・キングダム

- 25/11 Moo 2,Na Muang
- 08-8846-1888
- 毎日9:00~17:00
- 3000B、子供1700B（送迎、軽食、ビュッフェつき）
- CC MV（3%チャージ）

パラダイス・パーク・サムイ

- 217/3 Moo 1, Taling Ngam
- 08-1255-1222
- Paradise Park Farm Samui
- 毎日9:00~17:00
- 400B

アシカの曲芸やトラの火の輪くぐりが見られる
サムイ水族館&タイガー・ズー
Samui Aquarium & Tiger Zoo
MAP P.395-B2~B3 ★

人によく慣れたトラと記念撮影

サムイ・オーキッド・リゾート内にある。水族館では、タイ湾に生息する熱帯魚やカメ、サメなどを見ることができる。檻の中にはベンガルトラやヒョウもいる。人に慣れたかわいいトラと記念撮影もできる。

島民の暮らしを支える活気いっぱいの市場
メーナーム・マーケット
Maenam Market
MAP P.395-B1 ★

地元の人々でにぎわうローカル市場。1kmほど離れてふたつの市場があり、それぞれ時間帯によってモーニング・マーケット、アフタヌーン・マーケットと呼ばれている。海産物や野菜、肉などの生鮮から、乾物、日用雑貨などまでがひしめき、タイ人の暮らしぶりが伝わってくる。麺類などの市場メシも豊富で安い。

たくさんの象と触れ合える
サムイ・エレファント・キングダム
Samui Elephant Kingdom
MAP P.395-B2 ★★

第2ナー・ムアンの滝の入口にある。象の保護と見学を目的とした施設で、象が自然のままに暮らすエリアを巡るスカイウオークを歩きながら、エサやりを通じて象と触れ合うことができる。

間近で見る象は大迫力

動物と思う存分触れ合える
パラダイス・パーク・サムイ
Paradise Park Samui
MAP P.395-B2 ★

サムイ島最高峰ポム山 Pom Mountain のジャングルを切り開いた20エーカーの敷地に広がるエンターテインメントファーム。動物園では、ハトやインコ、サルやウサギ、シカなどの動物に餌やりができ、思う存分触れ合える。眺めのよいインフィニティプールやレストランがあり、お楽しみも盛りだくさん。ワット・クナーラーム（→P.401）参拝や象乗りなどとセットになったツアーもある。

人懐こい動物に餌やり体験

絶景レストランとプール
ザ・マウンテン・グランド・ビュー
The Mountain Grand View
MAP P.395-B2

島を一周するリング・ロード（国道4169号線）からドリアン畑やヤシ林を見ながら山道を車で走っていくと、ポム山の頂上付近にいくつかの展望台や展望レストランがある。なかでもここザ・マウンテン・グランド・ビューには展望台とシービューレストラン、さらに絶景が楽しめる開放感抜群のプールがある。

サングラスをかけた僧のミイラ
ワット・クナーラーム
Wat Kunaram
MAP P.395-B2

この寺の住職だったダン僧（Phra Khlu Samathakittikhun/Dang Pyasilo、1894～1973）は、俗界での裕福な暮らしを捨てて50歳で出家し、約20年間瞑想にいそしんで多くの弟子から慕われた。自らの予言どおり79歳と8ヵ月で逝去すると、遺言に従って瞑想したままの状態で安置されている。僧を慕う信者が毎日お参りに訪れる。

黒いサングラスをかけたミイラ

島内交通の拠点となる町
ナートーン・タウン
Nathon Town
MAP P.395-A1、P.396

スラー・ターニーやパンガン島からのボートやフェリーの到着時になると、にわかに活気が出る島の玄関口。海岸沿いの通りにソンテオ乗り場、旅行会社、両替所、レストラン、ホテルなどが並び、北側には郵便局やTATもある。おみやげは同じものがビーチの店よりも安く買える。食料品市場や雑貨の市場もあるのでのぞいてみよう。ただ、この町の夜は早い。日没後にはたいていの店が閉まってしまい、屋台街だけがにぎわっている。

サムイ島内最大の町ナートーン

ザ・マウンテン・グランド・ビュー
- On Khao-Pom Mountain
- 08-1271-2808
- 毎日10:00～18:00　CCなし

プールは1日100B。更衣室やシャワーはあるが、タオル等は要持参。レストランのメニューはタイ料理と西洋料理で、麺類やフライドライスが130B、シェイク100Bなど。

ワット・クナーラーム
- Route 4169 Ring Rd., near Ban Tha Po
- 行き方 レンタカー、レンタバイク、タクシーで。

インフォメーション

サムイ島の病院
下記の病院は24時間オープンで救急車も呼べる。英語が通じ、保険、クレジットカードが使える。

バンコク病院サムイ
Bangkok Hospital Samui
- MAP P.397-B
- 57 Moo 3, Thaweerat Phakdee Rd., Bophut
- 0-7742-9500

島内最新の設備、専門医を擁する私立病院。

サムイ・インターナショナル病院
Samui International Hospital
- MAP P.395-C1
- 90/2 Moo 2, Northern Chaweng Beach Rd.
- 0-7730-0394～5
- URL www.sih.co.th

タイ・インターナショナル病院
Thai International Hospital
- MAP P.395-C1
- 25/25 Opposite TESCO-Lotus, Bophut
- 0-7733-2654
- URL www.thaiinterhospital.com

Column
サムイ島の路上マーケット

サムイ島内のおもなビーチでは、曜日ごとに夕方からウオーキング・ストリートというストリート・マーケットが開催される。ファッションや雑貨、フード、モヒートなどトロピカルカクテルの露店が並び、ぶらぶらするのに最適だ。ライブが行われるところもある。チャウェーン・ビーチは広場で開催、ボプット・ビーチは古い港町の風景がレトロ……などビーチによって雰囲気が異なるので、あちこち足を延ばしてみよう。開催時間はどこもだいたい17:00～22:00頃。

開催曜日

ビーチ	曜日
チャウェーン・ビーチ	毎日
ボプット・ビーチ	月,水,金,土

※コロナ禍のためメーナーム・ビーチ、ラマイ・ビーチのマーケットは再開未定。

チャウェーン・ビーチのナイトマーケット

サムイ島から船で約2時間の所にある絶海の楽園を、インストラクターと一緒にカヌーで探検

サムイ島では珍しくない光景

旅のヒント

ダイビング料金の目安
スノーケリング　2500B
（日本語ガイド付き　3000B）
体験ダイビング　4200B〜
ファンダイブ　4500B〜

日本人常駐のダイビングショップ
Ⓢ ほうぼう屋
MAP P.395-B1
🏠 44/109 Moo 1, Maenam Beach
☎ 09-5420-6133
✉ info@houbou-ya.com
🕐 毎日9:30〜18:30
URL www.houbou-ya.com
大型高速船で行くナーン・ユアン島とタオ島のダイビング、スノーケリングツアーが人気。プーケットにも支店があり、タイ湾、アンダマン海をともにカバー。ツアーセクションではホテル手配や島内ツアー、車のレンタルなども気軽に相談できる。

ツアーで気軽に行けるナーン・ユアン島（→P.412）

手つかずの自然が残された島々

アーントーン諸島国立海洋公園
Ang Thong Islands National Marine Park อุทยานทางทะเลแห่งชาติอ่างทอง

★★　MAP 折込表-B8〜B9

　サムイ島の西約30km、ボートで約2時間の所にある国立公園。40の島々があり、きれいな海と石灰岩質の山々がユニークな景観を造り出している。公園本部のあるウア・ターラップ島Ko Wua Talabに来たら、ちょっとハードだが展望台に上ってみたい。ビーチサンダルではきついし、かなり時間もかかるのでそのつもりで。海で遊びたいという人も、上り口から5分の所にあるもう1ヵ所の展望台だけでも行ってみよう。ビーチから木造の階段を上がると展望台がある。ビーチはスノーケリングのポイント。そのすぐ北にあるメーコ島Ko Mae Kohは250m×350m、水深7mの湖が見どころ。

🐃 ツアーを活用しよう

　交通の不便なサムイ島で見どころを効率よく見学するには、ツアーの利用が便利だ。ホテルのツアーデスクや旅行会社で申し込むことができる。風のある日はボートがかなり揺れるので、船に弱い人は船酔い対策をしておこう。コースや料金は旅行会社により異なるので、申し込む前に内容をよく検討すること。

島内ツアー（5時間、700B〜）：ビッグ・ブッダ、ヒンター・ヒンヤーイ、ワット・クナーラーム、ナー・ムアンの滝などを回る。

アーントーン諸島国立海洋公園ツアー（1日、2200B〜＋国立公園200B）：サムイ島からボートで約2時間、島に上陸して展望台に上ったり湖を見学したり、あるいは海でスノーケリングを楽しむ。ナートーン・タウンか北海岸の船着場から出発するため、ツアーによって多少料金が異なる。朝の軽食、昼食付き。スノーケル器材は船内で借りられる。

サムイ島南東部7島ツアー（半日、1800B〜）：まだ訪れる人の少ないサムイ南東部に浮かぶマスム島、タン島、さらに西部に散らばる小島を巡る。この周辺の海域でも特に透明度の高いタン島ではスノーケリングも。器材やランチは料金に含まれている。

ジャングル・サファリ・ツアー（1日、1500B〜）：四輪駆動車でジャングルの中に分け入っていく迫力満点のツアー。数々のビューポイントのほか、ココナッツ農園、ビッグ・ブッダ、ナー・ムアンの滝、ワット・クナーラーム、ヒンター・ヒンヤーイなどを回る。ランチ付き。

サムイ島のダイビング

　島内のダイビングショップで、Cカード（認定証）取得やツアーを申し込める。ツアーに参加する人はCカードとログブックを忘れずに。サムイのダイビングスタイルはボートダイビングが主。器材のセッティングはもちろん、海の中でも自分の面倒は自分でみられるようにしておこう。11月〜12月初旬は周辺の海が荒れやすいので、訪れる時期にも注意。

　日帰りダイビングツアーは、おもにナーン・ユアン島やタオ島周辺に数多くあるポイント（→P.413）に行くコースが毎日催行されている。料金や行き先は利用する船の種類などによって変わる。

ホテル

ホテル事情

ビーチや場所によって雰囲気が異なるので、どこのビーチに行きたいかを先に決めたほうがいい。例えば町から隔絶された高級リゾートは、そこで完結できるだけの十分な施設やプログラムを揃えているので、その中でゆっくりしたい人向き。周囲には何もなく町に出るタクシー代もバカにならないので、にぎわいを楽しみたい人は町なかの宿に泊まったほうが便利。

サムイ島のハイシーズンは12～4月と7～8月。年末年始やタイの連休には値上がりすることがあり、ローシーズンは30～50％程度のディスカウントが期待できる。ビーチに面した安宿を探すのは難しいが、チャウェーン・ビーチ南部のチャウェーン・ビーチ通り周辺、ラマイ・ビーチの町なかには手頃な宿が多い。メーナームやボプットなどの街道沿いには「390B～」などと安いホテルやゲストハウスの看板が出ている。

チャウェーン・ビーチのホテル

H ノラ・ビーチ・リゾート&スパ
Nora Beach Resort & Spa　MAP P.395-C1

住 222 Moo 2, Chaweng Beach
TEL 0-7742-9400　FAX 0-7742-9498～9
URL www.norabeachresort.com
料 AC S T デラックス3780B～ ノラヴィラ S T 4725B～
CC JMV　室 113室

チャウェーン・ビーチの北側にあるスパリゾート。中心街から離れているので静か。トロピカルなガーデンの中に海を一望するプールがあり、その周りにヴィラが並ぶ。目の前のビーチは少々狭いが、眺めのいいプールサイドで優雅な気分に浸れる。

H インピアナ・リゾート・チャウェーン・ノーイ・コ・サムイ
Impiana Resort Chaweng Noi Koh Samui　MAP P.395-C2

住 91/2-3, Moo 3, Chaweng Noi Beach
TEL 0-7744-8994　FAX 0-7744-8999
URL samuihotels.impiana.com.my
料 AC S T 3033B～　CC AJMV　室 96室　プール　WiFi

喧騒とは無縁の隔絶された環境にあるリゾートホテル。静かにのんびりしたい人には絶好の場所。プール越しにチャウェーン・ノーイ・ビーチが見渡せるダイニングバーでくつろごう。デラックスルームやスイートにはバスタブがある。

H チャウェーン・ガーデン・ビーチ・リゾート
The Chaweng Garden Beach Resort　MAP P.397-A

住 162/8 Moo 2, Chaweng Beach
TEL 0-7796-0394　FAX 0-7730-0488
URL www.chawenggarden.com　料 AC ホテル S T 3800B～ バンガロー S T 6500B～　CC AJMV
室 162室　プール　WiFi

チャウェーン・ビーチの中ほど、繁華街に近いが静かな中級リゾート。ホテルルームとバンガローがあり、スーペリアのトリプルルームやガーデンバンガローはバスタブ付き。

H オーピー・バンガロー
O.P.Bungalow　MAP P.397-A

住 111 Moo 2, Chaweng Beach
TEL 0-7730-0555、0-7723-0913～4
FAX 0-7730-0554
料 AC S T 1300～3500B（朝食別）
CC JMV（+3％のチャージ）　室 34室　WiFi

北側の静かなビーチに面したこぢんまりとした宿。ビーチにはタイ料理と中国料理のレストランもあり、のんびりとくつろげる。ヤシの木陰に並ぶバンガローでリラックスしよう。スタッフも親切。テレビ、冷蔵庫、ホットシャワー付き。

H ココナツ・グローブ・ホテル
Coconut Grove Hotel　MAP P.397-A

住 159/72 Soi Ark Bar, Bophut
TEL 08-1535-2335　料 AC S T 700B～　CC MV
室 30室　プール　WiFi

チャウェーン・ビーチで最もにぎやかな場所にあるので深夜まで騒がしいが夜遊びにはぴったり。この料金でプールがあるのは珍しい。部屋は必要最低限という感じだが清潔。

H ノラ・レイクビュー
Nora Lakeview Hotel　MAP P.397-A

住 8 Moo 2, Chaweng Beach
TEL 0-7723-1720
URL www.noralakeviewhotel.com
料 AC S T 1700B～　CC MV　室 39室　WiFi

チャウェーン湖に面しており、部屋によってはカオ・フア・チュク・パゴダまで一望できる。裏口からはビーチ通りの中心部に出られ、ナイトマーケットもすぐそばの便利な立地。部屋はシンプルながら清潔感あり。

H クン・チャウェーン
Khun Chaweng　MAP P.397-A

住 11/11 Moo 2, Chaweng Beach
TEL 0-7760-1030
料 AC S T 1000～1200B　CC MV
室 73室　プール　WiFi

チャウェーン繁華街の中心部、バーエリアにも近い便利な立地ながらリーズナブル。そのぶん夜はやや喧騒が届く。部屋は広々としており清潔にまとめられている。プールは明るくて気持ちがいい。

> **タイ プチ情報**　ビーチのリゾートは、その気になれば外へ一歩も出ることなく生活できるほど各種施設が調っているところが多い。立地が不便だと歩いて行ける範囲に店などがなく、そうでないと困ることも。

ⓗ パヌポン
Panupong Hotel MAP●P.397-A

- 住 147/1 Moo 2, Chaweng Beach
- ☎ 0-7732-4464、08-6952-1763　FAX 0-7741-3290
- E panupongapartment@hotmail.com
- 料 F ⓢ ⓣ 800B〜　AC ⓢ ⓣ 1000B〜
- CC なし　室 110室　WiFi

チャウェーン・ビーチ通りからクラブ街の裏に回った所にあるホテルで、部屋は32㎡と広く快適。スタッフが親切。その立地のため、部屋によっては朝方までクラブの音がうるさいので、部屋を見せてもらう際にチェックしよう。

チャウェーン・ビーチのゲストハウス
物価の高いエリアだが、チャウェーン・ビーチ・ロードの南部に手頃なホテルやゲストハウスが多い。

ⓖ ピー・チャウェーン
P. Chaweng Guest House MAP●P.397-B

- 住 46/31 Moo 3, Chaweng Beach
- ☎ FAX 0-7723-0684　料 AC ⓢ ⓣ 900〜1500B
- CC A M V （+4%のチャージ）　室 45室　WiFi

ビーチの南部にあるビジネスホテル風の宿。広めで清潔な客室は全室ホットシャワー、テレビ、冷蔵庫付き。3人部屋もある。小さいがプールも併設。

ⓗ J4サムイ・ホテル
J4 Samui Hotel MAP●P.397-A

- 住 162/222 Moo 2, Bophut　☎ 0-7733-2666
- URL www.j4samui.com　料 AC ⓢ ⓣ 900〜2400B
- CC A D J M V　室 40室　プール　WiFi

チャウェーン・ガーデン・ビーチ・リゾートと同系列のため、そちらの施設やプールを使うことができる。部屋はバジェットルームでも広めで快適。場所はチャウエーン繁華街のど真ん中。

メーナーム・ビーチのホテル

ⓗ サンティブリ・サムイ・ビーチ・リゾート
Santiburi Samui Beach Resort MAP●P.395-B1

- 住 12/12 Moo 1, Maenam Beach
- ☎ 0-7742-5031　FAX 0-7742-5040
- 予 Free 0120-086230　URL www.santiburisamui.com
- 料 AC ⓢ ⓣ 8350B〜　CC A D J M V
- 室 96室　プール　WiFi

島内屈指の高級リゾート。客室はスイートと独立したヴィラの2種類。床はフローリングでAV設備も揃い、バスルームは広くてアメニティも充実している。サムイ最大級の大きなプール、スパ、チャンピオンシップゴルフコース（18ホール）がある。グリーンフィーは4500B。ゴルフコースとホテル間は送迎無料。レストランは6軒。

ⓗ ココ・パーム・ビーチ・リゾート
Coco Palm Beach Resort MAP●P.395-B1

- 住 26/4 Moo 4, Maenam Beach
- ☎ 0-7744-7211　FAX 0-7742-5321
- URL www.cocopalmbeachresort.com
- 料 AC ⓢ ⓣ 1800〜8000B
- CC A J M V　室 98室　プール　WiFi

パンガン島、タオ島、ナーン・ユアン島行きカタマラン・ボート乗り場からすぐのビーチリゾート。3タイプのバンガローと4タイプのヴィラがあり、ファミリーバンガローはバスタブ付き。

ボプット・ビーチのホテル

ⓗ ダラー・リゾート
Dollar Resort MAP●P.395-B1

- 住 58/33 Lanthong Rd., Moo 1, Bophut Beach
- ☎ 0-7743-0828、08-3507-9995
- 料 AC ⓢ ⓣ 399B　CC なし　室 18室　WiFi

物価の高いサムイで通年1泊399Bという激安宿。ロングステイにもおすすめ。新しくてきれいな部屋はエアコン、テレビ、冷蔵庫付きで広い。ボプットのビーチやビレッジへ徒歩圏内で食事や買い物にも困らない。英語はあまり通じない。

ⓗ ハシエンダ
Hacienda MAP●P.395-B1

- 住 98 Moo 1, Bophut Beach
- ☎ 0-7796-0827　URL samui-hacienda.com
- 料 AC ⓢ ⓣ 1800〜4600B
- CC M V　室 8室　プール　WiFi

ビーチフロントでボプットのナイトマーケットもすぐ。屋上のプールは小さいがタイ湾を一望できて気持ちがいい。グリーンでまとめられた部屋は広く過ごしやすい。1階のスイート・シービューはビーチ直結。

ボプット・ビーチのゲストハウス

ⓖ Usホステル
Us Hostel MAP●P.395-B1

- 住 165/192 Moo 1, Bophut　☎ 09-8696-6358
- FB ussamui　料 AC ⓓ 360B〜　ⓢ ⓣ 600B（バス共用）1540B（バスあり）　CC A J M V（+3%のチャージ）
- 室 20室＋121ベッド　プール　WiFi

欧米人バックパッカーに絶大な支持を受けている人気ホステル。レストランとプールを囲むようにさまざまなタイプの部屋があり、格安のドミトリーは女性専用も。フルムーンパーティ（パンガン島）への送迎も行う。猫がたくさんいる。

404

ビッグ・ブッダ・ビーチのゲストハウス

Ⓖ P&Tホステル
P&T Hostel　　MAP●P.395-C1

住 73/46-47 Bangrak Bophut
電 06-3667-4570　FB pandthostel
料 AC250B〜、ACST750B〜　CC不可　室7室　WiFi

ビッグブッダ埠頭のそばにある格安ドミトリー宿でバックパッカーの拠点となっている。ひと部屋ベッド4〜8台のドミトリーはエアコンつき。1階のタイ＆ウエスタン料理の食堂もリーズナブル。個室は狭い。

チョーン・モン・ビーチのホテル

Ⓖ アイランドビュー・バンガローズ
Island View Bungalows　　MAP●P.395-C1

住 24/9, Moo 5, Choeng Mon Beach
電 08-3221-2450　URL islandviewsamui.com
料 ACST800〜2500B　室18室　WiFi

ビーチフロントで家族経営の格安バンガロー。部屋はやや古めだが広い。ミニマート、バイクのレンタルもあり。ビーチに面したレストランでは海鮮を中心としたタイ料理と洋食を楽しめる。

Ⓗ シックスセンシズ サムイ
Six Senses Samui　　MAP●P.395-C1

住 9/10 Moo 5, Baan Plai Laem, Bophut
電 0-7724-5678　URL jp.sixsenses.com
予約 0120-921-324　料 ACST1万3999B〜
CC ADJMV　室66室　プール　WiFi

全室ヴィラタイプで、66室中59室にプライベートのインフィニティプール付きという豪華リゾート。サムイ島の北端に突き出す岬に位置。室内からははるかに広がる海を見渡すことができ、爽快感満点。2015年7月に改装済みで快適に滞在できる。

ラマイ・ビーチのホテル

Ⓗ パビリオン・サムイ・ヴィラ＆リゾート
The Pavilion Samui Villas & Resort　　MAP●P.395-C2

住 124/24 Moo 3, Lamai Beach
電 0-7742-4030、0-7742-4420　FAX 0-7742-4029
URL www.pavilionsamui.com　料 ACST5550B〜
CC AJMV　室90室　プール　WiFi

ホテルタイプの部屋とコテージの2種類があり、全室ジャクージ付きで、ラグジュアリーな内装も魅力。シービューのレストラン＆バーはタイ、中国、イタリアなど5軒。ラマイ・ビーチにはⒽパオ・ジン・プーン・ヴィラ・ビーチフロントPao Jin Poon Villa Beach Frontという、プライベート・プールヴィラ3室のみの姉妹リゾートもある。

Ⓗ バーン・カーンジャナ（ラマイ・セントラル）
Baan Karnjana (Lamai Central)　　MAP●P.395-B2〜C2

住 87 Moo 3, T. Maret, Lamai Beach
FB Baan Karnjana Hotel Samui Lamai Beach
電 0-7742-4155　料 ACST600B、800B
CC なし　室32室　WiFi

ビーチや繁華街に近くて便利な宿。清潔な部屋は、全室テレビ、ホットシャワー、800Bの部屋はミニバー付き。

ラマイ・ビーチのゲストハウス

Ⓖ ニュー・ハット・バンガロー
New Hut Bungalow　　MAP●P.395-C2

住 168/1 Moo 4, Mared, Lamai Beach
電 08-1476-1343
料 FST250〜600B（バス共用）　ACST400B〜
CC MV（＋5%のチャージ）　室40室　WiFi

ラマイ・ビーチの東端にある格安バンガローで、欧米人バックパッカーに人気。切り立った三角屋根の部屋は狭く寝るだけだが、ビーチは目の前。シーサイドのレストラン＆バーもある。

タリン・ガムのホテル

Ⓗ サンセット・ビーチ・リゾート＆スパ・タリン・ガム
The Sunset Beach Resort & Spa, Taling Ngam　　MAP●P.395-A2

住 126/9 Moo 3, Taling Ngam Beach
電 0-7742-8200　FAX 0-7742-8250
FB The Sunset Beach Resort and Spa Taling Ngam　料 ACST6080B〜　CC AJMV
室25室　プール　WiFi

バルコニーはもちろん、ベッドやジャクージからも夕日を望めるサンセット・ジャクージ・ルーム、室内でスパトリートメントが受けられるガーデンヴィラなど客室は4カテゴリー。スタッフのていねいなサービスも好感度高し。

リパノイのホテル

Ⓗ アナハタ・サムイ・リゾート
Anahata Samui Resort　　MAP●P.395-A2

住 95/70 Moo 2, Tong Yang Beach, Lipa Noi
電 09-8287-8077　FAX 0-7723-4262
URL www.anahatasamui.com　料 ACST1400〜6000B　CC AJMV（＋3%のチャージ）
室38室　プール　WiFi

リパノイの名物レストラン「アルケミー・カフェ」所有の敷地内にあるリゾート。ビーチを目の前にしたガーデンにバンガローやプールがあり、部屋にはテレビ、DVDプレーヤー、冷蔵庫、コーヒーメーカーなどが備わる。映画のDVDは貸し出し無料。キッズ・ガーデンもある。

🏨 プリパ・ジャングル・キャンプ
Phulipa Jungle Camp　MAP●P.395-B2

- Lipa Noi　08-1892-8501
- Phulipa　S/T 1000B（共用バス）～1500B
- CC MV　5室　WiFi

サムイ島中央部の山岳地帯を登りつめた場所にある絶景宿。どの部屋からもスリリングな眺望を楽しめる。併設のカフェには島内ツアーも立ち寄る。バイク必須だが山道なので運転には注意を。

🏨 ジンタ・シティ・ホテル
Jinta City Hotel　MAP●P.396

- 310/7 Moo 3 Tumbol Angthong
- 0-7723-6369
- AC S/T 600～800B
- CC MV　22室　プール　WiFi

ナー・トーンの海沿いに建つ中級ホテル。部屋はいたってシンプル。中庭にあるプールのまわりでくつろぎたい。船着場や屋台街まで徒歩5分。

ナートーン・タウンのゲストハウス

🏠 シー・サムイ
Sri Samui　MAP●P.396

- 328/6 Moo 3, Nathon Town　08-1917-1222
- AC S/T 700B～
- CC なし　12室　WiFi

モノトーンでまとめた客室は広くて清潔。キングサイズのベッドが置かれ、テレビや冷蔵庫、ホットシャワー付き。3人まで同料金で宿泊できる。スタッフはフレンドリーだが英語はあまり通じない。

レストラン

欧米人旅行者が多いので、世界各国料理のレストランがあり、味も本格的。予算は高め。

🍴 アイランド・ビュー
Island View Restaurant　MAP●P.395-A2

- 348 Moo 3, Taling Ngam　09-3575-8209
- 毎日11:00～21:00　CC なし

サムイ島でも特にダイナミックなサンセットが見られるシーサイドレストラン。バラクーダのステーキ350Bなどシーフードとタイ料理が充実。16:00～18:00はハッピーアワーでアルコール類が割引に。

🍴 バー・バゲット
Bar Baguette　MAP●P.395-B1

- The Wharf, Bophut　09-4804-1221
- 毎日8:00～21:00　CC なし

ホームメイドのバゲットが在住欧米人にもタイ人にも評判で、ヘルシーな朝食を求める旅行者で朝からにぎわう。ケーン（タイ風カレー）も人気で、チキンマッサマンカレー260Bはバゲットが添えられ、意外な組み合わせだがおいしい。

🍴 サ・ビアン・レー
Sa Bieng Lae Restaurant　MAP●P.395-B2

- 438/82 Moo 1, Maret
- 0-7733-2651　URL linktr.ee/sabienglae
- 毎日10:00～22:00　CC MV

サムイ島でも有名なシーフードレストラン。海老のタマリンドソース（100g140B）は絶品。生ウニのサラダなど珍しいメニューや南タイ料理も豊富。シービュー席は早めに予約しよう。ボプットなどに支店がある。

🍴 ラノーン・レストラン2
Ranong Restaurant 2　MAP●P.395-C1

- Moo 2, Chumchon Chaweng Yai Soi 4, Chaweng Beach　08-1894-3852
- 毎日15:00～23:00頃　CC なし

タイの家庭料理がおいしい大衆食堂で、1品80B～とローカル価格。夕方から夜にかけてはとても混んでいて活気にあふれる。サワラの卵やエイのカレーなど、珍しいタイ南部料理もある。チャウェーンに本店がある。

🍴 タールア・サムイ・シーフード・バー&レストラン
Tarua Samui Seafood Bar & Restaurant　MAP●P.395-C2

- 210/9 Moo 4, Ring Rd.　0-7744-8495
- 毎日11:00～23:00　CC JMV

島を一周するリング・ロードを走り、チャウェーンからラマイに行く途中の、ビッグ・ロックという巨岩のすぐ手前、道の反対側にある船の形のレストラン。海を眺めながら新鮮なシーフードがリーズナブルに味わえる。スラー・ターニー名産の大きな生カキ（1個110B）もぜひトライしよう。

🍴 クルア・ボプット
Krua Bophut Thai Cuisine Restaurant　MAP●P.395-B1

- 16/16 Moo 1, Bophut Beach
- 0-7743-0030、5035　URL www.kruabophut.com
- 毎日14:00～23:00　CC JMV

ボポット・ビーチのフィッシャーマン・ビレッジにあり、海が見える。セラドンの器で出される南部タイ料理、雰囲気、サービス、どれもエレガント。

R カウィンズ・キッチン
Kawin's Kitchin　MAP●P.395-C2、B1

- 208/24 Moo 4, Maret　09-4698-9193
- 毎日10:00〜21:30　CC なし

ラマイビーチの入口にある本格的なタイレストラン。パネーン・カイ280Bなどタイカレー各種は繊細な味つけで地元タイ人にも観光客にも人気。ボポットにも店がある。

R デューク・パブ
The Duke Pub　MAP●P.397

- 12 Moo 2 Chaweng Beach　0-7730-0348
- 毎日11:00〜22:00　CC M V

居心地のいいパブでロングステイの欧米人たちのくつろぎの場。ホームメイドのピザ250B〜のほかローストビーフやステーキ、ハンバーガーなど本格的でボリュームのある洋食をギネスビールと楽しみたい。

ナイトライフ

ナイトスポットはチャウェーン・ビーチの中心部やラマイ・ビーチのバー街に集中している。どこも最高ににぎわいだすのは深夜0:00近くなってから。

N グリーン・マンゴー
The Green Mango Club　MAP●P.397-A

- 195 Moo 2, Chaweng Beach Rd.
- 0-7730-0612　URL www.thegreenmangoclub.com　毎日20:00〜翌2:00　CC なし

チャウェーン・ビーチのクラブ街で柱となる大型店。すぐそばに姉妹店のSweet Soulがあり、そちらも人気。

N アーク・バー
Ark Bar　MAP●P.397-A

- 159/89 Moo 2, Chaweng Beach Rd.
- 0-7741-3333　URL www.ark-bar.com
- 毎日7:00〜翌2:00（ライトアップは18:00頃から）　CC なし

チャウェーン・ビーチで最もにぎわうビーチバー。砂浜に設置された桟敷席は年々拡大し、ネオンも派手に。深夜まで旅行者でいっぱい。

ショップ

ファッションやバッグ、工芸品の店は、チャウェーン・ビーチのメインロードなど外国人の集まる場所に多い。

S セントラル・フェスティバル・サムイ
Central Festival Samui　MAP●P.397-A

- Moo 2, Chaweng Beach Rd., Chaweng Beach
- 0-7796-2777　毎日11:00〜23:00
- CC テナントによって異なる

島内最大のショッピングモール。チャウェーン・ビーチロード側入口から2階に上がると銀行の支店が並んでおり、レートの比較がしやすく両替におすすめ。

S モーヤー・ファーマシー
Morya Pharmacy　MAP●P.397-B、P.396

- 38/213 Moo 3, Bophut
- 0-7741-3298　moryapharmacy.co.th
- 毎日9:00〜23:00　CC J M V（300B以上から利用可）

サムイ島各地に展開する地場ドラッグストア。自社オリジナルのOriental Natureブランドのハーバルボール150B、レモングラスのシャンプー90Bなど、ハーブやフルーツを使ったケア用品やアロマグッズが人気。

スパ

E ピース・トロピカル・スパ
Peace Tropical Spa　MAP●P.395-B1

- 17 Moo 1, Bophut Beach
- 0-7743-0199〜0200
- peacespasamui
- 毎日10:00〜18:00　CC J M V

トリートメントは全9室あるツインの個室で受けられる。ハーバルスチーム・サウナとジャクージ、ボディマッサージ、アロマティックフェイシャル、ボディスクラブなどのパッケージがおすすめ。チャウェーン・ビーチ周辺は送迎無料。日本語メニューあり。

E サラロム・スパ
Salarom Spa　MAP●P.395-C2

- Baan Hin Sai Resort, 5/5 Moo 3, Lamai Beach
- 0-7744-8519
- 毎日10:00〜17:00（最終受け付け）　CC J M V

H バーン・ヒン・サイ・リゾート自慢のスパで、海を眺めながら施術が受けられる。高品質なオーガニック製品やココナッツオイルをふんだんに使ったサラロム・パッケージは2時間2700B〜。

タイ南部／サムイ島

407

Ko Pha-Ngan เกาะพะงัน

素朴なバンガローと手つかずの自然が残る島
パンガン島

バンコク●
…折込表-B8

のどかな島内の道路

行き方

バンコクから
BUS/RAIL+BOAT 南バスターミナルから880〜1450B（フェリー込み）。鉄道+ボートのジョイントチケットは837〜2429B。カオサン通り発VIPツーリストバス+ボート1350〜1550Bなど。いずれも所要12時間〜。

チュムポーンから
BUS+BOAT 所要3時間10分〜4時間、1100B。

スラー・ターニーから
BUS+BOAT 所要3時間〜4時間30分、市内から360〜850B、空港から510〜950B。

サムイ島、タオ島から
P.394の表参照。

旅のヒント

島周辺のボート
昔ながらの漁村があるパンガン島北部のチャロック・ルム湾からは、ハート・クアット（200B）、トン・ナイ・パン（400B）までボートが出ている。

サムイ島の北に浮かぶ大きな島がパンガン島。ビーチ周辺はリゾート化が進んでいるものの、山間部は未開発で秘島の雰囲気十分。フルムーンパーティ目当ての旅行者も世界各地から集まる。

パンガン島の歩き方

　島の中心はトン・サラだが、旅行者はおもに島の南東部にあるハート・リンに集まる。トン・サラに着いたらすぐにハート・リンに移動するか、サムイ島からビッグ・ブッダ・ビーチ発のボートに乗って直接ハート・リン入りしよう。静かに過ごしたい人やスノーケリングを楽しみたい人には北部や東部のビーチがおすすめだ。
　島内移動は、トン・サラの船着場の長い桟橋を渡った先にある広場から各ビーチへのソンテオが出る。ハート・リンへはソンテオ、ロットゥーで約30分、200B〜。トン・サラ〜ハート・リン間は通常頻繁に出ているが、運悪く乗客が少ない場合は交渉となることも（1台300B〜）。そのほかのエリアもソンテオの分乗もしくはチャーターとなる。道はずいぶん整備されてきたが、急坂、カーブが多いので、レンタバイクの運転は慎重に。

おもな見どころ

　ハート・リンには東西にサンライズ・ビーチとサンセット・ビーチがあり、このふたつのビーチを結ぶ道とビーチ沿いに商店やゲストハウス、バンガローが並んでいる。夜になるとサンライズ・ビーチにはレストランやバーのテーブルが登場し、欧米人バックパッカーが集まってくる。フルムーンパーティが有名だが、その時期は物価も跳ね上がるうえ、ドラッグ目当ての旅行者を摘発するため警察の取り締まりも厳しく行われる。

トン・サラの船着場

注：「ビーチ」を意味するタイ語の「ハート」は、南部では短音化して語尾が濁り「ハド」とも聞こえる。

🐘 パンガン島のビーチ

ハート・リン　Haat Rin

島の南東部、出島のように突き出している部分の両側がビーチになっている。東西ふたつのビーチは、歩いて5〜10分ほどで行き来できる。東のハート・リン・ノークはサンライズ・ビーチ、西のハート・リン・ナイはサンセット・ビーチとも呼ばれる。

サンライズ・ビーチはフルムーンパーティのメッカでもある

ハート・メー・ハート Haat Mae Haad

島の北西部から突き出したマー島 Ko Maに続くビーチ。白砂でできた道を歩いて島まで渡れる。マー島は、ダイビングやスノーケリングのポイントとしても人気。

ハート・リン、サンセット・ビーチの日没

ハート・ヤーオ Haat Yao

島北西部のビーチ。広い入江になっていて、とても静か。

ハート・メー・ハートからは細い砂州を渡って対岸のマー島へ渡れる

ハート・サラ Haat Salad

小さな入江のビーチ。素朴な雰囲気が味わえる。

ハート・クアット（ボトル・ビーチ） Haat Kuad（Bottle Beach）

北部にある景観の美しい白砂のビーチだが、交通が不便。ハート・リンやトン・サラからソンテオで北部のチャロック・ルム湾 Ao Chalok Lumまで40〜50分、そこからタクシーボートで5〜10分かかる。

トン・ナイ・パン　Thong Nai Pan

手つかずの自然が美しいビーチ。トン・サラから荒れた道を車で約1時間、ハート・リンからはボートで約20分。ハート・リンから出ているツアーを利用してもいい。

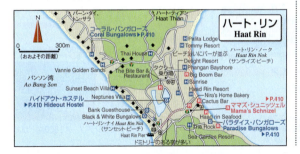

🌸 旅のヒント

島内の移動

トン・サラからおもなビーチへは、ソンテオ1台300B〜。ハート・リンからほかのビーチに移動する場合、タクシー乗り場から24時間タクシー（ソンテオ）がひろえる。トン・サラまで200B。21:00以降はチャーターで500B〜（ひとり）。

ハート・リンのタクシー乗り場

パンガン島からの移動

パンガン島からの移動は各ホテルでも手配できるほか、トン・サラの船着場にも船会社や旅行会社がブースを出していてタイ各地への交通をアレンジできる。

ネットでフェリー予約

タイ南部各地を行き来するフェリーは、ウェブサイトやスマートフォンのアプリでも予約できる。決済後の予約画面をカウンターで提示すればいい。船のほかホテルまでの送迎も合わせて予約でき便利。

フェリーサムイ
URL www.ferrysamui.com
タイ湾のサムイ、パンガン、タオを中心に、プーケット周辺などのフェリー路線を網羅。割引サービスもある。

フルムーンパーティとは

パンガン島といえば「フルムーンパーティ」。世界中からレイブ好きやクラブファンが訪れるというこのビッグイベントは、1990年代にハート・リン・ノークのパラダイス・バンガローズ前で始まった。現在ではハート・リン・ノーク沿いに並んだバーやクラブ全体で行われている。その日は各店の入場料は無料、ドリンク代のみになるので気軽にハシゴできる。ドリンクは、「カクテルバケツ」が名物。バケツに入ったお酒を混ぜたら、ストローを数本差し、みんなで頭をくっつけるようにして飲む。カクテルはウイスキーやウオッカベースなど強いものが多いので、ハメを外して飲み過ぎないように。

強い酒で酔いつぶれないよう注意

ホテル&ゲストハウス

ホテル事情

ハート・リンではビーチ沿いにバンガローが密集、町なかにはゲストハウスやホテルがある。バンガローは、サンライズ・ビーチよりサンセット・ビーチのほうが料金が比較的安め。静かなビーチがお好みなら、ハート・サラやハート・メー・ハート、トン・ナイ・パンもおすすめ。特にハート・リンの宿は、フルムーンパーティ期間中は1.5～2倍近くに値上がりするだけでなく、最低5泊程度を条件にする宿が多い。早めの予約を。

ハート・リン

H コーラル・バンガローズ
Coral Bungalows　MAP●P.409

- 70/8 Moo 6, Haad Rin Nai　☎ 0-7737-5023
- www.coralbungalowhaadrin.com
- AC S T 1000B～　AC S T 1500B～　CC MV
- 96室　プール　WiFi

手ごろな料金ながらビーチ沿いでプールもある大型ホテル。プールではパーティを開くことも。レストランも併設。サンセットビーチ北側に位置しておりハート・リン中心部までは徒歩15分ほど。

H ハイドアウト・ホステル
Hideout Hostel　MAP●P.409

- 94/34 Moo 6　☎ 06-3630-9650
- AC D 280B～　AC S 1000B～
- CC MV　12室　WiFi

ハート・リン中央の貯水池そばにあるバックパッカーに人気の宿。池に面したリラックススペースがふたつあり、どちらも広々としていて気持ちがいい。エアコンドミは清潔で過ごしやすい。

G パラダイス・バンガローズ
Paradise Bungalows　MAP●P.409

- 130/4 Moo 6, Haat Rin Nok Beach
- ☎ 0-7737-5244　FAX 0-7737-5245
- AC D 450B～　S T 800～1200B
- CC JMV (+3%のチャージ)　45室
- プール　WiFi レストランとプールサイドのみ

フルムーンパーティのメッカ。部屋は大小さまざまなタイプがあり、全室ホットシャワー付き。ビーチにはライブを開催するステージとプールがある。フルムーン時の滞在は最低5泊。

トン・ナイ・パン

G マイペンライ・バンガロー
Mai Pen Rai Bungalows　MAP●P.408

- Thansadet Beach　☎ 09-3959-8073
- thansadet.com　F S T 600～1200B
- CC なし　30室　WiFi レストラン周辺のみ

周囲から隔絶されたタンサデット・ビーチにある隠れ家のような民宿風バンガロー。家族経営でアットホーム。静けさと大自然を心ゆくまで満喫できる。

チャロック・ルム湾

H マリブ・ビーチ・バンガローズ
Malibu Beach Bungalows　MAP●P.408

- 65/1 Moo 7, Chalok Lum Bay　☎ 0-7737-4057、08-1747-6603　FAX 0-7737-4055　URL malibubeachbungalows.com　AC S T 1500B～
- CC JMV (+3%のチャージ)　20室
- プール　WiFi

島北部のチャロック・ルム湾にあるプチリゾート。白砂のビーチと漁村の風景が独特のプライベートビーチは、8:00～22:00は一般にも開放されている。

ハート・メー・ハートのホテル

H コ・マー・ビーチリゾート
Koh Ma Beach Resort　MAP●P.408

- 106/3 Moo 7, Mae Haad Beach　☎ 09-8035-7864　URL www.kohmabeachresort.com
- AC S T 2800～6000B
- CC MV　100室　プール　WiFi

マー島を一望できるビーチフロント。ヤシの森の中にいくつものバンガローが並ぶ。ハート・リンと違った静かな環境で過ごしたい人にはぴったり。

レストラン

R ママズ・シュニッツェル
Mama's Schnitzel　MAP●P.409

- Haat Rin, Koh Pha-Ngan　FAX なし
- 13:00～翌1:00　CC なし

パンガン島ではシュニッツェル（ドイツ風のカツレツ）が大人気で、特においしいと評判でいつも欧米人でにぎわうのがこの店。チキン・シュニッツェル・バーガー100Bがいち押し。

R フィッシュ・パシフィック
Fish Pacific　MAP●P.408

- 16/9 Moo 6, Ko Phangan
- ☎ 08-1655-8169　12:00～22:00　CC MV

シーサイドの小さなレストランやバーが並ぶ一角にあり、地場のシーフードが食べられる。Red Snapper（タイの一種）のラープ420Bやソフトシェルクラブのタマリンドソース380Bなどがおすすめ。

タイ プチ情報　フルムーンパーティの時期は、地域全体がクラブ化したような騒ぎになるパンガン島のハート・リン。その気がない人は島の北部や東部へ行くと、いくぶん静か。

Ko Tao　เกาะเต่า

タイ湾に浮かぶダイバーズアイランド

タオ島

バンコク●
●…折込表-B8

夕日の美しいサーイリー・ビーチ

サムイ島と並ぶ人気のタオ島。島内にダイビングスクールが多く、日本やヨーロッパからCカード取得のために人々が集まる。ファンダイブも盛ん。中〜高級リゾートが増えつつあるが、島はまだのんびりしていて素朴な雰囲気。

タオ島の歩き方

島の西側にあるメー・ハートMae Haatの集落が島の中心。船着場に島外からのボートが発着し、それに合わせて各バンガローの車やボートがやってくる。各ビーチへのソンテオも待機しており、道が

行き方

バンコクから
BUS＋BOAT 南バスターミナル、カオサン通りから出発するバスと高速船のジョイントチケットで所要9〜12時間、850〜1450B（夜行もあり）。

サムイ島から
BOAT 1日2便運航。カタマランボートがナートン港から所要約3時間、メーナーム港からパンガン島経由で約2時間、700B、バーン・ラック港からハイスピードフェリー（パンガン島経由）で所要約2時間、600〜700B。

パンガン島から
P.394の表参照。

チュムポーンから
P.394の表参照。

スラー・ターニーから
BUS＋BOAT ボートとバスのジョイントチケットで空港から1000〜1100B、鉄道駅から950〜1050B、市内から900〜1000B。所要6〜7時間。ほかにナイトボート（所要約10時間、700B〜）がある。料金、スケジュールは、現地で最新情報の確認を。

メー・ハート船着場
タオ島上陸時には入島料20Bが徴収される。

青く澄んだナーン・ユアン島の海

これぞタイのビーチ！といった眺めが広がる

タイ南部　パンガン島／タオ島

タイプチ情報　ダイバー天国として知られているタオ島。そのため長期滞在者向けの各種施設が調っており、手頃な飲食店も多く、ダイバーでなくても長期滞在したくなる。

411

真っ青な空と海のメー・ハート

旅のヒント

島内移動には
島内各地へのソンテオ、ピックアップトラックなどを使ったタクシーは1台300B〜。メー・ハートからチャロック・バーン・カオまで1台300Bで、人数次第で安くなる。

ナーン・ユアン島
[料] 100B（[H]ナーンユアン・アイランド・ダイブ・リゾートの宿泊客は不要。ビーチで泳ぐだけなど、上陸しない場合も不要）
[行き方] メー・ハートの船着場からロンプラヤー社のボートが1日2便。所要約15分、往復300B。または、ロング・テイル・ボートをチャーターする。料金はサーイリー・ビーチから片道300B、往復600B程度だが、人数や待ち時間によるので要交渉。島の環境保全のため、缶やペットボトルは持ち込み禁止。ごみはすべて持ち帰ること。

あれば可能なかぎりどこまででも行ってくれるので、宿を探すなら利用しよう。急な坂道や狭くて未舗装の道路があり、レンタバイク（1日250B〜）は外国人旅行者がよく事故を起こしているので注意。

メー・ハートの船着場（MAP P.412）から最初の角を右へ小さな路地を入ると、商店やダイビングショップ、レストラン、バーが並び、メー・ハート・ビーチへと続く。メー・ハート・ビーチは緩やかな入江になっていて、景色も美しい。逆に左折し北上するとサーイリー・ビーチ方面への旧道が続く。[H]シー・シェル・リゾートあたりまで歩いて30分ほど。約1.7km続くビーチの周辺はここ数年で急速に発展し、現在では島内で最もにぎやか。リゾートやレストラン、バー、ショップ等が集まっている。

島の南部へはソンテオを利用し約10分。チャロック・バーン・カオChaloak Baan Kaoには島民の村や美しいビーチ、海沿いのバンガローなどもあり、散策するのも楽しい。

おもな見どころ

タオ島のビーチ

東側：島の東側のビーチはスノーケリングの好ポイント。バンガローも点在しているが、ソンテオのルートがないので移動が高くつき不便。そのぶん秘境気分は満喫できる。

西側：メー・ハートやサーイリーSaireeなど遠浅のビーチが続き、リゾートが多い。メー・ハートは、船着場から近くて交通の便がいい。メインビーチのサーイリーは、スノーケリングやダイビングの拠点。沈む夕日をじっくりと眺め、のんびり過ごすのに最適。

北側：宿はないが、波が穏やかで天然のプールのようになっているため、ダイビングの初心者やCカード（ダイビング認定証）取得者向きのビーチ。スノーケリングも楽しめる。

南側：バンガローが点在する静かなビーチでのんびり派好み。島の南部に位置するティアン・オグ湾は、別名ロッキー・ベイやシャーク・ベイと呼ばれており、スノーケリングでブラックチップシャークやいろいろな魚が見られる。

メー・ハート Mae Haat

3つの島にひとつのビーチ！ ★★★
ナーン・ユアン島　MAP P.411-A
Ko Nang Yuan

タオ島の北西、ボートで約15分の所にある砂州でつながった3つの小島（→P.414）。周辺にはサンゴが多く、スノーケリングやダイビングのポイントが集中している。

砂州でタオ島とつながっているナーン・ユアン島

タオ島のダイビング事情

アジア屈指のダイビングエリアとして急成長したタオ島はスクールも多く、毎年たくさんの日本人ダイバーがここでCカード（ダイビング認定証）を取得している。日本人が常駐するショップもあり、どこもしっかりした店ばかり。初心者のCカード取得コースだけでなく、島周辺でのファンダイブも根強い人気。各種料金が安いのも大きな魅力。

タオ島のダイビングシーズン

通年ダイビングが可能だが、コンディションがよいのは2～10月。なかでもベストシーズンは4～5月と7月上旬～10月上旬。この時期は透明度が高くダイバーも少ないので、ゆっくりと楽しめる。その後10月半ばから11月に雨季が始まり、風が強くなる。さらに11月から12月は海が荒れて透明度も落ちる。水温は年間の平均が29℃で、ウエットスーツは3mmのスプリングかロングで十分。ポイントまでの船の移動が短いぶんだけ、サムイ島などから来るよりも楽で割安。

おもなポイント

チュムポーン・ピナクル Chumphon Pinnacles：タオ島を代表する名ポイント。巨大な海底山脈の周囲で渦を巻くバラクーダの大群は圧巻。ハナビラクマノミとイソギンチャクの大群生も見られる。ジンベエザメの遭遇率が高いポイントとしても知られ、初心者でも運がよければ一緒に泳ぐことができる。

サウス・ウエスト・ピナクル South-West Pinnacles：タオ島の南西にある隠れ根。メインの岩は水深25mくらいからそそり立ち、尖塔の形をしている。大型のハタや回遊魚が見られる。

セイル・ロック Sail Rock：タオ島とパンガン島の間にある、海底40mからせり上がった直径25mほどの岩山。チムニー（煙突）と呼ばれる縦穴など起伏に富んだ地形がおもしろく、ソフトコーラルが群生する景観も美しい。透明度、魚影の濃さともに抜群の人気ポイントで、ツバメウオの大群や大型のハタ、ギンガメアジの群れなども見られる。Sほうぼう屋タオ島店（→P.418）では、セイルロック・ダイブを催行。

ナーン・ユアン島周辺 Ko Nang Yuan：多様な地形で水中生物の宝庫でもあるホワイト・ロックWhite Rockや、たくさんの水中トンネルをもつグリーン・ロックGreen Rock、双子の岩が特徴的なツインズTwins、洞窟ダイブができるナーン・ユアン・ケイブNang Yuan Caveなど、魅力あふれるポイントが揃う。カラフルなサンゴが広がり、チョウチョウウオやキンチャクダイ、スズメダイの仲間がたくさんいる。

サーイリー・ビーチ Sairee Beach：日本人ダイバー好みの超マクロワールドが広がっており、美しいハゼや珍しいウミウシなどが見られる。南の島の昼下がり、のんびりビーチダイビングを楽しめる。

旅のヒント

ファンダイブ
行き先は掲載の各ポイントや島の周辺だが、当日の天候やダイバーのレベルにより多少異なる。ダイビング料金は島内ほぼ共通で、1～4ダイブ1本1000B、2～5ダイブ900B、6～10ダイブ800Bと本数が増えるにつれ1回の料金が安くなる（器材、飲み物付き）。

各種コースと所要日数
オープンウオーター（3～4日）
　　　　　　　　9500～1万B
アドバンスド（2～3日）9000B～
レスキューダイバー（2～3日）
　　　　　　　　9000B～
ダイブマスター　　　3万B～

便利なタオ島アプリ
KOH TAO APPは各ビーチの詳細なマップや、ホテル、レストランからナイトライフ情報、ボートのスケジュールまで満載。小さなビーチまで網羅している。ただし英語。Android、iPhone対応。

穏やかさに心安らぐチャロック・バーン・カオ湾

サーイリー・ビーチ
Sairee Beach

タイプチ情報　タイで人気のルーフトップ・バーは、その構造上雨に弱い。部分的に屋根があったり、雨が降ったら折りたたみ式の屋根を展開するところもあるので、事前に問い合わせておくと安心。

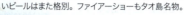

海遊び&ナイトショーもマスト

行くべきスポットはココ

タオ島では各種マリンアクティビティやナーン・ユアン島へのボートツアーが体験できる。夜はビーチ・バーに繰り出そう。砂浜に寝そべって飲む冷たいビールはまた格別。ファイアーショーもタオ島名物。

左／ビーチ・バーで毎晩行われるファイアーショーで盛り上がろう
上／気軽に魚やサンゴと触れ合えるスノーケリング（©アジアダイバーズ&リゾート）

上／海水が透明なので、まるで空中に浮いているような感覚が味わえるカヤック　右／マリンスポーツは島のあちこちにあるショップで申し込める

隠れ家ビーチリゾートで癒やされる

アクティビティだけじゃない

高級リゾートからバックパッカーやダイバー向けの手頃なホステルまで、タオ島の宿はよりどりみどり。せっかくなら奮発して、いながらにして美しい海を満喫できるリゾートホテルに滞在しては。

左／ヤシの木立に囲まれた28mのインフィニティプール
上／ダイブショップ「reef」も併設し、ダイブツアーも用意されている（©The Haad Tien）

ハーティエン & ビーチクラブ
The Haad Tien & The Beach Club

メー・ハートから車で約15分、ティアン・オグ湾（通称ロッキー・ベイ）のビーチ約300mを独占するプライベート感あふれるリゾート。同じ敷地内にビルディングタイプのビーチクラブと、プライベートヴィラが並ぶハーティエンとふたつのリゾートがある。

MAP P.411-B
住 19/9 Moo 3 Ko Tao, Ko Phangan, Surat Thani 84360
TEL 0-7745-6580
FAX 0-7745-6827
URL ハーティエン www.haadtien.com
URL ビーチクラブ www.haadtienbeachclub.com
予 サンヨーインターナショナル (03)3461-8585
料 AC S T 6739B〜
CC ADJMV　室 ハーティエン70室、ビーチクラブ74室
プール WiFi

海に面して開放感満点

ホテル

ホテル事情

リゾートは西側や南側のビーチ沿いに集中。周囲にレストランやナイトスポットが多いメー・ハートやサーイリー・ビーチに宿を取ると便利だ。南部のチャロック・バーン・カオは、ビーチ沿いにリゾートが並ぶ以外はのんびりしたムード。東海岸では、交通が不便なぶん、周りに何もなく秘境ムードを満喫できる。

宿は、300B～のドミトリーから高級リゾートまでバラエティ豊か。ダイビングのメッカだけあり、ダイビングショップを併設したリゾートが多いのも特徴だ。料金はシーズンによって異なり、一般的には1～4月、6月中旬～9月中旬がハイシーズンで、5月～6月中旬、9月中旬～12月中旬がローシーズン。年末年始がピークシーズンとなる。ローシーズンには10～30％程度の割引がある。

バックパッカーに人気の島

タオ島のホテル

■ シー・シェル・リゾート
Sea Shell Resort　MAP●P.413

住 9/1 Moo 1, Sairee Beach
TEL 0-7745-6299、0-7745-7108　FAX 0-7745-6271
料 FⓈ1000B～　AC ⓈT 1690～8900B
CC A（+4％のチャージ）、JMV（+3％のチャージ）
室 110室　プール　WiFi 一部客室除く

2階建てのホテル棟（全60室）とヴィラ、ビーチサイドにプールアクセスルームなどがあり、大きなプールもある。併設のダイビングショップでコースを申し込んだダイバーには、宿泊料の割引もあり。タイ式マッサージ教室も開催。

■ コ・タオ・リゾート-パラダイス・ゾーン
Ko Tao Resort-Paradise Zone　MAP●P.411-B

住 19/1 Moo 3, Chalok Baan Kao
TEL 0-7745-6135　FAX 0-7745-6419
URL www.kotaoresort.com　AC ⓈT 5250B
CC JMV　室 32室　プール　WiFi

チャロック・バーン・カオの小高い丘の頂上に建つ。プールやレストランから美しい海をパノラマで見渡せる眺めがすばらしい。部屋はスーペリアからアパートメントタイプのスイートまであり、上級グレードの部屋には、海が見えるテラスやバルコニーにバスタブやジャクージが付いておりゴージャス。

■ チャー・バンガロー
Char Bungalow　MAP●P.411-B

住 Sai Nuan Beach　TEL 06-3387-3344
料 FⓈT800～950B　AC ⓈT 1200B　CC なし
室 12室　WiFi

小さな湾のようになっているサイ・ヌアン・ビーチに建つ宿。家族経営でのんびりした空気。人里離れているので静か。宿の高台からはパンガン島がよく見える。

■ サンライズ・コ・タオ
Sunrise Koh Tao　MAP●P.412

住 9/296 Moo 1, Ko Tao
TEL 08-2894-2636　URL www.sunrisekohtao.com
料 FⓈT700B～　AC ⓈT 1000B～
CC なし　室 16室　WiFi

メー・ハートの中心部から徒歩10分ほど。ビーチに面し、港を見渡せる絶好のロケーション。夜はシーサイドのバーが雰囲気たっぷり。部屋はシンプルで清潔。

■ アナンダ・ヴィラ
Ananda Villa　MAP●P.412

住 9/1 Moo 2, Mae Haat　TEL 0-7745-6478
URL anandavilla.com
料 FⓈT600B～　AC ⓈT 1200B～（朝食別）
CC MV　室 20室　WiFi

ビルディングタイプのスーペリアルームのほか、ビーチまですぐなのにエコノミーなバンガロー、ゲストハウスがある。

■ プリック・タイ・リゾート
Prick-Tai Resort　MAP●P.413

住 10/44 Moo 1, Sairee Beach
TEL/FAX 0-7745-6601
料 FⓈ400～650B　AC ⓈT 1400～2000B
CC JMV　室 38室　プール　WiFi

サーイリー・ビーチにある手頃な宿で、敷地内にビルディングタイプのバンガローが並んでいる。ビーチにはファミリー向けの大きな部屋がふたつある。家族経営でアットホームな雰囲気が好ましい。小さいながらプールもふたつある。

タオ島のゲストハウス

[G] ディアリー・ホステル
Dearly Hostel MAP●P.411-B

[住] 14/55 Moo 3, Chalok Baan Kao [電] 0-7733-2494 [URL] www.thedearlykohtaohostel.com [料] [AC]Ⓓ550B ⓈⓉ1100B～ [CC] [M][V]（+3%のチャージ） [室] 10室+47ベッド [プール] [WiFi]

プールや広々としたロビーもある大型ホステル。屋上からの眺めも抜群。ドミトリーは各ベッドに大きなロッカーや電源があり共用シャワーも清潔。個室はリゾートホテルのようで人気が高い。

[G] クン・イン・ハウス
Khun Ying House MAP●P.413

[住] 15/19, Moo 1, Sairee Beach [電] 08-1483-1245 [料] [F]ⓈⓉ800B～（バス共同） [AC]Ⓓ350B～ ⓈⓉ1500B～ [CC] [M][V]（+3%のチャージ） [室] 9室+32ベッド [WiFi]

きれいで手頃なゲストハウス。部屋はテレビや冷蔵庫付きで料金を考えれば十分な設備。1室8ベッドのドミトリー（別棟[G] Good Dream）もある。1階は旅行会社。ビーチまで2分の便利な立地。

[G] リブ・イン・リーフ・ホステル
Live in Leaf Hostel MAP●P.411-A

[住] 35/108 Moo1 Sairee Beach [電] 06-1231-8775 [料] [F]Ⓓ250B、[AC]Ⓓ300B～ [F]ⓈⓉ550B～ [AC]ⓈⓉ700B～ [CC] なし [室] 15室 [WiFi]

島の中部、森が広がる静かなエリアにあるので、メーハートの騒々しさが苦手な人におすすめ。格安ドミだけでなく、設備の整ったプライベートルームも。ロビーは明るくおしゃれなムード。

ナーン・ユアン島のホテル

[H] ナーンユアン・アイランド・ダイブ・リゾート
Nangyuan Island Dive Resort MAP●P.411-A

[住] 46 Moo 1, Ko Nang Yuan
[電] 0-7745-6088～93 [FAX] 0-7745-6088
[URL] www.nangyuan.com
[料] [AC]ⓈⓉ2100～4500B（チェックイン、アウト時のタオ島からの往復ボート代込み）
[CC] [J][M][V]（+3%のチャージ） [室] 70室 [WiFi]

ナーン・ユアン島唯一の宿。全室シービュー。3つの島にバンガローが点在し、設備、料金はそれぞれ異なる。デラックス以上の部屋はホットシャワー。ダイビングの手配も可。昼のレストランはツアーで混み合う。

レストラン

欧米人旅行者や在住者が多いため、洋食のレベルは高い。特にサーイリーには本格的なイタリアンやベーカリーがあり、どこも気取らない雰囲気で入りやすい。値段はタイ料理よりは高めで200B～。安くて手頃なタイ料理の食堂が何軒か集まっているのが、メー・ハートからチャロック・バーン・カオにいたる通り沿い。100B以下で食べられるメニューが多く、バックパッカーたちが訪れる。

[R] ヒッポー・バーガーズ・ビストロ
Hippo Burgers Bistro MAP●P.413

[住] 9/38 Moo 1, Sairee Beach [電] 08-5226-2648
[営] 毎日12:00～23:00 [CC] [M][V]（+3%のチャージ）

タオ島でハンバーガーを食べるならここ。メニューは種類豊富で、2枚のジューシーなパテとたっぷりのチェダーチーズに、ハーブとスパイスの入った特製ソースをかけるHungry Hippo Burger 320Bがおすすめ。

[R] トゥカター
Tukta MAP●P.411-B

[住] 10/1 Moo 3 [電] 0-7745-6109
[営] 毎日11:00～20:00 [CC] なし

島の中央部にある食堂で、地元民にも観光客にも大人気。チキンマッサマンカレー70Bなど格安。ケーン、トムヤムなどのタイ料理のほかサンドイッチやパスタなども。

[R] ブルー・ヘブン
Blue Heaven MAP●P.411-B

[住] 37/14 Moo 3, Chaloak Baan Kao [電] 0-7745-6462
[FB] blueheavenkohtao [営] 毎日9:00～21:00 [CC] なし

眼下にルーク湾を見渡す絶景レストランで視界はまさに青一色。ヤムやゲーン、トムヤムなどタイ料理はひととおりあるが、ムーホン（タイ南部風の豚肉煮込み）280Bは濃厚な味わい。ホテルでもある。

[R] ター・トー・シービュー
Taa Toh Seaview Restaurant MAP●P.411-B

[住] 44 Moo 3, Tiang Og Bay [電] 0-7745-6502
[営] 毎日8:00～22:00 [CC] [M][V]

ティアン・オグ湾を見下ろすテラスは開放感満点。三角枕にもたれて、ずっと海を見つめていたくなる。タイ料理や西洋料理で食事を楽しむにも、のんびりお茶するにも最適。ホテルも併設。

タイプチ情報 地元客の多いライブ系バーやロンビヤーなど、タイの夜の店は一般に食事のメニューが充実しており、しかもおいしいことが多く、さらに割安感もある。これもタイらしさ。

R 995 ローステッド・ダック
995(Roasted Duck)　MAP●P.413
- Moo 1, Sairee Beach　℡なし
- 毎日9:00〜15:30、17:30〜21:00　CCなし

ロースト・ダック（180B）と麺類がメインの食堂。麺類は1杯70B〜で、写真はロースト・ダックの混ぜ麺（スープ付き）80B。甘辛い味噌だれが日本人好みの味。

R ジェミニ・ダンプリング＆ヌードルズ
Gemini Dumplings & Noodles Restaurant　MAP●P.412
- 12/80 Moo1　℡06-5843-3761
- 毎日12:00〜22:00　CCなし

ポークワンタン120B、ピリ辛の担々麺120Bなど、タオ島では珍しい中華料理の店。ヴィーガン向けのメニューもある。タイ料理やシーフードに疲れたときにおすすめ。

C マンゴー・ビューポイント
Mango View Point　MAP●P.411-A
- 毎日昼前後〜日没　CCなし

険しい山道を登った先にはサーイリー・ビーチを望む絶景が。入場料100Bでドリンク付き。バイクでも行けるが十分に注意を。ハイキングがてら歩くのもいい。

ナイトライフ

N フィズ・ビーチ・ラウンジ
Fizz Beach Lounge　MAP●P.413
- Moo 1, Sairee Beach　℡08-6278-7319
- 12:00〜翌2:00（閑散期は〜24:00）　CCなし

島内で一番おしゃれなビーチバーがココ。DJによる音楽を聴きながら、大きなクッションソファにもたれれば、心地よすぎてつい時間を忘れそう。

スパ、マッサージ

E マジェスティック・スパ・コタオ
Majestic Spa Koh Tao　MAP●P.413
- 14/41 Moo 1, Sairee Beach
- 08-4356-4421、09-1309-8839
- 毎日10:00〜22:00　CCなし

サーイリー・ビーチの中心から少し北に歩いた所にあるブティックスパ。高級感のあるサロンは清潔で、熟練したスタッフの手技に身も心も癒される。フットマッサージ60分400B、アロマオイルマッサージ60分600B、スチームサウナやジャクージを組み合わせたスパ・パッケージは120分1750B〜。

E ジャマキリ・リゾート＆スパ
Jamahkiri Resort & Spa　MAP●P.411-B
- 21/2 Moo 3, Ao Thian Ok　℡0-7745-6400
- www.jamahkiri.com　毎日10:00〜22:00（受付は19:00まで）　休なし　CC J M V

ロッキー・ベイを見下ろす絶景の場所にあるスパリゾート。ジャマキリとは「山の楽園」という意味。好みのオイルを選べるオイルマッサージやタイ・クラシック・マッサージ、生のアロエを使うボディラップ、ハーバル・スチーム・サウナなどがある。3種のメニューが入った3時間のジャマキリパッケージ（1950B）ほかコースメニューも各種揃う。宿泊できる豪華なヴィラは36室ある。

ダイビングショップ

島内には30軒以上のスクールがある。日本人スタッフがいるショップもあるが、11〜12月のモンスーンの時期やツアーなどで日本人が全員不在の場合もあるので、必ず事前に確認しよう。

サーイリー南部のビーチ沿いにもダイブショップや旅行会社が並んでいて、パドルボートやカヤックなどをレンタルできるところもある。

S ほうぼう屋タオ島店
Hobo-Ya　MAP●P.413
- 13/20 Moo 1, Sairee Beach　08-1893-3123　www.hobo-ya.com/kohtao
- 7:30〜18:30　10月中旬〜2月末
- CC M V（オンライン決済のみ）

タオ島のほか、プーケットやシミランなどタイの主要ダイビングエリアをカバーする日本人チームが常駐（繁忙期は他島より応援）。体験ダイブ、講習、ファンダイブまで手配してくれる。

S ビッグブルー ダイビング・チャバ
Big Blue Diving Chaba　MAP●P.413
- 14/126 Moo 1, Sairee Beach　℡0-7745-6179　www.bigbluediving.jp　毎日8:00〜19:00　休11〜4月　CC J M V

サーイリー・ビーチ中心の便利な立地で、人気のホテルが並ぶエリアにある日本人専用ダイブショップ。コース受講からファンダイブまで経験豊かな日本人インストラクターが対応。

ダイバー憧れの島、タオ島でダイビングを始めよう！ Column

●ダイビングの最初のステップ Cカード

　魚たちが暮らす海の中は、陸上とはまったく違う美しい世界。それを気軽に楽しむことができるスポーツがスクーバダイビングだ。人間は水中では呼吸はできないし動きも制限されるが、空気入りのタンクとダイビング器材を使えば自由に動き回れるようになるのだ。

　陸上とは勝手の違う水中世界に入っていくので、ダイビングを楽しむには専門知識と技術が必要だ。それを勉強してマスターするのが、一般にライセンスと呼ばれているCカード（認定証）の取得講習。ダイビング器材の使い方を覚えたり、安全に楽しく潜るためのノウハウを教えてくれるコースだ。講習といっても堅苦しい雰囲気はあまりなく、楽しみながら知識と技術を身につける感じで進められる場合がほとんど。コースを終えるとCカード（認定証）が発行され、晴れてダイバーとして世界中の海で潜れるようになる。

　ちなみに、オプショナルツアーでよく開催されている「体験ダイビング」とは、Cカードがない人にも海を楽しんでもらおうという初心者向けの企画。もちろん海に潜ることはできるが、水深の浅い穏やかな海での短時間のダイビングになってしまう。タイのCカード取得コースの料金は日本と比べて格段に安いので、時間さえ許せばCカード取得コースに参加することをおすすめする。

●タイで楽しむダイビング

　タイには、マレー半島を境に東側にタイ湾、西側にアンダマン海という異なる表情の海がある。タイ湾はインドシナ半島とマレー半島に囲まれた穏やかな海域で、一方のアンダマン海はインド洋の色鮮やかな魚たちに出会える。見られる魚や水中風景は少し違い、さらにベストシーズンも少しずれているので、1年中どちらかでダイビングを楽しむことができる。西側ではプーケットやピーピー島周辺、東側ではサムイ島やタオ島が人気のダイビングエリアだ。

　なかでも、ここ数年で急激にダイバーの人気の的になっているのが、タイ湾側のマレー半島から70kmほど離れた沖にあるタオ島。

講習の合間にビーチでのんびり

プーケットやピーピー島、サムイ島に比べて開発が遅れ、いまだ自然あふれる秘境的な雰囲気を残した島だ。島周辺は奇岩の多い地形で、島のすぐ近くのダイビングスポットでもダイナミックな水中景観を楽しむことができる。さらに流れが少なく穏やかなため初心者から楽しみやすいこと、物価が安く低料金でダイビングを始められること、そして穏やかなのにジンベエザメやバラクーダなどの大物との遭遇率が高いことなどから、初心者からベテランまで幅広い人気を集めている。

ナーン・ユアン島に集まったダイビングボート

●タオ島で取るCカード

　さて、穏やかで魅力的な海と低料金など、ダイビングの最初の一歩を始めるのに最適な要素が揃ったタオ島。ここでダイビングを始めるなら、日本人運営のサービスを選ぶのがおすすめだ。

　というのも、ダイビングの講習には「いかに安全に潜るか」という内容が含まれており、中途半端な理解では命にかかわる事故につながることもある。よほどの英語力の持ち主でないかぎり英語の講習で完全に理解するのは不可能なので、まずは「日本人インストラクターによる日本語の講習が受けられる店」を選びたい。島内のダイビング料金はどのショップでもほぼ同じ。逆に料金が安すぎる場合はインストラクター当たりの生徒数が多かったり、受付は日本語でも講習が外国人インストラクターになったりということがあるかもしれないので、申し込む前にきちんと確認するといいだろう。

　タオ島にある日本人運営のショップは、どこもていねいな講習で初心者にもダイビングを楽しませてくれる店ばかり。島を訪れる機会があったら、ぜひ美しい水中世界にも足を踏み入れて、ダイビングを体験してみよう。

ダイビングで水中世界をのぞいてみよう

Nakhon Sri Thammarat นครศรีธรรมราช

南部の仏教の中心地
ナコーン・シー・タマラート

折込表-B9

タイ南部の伝統芸能が見られる

古くからムアン・ナコーンという名で呼ばれたこの町は、7～8世紀頃のシュリーヴィジャヤ時代に、仏教の中心地だったと考えられている。13世紀には南インド、特にスリランカとの交易が盛んで、多くの商人たちがサイ・ケーオという浜辺の近くに定住した。現在ワット・プラ・マハータートのあるあたりだと考えられている。外国には古くからリゴール（六昆）という名で知られ、アユタヤー時代に活躍した日本人の頭領山田長政が最期を遂げた地とされている。

■ 行き方

バンコクから
AIR ドーン・ムアン国際空港からノックエアが1日3便、エアアジアが1日2便、所要約1時間5分。スケジュールや運賃はウェブサイト（→P.508）で。
BUS 南バスターミナルから所要12～13時間、VIP887B、1等553B。
RAIL クルンテープ・アピワット中央駅から毎日1本、所要約15時間、2等寝台765～865B、2等座席455B、3等座席282B（列車の種類により異なる）。

ハート・ヤイから
BUS 所要約4時間、ロットゥー150B。

クラビーから
BUS 所要約3時間、バス185B、ロットゥー210B。

■ 旅のヒント

市内の移動
ラーチャダムヌーン通りを南北に移動するソンテオは、市内の移動なら10B。

ワット・プラ・マハータート
開 毎日8:00～16:30　料 無料
ワット・プラ・マハータートは通称で、正式の名称はワット・プラ・マハータート・ウォラマハー・ウィハーン Wat Phra Mahathat Woramaha Wihan。
行き方 駅からソンテオ（10B）やモーターサイ（50B～）で。

境内の博物館
開 毎日8:30～16:00
料 任意の寄付（最低20B程度）
館内撮影禁止。

国立博物館
開 水～日9:00～16:00
休 月・火・祝
料 150B（外国人料金）
行き方 駅からソンテオ（10B）やモーターサイ（30B～）で。

ナコーン・シー・タマラートの歩き方

町に点在する古い仏教遺跡

町の中心は鉄道駅の周辺で、ホテル、銀行、市場が集まっている。そこから南へラーチャダムヌーン通り Ratchadamnoen Rd. を3kmほど行くと、仏教の聖地ワット・プラ・マハータート Wat Phra Mahathat がある。国立博物館はさらにその南。

おもな見どころ

巨大な仏塔が建つ南部仏教の中心地 ★★
ワット・プラ・マハータート
Wat Phra Mahathat　วัดพระมหาธาตุ
MAP P.421

高さ約53m（77m、78mとする資料もある）の巨大な白亜の仏塔は、シュリーヴィジャヤ時代に建てられたものと考えられている。内部にはスリランカからもたらされた仏舎利が納められている。塔の周囲の回廊には、たくさんの仏像や、鼻にリボンを結んだ象の像が祀られている。朝から熱心な参拝者でいっぱいだ。境内には小さな博物館があり、寝仏や仏像、骨とう品が陳列されている。

タイで2番目に高い仏塔がある

歴史好きには見逃せない ★
国立博物館
National Museum　พิพิธภัณฑสถานแห่งชาติ
MAP P.421

1974年にオープンした、南タイ北部の歴史遺産を中心に展示する博物館。1階ではドヴァーラヴァティー、シュリーヴィジャヤ、スコ

ータイ、アユタヤー、そして現ラタナーコーシン王朝時代にいたるまでの遺物を公開している。仏像や法具など仏教に関連したものが多く、タイの仏教文化の変遷を知ることができる。2階には、古くから使われてきた農具、漁具、影絵などの生活用品や工芸品を展示しており、中国製の陶磁器、タイのスワンカローク焼、日本の有田焼などもある。屋外には、遺跡の展示もある。

影絵人形や芝居が観られる ★★
スチャート・サプシンの家　MAP P.421
House of the National Artist Suchart Subsin

　タイ南部にはナンNangと呼ばれる伝統的な影絵芝居がある。なめした牛や水牛の革で作った人形を棒で操り布に投影するもので、インドが源流とされ、インドネシア、マレーシアなどでも見られる。この町に住むスチャート・サプシン氏Mr. Suchart Subsinは、一度廃れかけたこの伝統芸能を再興したことで前国王から顕彰された影絵人形師だ。自宅兼工房とショップ、ナン・タルン博物館Nang Talung Museum、そして芝居小屋がある。年老いて体力がなくなってきたスチャート氏の代わりに後継者となるふたりの息子さんが、工房では影絵人形の制作作業を、芝居小屋では影絵芝居を見せてくれる。物語の内容は人数や客層により異なり、外国人観光客向けには10〜20分程度。

博物館と芝居小屋がある

牛革に彫刻をする手つきが見事

スチャート・サプシンの家
住 6 Soi 3, Sri Thammasok Rd.
TEL 0-7534-6394　営 毎日9:00〜16:30（時期により〜18:00）
料 無料。影絵芝居は要予約、100B。
芝居小屋の奥には昔の生活用品や民芸品を陳列した建物があり、無料で見学できる。

人形をスクリーンに近づけたり離すことで、幻想的な雰囲気が出る

ホテル

グランド・パーク
Grand Park Hotel　MAP P.421

住 1204/79 Pak Nakhon　TEL 0-7531-7666
URL www.grandparknakhon.com
料 AC S T 600B〜　CC J M V
室 164室　WiFi

大型ホテルながらリーズナブル。スタンダードの客室もバスタブ付きで広い。朝食はタイ料理、洋食から選べるが、タイ南部名物のカーオ・ヤム（野菜とハーブの混ぜご飯）がおすすめ。

タイプチ情報　屋台や食堂では、水がセルフサービスになっているところもある。店内のテーブルなどに飲料水や氷の容器と並んでコップが山積みになっていたら、だいたいセルフ式。

Ranong ระนอง

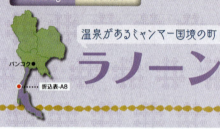

温泉があるミャンマー国境の町
ラノーン

●……折込表-A8
●バンコク

のどかなラノーン市街

行き方

町なかの市場前とバスターミナルを結ぶソンテオは15B。

バンコクから
AIR ドーン・ムアン国際空港からノックエアが1日1便、所要1時間35分、詳細はウェブサイト(→P.508)で。
BUS 南バスターミナルから所要約9時間、VIP740B、1等481B。

プーケットから
BUS 所要5〜6時間、1等240〜270B。

チュムポーンから
BUS 所要約3時間、100〜130B、ロットゥー130B。

ラックサワリン温泉
行き方 市場前からソンテオで約10分、20B。
料 無料

ティニディー温泉
営 毎日7:00〜21:00
行き方 市場前からソンテオで約10分、20B。
料 40B（タオル貸し出し無料）ロッカー、更衣室あり。

ポーンラン温泉
行き方 バスターミナルからタクシーで200B。
料 200B

ミャンマー行きの船着場
行き方 町なかを巡回するソンテオかモーターサイで。

マレー半島が最も狭くなるクラ地峡の南、アンダマン海側にある漁港がラノーンだ。ここからは、対岸にあるミャンマー最南端の町コータウンを訪れることもできる。郊外には手つかずの自然が残された小島や森林地帯が多く、新たなレクリエーションエリアとして注目されつつある。

ラノーンの歩き方

町の中心はルアンラート通りRuangrat Rd.。ホテルや銀行、市場が集まっており、市場の前はソンテオのターミナルになっている。通りに面した建物は2階部分が庇のように歩道へせり出していて、マレー半島に多い福建華人の町とよく似た雰囲気。店のなかにはビルマ語の看板を出しているところもあり、伝統的な巻きスカートをはいたミャンマー人の姿も見かける。

山がちな地形で周囲には滝も多い

おもな見どころ

河原に湧き出すラノーンのシンボル ★
ボー・ナム・ローン（温泉）
Hot Spring

MAP P.422
บ่อน้ำร้อน

ラノーンは、タイ国内では温泉地としても有名。市街の近くには、河原に湧き出る温泉が楽しめる公園が2ヵ所ある。町なかからほど近い**ラックサワリン温泉 Raksawarin Hot Spring**は、モニュメントのそばに足湯があり、無料で利用できる。少々熱いが5分もつかれば体中が温まる。近くH ティニディー・ホテル@ラノーン経営の**ティニディー温泉 Tinidee Hot Springs**があり、こちらは40B。さらに市街から約13km南の国立公園にある**ポーンラン温泉 Pornrung Hot Spring**には、奥に露天風呂があり、水着で入浴できる。

屋根付き半露天もあるポーンラン温泉

国境を越えよう

ミャンマーへ行こう

2018年10月から観光目的ならビザなしでミャンマーへ入国できることになり（2023年3月現在休止中）、ラノーンから海峡を挟んで対岸にあるミャンマー最南端の街コータウン Kawthaung（ヴィクトリア・ポイント Victoria Point）へ気軽に行けるようになった。まずラノーン市内にあるパクナーム港 Paknam Munincìple Pier のサパーンプラー・イミグレーション・チェックポイント Sapanpla Immigration Check Point でタイの出国手続きをし、近くにいるボートマンと料金交渉後ロング・テイル・ボートに乗ってミャンマーへ向け出発。30〜40分でコータウン港に到着するので、イミグレーションでミャンマーの入国手続きをする。手続きが済んだら、モーターサイなどをチャーターして、港の近くにある市場や山の上の寝仏を見学するなど、町歩きを楽しもう。コータウンからは飛行機で最大都市のヤンゴンへ直行できる。

ラノーンのイミグレーション

国境越えの費用
[料] 渡し船は乗合で100B〜、チャーターで400〜500B。

イミグレーション
[TEL] 0-7781-3225
[開] 毎日7:00〜18:00
16:30までには手続きを済ませよう。

旅のヒント
出入国時の注意
ミャンマー入国手続きの際、書類の記入を勝手に手伝ったり手続きの案内を勝手にして、最終的に金を要求するミャンマー人が寄ってくることがある。親切に見えても最終的に金銭を要求されるだけなので、相手にしないように。

ホテル

ホテル事情

町のやや外れに高級ホテルが2軒、ルアンラート通り沿いに中級ホテルやゲストハウスが数軒ある。温泉を利用した宿もある。

[H] ティニディー・ホテル@ラノーン
Tinidee Hotel @Ranong MAP P.422

[住] 41/144 Tamuang Rd. [TEL] 0-7788-0600
[FAX] 0-7788-0611
[料] [AC]Ⓢ1500B Ⓣ1700B [CC] [A][J][M][V]
[室] 133室 [プール] [WiFi]

町一番の高級ホテル。フィットネスセンターやプール、レストラン、温泉を使った露天風呂と設備が充実している。隣の姉妹宿[H]ティニディー・イン Tinidee Inn は[AC] Ⓢ585B、Ⓣ845B（朝食付き）でとてもきれい。ティニディー・ホテルの露天風呂やプールも利用できる。宿泊者はティニディー温泉へのシャトルバスが無料。2023年3月現在改装中。

[H] ビー・ラノーン・ホテル&ビストロ
The b Ranong Hotel & Bistro MAP P.422

[住] 295/2 Ruangrat Rd. [TEL] 0-7782-3111
[FB] The B Ranong Hotel&Bistro
[料] [AC]ⓈⓉ1200〜1700B
[CC] [M][V]（+3%のチャージ）[室] 23室 [プール] [WiFi]

2011年にオープンしたブティックホテル。客室、レストラン、スヌーカー・バー、ロビーなどすべてがスタイリッシュ。屋上のプールは開放感抜群でラノーンの町並みや周囲に広がる緑の山々が見渡せ、リゾート気分も満喫できる。

ゲストハウス兼旅行会社

[G] [T] キーウィ・オーキッド&ピーエル・ゲストハウス
KIWI Orchid & PL Guesthouse MAP P.422

[住] 96/19-20 Moo1, Phetkasem Rd.
[TEL] 0-7783-3696
[料] [F]ⓈⓉ350B〜（バス共同）
[CC] なし
[室] 8室 [WiFi]

バスターミナルのすぐ近くにあるゲストハウス兼旅行会社。部屋は簡素でシャワーは水のみ。英語が堪能なチャイ姉さんが観光の手助けをしてくれる。バス、パヤン島へのボートや宿、ミャンマー観光、レンタバイクなどの手配可。レストランではパッ・タイやラノーン名産ロブスタ種100%のコーヒーが美味。

レストラン

[R] ラノーン・ハイダウェイ
Ranong Hideaway Restaurant & Bar MAP P.422

[住] 323/7 Ruangrat Rd. [TEL] 09-6264-3455
[FB] Ranong Hideaway Restaurant
[営] 毎日11:00〜23:00 [CC] なし

選ぶのに苦労するほどメニューが豊富。タイ料理は、ひき肉とバジル炒めかけご飯80B〜とうれしいローカル価格。西洋料理は、ボリューム満点のポークステーキ160B〜やパスタ135B〜、自家製ピザ195B〜など。店内Wi-Fiあり。

注：2017年から、国境を接する国から空路以外でのビザなし入国が、暦年で2回までに制限されている。隣接国を日帰りなどで訪れる場合は、出入国の回数に注意。

Phuket ภูเก็ต

バンコク●
折込表-A10

"アンダマン海の真珠"と称されるタイ最大の島
プーケット

最も人気があるのはパートン・ビーチ

プーケットはタイで最も有名なリゾートアイランド。プライベート感覚のビーチやにぎやかなナイトライフ、各種マリンスポーツ、そして気軽なバンガローから超高級ホテルまで、さまざまな旅行者のニーズに応えてくれる。

行き方

バンコクから
AIR スワンナブーム国際空港からタイ国際航空が毎日10～16便、所要1時間20分～1時間25分、2525B～。バンコク・エアウェイズが1日6～9便、1290B～。格安航空会社も運航しており、詳細はウェブサイト（→P.508）で。
BUS 南バスターミナル、北バスターミナルから所要14～15時間。VIP1112B、1等715B～。

サムイ島から
AIR バンコク・エアウェイズが毎日5～6便、所要約50分、3200B～。
BUS＋BOAT 650B～。

クラビーから
BUS 所要3～4時間、170B、ロットゥー160B～。

スラー・ターニーから
BUS 所要約4時間30分、ロットゥー220B。

ピーピー島から
BOAT スピードボートは1日12便、所要1時間、800B。フェリーは1日6便、所要2時間、600B（シーズンにより異なる）。

ハート・ヤイから
BUS 所要約7時間、440～462B。ロットゥー380B。

旅のヒント

長距離バスターミナル1はクラビー、ハート・ヤイ、ナコーン・シー・タマラート、スラー・ターニー、パンガーなど、おもに南部各地へのロットゥーが発着。

インフォメーション

エアポート・バス
プーケット・タウン行き
URL www.airportbusphuket.com
ラーワイ・ビーチ行き
URL www.phuketsmartbus.com

タクシー・コールセンター
TEL 1584（タイ語）
タクシーとのトラブルや忘れ物等に対応。

プーケット到着

空港からプーケット・タウン、各ビーチへ

1階は到着ロビーになっており、両替、SIMカード販売やスマートフォンのレンタル、手荷物預かり所やレンタカーなど。3階は出発ロビーで、チェックインカウンターやVAT払い戻しカウンター、イミグレーションがある。4階にはカフェやレストランが並んでいる。

国際線ターミナルと国内線ターミナルは隣接している。2階から行き来できるほか、国際線ターミナル1階6番出口から徒歩も可。

1階到着ロビーの外からプーケット各地に向かうバンやタクシーが出ている。

エアポートタクシー：3、4番出口外。プーケット・タウン650B、パートン・ビーチ800B、カタ・ビーチとカロン・ビーチ1000B。メータータクシーもあり、降車の際メーター料金＋100Bを支払う。

ロットゥー（乗合バン）：3、4番出口外。プーケット・タウンまで150B、パートン・ビーチ180B、カタ・ビーチとカロン・ビーチ200B。

エアポートバス：国内線ターミナル到着ロビーを出て正面。8:30～21:30の間に12本。100B。プーケット・タウンの長距離バスターミナル1まで所要約1時間30分。またスリン、パートン、カタなど西海岸のビーチを通ってラーワイに行く「スマートバス」は9:00～22:30の間に16本。パートンまで所要1時間、ラーワイまで所要2時間、一律100B。

長距離バスでプーケットに着いたら

おもな長距離バスは、プーケット・タウンの北約4kmの所にある長距離バスターミナル2（MAP P.425-B3～C3）に到着する。プーケット・タウンまでモーターサイ80B～、タクシー200B。島南部の各ビーチへは、モーターサイ250～300B、タクシー500～600B。一部のバスは、ラノーン通りの長距離バスターミナル1に到着するので注意。

船着場からプーケット・タウン、各ビーチへ

ピーピー島やクラビーからのボートは、プーケット・タウン東のラッサダー埠頭Ratsada Pier（MAP P.425-C4）に到着する。チケットを購入する際には、ホテルまでの車代が含まれているかどうかを確認すること。

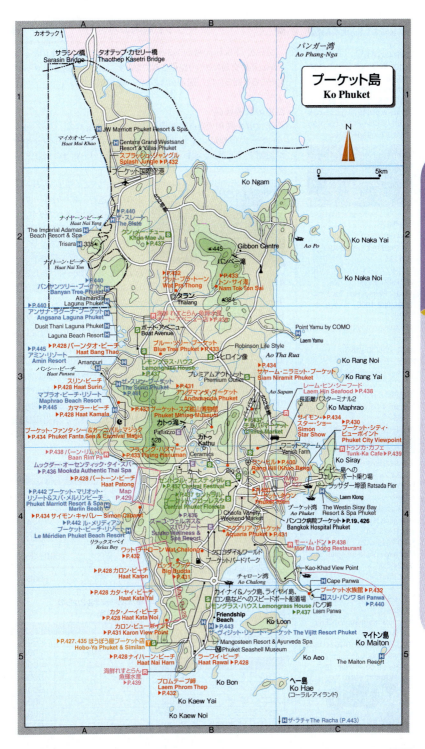

インフォメーション

⒤TAT
MAP P.427-B1
⌂ 191 Thalang Rd., Talat Yai
☎ 0-7621-1036、2213
FAX 0-7621-3582
営 月～金8:30～16:30 休 土・日
URL www.phuketmagazine.com
地図やパンフレットをもらえる。スタッフは親切で、英語も通じる。

プーケットタウンにある特徴的なTATの建物

ツーリストポリス
MAP P.427-A1、P.429-A2
☎ 1155

イミグレーション
MAP P.427-B2外
⌂ 482 Phuket Rd., Talat Yai
☎ 0-7622-1905、コールセンター1178
URL www.phuketimmigration.go.th
営 月～金8:30～16:30
休 土・日・祝
※パトーン・ビーチにはイミグレーションとツーリストポリスなどが入ったPublic Service and Tourist Security Center (MAP P.429-A2) がある
営 月～金10:00～15:00
休 土・日・祝

バンコク・エアウェイズ
☎ コールセンター 1771
空港オフィス
☎ 0-7635-1225

プーケット・タウンの病院
バンコク病院プーケット
Bangkok Hospital Phuket
MAP P.425-B4
☎ 0-7625-4425、0-7636-1000
URL www.phukethospital.com
営 24時間
人工透析も可能。

パトーン・ビーチの病院
ワッタナー・インターナショナル・クリニック
Wattana International Clinic
MAP P.429-A3
☎ 0-7634-0690、0-7634-1244
URL wattanaclinic.com
営 月～土9:00～19:00 休 日

島の西岸を走る便利なスマートバス

プーケット島内の歩き方

プーケットは総面積約543km²、南北に約45kmとかなり大きい。しかし公共交通はあまり整備されておらず、島内の移動はやや不便。見どころを回るには、送迎付きのツアーを利用しよう。

島内の交通機関

旅行者が利用できる交通機関にはソンテオやバス、トゥクトゥク、モーターサイがある。あちこち移動するならレンタカーやレンタバイクが便利で安上がり。旅行会社でガイド兼ドライバー付きの車もチャーターできる。

タウンとビーチを結ぶソンテオは青い塗装が目印

ソンテオ、バス：決まったルートを走る路線運行。プーケット・タウンのラノーン通りにあるバス停が起点なので、ビーチ間の移動には使いにくい。乗り心地はよくないが、なにしろ安い。運行時間は7:00～18:00で、おもなルートはほぼ30分おきに出発。途中から乗る場合は、手を挙げて合図をする。ルート上の好きな場所で降りられる。

トゥクトゥク（タクシー）：プーケットのトゥクトゥクは、小型トラックやワンボックスカーを改造して簡単な座席を付けたもの。料金は交渉制だが、言葉が通じない場合は紙などに書いて確認を。

モーターサイ：タウン内、各ビーチ内ともに初乗り40B～。

レンタカー、レンタバイク：エイビスAvis、ハーツHertzのほか、タウンや各ビーチにレンタカー＆バイク屋がある。料金は125ccバイクで1日300B～。ただしシーズン中はふっかけられたり、「最低2日間から」などと言われることもある。SUV車で1日2400B程度～、乗用車は1日1400B程度～（ガソリン代別）。プーケット島内の道路は整備されていて走りやすいが、パトーン・ビーチ周辺には坂やカーブのきつい道があり事故が多発。プーケット・タウン周辺は交通量が多いので注意。オートバイに乗る際はヘルメットの着用が義務づけられている。

●プーケット・タウンからの
ソンテオ料金と所要時間

行き先	料金	所要時間
パトーン・ビーチ	40B	40分
カロン・ビーチ	40B	60分
カタ・ビーチ	40B	50分

●プーケット・タウンからの
トゥクトゥク、タクシー料金目安

行き先	料金
タウン内	150B～
パトーン・ビーチ	600B～
カロン・ビーチ	600B～
カタ・ビーチ	600B～
プーケット国際空港	800B～

●ラッサダー埠頭からの
ロットゥー、タクシー料金目安

行き先	料金
プーケット・タウン	400B
プーケット国際空港	800B
パトーン、カタ、カロン・ビーチ	700B
バーンタオ・ビーチ	800B
ナイトーン、ナイヤーン・ビーチ	800～900B
チャローン湾、ラーワイ・ビーチ	800B

●バスターミナル2からの
タクシー料金

行き先	料金
プーケット・タウン	200B
バスターミナル1	200B
ラッサダー埠頭	400B
パトーン・ビーチ	500B
カロン・ビーチ	600B
カタ・ビーチ	500B
ラーワイ・ビーチ	500B
プーケット国際空港	600B

個人旅行の強い味方

宿を探すにしても見どころを回るにしても、頼りになるのが日本人経営の旅行会社。ホテルやスパは旅行会社を通したほうが安くなることが多いし、効率よく見どころを回るツアーも販売している。

J&R トラベル　J&R Travel　MAP●P.429-B2

- 135/19 Paradise Complex, Rat-U-Thit Rd., Patong Beach
- 0-7634-4093（日本語）
- 0-7634-4094
- www.jandrphuket.com　毎日10:00〜18:00

プーケットで30年の実績。日本人スタッフが常駐。プーケットの人気おすすめオプショナルツアーから、ホテル、スパ、観光や航空券の手配まで行う。長期滞在や、ビジネス（通訳、撮影、取材コーディネート、調査）のアシストも。アフターケアも万全。パートーン・ビーチの中心部、ザ・ロイヤル・パラダイス・ホテル＆スパ（→P.442）の目の前で、訪れやすい立地。

頼りになるJ&Rトラベル

ほうぼう屋プーケット店　Hobo-Ya Phuket & Similan　MAP●P.425-B4

- 135/31 Moo 4, Chalong Bay　08-1088-2031
- 0-7628-0300　毎日 9:00〜17:00
- www.houbou-ya-phuket.com

ツアーやホテル手配の旅行会社とダイビングショップを経営。サムイ島、タオ島に支店があり、タイ国内の日系店としては最大のネットワークを誇る。

旅のヒント

トゥクトゥクやジェットスキーのトラブル

プーケットのトゥクトゥクは、ビーチ内の移動で200B請求されるなど異常に高く、トラブルも多発しているので利用しないこと。トラブルの際はタクシー・コールセンター1584へ連絡を。またジェットスキーのレンタルをする業者の中には、返却時に船体に「傷がついている」などと因縁をつけ、高額な修理費を要求する者もいる。乗る前に船体を撮影する、怪しげな業者は利用しないなどの対策が必要。P.531のトラブル例も参照。

プーケットは広い

タイ最大の島であるプーケットは、移動に時間がかかる。空港からパートーン・ビーチ、プーケット・タウンまでは約1時間。島の中心部は山岳地帯になっており、東西の移動は山越えとなる。特にパートーン・ビーチとプーケット・タウンの間は急坂が続くので、レンタバイクで走るときは要注意。

タイ南部　プーケット

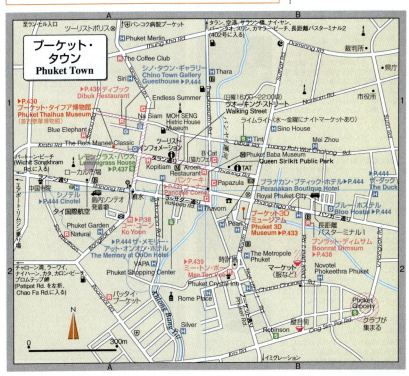

BEACH プーケットのビーチ

パートーン、カロン、カタはプーケットを代表するビーチ。どれも遠浅で、ホテルやバンガローも多く、いろいろなマリンスポーツが楽しめる。レンタカーやレンタバイクで島を巡りながら、人のいない穴場ビーチを探すのも楽しい。

パートーン・ビーチ　Haat Patong　หาดป่าตอง

プーケットを代表する広々としたビーチで、波が穏やかで泳ぎやすい。周辺にはホテル、バンガロー、レストラン、ショッピングセンター、みやげ物屋が集中している。ビーチのほぼ中心にあるバングラー通りBang-La Rd.周辺には無数のバーが集まり、にぎやかなナイトライフが楽しめる。ラット・ウーティット通りRat-U-Thit Rd.には夕方から夜にかけて屋台が出る。

プーケットで最もにぎやかなパートーン・ビーチ

カロン・ビーチ　Haat Karon　หาดกะรน

パートーン・ビーチの南にある長いビーチで、より落ち着いたムード。歩くとキュッキュッと音がする鳴き砂の浜だ。ホテルがビーチ沿いに20軒ほど点在しているほか、カロンの町にもたくさんゲストハウスがある。レストラン、ショップ、バーもあり、それほど不便は感じないので、パートーンはにぎやかすぎると感じる人におすすめ。

カロン・ビーチは落ち着いて滞在できる

カタ・ビーチ　Haat Kata　หาดกะตะ

小さな岬を挟んでカタ・ヤイ・ビーチとカタ・ノーイ・ビーチに分かれている。カタ・ノーイ・ビーチはカタ・ヤイ・ビーチよりも静かで、落ち着いて過ごしたい人に最適してる。繁華街はビーチから少し入った所にある。

静かに海を楽しみたい人はカタ・ビーチへ

ラーワイ・ビーチ　Haat Rawai　หาดราไวย์

島の最南端、プロムテープ岬の2kmほどプーケット・タウン寄りにある。砂がやや泥混じりなのと、近くの島へ渡る船着場があるため、海水浴にはあまり適していない。海沿いのレストランで、のんびりビールでも飲んで過ごすにはいいところ。近くのケウ・ヤイ島Ko Kaew Yaiとヘー島Ko Hae（コーラル・アイランド）はスノーケリングのポイント。

ビーチ遊びには不向きなラーワイ・ビーチ

ナイハーン・ビーチ　Haat Nai Harn　หาดในหาน

小さくて落ち着けるビーチ。両端には山があり、登るとビーチの全景が見渡せる。南端の山からは美しい夕日が眺められる。

小さくてのんびりできるナイハーン・ビーチ

カマラー・ビーチ　Haat Kamala　หาดกมลา

パートーン・ビーチから北へひとつ山を越えただけで驚くほど静か。リゾートが数軒ある。近くに小さな村があり、レストランやレンタカー屋、ゲストハウスもある。

パートーンに近いのどかなカマラー・ビーチ

スリン・ビーチ　Haat Surin　หาดสุรินทร์

カマラー・ビーチから岬を隔てて北にあるビーチ。カマラー・ビーチ同様静かで、自然も美しい。

バーンタオ・ビーチ　Haat Bang Thao　หาดบางเทา

5軒の高級リゾートホテルが並び、それぞれのホテルを巡る巡回バスとボートがある。どのホテルの施設もサインで利用、まとめて精算できる。

砂浜の広いバーンタオ・ビーチ

428

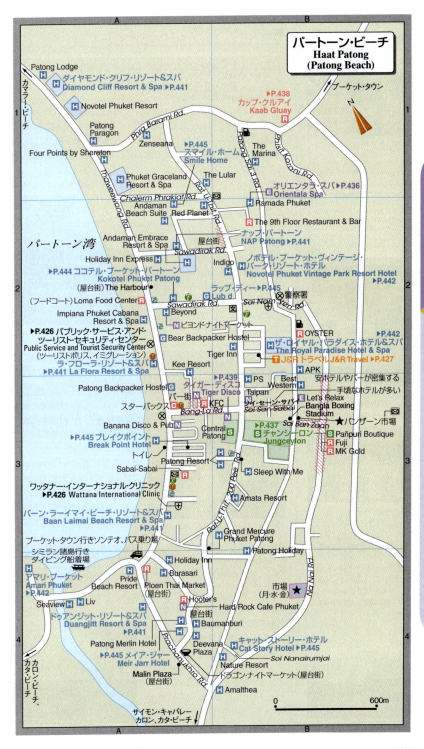

プーケット・タウン
行き方 →P.424

趣のある町並み

旅のヒント
日曜の歩行者天国
タラン通りは日曜の16:00〜22:00頃までウオーキング・ストリートとなり、食べ物やアクセサリー、みやげ物などの屋台が出る。地元タイ人や観光客に人気。この時間帯はコロニアル様式の建物群がライトアップされ幻想的だ。

露店も並ぶウオーキング・ストリート

プーケット・タイファ博物館
住 28 Krabi Rd.
電 0-7621-1224
開 毎日9:00〜17:00
料 200B（外国人料金）

美しい建物も必見

プーケット・シティ・ビューポイント
行き方 プーケット・タウンからトゥクトゥクで約10分。往復150〜200B程度。食事をするなどゆっくりする場合は、待ち時間込みで交渉しよう。
料 無料

旅行者でにぎわうカタ・ビーチ

430

おもな見どころ

プーケット島の中心となる町
プーケット・タウン
Phuket Town　★★
MAP P.425-B4〜C4　P.427
เมืองภูเก็ต

　プーケットは島全体でプーケット県。その県庁所在地がプーケット・タウンだ。ペナン島などにも見られる中国風コロニアル様式の一軒家が点在している。1518年にポルトガル人がプーケットを交易の拠点とし、その後19世紀にスズ鉱山の労働者として大量に中国人労働者が流入した残滓だ。

　プーケット・タウンの中心部であるタラン通りとその周辺は、そんな建築物が密集している。ピンクやイエローのパステルカラーがかわいらしく、格好の撮影スポットだ。建物はどれも、レストランやカフェ、雑貨屋、おしゃれな洋服屋やおみやげショップになっており、観光客に大人気。食べ歩き、撮り歩きが楽しい。

かわいらしい家並みが続くプーケット・タウンの中心部

プーケットを開拓した華人の歴史がわかる
プーケット・タイファ博物館（普吉泰華博物館）
Phuket Thaihua Museum　★
MAP P.427-A1
พิพิธภัณฑ์ภูเก็ตไทยหัว

　1934年に創立されたプーケット最古の中国語学校の建物を修復して2010年にオープン。20世紀初頭に華人がプーケットに移民して開拓し、スズの貿易等の産業で発展していく歴史を中心に、服飾や食文化などを13の展示室で紹介。ビデオや動画の説明も豊富で、見応えたっぷり。アール・デコの装飾が随所に施されている建築にも注目したい。

プーケットに多い華人の歴史を展示

絶景を満喫できる新名所
プーケット・シティ・ビューポイント/ラン・ヒル(カオ・ラン)
Phuket City Viewpoint/ Rang Hill (Khao Rang)　★★
MAP P.425-B4
จุดชมเมืองนครภูเก็ต เขารัง

　プーケット・タウン北西にある小高い丘ラン・ヒルの頂上にある展望台で、市民の憩いの場になっている。ラン・ヒル頂上の公園は、昔から眺めのいい名所として知られてきたが、新しい展望台は丘の頂上から空中に突き出したテラス状の造りになっており、タウンの町並み、プーケット湾のパノラマビューを楽しめる。同じく頂上には、眺めのいい R トゥンカ・カフェ（→P.439）がある。

プーケットの絶景が楽しめる

3つのビーチが一度に眺められる
カロン・ビューポイント ★★
Karon View Point

MAP P.425-B5

アンダマン海とプーケット島西岸にある大きな入江の織りなす雄大な景観が楽しめる、人気のビューポイント。丘の上に設けられた展望台から、手前より順にカタ・ノーイ・ビーチ、カタ・ヤイ・ビーチ、カロン・ビーチが連なる様子を、はるかに一望できる。

夕日を眺めるのもおすすめ

カロン・ビューポイント
行方 カタ・ビーチからトゥクトゥクで約15分、往復600B程度。パトーン・ビーチからトゥクトゥクで約30分、往復1000～1200B程度。

島巡りの足となってくれるレンタルバイク

タイ最大の水族館で2万5000以上の水棲生物たちと出会う ★★
アクアリア・プーケット
Aquaria Phuket

MAP P.425-B4

大型ショッピングモールのⓈセントラル・プーケット・フロレスタ地下にある巨大水族館。給餌の様子を観察しながら海洋生物の多様性について楽しく学んだり、水中ショーを楽しむこともできる。

さまざまな海の生き物を観察できる

アクアリア・プーケット
住 B1 Floor, Central Phuket Floresta
TEL 0-7662-9800
URL aquaria-phuket.com
営 毎日10:30～19:00（入場は～18:00）
料 大人1090B、子供590B（身長90cm以下の子供は無料。公式サイトや現地旅行会社を通すと割引あり）

新しい大仏は眺望抜群 ★
ビッグ・ブッダ（プラプッタミンモンコン・エークナカキーリー）
Big Budda（Praputthamingmongkol Eaknakakeeree）

MAP P.425-B4

プーケットで2番目に高いナークゥート山の上に建設中の大仏は、高さ45m、直径25.45m、重さ135t。ミャンマーのマンダレー産やタイ産の大理石1万1000個を使って造られている。博物館では、大仏が造られる工程についての展示が見られる。眺望もよく、チャローン湾やプーケット・タウンを一望できる。

プーケットを見下ろす大仏

ビッグ・ブッダ
営 毎日6:00～18:00頃
料 無料
水着やミニスカート、タンクトップなど肌の露出が多い格好では入場不可。入口で貸し出しているショールなどを羽織ろう。
行方 タクシーチャーターで。プーケット・タウンから往復1600B～、パトーン・ビーチから往復1500B。島内観光ツアーにも組み込まれている。

一日たっぷり遊べるタイ最大級のウオーターパーク ★★
アンダマンダ・プーケット
Andamanda Phuket

MAP P.425-B4

およそ10万㎡の広大な敷地の中に、スリリングなものから長大なものまでさまざまな12種のウオータースライダー、流れるプールや波のプールなどが広がる。南国ムードたっぷりなレストランや、プールサイドバーなども充実。1日たっぷり楽しめる。

家族連れで楽しめる水の遊園地

アンダマンダ・プーケット
住 333 Moo 1, Kathu
TEL 0-7664-7777
URL andamandaphuket.com
営 毎日10:00～19:00
料 大人1500B、子供（90～121cm）1000B、身長90cm未満の子供は無料
CC J M V

プロムテープ岬
行き方 プーケット・タウンからトゥクトゥクで約40分、往復1000～1200B前後。

願いをかなえるプラ・ブロム

スプラッシュ・ジャングル
住 65 Moo 4, Mai Khao Soi 4, Mai Khao Beach
TEL 0-7637-2111
URL www.splashjungle.com
営 毎日10:00～17:45
料 大人750B、子供500B、5歳未満無料 ※ネット予約で割引あり

童心に返って遊びたい

ワット・チャローン
営 毎日8:00～16:00（寺院内部に入れる時間）
料 無料
行き方 プーケット・タウンから車で約20分。

ワット・プラ・トーン
営 毎日8:00～16:00
料 無料
行き方 タランからメインロードをプーケット・タウンとは逆方向に歩く。少し行くと仏像の標識が道路の右上に出ているので、そこを右に曲がる。トン・サイ滝への分岐点から徒歩約10分。

プーケット水族館
住 51 Moo 8, Sakdidet Rd.
TEL 0-7639-1126
URL www.phuketaquarium.org
営 毎日8:30～16:30
料 大人180B、子供100B（外国人料金）身長108cmまでの子供は無料
餌やりショー
毎日11:00～11:30
行き方 プーケット・タウンの市場前から屋根にAquariumと表示のあるソンテオで所要約25分、25B。トゥクトゥクで500B程度。

ブーケット随一の景勝地 ★★
プロムテープ岬
Laem Phrom Thep (Cape Phrom Thep)
 MAP P.425-B5

プーケット最南端に位置するこの岬は、付近に点在する10近くある島々を見渡す壮大なパノラマと夕日が堪能できる。広場にはヒンドゥー教の創造神プラ・ブロムが祀られており、願掛けに来る人も多い

海の青と山々の緑が織りなす雄大な景観を楽しもう

ウォーターアトラクションが盛りだくさん ★
スプラッシュ・ジャングル
Splash Jungle
 MAP P.425-A2

マイカオ・ビーチにある、巨大なウオーターパーク。スリル満点のスライダーアトラクションのほか、全長335mの流れるプール、サウナ、ミニ水族館などがあり、親子で1日楽しめる。ホテルもある。

プーケット最大の寺院 ★
ワット・チャローン
Wat Chalong
MAP P.425-B4

島内29の寺院のなかで最大にして庶民の信仰を最も集めている。本堂には、1876年に中国移民の反乱を鎮圧したふたりの高僧ルアン・ポー・チャムとルアン・ポー・チャンの像が祀られており、ふたりの不思議な力を得ようと像に金箔を貼り付ける人が絶えない。また仏塔の上には仏舎利が納められており、願掛けをする人も多い。

建築の造形美も堪能しよう

胸から上だけ地上に出ている珍しい仏像 ★★
ワット・プラ・トーン
Wat Pra Thong
MAP P.425-B2

夢で見たお告げに従って地面を掘り起こしたところ黄金の仏像が出土。しかし半身までしか掘り出せず、そこにお寺を建てたという伝説が残る。プーケットでも古い町のひとつタランの北はずれにある。

タイ語で「プラ」は仏像、「トーン」は黄金

海水魚の宝庫 ★★
プーケット水族館
Phuket Aquarium
MAP P.425-C5

パンワ岬の先端近くにある海洋生物の研究所。館内には周辺の海を泳ぐ熱帯魚や、マングローブにすむ魚が展示されている。110tの水の中を色とりどりの魚やエイが泳ぐ様子が見られるトンネル型水槽もある。

短いけれど水中トンネルで海底探検気分

スズで栄えたプーケットの歴史がわかる
プーケット・スズ鉱山博物館
Phuket Mining Museum

MAP P.425-B3

พิพิธภัณฑ์เหมืองแร่ภูเก็ต

中国とポルトガルの影響を受けたとされるエキゾチックな様式のピンクの建物が見事。スズ産業で栄えたプーケットと華人の歴史に関する博物館で、地球誕生時からの鉱物の歴史から近代の町と文化までを、ジオラマを豊富に駆使して展示しており、なかなかの見応え。外には、鉱山の採掘の様子も再現されている。

コロニアルスタイルの美しい建物

ジャングルの中を飛び回るスリルにやみつき！
フライング・ハヌマーン
Flying Hanuman

MAP P.425-B3

ฟลายอิ้ง หนุมาน

カトゥ滝近くの森林の木々に設置されたプラットフォームの間をワイヤーで結んだジップラインを滑車で滑り下りたり、つり橋を渡るなどスリリングなアトラクション。陽気なスタッフが楽しくかつていねいにガイドしてくれるので、安心してターザン気分を満喫できる。回るプラットホームの数によってコースが異なる。

名画や映画の1シーンに入り込んで、おもしろ写真を撮影三昧！
プーケット3Dミュージアム
Phuket 3D Museum

MAP P.427-B2

ภูเก็ต พิพิธภัณฑ์ภาพ 3 มิติ

目の錯覚を利用したユニークな博物館。モナリザなど有名な絵画のパロディアートなど、遊び心いっぱいのアートやフレームに合わせて写真を撮れば、誰もがイタズラな世界の主人公になれる。

パロディ画も多数展示

家族で楽しめるウオーターパーク
ブルー・ツリー・プーケット
Blue Tree Phuket

MAP P.425-B3

บลูทรี ภูเก็ต

2019年オープンの大型ウオーターパーク。人工のラグーンを渡るジップラインやウオータースライダー、プールに設置された岩を舞台にしたボルダリングなどアクティビティがたくさん。プールサイドでの食事も充実。

心やすらぐ穏やかな滝
トン・サイ滝
Nam Tok Ton Sai

MAP P.425-B2

น้ำตกต้นไทร

タイらしくゆったりと流れる滝。滝の周辺は小さな植物公園のようになっていて、テーブル、ベンチにキノコ形の屋根が付いた東屋やミニ動物園、自然展示室もある。滝は小さな池を通り越してちょっと行った先にある。

プーケット・スズ鉱山博物館
- Moo 5, Kathu-Ko Kaeo Rd., Kathu
- 0-7651-0115
- 毎日9:00～16:00
- 100B（外国人料金）
- 行き方 タクシーまたはレンタカーやレンタバイクで。

フライング・ハヌマーン
- 89/16 Moo 6, Soi Namtok Kathu, Wichitsongkram Rd., Kathu
- 08-1979-2332
- URL flyinghanuman.com
- 毎日8:00～17:00
- FH1（42プラットフォーム＋ランチ＋フルーツ＋送迎）3490B、FH2（28プラットフォーム＋送迎）。4～70歳まで利用可。体重120kg以上の人や妊婦は不可。

プーケット3Dミュージアム
- 130/1 Phang-Nga Rd., Phuket Town
- 0-7668-2242
- 毎日10:00～19:00（最終入館18:00）
- 大人500B、子供300B（外国人料金）

ブルー・ツリー・プーケット
- 4/2 Srisoonthorn, Srisoonthorn Rd.
- 0-7668-2242
- URL bluetree.fun
- 毎日10:00～22:00
- CC M V
- 650B（300Bの食事クーポン付き）アクティビティ込み950B 身長120cm以下の子供350B、90cm以下の子供無料

1日遊べる水の公園

トン・サイ滝
- 9:00～16:00
- 400B（国立公園入場料）
- 行き方 タラン Thalangの町からさらに2～3km奥に入った場所にある。プーケット・タウンからソンテオでまずタラン（30B）へ行き、タランから滝まではモーターサイを利用する（100B）。タランから歩くと40分はかかる。

プーケット・ファンタ・シー

- 99 Moo 3, Kamala Beach
- 0-7638-5111
- www.phuketfantasea.fun
- 金〜水17:30〜23:30
- 木
- ショー＋ディナー　2200B
  ショーのみ　1800B

ショーは21:00スタート。早めに入場してアトラクションやディナーを楽しむのが一般的。

カーニバル・マジック

- 999 Moo3 Kamala Beach
- 0-7638-5555
- www.carnivalmagic.fun
- 月・水・土17:30〜23:30
- ショーのみ2100B　ショー＋ビュッフェディナー2500B。プーケット・ファンタ・シー、カーニバル・マジックともにステージ前の席は＋350B。送迎は450B。旅行会社でも予約可。

サヤーム・ニラミット・プーケット

- 55/81 Moo 5, Chalermprakiet Rd., Rassada
- 0-7633-5001〜2
- 0-7633-5055
- www.siamniramit.com
- 水〜月17:30〜22:30（ディナービュッフェ17:30〜20:30、ショー20:30〜21:50）　火
- ショーのみ1800B〜
  ショー＋ディナー2200B〜
  送迎　350B

サイモン・キャバレー

- 8 Sirirach Rd., Patong Beach
- 08-7888-6888
- www.simoncabaretphuket.com
- ショータイム　毎日18:00、19:30、21:00　1000B

申し込みはホテル、旅行会社で。送迎付きが便利なので申し込み時に確認を。プーケット・タウンの北に姉妹店サイモン・スター・ショー（MAP P.425-B3〜B4　www.simonstarshow.com）がある。

プーケットではマリンスポーツも楽しみたい

プーケットのエンターテインメント

プーケットを代表するショーパーク ★★
プーケット・ファンタ・シー＆カーニバル・マジック　MAP P.425-A3
Phuket Fanta Sea & Carnival Magic

カマラー・ビーチにあるプーケット・ファンタ・シーはプーケット観光の目玉。3000席を誇る巨大シアター「象王の宮殿」では、タイの神話をモチーフにした壮大なショーが繰り広げられる。全面黄金色のレストランでのビュッフェ、タイのおみやげを取りそろえた15のショップなど、時間を忘れて楽しめる。また2022年9月には隣接して「カーニバル・マジック」がオープン。こちらは世界各地の祭りをテーマにしたショーや豪華絢爛なパレードを開催。カラフル＆フォトジェニックなイルミネーションも必見。こちらも食事やショッピングまで充実。

「象王の宮殿」で繰り広げられるファンタスティックなショーの数々

タイの伝統を豪華なショーで学ぶ ★
サヤーム・ニラミット・プーケット　MAP P.425-B3
Siam Niramit Phuket

タイの伝統文化や歴史をはじめ、天国と地獄など、タイ人のメンタリティをテーマに繰り広げられる70分のショーが豪華。100人以上の出演者が、500着以上のきらびやかな衣装を身にまとい、華麗なダンスや空中アクロバットを披露する。園内には、タイの北部、中部、南部の古い生活様式を再現した村や、野外劇場、水上マーケットがあるので、まずこれらを散策したあとインターナショナルビュッフェを楽しみ、ショーを観るコースが定番。

巨大なステージで繰り広げられるスペクタクル

ニューハーフショーの決定版 ★★
サイモン・キャバレー　MAP P.425-A4
Simon Cabaret

プーケットNo.1の人気エンターテインメント。レディボーイが宝塚のような豪華なショーを繰り広げる。世界各国の歌やあやしさ漂うダンス、観客を巻き込んでのお笑いなどでショータイムの1時間30分はあっという間。ショーのあと、建物の外でズラリと並んだ出演者と一緒に写真撮影もできるが、チップ（1人100B〜）が必要なので用意しておくこと。

終演後は記念撮影タイム。好みのポーズをとってもらおう

郊外の見どころ

石灰岩が造り出す独特の景観 ★★★
パンガー
Phang-Nga　　　MAP 折込表-A9

161もの小島が浮かぶパンガー湾は風光明媚。なかでもピンカン島Ko Phingkanにある、大きなくさびを海に打ち込んだような形の岩は映画『007 黄金銃を持つ男』で、秘密基地に太陽エネルギーを供給するための反射板が設置されたという設定で登場し、一躍有名になった。現在でも"ジェームズ・ボンド岩"と呼ばれて人気がある。石灰岩地帯なのでいくつかの島には洞窟があり、美しい鍾乳石の造形が見られる。

浸食された石灰岩が不思議な造形を見せるパンガー湾

パンガー湾に浮かぶ巨大な水上集落 ★★
パンイー島
Ko Panyi　　　MAP 折込表-A9

18世紀末にマレー系の漁民が住み着きはじめた島で、海の上に張り出した家屋が密集している。1600人余りの住民はすべてイスラーム教徒だ。入り組んだ水上通路をたどると、モスクや学校、郵便局、食堂などが建ち並び、迷い歩くのが楽しい。集落の中には小さなサッカー場まである。これは1986年のワールドカップに影響を受けた当時の少年たちが、スクラップを集めて造ったグラウンドを改修したもの。

ほとんどの建物は水上に建てられている

🐘 プーケットからのツアー

ツアーの催行は天候に左右されやすいので、現地で様子を見ながら申し込むのが賢明。ホテルのツアーデスクや旅行会社などで申し込める。ガイドはおもに英語で行われる。料金は時期によって変動する。各種エンターテインメントも現地旅行社で送迎も含めて手配すると楽（J&Rトラベル調べ）。

エレファントトレッキング（30分～、700B～）：象の背中に乗り、プーケットの森林を約30分散策する（散策を1時間にすると900B）。
象と水遊び（半日、1400B）：美しいビーチで象と遊び、写真撮影を楽しめる。
コーラル島ツアー（1日、1100B～）：チャローン湾の沖合いに浮かぶ島の年間を通して穏やかな海で、各種マリンスポーツが楽しめる。
ピーピー島ツアー（1日、1200B～）：一番人気のツアー。島周辺でのスノーケリングなど。
ロック島、ハー島ツアー（1日、3000B）：海の透明度や珊瑚礁の状態、魚の種類や数はプーケット周辺の海域でも有数といわれるふたつの島へのスノーケリング＆リラックスツアー。

パンガー
図 300B（国立公園入場料、外国人料金）
行き方 プーケットからバスで所要約2時間30分、100B。5:15～19:10のだいたい1時間に1本。バンコクからは南バスターミナルから所要約13時間、VIP960B、1等617、659B、2等480B。

パンイー島
行き方 ジェームズ・ボンド岩ツアーで訪れるのが一般的。島で昼食を取るツアーを選ぶと、島を見学できる。

インフォメーション

日本人スタッフ常駐のダイビングショップ
●チャローン湾
ほうぼう屋プーケット店
Hobo-Ya Phuket & Similan
MAP P.425-B4
住 135/31 Moo 4, Chalong Bay
TEL 08-1088-2031
URL www.houbou-ya-phuket.com
営 9:00～17:00

日本人のライセンス講習、体験ダイビングを多数実施しているショップ。オプショナルツアーの予約もできる。サムイ島、タオ島に支店がありタイ全域をカバー。

〈コース料金例〉
●体験ダイビング：4400B～
●ライセンス講習：1万B～
〈ファンダイブ〉
●ラチャ・ヤイ島2ダイブ：3400B～
●マリンパーク方面3ダイブ：4300B～
●ラチャ・ノーイ島方面3ダイブ：4300B～
●ピーピー島方面3ダイブ：4500B～
※タンク、ダイブガイド、ボート代含む。体験ダイビングは、器材代も含まれる。

旅のヒント

ベジタリアン・フェスティバル
毎年10月頃（陰暦の9月）に中国系タイ人の間で行われる祭りで、プーケットは特に有名。この間は肉類や酒を控えるため、中華系のレストランではメニューが変わることもあるので注意。白装束に身を包みトランス状態になった人々が、鉄の棒や刃などを自分の体に刺して練り歩く奇祭でもある。

プーケット
Spa & Esthetic
癒やしのスパ案内

タイを代表する高級リゾートが集まるプーケット島内には、高級店からリーズナブルな店までスパが続々とオープンしている。ビーチでほてった体をスパでいたわりながら、リゾート気分を満喫しよう。

E ムックダー・オーセンティック・タイ・スパ
Mookda Authentic Thai Spa
MAP●P.425-B4

住 75/18 Moo 6, Vichitsongkram Rd., Kathu
TEL 0-7632-1844
URL Mookda Spa Kathu, Phuket
営 毎日9:00～22:00
CC J M V （+3%のチャージ）

緑豊かな湖畔にたたずむ静かなナチュラル・スパ。ハーブガーデンのある岸辺ののどかさがいい。湖を望むジャクージでリラックスしたら、オーガニック素材を使ったトリートメントで身も心も癒やされよう。全身ケアのパッケージではシロダーラ・コース3時間30分（4300B）がおすすめ。通常シロダーラではセサミオイルを使うが、肌も髪も保湿して元気にさせるココナッツオイルを使うのがムックダー流だ。スパで使われているプロダクトは、併設のショップで購入できる。高品質のタイハーブをふんだんに使用しており、大切な人へのおみやげとしても人気がある。

▶左／アロマオイルやスクラブは、施術前のカウンセリングでいろいろ試せる　右／自然の風景に溶け込むようにあるスパ

E バライ・スパ
Baray Spa
H サワディー・ヴィレッジ&バライ・ヴィラ（→P.443）にあるスパ。高級感漂うインテリアもすてき。シロダーラをベースに、額にオイルを垂らし続けて心身の緊張を解くケサ・マッサージ付きパッケージは4時間で5500B。

MAP●P.428-B
住 38 Kata Kwan Rd., Kata Yai Beach　TEL 0-7633-0979
TEL 0-7633-0905
URL www.phuketsawasdee.com
営 毎日10:00～22:00
CC A D J M V （+3%のチャージ）

E スーコ・ウェルネス&スパリゾート
Suuko Wellness & Spa Resort
MAP●P.425-B4

タイ伝統医学の考えに基づき、人間の体を「土、水、風、火」の4つのエレメントに分類。体質に合わせたオーガニック・プロダクトによるトリートメントが受けられる。パッケージは2時間2800B～。

住 6/5 Moo 3, Chaofa Rd.
TEL 08-1719-2779
URL www.suukowellness.com
営 毎日10:00～22:00（最終受付20:00、レストランは～21:00）
CC M V

E オリエンタラ・スパ
Orientala Spa
H ラマダ・プーケットにあるマッサージ店で、タイマッサージ2時間1000B、フットマッサージ1時間600Bとリーズナブル。タイ、オイル、フット3種のマッサージを組み合わせたトリオコース20分1700Bが人気。

MAP●P.429-B2
住 2nd Fl., 49/145 Rat-U-Thit 200 Pee Rd., Patong Beach
TEL 0-7629-0387
URL www.orientalaspa.com
営 毎日10:00～19:00
CC J M V

436

プーケットの *Shopping* おすすめショップ

ビーチには外国人向けのショップもあるが、買い物はショッピングモールが便利。パートーン・ビーチのチャンシーロンやプーケット・タウン郊外にあるセントラル・フェスティバル（MAP P.425-B4）が人気だ。

コスメ・雑貨

Ⓢ レモングラス・ハウス
Lemongrass House

バーンタオ・ビーチ近くに本店（MAP P.425-A3）があるホーム・スパ・ショップの支店。レモングラスをはじめとするハーブを使った手作りの精油やマッサージオイル、スキンケア用品はパッケージもおしゃれ。プーケット各地に支店あり。

MAP● P.425-B5
住 Fisherman Way Business Center, 5/46 Moo 5, Viset Rd., Rawai
TEL 09-3673-4409
URL www.lemongrasshouse.com
営 毎日9:00〜20:00
CC J M V

ショッピングセンター

Ⓢ セントラル・プーケット・フロレスタ
Central Phuket Floresta

2018年9月にオープンしたモール。ブランドショップのほか雑貨、みやげ物、各種レストランやカフェなどが並ぶ。フードコートはコロニアル風のデザインで食器もおしゃれ。Ⓢセントラル・フェスティバルとは空中歩道でつながっている。

MAP● P.425-B4
住 199 Moo 5, Wichit
TEL 0-7629-1111
営 毎日10:30〜22:00
CC 店によって異なる

Ⓢ チャンシーロン
Jungceylon

約5000㎡の広大な敷地に、ショッピングモールやロビンソン・デパート、ホテルが集まる複合施設。映画館やフードコート、各種レストラン、マッサージ店などもある。B1階は雑貨、ハーブ製品、スナックなどおみやげが充実。

MAP● P.429-B3
住 181 Rat-U-Thit 200 Pee Rd., Patong Beach
TEL 0-7660-0111
URL www.jungceylon.com
営 ショップ毎日11:00〜22:00（飲食店は店によって異なる）
CC 店によって異なる

マーケット

Ⓢ チルバ・マーケット
Chillva Market

最近人気のナイトマーケットで、服や雑貨、バッグなどの露店が敷地内にところ狭しと並ぶ。食事の屋台はタイ料理、和食、スナックにスイーツと種類豊富で食べ歩きが楽しい。パブレストランもあり飲むにもいい。

MAP● P.425-B4
住 Soi Yaowarat, Talat Yai
TEL なし
営 月〜土17:00〜23:00
休 日
CC なし

食品

Ⓢ クン・メー・チュー
Khun Mae Ju

水産加工品やお菓子、調味料など食べ物のおみやげが揃い、タイ人ツーリストに大人気。南タイ風のカレーペースト80B、福建麺など地元特産品も。島内各所のショッピングモールでも、この店の商品が手に入る。

MAP● P.425-B2
住 159/21 Moo 5, Thepkrasattri Rd.
TEL 0-7662-1226
URL www.khunmaejuphuket.com
営 毎日8:00〜19:00
CC なし

プーケットの
レストラン、ナイトスポット
Restaurant & Night Spot

国際的な観光地ということもあり、タイ料理をはじめ世界各国料理のレストランが多い。新鮮なシーフードも豊富なので、ぜひ試してみたい。味や雰囲気の充実したところが多いが、全体的に値段は高め。

タイ料理

Ⓡ バーン・リム・パ
Baan Rim Pa

MAP P.425-A4

ビーチを見晴らす高台に建ち、特に日没時の景色はすばらしい。海ブドウと海老のサラダ375B、カイ・ホー・バイトゥーイ375Bなど、繊細な味つけと美しい盛りつけにうっとり。おしゃれをして訪れたい。

- 🏠 249/4 Prabaramee Rd. Kalim, Patong
- ☎ 09-2274-9095
- URL www.baanrimpa.com
- 🕘 毎日12:00～23:00
- CC A D J M V

Ⓡ カップ・クルアイ
Kaab Gluay

MAP P.429-B1

パートーン・ビーチから少し奥に入った寺院のそばにある、壁のないオープンな造りがアットホームなレストラン。ごく普通のタイ料理がおいしいと、在住日本人の間でも人気が高い。ふたりで満腹食べても500～600B程度。

- 🏠 58/3 Phra Barami Rd., Patong Beach
- ☎ 0-7634-6832
- 🕘 毎日11:00～23:00
- CC J M V

Ⓡ レーム・ヒン・シーフード
Laem Hin Seafood

MAP P.425-C3

マプラーオ島行きの桟橋を望む場所にあり、シービュー・レストランの中でも評判がいい。海ぶどうのソムタム150Bや、海老のタマリンドソース炒めなど、シーフードが人気。海に突き出たテラス席で、サンセット・ディナーを楽しみたい。

- 🏠 90/11 Moo 7, Soi Baan-leamhin, Thepkrasattri Rd.
- ☎ 0-7623-9357
- laemhinseafoodphuket
- 🕘 毎日10:00～21:00
- CC なし

Ⓡ ブンラット・ディムサム
Boonrat Dimsum

MAP P.427-B2

1917年創業の老舗点心店で、早朝からごった返すほどの人気。並ぶこともあるが回転は早い。蒸し器の中から好みの点心(15B～)を選ぼう。手作りでどれも身がぎっしり詰まっている。粥や麺などもある。プーケット・タウン内に2店舗ある。

- 🏠 5/2 Dilok Uthit 2 Rd.
- ☎ 0-7621-0897
- URL www.boonratdimsum.com
- 🕘 毎日6:00～10:00
- CC なし

Ⓡ モー・ム・ドン
Mor Mu Dong Restaurant

MAP P.425-B4

マングローブ林の中にあるローカル感たっぷりな店で、おしゃれさはないがミシュラン店でもある。シーフードを中心とした南タイ料理は、カニのライム炒め、スズキのカレーやケーン・ソム、魚卵のカレーなどどれもおいしい。

- 🏠 9/4 Moo 3, Soi Pa Lai, Chao Fa Rd.
- ☎ 08-8766-1634
- 🕘 毎日10:00～21:30
- CC なし

R ミー・トン・ポー

Mee Ton Poe   MAP● P.427-B2

スズの採掘などで福建省からやってきた中国人たちが伝えたという福建麺の店がプーケット・タウンには多い。なかでもこちらは1946年創業の老舗。福建麺70B（卵入り）のほか多彩な麺料理があり、地元の人に人気。

住 214/7-8, Phuket Rd.
電 0-7621-6293
営 9:00～18:30（不定休）
CC なし

R トゥンカ・カフェ

Tunk-Ka Cafe   MAP● P.425-B4

ラン・ヒル（→P.430）の頂上にあり、眺望は抜群。1973年創業の老舗でタイ料理の味も秀逸。地元の人々にも人気。ココナッツミルク入りのまろやかなカニカレー（小150B、大300B）が名物。最も眺めのいいテラス席は予約がおすすめ。

住 Top of Rang Hill, Kosimbee Rd., Phuket Town
電 0-7621-1500、08-2412-2131 営 月～金11:30～21:00、土・日11:00～22:00
CC A J M V （500B以上で利用可）

R 海鮮れすとらん 魚輝水産

Japanese Seafood Restaurant Uoteru Suisan   MAP● P.425-B5

大阪で人気の海鮮居酒屋がプーケットに進出。新鮮な素材を使った寿司（2貫39B～）をはじめ、丼や定食も日本の味。現地在住の日本人にも人気の店。S ボート・アベニュー（MAPP.425-A3）にも支店がある。

住 469/1Weset Rd. Rawai
電 08-3390-2771
URL www.uoteru.co.jp
営 毎日12:00～14:30、17:00～21:30
CC J M V

R ディブック

Dibuk Restaurant   MAP● P.427-A1

プーケット・タウンのオールド・タウンにある高級タイ＆フランス料理店。予算は前菜とメインでひとり500～600B程度だが、本格的な味には納得。ワインのセレクションも豊富。カフェとしても利用できる。

住 69 Dibuk Rd., Talat Yai
電 0-7621-4138
E nokdibuk@hotmail.com
営 毎日11:00～23:00
CC A J V

C パンケーキ・コーナー

Pancake Corner   MAP● P.427-A2～B2

しっとり甘いパンケーキは町歩きに疲れたときにぴったり。たっぷりのクリームとアイスを添えたマンゴー・デライト225Bのほか、チーズやベーコンを乗せたり、マッサマンと焼き上げたパンケーキもある。

住 51/2 Phuket Rd., Talat Yai
電 08-2419-5445
F PancakeCornerandCoffeeClub
営 毎日9:00～22:00
CC なし

N タイガー・ディスコ

Tiger Disco   MAP● P.429-B3

プーケット最大の歓楽街、バングラー通りで一番人気のクラブ。プールバーとディスコがあり、盛り上がるのは深夜0時頃から。バングラー通りにはしつこい客引きなども多いので、安易についていかないように。

住 49 Bang-La Rd., Patong Beach
電 09-4845-6241
営 毎日21:00～翌5:00
CC なし

プーケットの
リゾートホテル

Hotel & Guest House

北部のビーチには5つ星クラスの高級リゾートが点在している。南部のビーチには、高級リゾートからバジェットクラスのゲストハウス、長期滞在用レジデンスまで多彩な宿がある。

H スリ・パンワ

Sri Panwa　MAP●P.425-C5

パンワ岬のなだらかな丘陵地帯に、52棟のプール・ヴィラを擁する超高級リゾート。それぞれが独立した門と塀でプライバシーが確保された各ヴィラにはテラス、東屋、オープンのジャクージやシャワー、プライベートプール付き。プールに突き出すような形に造られたベッドルームは壁3面がガラス張りで、プール越しに眺められる海は絶景だ。パブリックエリアのテラスにある眺望抜群の「BABA Pool Club」や「BABA Nest」は一般利用できるが早めの予約を忘れずに。プライベートビーチから出発するボートツアーなども楽しめ、優雅にホテル内だけで過ごすことができる。

▶上品で落ち着けるベッドルーム
▼BABA Pool Clubからの眺めもバツグン

住 88 Sakdidet Rd.
TEL 0-7637-1000　FAX 0-7637-1004
URL www.sripanwa.com
料 AC S T 1万5000B〜　CC ADJMV　室 94室
プール WiFi

パンワ岬

H バンヤンツリー・プーケット

Banyan Tree Phuket　MAP●P.425-A3

全室プライベートプール付きのヴィラで、それぞれオープンエアのバスタブ付き。24時間専任のバトラーサービスも贅沢な「ダブル・プールヴィラ by バンヤンツリー」などコンセプトの異なる3つのリゾートに分かれている。

住 33,33/27 Moo 4, Srisoonthorn Rd.　TEL 0-7637-2400　FAX 0-7632-5552　URL banyantree.com
予 0120-778187
料 AC S T 2万3000B〜
CC ADJMV　室 220室
プール WiFi

バーンタオ・ビーチ

H アンサナ・ラグーナ・プーケット

Angsana Laguna Phuket　MAP●P.425-A3

ラグーンを中心に広がる600エーカーの敷地内に、ひとつの町のように広がる高級リゾート。レストラン、スパなど施設も充実している。ビーチに面したレストランの「XANA Beach」などダイニングも充実。

住 10 Moo 4, Srisoonthorn Rd., Cherngtalay
TEL 0-7635-8500　FAX 0-7632-4108
URL angsana.com
料 AC S T 1万900B〜
CC ADJMV　室 398室
プール WiFi

H ザ・スレート

The Slate　MAP●P.425-A2

空港から5分、ナイヤーン・ビーチに広がる大型リゾート。かつてプーケットを支えたスズ鉱山をモチーフにしたスタイリッシュなデザインが目を引く。バルコニーに面して大きなバスタブがあるPearl Bed Suiteが人気。

住 116 Moo 1, Nai Yang Beach
TEL 0-7632-7006
URL www.theslatephuket.com
料 AC S T 1万2000B〜
CC MV　室 185室
プール WiFi

ナイヤーン・ビーチ

ザ・スリン・プーケット
The Surin Phuket

パリで活躍する建築デザイナーのエド・タトル氏が手がけた壮大なリゾートで、自然と一体化したかのような造りが特徴的。白砂のビーチを目の前に建つコテージには個別にベランダとサンデッキがあり、美しい海を一望できる。

MAP●P.425-A3

住 Pansea Beach, 118 Moo 3, Cherngtalay　電 0-7631-6400~2　FAX 0-7662-1590
URL www.thesurinphuket.com
料 AC S T 1万5000B~
CC D J M V　室 103室
プール WiFi

ラ・フローラ・リゾート&スパ
La Flora Resort & Spa

ラグジュアリーでモダンなブティックリゾート。部屋はすべてプールに面し、ビーチもすぐ目の前。シンプルだが洗練されたインテリアも魅力。ミニバーのドリンクは無料。スタッフの応対もいい。カオラックに姉妹ホテルがある。

MAP●P.429-A2

住 39 Taweewong Rd., Patong Beach
電 0-7634-4241　FAX 0-7634-4251
URL www.lafloraresort.com
料 AC S T 5300B~
CC A M V　室 67室
プール WiFi

ダイヤモンド・クリフ・リゾート&スパ
Diamond Cliff Resort & Spa

ビーチ北側の高台にある高級ホテル。全室にゆったりとしたバルコニーがあり、ほとんどの部屋がオーシャンビュー。ジュリークのコスメを使ったスパは宿泊者限定。日本人スタッフ常駐で、安心して利用できる。

MAP●P.429-A1

住 284 Phra Barami Rd.
電 0-7638-0050
FAX 0-7638-0056
URL www.diamondcliff.com
料 AC S T 6000B~
CC A D J M V　室 312室
プール WiFi

バーン・ラーイマイ・ビーチ・リゾート&スパ
Baan Laimai Beach Resort & Spa

パートーン・ビーチが目の前、繁華街も至近と便利な立地。部屋は開放感いっぱいで明るい。併設のスパではハーブをふんだんに使ったトリートメントが自慢。南国ムードいっぱいのレストランやプールバーなどダイニングも充実。

MAP●P.429-A3

住 66 Thaweewong Rd., Patong Beach
電 0-7634-2620
URL baanlaimai.com
料 AC S T 5528B~
CC A J M V　室 225室
プール WiFi

ナップ・パートーン
Nap Patong

スタイリッシュながらリラックスムード漂うブティックホテル。バルコニーかららせん階段で上がるロフト付きの部屋がユニーク。スパでは、ジュリークのフェイシャル&ボディケアなど極上のトリートメントが受けられる。

MAP●P.429-A2

住 5/56 Haat Patong Rd., Patong Beach
電 0-7634-3111　FAX 0-7634-3116
URL thenappatong.com
料 AC S T 6700B~
CC A J M V　室 136室　プール
WiFi

ドゥアンジット・リゾート&スパ
Duangjitt Resort & Spa

パートーン・ビーチ最大級、約14ヘクタールのガーデンに445室のホテル棟と63のバンガローやヴィラが建つ。広いだけにプールも3つあって、それぞれまるで湖のよう。ビジター利用もできるウィマーンスパも人気だ。

MAP●P.429-A4

住 18 Prachanukhroh Rd., Patong Beach
電 0-7636-6333　FAX 0-7636-6321
URL www.duangjittresort-spa.com
料 AC S T 3500B~
CC M V　室 482室
プール WiFi

441

パートーン・ビーチ

H ノボテル・プーケット・ヴィンテージ・パーク・リゾート・ホテル
Novotel Phuket Vintage Park Resort Hotel　MAP●P.429-B2

スタイリッシュな大型4つ星リゾート。中心に広がる2000㎡の巨大なプールは、パートーン最大級。スパを併設するほか、ウォータースポーツやタイ料理教室など多彩なアクティビティも開催されている。

住 89 Rat U Thit 200 Pee Rd., Patong Beach
℡ 0-7638-0555　FAX 0-7634-0604
URL www.accorhotels.com
料 AC S T 4100B～
CC A J M V　室 303室　プール WiFi

H アマリ・プーケット
Amari Phuket　MAP●P.429-A4

パートーン・ビーチ最南端の高台にあり、緑の茂る敷地内に並ぶ客室は全室オーシャンビューでバルコニー付き。2ヵ所あるプールやロビーバーなど、どこも開放的な造りでリゾート気分満点。桟橋風のレストランは最高のサンセットポイント。

住 2 Meun Ngem Rd., Patong Beach　℡ 0-7634-0106～14　FAX 0-7634-0115
URL jp.amari.com
料 AC S T 1万251B～
CC A D J M V　室 380室
プール WiFi

H ザ・ロイヤル・パラダイス・ホテル&スパ
The Royal Paradise Hotel & Spa　MAP●P.429-B2

設備充実の大型リゾート。パートーン中心部の非常に便利な立地ながら、大通りから1本入るのでホテル内は静か。客室設備も調っている。高層階からの眺めもすばらしい。日本人スタッフと日本語スタッフが常駐。

住 135/23,123/15～16 Paradise Complex, Moo 3, Patong Beach
℡ 0-7634-0666　FAX 0-7634-0565
URL www.royalparadise.com
料 AC S T 4000B～
CC D J M V　室 350室
プール WiFi

トリトラン・ビーチ

H プーケット・マリオット・リゾート&スパ・メルリンビーチ
Phuket Marriott Resort & Spa Merlin Beach　MAP●P.425-A4

パートーンの南、静かなトリトラン・ビーチに広がるリゾート。ビーチに面した緑たっぷりの敷地の中に、3つのプールを囲むように建つ。子供用プールがあるほか、キッズルームも完備でファミリーにはぴったり。レストラン&バーは計8つと充実。

住 99 Muen-Ngoen Rd., Tri-Trang Beach
℡ 0-7633-5300
URL www.marriott.com
料 AC S T 8000B～
CC A D J M V
室 414室　プール WiFi

カロン・ビーチ

H ル・メリディアン・プーケット・ビーチ・リゾート
Le Méridien Phuket Beach Resort　MAP●P.425-A4

カロン・ノーイ・ベイ、別名リラックス・ベイとも呼ばれる美しいビーチに面した高級リゾート。約16万㎡の広大な敷地にスパやテニスコートなどが点在。洗練されたインテリアとサービスが魅力。

住 29 Soi Karon Nui, Karon Beach
℡ 0-7637-0100　FAX 0-7634-0479
URL www.marriott.com
料 AC S T 8300B～
CC A D J M V
室 470室　プール WiFi

H パラドックス・プーケット・リゾート
Paradox Phuket Resort　MAP●P.428-A

ビーチを目の前にする緑豊かな敷地が広大な高級リゾート。プランジプール付きの独立型ヴィラや、ほとんどがシービューのホテルルーム&スイート、長期滞在向けレジデンスがあり、のんびり滞在できる。

住 509 Patak Rd., Karon Beach　℡ 0-7668-3350
URL www.paradoxhotels.com/phuket
料 AC S T 9000B～
CC A D J M V　室 363室
プール WiFi

カタ・ビーチ

ザ・ショア・アット・カタタニ
The Shore at Katathani

MAP●P.428-B

カタ・ノーイ・ビーチを見渡す高台の斜面にヴィラが建つ。シービューの部屋は、ベッドルーム、プール、リビングから海を一望でき開放感抜群。プールなども カタタニ・プーケット・ビーチ・リゾート（→下記）の施設も利用可。

住 18 Kata Noi Rd.
TEL 0-7631-8350
FAX 0-7633-0426
URL www.theshorephuket.com
料 AC S T 1万7875B～
CC A J M V 室 98室
プール WiFi

カタタニ・プーケット・ビーチ・リゾート
Katathani Phuket Beach Resort

MAP●P.428-B

カタ・ノーイ・ビーチをプライベート感覚で満喫できる。見事な眺望が広がるシービュー＆プールヴィラに泊まりたい。6つのプールは静かにゆったり過ごせるところから子供と遊べるところまでさまざま。

住 14 Kata Noi Rd.
TEL 0-7631-8350
FAX 0-7633-0124
URL www.katathani.com
料 AC S T 7000B～
CC A D J M V 室 528室
プール WiFi

サワディー・ヴィレッジ＆バライ・ヴィラ
Sawasdee Village & Baray Villa

MAP●P.428-B

クラブ・メッドの近くにある隠れ家的プチリゾート。プールに面したガーデン・デラックス40室のほか、14棟のバライ・ヴィラがあり、こちらは2階建てで、コンドミニアムのような造りになっている。

住 38 Kata Kwan Rd., Kata Yai Beach TEL 0-7633-0979
FAX 0-7633-0905
URL www.phuketsawasdee.com
料 AC S T 8000B～
CC A J M V 室 92室 プール WiFi

シュガー・マリーナ・リゾート-ファッション-
Sugar Marina Resort -Fashion-

MAP●P.428-B

カタ・ヤイ・ビーチの繁華街近くにある手頃なプチリゾート＆スパ。旧シュガー・パーム・リゾート＆スパが2014年にリニューアル。プールを囲むように客室が並び、1階の部屋はプールアクセスになっている。

住 20/10 Kata Rd., Kata Beach
TEL 0-7628-4404
URL sugarmarinaresort.com/fashion 料 AC S T 4300B～
CC M V 室 108室
プール WiFi

ラーワイ・ビーチ

ザ・ヴィジット・リゾート・プーケット
The Vijitt Resort Phuket

MAP●P.425-B5

ラーワイ地区にある隠れ家リゾート。のんびりしたフレンドシップ・ビーチから丘陵に沿って広がる敷地にある。ヤシの木が茂る素朴な自然のなかに独立型ヴィラが並ぶ。ビーチ前のプールやレストランもいい雰囲気。

住 16 Moo 2, Viset Rd., Rawai TEL 0-7636-3600
FAX 0-7636-3649
URL www.vijittresort.com
料 AC S T 8000B～
CC M V 室 92室
プール WiFi

ラチャ島

ザ・ラチャ
The Racha

MAP●P.425-C5外

プーケットの南にある、真っ青で透明な海に囲まれたパラダイス、ラチャ・ヤイ島にあるブティックリゾート。湾を独占するように建ち、プライベートビーチの雰囲気たっぷり。ダイビング、スノーケリングにも最適。

住 42/12～13 Moo 5, Rawai, Ko Racha Yai
TEL 0-7635-5018
URL www.theracha.com
料 AC S T 8000B～
CC A D J M V 室 81室
プール WiFi

タイ南部 プーケット

そのほかのホテル、ゲストハウス

プーケットの中級ホテル事情

プーケット島は広く、島内移動のための交通費と時間がかかるので、ホテルのロケーションの選択は重要。予約サイトで高級リゾートを格安で予約できたものの、土地鑑がないため行ってみたら周囲に何もなく、タクシー代が毎日数千Bもかかることもある。高級リゾートに滞在の場合、リゾート内で食事やスパ、ツアー、交通のサービスを受けることが多くなるため、予算は必然的に高くなる。そこまでの余裕がないなら、町なかのホテルを取ることをおすすめする。旅行期間、どこで何をしたいかなど、プラン作りに現地の旅行会社を上手に利用するといいだろう。

パートーン・ビーチで安宿を探すなら、バングラー通りからラット・ウーティット通りを渡ってすぐのソイ・セーン・サバイ、[S] チャンシーロン（→P.437）裏のソイ・バーン・ザーンからナナイ通りへ。ビーチと繁華街も徒歩圏内でゲストハウスが軒並み続き、奥へ行くほど安くなる。相場はハイシーズン900～1200B、ローシーズンならエアコン付きで350B程度からある。落ち着いた雰囲気がよければカロン・ビーチやカタ・ビーチへ。ビーチ沿いは高級リゾートが占めているが、少し奥に入るとリーズナブルな宿もある。ダイビング目的なら、ダイビングショップの経営する、もしくは併設された宿を利用するのが安上がり。

プーケット・タウンのホテルとゲストハウス

[H] ザ・メモリー・アット・オンオン・ホテル
The Memory at OnOn Hotel　MAP●P.427-A1

[住] 19 Phang-Nga Rd., Talad Yai　[電] 0-7636-3700
[FAX] 0-7636-3711　[URL] www.thememoryhotel.com
[料] [AC]ⓈⓉ1760B～　[CC] [M][V]　[室] 35室　[WiFi]

1929年創業の老舗旅社オンオンが、2013年4月にリニューアル。コロニアルスタイルの建物は生かしたまま、近代的な設備のブティックホテルに生まれ変わった。映画『ザ・ビーチ』でレオナルド・ディカプリオが泊まったのは204号室。

[H] ザ・ダック
The Duck　MAP●P.427-B2

[住] 187 Phangnga Rd.　[電] 0-7623-2954
[URL] theduck.thailandhotels.site
[料] [AC]ⓈⓉ800B～　[CC] なし　[室] 18室　[WiFi]

部屋の清潔さと明るさ、コンパクトにまとめられた機能性が印象的で、気持ちよく滞在できる。英語のうまいオーナーは親切。

[H] プラナカン・ブティック・ホテル
Peranakan Boutique Hotel　MAP●P.427-B2

[住] 89/1-2 Phuket Rd.　[電] 0-7635-5899
[URL] www.peranakanhotels.com
[料] [AC]ⓈⓉ870B～　[CC] [M][V]
[室] 21室　[WiFi]

コロニアルスタイルをふんだんにあしらった部屋は明るく、過ごしやすい。館内にはプーケットの古い写真がたくさん飾られていて興味深い。屋上からはオールド・タウンを眺められる。

[G] ブルー・ホステル
Bloo Hostel　MAP●P.427-B2

[住] 183/66 Phangnga Rd.,Talad Yai
[電] 0-7660-8968
[料] ⓈⓉ690B～　[CC] [M][V]
[室] 8室　[WiFi]

プーケット・タウンのバスターミナル1の目の前と便利な宿。家族や仲間同士で泊まれる4人部屋、6人部屋もある。宿泊客は1階のロビーでコーヒーが無料。

[G] シノ・タウン・ギャラリー
Chino Town Gallery Guesthouse　MAP●P.427-A1

[住] 113 Soi Soon U-Thit, Yaowarat Rd.
[電] 0-7668-4005、08-6941-8783
[FB] Chino Town Gallery Guesthouse
[料] [F]ⓈⓉ790B　[AC]ⓈⓉ1090B　[CC] [J]　[WiFi]

オールド・タウンのイメージを描いたレトロなアートが随所に飾られ印象的。客室は広く清潔で快適。パン、コーヒー、フルーツなどセルフサービスの簡易な朝食付き。すぐ近くに新館もオープン。タラン通りそばで便利。

[H] シノテル
Chinotel　MAP●P.427-A1

[住] 133-135, Ranong Rd.
[電] 0-7621-4455
[URL] chinotelphuket.com　[料] [AC]ⓈⓉ800B～
[CC] [M][V]　[室] 24室　[WiFi]

市場の目の前、島内ソンテオ乗り場も至近。中心部のタラン通りへも徒歩5分足らずと便利な場所。部屋の設備はシンプルだが整えられている。

パートーン・ビーチのホテルとゲストハウス

[H] ココテル・プーケット・パートーン
Kokotel Phuket Patong　MAP●P.429-A2

[住] 3/7 Sawadirak Rd.　[電] 0-7634-4371
[URL] www.kokotel.com
[料] [AC]ⓈⓉ2300B～　[CC] [A][D][J][M][V]
[室] 54室　[プール]　[WiFi]

パートーン中心部の便利な立地で、ビーチまで徒歩2分、バングラー通りまで徒歩5分ほど。青と白を基調にしたポップで明るい内装が印象的。キッズルームや屋上のプールは家族での滞在にちょうどいい。

メイア・ジャー
Meir Jarr Hotel　MAP●P.429-A4
住 224 Rat-U-Thit 200 Pee Rd., Patong Beach
TEL 0-7634-9741～4　FAX 0-7634-9746～7
URL www.meirjarrhotel.com　料 AC S T 2500B～
CC JMV　室 83室　プール　WiFi

ビーチや繁華街まで徒歩約10分。屋上のプールは眺望抜群でいい気分。部屋によっては、夜は近くにあるナイトクラブの騒音が気になるので注意。

キャット・ストーリー・ホテル
Cat Story Hotel　MAP●P.429-B4
住 78/9-10 Soi Nanairumjai, Patong Beach
TEL 0-7632-2889
URL catstoryhotel.zoombookdirect.com
料 AC S T 1600B～　CC MV　室 16室　WiFi

14匹の猫たちが出迎えてくれるミニホテル。人懐こい猫たちがロビーでくつろいでいて、館内にも猫の絵やグッズがたくさん。猫好きにはたまらないがアレルギー持ちは注意。部屋は清潔で機能的。

スマイル・ホーム
Smile Home　MAP●P.429-A2
住 8/8 Chalermprakiat Rd.
TEL 0-7629-0183
URL smilehomepatong.com　料 AC S T 800B～
CC MV　室 22室　WiFi

パートーン中心部にあるリーズナブルな宿。周囲にも同じようなホテルや手頃な食堂、レンタバイク屋や旅行会社などが多く便利。

ブレイクポイント
Break Point Hotel　MAP●P.429-A3
住 110/10 Thaweewong Rd., Patong Beach
TEL 0-7634-4211　FAX 0-7634-0718
E Break Point Hotel & Restaurant Patong Phuket
料 AC S T 1300B～　CC なし　室 11室　WiFi

日本人の西岡さんが経営するゲストハウス。ビーチ、繁華街に近くて便利。全室テレビ、冷蔵庫、ホットシャワー、セーフティボックス付き。

ラップ・ディー
Lub d　MAP●P.429-A2
住 5/5 Sawadirak Rd.　TEL 0-7653-0100
URL www.lubd.com/patong
料 AC D 1000B～　S T 3200B～　CC AJMV
室 187室　プール　WiFi

バンコクのシーロムとサヤームにも展開するリーズナブルなデザインホステルがプーケットに進出。ゲス

トハウスのフランクさと、ホテルの上質な設備を併せもち個人旅行者に人気。ムエタイ教室も開催している。

カマラー・ビーチのホテル

マプラオ・ビーチ・リゾート
Maphrao Beach Resort　MAP●P.425-A3
住 186/1 95/6 Moo 3, Kamala Beach
TEL 0-7638-5242　FAX 0-7638-5243　URL www.maphraobeach.com　料 AC S T 1800B～
CC JMV　室 20室　WiFi

カマラー・ビーチの北にある小さなリゾート。部屋は快適で過ごしやすく、ビーチに面したレストランもおいしい。カマラーの中心部へは目の前の遊歩道を海を見ながら歩いて10分。

カロン・ビーチのゲストハウス

カサ・ブラジル・ホームステイ&ギャラリー
Casa Brazil Homestay & Gallery　MAP●P.428-A
住 9 Luangpochuan Soi 1, Karon Beach
TEL 0-7639-6317　URL www.phukethomestay.com　料 AC S T 1200B～
CC MV（+3%のチャージ）　室 20室　WiFi

テラコッタ風の色彩がしゃれている。アットホームなサービスでリピーターも多い。カロン・ビーチまで徒歩約10分。

カタ・ビーチのゲストハウス

サザン・フライドライス
Southern Fried Rice　MAP●P.428-B
住 100/14-15 Kata Rd.
TEL 08-1894-8446
E Southern Fried Rice　料 AC S T 1000B～
CC MV　室 7室　WiFi

カタ・ビーチの中心部で、すぐそばにナイトマーケットもある便利な立地ながらリーズナブル。1階はその名の通りカオパットなどタイ料理のおいしい食堂。

バーンタオ・ビーチのホテル

アミン・リゾート
Amin Resort　MAP●P.425-A3
住 325/2 Moo 2 Cherngtalay, Thalang
TEL 0-7631-4285　URL aminresort.com
料 AC S T 1950B～　CC AJMV　室 15室
プール　WiFi

バーンタオ・ビーチから徒歩10分ほど内陸に入った静かな場所にある。1階のデラックスルームからは、小さいながらリラックスできるプールを眺めることができる。

タイ南部　プーケット

445

Khao Lak เขาหลัก

津波の被害からよみがえったビーチリゾート
カオラック

折込表-A9

シミラン諸島の美しい海

プーケットの北約80km、アンダマン海に面したリゾート地。ビーチ沿いはリゾート建設ラッシュが続いているが、町全体は素朴でのんびりとした雰囲気。シミラン諸島、スリン諸島でのダイビングや、国立公園で大自然の魅力を満喫しよう。

行き方

バンコクから
BUS 南バスターミナル、北バスターミナルからカオラック行き利用。またはタクアパー経由プーケット行きで途中下車。所要12〜13時間。667〜964B。

カオラックの歩き方

バスターミナルは町の北部の市場近くにある。目的のビーチやホテルが決まっている場合は、バスの運転手に伝えて、近くで降ろしてもらおう。大自然に囲まれたカオラックでは、町やビーチでのんびりするだけではもったいない。時間があればツアーを利用して、市内のカオラック・ラムルー国立公園、近郊にある南部最大のカオソック国立公園やシミラン諸島海洋国立公園まで足を延ばしてみよう。

おもな見どころ

清らかな流れに心癒やされる
チョンファー滝とラムピー滝 ★
Chong Fa Waterfall & Lampi Waterfall
MAP P.446外

カオラックは海岸線の近くまで山並みが迫っており、滝が多い。チョンファー滝はカオラック市街から近く行きやすい。市街から南へ20kmほど離れたラムピー滝は滝つぼがプールのように大きく、泳ぐこともできる。レンタサイクルやレンタバイクで気軽に行けるし、何ヵ所か回るならソンテオのチャーターも便利。半日で500B程度。

水着を持って出かけよう

カオラック沖に浮かぶダイバー憧れの地
シミラン諸島とスリン諸島 ★★
Ko Similan, Ko Surin
MAP 折込表-A9

カオラックの沖、9つの島からなるシミラン諸島は、美しい海に独特の生態系があり固有種も生息。その約20km北のスリン諸島は、ジンベエザメやマンタなど大物に遭遇する確率も高いダイバー憧れの地となっている。

カオラック
Khao Lak

おもなビーチ

バーンサック・ビーチ／パークウィーブ・ビーチ
Haat Bangsak / Haat Pakweeb
北部にあり、ふたつのビーチを合わせて約11km続く。高級リゾートが点在するほかには何もなく、喧騒とは隔絶されたリゾートライフが楽しめる。

静かなパークウィーブ・ビーチ

クッカック・ビーチ　Haat Khuk Khak
中級～高級リゾートが数軒あるだけの、のんびりしたエリア。

バーン・ニアン・ビーチ　Haat Bang Niang
ビーチ沿いに中～高級リゾートが、ペッカセーム通りからビーチまではレストランやショップが並ぶ。

ナーン・トーン・ビーチ　Haat Nang Thong
カオラックの中心部。ビーチ沿いにはホテルが密集している。レストランやショップもあり、最も便利なエリア。

カオラック・ビーチ　Haat Khao Lak
最南部のビーチ。リゾートが数軒点在しているだけで静か。

プーケットから
BUS タクアパー行きで途中下車。所要約2時間。2等100B。プーケット国際空港からタクシーで約1時間～1時間30分、1250B～。

シミラン諸島とスリン諸島
11～4月のハイシーズンのみ、ダイビングやスノーケリングのツアーが催行される。申し込みはダイブショップやホテルで。

インフォメーション

カオラックの情報
カオラック・ミーティングポイント
MAP P.446-B
URL khaolakmeetingpoint.com

茶色っぽい砂が特徴のナーン・トーン・ビーチ

ホテル

ホテル事情
西海岸のビーチ沿いは、中～高級リゾートが並んでいる。観光シーズンは11～4月で、なかでも海の状態が安定する1～4月がおすすめのベストシーズン。手頃なホテルはメイン通り沿いに点在。

H カズン・リゾート
Cousin Resort　MAP P.446-B
- 28/1 Moo 4, Bang Niang Beach
- 0-7648-6681　URL cousinresort.com
- AC S ① 1700～3500B　CC MV（3%チャージ）
- 30室　プール　WiFi

バーン・ニアンビーチから徒歩5分ほど、リゾートが並ぶ一角にある。プールビューのバンガローは明るく快適。バイクのレンタルもしている。スタッフはとても親切。

H ジーラン
Jerung Hotel　MAP P.446-B
- 24 Moo 7, Khuk Khak, Takua Pa
- 0-7648-5815　Jerung Hotel Khaolak
- AC S ① 1000B～　CC A D J M V（+3%チャージ。1000B以上で利用可）　22室　WiFi

広くて風通しのいい部屋はフローリングで気持ちいい。ホットシャワー、テレビ、冷蔵庫を完備。並びにはレストランやショップが多い。

レストラン

ローシーズンは休業する店が多く、選択の幅も狭まりさびしくなる。

R ノーン・プリアオ
Nong Prew Restaurant　MAP P.446-A
- Bang Niang Beach　08-1894-6029
- 毎日9:00～21:00　CC なし

バーン・ニアン・ビーチの北端にあるシービューレストラン。ここから見るサンセットは圧巻。エビのピリ辛サラダ、ヤム・クンソット200Bなどシーフードも評判。ケーン類（タイ風カレー）など定番タイ料理も揃う。

ダイビングショップ

S ビッグブルー・ダイビング
Big Blue Diving　MAP P.446-B
- 4/53 Moo 7, Nang Thong
- 0-7648-6773　URL www.bigbluediving.jp
- 毎日12:00～18:00　5～10月　CC J M V

人気のリチェリュー・ロックへのデイトリップや、アンダマン海でのダイブクルーズを催行する。日本人経営なのでeメールや電話でも日本語で申し込める。タオ島にも店舗がある。

タイ南部　カオラック

特別な休日を過ごしたい
カオラックで贅沢リゾートライフ

リゾートに滞在し、のんびり過ごすのがカオラックスタイル。
レストランやスパ、ジムなど、
その気になれば外出しなくても楽しめるだけの設備が調っている。
アクティブ派にはボートツアーや料理教室など、
宿泊客を退屈させないプログラムも各種用意されている。
タイには数少ない、優雅なリゾートライフを満喫できる隠れ家ビーチ、
それがカオラックだ。

リゾート内のツアーデスクでは近郊へのエクスカーションやボートツアーを開催

大人のリゾートで優雅にステイ
ザ・サロジン　The Sarojin

手入れが行き届いた林の中にプール、池に面したレストラン、客室棟が点在するザ・サロジン

カオラック北部、ホワイト・サンド・ビーチとも呼ばれるパークウィーブ・ビーチに面したザ・サロジンは、広大な敷地にヴィラタイプの客室が点在する静かな大人のリゾート。近くにある滝や満潮になると離れ小島になる砂州でのプライベートディナーは、ハネムーナーにおすすめ（要予約）。

MAP P.446-A
住 60 Moo 2, Khuk Khak, Takua Pa
TEL 0-7642-7900　FAX 0-7642-7906
URL www.sarojin.com/ja
予 サンヨーインターナショナル
　(03)3461-8585
料 AC S T 1万6000B〜　CC A D J M V
室 56室　プール　WiFi

1 ブルーのタイルが敷き詰められたプール。ガゼボで優雅に読書はいかが
2 ガーデンテラスの客室

上／山がちな地形で滝が多い。ビーチから気軽に行けるチョンファー滝は滝つぼで泳げる
下／市街ではエレファント・ライドもできる

448

3 シーフードとタイ料理のレストラン「エッジ」は海沿いにあり、ビーチに面したテラスはビーチバー　4 豊富なメニューで長期滞在でも飽きない朝食は夕方5時まで食べられ、スパークリングワインも飲み放題　5 朝の涼しい風に吹かれながらの朝食は至福のひととき

こちらもオススメ！
優雅な気分で滞在できる
ラ・ベラ・カオラック
La Vela Khao Lak

カオラックの中心街にも近い便利な立地のリゾート。プールアクセスの客室が多いのもおもしろい。プールの下を通り抜けてビーチに出られる通路など、遊び心あふれる造り。

MAP P.446-B
住 98/9 Moo 5, Khuk Khak, Takua Pa
TEL 0-7642-8555
FAX 0-7642-8500
URL lavelakhaolak.com
料 AC S T 5000B〜
CC A J M V
室 181室
プール
WiFi

1 リゾート気分あふれるダイニング＆ライブラリー　2 落ち着いた色調ながら明るい客室　3 客室数に比べてプールが多い。プールサイドのチェアも確保しやすい

449

Ko Lanta เกาะลันตา

バンコク●
折込表-B10

人気急上昇中のリゾートアイランド
ランター島

美しいビーチに囲まれた島

❀ 行き方

プーケットから
BUS フェリーにそのまま乗り込むロットゥー（ミニバス）が便利。長距離バスターミナル2から1日8便、所要約5時間、260B。各ビーチ発は600～800B。
BOAT ピーピー島経由のボートが1日2便（ローシーズンは1便）、所要4時間、800B。

ピーピー島から
BOAT 1日5便（ローシーズンは1便）、所要約1時間、350～800B。

クラビーから
BUS クラビー・タウンからロットゥーが8:00～16:00の間毎正時発、所要約2時間30分、300B。アーオ・ナン・ビーチまで1日2～4便、所要約3時間、450B。
BOAT クラビー・タウン、アーオ・ナン・ビーチからハイシーズンのみ1日便450B。所要約2時間15分。

トラン
BUS ロットゥーが1日6便、所要2時間30分～3時間30分、300B（フェリーの運賃13Bを別途払う場合があるので要確認）。

❀ 旅のヒント

マリンスポーツ料金の目安
スノーケリング　　　　　　1900B
ダイビングトリップ
　ピーピー島　　　　　　　3500B
　ヒン・デーン、ヒン・ムアン 4100B～
PADIコース
　ディスカバー・スキューバ　5000B
　オープンウオーター　 1万5000B～

車を満載してランター島へ向かうフェリー

クラビーの約70km南にあるふたつの島で、北がランター・ノーイLanta Noi、南がランター・ヤイLanta Yaiと呼ばれている。観光化されているランター・ヤイ島は、南北約27kmの大きな島。西海岸の各ビーチには数多くのリゾートが建つ。ハイシーズン以外はクラビーやピーピー島からの定期船が出ないためか、ほかの南部の島々と比べるとまだまだのんびりとした雰囲気。周辺の島々へのダイビングの拠点としても人気がある。

ランター・ヤイ島の歩き方

ランター・ヤイ島の北端にあるサラダン村Saladan Villageが島唯一の繁華街。島外各地からのボートはサラダン村の北にある船着場（サラダン埠頭）に着く。村の中心部は歩いて30分もあればひと回りできる程度の広さだが、旅行会社、コンビニ、ショップやレストランがあり、その南側にはマーケットも出る。島の西海岸沿いには、3kmを超える全長から通称ロング・ビーチと呼ばれるプラ・エー・ビーチPhra Ae Beachをはじめ13のビーチがあり、リゾート化が進行中。宿は、1泊300～400Bの素朴なバンガローから1泊5000B以上の高級スパ・リゾートまで、予算に応じて幅広く選ぶことができる。島南東部には、住民の多くを占めるイスラーム教徒のオールド・タウン（シー・ラーヤー）があり、リゾート化された西部とはまた違った島の魅力がある。

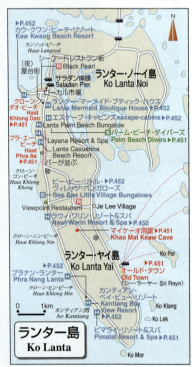

注：タイ南部ではロットゥーは「ミニバン」「バン」とも呼ばれる。

おもな見どころ

オールド・タウン（シー・ラーヤー）
Old Town（Sri Raya）　MAP P.450

多民族の異なる文化が創り上げた歴史ある町

海に沿って建つオールド・タウン

500年前にシー・ジプシー、300年前にはイスラーム教徒、200年前には華人が移住してきたシー・ラーヤーは、多民族の文化が入り混ざった独特の雰囲気。観光地化にともない「オールド・タウン」と呼ばれるようになった。100年以上も経たチーク造りの長屋が今も海沿いに建ち、ゲストハウスやレストランになっている。桟橋からは国立公園などへのボートツアーが出ている。

マイケーオ洞窟
Khao Mai Keaw Cave（Tham Khao Mai Keaw）　MAP P.450

かなりワイルドな洞窟トレッキング

ランター・ヤイ島の中ほどにある天然の鍾乳洞。ガイドと一緒にケモノ道を約30分トレッキングしたあと、洞窟内を1時間ほど探検。途中、竹の階段を下りたり、細い洞窟を入ったりとスリル満点。洞窟内は滑りやすいので足元に注意。

洞窟内をツアーで探検

 ランター島のおもなビーチ

クローン・ダオ・ビーチ　Haat Khlong Dao
入江の静かなビーチは、遠浅で海水浴に向いている。

プラ・エー・ビーチ　Haat Phra Ae
（ロング・ビーチ Long Beach）
サラサラとした白砂のビーチが見渡すかぎり続く風景が美しい。海沿いに20軒以上のリゾートが並んでいるが、ビーチが広いのでゆったりした雰囲気がある。

そのほか南部には、岩は多いがスノーケリングが楽しめるクローン・コン・ビーチや、手頃な宿やレストランがあるクローン・ヒン・ビーチなどがある。

ホテル

ホテル事情
ランター島は11～4月がハイシーズン、5～10月がローシーズンとなる。クラビーやトランからのロットゥーは通年出ているが、観光客用のボートが出ないせいもありローシーズンはめっきり静かで、閉めている宿もある。逆に開いている宿は半額程度の割引も期待できる。北部のビーチでも海沿いを外せば手頃なバンガローがあり、クローン・ニン・ビーチやカンティアン湾にも安宿がある。クラビーやトランからのロットゥーを使えば宿まで送ってくれるが、カンティアン湾以南へは行ってくれない。南部の宿を利用する場合は、宿の送迎かタクシー利用になる。

オールド・タウン
行き方 レンタバイク、ソンテオまたはタクシーで。

マイケーオ洞窟
開 毎日8:00～16:30（最終出発）
TEL 08-0881-4431
料 300B（国立公園入場料200B＋ガイド料）
行き方 レンタバイクまたはタクシーで。ガイドツアーは随時出発。ヘッドライトの貸し出しは無料。5歳未満は入場不可、ケモノ道を通るので運動靴がおすすめ。虫よけも忘れずに。

旅のヒント

ランター島のダイブショップ
S パーム・ビーチ・ダイバーズ
Palm Beach Divers
MAP P.450
住 47 Moo 3, Phra Ae Beach
TEL 08-7806-4314, 0-7568-4603
URL www.palmbeachdivers.com
CC MV（＋3.5%のみ）
PADI 5スターのショップ。ヒンデーン、ヒン・ムアンやピーピー島などへのコースを催行。

ランター島からのツアー
フォー・アイランズ・トリップ：珊瑚礁が美しいクラダーン島、チュック島（またはマー島）でスノーケリング、ムック島のエメラルド・ケイブ探検、ハイ島のビーチでランチを楽しむ1日ツアーで。旅行会社または宿で手配可能。宿までの送迎、用具レンタル、ランチ込みでロング・テイル・ボート1000B、スピードボートは1500B。

島内ソンテオの料金目安

サラダン・ビレッジから	
クローン・ダオ・ビーチ	50B
プラ・エー・ビーチ	70B
クローン・コン・ビーチ	100B
クローン・ニン・ビーチ	150B
カンティアン湾まで1台	300B

H ピマライ・リゾート＆スパ
Pimalai Resort & Spa　MAP P.450
住 99 Moo 5, Ba Kan Tiang Beach
TEL 0-7560-7999
URL www.pimalai.com　料 AC S T 8815B～
CC AJMV　121室　プール　WiFi

ランター島南部に位置し、イギリスの新聞社が選ぶ「世界のベストビーチ」にも選ばれたバ・カンティアン・ビーチを見渡す高級リゾート。豊かな緑に埋もれるように建てられた客室は全室テラス付き。プライベートプール付きプール・ヴィラ（AC S T 1万7300B～）もある。

タイプチ情報　日本人に人気のイーサーン料理ソムタム。前の客のものを作ったときと同じ道具を洗わずに使うので、辛さナシで注文しても前に作った分の唐辛子が残っており多少辛くなることもある。

H ラウィ・ワリン・リゾート&スパ
Rawi Warin Resort & Spa　　MAP●P.450

- 139 Moo 8, Khlong Tob Bay
- 0-7560-7400
- www.rawiwarin.com
- AC S T 4524B～
- CC J M V　185室　プール　WiFi

ランター・ヤイ島西海岸のほぼ中央部、クローン・トブ・ベイKhlong Tob Bayに建つラグジュアリーなスパリゾート。プールとガーデンを囲むように並ぶヴィラやホテル棟は、眺めもよくエレガントな造り。

H プラナン・ランター
Phra Nang Lanta　　MAP●P.450

- 139 Moo 5, Ba Kan Tiang Bay
- 0-7566-5025　0-7566-5030
- phranaglanta.vacationvillage.co.th
- AC S T 9600B～　CC A J M V　15室
- プール　WiFi

カンティアン湾に建つプチホテル。客室にはそれぞれ名前がつけられ、その名のイメージの色やインテリアでコーディネートされている。プールサイドでもWi-Fi無料。宿泊客はレンタサイクル、カヌーが無料で利用可。屋上に海が見えるスパがある。ローシーズンは少し割引可。

H エスケープ・キャビンズ
escape-cabins　　MAP●P.450

- 483 Moo 3, Phra Ae Beach
- 08-4446-8909
- www.escape-cabins.com　AC S T 2400B～
- CC なし　8室　プール　WiFi

日本人経営の隠れ家的プチリゾート。8タイプのヴィラとコテージが、山を望む静かな場所に建つ。キッチン、リビング、ロフト付きのコテージは93㎡と広く、ファミリーでの滞在にも最適。眺めのいいプールもある。

H ランター・マーメイド・ブティック・ハウス
Lanta Mermaid Boutique House　　MAP●P.450

- 333 Moo 3, Saladan, Khlong Dao Beach
- 0-7568-4364、08-2671-5888　0-7568-4906
- Lanta Mermaid Boutique House
- AC S T 895B～　CC J M V　18室　WiFi

クローン・ダオ・ビーチのメインロード沿いで便利。設備は同じで、海・道路側と山側で料金が変わる。海・道路側のほうが開放感はあるが、山側のスーペリアのほうが静か。マネジャーがフレンドリーで、リピーターも多い。

H カウ・クワン・ビーチ・リゾート
Kaw Kwang Beach Resort　　MAP●P.450

- 16 Moo 1, Saladan, Kaw Kwang Beach
- 0-7566-8260
- 0-7566-8259
- F S T 1000B～　AC S T 1200B～（朝食なし）
- CC J M V（+3%のチャージ）　60室
- プール　WiFi 最安カテゴリーの客室は接続なし

クローン・ダオ・ビーチの北端から湾を見渡す風景が美しく静かな立地。手頃なバンガローからビーチフロントの大きな部屋まで、客室のタイプはいろいろ。ハイシーズンはエアコンの部屋のみビュッフェの朝食が付く。

H カンティアン・ベイ・ビュー・リゾート
Kantiang Bay View Resort　　MAP●P.450

- 9 Moo 5, Ba Kan Tiang Bay
- 08-1787-5192　0-7566-5050
- F S T 600B～　AC S T 1270～2200B（朝食なし）
- CC M V（+3%のチャージ）　25室
- WiFi レストランのみ

安いファンの部屋はバンブーバンガローで4室のみ。レストラン&バー、ツアーデスク、マッサージ、インターネットカフェなどが揃っており便利。エアコンの部屋のみホットシャワー。ランター島には珍しく通年オープンしている。ネット用PC利用無料。

ゲストハウス

G ビー・ビー・リトル・ヴィレッジ・バンガローズ
Bee Bee Little Village Bungalows　　MAP●P.450

- Moo 2, Khlong Khong Beach　08-1537-9932
- Bee Bee Bungalows　F S T 600～900B
- CC なし　15室　WiFi 一部客室除く

クローン・コン・ビーチにある素朴なバンガローで居心地もいい。日本人スタッフがいて安心。水シャワー（共用シャワーはお湯あり）。レストランは料理がおいしく、Wi-Fi無料。

レストラン

サラダンの繁華街から西へ入った所にシーフードレストラン街（写真）があり、メインロードには夕方になると屋台が並ぶ。各ビーチでは、ホテル内にレストランがあるほか、メインロード沿いにはタイ料理、イタリア料理、北欧料理のレストランやバー、ベーカリーが点在し、山の中腹には眺めのいい R Viewpoint Restaurant（MAP P.450）がある。

ピーピー島（ピピ島）

Ko Phi Phi　เกาะพีพี

のんびり滞在したい珊瑚礁の小島

折込表-B10

遠浅の海が美しいロ・ダラム湾

クラビーの南約42km、プーケットの南西約48kmにある、アンダマン海に浮かぶ大小6つの島。最も大きいのが観光化されているピーピー・ドーン島。その南にある小さな無人島が、映画『ザ・ビーチ』のロケが行われたことで有名なピーピー・レー島だ。島の周囲には美しいスノーケリングポイントが点在している。

ピーピー・ドーン島の歩き方

旅行者が第一歩をしるすトンサイ湾

プーケットやクラビー、ランター島からのボートを降りると、船着場には宿の客引きやツアーの勧誘が待ち構えている。桟橋を渡りきると、そこが島の中心となるトン・サイ・エリアだ。ホテルや旅行会社、レストラン、ショップ、バーなどがひしめき合う繁華街だ。海水浴やマリンスポーツが楽しめるロ・ダラム・ビーチへは桟橋から徒歩約10分。中心街より北東、展望台に向かう途中には安いゲストハウスもあり、新しいリゾートも続々と建設中だ。静かに過ごしたいなら、トン・サイ・エリアからロング・テイル・ボートでロング・ビーチやレームトーン・ビーチへ。宿を確保したら、ビーチやスノーケリング、ダイビングのツアーへ出かけよう。島の清掃費用として、入島の際に桟橋でひとり20Bが徴収されている。

行き方

プーケットから
BOAT プーケット・タウンの東にあるラッサダー埠頭からトン・サイ湾の桟橋へ数社が運航。所要約1時間のスピードボートは8:15～14:00の間に11本、800B。所要約2時間のフェリーは8:30～15:00の間に6本、600B。ラッサダー港でチケットを購入するよりゲストハウスや旅行会社で購入したほうが、ピックアップ付きになり割安。ピーピー島発のチケットは300Bなどと安くてもプーケットの宿への車料金は別なので申し込み時に要確認。東海岸のホテルは独自に専用のボートを運航する場合があるので、宿泊先や旅行会社に確認をしよう。ラッサダー埠頭からの送迎の相場はP.426参照。

クラビーから
BOAT クローン・ジラッド埠頭（MAP P.457右）から数社が運航。1日2便、10:30、15:00発、所要約1時間30分、500B〜。アーオ・ナン・ビーチからは1日1便9:30発、500B。ボートは途中の海上でプラナン・エリアからのボートの乗客をひろう。

旅のヒント

プーケットやクラビーから1日ツアーで来る場合
日帰り観光では、ピーピー島で過ごせる時間はかなり少ない。片道切符を買っておけば帰りの日時は自分で設定できるので、時間や日程に余裕のある人は片道切符で渡り、何日かのんびり滞在してみよう。

外国人旅行者が多く夜もにぎやか

注：島名の本来の名称は「ピーピー島」だが、タイ南部なまりでは短く「ピピ島」と発音される。

453

ピーピー・ビューポイント

📅 毎日5:30〜19:30
💰 30B
アルコール類持ち込み禁止。

旅のヒント

ロング・テイル・ボートの料金
トン・サイ・エリアから
ロング・ビーチへ
1人100B（2人から。1人のみは200B。19:00以降は200B）。
チャーターの場合
3時間1800B、6時間3500B。

おもな見どころ

曲線を描くビーチ、そびえ立つ絶壁が見える
ピーピー・ビューポイント ★★
Pee Pee View Point　MAP P.454

トン・サイ湾の桟橋から繁華街を右に行き、チャオ・コー・ピーピー・ロッジ手前を左へ折れ、ロ・ダラム湾方面に10分ほど歩いていくとピーピー・ドリーム・ゲストハウスの近くにピーピー・ビューポイントに向かう階段がある。かなり急な階段を上りきると、その先はなだらかな坂を上る舗装道路になっている。階段を上り始めてから20〜30分で頂上に到着。大きな岩が突き出した所から、入江の両側に海が広がる美しい眺めを見ることができる。

ピーピー・ドーン島の特徴的な入江が見渡せる

楽園を求める旅人がたどり着く無人島
ピーピー・レー島 ★★
Ko Phi Phi Lay　MAP P.454

ピーピー・ドーン島からロング・テイル・ボートで約25分、スピードボートで約10分の無人島。ゴツゴツした岩ばかりの島だが、見どころとしてバイキング洞窟Tham Vikingがあり、船と思われる壁画が残っている。この洞窟にはウミツバメがすみ着いており、その巣は中国料理の材料として珍重されている（一般の立ち入り禁止）。

スノーケリングツアーは半日1000B、1日1400Bほど。ボートをチャーターして島を巡ると3時間1800B〜。

水面からわずかに顔を出しているバイキング洞窟の入口

🐘 ピーピー島のおもなビーチ

ロ・ダラム・ビーチ　Ao Lo Dalam

ピーピー・ドーン島のトン・サイ・エリア北側に広がる白砂のビーチ。遠浅で、グリーンのグラデーションに輝く海が美しい。日光浴や海水浴でのんびり過ごせる。

ずっと遠浅のロ・ダラム・ビーチ

レームトーン・ビーチ　Haat Laem Thong

ピーピー・ドーン島の北端から南東に延びる長さ1kmほどのビーチ。東岸にあるため乾季は多少波があり、反対に雨季は穏やかになる。海は遠浅で、その先は水深10mほどの棚になっているためスノーケリングが手軽にできる。初心者の体験ダイビングもビーチから歩いて入れ、エダサンゴなどが見られる。モスキート島、バンブー島、コーラル・リーフへは、それぞれロング・テイル・ボートで10〜20分で行け、近場でスノーケリングやダイビングができる。

レームトーン・ビーチはアンダマン海屈指の美しさ

ハート・ヤーオ　Haat Yao（ロング・ビーチ　Long Beach）

ピーピー・ドーン島の南東部にあるビーチ。東のマレー半島から昇る朝日、西のピーピー・ドーン島などの雄大な景色が眺められる。リゾートが数軒あるだけで、のんびりした雰囲気が魅力だ。沖にはヒン・ペーという珊瑚礁が広がっており、スノーケリングを気軽に楽しめる。

ロ・バカオ湾　Lo Bakao Bay

レームトーン・ビーチの南部に広がる遠浅のビーチ。小規模なリゾートとレストランが数軒あるだけで静か。エリア内の交通は自転車のみ。内陸はマングローブが広がっている。トン・サイからはロング・テイル・ボートのほか、山道をトレッキングするとピーピー・ビューポイント経由で1〜2時間。ホテルによってはトン・サイまでボートでの無料の送迎があるので予約時に確認を。

スノーケリングポイント

ピーピー・ドーン島の南部、ロング・ビーチ近くのヒン・ペー＆シャーク・ポイントHin Phae & Shark Point、北東部の沖のバンブー島Bamboo Island、ロ・サマ湾Ao Lo Samahなど。

旅のヒント

ロング・テイル・ボートの料金
トン・サイ・エリアからレームトーン・ビーチ、ロ・バカオ湾へ（ロ・ダラム湾からも発着する）
9:00〜18:00の間（潮位にもよる）、1000〜1300B

ダイビング、スノーケリング、ツアー料金の目安
器材持参の場合は割引になる。
2ボートダイブ　　　　　3200B
オープンウオーター（3〜4日）
　　　　　　　　　　　1万3800B
アドバンスド（2〜3日）1万1300B
ファンダイブ
　ローカルダイブ（2ダイブ）
　　　　　　　　　　　　2500B
　沈船ダイブ（3ダイブ）4300B
スノーケリング　　　　　800B
サンセット・トリップ　　1100B

自然たっぷりの遊歩道
トン・サイ・エリア東端のPhi Phi Bayview Resort先からロング・ビーチまで続く遊歩道がある。おおむね舗装されているが、数ヵ所ケモノ道のような場所があるので注意。片道20〜30分。

トン・サイ湾沿いの遊歩道

タイ南部　ピーピー島（ピピ島）

ホテル

トン・サイ・エリアの中心に多いのは1000〜2000Bの中級クラス。400〜500Bの安いゲストハウスは、繁華街から離れて点在している。200〜300Bのドミトリーはトン・サイ北東部に多い。東海岸には、スパを併設した大型リゾートがある。11〜4月のハイシーズン以外は、20〜50％程度割引になる宿が多い。

トン・サイ・エリアのホテル

ピーピー・パーム・ツリー・リゾート
Phi Phi Palm Tree Resort　MAP●P.453-A〜B

125/89 Moo 7, Ton Sai Village
0-7560-1023　　0-7560-1046
URL www.pp-palmtree.com
AC S T 5100B〜
CC JMV（+3％のチャージ）　65室　プール　WiFi

プールを囲んで建つビルにあるゲストルームは、デラックス、プールアクセス、スイートの3種類。繁華街のど真ん中にあるのでゆったりした雰囲気はないが便利。ひと部屋に大人ふたりと10歳未満の子供ひとりまで宿泊可。プールアクセスルームは10歳未満の子供は滞在不可。全館禁煙。

サバーイ・シービュー・バンガローズ
Sabai Sea View Bungalows　MAP●P.454

Moo 7, Ko Phi Phi　　08-9471-9715
AC S T 1500B〜　CC なし　10室　WiFi

ロ・ダラム湾の北部、山を少し上った場所にある。船着場からは15分ほど歩くが、トン・サイを見下ろすことができる。スタッフのファミリーはフレンドリー。

ピーピー・インシュラ
PP Insula Hotel　MAP●P.453-A

194 Moo 7, Ton Sai Village　　0-7560-1205
URL www.ppinsula.com
AC S T 1800B〜
CC なし　19室　WiFi

繁華街に近いわりに静か。ホットシャワー、衛星放送チャンネル付きテレビ、机、冷蔵庫、セーフティボックスなど設備も調っている。スタッフも親切。室内禁煙。8歳以下の子供は宿泊不可。

タイ プチ情報　2004年のスマトラ島沖地震で大きな被害を受けたピーピー島。島内には避難経路の標識が整備されて、各ホテルでは避難者向けの食料などを備蓄するなど、対策も行われている。

トン・サイ・エリアのゲストハウス

G ココス・ゲストハウス
Coco's Guest House　MAP●P.453-B

- Moo 7, Ton Sai Village　0-7560-1400
- ppcocos.com　F S T 850B～　AC S T 1150B～
- CC MV　30室　WiFi

ビューポイントのふもとにある宿。狭いが最低限の設備は調っている。周辺はピーピー島でも特に安めの宿が密集するエリアになっている。

ロング・ビーチのホテル

H ピーピー・ザ・ビーチ・リゾート
Phi Phi the Beach Resort　MAP●P.454

- 177 Moo 7, Long Beach　06-2161-4965
- 0-7581-9210　www.phiphithebeach.com
- AC S T 4500～9000B　CC JMV　100室
- プール　WiFi

ロング・ビーチの東端、丘の斜面に建つヴィラが印象的。絶景が楽しめる高台にあって、敷地内はトゥクトゥクやカートで移動できる。ビーチ沿いには小さいがプールもある。どの部屋も広々としており、開放感たっぷり。

ロ・バカオ湾のホテル

H ピーピー・バーカオ・ベイ・リゾート
Phi Phi Ba Kao Bay Resort　MAP●P.454

- 63 Moo 8, Ko Phi Phi　06-2635-6646
- phiphibakaobayresort
- AC S T 1377B～　CC MV　30室
- プール　WiFi

ビーチ&船着場から歩いて5分ほど。バンガローはやや手狭だが設備はしっかりしている。また宿泊客向けに1日数便、トン・サイ行きの無料ボートを運航している。

東海岸のホテル

H ジボラ
Zeavola　MAP●P.454

- 11 Moo 8, Laem Thong Beach
- 0-7562-7000　0-7562-7025
- www.zeavola.com　AC S T 7920B～
- CC ADJMV　53室　プール　WiFi

ピーピー島随一の高級スパリゾート。天然木のぬくもりが優しいヴィラは全室スイート。丘の上にあるプールヴィラでは林の緑の向こうに海が望め、野趣満点。

レストラン

トン・サイ・エリアには、イタリア料理店、タイ料理店、ステーキハウス、パブなどさまざまなタイプのレストランがある。島の中ほどには屋台や食堂があり、安くタイ料理が食べられる。

R バジル・ビストロ
Basil Bistro　MAP●P.453-B

- Moo7, Ton Sai Village　09-9629-6595
- 毎日11:00～23:00　CC なし

タイカレーが評判の店で、マッサマン、グリーン、イエロー、パネーン各種99B～。いずれも濃厚なおいしさ。ほかにもソムタムやトムヤム、パッ・タイなどタイ料理はひととおり揃う。

R コズミック
Cosmic　MAP●P.453-B

- 125/83 Moo 7, Ton Sai Village
- 08-9866-9984　毎日9:30～22:30　CC なし

おすすめはホームメイドのピザ160B～やパスタ130B～。焼きたてが香ばしいピザは直径30cmぐらいのビッグサイズで、チーズもたっぷり。店内Wi-Fi無料。トンサイ中心部に2ヵ所ある。

R イーサーン・ガンエン
E-San Gunaeng　MAP●P.453-B

- Moo 7, Ton Sai Village　08-4734-5300、09-8035-5228　毎日18:00～24:00　CC なし

イーサーン（タイ東北部）料理の大衆食堂。おすすめは、ソムタム80B、ミックス・ミート・スープ（もつ煮込み）150Bなど。

ナイトライフ

N カリートス・バー
Carlito's Bar　MAP●P.453-B

- Moo 7, Ton Sai Village　08-1797-6344
- 毎日12:00～翌1:00　CC なし

ピーピー島の夜といえば、ポイと呼ばれるファイアーショー。いくつかのビーチバーで開催しているが、パフォーマーの腕前はここがピカイチ。コンテストで受賞経験のあるパフォーマーが見事な技で魅せる。ショーは毎日21:30～。

※ピーピー島にあるゲストハウスは、レセプションが19:00頃に閉まる場合があるので、早めにチェックインしよう。

Krabi กระบี่

複雑なカルスト地形の島とビーチ
クラビー

折込表-B10

浸食された石灰岩の小山

クラビー周辺では、地表からそそり立っている石灰岩の山々が不思議な景観を造り出している。ボートを利用しないと行けないビーチもあり、俗世間から遠く離れたような解放感に浸れる場所だ。周辺には小さな島々が130近くもあり、珊瑚礁が多いのでスノーケリングも楽しめる。

行き方

バンコクから
AIR スワンナブーム国際空港からタイ国際航空(タイスマイル)が毎日4便、所要約1時間20分。2430B～。格安航空会社は各社のウェブサイト参照(→P.508)。
BUS 南バスターミナルから所要12時間～13時間30分、北バスターミナルから所要約12時間30分、VIP 1050B、1等675～700B。

サムイ島から
AIR バンコク・エアウェイズが毎日1便、所要約55分、3100B～。
BUS+BOAT 所要6時間30分～12時間、500B。

プーケットから
BUS 所要3～4時間、170B～、ロットゥー160B～。

スラー・ターニーから
BUS 所要約3時間、190B、ロットゥーは発着地により250B～。

ピーピー島から
BUS+BOAT 9:00、13:30の1日2便、所要1時間30分～2時間、500B～。

タイ南部 ピーピー島(ピピ島)／クラビー

クラビーの歩き方

クラビー・タウンの中心は、クラビー川沿いに遊歩道が整備されたウタラキット通りUttarakit Rd.周辺。ホテル、ゲストハウス、レストラン、旅行会社、銀行などがある。ナイトマーケットが各所にあり、旅行者や地元の人々でにぎわう。市内の移動はモーターサイ(20B～)が便利。ビーチはどこもクラビー・タウンからは離れているが、それぞれにホテルやレストランがある。クラビー・タウンと各ビーチへの移動はバスかソンテオ、トゥクトゥク、タクシー、レンタバイク(1日250B～)で。

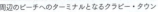
周辺のビーチへのターミナルとなるクラビー・タウン

クラビー・タウン Krabi Town

クラビー Krabi

457

インフォメーション

❶TAT MAP P.457右
🏠 292 Maharat Rd.
📞 0-7562-2163、0-7561-2812
🕐 月〜金8:30〜16:30

クラビー国際空港 MAP P.457右
アーオ・ナンからタクシーで600B、トゥクトゥクで500B。クラビー・タウンからタクシー、トゥクトゥク350B。シャトルバスはクラビー・タウン90B、アーオ・ナン150B。

リニューアルが進む国際ターミナル

バスターミナル MAP P.457右
📞 0-7561-1804
クラビーの公営バスターミナルからクラビー・タウンまでは赤または白のソンテオで所要約15分、20B。モーターサイ60B、トゥクトゥク1台200B。アーオ・ナンへは白いソンテオで所要約1時間、60B。トゥクトゥク、タクシーは1台500B。バスターミナルは17:00に閉まるため、それ以降は国道沿いでの乗り降りとなる。

プラーナン・エリア
行き方 クラビー・タウンのチャオファー桟橋からロング・テイル・ボートで所要約45分、150B。6人以上集まると出発。900B程度払えばチャーターも可能。ピーピー島からの船によっては、プラーナンの沖で小型ボートに乗り換えて直接入ることもある。到着する場所は季節によって変わる。クラビー・タウンへのボートは遅くなると行ってくれないので注意。

アーオ・ナン・ビーチからのボートは所要約15分、片道200B（8人以上）。18:00〜24:00は200B〜、要交渉。雨季は欠航することもある。

奇岩をよじ登るロッククライミングのフィールドが多い

おもな見どころ

絶壁で隔てられた景色抜群の神秘的空間
プラーナン・エリア ★★
Phranang Area MAP P.458上
แหลมปรานัง

半島のつけ根に岩山がそそり立っているので、船でしか行けない小さな陸の孤島。エリア内は歩いて回ることができる。

ライレー・イースト・ビーチ：船着場があり、クラビー・タウンからの船が発着する。マングローブが生い茂り、小石も多いため、海水浴には向いていないが、ロッククライミングが楽しめる。

ライレー・ウエスト・ビーチ：粒子の細かいベージュ色をした砂浜。外界から隔絶されたリゾートエリアとなっている。レストランやショップが並ぶウオーキング・ストリートが人気。アーオ・ナン・ビーチからのボートが発着する。

プラーナン・ビーチ：プラーナン洞穴（プリンセス・ケイブ）という洞窟がありその中で泳げる。

プラーナンの洞窟へのトレッキング：プラーナン・ビーチの西端の大岩を登る。手前のビーチとの間に木が繁っており、そこに山道がある。20mほど行くと岩壁に突き当たり、そのまま左に行くと洞窟。中の小高い場所からはプラーナン・ビーチが一望。洞窟の中は薄暗いので懐中電灯が必要。奥にあるはしごを上がっていくと、ライレー・ウエスト・ビーチが見渡せる地上80mの横穴に出る。柵がない所もあるので注意。上級者向け。

観光地として整備されたビーチ
アーオ・ナン・ビーチ ★★
Ao Nang Beach MAP P.458下
หาดอ่าวนาง

小さな貝殻の多い全長1kmほどのビーチ。海岸線が真っすぐに

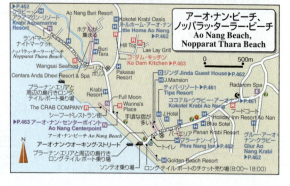

アーオ・ナンのビーチ通り

延び、遠方にそびえる切り立った岩山の眺めが壮大だ。道路沿いにはホテルやレストラン、旅行会社、両替所、みやげ物屋などが並んでいる。東端にある絶壁の裏がライレー・ビーチ。道がないのでボートで行こう。

アーオ・ナン・ビーチ

行方 クラビー・タウンからソンテオで約30分、50B。30分～1時間おきに出発。18:30～22:00は60B。タクシーで600B、トゥクトゥクで500B。夜間にクラビー・タウンからアーオ・ナン方面へ行く場合、30分以上待たされることもある。アーオ・ナン・エリア内はソンテオ10B、モーターサイ30B、サームロー、トゥクトゥク30B（2人以上の1人料金）。

保護された美しい自然が残るビーチ
ノッパラッ・ターラー・ビーチ
Nopparat Thara Beach
MAP P.458下
หาดนพรัตน์ธารา

アーオ・ナン・ビーチから西へ車で約5分の所にあり、一部は国立公園に指定され自然が保護されている。干潮時には近くの島まで歩いて渡ることができ、地元の人々に人気の行楽地となっている。この数年で周辺に中～高級リゾートが続々とオープンしている。

ノッパラッ・ターラー・ビーチ

行方 クラビー・タウンからソンテオで約30分、50B。バスターミナルからは約40分、60B。だいたい30分おきに出発。アーオ・ナン・ビーチからサームローやタクシーで40B、ロング・テイル・ボートで100B。

白砂のノッパラッ・ターラー・ビーチ

緑いっぱいの素朴なムスリム島
クラーン島
Ko Klang
MAP P.457右
เกาะกลาง

クラビー・タウンの対岸に広がる、イスラーム教徒が住む島。マングローブ林や瑞々しい水田、昔ながらの高床式の家が点在しており美しい。伝統的なバティックの工房、シーフードレストランや宿泊施設もある。

島には水上集落が並ぶ。レンタバイクで訪れるのがおすすめ

クラーン島

行方 クラビー・タウンからバイクごと乗れる渡し船で30B、だいたい6:00～22:00の間運航。クラーン島の船着場で待機しているサームローで島内を回ることもできる。1時間500B～。

郊外の見どころ

トラの穴に造られた見事な寺院
タイガー・ケイブ・テンプル（ワット・タム・スア）
Tiger Cave Temple (Wat Tham Sua)
MAP P.457右
วัดถ้ำเสือ

クラビー・タウンから北に約10km行くと、絶壁のそばに洞窟を利用した寺院がある。洞窟にはトラがすんでいたためにこの名がついたといわれている。内部には仏足石があり、格子の外から拝める。1237段の階段を上ると頂上は絶景を見渡せる展望台になっており、大きな黄金の仏像が町を見守るように鎮座している。また奥の院には樹齢1000年を超えるとされる巨木もある。仏教の学校もあり、僧侶やメーチー（女性の修行者）が学んでいる。

タイガー・ケイブ・テンプル

住 Krabi Noi **料** 無料
行方 クラビー・タウンからソンテオで約20分、40～50B。アーオ・ナン・ビーチからタクシーで往復1500B、バス150B。石段はかなり急な所もあるので注意。

行事には多くの信者が集まる

温泉が流れる滝の天然露天風呂 ★★
クローン・トーム天然温泉の滝
Khlong Thom Thermal Waterfall
MAP P.457右外
บ่อน้ำร้อนคลองท่อม

全裸にはならないのがタイ式

クラビー・タウンから南へ車で1時間ほどの所にある温泉。整備された湯船もあるが、ぜひ入りたいのは天然の滝の露天風呂。幅約10m、高さ約5mで、流れてくる水がすべて温泉。水流で削られた石灰岩がちょうど湯船のようになっていて入りやすい。湯温は39℃程度と適温。水着着用で入ろう。

クローン・トーム天然温泉の滝

住 Khlong Thom Nuea, Khlong Thom
開 毎日8:30～18:00 **料** 200B
行方 タクシーやレンタバイク利用。ツアーが便利（→P.460）。

タイプチ情報 大型ショッピングセンターにはたいてい無料Wi-Fiがある。簡単な登録ですぐ使えるので、スマホやタブレットを持っている人は利用しよう。

タイ南部　クラビー

459

サ・モーラコット

- 開 8:00～17:00（最終入場16:30）
- 料 200B（国立公園入場料）
- 行き方 タクシーやレンタバイクで。ツアーが便利。

旅のヒント

ツアーの料金
旅行会社によって料金には開きが大きい。ツアー内容に何が含まれているのか確認すること。

キング・クライマーズ
King Climbers
- MAP P.457右、P.458上
- 住 Walking Street, Rai Lay West
- TEL 0-7566-2096、08-1797-8923
- FAX 0-7566-2097
- URL www.railay.com
- 営 月～金8:30～20:30
　　土・日8:30～18:00

初級から上級まで幅広いコースは、すべて保険、ガイド、用具レンタル付き。予約をすれば、クラビー・タウンやアオ・ナン・ビーチからもミニバス+ボートで無料ピックアップ可。3日8500B、1日2600B、半日1500B（1日、3日コースは水、ランチ付き、半日コースは水、フルーツ付き）。アオ・ナン・マオ桟橋のそばにも支店がある。

4島巡りで立ち寄るタップ島

驚くほど澄んだ水の中で泳げる
サ・モーラコット（エメラルド・プール） ★★
Sra Morakot (Emerald Pool)　MAP P.457右外

澄んだ水の中で泳ぎを楽しむ人々

クローン・トーム天然温泉の滝（→P.459）から車で15分ほどの森の中に石灰岩でできた天然のプールがあり、国立公園に指定されている。澄んだ水はエメラルドグリーンに光って美しく、水深は1～2mと泳ぐのにぴったり。土・日曜はタイ人でにぎわうことが多い。神秘の池ブルー・プールはさらに奥にあるが、入域は1～4月の10:00～14:00のみ可。

🐘 クラビーからのツアー

4島アイランド・ホッピング・ツアー（1日、800B～）：プラーナン沖にある小島のポダ島、チキン島、タップ島、プラーナン・ビーチを巡る。干潮時に海中の道ができるタップ島は絶景。ピクニックランチ付き。スピードボート利用だと1000B。

ピーピー島1日観光（1日、1500B～）：スピードボートを利用しピーピー・レー島、ピーピー・ドーン島、バンブー島を巡る。ビュッフェランチ付き。

クローン・トーム天然温泉＆サ・モーラコット・ツアー（1日、1800B）：自然の川に大量の温泉水が流れる露天風呂と、森の中にある天然プールのサ・モーラコット、洞窟寺院のタイガー・ケイブを1日で巡るツアー。水着専用でクラビーの自然を満喫しよう。

シーカヌー（半日～1日、900～2100B）：石灰岩の峡谷に囲まれた風光明媚なマングローブ樹林のアオ・ターレンAo Talenや、鍾乳洞トンネル、古代人壁画洞窟があるアオルック・バンボートを巡る。クロンムアン・ビーチ沖の国立公園内にあるホン島ではスノーケリングも楽しめる。

パンガー湾観光（1日、1500B～）：プーケットとクラビーの間にある『007 黄金銃を持つ男』のロケ地パンガー湾を訪れる。象乗り＆カヌー付き（2200B）もある。James Bond Tourと掲げている店が多い。

ロッククライミングに挑戦しよう！　*Column*

　海から断崖絶壁の奇岩が突き出すプラーナン・エリアは、ロッククライミングのメッカ。世界中からクライマーがこの奇岩に挑みにやってくる。とはいえコースは10m程度の初級から120mの上級まで幅広く、クライミングショップでツアーに申し込めば、ロープの結び方からていねいな講習があるので、誰でも挑戦することができる。基本的にはふたりペアで行う。まずインストラクターが岩に付けたリングに体験者のロープをかけ、ペアの相棒がロープをほどよい長さと緊張を保ちながら引いて動きやすいように助けてくれるので、落ちる心配はなし。どうしたらいいか立ち往生していると、「右足をもう少し上の岩にかけろ、左手は……そうだ！　その岩にかけて思い切って上がれ！」とインストラクターが下から叫ぶ。指示に従ううちに、だんだん手足の置き場や重心移動のコツがつかめてくる。いい汗をかいて登った暁には、雄大な絶景のご褒美が待っているのだ。

ベテランが親切に教えてくれる

ホテル

ホテル事情

クラビー・タウンのゲストハウスは、水シャワー、トイレ共同のドミトリーで250〜350B程度。バスルーム付きのシングルなら600B〜。ホットシャワー付きで350B〜。1000Bも出せばかなりいい部屋に泊まれる。バックパッカーなら、物価の安いクラビー・タウンのゲストハウスに泊まり、ソンテオでアーオ・ナン・ビーチへ。そこからロング・テイル・ボートでプラーナン・エリアへ行くことをおすすめする。リゾートライフを満喫するなら、ビーチ沿いはもちろん町なかまでホテルやレストランがひしめき合うアーオ・ナン・ビーチ、秘境ムードを味わいつつ静かに過ごすならプラーナン・エリアに宿泊しよう。ローカル色の濃いのんびりしたノッパラッ・ターラー・ビーチ周辺にはモダンな中級リゾートが多い。アーオ・ナン・ビーチから車で20〜30分のクローンムアン・ビーチ、タップ・ケーグ・ビーチには、高級リゾートが点在している。クラビーは11〜4月がハイシーズン。

クラビー・タウンのホテル

H ザ・リバー・シーン
The River Scene MAP●P.457左

- 179 Uttarakit Rd.
- 08-1814-3886
- URL the-river-scene.business.site
- AC S T 1183B〜 CC M V 10室 WiFi

リバーサイドの部屋を確保すれば、窓からはクラビー川を一望できる。ナイトマーケットにも近い便利な立地。部屋は広めで気持ちがいい。

H ラダ・クラビー・レジデンス
Lada Krabi Residence MAP●P.457左

- 90/71-72, Maharaj Rd.
- 0-7561-1457
- Lada Krabi Residence
- AC S T 800〜1500B CC J M V 27室 WiFi

手頃な料金とクラビー・タウン中心地という立地で、日本人に人気の中級ホテル。レセプションは親切。大きなバルコニー付きの部屋もある。

H シティ・ホテル・クラビー
City Hotel Krabi MAP●P.457左

- 15/2-4 Soi 10, Maharat Rd.
- 0-7562-1280 URL citykrabi.com
- AC S T 650〜1800B CC M V 15室 WiFi

市内中心部、ナイトマーケットの目の前で隣がコンビニと便利な立地のわりに安い。老舗ホテルだがリニューアルしていてきれい。レンタバイクあり。

クラビー・タウンのゲストハウス

G バン・トー
Ban To Guesthouse MAP●P.457左

- 22/6 Chao Fah Rd.
- 0-7561-2950、08-6475-0177
- E bantoguesthouse@yahoo.com
- F S 350B AC T 400B〜 CC なし
- 20室 WiFi

部屋はきれいで清潔。全室ホットシャワー付きにしてはリーズナブル。2階以上の部屋のほうが窓から見える景色に開放感があるので、いくつか見せてもらって選ぶといい。ファンの部屋は4室のみ。入口にレストランがある。

G パックアップ・ホステル
Pak-Up Hostel MAP●P.457左

- 87 Uttarakit Rd. 0-7561-1955
- FAX 0-7562-0878 URL www.pakuphostel.com
- AC D 320B AC S 1000B〜 CC J M V (+2%のチャージ) 14室 (112ベッド) WiFi

おしゃれなブティックドミトリー。各ベッドにカーテン、ロッカー、USBあり。女性用1室以外は男女混合部屋で、共用シャワーはお湯が出る。屋上は眺めも雰囲気もいいバーになっている。

アーオ・ナン・ビーチのホテル

H ティパ・リゾート
Tipa Resort MAP●P.458下

- 121/1 Moo 2, Ao Nang Beach
- 0-7563-7527、0-7569-5027〜9
- FAX 0-7563-7211 URL www.krabi-tiparesort.com
- AC バンガロー S T 7000B〜
- CC J M V 120室
- プール WiFi バンガローなど一部客室は電波が弱い

ビーチまで徒歩約3分の中級リゾート。入口近くにホテル棟があり、バンガローは丘の上の林の中にある。写真のチーク材を使用したバンガローは AC S T 8500B〜。大手スパ・チェーンの「Let's Relax」も入っている。

H ココテル・クラビー・アーオナン
Kokotel Krabi Ao Nang MAP●P.458下

- 459/2 4203, Tambon Ao Nang
- 0-7569-5462 URL www.kokotel.com
- AC S T 2400〜3800B
- CC A D J M V 72室 プール WiFi

日本人経営のホテルブランドで、ファミリータイプの部屋や屋上のプールなど、ファミリー向けの設備が充実。アーオ・ナン・ビーチの中心部にあり、ビーチまで徒歩5分と便利な立地。

タイプチ情報 屋台や食堂で飲める「オーリアン（โอเลี้ยง）」。砕いたタマリンドの種を煮出して作る黒い飲み物で、独特の香りと苦味がありハマる人はハマる。一度試してみよう。

H プラーナン・イン
Phra Nang Inn MAP●P.458下

- Ao Nang Beach 0-7563-7130
- URL phrananginn.vacationvillage.co.th
- AC S T 1950B～ CC AJMV 室 69室
- プール WiFi

ビーチ前にある3つ星ホテル。プールを囲むように建つビーチ・ウイングとスパ・ウイングがあり、客室は5タイプ。どの部屋もそれぞれ異なる色使いでかわいい。スパ・ウイングには客室内にバスタブがありカップル向き。

アーオ・ナン・ビーチのゲストハウス

G ジンダ
Jinda Guest House MAP●P.458下

- 247/6 Moo 2, Ao Nang Beach 0-7569-5068
- 料 F S T 600B(バス共同) ～800B
- AC S T 800B～
- CC なし 室 9室 WiFi

このあたりに並ぶ低料金ゲストハウスの1軒。エアコンの部屋と一部ファンの部屋はテレビ、冷蔵庫付き。感じのいい女性主人が迎えてくれる。共用シャワーもお湯が出る。

G グルー・アーオ・ナン・クラビー
Glur Ao Nang Krabi MAP●P.458下

- 22/2 Moo 2, Ao Nang 08-7279-7447
- URL krabiglurhostel.com AC D 600B～ AC S T 1500B～ CC MV 室 8室+23ベッド プール WiFi

巨大な岩山の麓にあるアットホームな宿。ドミトリーは個々に大きなクローゼットとカーテンが付いていて快適。ハンモックが設置された部屋もある。宿泊者用のキッチンも。

プラーナン・エリアのホテル

H ラヤバディ
Rayavadee MAP●P.458上

- 214 Moo 2, Phranang Beach
- 0-7581-7630 (03)6806-6204
- URL www.rayavadee.com AC S T 9900B～
- CC ADJMV 室 101室 プール WiFi

切り立つ石灰岩の岩壁を間近にするプールやレストランを備え、クラビー特有の自然に囲まれた5つ星リゾート。広大なガーデンは野趣満点。スパやレストランには動物のモチーフが随所にあしらわれるなど、上質の空間に遊び心を取り入れているところも魅力。

プラーナン・エリアのゲストハウス

G ラパラ・ロック・ウッド・リゾート
Rapala Rock Wood Resort MAP●P.458上

- 559 Moo 2, Ao Nang
- 08-0973-7778 RAPALARailay
- 料 F S 600B～ AC S T 1200B～
- CC なし 室 40室 プール WiFi

ホテルの値段が高いライレーにあってリーズナブルな宿。通りから高台に上った場所にあり、海を見下ろせる。小さいがプールもある。周辺は夜になるとにぎわうバー・エリア。

ノッパラッ・ターラー・ビーチのホテル

H リトルホーム・アーオ・ナン
Little Home Ao Nang MAP●P.458下

- 155/13-15 Moo 3, Ao Nang
- 08-6268-4351 URL littlehomeaonang.com
- AC S T 1600B～ 室 10室 WiFi

パステル調にまとめられた部屋は明るく広々としていて気持ちよく過ごせる。クローゼットやソファーもゆったりサイズ。ビーチまでは徒歩10分ほど。

H クラビー・アクアマリン・リゾート
Krabi Aquamarine Resort MAP●P.458下

- 169 Moo 3, Ao Nang Beach
- 08-1086-4479
- URL www.krabiaquamarineresort.com
- AC S T 1500B～ CC MV
- 室 28室 プール WiFi

庭園風の敷地の中央にあるプールを取り囲むように部屋が並ぶ。スタンダードでも広々。ビーチから少し奥まった場所なので静か。

郊外のホテル

H ナカマンダ・リゾート&スパ
Nakamanda Resort & Spa MAP●P.457右外

- Khlong Muang Beach 0-7564-8200
- 09-8765-6707 URL nakamanda.com
- AC S T 5668B～ CC MV
- 室 39室 プール WiFi

秘境の雰囲気が漂うクローンムアン・ビーチにある高級スパリゾート。全室天然木の風合いを生かしたヴィラタイプ。ジャクージやプール付きのヴィラもある。スパのトリートメントメニューも豊富。

レストラン

タイ南部の都市のなかでもクラビー・タウンは、ローカル食堂、マーケット、西洋料理ともに安くておいしい店が多い。アーオ・ナン・ビーチやプラーナン・エリアはツーリスト向けのレストランが多く、値段も高い。アーオ・ナン・ビーチの海沿いにはシーフードレストラン街がある。

R バーンナラー・ローティ
Bangnara Roti MAP●P.457左

- 92/27 Vicar Rd.
- 09-2939-6522
- 毎日6:30～14:00
- CC なし

早朝から地元の人々でにぎわう名物食堂で、人気はロティというふわふわさくさくのパン。チキンカレーとのセット40Bと格安だが、しっかりおいしい。甘々のミルクティー・テータリクもおすすめ。

R バイトゥーイ・シーフード
Bai Toey Seafood MAP●P.457左

- 79 Kongkar Rd.
- 0-7561-1509
- 毎日10:00～22:00
- CC MV （500B以上）

クラビー川を見晴らす場所にあり、地元タイ人でにぎわう。魚と野菜のタイ南部風カレー150B、マッサマン、ケーンソムなど、南部特産のシーフードはどれも新鮮でおいしい。

R ウーノ
UNO MAP●P.457左

- 1 Soi 10, Maharat Rd.
- 08-6941-9650
- 11:00～23:00（ローシーズンのみ水曜、仏教日休）
- CC なし

クラビーでいちばんおいしいイタリアンと地元タイ人にも旅行者にも人気。モッツァレラ、ブルーチーズ、エダム、ゴーダの4種のチーズがトッピングされたピザ260Bのほか、自家製パスタやイタリアンコーヒーも楽しめる。

R コ・ダム・キッチン
Ko Dam Kitchen MAP●P.458下

- 155/17 Soi Khlong Hang 4, Moo 3, Khlong Hang Rd.
- 06-2723-1234
- 毎日12:00～21:00
- CC MV

大きな木の葉陰にテーブルがいくつも並ぶオープンテラスの店で、クラビー市民に大人気。タイ南部風の辛いドライカレー・クアクリン150Bなど南部料理のメニューも豊富。

ナイトライフ

N アーオ・ナン・センターポイント
Ao Nang Centerpoint MAP●P.458下

- Moo 2, Ao Nang Beach Rd.
- 営 テナントによって異なる

アーオ・ナン・ビーチの路地裏にあるエンターテインメントスポット。夜な夜なカラフルなネオンがきらめくビルにバービア、ニューハーフショーを上演するナイトクラブなど20軒以上が入っていて、クラビー最大の歓楽街になっている。

N ウオーキング・ストリート
Walking Street MAP●P.457左

- Soi 8, Maharat Rd., Krabi Town
- 金～日17:00～22:00頃 休月～木

クラビー・タウンで毎週末開かれるマーケット。ヤム（サラダ）、麺類、揚げ物、スイーツ、生ビール、点心などの屋台と、服や靴、雑貨の露店がひしめき合う。特設ステージでは、地元の人たちによる歌やダンスが披露される。ユニークなデフォルメの似顔絵も人気。

スパ

E ワリーラック
Wareerak MAP●P.457右外

- 18, Moo 7, Khlong Thom Nua, Khlong Thom
- 0-7563-7130 FAX 0-7563-7134
- URL www.wareerak.co.th CC AMV

クローン・トム天然温泉の滝（→P.459）の対岸にある温泉スパリゾート。露天風呂でのハイドロセラピーやマッサージなどが体験できるツアーは、3時間1800B、5時間2800Bなど。5泊6日のプログラムも。宿泊施設があり湯治も楽しめる。ジャングルの中にあるので、虫よけの用意を。

Trang ตรัง

交易で栄えた古い港町
トラン

折込表-B10

トランのメインストリート

古くはマラッカ海峡を航行する船の中継地として繁栄したトラン。近郊にはアンダマン海に面した美しいビーチや島が多いため、中継地点として多くのバックパッカーが訪れる。

行き方

バンコクから
AIR ドーン・ムアン国際空港からノックエアが1日1便、所要約1時間20分。詳細はウェブサイト（→P.508）で。トラン空港から市内へはロットゥー、トゥクトゥクで100B。所要約15分。
BUS 南バスターミナルから所要12〜15時間、VIP1065B、1等711B。北バスターミナルから1等763B。長距離バスターミナルから市内へはソンテオ12B、トゥクトゥクで40B〜。所要約15分。
RAIL クルンテープ・アピワット中央駅から毎日2本、所要15〜16時間。寝台は1等1276〜1976B、2等780〜870B、座席は2等420〜460B、3等244〜284B。

ワット・タンタヤーピロム
行き方 ター・クラン通りから踏切を渡って徒歩約5分。駅前からモーターサイやトゥクトゥクで20〜30B程度。

パークメーン・ビーチ
行き方 ター・クラン通り沿いにある乗り場（MAP P.464）からロットゥーで40〜50分、80B。8:00〜16:00の間、毎正時発。

トランの歩き方

駅前からバスターミナルまで市内を巡回する白いソンテオは12B

町の中心は鉄道駅から真っすぐ延びるラーマ6世通りRama 6 Rd.周辺。駅前の広場にはデパートと交番があるほか、線路沿いに商店やレストランが並んでいる。周辺の島の情報は、駅前やラーマ6世通りにある旅行会社で得られる。

おもな見どころ

白亜の仏塔がそびえる
ワット・タンタヤーピロム ★
Wat Tantayaphirom MAP P.465
วัดตันตยาภิรม

真っ白な仏塔が高々とそびえる、トラン随一の規模をもつ寺院。仏塔の中には仏足石が納められており、人々の信仰を集めている。通りの斜め向かいには道教の大きな寺院があって、こちらは華人の参拝者が集まっている。

ワット・タンタヤーピロムは本堂隣の白い塔が印象的

郊外の見どころ

白砂のビーチとそびえる奇岩
パークメーン・ビーチ ★
Haat Pak Meng MAP P.465
หาดปากเมง

トランの西約39km、シー・カオSi Kaoにある白砂が美しいビーチ。沖には石灰岩が浸食されてできた特異な形の島がそびえ、不思議な景観を見せている。ビーチに沿って食堂が何軒もあり、のんびりと遊びに来ているタイ人旅行者も多い。ビーチ北端の船着場周辺には旅行会社があり、周辺の島へのボートツアーをアレンジしてもらえる。洞窟見学やスノーケルのツアーが900B程度から（3〜4人参加の場合のひとりの料金）。船着場のさらに先は小さな漁村。

464

トラン沖の小さな島
ハイ島（ンガイ島）
Ko Hai（Ko Ngai）　★★　MAP P.465

パークメーン・ビーチの沖合、船で約1時間の所にある小さな島。エメラルドに輝く澄んだ海と珊瑚礁、白砂のビーチ以外は何もなく、ただのんびりと過ごすには最適。東海岸のロングビーチ沿いに中級〜高級リゾートが数軒ある。

美しいビーチが広がるハイ島

国立公園に指定された美しい島
クラダーン島
Ko Kradan　★★　MAP P.465

美しい海に囲まれた静かな島。島のほとんどが国立公園になっているため、リゾート開発がハイ島、ムック島より遅れて、進んできたのはここ数年。2008年開業の高級リゾートをはじめ、数軒のリゾートが建設されている。物価はほかの島より高い。

旅行者はまだ少なく、運がよければビーチをひとり占め

住民のほとんどはイスラーム教徒
リボン島
Ko Libong　★★　MAP P.465

約40km²の広さで、トラン周辺では最も大きな島。渡し船が通年毎日出ているので日帰りも可能。島西部にあるトゥン・ヤカ・ビーチThung Yakha Beachは、手つかずの自然が残るワイルドな風景が美しい。ビーチ沿いにリゾートが数軒点在しているが、ローシーズンは開いていない場合もあるので、トランの旅行会社などで予約してから行こう。

リボン島は旅行者の少ない穴場

トラン周辺の島々へのアクセス
近郊の島々へのボートはおもに乾季のみ運航。チャーターする場合は1200〜1700B程度。

ハイ島（ンガイ島）
行き方 パークメーン・ビーチの北端にある船着場から12:30発、所要約50分、450B。船着場までロットゥー80B。トランの旅行会社で島の宿を予約すれば、ロットゥー＋ボートで550B〜。ハイシーズンのみ国立公園入場料200Bが必要。

クラダーン島
行き方 クァン・トゥン・ク埠頭からボートで40〜50分。トラン駅前からロットゥー＋ボートで1時間30分〜2時間。450B。

リボン島
行き方 トラン駅前よりハート・ヤオまでロットゥーで約1時間、80B。そこから渡し船で20分、50B、ビーチまでモーターサイで100B。ロットゥーは8:00〜16:00の毎時、渡し船は30分に1本程度で人が集まりしだい出発。

旅のヒント
旅行会社
アンダマン・アイランズ・ツアー＆トラベル
Andaman Islands Tour & Travel
MAP P.464
66/8 Sathanee Rd.
08-9647-2964、06-2978-9797
Andaman Islands Tour and Travel
毎日7:00〜20:00

タイプチ情報 トラン駅から駅を背に左へ少し行った所に、トラン名物のケーキ屋さん「ケーキ・ロッルート」がある。シフォンケーキのような食感で、小さめのものはおみやげにもなる。

ムック島

行き方 11:30発フェリー250B。ハイシーズンのみロング・テイル・ボートも運航。10:00発、ファラン・ビーチまで350B。

神秘的な洞窟がある
ムック島
Ko Muk

MAP P.465

手つかずの自然が残る素朴な島。10軒ほどのリゾートがある。洞窟の中で海水がエメラルドグリーンに輝く様子が美しい、エメラルド・ケイブが有名。

ホテル

ホテル事情
ホテルは市内に点在。ゲストハウスは、線路沿いの駅前通りに数軒ある。島のリゾートホテルは雨季などのローシーズンには値下がりするが、閉まることも。

トランのホテル

H トゥムリン・タナー
Thumrin Thana Hotel　MAP P.464

住 69/8 Huayyod Rd.　電 0-7521-1211
FAX 0-7522-3288　URL thumrinthanahotel.thumrin.co.th　料 AC S T 1400B～
CC A J M V　室 289室　プール　WiFi

ビジネスマンの利用も多い市内随一の高級ホテル。やや古びてきたが設備の調った部屋は快適。日本料理レストランもある。駅から徒歩約10分。

H マイ・フレンド
My Friend Hotel　MAP P.464

住 25/17-20 Sathanee Rd.
電 0-7529-0197、08-6479-5474
料 AC S 600B T 700B　CC J M V
室 30室　WiFi

駅から徒歩3分のところにある、手頃でこぎれいなホテル。全室テレビ、ホットシャワー付き。朝はトラン名物のケーキとコーヒー、紅茶のサービスあり。

H コー・テン
Koh Teng Hotel　MAP P.464

住 77-79 Rama 6 Rd.　電 0-7521-8622
料 F S T 220～260B AC S T 320B（朝食別）
CC なし　室 40室

1948年創業。木造2階建ての外観はかなりくたびれているが、部屋は広く、こざっぱりしていてきれい。外国人旅行者の利用も多い。入口はカフェでWi-Fi無料。FAX 220Bの部屋以外はテレビ付き。

ハイ島（ンガイ島）のホテル
トランの駅前通りに並ぶオフィスで予約や交通の手配

が可能。島にはビーチ沿いに中級リゾートがあるだけ。食事もリゾートのレストランで食べるしかない。

H タップワリン・リゾート
Thapwarin Resort　MAP P.465

住 117 Moo 4, Ko Ngai　電 08-1894-3585
URL www.thapwarin.com　料 AC S T 2700B～
室 29室　CC J M V　WiFi

ビーチフロントの敷地内に瀟洒なコテージが並ぶリゾート。各コテージに設けられたウッドデッキにはソファやチェアが置かれ、リラックスできる。パークメーン・ビーチからロング・テイル・ボートでの送迎あり（要予約、有料）。

H コ・ハイ・ファンタジー・リゾート&スパ
Koh Hai Fantasy Resort & Spa　MAP P.465

住 5 Moo 4, Ko Ngai　電 0-7529-0805
トランの予約オフィス　電 0-7521-0317
バンコクオフィス　電 0-2316-3577、0-2317-1274～5
URL www.kohhai.com　料 AC S T 3310B～
CC M V　室 90室　プール　WiFi

カリビアンとバリのふたつのゾーンに分かれており、それぞれ名前にちなんだコーディネート。最も豪華なオーシャン・フロント・プール・ヴィラ（写真）は、AC S T 1万7145B。プールやレストラン、バーなどの設備も充実している。

クラダーン島のホテル

H ザ・セブンシーズ・リゾート
The Seven Seas Resort　MAP P.465

住 221 Moo 2, Ko Kradan
電 08-2490-2442、08-2490-2552
URL www.sevenseasresorts.com
料 AC S T 4500B～　CC A J M V
室 39室　プール　WiFi 共用エリアのみ

クラダーン島で最も設備の調った高級リゾート。朝日の美しいビーチを目の前に、バンガローやヴィラが並ぶ。バンガローはガーデンビュー、ヴィラ以上のカテゴリーは、部屋から海が見える。レストラン、ビーチバー、スパもある。

市街の北の入口となる時計塔

Hat Yai หาดใหญ่

活気みなぎる南部最大の商業都市
ハート・ヤイ
（ハジャイ）

バンコク
折込表-C10

早口の南部なまりでハジャイ、ハニャイと聞こえることが多いが、ハート・ヤイHat Yaiが正式名称。マレーシアとの交易で栄えるこの町は、高層ホテルやデパートが並び、鉄道、幹線道路、航空路が交わる南部タイの交通、経済の要衝だ。

行き方

バンコクから
AIR スワンナプーム国際空港からタイ国際航空が1日7便、所要約1時間25分～1時間30分、2635B～。格安航空会社は各社のウェブサイト参照（→P.508）。

ハート・ヤイの歩き方

ハート・ヤイの市街は鉄道駅の東西に大きく広がっており、ホテルやレストランは鉄道駅の東側に線路と並行して南北に延びる3本のニパット・ウティット通りNiphat Uthit 1st～3rd Rd.周辺に集まっている。駅舎は東側の市街に面しており、駅から真っすぐ歩くとすぐ右側にロビンソン・デパートがある。長距離バスターミナルは市街の南外れにあり、やや不便。ほとんどの長距離バスはペッカセーム通りにある時計塔（プラザ、あるいはホー・ナーリカーと呼ばれる）の前を通るので、そこで下車すれば時間の節約になる。ヤラーやパッターニー、トランなどからのロットゥー（ミニバス）は、希望の場所やホテルまで送ってくれるので便利。

ハート・ヤイで昼間にぎやかなのはキムヨン・マーケット周辺の屋台街と、時計塔裏の市場。リー・ガーデンズ・プラザからオデーン・ショッピングモールにかけての一帯はショッピングセンターやフカヒレ料理レストラン、みやげ物屋、マッサージ店が多く、夜になるとマレーシアなどからの旅行者がどっと繰り出してにぎやか。

客待ちするトゥクトゥク

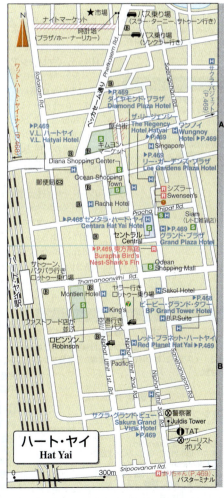

タイ南部
トラン／ハート・ヤイ（ハジャイ）

注意 2023年5月現在、ソンクラー県のハート・ヤイ周辺には日本の外務省より「不要不急の渡航は止めてください」が発出されています。

467

行き方

ハート・ヤイのバスターミナルから市街地へはトゥクトゥクで30～40B。

バンコクから
BUS 南バスターミナルから所要約14時間、VIP 1190B、1等785B。
RAIL クルンテープ・アビワット中央駅から1日5本、所要16～17時間。長旅となるので寝台がおすすめ。列車により1等寝台1390～2590B、2等寝台553～943B、2等座席453B、3等258B。

ワット・ハート・ヤイ・ナイ
行き方 市街からモーターサイで所要約10分、往復80～100B。

旅のヒント

空港から市内へ
エアポートタクシーで約30分、300B（市街から空港は280B）。乗合ミニバスは80Bで、希望の場所まで送ってくれる。

インフォメーション

TAT MAP P.467-B
Juldis Tower, Niphat Uthit 3rd Rd.
0-7424-3747
毎日8:30～16:30

ツーリストポリス MAP P.467-B
1155 24時間

おもな見どころ

ハート・ヤイ随一の寺院
ワット・ハート・ヤイ・ナイ
Wat Hat Yai Nai   MAP P.467-A外

壁のない涼しげなお堂に横たわる寝仏

ペッカセーム通りを空港方面に向かい約3kmの所にある大きな寺院。全長35m、高さ15m、幅10mの寝仏があり、お参りに訪れるタイ人でにぎわっている。寝仏の基壇部分は納骨堂のようになっていて、背中側から入ることができ、内部を見学できる。

🐘 国境を越えよう

ハート・ヤイHat Yaiからブキッ・カユ・イタムBukit Kayu Hitam（マレーシア）へ

ハート・ヤイからマレーシアへは、サダオSadao経由でブキッ・カユ・イタムBukit Kayu Hitamに入るのが一般的で、アクセスも便利。バス、ロットゥー（ミニバス）、あるいはタクシーで簡単に行ける。バスは10分ごとに出ていて20B。国境の開門時間はタイ側5:00～24:00（マレーシア側は現地で確認のこと）。両替はタイとマレーシアの間の免税店、マレーシアに入ってすぐ右側にある食堂でできる。2023年5月15日現在、1マレーシア・リンギットは約30円。

ハート・ヤイHat Yaiからパーダン・ベーサーPadang Besarへ

パーダン・ベーサーPadang Besar経由でマレーシアへ行く場合は、ハート・ヤイのバスターミナルからバスで所要約2時間、40B。市街から出るロットゥーで60B程度。マレーシア側の地名表記もPadang Besarでタイ側と同じだが、読みはパダン・ベサール。鉄道駅は歩いて約5分。国境の開門時間はタイ側5:00～21:00、マレーシア側6:00～22:00だが、時差が1時間あるので実質同じ時間。

ホテル

ホテル事情

ハート・ヤイはマレーシアからの行楽客が多い土地柄で、イスラム教の休日である金曜から混雑するので注意。

高級ホテル

センタラ・ハート・ヤイ
Centara Hat Yai Hotel   MAP P.467-A
住 3 Sanehanusorn Rd.
☎ 0-7435-2222 FAX 0-7435-2223
URL centarahotelsresorts.com
料 AC S T 2610B～ CC A D J M V
室 246室 プール WiFi

ビーピー・グランド・タワー
BP Grand Tower Hotel   MAP P.467-B

住 74 Sanehanusorn Rd. ☎ 0-7435-5355
FAX 0-7423-9767 料 AC S T 900B～（朝食別）
CC J M V 室 247室 プール WiFi

町の中心に建つ高級ホテル。セントラル・デパートと同じビル内にあり、6階がロビーで客室は7～18階。ロビーはベージュと黒のモダンなインテリア。プール、サウナ、フィットネスセンター、スパを完備。タイ、インドネシア、日本、中国料理のレストランもある。

市街南部のやや静かなエリアにある。客室内にはソファも備えられ快適に過ごせる。朝食付きなら1200B～。

注：2017年から、国境を接する国から空路以外でのビザなし入国が、暦年で2回までに制限されている。隣接国を日帰りなどで訪れる場合は、出入国の回数に注意。

🏨 リー・ガーデンズ・プラザ
Lee Gardens Plaza Hotel　MAP●P.467-A

- 29 Pracha Thipat Rd.　0-7426-1111
- FAX 0-7435-3555　URL www.leeplaza.com
- 料 AC S T 1461B〜　CC A J M V
- 室 405室　プール　WiFi

ショッピングモールの上層階にある大型ホテル。10階がロビーでそれ以上が客室。ミニバー、テレビ、ヘアドライヤー付き。最上階のスカイレストランからの眺めもいい。朝食はビュッフェ。

中級ホテル

市街に手頃な中級ホテルが多数建ち並んでいる。滞在中パスポートを預けさせられるところが多い。

🏨 ワンノイ
Wungnoy Hotel　MAP●P.467-A

- 114/1 Saengchan Rd.
- 0-7423-6010
- FAX 0-7423-6577
- 料 AC S T 1100B〜
- CC M V　室 72室　WiFi

2011年に改装オープン。繁華街にも近く何をするにも便利な場所にある手頃なホテル。客室には小さいながらもテラス付き。

🏨 サクラ・グランド・ビュー
Sakura Grand View Hotel　MAP●P.467-B

- 186 Niphat Uthit 3rd Rd.　0-7435-5700
- 料 AC S T 1440B〜　CC J M V　室 291室　WiFi

高層の中級ホテルで、内装は重厚でゴージャス。客室は窓からの眺めがよく、セーフティボックス、ミニバー、衛星放送チャンネル付きテレビも設置。バスタブ付き。系列のサクラ・バジェット Sakura Budget Hotel（MAP P.467-A外、AC S T 590B〜）はアットホームな雰囲気で、部屋も清潔。

🏨 ザ・リージェンシー
The Regency Hotel Hatyai　MAP●P.467-A

- 23 Prachatipat Rd.　0-7435-3333
- URL theregencyhotelhatyai.th-thailand.com
- 料 AC S T 1100B〜　CC A J M V
- 室 436室　プール　WiFi

ホテルやショッピングセンターが集まるにぎやかなエリアにあり、徒歩圏内でさまざまな用事が済ませられるのが便利。ホテル自体も料金の割には高級感あり。客室は広めで、窓が大きいのもいい。

🏨 ダイヤモンド・プラザ
Diamond Plaza Hotel　MAP●P.467-A

- 62 Nipha Uthit 3rd Rd.　0-7423-0130
- 料 AC S T 1000B〜　CC A M V　室 269室　WiFi

にぎやかなエリアにある大型の高層ホテルで、どこからもよく目立つ。際立った特徴はないが、手頃な料金で快適な客室が利用できるハート・ヤイならではのホテル。大きな吹き抜けになったロビーはゴージャス。

🏨 V.L. ハートヤイ
V.L. Hatyai Hotel　MAP●P.467-A

- 1-3-5-7 Nipha Uthit 1st Rd.
- 0-7422-3660　URL www.vlhatyaihotel.com
- 料 AC S T 980B〜　CC A J M V
- 室 104室　WiFi

ハート・ヤイに多い比較的高層の大型ホテル。スタンダードの客室にも大きなデスクが備わり、全面窓で市街の眺めもいい。グレードが上のタワールームはテーブルとチェアが置かれてよりゴージャス。

🏨 グランド・プラザ
Grand Plaza Hotel　MAP●P.467-A

- 24/1 Sanehanusorn Rd.　0-7423-4340
- 料 AC S T 890B〜　CC A M V　室 215室　WiFi

ハート・ヤイの繁華街にある手頃なホテル。やや古さを感じさせる重厚感ある内装ながら、清潔に保たれており快適。館内にタイ式マッサージ店あり。

手頃なホテル

🏨 レッド・プラネット・ハートヤイ
Red Planet Hat Yai　MAP●P.467-B

- 152-156 Nipha Uthit 2nd Rd.　0-7426-1011　URL www.redplanethotels.com
- 料 AC S T 599B〜　CC A J M V　室 148室　WiFi

フィリピンやインドネシアにもチェーン展開する手頃なホテル。ゲストハウス並みの料金で、ホテルの清潔な個室が利用できるのはお得感あり。家具などの室内設備はゲストハウス並みで、セーフティボックスがベッドサイドにあるのもおもしろい。

レストラン

シンガポールやマレーシアでポピュラーな肉骨茶（バクテー＝豚の漢方風スープ）の店も多い。

🍴 東方燕窩
Burapha Bird's Nest-Shark's Fin　MAP●P.467-B

- 20-24 Sanehanusorn Rd.　0-7423-2415
- 営 毎日9:00〜23:00　CC J M V

フカヒレ（魚翅）とツバメの巣（燕窩）が食べられる。フカヒレのスープ500〜1500B。ツバメの巣は200〜1000B。

🍴 まりちゃん
Marichan　MAP●P.467-B外

- 109 Soi Khumutit 1, Thungsao 2
- 08-1595-2156　URL Marichan japanese restaurant　営 月〜土11:00〜14:00、16:00〜21:30　休 日　CC V（+3%のチャージ）

バスターミナル近くにある、ハート・ヤイで唯一日本人が経営する日本料理店。各種定食類はボリューム満点。

タイプチ情報　ハート・ヤイやスンガイ・コーロクなどマレーシア国境に近い町は、金曜日（イスラームの休日）になるとマレーシア人が大挙して遊びに訪れるため、ホテルなどが混雑する。

Songkhla สงขลา

湖畔に広がる文化都市
ソンクラー

海と湖に挟まれたソンクラー

行き方

バンコクから
BUS 南バスターミナルから所要13～16時間、VIP1285B、1等775B。

ハート・ヤイから
BUS 所要約50分、普通25B。ロットゥーは40B。

ソンクラーの旧市街

町の西側に広がるソンクラー湖

サミラー・ビーチの人魚像は記念撮影スポット。2018年末に何者かが仕掛けた爆弾で損傷してしまった

旅のヒント

シンゴラとソンクラー
第2次世界大戦開戦時、真珠湾攻撃に先立って日本軍はマレー半島に上陸。そのときの上陸地点のひとつがここソンクラーで、当時はシンゴラと呼ばれていた。

　ソンクラー湖とタイ湾を隔てる細長い半島に位置するソンクラーは、南部最大の町ハート・ヤイを擁するソンクラー県の中心となる都市。活気あふれる商業都市ハート・ヤイに対し、大学や博物館のある落ち着いた港町だ。

ソンクラーの歩き方

　ハート・ヤイからのバスはラムウィティ通りRamwithi Rd. にある大きな交差点近くの学校の前に着く。サミラー・ビーチやカオ・タン・クワンへ行くならここからモーターサイが利用できる。交差点を左折するとその先チャナ通りChana Rd.の右側が国立博物館、左側に連なる高さ2m以上、全長143mもある古いれんがの壁City Gate Wallは、1830年代に当時の統治者プラヤー・ウィチアン・キリPhraya Vichian Khiriによって建てられたもの。さらに進んで突き当たりを左折すると、その先は古い中国風のタウンハウスが連なる旧市街で、ノスタルジックな雰囲気がタイ人観光客の人気を集めている。

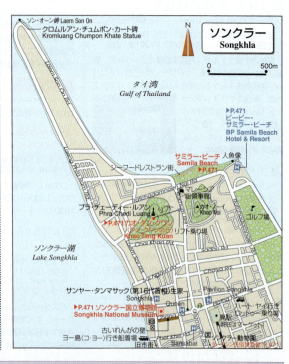

注意　2023年5月現在、ソンクラー周辺には日本の外務省より「不要不急の渡航は止めてください」が発出されています。

470

おもな見どころ

建物自体も展示物
ソンクラー国立博物館
Songkhla National Museum
MAP P.470

19世紀後半に建てられた、緩やかな傾斜の赤い屋根と白壁をもつタイ南部風中国様式の2階建ての屋敷を、博物館として公開している。1階ではおもに中国や欧州などからもたらされた陶磁器や先史時代の工芸品を展示。2階にはタイや中国の古い家具や仏像などがある。仏像は、7〜12世紀のシュリーヴィジャヤ様式など、貴重なものが観られる。

国立博物館は中国風の建物

ソンクラー国立博物館
住 Vichianchom Rd.
電 0-7431-1728
開 水〜日9:00〜16:00
休 月・火・祝　料 30B

白砂の続く人魚像の浜
サミラー・ビーチ
Samila Beach
MAP P.470

町の中心から北に約3km。海岸沿いには公園や遊歩道も整備されていて、散歩や日なたぼっこにもってこい。ここの人魚像はソンクラーのシンボルとなっている。

カオ・タン・クワン
行き方 ソンクラー市街からモーターサイで所要約5分、10〜20B。
リフト
電 0-7431-6330
料 30B（往復）

ソンクラーを一望に見渡せる絶景スポット
カオ・タン・クワン（タン・クワンの丘）
Khao Tang Kuan
MAP P.470

ソンクラー市街から海に向かう途中にそびえるカオ・タン・クワン（タン・クワンの丘）には、頂上にプラ・チェーディー・ルアンPhra Chedi Luangと呼ばれるドヴァーラヴァティー様式の仏塔が建っており、ソンクラー市街全体を見渡せるビューポイント。プラ・チェーディー・ルアンは1866年に建立され、ラーマ6世の手で現在見られる姿に改修された。1996年には前国王ラーマ9世によって仏舎利が納められた。麓からはリフト（斜行式のエレベーター）で上がることができる。

丘の上にそびえる仏塔

リフトに乗れば3分で頂上へ

タークシン民俗博物館
住 Ko Yor
電 0-7433-1184〜9
開 毎日8:30〜17:00
料 60B（外国人料金）
行き方 ソンテオで約40分、20B。運転手に「コ・ヨー、ピピタパン（博物館）」と告げておくこと。タクシーだと往復400B。

島の外れにある大きな博物館
タークシン民俗博物館
The Thaksin Folklore Museum
MAP P.470外

ソンクラーの町から約10kmのソンクラー湖内に浮かぶヨー島は、織物の生産地として知られる。その島内にあるのが、国内の民俗資料を展示した大きな博物館。農業、漁業、工芸などのテーマに分かれた33の展示室は、どれも見応え十分。英語の解説もある。

規模が大きく展示も充実した民俗博物館

ホテル
ビーピー・サミラー・ビーチ
BP Samila Beach Hotel & Resort
MAP P.470

住 8 Ratchadamnoen Rd.　電 09-1047-1455
料 AC グランドビュー ⓈⓉ1650B〜
シービュー ⓈⓉ1750B〜　CC MV
室 208室　プール　WiFi

サミラー・ビーチに面した唯一の高級ホテル。客室はシービューとマウンテンビューがあり、シービューはバルコニー付き。プール、フィットネスセンター、カラオケレストランあり。

タイプチ情報 ソンクラー国立博物館周辺は古い町並みが残っており、建物をリノベーションしてカフェにしたり、ウォールアートを施したりと、レトロ風味を残した町おこしが行われている。

Satun	สตูล

マレーシア国境の小さな町

サトゥーン

折込表-B11

町の周囲に緑が多い

行き方

バンコクから
BUS 南バスターミナルから所要約15時間、VIP 1275B、1等828B。

ハート・ヤイから
BUS 所要1時間30分〜2時間、2等80B。ロットゥー100B。

マレーシア行きの船が出るトゥンマラン船着場

立派なモスクがあるサトゥーンの町

マレーシアと国境を接するサトゥーン県の県都サトゥーン。ここからマレーシアのクアラ・プルリスやランカウイ島へのボートが出ている。

サトゥーンの歩き方

　サトゥーンにツーリストインフォメーションはないので、国境越えや周辺の島々の情報はハート・ヤイのTATで入手しよう。市場の近くには旅行会社が数軒あり、そこでもある程度の情報は手に入る。

国境を越えよう

マレーシアへのボートによる国境越え
　ボートが出るのは、サトゥーンの町から10kmほど離れたトゥンマラン船着場Tammalang Pier。町からはソンテオで30B。モーターサイで約15分、50B（大きな荷物がある場合は100B）。

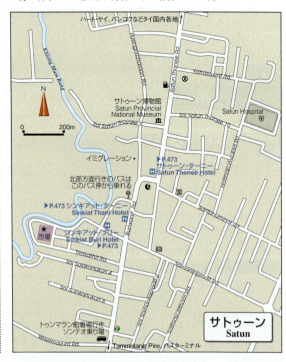

注：2017年から、国境を接する国から空路以外でのビザなし入国が、暦年で2回までに制限されている。隣接国を日帰りなどで訪れる場合は、出入国の回数に注意。

サトゥーンからクアラ・プルリス Kuala Perlis へ

20人ほど乗れるボートが数隻、不定期に往復しているが数は少ないのであてにできない。所要約1時間で料金はひとり100Bまたは8～9マレーシア・リンギット（RM）。どちらの通貨で払うか事前に船頭に確認しておくこと。

サトゥーンからランカウイ島 Pulau Langkawi へ

マレーシアの船会社Langkawi Ferry Service Sdn. Bhd.（Southern Ferry Services & Tours Co. Ltd.）のフェリーが1日3便、サトゥーンとランカウイ島の中心街クアKuahとの間を往復している。所要約1時間30分。ハート・ヤイからロットゥーを利用することもできる。ロットゥー＋フェリーで片道450B、所要約2時間。

旅のヒント

マレーシアの通貨
1RM（マレーシア・リンギット）は約30円（2023年5月15日現在）。

サトゥーン～ランカウイ島のフェリー
サトゥーン発　9:30、13:30、16:00（タイ時間）
ランカウイ発　9:30、13:00、16:00（マレーシア時間）
圏 300B

マレーシアとの時差
タイとマレーシアの時差は1時間。タイが6:00のときマレーシアは7:00。

ホテル

シンキアット・ターニー
Sinkiat Thani Hotel　MAP●P.472

住 50 Buriwanit Rd.　☎ 0-7471-1336
URL www.sinkiathotel.com
料 AC S T 790B　CC M V （+3%のチャージ）
室 40室　WiFi

町の中心にある7階建ての中級ホテル。客室はサトゥーンのホテルではきれいなほう。エアコン、テレビ、ミニバー、バスタブ付き。川に面した客室からは、大きな岩山とヤシ林が眺められ壮観。近くに姉妹ホテルのシンキアット・ブリーもある。

シンキアット・ブリー
Sinkiat Buri Hotel　MAP●P.472

住 20 Apainuratramlukka Rd.
☎ 0-7472-1055
料 AC S T 990B～　CC A M V　室 72室　WiFi

町の中心に近いところにあり、移動にも便利。2021年オープンと、サトゥーンでは比較的新しく、設備も整ったホテル。

サトゥーン・ターニー
Satun Thanee Hotel　MAP●P.472

住 90 Satun Thanee Rd.
☎ 0-7471-1010
料 F S 300B　AC T 590B（朝食別）
室 50室　CC なし　WiFi エアコンの部屋のみ

客室は料金相応で管理もいまひとつ。エアコン付きシングルは改装したので高い。セブンイレブンやパクバラ行きロットゥー乗り場が近いのは便利。モスクのそばにある。

Column
マレーシア国境の素朴な島　タルタオ島

サトゥーンの西沖合、マレーシアとの国境近くにあるタルタオ群島は、珊瑚礁に囲まれた美しい島々。タルタオ島Ko Tarutao（MAP 折込表-B11）は、そのなかでも最大の島だ。島周辺の海水は透明度が高いので、熱帯魚やロブスターを海面下深い所まで見ることができる。タルタオ群島は国立公園に指定されており、宿泊は公営バンガローだけ。素朴で落ち着いた滞在ができる島なので、時間に余裕があったら足を延ばしてみよう。ただし島を訪れることができるのは11月中旬～5月中旬の乾季だけ。それ以外の雨季にはフェリーが出ない。

●タルタオ島への行き方
　フェリーはサトゥーンから約60km北西のパクバラPakbaraの桟橋から出る。サトゥーンからパクバラへはまず国道416号沿いの町ランゴーLanguまで行き（トラン方面行きバスで約1時間20分）、そこからソンテオで約15分、40B。ハート・ヤイからはプラザ・マーケット前から乗り、サーム・エーク・チャロンSam Yaek Chalong（チャロン三差路）まで50B。ここでランゴー方面行きのバスに乗り換える。あるいはパクバラ直行のロットゥーが便利（鉄道駅近くから1時間おき。所要約1時間50分、100B。問い合わせ ☎ 0-7424-5655）。

●パクバラ～タルタオ島間のフェリー
　パクバラ～タルタオ島間のフェリーは所要約1時間30分、250B。

パクバラ→タルタオ　12:30
タルタオ→パクバラ　9:30

ほかにスピードボートも1日2便出ている（ハート・ヤイからのロットゥー込みで500～600B）。

Pattani ปัตตานี

タイ人イスラーム教徒の中心地
パッターニー

折込表-C11

道行く人々もイスラームの装い

行き方

バンコクから
BUS 南バスターミナルから所要約14時間、VIP1305B。

ハート・ヤイから
BUS ロットゥーで70B、所要約2時間。

ヤラーから
BUS 所要約1時間、普通55B。

広い敷地に堂々と建っているクラーン・モスク

ハート・ヤイからバスで約2時間。このあたりまで来ると、人々の会話はタイ語よりもマレー語が多くなる。スカーフ姿の女性が運転するオートバイや、ムスリムの帽子をかぶった男性客の乗ったソンテオが行き交っている。ここには南部で最も美しいといわれるクラーン・モスクがある。

おもな見どころ

改装されてさらに美しくなった
クラーン・モスク
Matsayit Klang MAP P.474

タイ南部で最も美しいといわれるモスク。入口上方に設置されたいくつもの時計は、礼拝の時間を示している。見学するなら腕や足を出さない服装で行くこと。ヤラン通りYarang Rd.沿いにある。

明代に移住した中国人の墓
林道乾の霊廟
San Jao Lim To Kiam MAP P.474外

市内から7kmほど郊外にある。林道乾はパッターニーの女性と結婚し、イスラーム教に改宗してパッターニーに永住した明代の中国人。霊廟の周りには中国式の東屋、龍の噴水などがある。

林道乾の霊廟、クルッセ・モスク
行き方 パッターニー市内からトゥクトゥクで往復100B程度（要交渉）。

中国人が建てたモスク
クルッセ・モスク
Matsayit Kreu-Se MAP P.474外

スルタンの命を受けた林道乾が1578年に建てたもので、林道乾の霊廟の隣にある。パッターニー最古のモスクで、茶色のれんがで建てられており、一見すると廃墟のようだが現役のモスク。履き物を脱いで階段を上り、礼拝堂は回廊から見学すること。

パッターニー最古のモスク

ホテル

マイ・ガーデンズ
My Gardens Hotel MAP P.474

8/28 Charoenpradit Rd. 0-7333-1055〜8
0-7333-6217 F S T 360B AC S T 500B
CC J M V 130室 WiFi

町外れにある手頃なホテル。

注意 2023年5月現在、パッターニー県には日本の外務省より渡航情報「渡航は止めてください」が発出されています。

| Yala | ยะลา |

森と山とビジネスの国境県
ヤラー

バンコク●
折込表-C11

異国情緒あふれるヤラー駅

マレーシアと国境を接し、ゴム栽培が盛んで、ハトの声を競わせる祭りが有名なタイ最南端の県。鉄道駅から市庁舎にかけてきれいに区画化されている。人口の90%以上がイスラーム教徒だ。

広々とした通りが多いヤラー

おもな見どころ

失礼のない服装で訪れよう
モスク
Mosque โบสถ์อิสลาม มัสยิด

町なかには大きなモスクが点在している。勝手に立ち入ったりせず、見学の際は許可を得ること。女性は腕と足、男性は足を出した服装での入場は不可。

イスラーム教徒の心のよりどころ

ヤラーのへそ
ラク・ムアン（町の柱）
Lak Muang หลักเมือง
MAP P.475

プーミポン前国王の命で1962年に完成した、町の中心的な場所。中央には四面のブラフマー像を安置した祠が建ち、周囲には円形に広がる池と庭園がある。

行き方
バンコクから
BUS 南バスターミナルから所要約15時間、VIP1230B。
RAIL クルンテープ・アピワット中央駅から毎日3本、所要約19時間。列車により1等寝台1471～2171B、2等寝台590～940B、2等座席490～570B、3等座席274～354B。

ホテル

■ ヤラー・ラマ
Yala Rama Hotel MAP P.475
住 15-21 Sribumrung Rd. 電 0-7321-3052
FAX 0-7321-4532
料 AC S T 550B～（朝食別）
CC JV 室 132室 WiFi

鉄道駅やバスターミナルのすぐそば。改装されてそこそこキレイに。

■ テープウィマーン
Thepvimarn Hotel MAP P.475
住 31-37 Sribumrung Rd. 電 0-7321-2400
料 F S T 270B AC S T 450B（朝食なし）
CC なし 室 84室 WiFi

商人宿風の中級旅社。門限22:00。

ヤラー
Yala

タイ南部

パッターニー／ヤラー

注意　2023年5月現在、ヤラー県には日本の外務省より渡航情報「渡航は止めてください」が発出されています。

Narathiwat นราธิวาส

タイ湾に面したムスリムの漁村
ナラーティワート

町のすぐそばにある漁港

行き方

バンコクから
BUS 南バスターミナルから1日1本、所要約12時間、VIP1415B。

スンガイ・コーロクから
BUS ロットゥーで所要約1時間、60B。

パッターニーから
BUS ロットゥーで所要約1時間15分、65B。

ハート・ヤイから
BUS 所要約3時間30分、90B。

ワット・カオ・コン
行き方 市内からソンテオで10B。モーターサイなら30B程度。

タイ湾に面し漁業が盛んな港町。町は小さく大きな見どころもないが、風光明媚なビーチがありタイ人の行楽客でにぎわう。風がよく吹くので暑い時期でも比較的過ごしやすい。喧騒もなく、のんびり何日か滞在するのにいい町だ。

● おもな見どころ ●

高さ24mの大仏がある
ワット・カオ・コン
Wat Khao Kong　　MAP P.476外

ナラーティワート市街の南約6kmの所に、タイで最も高いといわれる座仏がある。通りから少し入った小高い丘の上に鎮座し、あたりを見渡している。周囲は公園のようになっており、行楽客も訪れる。

金泥を塗られて光り輝く仏像

ホテル

H インペリアル・ナラーティワート
The Imperial Narathiwat Hotel　　MAP● P.476

住 Pichibamrung Rd.　電 0-7351-5041
URL www.imperialnarathiwat.com　料 AC S T 900B〜
CC A D J M V　室 117室　プール　WiFi

白亜の大きな建物がよく目立つ、ナラーティワート最高級のホテル。町の中心に近く、ビーチまでも1kmと便利な立地。

H タンヨン
Tanyong Hotel　　MAP● P.476

住 16/1 Sophapisai Rd.　電 0-7351-1477
URL tanyonghotel.th-thailand.com
料 AC S T 900B（朝食別）　CC J M V　室 84室　WiFi

テレビやミニバー、ホットシャワーなど設備が調い、料金も手頃。建物はやや古い。朝食が付くと1200B。

レストラン

R マンコーン・トーン
Mangkorn Thong　　MAP● P.476

住 433 Phupapakdee Rd.　電 0-7351-4349
営 毎日9:00〜20:30　CC J M V

川に面したテラスの席で食事ができる、タイ、中国料理のレストラン。町で随一の高級店で1000Bを超える海鮮もあるが、1品100〜400Bと手頃な料理も多い。

注意 2023年5月現在、ナラーティワート県には日本の外務省より渡航情報「渡航は止めてください」が発出されています。

各国語併記の看板がある国境の町

Sungai Kolok　สุไหงโกลก

マレーシア国境にある歓楽の町
スンガイ・コーロク

バンコクから南下し、ハート・ヤイでクアラルンプール方面への路線と分岐してタイ湾側を南下する鉄道路線は、タイ最南端の鉄道駅スンガイ・コーロクが終点。鉄路はつながっているが、国境を越えてマレーシアまで行く列車はない。町自体はあまり大きくないので、1～2時間も歩けば見て回ることができる。ここは国境の町。腕時計を1時間進め、橋を渡ってマレーシアに行こう。

行き方

バンコクから
BUS　南バスターミナルから所要約17時間、VIP1403B。
RAIL　クルンテープ・アピワット中央駅から毎日2本、所要約20時間。列車により1等寝台1538～2238B、2等寝台621～971B、2等座席521～601B、3等座席287～367B。

ハート・ヤイから
BUS　所要約4時間、2等160B。

ヤラーから
RAIL　所要約2時間、1等405B、2等234～364B、3等50～210B。

スンガイ・コーロクの歩き方

スンガイ・コーロクを訪れる旅行者は、マレーシアへの行き来の途中に経由する人がほとんど。この町に滞在するのは、もっぱら歓楽街目当てにやってくるマレーシア人。モーターサイやソンテオのほかにマレーシアのトライショー（人力車）がここでの足だ。遅く着いた人やマレーシアに日帰り旅行をする人は宿を探そう。駅の近くには市場や食堂、ホテルなどが集まっている。両替所もあるので、必要な人はここでなるべく済ませておこう。

国境周辺での両替　タイ側のイミグレーション周辺に銀行や両替所はないので、駅周辺で済ませておくこと。マレーシア側のイミグレーションから道なりに徒歩約3分の所に小さな食堂や雑貨屋が並ぶアーケードがあり、その向かいがクアラルンプールやコタバル行きのバス、タクシー乗り場。それらのチケット売り場で、タイバーツからマレーシア・リンギットへ両替できる。

タイ側のイミグレーション

国境を越えよう

スンガイ・コーロク Sungai Kolok から
ランタウ・パンジャン Rantau Panjang へ

駅前のAsia 18 Rd.を真っすぐマレーシア方向に進むと、徒歩約10分で道路右側に有料道路の料金所のような税関のゲートが現れる。その先へさらに道なりに進むと

列車の運行はないが路床は整備されている

タイ南部　ナラーティワート／スンガイ・コーロク

注意　2023年5月現在、スンガイ・コーロクを含むナラーティワート県には日本の外務省より渡航情報「渡航は止めてください」が発出されています。

川の右がタイ、左がマレーシア

インフォメーション

❶TAT
MAP P.477
国境の橋のたもとにある。
☎ 0-7361-2126
営 毎日8:30～17:00

ツーリストポリス
MAP P.477
TATの隣。
☎ 1155、0-7361-2008

マレーシアからタイへ向かう車

旅のヒント

マレーシアの通貨
単位はマレーシア・リンギット（RM）。1RMは約30円（2023年5月15日現在）。

マレーシアとの時差
タイとマレーシアとの間には1時間の時差がある。タイが6:00のときマレーシアは7:00。

国境の川に架かる橋。橋の手前左側にTATのオフィスと小さなイミグレーションがある。出国の手続きは簡単。パスポートと入国時に綴じ込まれた出国カードを提出し、パスポートに出国スタンプを押してもらって完了。出国手続きが済んだら橋を渡り、マレーシア側のイミグレーションで入国手続きをしよう。スカーフをかぶった女性係官を見ると、イスラームの国へ来たことが実感できる。出入国カードに必要事項を記入してパスポートを提出するとスタンプが押される。日本国籍であればマレーシアには通常3ヵ月間ビザなしで滞在できる。係官によってはそれ以下の日数しかくれないこともあるので、パスポートを渡されたらすぐに確認しよう。マレーシア側の町はランタウ・パンジャンRantau Panjangという。タイが6:00のときマレーシアは7:00と、1時間の時差がある。国境はタイ時間の5:00～21:00（マレーシア側では6:00～22:00）オープン。開門時間は変わることもあるので注意すること。

マレーシアのイミグレーション

ランタウ・パンジャン Rantau Panjang から
コタバル Kota Bharuへ

　国境を越えるとタイ語の看板は消えアルファベットや漢字の看板が目に入ってくる。イミグレーションを過ぎて3分ほど歩いた所にクアラルンプール、コタバル、クアンタンなど各地へのバス、タクシー乗り場がある。マレーシアでの宿泊や国内旅行を予定している人はここからコタバルに行こう。市内までは車で約40分だが、ラッシュ時には1時間以上かかることもある。

マレーシア東海岸最北端の州都　コタバル　Kota Bharu

　この町の名物といえば何といってもナイトマーケット。ランタウ・パンジャンからの29番バスの終点となるバスターミナル周辺は、夕方から盛大な屋台街となる。多くの食べ物屋台をはじめ日用雑貨も売られている。料金表示もしてあるので外国人にも好評だ。毎日夕方から深夜まで営業している。美しいビーチがあることでも知られており、第2次世界大戦開戦時、日本軍が上陸したパンタイ・サバクもそのひとつだ。宿は町なかやビーチのそばに多い。

ホテル

❶ ゲンティン
Genthing Hotel　MAP P.477

住 250 Asia 18 Rd.　☎ 0-7361-3231～40
FAX 0-7361-1259　AC S/T 600～700B
CC JMV　室 205室　プール　WiFi

スンガイ・コーロク随一の大型ホテル。設備は調っており快適。コーヒーショップやディスコ、カラオケもある。

❶ グリーン・ビュー・ブティック
Green View Boutique Hotel　MAP P.477外

住 84 Wonwien Rd.　☎ 09-8671-7037　AC
S 900B　T 950B　CC MV　室 57室　WiFi

中庭を取り囲むような形の建物で、リゾート風の造りになっている手頃なホテル。

❶ ザ・セクレ
The Sekret Hotel Kolok　MAP P.477外

住 552/3 Soi 4, Prachawiwat Rd.
☎ 0-7370-0181　FAX The Sekret Hotel Kolok
AC S/T 790B～　CC AJMV　室 20室　WiFi

町の中心からは少し外れた、市街の南にある2階建てのプチホテル。歓楽街の喧騒から離れて静かに過ごせる。

注：2017年から、国境を接する国から空路以外でのビザなし入国が、暦年で2回までに制限されている。隣接国を日帰りなどで訪れる場合は、出入国の回数に注意。

Column
でかい！すごい！タイの巨像

タイの巨像を巡ろう
　タイはミャンマーと並ぶ東南アジアの仏教大国。人々のあつい信仰心が具現化した巨大な仏像が各地にあり、善男善女がお参りに訪れる。仏像以外の特異な巨像もあり、巨大な建造物探しの旅もおもしろい。

タイの巨大な仏像
・ワット・パクナーム大仏
高さ69m

　神秘的な仏塔内の空間がSNS映えすると人気のワット・パクナーム境内、巨大仏塔の隣に建てられたバンコク最大の座仏像。台座内部は広いホールで、宗教行事などに使われる。（バンコク→P.96）

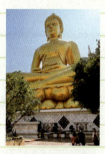

・プラ・プッタ・ラタナー・モンコン・マハー・ムニ
高さ68.75m

　イーサーン（タイ東北部）の小さな町ローイエットの寺院にある、細くて高い立仏像。目立たない存在ながら、立像では世界でも高さベスト30内に入る。（ローイエット→P.348）

・ビッグ・ブッダ
高さ45m

　プーケットを見渡せる丘に建てられた、純白の座仏像。ミャンマー産の大理石をふんだんに使っている。プーケット島の南部には、この大仏が望めるポイントもいくつかある。（プーケット→P.431）

・ルアン・ポー・トー
高さ32m

　古くからの住宅街にある名刹のワット・イントラウィハーン境内にある、重厚な雰囲気の立仏像。境内は建て込んでいるので全貌を見るのが難しい。足元に花などを供えられる。（バンコク→P.100）

仏像以外の巨像
・ピンクのガネーシャ
高さ16m

　何でも望みをかなえてくれると大人気、バンコク郊外のチャチューンサオにあるピンクのガネーシャ。（バンコク郊外→P.113）

・パヤーカンカーク博物館
高さ19m

　巨大なイボガエルの形をした、カエルと地域の民俗文化に関する博物館。広い運河の岸にある、おそらく世界最大級のカエル。カエルの姿で生まれた王子が立派な王に育ったという地域の伝承に基づいている。（ヤソートーン→P.350）

旅のお供にこちらも
地球の歩き方
旅の図鑑シリーズW08
『世界のすごい巨像』
本体1600円+税

タイだけでなく世界各地に立てられた、驚きの巨像が満載。日本の巨像も。

タイ南部　スンガイ・コーロク

479

あなたの旅の体験談をお送りください

「地球の歩き方」は、たくさんの旅行者からご協力をいただいて、改訂版や新刊を制作しています。
あなたの旅の体験や貴重な情報を、これから旅に出る人たちへ分けてあげてください。
なお、お送りいただいたご投稿がガイドブックに掲載された場合は、初回掲載本を1冊プレゼントします！

ご投稿はインターネットから！

URL www.arukikata.co.jp/guidebook/toukou.html
画像も送れるカンタン「投稿フォーム」
※左記のQRコードをスマートフォンなどで読み取ってアクセス！

または「**地球の歩き方　投稿**」で検索してもすぐに見つかります

▶投稿にあたってのお願い

★ご投稿は、次のような《テーマ》に分けてお書きください。
　《**新発見**》──────ガイドブック未掲載のレストラン、ホテル、ショップなどの情報
　《**旅の提案**》─────未掲載の町や見どころ、新しいルートや楽しみ方などの情報
　《**アドバイス**》────旅先で工夫したこと、注意したこと、トラブル体験など
　《**訂正・反論**》────掲載されている記事・データの追加修正や更新、異議、反論など

　　※記入例「○○編20XX年度版△△ページ掲載の□□ホテルが移転していました……」

★データはできるだけ正確に。
　ホテルやレストランなどの情報は、名称、住所、電話番号、アクセスなどを正確にお書きください。
　ウェブサイトのURLや地図などは画像でご投稿いただくのもおすすめです。

★ご自身の体験をお寄せください。
　雑誌やインターネット上の情報などの丸写しはせず、実際の体験に基づいた具体的な情報をお待ちしています。

▶ご確認ください

※採用されたご投稿は、必ずしも該当タイトルに掲載されるわけではありません。関連他タイトルへの掲載もありえます。
※例えば「新しい市内交通バスが発売されている」など、すでに編集部で取材・調査を終えているものと同内容のご投稿をいただいた場合は、ご投稿を採用したとはみなされず掲載本をプレゼントできないケースがあります。
※当社は個人情報を第三者へ提供いたしません。また、ご記入いただきましたご自身の情報については、ご投稿内容の確認や掲載本の送付などの用途以外には使用いたしません。
※ご投稿の採用の可否についてのお問い合わせはご遠慮ください。
※原稿は原文を尊重しますが、スペースなどの関係で編集部でリライトする場合があります。

旅の準備と技術
Travel Tips

タイへの道	482
旅の手続きと準備	484
旅の情報収集	486
タイと近隣諸国 国境の町リスト	488
タイの島＆ビーチリスト	489
旅の季節	490
旅の道具と服装	492
両替と旅の予算	494
入国と出国の手続き	497
交通入門	504
通信事情 インターネット、電話、郵便	515
ホテルについて	518
食事について	520
旅のトラブル	530
病気について	534
簡単タイ語会話	540
早わかりタイの歴史年表	546

ワット・ノーンウェーン（コーンケン → P.353）

旅の準備と技術
タイへの道

海外旅行の最旬情報はここで！
「地球の歩き方」公式サイト。ガイドブックの更新情報や、海外在住特派員の現地最新ネタ、ホテル予約など旅の準備に役立つコンテンツが満載。
「地球の歩き方」ホームページ
URL www.arukikata.co.jp

eチケットとは
現在では紙の航空券はほとんど発行されず、eチケットが主流。航空券を購入すると旅程のデータやリンクが電子メールなどで届くので、自分でプリントアウトして持参しよう。プリントアウトはなくても搭乗できるが、日本出発時やタイ入国時に出国用航空券の予約が入っている証明を求められることもあるので、用意しておいたほうが安心。

オーバーブッキングとは
航空会社が受けた予約とキャンセルのバランスがうまくいかず、座席数より乗客数が多くなってしまうのがオーバーブッキング。運がよければエコノミークラスの航空券でもビジネスクラスの席に空きがあればアップグレードされるが、そうでなければ別便に振り替えられたり、翌日以降の便への変更を余儀なくされたりする。このような事態を防ぐためにも、早めのチェックインを心がけること。

国際観光旅客税
日本からの出国には、1回につき1000円の国際観光旅客税がかかる。原則として支払いは航空券代に上乗せされる。

空路でタイへ

日本とタイを結ぶ直行の定期便は羽田と成田、中部、関空、福岡、札幌、那覇の7空港とバンコク、チェンマイ間にある。東京とバンコクの距離は約4500km、時期により5時間30分〜6時間で到着。気流の関係で復路は往路より所要時間が短くなることが多い。

● 日本発タイ行き航空券の種類
航空券には、1年間有効で日程変更可能など自由度の高い普通運賃のほか、正規割引運賃のペックス航空券や格安航空券など、同じ路線でもさまざまな種類がある。

● 格安航空券とは
団体旅行用などの名目で航空会社が卸した航空券を旅行会社が個人向けにバラ売りしたもの。航空会社では売られておらず、格安航空券を取り扱っている旅行会社に問い合わせる必要がある。料金は時期によって変動するが、繁忙期を除けば格安の料金で東京・バンコクの往復航空券が手に入る。

● ペックス航空券（正規割引運賃）とは
旅行会社だけでなく航空会社からも購入できる正規割引運賃の航空券がペックス航空券。IATA（国際航空運送協会。国際的な航空会社の組織）が定める正規運賃の範囲内で航空会社が独自に値段を決められるため、各航空会社によって微妙に値段が異なる。旅行会社で購入すると手数料が加算され、航空会社のウェブサイトから購入するより高くなるケースも。

■日本とタイ間の最新フライト情報 (2023年3月現在)

航空会社	略号	利用空港	便数	コメント	問い合わせ先
タイ国際航空	TG	羽田	1日2便	乗った瞬間からタイの雰囲気。	☎0570-064-015 URL www.thaiair.co.jp
		成田	1日2便		
		関西	1日1便		
		中部	1日1便		
		福岡	1日1便		
		札幌	1日1便		
全日空	NH	羽田	1日3便	日本語で安心のサービス。	☎0570-029-333 URL www.ana.co.jp
		成田	1日1便		
日本航空	JL	羽田	1日2便	日本語で安心のサービス。	☎0570-025-103 URL www.jal.co.jp
		成田	1日1〜2便		
ZIPAIR	ZG	成田	1日1便	成田発着のLCC。	URL www.zipair.net/ja/
エアアジア (タイ・エアアジア)	FD	成田	1日1便	スワンナプーム国際空港利用のLCC。	URL www.airasia.com
ピーチ	MM	関西	1日1便	関空発着のLCC。	URL www.flypeach.com
タイ ベトジェット	VZ	関西（チェンマイ行き）	月水金日	関空、福岡発着のLCC。スワンナプーム国際空港利用で国内線乗り継ぎが便利。	☎(03)5937-5071 URL th.vietjetair.com
		福岡	月水金土		

羽田：HND東京国際空港（羽田空港）、成田：NRT成田国際空港（成田空港）、関西：KIX関西国際空港、中部：NGO中部国際空港 セントレア、福岡：FUK福岡空港、札幌：新千歳空港

注：国境越えに関する最新情報は必ず現地で確認を。

●LCCとは

　機内サービスや予約システム、機材の種類など、さまざまな部分で経費を削減して低運賃を実現した、格安運賃の航空会社。ローコストキャリア Low Cost Carrierの頭文字を取ってLCCと呼ばれる。キャンペーンなどがあれば、破格の料金でタイまで行ける。

陸路でタイへ

　国境を接するマレーシア、ミャンマー、ラオス、カンボジアからタイに陸路で入国できる。いずれの場合も、次に挙げる外国人の通過可能なポイントから入国しなければならない。

●鉄道を利用する
マレーシアから：パーダン・ベーサー（→P.468）から入国する。マレーシア側も駅名の英語表記は同じだが、読みは「パダン・ベサール」となる。駅構内に両国のイミグレーションがあるので、それぞれで出国と入国の手続きをする。
ラオスから：ヴィエンチャン郊外のターナーレーン駅からノーンカーイ（→P.361）行き列車が1日2本。10:00と17:30発、所要15分、20B。

●道路や橋を利用する
マレーシアから：ブキッ・カユ・イタムからサダオ経由でハート・ヤイ（→P.467）、あるいはチャングルンからパーダン・ベーサー（→P.468）へ、ケローからベトンへ、東海岸のランタウ・パンジャンからスンガイ・コーロク（→P.477）へ入れる。
ミャンマーから：タチレイ～メーサーイ（→P.276）とミヤワディ～メーソート（→P.316）は橋を渡って、ティーキー～プー・ナム・ローン（カンチャナブリー郊外→P.194）は陸路を歩いて入国できる。
ラオスから：ヴィエンチャンから大河メーコーンに架かるタイ・ラオス友好橋でノーンカーイ（→P.361）へ、第2友好橋でサワンナケートからムクダーハーン（→P.372）へ、第3友好橋でター・ケークからナコーン・パノム（→P.369）へ、第4友好橋でフエサイからチェンコーン（→P.281）へ、第5友好橋でパークサンからブンカーンへ行ける。パクセからチョーン・メック（→P.344）、ケンタオからバーン・ナカセンは陸続き。
カンボジアから：ポイペトからアランヤプラテート（→P.227）、クロン・コ・コーンからハート・レック（→P.216）、アンロンベンからシー・サケート県（→P.336）、オスマックからスリン郊外のチョーン・チョーム（→P.332）への国境などが開いている。

船でメーコーンを渡ってタイへ

　友好橋が架かっている国境に渡し船が運航しているところもあるが、外国人は利用できない。

海路でタイへ

マレーシアから：クアラ・プルリスからボートに乗って海を渡り、サトゥーン（→P.472）の港に入る。
ミャンマーから：コータウンから渡し船に乗ってラノーン（→P.422）に入国できる。

注：2017年から、国境を接する国から空路以外でのビザなし入国が、暦年で2回までに制限されている。隣接国を日帰りなどで訪れる場合は、出入国の回数に注意。

LCC利用時の注意
LCCの航空券の購入は通常ウェブサイトから行い、電話を利用すると追加料金がかかる。機内食やブランケット、エンターテインメントなどの機内サービス利用や機内預け荷物も有料。機内持ち込み手荷物や機内預け荷物の重量制限も厳しい。また悪天候などでフライトの時間が変更されたりキャンセルになったりした際も、基本的に他社便への振り替えはないので、余裕をもった旅程が必要。

陸路越境時の注意
ラオスの国境は管理がゆるく、入国審査を受けずに入国できてしまうことがある。またミャンマーのプー・ナム・ローンから入国する際にミニバスの運転手が手続きを代行することがあり、入国のスタンプがパスポートに押されておらず出国時にトラブルになるケースも。陸路で隣接国へ入国する場合は、必ず入国審査を受け、パスポートに入国のスタンプが押されたか確認すること。2023年3月現在、ミャンマーの陸路国境は外国人通過不可。

隣接国入国時に必要なパスポートの残存有効期間と余白ページ
マレーシア：入国時6ヵ月以上、未使用査証欄3ページ以上
ラオス：入国時6ヵ月以上、未使用査証欄見開き2ページ以上
カンボジア：入国時6ヵ月以上、未使用査証欄1ページ以上
ミャンマー：入国時6ヵ月以上、未使用査証欄2ページ以上

旅の準備と技術　タイへの道

旅の準備と技術
旅の手続きと準備

日本にあるタイ大使館、領事館
タイ王国大使館
〒141-0021 東京都品川区上大崎3-14-6
URL site.thaiembassy.jp
(03)5789-2433
ビザに関する電話での問い合わせは不可。
申請:9:00～11:30 受領:14:00～15:00

大阪総領事館
〒541-0056 大阪府大阪市中央区久太郎町1-9-16 バンコック銀行ビル4階
(06)6262-9226～7
URL www.thaiconsulate.jp
申請:9:30～11:30 受領:13:30～15:00

福岡総領事館
〒810-0001 福岡県福岡市中央区天神4-1-37 第1明星ビル2階
(092)739-9088
URL www.thaiembassy.org/fukuoka
申請9:00～11:30、受領13:30～15:00

いずれも土・日曜、タイと日本の祝日は休館。開館時間は変更されることもあるので、事前に確認すること。

タイ国政府によるメンバーシッププログラム
「タイランドエリート」は、タイでの長期滞在を希望する人や頻繁に渡航する人にはうれしいメンバーシッププログラム。メンバーには最長20年間マルチプルエントリービザが発給され、空港では専属スタッフが付き添い、リムジン送迎などのVIP待遇でのスムーズな入出国手続きが可能。そのほか、銀行口座開設、有名ホテルやレストランでの特別優待割引や、ゴルフやスパが無料になるなど特典満載。
URL thailandelite.info

パスポート切替の電子申請が可能に
2023年3月27日より、パスポートの発給申請手続きが一部オンライン化される。残存有効期間が1年未満のパスポートを切り替える場合や、査証欄の余白が見開き3ページ以下になった場合、マイナポータルを通じて電子申請が可能（旅券の記載事項に変更がある場合を除く）。その場合、申請時に旅券事務所へ行く必要がなくなる。

まずはパスポートを取得しよう

ビザを取る人は申請の際にパスポートが必要になるので、遅くとも出発予定日の1ヵ月以上前には、パスポートを取得しておきたい。
　一般用のパスポートは有効期間5年（青い表紙、申請手数料1万1000円）と10年（赤い表紙、申請手数料1万6000円）の2種類。

● パスポートを申請できる場所
都道府県の申請窓口か、国外在住の場合は、在住地管轄の在外公館でできる。詳細は外務省のウェブサイト（URL www.mofa.go.jp/mofaj/）参照。

● パスポート申請に必要な書類
一般旅券発給申請書1通:旅券課の窓口や区市役所、町村役場に用意されている。
戸籍謄本1通：発行から6ヵ月以内のもの。
住民票1通：発行から6ヵ月以内のもの。住民基本台帳ネットワーク運用自治体では原則不要。
写真1枚：縦45mm×横35mmでフチなし、正面上半身で帽子やサングラスなどをしていないこと、無背景、撮影時から6ヵ月以内のもの。写真内の顔のサイズは縦34mm±2mm以内（32～36mm）であること。カラーでも白黒でも可。
身元が確認できる書類：個人番号（マイナンバー）カードや運転免許証、失効後6ヵ月以内のパスポート、船員手帳、海技免状、官公庁や公団職員の身分証明証など1点。あるいはA（健康保険証、年金手帳、恩給証書、身体障害者手帳）2点、もしくはAとB（写真が貼ってある学生証、会社の身分証明証、公の機関が発行した資格証明証、失効後6ヵ月以上経過したパスポート）それぞれ1点ずつ。

申請が受理されると交付予定日が記載された旅券引換書が渡される。発給日（交付予定日の前日）から6ヵ月以内に受領しないとパスポートは無効になる。受け取りは申請者本人のみ可能。

● パスポートの残存有効期間について
タイ入国時、パスポートの残存有効期間が6ヵ月以上必要。残存有効期間が短い人は新しく取り直しておこう。有効期間が残り1年を切れば、切替申請が可能。周辺国へも足を延ばす人は、その国へ入国もしくはビザを申請する際に必要な残存有効期間と査証欄の余白ページ数も確認しておこう。

ビザについて

観光目的で、入国後30日以内に出国する航空便の予約済み航空券を所持していれば、ビザなしで入国し30日（29泊30日）以内の滞在が許可される。この日数以上の滞在を予定している場合、あるい

注：2014年3月19日以前に名前や本籍地などの訂正を行ったパスポート（訂正旅券）の取り扱いに注意！　詳しくは右のURLへ。URL www.mofa.go.jp/mofaj/ca/pss/page3_001066.html

は業務など観光以外の目的で入国する場合は、目的に合ったビザの取得が必要になる。ビザなしでの滞在を繰り返していた場合、ビザなしでの入国やビザの発給を拒否されることもある。

● 観光ビザの種類と有効期限

シングルエントリー：有効期限3ヵ月の間に1回入国し、60日以内の滞在が可能（3ヵ月ではないので注意）。滞在日数が60日以内でも（1日でも）、出国すればビザは無効になる。日本国籍者は日本国内でのみ申請可。有効期限はビザ申請日から数える。

以前発給されていたマルチプルエントリービザ（有効期間内なら何回でも入出国可能なビザ）は、2023年3月現在発給休止中。

● 観光ビザ申請に必要な書類など

東京のタイ王国大使館で日本国籍の旅券所持者が申請する場合。

有効な旅券	残存有効期間入国時6ヵ月以上、査証欄の余白が2ページ以上あるもの。
申請書	すべての欄を記入し、申請者が署名したもの。
申請者カラー写真1枚	縦45mm×横35mm（申請書に貼付する）。
航空券（eチケット）または予約確認書コピー	申請者名、便名、タイ入国日、出国日の記載が必要。航空会社または旅行会社発行のもの。
経歴書	すべての欄を記入し、申請者が署名したもの。
銀行残高証明書原本	申請日に2万B以上に相当する額の残高があること。預貯金通帳のコピーは不可。
タイ入国日から出国日までのスケジュール表と入国の目的 滞在先、旅行先、移動方法、渡航目的、活動などできるだけ詳細に、英文で作成。	
その他の必要書類（職業を証明する書類）	会社員：在職証明書原本、休職証明書原本、会社登記簿謄本原本（発行から3ヵ月以内のもの）。
	会社経営者、自営業：会社登記簿謄本原本（発行から3ヵ月以内のもの）。
	学生：学校発行の在学証明書原本。
	年金受給者：年金証書原本およびコピー、受給年金額がわかる書類。
	主婦／主夫：戸籍謄本原本（発行から3ヵ月以内のもの）と配偶者のパスポート顔写真ページのコピー。
	20歳未満の場合：戸籍謄本原本（発行から3ヵ月以内のもの）、保護者の身元保証書原本と保護者の署名入りの旅券または運転免許証のコピー。
	無職の場合：納税証明書もしくは非課税証明書、または確定申告証明書。身元保証書原本と保護者の署名入りの旅券または運転免許証のコピー。
ホテルの予約確認書	1回もしくはそれ以上の渡航回数分。
申請料	5500円

● 観光ビザの申請方法

ビザ申請には、大使館のウェブサイト上から事前予約が必要で、30日前から予約可能。観光、トランジットビザは、委任状を発行すれば代理人が申請できる。

● 海外旅行保険について

海外旅行保険は、旅行中の死亡、傷害、病気、盗難被害などに対して、かかった費用や被害額を補償するもの。海外旅行保険が自動的に付帯するクレジットカード利用の場合も、補償内容は事前にしっかり確認し、足りないと思ったら別途加入しておこう。

注：タイの出入国に関しては、出発前に必ず最新情報の確認を。

滞在日数の延長手続き

観光ビザで入国した場合、タイ国内のイミグレーションオフィスで滞在期間の延長を申請できる。申請に必要な書類は申請用紙（窓口でももらえる）、パスポート、写真（縦60mm×横40mm）2枚。手数料は1900B。ビザなしで入国した場合は30日間の延長が1回のみ可能。係員の判断によって延長が許可されないこともある。また、許可された滞在期間を超過してしまった場合、出国時に超過1日につき500Bの罰金が科せられる。

バンコクのイミグレーションオフィス
住Government Center Chaengwattana Bldg., B, No. 120, Moo 3, 904 Chaeng wattana Rd.
電1178, 0-2572-8500
URL www.immigration.go.th
開月〜金 8:30〜16:30
休土・日

ビザなし滞在の累積日数に注意

タイは不法就労など違法な滞在に厳しく対処している。ビザなしでの滞在を繰り返すと、ビザなしでの入国が許可されなくなるケースもあるので注意。

ビザ申請書類の入手先

観光ビザ申請に必要な書類は、タイ王国大使館のウェブサイトからダウンロードできる。
URL site.thaiembassy.jp

申請に必要な書類の記入法

ダウンロードした必要書類には、コンピュータ上で必要事項を英文大文字で入力すること。手書きだと審査に時間がかかることもある。

「地球の歩き方」ホームページで海外旅行保険について知ろう

「地球の歩き方」ホームページでは海外旅行保険情報を紹介している。保険のタイプや加入方法の参考に。
URL www.arukikata.co.jp/web/article/item/3000681

旅の準備と技術
旅の情報収集

タイ国政府観光庁（TAT）
東京オフィス
- 〒100-0006　東京都千代田区有楽町1-7-1　有楽町電気ビル南館2階259号
- (03)3218-0355
- (03)3218-0655

大阪オフィス
- 〒550-0013　大阪府大阪市西区新町1-4-26　四ツ橋グランドビル
- (06)6543-6654
- (06)6543-6660

福岡オフィス
- 〒812-0027　福岡県福岡市博多区下川端町2-1　博多リバレインイーストサイト11階
- (092)260-9308
- (092)260-8181
- 各オフィスとも9:00～12:00、13:00～17:00
- 土・日・祝

渡航先で最新の安全情報を確認できる「たびレジ」に登録しよう
外務省提供の「たびレジ」は、旅程や滞在先、連絡先を登録するだけで、渡航先の最新安全情報を無料で受け取ることのできる海外旅行登録システム。メール配信先には本人以外も登録できるので、同じ情報を家族などとも共有できる。またこの登録内容は、万一大規模な事件や事故、災害が発生した場合に滞在先の在外公館が行う安否確認や必要な支援に生かされる。安全対策として、出発前にぜひ登録しよう。
URL www.ezairyu.mofa.go.jp/tabireg

事前の情報集めがスムーズな旅のカギ
旅をするのに確かな情報は欠かせない。そしてタイに対する理解を深めるためにも、出発する前にいろいろ下調べをしておきたい。日本にいながらにしてタイの情報を入手し、旅を充実したものにするためには、以下の場所を活用しよう。

● **タイ国政府観光庁（TAT）**
URL www.thailandtravel.or.jp
タイのツーリズムを司る政府機関。オリジナルのガイドブック、鉄道時刻表やバスの時刻表、中級以上のホテルの資料などが無料でもらえるほか、ウェブサイトからもダウンロードできる。資料の郵送を希望する場合は、欲しい資料や具体的な質問をはがきに明記のうえ申し込むこと。

旅行経験者の話を聞こう
実際に旅行をしてきた人に話を聞くのもタメになる。自分の体験をふまえ、役に立つアドバイスをもらえることが多い。大学なら旅行のサークルに顔を出してみれば、タイ旅行の経験者に出会えるはずだ。タイ好きが集まるタイ料理店、タイ食材を扱う店やタイ雑貨店、タイ式マッサージ店などに行けば、お店の人はたいていタイ好きだし、タイ人が働いていれば生のタイ情報を直接聞くこともできるだろう。

インターネット上の掲示板でのやりとりも盛ん。上手に的を絞った質問をすれば、どこかの誰かが的確な答えを返してくれる。

現地で情報収集
タイ到着後に情報が欲しい場合はタイ国政府観光庁（TAT）のオフィス（MAP P.72-A4～A5）へ行こう。タイ全土の観光パンフレットが揃っている。県庁所在地クラスの地方都市にはたいていTATのオフィスか、地元の自治体が運営する観光オフィスがあり、周辺のエリアも含めて地図やパンフレットが用意されている。英語版のものもあり参考になる。地方のスタッフは概して親切だが英語が通じないケースも多く、ニコニコと資料を手渡してくれるだけで質問などはできないことも多い。宿の予約などはしてもらえず、バスや鉄道などの情報はバスターミナルや駅まで行って自分で調べるしかない。

タイ語を身につけておこう
英語も日本語もあまり通じないタイを旅するのに、事前に少しでもタイ語を身につけておくと便利だ。日本国内にあるタイ語学校では、あいさつや数字など基本中の基本を学ぶ旅行者向けの短期集中コースを設けているところもあるので、問い合わせてみよう。タイ語が話せたりタイ文字が読めたりすると、世界が突然広がる。

タイ旅行お役立ちウェブサイト *Column*

各種インフォメーション
●**タイ国政府観光庁（日本語）**
URL www.thailandtravel.or.jp
　タイ国政府観光庁日本支局のサイト。エリアやアトラクションの情報のほか、各地で行われるイベントの情報など充実した内容。タイの本国サイトはURL www.tourismthailand.org（英語）

●**在タイ日本国大使館（日本語）**
URL www.th.emb-japan.go.jp
　タイに関する一般情報、トラブルに遭った際の手続きも紹介。「領事関連情報」内の「安全対策トラブル対処Q&A」も一読しておこう。

●**『地球の歩き方』ホームページ（日本語）**
URL www.arukikata.co.jp
　本書発行後の現地最新情報が、本書紹介ページに掲載されている。

●**外務省海外安全ホームページ（日本語）**
URL www.anzen.mofa.go.jp
　日本の外務省が提供する海外安全事情。タイの渡航情報はここでチェック。

現地メディア
●**ニュースクリップ（日本語）**
URL www.newsclip.be
　タイで発行されているフリーペーパーのサイト。現地のニュースを毎日更新。

●**ダコログ（日本語）**
URL www.daco.co.th
　バンコクで人気のある日本語フリーペーパー『DACO』編集部のサイト。

●**と暮らす（日本語）**
URL www.freecopymap.com
　バンコク在住者に人気のフリーペーパー『と暮らす』(元フリコピ)のサイト。レストランやショップ、スパ、語学学校などがジャンルと立地で検索でき便利。

リンク集
●**タイランドハイパーリンクス（日本語）**
URL www.thaich.net
　各種タイ情報のポータルサイト。

INFORMATION
タイでスマホ、ネットを使うには

　スマホ利用やインターネットアクセスをするための方法はいろいろあるが、一番手軽なのはホテルなどのネットサービス（有料または無料）、Wi-Fiスポット（インターネットアクセスポイント。無料）を活用することだろう。主要ホテルや町なかにWi-Fiスポットがあるので、宿泊ホテルでの利用可否やどこにWi-Fiスポットがあるかなどの情報を事前にネットなどで調べておくとよい。ただしWi-Fiスポットでは、通信速度が不安定だったり、繋がらない場合があったり、利用できる場所が限定されたりするというデメリットもある。そのほか契約している携帯電話会社の「パケット定額」を利用したり、現地キャリアに対応したSIMカードを使用したりと選択肢は豊富だが、ストレスなく安心してスマホやネットを使うなら、以下の方法も検討したい。

☆海外用モバイルWi-Fiルーターをレンタル
　タイで利用できる「Wi-Fiルーター」をレンタルする方法がある。定額料金で利用できるもので、「グローバルWiFi（【URL】https://townwifi.com/）」など各社が提供している。Wi-Fiルーターとは、現地でもスマホやタブレット、PCなどでネットを利用するための機器のことをいい、事前に予約しておいて、空港などで受け取る。利用料金が安く、ルーター1台で複数の機器と接続できる（同行者とシェアできる）ほか、いつでもどこでも、移動しながらでも快適にネットを利用できるとして、利用者が増えている。

　海外旅行先のスマホ接続、ネット利用の詳しい情報は「地球の歩き方」ホームページで確認してほしい。
【URL】http://www.arukikata.co.jp/net/

▼グローバルWiFi

旅の準備と技術
タイと近隣諸国 国境の町リスト

接する国	タイ側の都市名	接する町	ビザの要、不要	国境にあるタイのイミグレーションのオープン時間	備考	掲載ページ
マレーシア	サダオ	ブキッ・カユ・イタム	マレーシアは90日以内の滞在ならビザ不要。	5:00～24:00	ハート・ヤイからバスで約30分	P.468
マレーシア	サトゥーン	クアラ・プルリス、ランカウイ島		6:00～21:00	船で出国。クアラ・プルリスかランカウイ島のクアへ	P.472
マレーシア	スンガイ・コーロク	ランタウ・パンジャン		5:00～21:00	比較的行きやすい	P.477
マレーシア	パーダン・ベサール	パダン・ベサール（欧文表記は同じ）		5:00～21:00	ハート・ヤイからバスで約2時間	P.468
マレーシア	ベートーン	ケロー		6:00～21:00	ハート・ヤイからバスで4～5時間	未掲載
ミャンマー	スリー・パゴダ・パス	パヤートンズー	観光でのビザなし入国措置は停止中。また国境の状況はコロナ禍とクーデターの影響で流動的。最新の状況は現地で確認を。	6:00～18:00	国境周辺のみ滞在可。	P.197
ミャンマー	メーサーイ	タチレイ		6:30～21:00	タチレイからミャンマー国内へは空路のみ利用可。陸路ではチャイントォンかモンラーまでしか行けない。	P.276
ミャンマー	メーソート	ミヤワディ		6:00～18:00	比較的行きやすい	P.316
ミャンマー	プー・ナム・ローン	ティーキー		6:00～18:00	国境で入国手続きをバスの運転手が代行する場合、パスポートに入国スタンプが押されたか必ず確認すること。	P.194
ミャンマー	ラノーン	コータウン（ヴィクトリア・ポイント）		6:00～18:30	渡し船で出国	P.422
ラオス	チェンコーン	フエサイ	ラオスは15日以内の滞在ならビザ不要。	8:00～18:00	土・日・祝にイミグレーションを通過する場合、手数料10B必要	P.281
ラオス	チョーン・メック	ワンタオ、パクセ		6:00～18:00	土・日・祝にイミグレーションを通過する場合、手数料10B必要	P.344
ラオス	ナコーン・パノム	ター・ケーク		8:00～18:00	土・日・祝にイミグレーションを通過する場合、手数料10B必要	P.369
ラオス	ノーンカーイ	ヴィエンチャン		6:00～22:00	イミグレーションを6:00～8:30、12:00～13:00、16:30～22:00に通過する場合、手数料10Bが必要	P.361
ラオス	ムクダーハーン	サワンナケート		6:00～22:00	イミグレーションを6:00～8:30、12:00～13:00、16:30～22:00に通過する場合、手数料10Bが必要	P.372
ラオス	バーン・ナカセン	ケンタオ		8:00～18:00	ルーイ県の山奥。地元の人向けのマーケットがある	未掲載
ラオス	ブンカーン	パークサン		8:00～18:00	ノーンカーイから東へメーコーン川沿いに約80km	未掲載
カンボジア	アランヤプラテート	ポイペト	必要。国境で取得可。	7:30～17:00	ビザ料金1200BまたはUS$30。写真が2枚必要で、持っていない場合追加料金100B。賄賂を要求されることもあるので、ビザは事前に用意しておくと安心。	P.227
カンボジア	チョーン・チョーム	オスマック	必要。国境で取得可。	8:30～16:30	ビザ料金1200BまたはUS$30。写真が2枚必要で、持っていない場合追加料金100B。賄賂を要求されることもあるので、ビザは事前に用意しておくと安心。	P.332
カンボジア	ハート・レック	サオトン（クロン・コ・コーン）	必要。国境で取得可。	8:30～16:30	ビザ料金1500B。写真が2枚必要で、持っていない場合追加料金100B。賄賂を要求されることもあるので、ビザは事前に用意しておくと安心。	P.216

注：2017年から、国境を接する国から空路以外でのビザなし入国が、暦年で2回までに制限されることになった。隣接国を日帰りなどで訪れる場合は、出入国の回数に注意。情報は変わる可能性があるので、必ず現地で確認を。

488

旅の準備と技術
タイの島&ビーチリスト

島名、ビーチ名	エリア	宿の種類 高級リゾート	宿の種類 手頃なホテル	宿の種類 ゲストハウス,バンガロー	空港	橋(本土から渡れる)	ダイビング	日本人経営ダイブショップ	ナイトライフ	掲載ページ	備考
カオラック	アンダマン海	○	○	△	○(プーケット)	本土	○	○	△	P.446	
クート島	タイ湾	△	○	○	○(対岸のトラート)	×	△	×	×	P.222	雨季は楽しめない
クラビー	アンダマン海	○	○	○	○	本土	○	×	○	P.457	
サムイ島	タイ湾	◎	◎	◎	○	×	○	○	○	P.393	
サメット島	タイ湾	○	○	◎	×	×	△	×	△	P.210	
タオ島	タイ湾	△	○	○	○(対岸のチュムポーン)	×	◎	○	○	P.411	
タルタオ島	アンダマン海	×	○	○	×	×	△	×	×	P.473	
チャーン島	タイ湾	○	◎	◎	○(対岸のトラート)	×	○	○	○	P.218	
ハイ(ンガイ)島	アンダマン海	×	○	○	○(対岸のトラン)	×	△	×	×	P.465	雨季は楽しめない
パタヤー	タイ湾	○	◎	○	○(近郊のウタパオ)	本土	△	×	●	P.198	
パンガン島	タイ湾	△	○	○	×(建設中)	×	△	×	△	P.408	
ピーピー島(ピピ島)	アンダマン海	△	○	○	×	×	○	○	○	P.453	
フア・ヒン(ホア・ヒン)	タイ湾	◎	◎	○	○	本土	○	×	○	P.382	
プーケット	アンダマン海	◎	◎	△	○	○	○	○	○(パートン・ビーチは◎)	P.424	
マーク島	タイ湾	○	○	○	○(対岸のトラート)	×	△	×	×	P.221	雨季は楽しめない
ランター島	アンダマン海	△	○	○	×	×	○	×	○	P.450	
リボン島	アンダマン海	×	○	○	○(対岸のトラン)	×	△	×	×	P.465	雨季は楽しめない

●：非常に多い ◎：多い ○：あり △：少ない ×：ない

旅の準備と技術
旅の季節

雨季の東北部
東北部は雨季末期を除けば降水量もそれほど多くなく、比較的スムーズに旅行できる。しかし5～6月頃は非常に暑くなり、タイ人でも避けるほど。

タイ湾側のベストシーズン
タイ南部のタイ湾側（ソンクラーやサムイ島など）は11～12月頃の降水量が年間を通じて最も多い。この地方は2～4月頃がベストシーズン。

大きく3つに分けられるタイの季節

タイは熱帯に位置しており、南部のマレー半島を除く国土の大部分は熱帯モンスーン気候地域。季節が3つあり、大きく雨季、乾季、暑季に分けられる（タイ気象局の定義では雨季、冬季、夏季の3季）。

● **雨季（5月中旬～10月中旬）**
毎日ぶ厚い雲が天を覆い、雨が降ったりやんだりする日々が続く。1日中ずっと降り続くわけではなく、気温も暑季よりは下がるので、雨

月	1月	2月	3月	4月	5月	6月
季節	乾季			暑季		
祝祭日	2024年 1日 元日	2024年 10日* 中国正月（祝日ではないが、中国系の店や会社は休む）	2024年 24日* マーカブーチャー	2024年 6日 チャクリー王朝記念日 13～15日 ソンクラーン（タイ正月）	2024年 1日 レイバーデイ（一般企業のみ休み） 6日* ブートモンコン（官公庁のみ休み）	2023年 3日 王妃誕生日 3日* ウィサーカブーチャー
おもな行事	ボー・サーン傘祭り（チェンマイ郊外）：手作り傘で有名なボー・サーンで傘作り実演、傘コンテスト、パレードが行われる。子供の日：第2土曜	フラワー・フェスティバル（チェンマイ）：花の種類が豊富なタイ北部の中心都市チェンマイで行われる。こぼれんばかりの花で飾られた山車のパレードが華やか。	ターオ・スラナーリー祭り（ナコーン・ラーチャシーマー）：町を危機から救ったターオ・スラナーリーの像の周囲でにぎやかにパレードが行われる。	ソンクラーン(全国)：聖水をしめやかにかけるお祭りが盛大な水かけ合戦に変化。チェンマイが特に盛ん。日程は地域によって少し異なる。	ロケット祭り(東北部各地)：雨を呼ぶため天に向かって手作りのロケットを打ち上げる。ヤソートーンで行われるものが有名だが、そのほか各地でも行われる。	ピーターコーン祭り（ルーイ郊外の小さな町で行われる奇祭。人々は不気味なお面をかぶり、手に手に彫りの男根を持つ通りを練り歩く。

平均気温(℃) ― 東京 ― バンコク ― チェンマイ ― プーケット

平均降水量(mm)

*印の祝祭日は旧暦で決まるため毎年変わる。掲載は2023年6月～2024年5月のもの。祝祭日が土・日曜と重なった場合、月曜が振替休日となる。

の合間に町歩きはけっこうできる。ただし降った場合はすさまじく、夕立のような豪快な雨が降り注ぎ、道路が冠水することもしばしば。雨季の終わりが近づくと、連日大雨が降り続くことも珍しくない。

洪水について
2011年は降水量が多く、50年に一度ともいわれる洪水が発生した。もしも旅行中や旅行前に洪水の徴候が見られたら、TATなどに問い合わせて情報収集を。

● 乾季（10月中旬～2月中旬）
　旅に最も適した季節。空気は乾燥して毎日さわやかな晴天が続き、雨はほとんど降らない。気温も比較的低くなり、クリスマスや年末年始頃の朝晩には肌寒ささえ感じるほどになる。

● 暑季（2月中旬～5月中旬）
　年が改まった2月頃から気温と湿度も上昇してくる。夜になっても気温は下がらず、朝から猛烈な暑さが続く。東北部では、雨を呼び込むロケット祭りが各地で行われる。4月中旬に行われるソンクラーン（タイの正月）のあとは毎日スコールが降るようになり、雨季の到来だ。

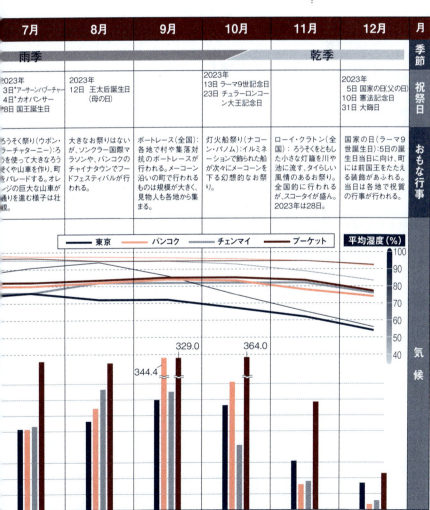

おもな行事の詳細な日程はTATに問い合わせを。

旅の準備と技術
旅の道具と服装

寒い場所に注意
長距離エアコンバス（特に夜行）の車内はかなり冷える。高級ホテルやレストラン、大型のデパートやショッピングセンターなどでも、エアコンが強く効いているところが多い。冷房に弱い人は、薄手のカーディガンやジャケット、あるいはトレーナーなど長袖の上着を1枚持参するといいだろう。山岳地帯でトレッキングに参加する人も、朝晩は冷えるのでセーターや厚手の靴下などがあると安心。

タイで買えるもの
ほとんどの日用雑貨はタイ国内のスーパーなどで手に入るし、日本で買うよりも安いことがほとんど。お気に入りやこだわりの品があるならそれだけを持参し、残りは現地調達で大丈夫。
日用品：極端に安いゲストハウスを利用する場合、タオルや石鹸類が用意されていないことがある。安宿に滞在する予定なら、タオルは持参したほうが無難。あるいはタイ到着後にコンビニエンスストアやドラッグストアで調達しよう。考えようによっては、極端な安宿よりも中級以上のホテルを利用するほうが身軽な旅ができる。
医薬品：欧米諸国とは異なりタイでは比較的容易に医薬品が入手でき、薬局薬店の数も多い。日本では医師の処方箋がないと買えないような薬品も普通に市販されていることがあるので、購入の際は注意が必要。常用している薬がある人は、旅行中に必要な量を持参したほうが安心。下痢止めや風邪薬程度なら、コンビニエンスストアでも買える。

できるだけ身軽に旅立とう

荷造りの際、持っていこうかいくまいか迷ったものは、きっぱりと置いていこう。迷うようなものはたいていの場合なくても大丈夫。

● **貴重品とその持ち方**
何はなくてもこれだけは必要なパスポートやお金などの貴重品は、どのようにして持ち歩き、守ればいいのか？　これは旅行者の頭を常に悩ませる問題。これが絶対、という方法はないが、実例を挙げて、その持ち方を検証してみよう。

❶ウエストバッグに入れて腰に巻く
どこから見ても「そこに貴重品がある」のがわかってしまう。スリには十分注意を。

❷首からひもでつるす
首から下げてシャツの内側に隠す方法。ひと昔前まで主流を占めていた方法で、今もバックパッカーに愛用者は多い。難点は「格好悪い」「必要なときにすぐに出せない」「薄着だと目立つ」など。

❸持ち歩かない
最も安全なのがこの方法。貴重品はホテルのセーフティボックスなどに預け、大金は持ち歩かない。しかし、タイでは身分証明書の携帯義務があるので、旅行者はパスポート（タイ人はIDカード）を持ち歩く必要がある。バンコクなどでは深夜に検問を行っていることがあり、そのときに所持していないと面倒が起こることがある。コピーでは許してもらえないケースもあるので、パスポートを安全に持ち歩く方法を工夫しよう。

● **旅行かばんはどれがいい？**
これはその人の旅行スタイルによって決まる。旅費を少しでも節約したいのなら、すべて自分で持ち歩き、どんな乗り物にも飛び乗れるようなものがいちばん。そのためにはバックパックタイプのものが望ましい。移動はすべて飛行機や車で、宿もそれなりのホテルという人は特にこだわる必要はない。ただ、どんなかばんでも、きちんと鍵のかかるものが安心。

● **タイを旅する服装**
日本の夏をイメージして服装を決めよう。しかし、ハーフパンツにTシャツ、ビーチサンダルなどのラフすぎる服装やビーチで着るような肌の露出が目立つ装いだけを用意して旅立つのは避けたい。タイは敬虔な仏教国のため肌の露出は好まれず、王宮や寺院などでは服装で拝観や入場が禁じられることもあるからだ。服装が行動範囲を狭める原因になってしまうこともあるので注意しよう。身軽で涼しく、それでいて礼を失しないものが好ましい。薄手の長ズボンや襟付きのシャツは忘れずに用意しよう。タイは身分を重んじる国でもあるので、高級ホテルやレストランなどでは格式に合わせた服装を心がけよう。

旅の荷造りチェックリスト

分類	品名	必要度	あるなし	コメント
貴重品	パスポート	◎		持っていない人は早めに取得を！
	パスポートのコピー	○		顔写真のページ
	現金（日本円）	◎		自宅～空港往復分の日本円も忘れずに
	外貨（米ドルなど）	△		近隣国へも足を延ばす場合。タイだけなら不要
	eチケット控え	◎		もしくは航空券
	海外旅行保険証書	◎		もしものために加入しておこう
	クレジットカード	◎		現金両替の手間いらず
	デビット、海外専用プリペイドカード	○		すでに持っているなら持参しよう
	顔写真	○		パスポートなどの紛失用に3枚程度
	YH会員証、国際学生証	△		すでにある人は持っていこう
洗面用具	石鹸	□		買い足せるので小さなものを
	シャンプー	○		コンディショナー入りが便利
	タオル	□		ビーチで使うために1枚
	歯ブラシ、歯ミガキ	◎		小さいもので十分
	ヒゲソリ、安全カミソリ	○		身だしなみをチェック
	ティッシュペーパー	□		芯を抜いたトイレットペーパー1巻が便利
	洗剤	△		下着類を自分で洗濯する人
	日焼け止め	○		肌の弱い人
衣類	シャツ	◎		2～3枚もあれば
	ショートパンツ	○		格式ある寺院へは入れない。部屋着に
	水着	○		プール付きの宿、ビーチでの水遊び
	長ズボン	◎		きちんとした服装が尊重される
	長袖シャツ、トレーナー	○		エアコンバスは冷房が効き過ぎて寒い
	ビーチサンダル	○		現地で買うと安い
	靴	○		日本で履き慣れているものを
	帽子	○		日中歩き回るとき必要
	下着	◎		毎日洗えば2～3枚で足りる
	靴下	○		靴を履いていく人は1～2足
	パジャマ	△		Tシャツなどで代用できる
雑貨	薬品類	◎		下痢止め、風邪薬、虫よけスプレーなど
	生理用品	○		現地で日本と同じ品が手に入る
	筆記用具	◎		メモを取る機会は意外に多い
	メモ帳	◎		現地でも安く買える
	日記帳	○		旅の思い出を残そう
	ビニール袋	◎		荷物をまとめるのに役立つ
	爪切り	○		なぜか旅行中は爪の伸びが早い気がする
	懐中電灯	□		トレッキングする人、安バンガローに泊まる人
	デジタルカメラ	○		小型で軽いもの。メディアも忘れずに
	ラップトップ、タブレット	○		Wi-Fi無料の宿やカフェ、レストラン増加中
	雨具	○		雨が降ったらやむのを待とう
	寝袋	△		野宿するより安宿でもいいので泊まるべき
	スマートフォン	◎		今や旅人の命綱。SIMロックに注意
	タイ語会話集	○		英語の通じないタイでは便利
	ガイドブック類	◎		『地球の歩き方 バンコク』も一緒に
	文庫本	○		長時間の移動の際に

◎：必需品　○：あると便利なもの、特定の人に必要なもの　□：バックパッカーは必要　△：好みで持参

旅の準備と技術
両替と旅の予算

タイの通貨
紙幣も硬貨も、新旧数種類が流通している。2B硬貨は黄色がかった色をしているものと、銀色で1B硬貨と見分けのつきにくいものの2種類あるので注意。25サタン硬貨は直径16mmとかなり小さい。

紙幣の種類：20、50、100、500、1000B

硬貨の種類：25、50サタン、1、2、5、10B

クレジットカード利用時の支払い通貨に注意
クレジットカード利用の際、支払い通貨をタイバーツか日本円か選べることがある。日本円だと支払い金額が即わかるので一見便利に思えるが、換算レートがかなり不利に設定されていることが多い。どちらの通貨で決済するか利用者に確認せず、勝手に日本円での支払いにされることもある。サインする前に必ず確認し、日本円になっていたらタイバーツに変えてもらうこと。

デビットカードの問い合わせ
URL www.jcb.jp/products/jcbdebit
URL www.visa.co.jp/debit

海外専用プリペイドカードの種類
アプラス発行「GAICAガイカ」
URL www.gaica.jp
「MoneyT Globalマネーティーグローバル」
URL www.aplus.co.jp/prepaidcard/moneytg
トラベレックスジャパン発行「Multi Currency Cash Passport マルチカレンシーキャッシュパスポート」
URL https://www.travelex.co.jp/product-services/multi-currency-cash-passport

バックパッカーの集まる町は物価も安め

タイの通貨とその種類
タイの通貨はバーツBaht。（本書ではBと表記）。補助通貨はサタンSatangで、100サタンが1B。

バーツと円の両替レート
2023年5月15日現在　1B≒3.9円

持っていくお金について

● **日本円を持参しよう**
タイ国内の銀行ならたいていどこでも日本円が両替できるので、日本円の現金をそのまま持参しよう。紙幣を用意すること。

● **あると便利なクレジットカード**
タイでは中級以上のホテルやレストラン、商店などではたいてい利用できる。本来は店側が負担すべきカードの使用手数料を客に負担させるところも多いので、利用する前に確認を。通用度が高いのはマスターとVisa、次いでJCBなど。支払いやATM利用時にPIN（暗証番号）が必要な場合もあるので、日本出発前にカード発行金融機関に確認し、忘れないようにしよう。

● **デビットカード**
使用方法はクレジットカードと同じだが支払いは後払いではなく、発行金融機関の預金口座からの即時引き落としが原則。口座の残高以上は使えないので、予算管理にも便利。ATMで現地通貨も引き出し可能だ。

● **海外専用プリペイドカード**
海外専用プリペイドカードは、外貨両替の手間や不安を解消してくれる便利なカードのひとつだ。多くの通貨で日本国内での外貨両替よりレートがよく、カード作成時に審査がない。出発前にコンビニATMなどで円をチャージ（入金）し、入金した残高の範囲内で渡航先のATMで現地通貨の引き出しやショッピングができる。各種手数料が別途かかるが、使い過ぎや多額の現金を持ち歩く不安もない。おもに左記のようなカードが発行されている。

両替について
町なかにある銀行の支店や両替商、繁華街にある銀行の両替所などで日本円からバーツへ両替できる。手数料は不要のところが多い。繁華街にある銀行の両替所は、一般の支店より営業時間が長く便利。レートは銀行により異なるので要チェック。
必要最低限の金額を両替し、高額の支払いにはクレジットカード、それ以外の小さな支払いには現金と、上手に使い分けたい。

旅の予算

タイの物価は上下に幅広く、食費や交通費、宿泊費などはその気になればかなり安く抑えることが可能。最近では円安と物価の上昇で、中級ホテルやちょっとよいレストランを利用すると、日本とさほど変わらない金額になりつつある。よいものほど日本より割高感がある。

スタイル別旅の予算

以下の数字はいずれもひとり旅の場合。ふたり連れの場合は、部屋代を折半できるのでこれよりも少し安くなる。買い物などは含んでいないので、あくまでも最低の1日の予算目安（1Bは3.9円で計算）。

●求道的節約タイプ、1ヵ所沈没型の旅

《出費例》

宿代（ゲストハウスのシングル。バス、トイレ共用）	200B
朝食（屋台でコーヒーと中国風揚げパン）	30B
昼食（屋台で麺類）	50B
夕食（大衆食堂でおかず2品とご飯、水）	150B
部屋で飲むための水	10B
合計	440B（1716円）

《解説》

予算は乏しいが、とにかく長く旅をしたいならこのタイプ。宿代を低く抑え、食事はなるべく屋台、できるだけ歩くのがコツ。ただしこの例は、バンコクでも最低これだけあれば生活できるという程度のもの。たまにはビール（1缶40B程度）を飲んだり、ちゃんとしたレストランで食事（200B程度）をしたい。逆に考えれば、1日の予算は最低でも500B程度、これに交通費を加えれば、旅の最低予算が算出でき、さらにいくら上乗せできるかで余裕の度合いがわかる。

●気負わず普通にぶらぶらタイプの旅

《出費例》

ホテル代（中級ホテルに宿泊）	1000B
朝食（ホテルで）	200B
昼食（市場の屋台で麺類）	60B
フットマッサージ（1時間、チップ込み）	300B
夕食（レストランで）	300B
交通費（サームロー）	50B
喫茶店で休憩	80B
パブでビール1本と料理1皿	250B
合計	2240B（8736円）

《解説》

1日8000円程度あれば、快適に旅ができるという例。ホテル代を節約し過ぎないことがコツで、バンコクの場合1500Bくらいまでなら納得できる。地方に行くと800B程度で中級ホテルに宿泊できるので、かなり割安感がある。ちなみに中級以上のホテルで取る朝食は120〜300B。これを外の屋台で食べればかなり節約できるが、豊かな気分を味わおうという主旨には反する。そのあたりは臨機応変に。節約派の人もたまにはこんな生活をすると旅にメリハリが出る。

クレジットカードによるキャッシング

国際クレジットカードがあれば、タイ国内の銀行窓口やATMでタイの通貨を引き出せる。利用1回につき1万Bの引き出し上限があり、銀行窓口で依頼すれば手数料無料（パスポートの提示を求められることがある）。ATMは150〜180Bの手数料がかかる。

日本で口座から引き落とされるのはおおむね1〜2ヵ月後。カード発行金融機関が決めたその日のレートに規定分が上乗せされ、さらに利息（締め日までの日数により異なる）がかかる。クレジットカードのキャッシングは年利18%程度（20日で約1%）の条件が一般的。帰国後カード発行金融機関に支払い金額を確認し、それを指定口座に振り込めば、余分な金利を払わなくて済む。

タイバーツへの両替はタイ到着後に

日本国内の銀行や空港でバーツに両替しておく必要はないし、タイ国内の方がレートがよい場合がほとんど。

タイでの金銭感覚を身につけよう

外国に行って困るのは、現地通貨の価値がわからないこと。いくら払えばどれくらいのものが買えるのか、あるサービスにいったいいくら払うのが適当なのか。それを知らないうちは買い物もしにくいし、高い買い物をしてしまいがち。できるだけ早く現地通貨の価値を把握しよう。10Bあればバンコクならノンエアコンのバスに乗れる。40B出せば量は少ないが麺1杯、あるいはご飯ものがひと皿食べられる。10Bは日本円に換算すれば約40円だが、その価値の違いは円とバーツに換算して考えられるほど単純ではない。レートのうえでは10Bと40円がほぼ等価でも、10Bのほうが価値があると思うことがあるだろう。10Bを100円くらいのつもりでいると、金銭感覚もそれほど狂わずに済むだろう。ちなみに、タイの法定最低賃金は2023年3月現在バンコクで1日353B。1日8時間働くとして、時給に換算すると約41B。どんなに節約した旅をしても、1日の支出が法定最低賃金を下回るのは難しいことを考えると、おのずからバーツの価値も理解できるだろう。

国立公園の入場料には割高な外国人料金がある

● 地方を回るタイプ、節約型の旅

《出費例》

宿代（旅社のファン付きシングル。バス、トイレ付き）	300B
朝食（屋台で麺類）	30B
昼食（市場でご飯もの）	40B
移動費（バスで2時間程度の隣町へ）	60B
市内交通費（バスターミナルからホテルへモーターサイ利用）	50B
夕食（食堂で一品料理とご飯、ビール1缶）	200B
合計	680B（2652円）

《解説》

地方に行くと物価は安くなるが、移動で交通費がかかるので多少は相殺される。娯楽施設が少なく、無駄使いの機会も失われるので、無理なく倹約できるのがいい。気をつけたいのは、国立公園の入場料。地方に行くと見どころが国立公園内のことがあり、外国人の入場料は100〜400Bもする。これが高く感じられるようなら、タイにかなりなじんでいるといってもいいだろう。

● リゾートでリラックスタイプの旅・節約型

《出費例》

宿代（ファン、シャワー、トイレ付きのバンガロー）	800B
朝食（バンガローのレストランで）	100B
ビーチでマッサージ	250B
昼食（町の食堂で一品料理）	60B
午後の休憩（ビール小瓶1本）	80B
夕食（ビーチサイドのレストランで一品料理+ビール）	250B
レンタバイク1日	200B
クラブでビール、2軒ハシゴ	250B
合計	1990B（7761円）

《解説》

島のビーチでのんびり過ごす場合はこれ。素朴なバンガローに泊まれば料金はこの程度。寝るだけのさらに簡素な宿ならもっと安くなる。毎日ビーチでゴロゴロして何もしなければ、宿代と食費だけで済む。ただし食費は都市部に比べると割高。

ビーチでのんびりするだけの旅も楽しい

● ラグジュアリータイプの旅

《出費例》

ホテル代（高級ホテルに宿泊）	7000B
朝食（ホテルのビュッフェ）	宿泊料に込み
昼食（観光名所近くのレストランで）	300B
スパ（2時間、チップ込み）	5000B
交通費（タクシー1日チャーター）	2000B
夕食（タイダンス付きディナー）	1500B
ホテルのラウンジでお酒	600B
合計	1万6400B（6万3960円）

《解説》

タイで贅沢を味わってみたいと思うなら、これくらいの出費は覚悟。その代わり得られるサービスも大きい。ホテルもレストランも超豪華。エアコンの効いた車をチャーターして見どころを優雅に見物し、スパでリラックスしよう。

バンコクの高級ホテル。バスタブが巨大

旅の準備と技術
入国と出国の手続き

タイ入国の手続き

●タイ到着〜入国について
以下はスワンナプーム国際空港の場合。ドーン・ムアン国際空港も流れは同じ。

●入国に必要な書類
入出国カードArrival/Departure Card（＝A/Dカード）が機内で配られるので、到着前に必要事項を正確に記入しておこう（記入例→P.498）。機内でもらえなかった場合は空港で手に入る。陸路や海路で入国する場合は、国境のイミグレーションでもらえるのでその場で記入しよう（2023年3月現在提出不要）。

●空港での手続き
❶入国審査
到着したらArrival（到着）のサインに従って進み、入国審査カウンター Immigrationに行く。タイ人用と外国人用のカウンターに分かれている。パスポートと記入済みの入出国カードを提出すると入国のスタンプを押してくれる。

❷荷物の受け取り
入国審査の先は荷物の受け取りエリア。利用した便名が表示されているターンテーブルで荷物をピックアップする。もし荷物が破損していたり出てこなかったりしたら、Baggage Serviceのカウンターに行き、必要な手続きを行う。

❸税関審査
到着エリアの出口は税関のカウンター。申告するものがない人は緑色の表示がある出口を素通りするだけ。合計でUS$1万5000相当額を超える現金や貴金属類、高価なおみやげ品などがある場合は、税関申告書の記入が必要。申告するものがある人は赤のカウンターへ行き、税額を算出してもらう。

●到着ロビーでできること
スワンナプーム国際空港の到着ロビーはターミナルビルの2階で、吹き抜けの明るい空間。リムジンタクシーやホテル予約、ツアー、携帯電話会社のカウンター、銀行の両替カウンター、TATのカウンター、カフェなどが並んでいる。空港から市内へのアクセスはP.48参照。3階にはレストラン、カフェ、ドラッグストア、コンビニなどがある。郵便局は4階の出発フロアにある。

❶両替
空港内には銀行の両替所があり、24時間営業。レートは市内よりも1万円につき200B程度悪い。スワンナプーム国際空港地下1階にある両替所のうち、エアポートレイルリンク駅構内の切符売り場横に並んでいる両替所は、銀行よりもレートがいい。差がけっこう大きいので、時間に余裕があればこちらへ行こう。

タイ国内に免税で持ち込めるたばこ、アルコール
たばこ：紙巻き200本、または葉巻類200g
酒類：1本（または1ℓ以内）
上記を超える数量を持ち込む場合は税関に申告を。申告を怠ると高額のペナルティが科される。特にたばこは厳しいので注意。同行者がトイレに行っている間に預かっただけのたばこを合算されて罰金を科された気の毒なケースもある。

電子たばこはタイ国内に持ち込み禁止
電子たばこ（加熱式たばこ）は持ち込み禁止。タイ国内での所持も違法なので注意。

国内線と国際線乗り継ぎの際の注意
乗り継ぎの際、胸に小さなステッカーが貼られる。最終目的地では、バンコクからの国内線利用者と、国際線からの乗り継ぎ客の荷物を受け取る場所が別になっている。係員がこのステッカーを目印に混乗してきた乗客を誘導するので、はがさないこと。チェンマイ、チェンラーイ、プーケット、クラビー、ハート・ヤイ、サムイ島からバンコク経由で帰国する場合は、それぞれの空港で出国手続きをする。

大きな荷物は別扱い
タイ出国時、カウンターでチェックインできない大きなサイズの荷物（サーフボードやゴルフバッグなど）は、出発フロア奥にあるオーバーサイズラゲージチェックインの窓口で預ける手続きをする必要がある。時間に余裕をもっておくこと。

スワンナプーム国際空港地下1階の両替所
Ⓢスーパー・リッチ
Super Rich
☎08-1830-9908
営毎日10:00〜20:00

地下1階の両替所

● タイの入出国カード記入例（表の右が入国カード、左が出国カード）

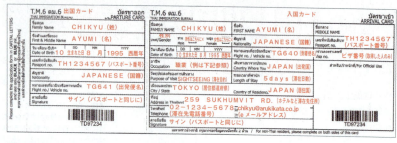

注：黒か青のペンで記入すること
注：2023年3月現在運用休止中。カードの提出は不要。

英語での職業記入例

会社員：OFFICE CLERK　公務員：GOVERNMENT OFFICIAL　医師：DOCTOR　看護士：NURSE
教師：TEACHER　農業：FARMER　漁業：FISHERMAN　学生：STUDENT　主婦：HOUSEWIFE
年金生活者：PENSIONER　無職：NONE

---

❷宿の手配

　宿が決まっておらず、心あたりもない人はタイホテル協会（THA）などのホテル案内カウンターで宿探し。正規料金からは割引されている。安いゲストハウスの紹介はしていない。

❸空港内での客引きは相手にしない

　到着ロビーなどで声をかけてくる客引きがいても、絶対に相手にしないこと。

バンコクで国内線への乗り換え

　タイ国際航空や全日空、日本航空などの国際線でバンコクのスワンナプーム国際空港に到着し、国内線でチェンマイ、チェンラーイ、プーケット、クラビー、ハート・ヤイ、サムイ島へ乗り継ぐ人は、到着したら「Transfer」の案内表示に従って乗り継ぎ用の「Passport Control（パスポートコントロール）」で入国審査を受け、国内線の出発ゲートがあるエリア（コンコースA、B）へ進む。預けた荷物は最終目的地で受け取る。

　スワンナプーム国際空港到着後にドーン・ムアン国際空港発の便に乗り継ぐ人は、バンコク着の乗客同様にコンコースDにある一般の入国者用入国審査カウンターから入国し、荷物も自分でピックアップして自力で移動すること。スワンナプーム国際空港とドーン・ムアン国際空港間の移動についてはP.52参照。

タイ出国の手続き

●余裕をもって空港に到着しよう

国際線のフライトの場合、できれば出発時刻の2時間前には空港に到着して搭乗手続きをしよう。免税手続き（→P.133）をする人は、さらに余裕をもって。バンコク市内からバスやタクシーなどを利用してスワンナプーム国際空港に向かう場合、平日の日中は渋滞が激しいので十分に時間的余裕をみておこう（目安は1〜2時間）。

●出発の手続き

まず利用する航空会社のチェックインカウンターを探したら（→P.502）、チェックインエリアに入る（→P.501）。利用する航空会社のチェックインカウンターに並び、搭乗手続きをする。荷物を預け、ボーディングパス（搭乗券）を受け取ったら次はセキュリティチェック。次に出国審査場で出国手続き。出国審査のカウンターは外国人用とタイ人用に分かれているので並ぶ列を間違えないように。係員が誘導してくれることもある。カウンターには、パスポートとボーディングパスを提示する。

●スワンナプーム国際空港の広さと混雑に注意

出国審査場を抜けると出発ロビーになっている。レストランや免税店などが並んでいるので、搭乗時間までショッピングや飲食で時間をつぶせる。搭乗ゲートによってはロビーからかなり距離があり、移動に時間がかかるので、利用するゲートの位置は早めに確認しておこう。

●出発ロビーでできること

スワンナプーム国際空港の出発エリアには免税店や各種ショップ、各種飲食店（値段は高め）やタイ式マッサージ店がある。無料Wi-Fiもある（個人情報の入力が必要。2時間有効）。使い残したタイバーツは、銀行の両替所で再両替できる。ただし原則として、バーツに両替した際のレシートの提示が必要とされているので用意しておいたほうが安心。硬貨の再両替はできない。

●いよいよ搭乗

ボーディングパスに印字された搭乗時間に遅れないよう早めに出発ゲートへ足を運ぼう。ゲートの待合室に入る際か、ゲートによっては搭乗の際に再度パスポートと本人の照合がある。

日本入国の手続き

どの空港でも基本的な流れは同じ。

❶検疫
発熱や下痢など不調がある場合は届け出を。

❷入国審査
日本人用と掲示されたカウンターに並ぶこと。

❸荷物の受け取り〜税関検査
預けた荷物がある人は、受け取りエリアで受け取る。その後税関のカウンターへ。機内で配られた税関申告用紙にはあらかじめ記入を済ませておくこと（1人1枚。家族は全員で1枚）。

タイの持ち出し禁制品

仏像：骨董品はもちろん模造品でも、首飾りやお守りなどの小さなものを除き仏像はすべて海外への持ち出し禁止。無許可での持ち出しが発覚したら没収される。

5万B以上の現金：バーツ現金の国外持ち出し限度額は、1人5万Bまで。

US$1万5000相当額以上の外貨：タイ出国の際US$1万5000相当額以上の外貨を所持している場合、タイ国内で何らかの労働行為があったとみなされ、課税されるか没収される。入国時にUS$1万5000相当額以上の外貨を所持している場合は、忘れずに税関に申告しておくこと。入国時に申告した額よりも多い外貨を持って出国する場合も、課税対象となる。

日本国内に免税で持ち込めるもの

たばこ：2021年10月1日より、たばこの免税範囲が変更され、日本製、外国製の区別がなくなった。
紙巻たばこ 200本
葉巻たばこ 50本
加熱式たばこ個装等10個
その他のたばこ 250g
（注1）免税数量は、それぞれの種類のたばこのみを購入した場合の数量であり、複数の種類のたばこを購入した場合の免税数量ではない。
（注2）「加熱式たばこ」の免税数量は、紙巻たばこ200本に相当する数量となる。
www.customs.go.jp/kaigairyoko/cigarette_leaflet_j.pdf

酒類：3本（1本760ml程度のもの）
香水：2オンス（約56ml）
そのほかの品目：1品目ごとの購入金額の合計が1万円以下のもの。そのほかのものの合計額20万円まで。詳しくはカウンターで相談を。

Visit Japan Web

日本入国時の手続き「入国審査」、「税関申告」をウェブで行うことができるサービス。必要な情報を登録することでスピーディに入国できる。
vjw-lp.digital.go.jp/ja/

果物や生花の持ち込みには検査証明書が必要

タイで購入した果物や生花を日本に持ち込むには検査証明書を添付し、空港の植物検疫カウンターで検査を受け合格する必要がある。持ち込み禁止のものも多いので、事前に確認しておくこと。
農林水産省植物防疫所
www.maff.go.jp/pps

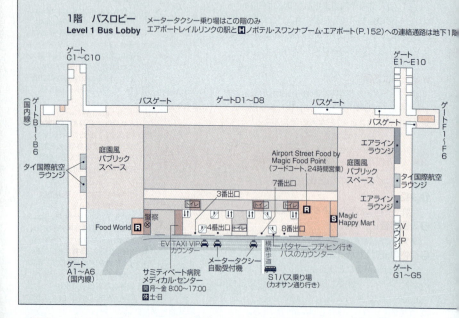

4階 出発 6階は航空会社オフィス、7階は展望デッキ
Level 4 Departures

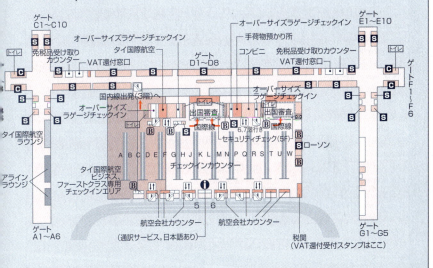

3階 ミーティング・グリーティング・ギャラリー
Level 3 Meeting and Greeting Gallery

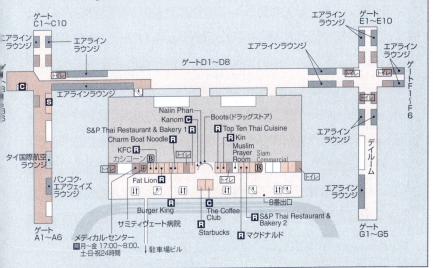

スワンナプーム国際空港　おもな航空会社のチェックインカウンター（アルファベット順）

航空会社（2レターコード）		カウンター
Air China	エア・チャイナ（CA）	U
Air France	エールフランス（AF）	P
Air India	エア・インディア（AI）	P
All Nippon Airways	全日空（NH）	L
Asiana Airlines	アシアナ航空（OZ）	L
Austrian Airlines	オーストリア航空（OS）	G
Biman Bangladesh Airlines	ビマン・バングラデシュ航空（BG）	W
British Airways	ブリティッシュ・エアウェイズ（BA）	N
Cathay Pacific Airways	キャセイ・パシフィック航空（CX）	M
China Airlines	チャイナ・エアライン（CI）	S
China Eastern Airlines	中国東方航空（MU）	U
China Southern Airlines	中国南方航空（CZ）	U
Delta Air Lines	デルタ航空（DL）	N
Druk Air	ドゥルク・エア（KB）	W
Egypt Air	エジプト航空（MS）	Q
El Al Israel Airlines	エル・アル・イスラエル航空（LY）	W
Emirates	エミレーツ（EK）	T
Ethiopian Airlines	エチオピア航空（ET）	Q
Eva Airways	エバー航空（BR）	Q, R
Finnair	フィンランド航空（AY）	S
Garuda Indonesia Airlines	ガルーダ・インドネシア航空（GA）	G
Japan Airlines	日本航空（JL）	P
Jetstar Airways	ジェットスター（JQ）	U
KLM Royal Dutch Airlines	KLMオランダ航空（KL）	P
Korean Air	大韓航空（KE）	M
Kuwait Airways	クウェート航空（KU）	R
Lao Airlines	ラオス航空（QV）	R
Lufthansa German Airlines	ルフトハンザ・ドイツ航空（LH）	G
Malaysia Airlines	マレーシア航空（MH）	M
Myanmar Airways International	ミャンマー国際航空（8M）	N
Nepal Airlines	ネパール航空（RA）	W
Oman Air	オマーン航空（WY）	T
Pakistan International Airlines	パキスタン航空（PK）	M
Peach	ピーチ（MM）	M
Philippine Airlines	フィリピン航空（PR）	T
Quantas Airways	カンタス・オーストラリア航空（QF）	N
Royal Brunei Airlines	ロイヤル・ブルネイ航空（BI）	U
Scandinavian Airlines	スカンジナビア航空（SK）	K
Singapore Airlines	シンガポール航空（SQ）	K
Srilankan Airlines	スリランカ航空（UL）	S
Swiss Internatiolnal Air Lines	スイスインターナショナルエアラインズ（LX）	G
Thai AirAsia	タイ・エアアジア（FD）	E, D
Thai Airways International	タイ国際航空（TG）	H, J*1
Thai Royal First Class	タイ国際航空ファーストクラス（TG）	A
Thai Royal Silk Class	タイ国際航空ビジネスクラス（TG）	B
Thai Vietjet Air	タイベトジェット（VZ）	E
Turkish Airlines	ターキッシュエアラインズ（TK）	U
Vietnam Airlines	ベトナム航空（VN）	L
ZIP AIR	ジップ・エア（ZG）	F
Bangkok Airways	バンコク・エアウェイズ（PG）	F*2
Thai Airways International	タイ国際航空国内線（TG）	C

国際線／国内線

*1：タイ国際航空エコノミークラスの日本行きチェックインは、混雑を避けるためCカウンターを使用することがある。
*2：バンコク・エアウェイズは、国際線も同じカウンターでチェックインできる。

タイ プチ情報　コロナ禍により運休する航空会社などもあり、チェックインカウンターが変更されるケースもある。最新の状況は現場で確認を。

ドーン・ムアン国際空港 Don Mueang International Airport

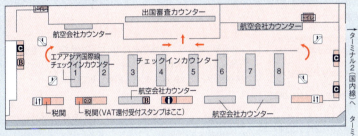

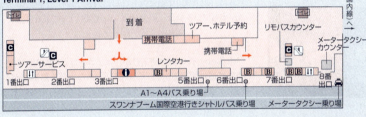

航空機内への持ち込み制限　　　Column

液体物の持ち込み制限
　日本およびタイ発の国際線航空機内およびタイ国内の航空機内へは、ジェルおよびエアゾールを含むあらゆる液体物の持ち込みが制限されているので注意が必要。

機内へ持ち込める液体物の条件
・液体物は100mℓ以内の容器に入っていること。100mℓを超える容器に100mℓ以下の液体物が入っている場合でも不可。
・再封可能な容量1ℓ以下の透明プラスチック製袋（ジップロックなど）に、余裕をもって入れること。袋のサイズは、縦横の合計が40cm以内が目安。
・ひとり当たりの袋の数はひとつ。
・医薬品、ベビーミルクやベビーフード、特別な制限食などについては適用除外。当該液体物の必要性について照会されることがある。
・手荷物検査を効率的に実施するため、機内へ持ち込む荷物の、取り出しやすい場所へ入れておくこと。提示する必要はないが、確認を求められることもある。その他ラップトップコンピューターなどの電子機器はかばんから取り出し、上着類は脱いで、別々に検査員に提示すること。
・保安検査後の免税店等で購入した酒類や化粧品類などの液体物は機内への持ち込みが可能。しかし海外で乗り継ぐ場合は、その国のルールに従って没収される可能性もあるので注意。

容器の容量はひとつにつき100mℓ以下

縦横の合計40cm以内

モバイルバッテリーについて
　スマートフォンやタブレットなどに使う高電圧のモバイルバッテリー（リチウムイオン電池）は、電池単体でスーツケースなどに入れた場合預け入れ不可になるので、手荷物にすること。リチウムイオン電池内蔵の携帯型電子機器を預け入れ荷物に入れる場合は、電源を完全にオフ（スリープモードも不可）にし、偶発的な作動を防止するために厳重に梱包すること。

503

旅の準備と技術
交通入門　バス、レンタカー、レンタバイク

バスの種類について
最近では旧来のカテゴリーにあてはまらない、中型のエアコンバスやVIPよりさらに豪華なバスなども運行されている。

ツーリストエリアの格安バスに注意
チェンマイや南部リゾート地など外国人旅行者の多い町へ、旅行会社が運行する低料金バスやミニバスもある。だが、これらのなかには車内設備やサービスの悪いものがよく見受けられ、盗難事件も多いので、あまりおすすめできない。

普通バスの座席例

バスの旅

タイ国内は良好な道路網を利用してバス路線がよく整備されており、料金も安いので気軽に利用できる。どんな町にもたいていバスターミナルがあり、ひっきりなしにバスが発着している。

広大な国土を結ぶ長距離バス

● **長距離バスの種類**

タイ国内の主要都市間を結び昼夜を問わず運行されている長距離バスは、以下の4種類に大きく分けられる。同じ路線に違う種類のバスが走っている場合、料金はバスの種類によって異なる。

● **普通バス**

車体のサイズはさまざまだが、エアコンはなく窓は開け放し。雨が降れば逆に閉め切りで、蒸し風呂のような空気を扇風機がかき回す。料金が安いので体力に自信がある節約派の旅行者には最適の移動手段。長距離路線は減少中。

車体はオレンジや緑の地色にさまざまな装飾が施され、どこからでも派手に目立つ。車齢の古いものが多く、片側2人、反対側が3人がけの狭くて堅い椅子が標準。前後の間隔も狭く、身長170cmを超える人はかなりつらそう。大きな荷物は車体下や後部のトランクルームに入れるが、未舗装の道を走るとほこりまみれになるので、できれば車内に持ち込みたい。とはいえ混雑しているときは遠慮するのがマナー。

通常起点と終点はバスターミナルで、路線上なら途中どこでも乗降可能。やってくるバスに向かって合図すればひろってくれるし、降りる際は車掌か運転手に合図するかあらかじめ場所を伝えておけば、忘れられないかぎりそこで降ろしてくれる。切符は乗車前にターミナルで買うか、乗車後車掌から買う。座席指定はない。

● **2等エアコンバス**

普通バスと同じ路線に導入されている、普通バスのアップグレード版。車体の色はオレンジと白が基調。座席は日本の古い観光バスのような雰囲気で、リクライニングすることも。基本的に座席指定はない。

● **1等エアコンバス**

公営と民営の2種類あるが、料金やサービス内

タイ主要道路図

容はほぼ同じで区別する必要はない。もっぱらバスターミナルに発着するのが公営バスで、バス会社のオフィスや自社のバスターミナルに発着するのが民営のバス（バスターミナルを経由するものもある）、という程度の違い。車体色は青と白が基本。トイレ、テレビが車内に設置され、飲み物や軽食、夜行なら毛布のサービスがある。基本的に全席指定なので、乗車は出発地からにかぎられる。

● VIPバス

1等エアコンバスの豪華版。座席数が24〜32席、またはさらに少なく、シートは豪華でリクライニングも深い。夜間の長距離移動でも快適だ。ほかのバスに比べて料金は高いが、それに見合うものは十分あるはず。民間のバス会社では、専用のターミナルに発着し、マッサージチェアや映画が観られるパーソナルモニター、Wi-Fiが設置されているものもある。人気の路線は混むので早めに予約を入れよう。

バスの利用法

● 予約

予約は1等エアコン、VIPバスならだいたい可能で座席指定も可。予定が決まったら事前にチケットを入手しておこう。シート番号は通常背もたれの裏に表示されている。2等エアコンバスと普通バスは早い者勝ち。とにかく乗り込んで席に着くのが先決。

バスターミナルからの移動

バスターミナルにはサームローやトゥクトゥク、大きな町ならメータータクシーなどが待機しているので、希望の場所まで移動できる。運転手たちが特定のホテルやゲストハウスをしつこくすすめてくる場合、それは客を連れていくとコミッションがもらえるから。コミッションを出しているような宿は割高だったり汚なかったりと概して評判が悪いことが多いので気をつけよう。

曖昧になるバスのグレード

特に地方の路線に顕著な傾向として、古めの1等バスがVIPを名乗っていたり、新たな別のグレード名が付けられていたりと、特にエアコンバスのグレード区分が曖昧化している。グレード名に過大な期待を持たないこと。

バスやロットゥーの本数減少中

コロナ禍で人の移動が減ったためか、バスやソンテオの運行時間の短縮、便数の削減が行われている。利用の際は注意しよう。

旅の準備と技術　交通入門　バス、レンタカー、レンタバイク

中〜長距離移動の乗り物

VIPバス	1等エアコンバス
座席が少なくひとり分のスペースが広い。豪華バス 	サービスもよく速くて快適。トイレ付き
2等エアコンバス	普通バス
普通バスのグレードアップ版	最も安価に都市間を移動できる 

中〜近距離、市内移動の乗り物

ロットゥー（ミニバス）	大型ソンテオ
エアコン付きで、速くて便利。大きな荷物があると利用は難しい	地方都市間を結ぶ比較的大型のソンテオ 
小型ソンテオ	トゥクトゥク
地方の交通機関は小型のソンテオが主役 	基本は三輪。タクシーにもなる
モーターサイ	サームロー
客はオートバイの後部座席に乗る 	人力サームローはゆっくり走るので、町の風景が眺められ楽しい

505

バスで移動する際の注意
車内のトイレについて：普通バスと2等エアコンバスにはトイレがないので、乗車前に必ず用を足しておくこと。トイレ休憩はターミナルのある町や途中のガソリンスタンドで行うが、あっても2～3時間に1回程度で、運が悪いと終点までノンストップ。

バスターミナルのトイレ：バスターミナルには公衆トイレがあり、1回無料～5B程度で利用できる。休憩の際トイレに行くときは車掌か運転手にアピールしておかないと、置いてきぼりにされることもあるので注意しよう。外国人だということがわかってもらえていれば、忘れられることは少ないはず。

公共の乗り物内は禁煙
車内は普通バス、エアコンバスに関係なく全面的に禁飲酒、禁煙。

バスターミナルからホテルまで、サームローやトゥクトゥクの料金目安
・言い値が20B以下だったら：これ以下の料金ではまず乗車できないので、迷わず乗ろう。
・言い値が30Bだったら：相場がわからずに利用する場合、諦められる料金。よほど近くなければ妥当かもしれない。
・言い値が40Bだったら：30Bで行けるかもしれないので交渉しよう。
・言い値が50～60Bだったら：町なかでこの料金はちょっと高い。しかし目的地まで10～15分以上かかればこんなもの。
・言い値が100B以上だったら：よ

●バス料金の目安
　料金の目安は、普通バスで1時間当たり40～50B程度。2等エアコンバスはその1.5倍程度、1等エアコンバスはその2倍弱、VIPバスなら1等エアコンバス料金の100～150B増し。

●バスの出発時刻
　バスの出発時刻はバスターミナルで確かめられる。町によってはターミナルのインフォメーションやTATで時刻表を作っているところもあるが、そうでなければ自分で調べることになる。

●バスターミナルの場所
　ほとんどの町のバスターミナルは、市街から外れた若干不便な場所にある。スリンのように中心部に残されている町もあるが、最近ではコーンケンのように郊外に移転する傾向にある。また町によっては、ターミナルが行き先やバスの種類（普通、2等エアコンバスのターミナルと1等エアコン、VIPバスのターミナル。あるいは北、南、東など目的地の方角）によって数ヵ所に分かれていることもある。専用のターミナルをもっているバス会社もあるので、出発前にホテルのフロントなどでどのターミナルに行けばいいのか確認しておくこと。バスターミナルに行くときは、英語で「バスターミナル」と言うよりタイ語で「ボー・コー・ソー บ.ข.ส.」と言ったほうが通じやすい。

そのほかの乗り物

●地方と地方を結ぶ短距離バス（ローカルバス）
　地方都市間の路線に一般的に使われているのは小型のバス。オンボロが多く、乗り心地も悪いし、目的地の表示も通常タイ語のみ。それでもバスターミナルに行けば、たいてい誰かがどこへ行くのか聞いてくるから、目的地の地名を言えばそこへ行くバスがどれか教えてくれるはずだ。

Column：長距離バス内での盗難事件に注意

　バンコクの日本大使館も注意をうながしているのが、長距離夜行バス内での盗難事件。手口は簡単で、夜間、車内でグッスリ眠っている間に荷物のなかから貴重品を盗んでしまうというもの。目的地に到着し、乗務員に別れを告げ、宿に荷を下ろしてふと調べると、確かにしまっておいたはずの貴重品が消えているのだ。

　盗まれるときは、スーツケースだろうとバックパックだろうと、鍵をかけていようがなんだろうがとにかく盗まれてしまう。というのも、犯人たちは乗客が眠っている間に足元や荷室などに置いた荷物から盗むので、気づきようがないのだ。特に被害が多発しているのはバンコクからサムイ島やスラー・ターニー、あるいはチェンマイか

らバンコクへ向かう夜行バスで、バス会社ではなく旅行会社が運行する低料金のバスで被害が多く、ほとんど毎日のように事件が発生している。

　対策としては、1.乗車前にバスのナンバーや会社名を控えておく。2.貴重品はかばんのなかなどへは入れず、必ず身につけておく。3.下車前に必ず貴重品の有無をチェックし、被害が確認できた場合はその場で騒ぎ、ツーリストポリス（→P.530）か警察に通報する。あとで警察に駆け込んでもみんなグルだった場合、すべてウヤムヤになってしまうからだ。確かなのは、旅行会社が運行する安かろう悪かろうの低料金バスを利用しないのがいちばん。できるだけバスターミナルに発着する公営、民営の路線バスを利用しよう。

バスも走らない小さな町と町を結ぶのは、ソンテオと呼ばれる乗り物だ（北部チェンマイ周辺など外国人が多い観光地では「ミニバス」とも呼ばれている）。これは中型や小型トラックの荷台に屋根と座席を付けたもの。

● ロットゥー（ミニバス）

エアコン付きのバンを使ったロットゥー（ミニバスとも呼ばれる）は便利で快適。バスターミナルに発着するものと、運行する会社の前に発着するものがある。車内は狭いので、大きな荷物を持っての利用は難しい。どうしても利用したい場合は、荷物用に1席買うなどの交渉を。

● 地方の市内バス（ソンテオ）

中小の都市ではソンテオが路線バスの役割を果たしている。だいたいルートも決まっているが、土地鑑がないとなかなか利用できない。宿のフロントなどで情報を集め、簡単に乗れるものから利用していこう。これを乗りこなせると、交通費はかなり安く上がる。

● サームローやトゥクトゥク、モーターサイ

サームローとは「三輪車」のこと。人力、エンジン付きを問わず、三輪のものはすべて地方ではサームローだ。エンジン付きのサームローに関しては特にトゥクトゥクと呼んで区別することもあるが、呼び名にこだわる必要はない。

モーターサイとは小型オートバイの後部座席に客を乗せて運ぶもので、モーターサイクルのタイ風発音。

名称やカタチは違っていても、利用法はどれも同じ。まず行き先を告げ、料金を運転手と交渉して決める。相場を知らないと高い値段で利用してしまいがちなので、言い値には注意し、高いと思ったら値切ること。人力とエンジン付きの間に料金の差はない。

レンタカーとレンタバイクの旅

● 借りる前に

リゾートや観光地では国外運転免許証がなくても貸し出す業者もあるが、無免許運転は違法行為。検問などで無免許が発覚した場合、罰金（300～500B）は必至。あるいは賄賂の口実になる。また万一事故に巻き込まれた際も、無免許では海外旅行保険の対象とならない。必ず用意しておくこと。

実際に利用する場合は、借りる前に車やバイクの内外装をチェックして傷や異常がないか調べよう。エンジンをかけて動力系の調子も調べること。こうしたチェックを怠ると、あとで返すときに不調部分があった場合「君が壊した」「いや最初からだ」と言い争うハメになる。契約書類も確認し、保険に入っているかもチェックすること。ずさんな店も多いのだ。

● 交通事情

タイは日本同様左側通行なので、その点はなじみやすい。しかし無信号、無灯、強引な割り込みや急停車、突然の進路変更などは日常茶飯事なので、慎重に運転すること。二輪車乗車時はヘルメット着用が義務づけられている。

ほど遠いか、ボラれている。

以上は一般的な地方都市でサームローを利用した場合の参考料金。地方都市の場合、町なかの移動ならだいたい均一料金になっているので、ホテルなどで相場を聞いておけばそれを目安に交渉できる。値切る場合のコツは、いつまでも同じ相手と交渉せず、高いと思ったらさっさと別の運転手に切り替えること。また乗客がひとりでもふたりでも、料金は常に「1台」を利用する額であることも忘れないように。最近ではサームローやモーターサイのたまり場に、そこからおもな場所までの料金表が掲げられていることが多い。その場合は料金交渉の必要がないので楽だ。

配車アプリを活用しよう

バンコクのタクシーは乗車拒否やメーターの不使用、料金のボッタクリなど、質の悪い運転手が多く何かと評判が悪い。地方都市ではトゥクトゥクやソンテオなどの料金は交渉が必要なことが多く、特に外国人は割高な金額を請求されがち。バンコクだけでなく地方都市でも大きめの県庁所在地クラスなら、配車サービスの「Grab」や「Bolt」が利用できるので活用しよう。「Grab」の場合アプリ内で「GrabTaxi」（Grabと契約している一般のタクシー。料金はメーター制）と「GrabCar」（Grabと契約している一般の車。依頼時に表示された料金）、モーターサイ（オートバイタクシー）の「GrabBike」、そのほか大型車や高級車も選択できる。バンコクのメータータクシー料金は安いのでGrabCarは割高に感じられるが、安心を買うと思えば納得できる。行き先はアプリ上の地図でも指定できるので、言葉が通じなくても利用可能。クレジットカードで決済すれば小銭も不要。出発前にアプリをインストールしておこう（クレジットカードの登録は日本国内ではできないので、タイ到着後に）。

旅の準備と技術

交通入門　バス、レンタカー、レンタバイク

旅の準備と技術
交通入門 飛行機

おもな航空会社連絡先

タイ国際航空
URL www.thaiairways.com
24時間予約サービス
TEL 0-2356-1111
スワンナプーム国際空港オフィス
TEL 0-2134-5483

バンコク・エアウェイズ
URL www.bangkokair.com
スワンナプーム国際空港オフィス
TEL 0-2134-3960

タイ・スマイル航空
URL www.thaismileair.com

エアアジア
URL www.airasia.com

ノックエア
URL www.nokair.co.th

タイベトジェット
URL th.vietjetair.com

飛行機の旅

● やっぱり早い飛行機の旅

　飛行機の旅の利点は、やはりそのスピード。バンコク〜チェンマイ間はバスや鉄道を利用すると約10時間かかるが、飛行機なら1時間10分。料金も、飛行時間が1時間程度の距離なら日本円にして6000円程度とリーズナブル。タイ国際航空のチェンマイとプーケットを結ぶ路線や、エアアジアのチェンマイとハート・ヤイを結ぶ路線など北部と南部を直接結ぶフライトは、タイ全土を短い日程で周遊したいような人に便利。

● タイの国内航空会社

　タイの国内航空網はバンコクと地方都市を結ぶ路線がほとんどで、地方都市間を結ぶ路線は少ない。タイ国際航空 Thai Airways International（TG）以外では、バンコク〜サムイ島路線が人気のバンコク・エアウェイズBangkok Airways（PG）、タイ国際航空子会社のタイ・スマイル航空（WE）やバスと連携して地方都市をネットワークするノックエア（DD）、格安航空会社のエアアジア（FD）、タイベトジェット（VZ）などがある。

タイ国際航空国内線、バンコク・エアウェイズ路線図

格安航空会社の国内航空路線図例

● バンコクには空港が2ヵ所ある

バンコク発着の国内線は、タイ国際航空やバンコク・エアウェイズが利用するスワンナプーム国際空港と、ノックエアやエアアジアなどが利用するドーン・ムアン国際空港がある。利用する際は空港を間違えないように注意しよう。

● 国内航空券の予約、購入について

航空券の予約や購入は、各航空会社のオフィス、旅行会社、ウェブサイト上（決済にクレジットカードが必要）などでできる。時間が節約できる空の旅は人気が高く、季節や路線（バンコク〜チェンマイやバンコク〜プーケットなど）によっては非常に混む。予定が立ったらすぐに予約しよう。料金は時期によって変動し、早めに購入すると割安になる。

● 搭乗手続きについて

国内線の搭乗手続きは通常出発の1〜2時間前に開始され、30分前に終了する。チェックインカウンターに並ぶ前に、預ける荷物はセキュリティチェックを受けること。空港によっては、ターミナルビルの入口で荷物などのセキュリティチェックを受けるところもある。チェックを受けたらカウンターに並び、航空券と身分証明書（パスポート）を提示する。一般の国内線の空港使用料は原則的に切り込み式なので、空港やチェックイン時などに支払う必要はない（チケット購入時に同時に支払う）。トランジットの場合は空港使用料は不要。搭乗待合室へ入る際または搭乗時に、ボーディングパスと身分証明書の照合が行われるので用意しておこう。

● 格安航空会社の利用について

エアアジアのような格安航空会社は、食事や飲み物のサービスが有料、座席の指定もないなど徹底して経費を削減し、バンコク〜チェンマイ間999Bなどといった低料金を実現している。予約は町なかや空港にあるオフィスやインターネットのウェブサイト上で行い、料金の決済はクレジットカードで。

● 国内線航空会社のサービス

タイの国内線フライトは、チェンマイ〜プーケットなどの長距離路線を除いてだいたいどの路線も所要1時間程度。各種サービスが有料な航空会社以外は、フライト中は簡単なスナックやドリンクのサービスもある。バンコク・エアウェイズはすべての乗客が専用ラウンジを利用できるので、時間に余裕を持って空港へ行きたい。

タイ国際航空
日本地区コールセンター
☎0570-064-015
営業月〜金9:00〜17:00
休土・日・祝

時間を有効に使える空の旅

格安航空会社がおもに発着するドーン・ムアン国際空港

国際線から国内線への乗り継ぎ
スワンナプーム国際空港到着の国際便から国内線へ乗り継ぐ場合はP.498参照。

路線を増やしている国内線航空会社

タイ国際航空国内線料金例（タイスマイル航空運航便も含む）

ルート	料金（片道）	便数（1日）	所要時間（分）
バンコク〜チェンマイ	1730B〜	8〜9	70〜80
バンコク〜チェンラーイ	1340B〜	5〜7	80〜90
バンコク〜コーンケン	1150B〜	5〜6	60
バンコク〜ウドーン・ターニー	1150B〜	5	65
バンコク〜プーケット	1910B〜	15	80〜85
バンコク〜ハート・ヤイ	1990B〜	7	85
バンコク〜クラビー	1860B〜	3	80

注：料金はウェブ上で購入するエコノミークラス前売り割引料金。2023年3月現在。条件により変動する。

旅の準備と技術
交通入門 鉄道

タイ国鉄
URL www.railway.co.th

バンコクに新駅登場
新しいターミナル駅としてクルンテープ・アピワット中央駅が開業。長距離列車はすべてクルンテープ・アピワット中央駅発着となり、クルンテープ駅（フアラムポーン駅）は近郊のローカル線のみ発着。

鉄道乗車時の注意
列車内は禁酒、禁煙。

列車の種類について
タイ国鉄の列車には特急（SP. EXP.=Special Express）、ディーゼル特急（SP. EXP. DRC=Special Express Diesel Railcar）、急行（EXP.=Express）、快速（RAP.=Rapid）、普通（ORD.=Ordinary, COM., LOC.）などの種類がある。列車の種類と座席の等級はそのまま速度と快適度および料金の差になるが、等級が同じなら列車の種類による快適度の差は小さい。強いて挙げればディーゼル特急は客車列車より所要時間が短く、エアコンの効きが強い。

座席の等級について
座席は1等、2等、3等の3つのクラスに分けられている。寝台は1等と2等のみで3等はない。
1等： エアコン付き2人用コンパートメント（個室）。夜は上下2段のベッドになる。追加料金でダブルベッド仕様可の車両もある。
2等： 座席は片側2人がけでエアコンかファンの2タイプ。寝台のベッドは進行方向に縦に並び、上下2段。下段は窓がありベッドも上段より広い。出発時は座席になっており、途中で係員がベッドを作りに来る。列車によっては女性専用車両もある。ディーゼル特急とディーゼル急行は、エアコン付き全席指定の2等座席のみ。
3等： 2〜3人がけのボックスシート。車両によっては板張りやプラスチックの座席を使っているものもある。南線以外はファンのみ。近距離を走る列車にはロングシートのものもある。

鉄道の旅

タイの鉄道網は路線が少なくほとんどが単線で、車両は古いものが多い。それでも鉄道はバスや飛行機に比べて車内スペースがゆったりしており、独特の旅情もある。列車によっては食堂車もあって楽しい。

● タイ国鉄の主要ルート
主要路線はおおまかに北、東北、東、南の4線に分けられる。
❶北線： バンコクからチェンマイまで全長756kmの路線。終点までの所要時間は11〜13時間。
❷東北線： バンコクから北東にナコーン・ラーチャシーマー（コラート）まで行き（264km）、北方向のノーンカーイ行き（624km）とタイ最東のウボン・ラーチャターニー行き（575km）の2線に分岐する。所要時間はノーンカーイまで約11時間、ウボン・ラーチャターニーまで8〜12時間。
❸東線： バンコクからカンボジア国境まで全長255kmの路線。終点アランヤプラテートまでは約5時間30分。線路はカンボジア側と連絡しているが、列車はアランヤプラテート駅止まり。
❹南線： マレー半島を南下してタイ南部最大の都市ハート・ヤイ（ハジャイ）に行き（929km）、南東方向のスンガイ・コーロク行き（1143km）と、南方向のパダン・ベサー行き（990km）に分岐する。所要時間は

タイ鉄道主要路線図

スンガイ・コーロクまで15～22時間、パーダン・ベーサーまで約17時間。パーダン・ベーサーからはマレーシアの鉄道に接続している。

●切符と座席の前売りについて

切符は利用の60日前から、全国どこでも主要な駅で購入可能。切符の表には列車番号、出発時刻、車両番号、座席番号が印字されている。1、2等は全席指定なので車両番号を目安に乗車しよう。3等車は自由席。混雑していて座れないこともあるので、特に長距離利用の場合は、列車が構内に入ってくるのと同時に乗車して座席を確保するくらいのつもりでいよう。3等の切符は前売り購入はできず、列車の出発が近くなってから販売が開始される。

●切符の変更、払い戻しについて

切符の変更には、通常の座席なら手数料20B、エアコンの座席と寝台は50Bの手数料が必要で、60日以内なら2回まで可能。ただし利用予定の列車の出発1時間前までに手続きすること。払い戻し手数料は出発3日前までは20%、出発時刻1時間前までは50%。

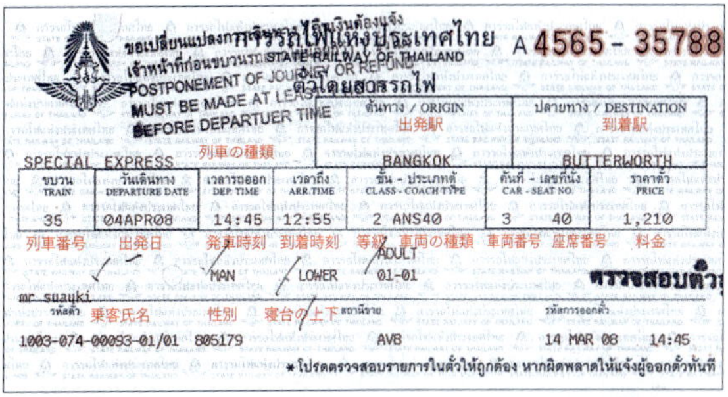

鉄道切符の見方

料金について

運賃は距離で計算する。優等列車や寝台、エアコン付き車両を利用する場合は追加料金が必要で、追加料金は使用する車両や利用する距離によって細かく異なる。

日本の古い車両に乗れる

JR北海道で札幌と網走を結ぶ特急オホーツクなどとして約40年使用されていたキハ183系ディーゼル車両。日本での役目を終えた17両がタイ国鉄に譲渡され、改軌などの改修を受けて観光用特別列車として運用されている。定期運行はないので、情報はタイ国鉄やTATなどのウェブサイトをチェックしよう。

Column ウェブサイトで鉄道チケットを予約

タイ国鉄の公式ウェブサイトから、チケットの購入ができる。駅まで足を運ぶ必要がなく便利。乗車日の30日前から購入可。

[URL]dticket.railway.co.th

①ホーム画面右上の「ไทย」をクリックしてプルダウンメニューから英語に切り替え。

②「Register」で利用者情報（氏名、パスポート番号など）を登録したらログイン。

③利用する路線を選択。

④出発駅、到着駅、利用日（往復も可）、利用人数を選択して「Search」をクリック。

⑤候補の列車が表示されるので、希望の列車を選択。

⑥希望の座席や寝台を選択し、支払画面へ。クレジットカード決済可。チケットはメールで届くのでQRコードが表示できるようスマホに保存するか、念の為プリントアウトしておこう。

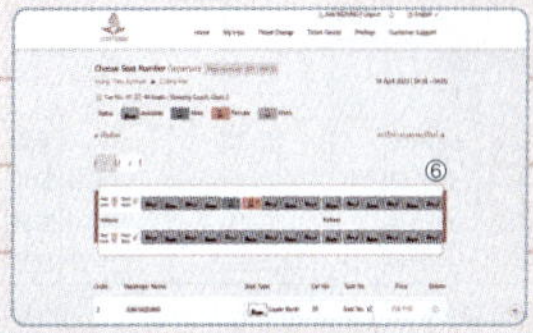

鉄道時刻表

2023年3月現在
（おもな駅と長距離、優等列車を掲載）

凡例
SP.EXP＝特急　SP.EXP(CNR)＝中国製寝台特急
SP.EXP(DRC)＝ディーゼル特急　EXP.＝急行
RAP.＝快速　なし＝普通　↓＝通過
‖＝その経路は通らない　a.＝到着時刻　d.＝出発時刻

北線（Northern Line）下り　バンコク〜チェンマイ

おもな停車駅	列車番号	303	407	403	401	111 RAP.	SP.EXP (DRC) 7	201	209	211	207	109 RAP.	301	317	313	9 SP.EXP (CNR)	13 SP.EXP	107 SP.EXP	51 EXP.
クルンテープ	d.	04:20						09:25	11:20	12:55	14:05		16:30	17:25	18:20				
バーン・スー		04:35						10:03	11:35	13:17	14:34		16:55	17:53	18:44				
クルンテープ・アピワット	d.					07:30	09:05					14:15				18:40	20:05	20:45	22:30
ドーン・ムアン		05:00				07:49	09:13	10:30	12:08	13:45	14:59	14:32	17:25	18:16	19:14	18:57	20:22	21:02	22:47
ランシット		05:09				07:58	09:23	10:41	12:19	13:54	15:10	14:43	17:37	18:29	19:25	19:07	20:32	21:12	22:59
バーン・パイン		05:36				08:25	↓	11:14	12:51	14:19	15:43	↓	18:14	19:00	20:00	↓	↓	↓	↓
アユタヤー		05:50				08:38	09:48	11:28	13:05	14:32	15:58	15:19	18:29	19:14	20:14	19:45	21:07	21:48	23:36
バーンパーチー		06:17				08:59	↓	11:52	13:30	14:54	16:26	15:37	18:55	19:37	20:35	↓	↓	22:06	↓
ロップリー		07:05			06:00	09:49	10:29	12:41	14:24	15:35	17:27	16:23	19:40	20:20		20:42	22:00	22:39	00:31
バーン・ターグリー					07:15	10:36	↓	14:09	15:40	17:01	18:41	17:28							
ナコーン・サワン	a.d.		05:00		08:11	11:24	11:40	15:11		17:53	19:35	18:27				22:17	23:31	00:06	02:24
タパーン・ヒン	a.d.		06:17		09:36	12:42	12:26	16:40		19:15		19:37				↓	↓	01:30	03:37
ピッサヌローク			07:29	05:55	10:55	13:45	13:22	17:55				20:37				00:18	01:49	02:38	04:40
ウタラディット			09:07	07:37		15:24	14:27					22:23				↓	03:08	04:05	06:06
シラーアート	a.d.		09:17	07:40		15:29	14:33					22:37				01:54	03:21	04:18	06:20
デンチャイ	a.d.		10:13			16:30	15:24					23:42				02:51	04:19	05:15	07:20
ラムパーン			12:36				17:33					02:04				05:01	06:33		10:01
ラムプーン			14:16				19:15					03:44				06:51	08:21		11:50
チェンマイ			14:35				19:30					04:05				07:15	08:40		12:10

北線（Northern Line）上り　チェンマイ〜バンコク

おもな停車駅	列車番号	302	314	208	212	318	202	102 RAP.	112 RAP.	304	SP.EXP (DRC) 8	408	402	52 EXP.	210	410	14 SP.EXP (CNR)	10 SP.EXP	108 RAP.
チェンマイ	d.							06:30			08:50	09:30		15:30			17:00	18:00	
ラムプーン	d.							06:52			09:05	10:00		15:48			17:20	18:20	
ラムパーン	d.							08:37			10:41	12:02		18:04			19:27	20:17	
デンチャイ	d.							10:46	07:30		12:39	14:19	20:26				21:41	22:36	19:05
シラーアート	d.							11:47	08:27		13:26	15:33	21:30			16:30	22:36	23:33	20:12
ウタラディット	d.							11:53	08:33		13:32	15:38	21:37			16:33	22:42	↓	20:19
ピッサヌローク	a.d.						06:05	13:18	10:03		14:44	17:24	13:45	23:01		18:10	00:01	00:50	22:09
タパーン・ヒン						05:30	07:18	14:28	11:12		15:32	18:41	14:58	00:07			01:59	02:41	23:20
ナコーン・サワン					05:00	07:01	08:35	15:56	12:42		16:22	19:55	16:30	01:14					
バーン・ターグリー					05:51	08:09	09:32	17:00	13:37		↓		17:29	↓	16:00				01:41
ロップリー	a.d.	04:30		07:06	09:18	06:00	10:56	18:06	14:39	08:00	17:28		18:45	02:45	17:32		03:39	04:09	02:28
バーンパーチー		05:22	04:45	08:02	10:08	06:46	11:49	18:55	15:29	08:43	↓		↓	18:24	↓				03:02
アユタヤー		05:07	08:26	07:11	12:14	19:16	09:21	18:06	03:57	18:48	04:24	04:59	03:21						
バーン・パイン		06:03	05:20	08:40	10:39	07:22	12:29	↓	16:16	09:12	↓		19:03	↓					
ランシット		06:39	05:53	09:13	11:09	07:51	13:03	19:58	16:53	09:33	18:33		04:43	19:38			05:43	06:23	04:03
ドーン・ムアン		06:51	06:04	09:24	11:19	08:01	13:14	20:10	17:05	09:43	18:42		04:55	19:49			05:55	06:35	04:15
クルンテープ・アピワット	a.							20:25	17:20		18:55		05:10				06:10	06:50	04:30
バーン・スー		07:14	06:28	09:56	11:49	08:29	13:42			10:12				20:14					
クルンテープ	a.	07:45	06:55	10:20	12:10	09:05	14:05			10:35				20:35					

東北線（Northeastern Line）下り　バンコク〜ウボン・ラーチャターニー、ノーンカーイ

おもな停車駅	列車番号	423	431	339	425	433	921	21 SP.EXP (DRC)	421	415 RAP.	135 EXP.	75 EXP.	71	419	233	439	427	417	437	341 RAP.	429	139 SP.EXP (CNR)	25 SP.EXP	23 RAP.	133 RAP.	141
クルンテープ	d.			05:20		06:00									11:40			17:00								
バーン・スー				05:26		06:24									11:54			17:24								
クルンテープ・アピワット	d.			‖		‖		06:10		07:10	08:45	10:35			‖			‖				19:25	20:25	21:05	21:25	23:05
ドーン・ムアン				05:53		06:51	06:27			07:27	09:02	10:52			12:25			17:52				19:41	20:41	21:22	21:42	23:22
アユタヤー				06:45		07:41	06:59			08:26	09:42	11:25			13:07			18:53				20:26	21:39	21:53	22:30	00:17
ケーンコーイ			05:00	08:05		08:36	07:55			09:30	10:30	12:16		11:45				16:55	20:20			21:24	22:29			01:15
ナコーン・ラーチャシーマー	a.d.		08:29				10:11	06:10	06:20	12:24		14:43	11:15	17:00	11:45		14:20	15:55	18:26		17:55	00:23	↓	01:46	↓	04:29
ブアヤイ	a.d.		10:00			10:08			07:58		14:14				16:40		17:26	スラーンクラーイ		19:25		02:50		03:57		
コーンケン			11:30							09:30		15:32						19:04	20:27	緊急			04:12		05:22		
ウドーン・ターニー										11:21		16:58						21:00					05:44		07:07		
ノーンカーイ										12:05		17:30											06:25		07:55		
フムチー	d.	04:40			05:30				08:55		14:59			13:55	19:54	17:13						03:04		↓		07:18
スリン		05:05			05:38				12:11		09:01			14:10	14:03	20:00							04:14		07:29		
シー・サケート		05:24			06:11				12:33		09:54			15:41	17:40	14:03	18:02					03:54		04:43		08:06	
ウボン・ラーチャターニー	a.	05:40			(ウボンムアング湾)	08:30			14:00		12:15			18:00	19:50	16:45			20:15			06:15		06:35		10:20

注：時刻は予告なしに変更されることがあるので、必ず現地で確認を。　鉄道インフォメーション ☎1690（24時間）
注：列車は基本的に毎日運行。900番台はおもに週末運行される特別列車です。

512

南線 (Southern Line) 下り　バンコク～カンチャナブリー、ハート・ヤイ、クアラルンプール

おもな停車駅		485	451	445	447	463	909	911	453	255	947	257	43 (SP.EXP DRC)	45	261	455	251	171	259	949	31 (RAP.)	37	169	355 (SP.EXP CNR)	489	83 (EXP.)	351	167 (RAP.)
クルンテープ	d.						06:30	06:30							09:20									16:40				
バーン・スー	d.						06:51	06:51							09:41									17:00				
クルンテープ・アピワット	d.									07:30			08:10				13:10		13:55		14:50	15:35	16:30		17:30		18:50
トンブリー	d.					07:45																			18:25			
ナコーン・パトム	d.				08:20	08:20			08:43	08:52	09:11				10:57		13:10	14:11	15:03		15:53	16:46	17:12	18:09		18:34	19:29	20:09
ノーンプラードック	d.	05:00				08:35			09:08	09:22					11:21		15:22							18:26			19:48	↓
スパンブリー	a.					↓																		20:04				
カンチャナブリー	a.	06:08				09:29							10:35								16:26							
クウェー川鉄橋	d.					09:59							↓															
ナム・トク	a.	08:20				11:30							12:35								18:30							
ラーチャブリー	d.								09:55				10:13		12:09		15:12				16:49	17:47	18:14			19:34	20:35	21:13
ペッチャブリー	d.								10:14	11:22			11:01		12:58		16:50	16:24			17:54	18:52	19:15			20:38		22:17
フア・ヒン	a.d.								11:24	12:49			12:09		14:15			18:16	17:39		19:07	20:06	20:38			21:52		23:39
プラチュアップ・キーリーカン	a.d.									15:01			13:40				20:00	18:53				23:19	00:21	01:47					01:19
チュムポーン	a.d.			06:15						19:01			16:36					22:10				23:19	00:21	01:47			02:40		05:00
ランスワン	a.d.			07:39						20:20			17:28					23:32						02:47					06:04
キーリー・ラッタニコム	a.d.																									17:40		
スラー・ターニー	a.d.			09:59	06:20								18:50								01:38		02:43	03:49	04:37		16:55	05:38	07:57
トラン	a.d.																									18:50		11:42
カンタン	a.																											12:05
パッタルン	a.d.			08:41	14:58	10:47	06:25								12:43	05:20				06:07	07:23	08:28						
ハート・ヤイ	a.d.		10:28	17:00	12:46	08:16			07:30			08:55		14:33		07:05		14:00	07:25	09:06	10:02							
バーダン・ベーサー	d.								08:25			09:50		14:55														
バッターニー	d.		11:59		14:26	09:39										15:53		08:18			10:17	11:13						
ヤラー	a.d.		12:36		15:27	10:18					06:30					16:30		09:06			10:55	11:45						
スンガイ・コーロク	a.		14:45		17:40	12:40					08:40							10:50			12:30							

南線 (Southern Line) 上り　クアラルンプール、カンチャナブリー、ハート・ヤイ～バンコク

おもな停車駅		356	352	252	260	490	254	448	446	456	948	452	40 (SP.EXP DRC)	172 (RAP.)	170 (RAP.)	168 (RAP.)	464	258 (SP.EXP)	38	910	262	86 (EXP.)	454	486	950	912	46 (SP.EXP)	84 (EXP.)	32 (SP.EXP CNR)
スンガイ・コーロク	d.							06:30			09:00			12:00		12:55		14:20				15:25							
ヤラー	d.							08:35		06:35	11:17		13:53	12:35		14:53		16:11				17:35							
バッターニー	d.							09:16		07:17	11:58		14:25	13:07		15:26		16:42											
バーダン・ベーサー	d.									08:55															15:40		17:00		
ハート・ヤイ	a.d.							11:15	06:35	08:54	09:50	14:00		15:50	14:31		17:01		18:15						16:35		17:55		17:45
パッタルン	d.							13:16	08:29	10:46		15:30		17:00	15:51		18:35		19:34										18:59
カンタン	d.													12:55															
トラン	d.													13:19													17:00		
スラー・ターニー	a.d.				07:00			17:55	13:31				10:25	21:16	19:41	17:08		23:14			18:52						20:14	22:27	
キーリー・ラッタニコム	a.d.				06:15																								
ランスワン	a.d.								15:37				11:44	22:55	21:13	18:47						20:21							
チュムポーン	a.d.			04:50			07:55		17:05				12:36	00:14	22:20	20:03		01:42				21:25						22:51	01:05
プラチュアップ・キーリーカン	a.d.							11:12					15:00	03:34	02:21	18:53		05:19				00:35							
フア・ヒン	a.d.			06:34				13:09					16:23	05:29	03:42	01:37		07:09				02:40				16:38		04:13	05:55
ペッチャブリー	d.			07:47				14:32					17:19	06:49	04:55	03:05		08:33			15:54	04:05				17:50		05:29	07:10
ラーチャブリー	d.			04:45	08:51			15:45					18:13	07:58	05:57	03:42		09:34			17:17	05:12				18:57		06:05	08:17
ナム・トク	d.					05:20								12:55					15:30										
クウェー川鉄橋	d.					07:14								15:50															
カンチャナブリー	d.					07:21								14:48				16:53	17:33										
スパンブリー	d.				04:00																								
ノーンプラードック	d.			05:55	05:34	09:59	08:22		16:40					16:08	17:57	18:07			18:40					19:49					
ナコーン・パトム	d.			06:25	06:03	10:27	08:49		17:15				19:22	09:20	07:09	05:38		16:31	10:53	18:09	18:29	06:36		20:07			08:16	09:39
トンブリー	a.				07:10	11:45	09:45		18:30						07:40			19:38											
クルンテープ・アピワット	a.												20:30	10:30	08:25	07:00			12:05								09:25	10:50	
バーン・スー	a.	07:44																19:02	19:57					21:19					
クルンテープ	a.	08:05																19:25	20:20					21:40					

東北線 (Northeastern Line) 上り　ウボン・ラーチャターニー、ノーンカーイ～バンコク

おもな停車駅		234	342	72 (EXP.)	424	430	440	416	438	428	136 (RAP.)	76 (EXP.)	340	434	426	418	432	22 (SP.EXP DRC)	422	926	142 (RAP.)	420	134 (RAP.)	24 (SP.EXP CNR)	26 (SP.EXP CNR)	140 (RAP.)
ウボン・ラーチャターニー	d.			05:40						06:20	07:00				12:35			14:50	15:15		17:35	18:10		19:00		20:30
シー・サケート	d.			06:24						07:16	08:04				13:44			15:31	16:14		18:41	19:30		19:56		21:24
スリン	d.	05:20		07:49	07:03					09:05	09:39				15:28			16:41	18:04		20:22	21:00		21:23		22:56
ラムチー	a.d.	05:28		07:58	07:13					09:15	09:48				15:37			↓	18:15		20:31	21:10				23:07
ノーンカーイ	d.											07:45				12:55					18:50		19:40			
ウドン・ターニー	d.						05:55					08:16				13:40					19:38		20:20			
コーンケン	d.						07:50					09:32				15:33	14:30				21:12		21:49			
プヤイ	d.					05:50	09:25					10:45		12:20		17:05	16:01				22:46		23:17			
ナコーン・ラーチャシーマー	a.d.	08:22		10:18	09:50	07:20	10:55		11:45	12:33		18:25	18:35	17:40	18:47			23:25		23:59		01:42				
ケーンコーイ	a.d.	11:36	05:30	12:28		10:40		07:40		15:30	14:44	08:45	17:10		20:30	20:53		16:13	02:16		03:00		03:22	02:45		
アユタヤー	d.	12:40	06:38	13:17				16:37	15:35	09:41					21:42			17:09	03:13		04:14	03:42	04:04	05:31		
ドーン・ムアン	d.	13:26	07:41	14:16				17:40	16:20	10:22					22:16			18:02	03:35		05:15	04:35	05:35	06:55		
クルンテープ・アピワット	a.		14:30					17:55	16:35						22:35				04:10		05:30	04:50	05:50	07:10		
バーン・スー	a.	14:04	08:09							10:52								18:29								
クルンテープ	a.	14:15	08:35							11:10								18:50								

513

鉄道時刻表（続き）

東線（Eastern Line）下り　バンコク～チャチューンサオ、パタヤー、アランヤプラテート

おもな停車駅	275	RAP. 997	283	285	281	367	389	279	277	379	391	371	383
クルンテープ	05:55	06:45	06:55	06:55	08:00	10:10	12:10	13:05	15:25	17:40	16:35	17:40	18:25
パヤータイ	06:10		07:08	07:08	08:11	10:23	12:20	13:13	15:41		16:45	17:07	17:53	18:37
マッカサン	06:20	06:59	07:16	07:16	08:16	10:30	12:28	13:17	15:45		16:52	17:13	18:02	18:43
アソーク	06:26		07:22	07:22	08:20	10:34	12:32	13:20	15:48		16:56	17:17	18:06	18:47
フアマーク	06:43	07:15	07:49	07:49	08:35	10:49	12:44	13:30	15:59		17:09	17:41	18:18	19:02
チャチューンサオ	07:40	08:02	08:59	08:56	09:32	11:45	13:30	14:21	16:44		18:05	18:25	19:24	20:00
パタヤー	↓	09:14	10:35		↓			↓				20:32	
バーンプルータールアン	↓	09:50	11:20		11:35			↓	18:20			プラチンブリー終着	
アランヤプラテート	11:11					カビンブリー終着		17:21	カビンブリー終着				

東線（Eastern Line）上り　アランヤプラテート、パタヤー、チャチューンサオ～バンコク

おもな停車駅	372	384	380	278	280	388	994	368	282	284	276	390	RAP. 998	286	996
アランヤプラテート				カビンブリー始発	07:05			カビンブリー始発		14:00					
バーンプルータールアン				06:30	↓				13:25	13:35			15:50		
パタヤー				↓	↓				↓	14:21			16:26		ラートクラバン終着
チャチューンサオ	06:19	05:20	05:45	08:31	10:22	07:05		12:35	15:34	16:20	18:00	14:05	17:37	16:20	19:45
フアマーク	07:28	06:22	07:00	09:39	11:29	07:56	08:07	13:37	16:33	17:41	19:06	14:56	18:26	17:41	
アソーク	07:46	06:41	07:08	09:53	11:44	08:10	08:20	13:50	16:48	17:56	19:20	15:08	↓	17:56	
マッカサン	07:51	06:49	07:18	09:58	11:48	08:16	08:25	13:54	16:55	18:01	19:25	15:12	18:42	18:01	
パヤータイ	07:58	06:56	07:26	10:05	11:53	08:21	08:32	13:59	17:00	18:06	19:30	15:18	↓	18:06	
クルンテープ	08:15	07:10	07:45	10:15	12:05	08:35	08:35	14:10	17:15	18:15	19:40	15:25	18:55	18:15	20:15

マハーチャイ線（Mahachai Line）下り　ウォンウィエン・ヤイ～マハーチャイ

おもな停車駅	4303	4311	4321	4341	4305	4313	4323	4343	4315	4325	4317	4307	4327	4345	4309	4329	4347
ウォンウィエン・ヤイ	05:30	06:25	07:00	07:40	08:35	09:40	10:40	12:15	13:20	14:25	15:25	16:30	17:00	17:35	18:35	19:10	20:10
タラート・プルー	05:34	06:29	07:04	07:44	08:39	09:44	10:44	12:19	13:24	14:29	15:29	16:34	17:04	17:39	18:39	19:14	20:14
クローン・タムサイ	↓			07:50								17:13				19:18	↓
チョームトーン	↓	06:33	07:08	07:53			12:23			15:33	16:35	↓					
ワット・サイ	05:40	06:36	07:11	07:56	08:45	09:50	10:52	12:26	13:30	14:35	15:36	16:40	17:15	17:45	18:45	19:21	20:19
ワット・シン	05:43	06:39	07:14	07:59	08:48	09:53	10:55	12:29	13:33	14:38	15:39	16:43	17:16	17:48	18:50	19:24	20:22
カーンケーハ	05:50	06:47	07:21	08:07	08:56	10:01	11:03	12:38	13:41	14:46	15:47	16:51	17:24	17:56	18:58	19:32	20:30
バーンボーン	05:47	06:44	07:18	08:04	08:53	09:58	11:00	12:35	13:38	14:43	15:44	16:48	17:21	17:53	18:55	19:29	20:27
ラーンサケー										15:50							
ラーンポー	05:54	06:56	07:29	08:11	09:00	10:07	11:11	12:42	13:45	14:54	15:56	17:00	17:28	18:00	19:02	19:37	20:34
サームイェーク	05:57	06:59	07:32	08:13	09:02	10:10	11:14	12:44	13:49	14:57	15:59	17:02	17:30	18:06	19:04	19:39	20:36
プロムテーム	06:00	07:02	07:35	08:16	09:05	10:13	11:17	12:47	13:52	15:00	16:02	17:05	17:33	18:09	19:07	19:42	20:39
クンシーナーム	06:03	07:05	07:38	08:19	09:08	10:16	11:20	12:50	13:55	15:03	16:05	17:08	17:36	18:12	19:10	19:45	20:42
バーンナムチュート	06:06	07:08	07:41	08:22	09:10	11:22	12:53	13:58	15:05	16:08	17:10	17:38	18:15	19:13	19:48	20:44
コークワーイ	06:11	07:15	07:46	08:27	09:15	10:24	11:27	12:58	14:03	16:15	17:14	17:49	18:23	19:18	19:52	20:48
バーンコーム	06:17	07:21	07:52	08:32	09:21	10:31	11:33	13:04	14:09	15:16	16:20	17:19	17:55	18:28	↓	19:58	20:54
クローンチャーク											16:24	17:23	17:59	18:33			
マハーチャイ	06:23	07:27	07:58	08:39	09:28	10:36	11:39	13:10	14:15	1522	16:27	17:26	18:02	18:36	19:30	20:04	21:00

マハーチャイ線（Mahachai Line）上り　マハーチャイ～ウォンウィエン・ヤイ

おもな停車駅	4302	4310	4320	4340	4304	4312	4322	4342	4314	4324	4316	4306	4326	4344	4308	4328	4346
マハーチャイ	04:30	05:20	05:55	06:25	07:00	08:00	09:35	10:40	11:45	13:15	14:25	15:25	16:00	16:30	17:35	18:10	19:00
クローンチャーク	↓		05:59	06:29	07:04												
バーンコーム	04:37	05:28	06:04	06:34	07:08	08:08	09:43	10:48	11:53	13:22	14:33	15:33	16:08	16:38	17:42	18:17	19:08
コークワーイ	04:43	05:34	06:12	06:40	07:14	08:14	09:49	10:54	11:59	13:28	14:39	15:39	16:14	16:44	17:48	18:22	19:18
バーンナムチュート	04:48	05:39	06:16	06:45	07:18	08:23	10:59	12:04	13:33	15:44	16:19	16:49	17:52	18:27	19:23		
クンシーナーム	04:50	05:42	06:19	06:47	07:20	08:26	09:58	11:02	12:07	13:36	14:45	15:46	16:21	16:51	17:54	18:29	19:25
プロムテーム	04:53	05:45	06:21	06:50	07:23	08:29	10:01	11:05	12:10	13:39	14:48	15:49	16:24	16:54	17:57	18:32	19:28
サームイェーク	04:56	05:48	06:24	06:53	07:26	08:32	10:04	11:08	12:13	13:42	14:51	15:52	16:27	16:57	18:00	18:35	19:31
ラーンポー	04:59	05:54	06:27	06:56	07:29	08:35	10:07	11:11	12:16	13:45	14:54	15:56	16:30	17:00	18:04	18:38	19:37
ラーンサケー				06:59		08:37											
バーンボーン	05:03	05:58	06:30	07:02	07:34	08:39	10:11	11:16	12:20	13:50	15:59	16:33	17:04	18:06	18:41	19:40	
カーンケーハ	05:06	06:01	06:34	07:05	07:37	08:42	10:14	11:19	12:23	13:53	15:01	16:02	16:36	17:07	18:09	18:44	19:43
ワット・シン	05:11	06:06	06:40	07:14	07:41	08:49	10:19	11:24	12:30	13:58	15:05	16:07	16:43	17:16	18:14	18:49	19:48
ワット・サイ	05:14	06:08	06:43	07:16	07:44	08:52	10:22	11:27	12:33	14:01	15:08	16:10	16:46	17:19	18:16	18:52	19:50
チョームトーン			06:46	07:19	07:47	08:55		11:30		14:04	15:10	↓					
クローン・タムサイ				07:22	07:50					14:07							
タラート・プルー	05:21	06:14	06:51	07:26	07:54	09:00	10:29	12:41	14:11	15:16	16:17	16:53	17:26	18:23	18:59	19:57	
ウォンウィエン・ヤイ	05:24	06:17	06:54	07:29	07:58	09:03	10:32	11:39	12:44	14:14	15:18	16:20	16:56	17:29	18:26	19:02	20:00

メークローン線（MaeKlong Line）下り　バーンレーム～メークローン

おもな停車駅	4381	4383	4385	4387
バーンレーム	07:30	10:10	13:30	16:40
メークローン	08:30	11:10	14:30	17:40

メークローン線（MaeKlong Line）上り　メークローン～バーンレーム

おもな停車駅	4380	4382	4384	4386
メークローン	06:20	09:00	11:30	15:30
バーンレーム	07:19	10:00	12:30	16:30

旅の準備と技術
通信事情 インターネット、電話、郵便

タイのインターネット事情

●広く普及しているインターネット

タイでもインターネットは広く普及している。自宅に高速の回線を引いているケースは少ないのか、その分日本以上に公共の場所でのWi-Fiが普及しているように感じられる。ホテルはもちろんカフェやレストラン、ショップ、ショッピングセンター、マッサージ店、さらには長距離バスや路線バスなど、無料でWi-Fi接続できる場所は多い。スマホやタブレットがあれば気軽にネットサーフィンできるので、ぜひ持参しよう。

Wi-Fi完備のバス停もある。充電も可能

●無料Wi-Fiの使い方

パスワードをもらうのが一般的。ショッピングセンターなどでは、接続すると初期画面で氏名やID（パスポート番号）、メールアドレスなどの登録が必要なところがあるので、パスポートは用意しておこう（ダミーでも使えないことはない）。飲食店やショップでは店内にパスワードが掲示されていたり、ファストフード店などではレシートに印字されているケースも。ホテルはチェックインの際にパスワードをくれる、客室に掲示されている、部屋番号と名前がパスワードになるなど場所によって異なるので、チェックインの際に確認しよう。

●現地キャリアのSIMカードの購入方法

・タイの大手携帯キャリアは2社

タイの携帯キャリアは「AIS」「true」の2社が大手。以前は「dtac」もあったが、2023年に「true」と合併した。「dtac」ブランドも今後最低3年は残る予定。この2社以外に格安SIM業者や大手のサブブランドもあるが、取扱いショップの数などSIMの入手しやすさを考えると、旅行者にとって大手2社以外はあまり現実的な選択ではない。

・SIMカードを入手しよう

日本のように電話機本体と通信契約をセットで購入する縛りの多いスタイルは、世界的に見るとあまり一般的ではない。たいていの国では市販されているスマホや携帯から気に入った機種を選び、好みのキャリアと契約できる。そのためプリペイド式のSIMカードも広く普及している。通話はもちろんSMSの送受信も可能。アプリのアクティベートなどで認証番号がSMSで送信されることもあるので、現地の電話番号を持っておくとなにかと便利。通話用プリペイドSIMの有効期限は、料金をチャージすることによって延長できる。それも10Bで1ヵ月延長など（最長で1年）格安。万が一有効期限が切れてしまっても、一定の期間内なら再度チャージすればアクティベートできるので、年に1〜2回は訪れるリピーターなら、同じ番号を使い続けることも可能。

通話用プリペイドSIMの料金
各キャリアとも50B程度で販売されている。

旅行者向けプリペイドSIMの料金例
AISの旅行者向けTRAVELLER SIMの場合は下記の通り。
5日間（5GB）：160B
8日間（15GB）：299B
15日間（30GB）：599B
いずれも有効期間内ノンストップで、キャリアの無料Wi-Fiスポットも接続可能。インスタグラムやLINE、フェイスブック、ツイッターなどのSNSはデータ容量加算なしで利用できる。なおスワンナプーム国際空港やドーン・ムアン国際空港で買えるのは8日SIMのみで、ほかの2種類は町のAISショップで販売。

日本の電話会社を利用してタイからかける場合

日本の電話会社を利用する方法の詳細は、電話会社（KDDI FREE 0057）に問い合わせを。

日本語オペレーターに申し込むコレクトコール

KDDIの「ジャパンダイレクト」がある。

携帯電話紛失時のタイからの連絡先
（全社24時間対応）

au
（国際電話識別番号）
+81+3+6670-6944
auの携帯電話から無料、一般電話からは有料。

NTTドコモ
（国際電話識別番号）
+81+3+6832-6600
NTTドコモの携帯電話から無料、一般電話からは有料。

ソフトバンク
（国際電話識別番号）
+81+92+687-0025
ソフトバンクの携帯電話から無料、一般電話からは有料。

日本での国際電話に関する問い合わせ先

NTTコミュニケーションズ
0120-003300（無料）
www.ntt.com

ソフトバンク
0088-24-0018（無料）
www.softbank.jp

au（携帯）
0057
157（auの携帯から無料）
www.au.com

NTTドコモ（携帯）
0120-800-000
151（NTTドコモの携帯から無料）
www.nttdocomo.co.jp

ソフトバンク（携帯）
0800-919-0157
157（ソフトバンクの携帯から無料）
www.softbank.jp

・**プリペイドのSIMカードはどこで買える**

プリペイド式のSIMは各キャリアのショップで購入できる。購入時には個人情報の登録が必要なため、パスポートを持参しよう（データSIMは登録不要）。スワンナプーム国際空港の荷物受け取りエリアに各キャリアのカウンターがあるので、荷物が出てくるのを待つ間にここで購入するのが手っ取り早い。外国人の対応にも慣れており、スマホの設定が必要な場合も手際よく助けてくれる。

● タイでスマホを使う

日本で使っているスマホを海外で使用する場合、契約によってはデータ通信に高額の使用料がかかるので注意しよう。データローミングはオフにして、インターネットはWi-Fiのみで使うこと。

普段使っているスマホがSIMフリーなら、タイで購入したSIMカードを挿入すればすぐ使うこともできる。SIMロックがかかっている場合は、出発前に早めに解除しておこう。ahamoのように追加料金なしで海外でもデータ通信が利用できるキャリアもある。タイで購入したプリペイドのSIMカードでデータ通信を行う場合は、データパッケージを購入する。日数やデータ量、通信速度によってさまざまな料金があるので、都合に合わせて選びたい。データパッケージは各キャリアのアプリ上でも購入できるが、プリペイドSIMの場合は事前に相当額のチャージが必要。Wi-Fiルーターのレンタルサービスも便利。

● インターネットを使うには

「地球の歩き方」ホームページでは、タイでのスマートフォンなどの利用にあたって、各携帯電話会社の「パケット定額」や海外用モバイルWi-Fiルーターのレンタルなどの情報をまとめた特集ページを公開中なので、こちらも参考に。
www.arukikata.co.jp/net/

✳ タイの国内電話事情 ✳

● タイの電話番号

タイには市外局番はなく、全国的に一般加入電話の番号は「0」から始まる9ケタ、携帯電話は「08」「09」「06」などから始まる10ケタの数字。タイ国内どこからどこへかけるにも、9ケタか10ケタ全部の数字をプッシュする。

● 国内の通話、公衆電話の使い方

料金：加入電話は、市内なら1通話3B（付加価値税別）で時間無制限。公衆電話（赤いものが一般的だが電話会社によって各種ある）なら市内3分間1B。おつりは出ない。市外通話の料金は距離によって異なる。

公衆電話の使い方：日本とほぼ同じで、硬貨やカードを入れて発信音を確認してから相手の番号をプッシュする。注意が必要なのは、番号ボタンの横に別のボタンが付いている機種。この場合まず番号をプッシュして、相手が出たらこのボタンを押さないと、自分の声が相手に聞こえないという不思議な仕組み。呼び出し中は日本とは違い「プーーーッ・プーーーッ」という長い信号音。話し中の場合は「プッ・プーッ・プーッ」と短い信号音になる。

タイの国際電話事情

● タイから日本へかける

一般加入電話（家庭やホテルの電話）から：通信会社やインターネット国際電話の会社の識別番号どれかひとつをプッシュし、日本の国番号81、0を取った市外局番、番号の順にプッシュする。

日本の(03)1234-5678へかける場合

国際電話識別番号		日本の国番号		市外局番と携帯電話の最初の0は取る		相手先の電話番号
001(20B/分) 007(9B/分) 008(7B/分) 009(7B/分)	＋	81	＋	3	＋	1234-5678

オペレーターを通してかける：現地のオペレーターを通す場合は、100をプッシュして申し込む。英語が通じる。番号のみ指定する番号通話、話す相手も指定できる指名通話、料金を相手が払うコレクトコールが利用できる。

ホテルからかける：客室からかける場合は、まず外線番号をプッシュすること（外線直通の場合）。通話料金にサービス料が加算され、かなり割高になることが多い。

注：日本の電話会社を利用する場合はP.516欄外参照。

● 日本からタイへかける

タイの国番号は66、国際電話の場合タイの電話番号の最初の0が不要なので、以下のようになる。

タイの0-2123-4567へかける場合

国際電話会社の番号		国際電話識別番号		タイの国番号		0を取った相手の電話番号
	＋	010 ※	＋	66	＋	2123-4567

国際電話会社の番号

NTTコミュニケーションズ	0033
ソフトバンク	0061
au（携帯）※1	-

NTTドコモ（携帯）※1.2	-
ソフトバンク（携帯）※1	-

※1：携帯電話は「0」を長押しして「+」を表示し、続けて国番号からダイヤルしてもかけられる。
※2：NTTドコモは事前にWORLD CALLの登録が必要。

● タイで日本の携帯電話を利用する

日本で使っている携帯電話をそのまま利用することもできる。定額料金で利用できるサービスもあるので、詳しい情報は利用中の携帯電話会社に問い合わせを。

タイの郵便事情

● 日本までの国際郵便の出し方

表に英語で「JAPAN」と目立つように書いておけば、残りの住所や宛名はすべて日本語でOK。航空便ならだいたい4〜7日で届く。

● 日本までの小包の出し方

郵便局で各種サイズの組み立て式の箱を売っている。その箱に詰めて受付に行けば、あとの手順は普通郵便と同じ。EMS（国際スピード郵便）は重さによっては航空便よりも安く、1〜4日で日本まで届く。

郵便物受け取りサービス

旅先で郵便物を受け取りたい場合、局留め郵便の受け取りサービスが利用できる。表に受取人の名前と「G.P.O. Post Restante, Bangkok, Thailand」と書いて送ってもらえば中央郵便局留めになり、バンコク中央郵便局で受け取れる。送ってもらう際は姓の下に線を引いたり、あるいは姓だけ大文字にするなど、本人確認がしやすいように書いてもらうこと。受け取りの際はパスポートなど氏名が確認できる身分証明書が必要。

タイから日本までの郵便料金（航空便）

はがき：25〜30B（サイズによる）
封書：20gまで34B。以降10g増えるごとに5Bずつ加算、最大2kgまで

郵便局の営業時間

基本は以下のとおりだが、局によって微妙に異なる。日曜に開いている局もある。
📞 月〜金8:30〜16:30
土9:00〜12:00
休 日・祝
スワンナプーム国際空港4階（出発フロア）にある郵便局は24時間オープンで年中無休。

バンコク中央郵便局（G.P.O.）
Bangkok General Post Office
MAP P.75-F4
🏠 Soi 32, Charoen Krung Rd.
📞 0-2233-1050
⏰ 月〜金 8:00〜18:00 土・日・祝 8:00〜13:00
休 なし
大きな建物の右端に入口がある。

旅の準備と技術　通信事情　インターネット、電話、郵便

旅の準備と技術
ホテルについて

旅社とは
中級以下のホテルの場合、タイ語だけでなく漢字でも「旅社」と看板が出ていて、英語の看板はないこともある。旅社とは元来商人宿的な存在なので、繁華街や駅前など、立地は便利なことが多い。トイレとシャワーが部屋の中にあり、飲料水や石鹸とバスタオルのサービスがあるなど、基本的な部分も普通のホテルと同じ。最低料金はファン付きで200〜250B、エアコン付きだと250〜350B程度。ゲストハウスがないような町では、最も安く利用できる宿泊施設だ。ただし、どの旅社もかなり古びているのが一般的。飲食施設はないことが多い（つまり朝食も付かない）。

そのほかの宿泊施設
最近増えているのがドミトリー主体のホステル。1泊300B程度〜とゲストハウスなら個室が取れそうな料金ながら、ベッドが仕切られてプライバシーが確保されていたり、各ベッドに電源や読書灯が設置されていたりと、使い勝手がよく考えられている。

インターネットのホテル予約サイトを利用する際の注意
中級以下のホテルやゲストハウスは、インターネットのホテル予約サイトを通す飛び込みよりも割高になることが多い。

タイにある宿泊施設の種類

● タイのホテル
1泊の正規料金で1500B以下がエコノミー、2000〜3000Bで中級、3000B以上で高級と考えればわかりやすい（地方へ行けば割安になる）。設備面から見れば、エアコンや冷蔵庫、テレビ、電話がなければエコノミー、プールがあれば中〜高級、さらにジムやスパなどがあれば高級と考えよう。たいていレストランも併設されており、高級ホテルや規模の大きなホテルなら複数の飲食施設が入っていることも多い。どのクラスでも基本的にトイレとバスルームは客室内にあり、毎日ベッドメイクと掃除をしてくれる。

● タイのゲストハウス
もっぱらバックパッカーやエコノミーな旅を楽しむ外国人旅行者が利用する宿。構えもアパート風、一戸建て民家風、商店風とさまざま。入口は食堂や旅行会社になっていることもあり、情報収集に便利。ベッドがあるだけのシンプルな部屋が普通で、トイレやシャワーは共用が基本。南部の島々や北部山岳地帯で「バンガロー」と呼ばれる安宿も、このカテゴリーに入る。最低200B程度から利用でき、ドミトリー（大部屋）があることも。税金やサービス料などを請求されることはほとんどなく、言い値がそのまま支払い値となる。

ホテルの利用法

● 予約は必要か
11〜2月のハイシーズンや、大きなお祭りやイベントが行われる場合を除けば、あるいは中級以下のホテルや旅社、ゲストハウスに泊まろうと決めている人は、予約は必要ない。しかし最近ではスマホやWi-Fiの普及でウェブを通じた予約が簡単になったこともあり、ゲストハウスやホステルでも予約をするバックパッカーも多い。

高級ホテル
レストランやプールなどが充実し、ホテルの中だけで生活できる

中級ホテル
大きめの地方都市なら500〜1000B程度で快適な中級ホテルに滞在できる

安ホテル、旅社
古い安ホテルは英語の看板すら出ていないこともある

ゲストハウス
形態はさまざまだが、おもな利用者は外国人旅行者

中級〜高級ホテルを利用する場合は身元のしっかりした客が歓迎されるので、できれば予約をしよう。飛び込みで利用する場合でも、前日や直前でもいいので一本電話を入れたほうがスマート。

● **ホテルの予約方法**
ホテルを予約するにはおもに以下の方法がある。

❶ **インターネットのホテル予約サイト**
各種あるホテル予約サイトやホテルチェーンのサイトなど、さまざまなウェブサイトで料金を比較し、最安のところで予約するのが賢い方法。同じホテルでもウェブサイトによって料金が大きく異なるケースもある。またホテルの自社ウェブサイトでは、ホテル内のスパやレストランが割安で利用できるパッケージ料金が出ていることもあるので、数字だけでなく各種特典もチェックしトータルで考えたい。

❷ **ホテルの予約オフィス**
世界的なホテルチェーンや高級ホテルなら日本に予約オフィスがあり、電話で予約できる。

❸ **ホテルに直接**
ホテルのウェブサイトがあれば直接予約できる。あるいはeメールや電話でも可能。

● **部屋の種類**
タイではベッドの大小にかかわらず、ベッドが1台だけの部屋を「シングル」、2台ある部屋を「ツイン」「ダブル」と呼ぶことが多い。純粋にシングルの部屋を備えている宿は少なく、「シングル」といっても「ツイン」の部屋だったり、ダブルベッドだったりすることがほとんどだ。ゲストハウスも大半がツインかダブルベッドで、ひとりで泊まってもふたり分の宿泊と同料金のことがある。本書ではひとり利用の場合をシングル、ふたり利用の場合をツインと表記し、それぞれ1室の料金を掲載している。

● **ホテルの選び方**
料金や外観だけでは本当に快適な宿かどうかわからない。迷ったら、チェックインする前に客室を見せてもらおう。これは宿泊料金にかかわらず、世界中どの宿でも可能。自分の目でチェックして、それから決めればいい。部屋の造り、ドアロックの確かさ、バスルームの清潔度、ベッドの寝心地、湯水の出具合、トイレの流れ具合、Wi-Fiの速度などなど、それぞれチェックし、納得できたら宿泊しよう。

● **ホテルの安全性について**
高級ホテルの客室内にはたいていセーフティボックスが設置されているので利用しよう。中級ホテルになるとレセプションの背後にセーフティボックスがあり、ここでパスポートなどの貴重品を預かってくれる。ただし現金は預けないほうがいい。
安宿にはセーフティロッカーもセーフティボックスもなく、あっても錠前式ロッカー程度のもの。貴重品は自分でしっかり管理しなければならない。大事なものは常に持ち歩くか、バッグにしまい込んで自前の鍵をかけておこう。どんな宿でも貴重品を部屋にほうり出したままにしておけば、「盗んでくれ」と言っているようなもの。料金の安さとリスクの大きさは比例することをお忘れなく。

Airbnbは使える？
タイでもAirbnbは盛んに利用されているが、完全に法律違反とはいえないまでもグレーな部分を含んでいるのが現状。ウェブサイトには魅力的な物件が数多く掲載されているが、万一トラブルが発生しても自分で解決できる自信があり、ホテルと同じサービスは期待できないことを納得したうえで利用すること。

ひと筋縄ではいかないホテル料金
ウェブサイトから予約する場合、特に高級ホテルに顕著な傾向として、ラックレート（定価）を決めず、シーズンや客の増減によって日々異なる料金で部屋を販売するケースが多い。直接問い合わせるよりもホテル予約サイトを使ったほうが安いことも多いので、目当てのホテルがあったらいろいろなサイトをチェックしてみよう。中級以下のホテルは、たいていラックレートがあり、すいている時期なら交渉次第で割引可能。高級ホテルでは、提示された室料に税金（7％）とサービス料（同10％）が加算されるのでそのつもりで（税金とサービス料込みの総額の料金はネットNettという）。中級以下のホテルでは、だいたい言われた数字がそのまま支払いの値段になる。

「安宿街」が消える？
スマホが普及して安宿もインターネットで見つける旅行者が増え、安宿街でその日の宿を探す必要もなくなり、「安宿を求めて町をさまようバックパッカー」の姿もほとんど見られなくなった。安宿街の存在意義も低下し、新しく開業するホステルやゲストハウスに、立地のこだわりはあまり見られない。

旅の準備と技術　ホテルについて

旅の準備と技術
食事について

どこで食べるか
タイの町を歩いてみると、いつでもどこでも誰かが何かを食べているといっても過言ではない。繁華街には食堂があり、場所によっては繁華街イコール食べ物屋台街となる。人が集まる所には必ず屋台も集まり、バスターミナルで停車したバスの中や走行中の列車の中にまで食べ物や飲み物の売り子はやってくる。

ファストフード
ハンバーガーやフライドチキン、ピザなどのファストフードも人気だ。バーガーキングやマクドナルド、KFC、ピザハット、ミスタードーナツなど、日本にあるファストフードの店はだいたいある。不幸にもタイの味になじめなかったら、駆け込み寺になってくれる。

支払いの方法
ファストフードを除き、通常の支払いは食事終了後に席で済ませる（テーブルチェック）。食べ終わってもいきなり席を立ったりせず、従業員を呼んでテーブルを指させば、計算してくれる。高級店では、おつりの小銭をチップとして残すとスマート。

請求額とおつりのチェックは念入りに
悪意はなくとも計算を間違えるケースは珍しくない。勘定書が来たら必ず念入りにチェックすること。おつりもしっかり確認しよう。

どこで食べるか、何を食べるか

食事は旅の大きな楽しみ。おいしいものが食べられる土地は、それだけでも楽しく旅行ができるはず。そしてタイは、この原則がしっかり当てはまる国だ。豊かな土壌がはぐくむ量も種類も豊富な野菜、宗教的な禁忌が少ないので肉や魚介に対するタブーもほとんどなく、それらが南国ならではのさまざまなスパイスやハーブを上手に使って調理され、多彩な美味が生み出される。タイ料理といえば「トムヤム・クン（エビ入りの酸味辛味スープ）」を思い出す人も多いが、例えば「味噌汁」といっても日本の各地で味が違うように、トムヤム・クンもタイ各地にいろいろな味がある。ココナッツミルクが入った濃厚な味わいのもの、見た目が真っ赤な澄まし汁のようで鋭い辛みのもの、拍子抜けするほど透明なスープで辛みもそれほど感じられないものなど、これだけで1冊の本が書けてしまうほどだ。このように奥の深いタイの食世界、たとえ短い旅行でも、できるかぎり触れて帰りたい。

● 食べ物屋の種類

タイの食べ物屋にはさまざまな形態があるが、おおまかに屋台&フードコート、食堂、レストランの3つに大別できる。

屋台&フードコート：最も気軽にタイの食に触れることができる場所が屋台だ。屋台ごとに扱う品目が決まっており、麺なら麺、ご飯ものならご飯もの、デザートならデザートだけを出す。材料も目の前に並んでいるので、指さすだけで注文できるため言葉がわからなくても安心。見当違いのものが出される可能性も少ない。麺類やご飯ものは、1品40～50B程度だ。これら各種屋台を1ヵ所に集め、共通のカードやクーポンで支払いできる近代的な屋台街がフードコート。

食堂：店内にはテーブルが数卓とビールやジュースを冷やす大型冷蔵庫が1台。店頭には何種類もの新鮮な野菜や肉、魚介が並べられ、そのすぐ後ろに設けられたキッチンでは、油煙を吹き上げながら今しも誰かの注文したおかずが1品完成したところ。いかにも大衆食堂といった雰囲気のこのような店は、一応メニューも用意されているが、お客はその日並べられた食材を適当に見つくろい、好みで組み合わせておかずにできる。客の好みは最大限に尊重されるので細かい注文が可能だが、1品の料理に何種類もの食材を入れることは少ない。炒めものなどは野菜1種類に1種類の肉か魚介が基本。おかず2品にご飯を付けても、せいぜい150～200B程度で収まるはず。

できあいのおかずを何種類も並べている食堂もある。その場合は食べたいおかずを1～2種類選べばご飯にのせてくれ、30～40B程度。

レストラン：ちゃんと看板があってエアコンも効いている。このクラスになるとだいたい英語併記のメニューがある。内装にも気を使っており、テーブルウエアも統一されていて雰囲気もいい。ただし料理の内容は、食堂で出されるのと大同小異。盛りつけがきれいだったり、食器が豪華だったりと「高級感」を漂わせているあたりが違うだけということもある。予算は食堂の倍以上。数人で行ってひとり最低300B程度～。

レストランでの作法 Column

タイのマナーを知っておこう

飲食店においても、タイにはタイのスタイルがある。
タイの飲食店における流れを頭に入れて、スマートに食事をしよう。

ごちそうを並べて気分も最高！

高級店は予約しよう
予約
　高級店や人気店は、予約をしたほうが安心。希望する時間と人数、代表者の名前を告げるだけ。言葉に不安があれば、ホテルの人などに代行してもらおう。

Check! お得な予約サイト eatigo
登録されているレストランなら、このサイトを通して予約すると条件により最大50%割引になる。電話する前にチェックしてみよう。
URL www.eatigo.com

高級店はスマートに、ほかは気にする必要なし
ドレスコード
　高級店ならスマートカジュアルが基本。短パンやタンクトップ、ビーチサンダルなどはNG。靴を履き、長ズボンや膝丈以上のスカート、できれば襟つきのシャツを。中級以下の店ならそれほど気にする必要はない。

勝手に席につかない
入店時のマナー
　予約をしていれば店員に名前を告げる。していなければ人数を伝え、席に案内してもらう。特に高級店では、勝手に席に座らないこと。窓際やエアコンの効きが弱い席など、希望があれば告げること。

店員に迎えられていざ入店

とりあえずビール
飲み物を注文
　まず飲み物を注文しよう。先に持ってきてくれるので、それを飲みながら食べたい料理をゆっくり選べる。飲み物は、例えばビールなら「シン」「チャーン」「ハイネケン」など銘柄で注文するのがタイ式。
上／大人数なら豪快にビールタワーを
下／輸入ビールやクラフトビールが飲める店も増加中

飲み物が来たら
料理を注文
　メニューが読めなくても、料理名を知っていればそれを告げればいい。あるいは食べたい素材（エビ、トリなど）を伝えておすすめの調理法を尋ねてみよう。思わぬ美味に出合えるかも。値段の確認も忘れずに。

Check! 細かい注文も遠慮せず
タイのレストランは、客の細かい注文にも快く応じてくれるところが多い。特定の食材を入れる入れない、辛さの調節など、遠慮なく伝えよう。

お望みの料理を作ります

自由に楽しく
食べる
　メニュー上で「前菜」「メイン」などと書かれていても、その順番で料理が出ることは少なく、できあがったものから持ってくる。注文した料理はテーブル上に全部並べて、にぎやかに食べよう。

テーブルでチェック
会計
　タイの飲食店はほとんどがテーブルチェック。店員に「チェック、プリーズ」と言えば勘定書きを持ってくるので、席に座ったまま支払う。

タイならではの注意点

▶ **屋内は禁煙**
タイの飲食店は全面的に禁煙で、違反すると罰金。たばこが吸いたい場合は、店の外に設けられた喫煙所で。

▶ **アルコールについて**
タイではアルコール類の販売時間に規制があり、11:00～14:00と17:00～24:00のみ販売可能。ライセンスのない屋台などでは、この時間帯でもアルコール類を提供しないところもある。一般的なレストランなら問題ない。

▶ **会計について**
悪意はなくとも会計を間違えるケースがある。勘定書きが来たら明細を必ず確認し、疑問点があったら尋ねること。

▶ **チップについて**
レストランではよほど不愉快な扱いを受けない限り、支払いにサービス料が含まれていたらおつりの小銭を、含まれていなかったら支払い金額の10%程度（最大100B程度）をチップとして置こう。食堂や屋台では不要。

カトラリーの使い方（→P.524）

フォークとスプーンを使う
タイ料理で使うカトラリーは、おもにフォークとスプーン。右手にスプーン、左手にフォークを持つ。

Spoon
ナイフとフォークを持つように
Fork

料理の食べ方

1 取り皿にかるくご飯を盛る。店によってはスタッフがやってくれる

2 取り分け用のスプーンでおかずや汁物をご飯にかける

3 左手のフォークで右手のスプーンに料理をのせて食べる

旅の準備と技術　食事について

タイのおすすめ食事例

●おすすめ朝食

ホテルやゲストハウスだとトーストに軽い卵料理のアメリカンブレックファスト、ちょっと豪華なホテルならビュッフェスタイルとなり、ホテルのグレードが上がるほど並ぶ食材や料理の種類も増える。タイ風にいくならば、おなかに優しいチョーク（お粥）やカーオ・トム（タイ風雑炊）がおすすめ。あるいは朝から麺類でもいい。コンデンスミルクのたっぷり入ったコーヒーとパートーンコー（中国風揚げパン）の組み合わせも人気のメニュー。パートーンコーは甘いコーヒーに浸して食べるとおいしい。市場など人出の多い場所へ行けば、朝食向きの屋台が並んでいるはず。

●おすすめ昼食

町歩きの最中に屋台や食堂で簡単に済まそう。大きな鍋から湯気がモウモウと上がり、ガラスケースの中に白や黄色が見えたら麺の屋台。麺の種類や汁のあるなしを指定すれば、具は適当に見つくろってくれる。大きな中華鍋が見えたら、カーオ・パット（タイ風チャーハン）を注文してみよう。具は鳥肉、豚肉、牛肉、エビなどお好みで。食材はたいてい見える所に並んでおり、好みのものを指させばいいので気軽。麺もカーオ・パットも1杯、あるいは1皿40〜50B程度だ。

●おすすめ夕食

タイの主食はお米。しっかりした食事は、ご飯とおかずの組み合わせとなる。一般にご飯（カーオ・スアイまたはカーオ・プラオ）を注文すると炊いたうち米のご飯が出される。東北部へ行くと籠入りの蒸したもち米（カーオ・ニャオ）も注文できる。これは指でつまんで食べる。

町の気軽な大衆食堂なら、店先にその日仕入れた各種の野菜類や肉類、魚介類などの食材がずらりと並べられている。野菜をはじめ、その多様さには目を見張る。好みの料理があればその名前を告げればいいし、食材を選び、調理法を指定すればそのとおりに作ってくれる。ちゃんとしたレストランなら、英語のメニューが用意されているだろう。できれば数人で連れ立って、スープや炒めもの、タイ風カレー、蒸しものやタイ風サラダなど、いろいろなジャンルの料理を注文してみよう。

●タイのデザート

タイの人は甘い物が好き。お菓子の屋台もいろいろあって、旅行者を楽しませてくれる。タピオカや角切りの果物、シロップ漬けのイモやカボチャ、ゼリー風のつぶつぶがボウルに入ってずらりと並べられた屋台があったら、「ルアムミッ」が食べられる。ルアムミッとは「友達集め」という意味で、好きな具をいくつか選ぶと、それに氷とココナッツミルクをかけてくれる。氷の冷たさと具の甘さ、ココナッツミルクの濃厚な味わいが混ざり合ってえもいわれぬおいしさ。

店で注文するデザートには果物（ポンラマーイ）の盛り合わせ、アイスクリーム、ロート・チョーンやサリム（米の粉で作ったひも状の色付きお菓子をココナッツミルクに落としたもの）等がある。中国系の店ならばショウガ汁に入ったゴマあん入り団子（ブアローイ・ナーム・キン）なども食べられる。

飲食店の種類①

フードコート（クーポン食堂）：大きなデパートなどにあるフードコートは近代的な屋台街。まずそのフードコートで通用するカードに任意の金額を入金するか金券（クーポン）を購入し、好みの店で好きなものを注文してカードやクーポンで支払う。たいていどの店も見本や写真が掲示されているので、言葉が通じなくても食べたいものが注文できる。しかも選択の幅が広いので、外国人にも人気（→P.141）。

レストラン：英語のメニューがある。インテリアや食器も凝っており、盛りつけもきれい。予算は、中級店ならひとり300B〜、高級店は500B以上が目安。従業員に英語が通じるとはかぎらない。

食堂：メニューはないか、あってもタイ語のことが多い。英語はほとんど通じない。食材が店頭に並べられていることが多いので、言葉が通じなくても食べたいものが注文できる。ひとり150B前後で満足できる。

メニューの読み方

タイ料理のネーミングは単純で、素材と調理法、味付けの羅列。順番が入れ替わっても、並べれば料理名になるのは同じ。

食材	เนื้อปู ヌアプー (カニ肉)	ปลาหมึก プラームック (イカ)	กุ้ง クン (エビ)	ข้าว カーオ (ご飯)
	+	+	+	+
調理法	ผัด パッ (炒める)	นึ่ง ヌン (蒸し煮)	อบ オプ (鍋蒸し)	ต้ม トム (煮る)
	+	+	+	+
味付け	ผงกะหรี่ ポンカリー (カレー粉)	มะนาว マナーオ (タイのライム)	วุ้นเส้น ウンセン (ハルサメ)	
	=	=	=	=
メニュー名				
	เนื้อปูผัดผงกะหรี่ ヌアプー・パッ・ポン・カリー (カニむき身のカレー炒め)	ปลาหมึกนึ่งมะนาว プラームック・ヌン・マナーオ (イカのライム蒸し)	กุ้งอบวุ้นเส้น クン・オプ・ウンセン (エビとハルサメの鍋蒸し)	ข้าวต้ม カーオ・トム (タイ風雑炊)

食事の際の基本単語

食材

鶏肉……ไก่ カイ　　豚肉……หมู ムー
牛肉……เนื้อ ヌア　　魚……ปลา プラー
タイ雷魚……ปลาช่อน プラー・チョーン
マナガツオ……ปลาจาระเม็ด プラー・チャーラメーッ
ナマズ……ปลาดุก プラー・ドゥク
エビ……กุ้ง クン　　カニ……ปู プー
イカ……ปลาหมึก プラー・ムック
貝……หอย ホーイ
カキ……หอยนางรม ホーイ・ナーンロム
ミドリイガイ……หอยแมลงภู่ ホーイ・マレーンプー
赤貝……หอยแครง ホーイ・クレーン
ご飯……ข้าว カーオ　　白飯……ข้าวเปล่า カーオ・プラオ
もち米……ข้าวเหนียว カーオ・ニャオ
野菜……ผัก パック　　卵……ไข่ カイ

調理法

炒める……ผัด パッ　　煮る……ต้ม トム
揚げる……ทอด トーッ　　蒸す、蒸し煮……นึ่ง ヌン
あえもの……ยำ ヤム　　焼く……เผา パオ
遠火で焼く……ย่าง ヤーン　　生で……ดิบ ディプ
刺身……ปลาดิบ プラー・ディプ
タイ風スープ……แกง ケーン　　入れる……ใส่ サイ
入れない……ไม่ใส่ マイ・サイ

味覚

おいしい……อร่อย アロイ　　辛い……เผ็ด ペッ
塩辛い……เค็ม ケム　　甘い……หวาน ワーン
甘酸っぱい……เปรี้ยวหวาน プリアオワーン
苦い……ขม コム

タイ料理の味付け

タイ料理の味わい4大要素は「辛さ」「酸っぱさ」「甘さ」「塩辛さ」。素材の持ち味を生かしつつ、伝統的な調味料でバランスの取れた味わいを生み出す。

4つの味を出す調味料

辛さ　・生トウガラシ　・乾燥トウガラシ
　　　　・生コショウ

酸っぱさ　・マナーオ（タイのライム）
　　　　　・タマリンド

甘さ　・ナムターン・マプラオ
　　　　（パームシュガー。ココナッツから取る砂糖）

塩辛さ　・ナムプラー（魚醤）
　　　　　・カピ（小エビの発酵調味料）

テーブルの4種の調味料を使いこなす

レストランや屋台のテーブルには、ナムプラー、粉末トウガラシ、酢漬けトウガラシ、砂糖が用意されていることが多い。これらを使って自分好みの味に調整できる。

酸 酢漬けトウガラシ พริกน้ำส้ม
甘 砂糖 น้ำตาล
塩 ナムプラー น้ำปลา
辛 粉末トウガラシ พริกป่น

タイ料理の食べ方 実践編

● カトラリーの使い方

　タイ料理を食べるのにはスプーンとフォークを使う。これは屋台から高級レストランまで変わらない基本中の基本。これにさらに箸が添えられることもあるが、スプーンとフォークだけ使っても、箸だけ使っても、料理に応じて好きに使い分けてもかまわない。使い方の特徴は、ナイフやフォークを持つときのように握り込まず、右手にスプーン、左手にフォークを、それぞれ鉛筆を持つような要領で軽く持つこと。フォークで集め、スプーンですくって食べる。具などが大きくてひと口で食べられないような場合はスプーンをナイフのように使って切ればいい。その際フォークは料理が動かないよう支えとして使う。フォークで突き刺して口に運んでもかまわないが、それは一応子供の食べ方ということになっている（→P.521）。

　トムヤムやケーン・チュートなどのスープ類は大鉢（あるいはモー・ファイと呼ばれる火鍋）に入れられて出てくる。レストランなどでは小さな取り碗とレンゲが配られるので、それで食べればいい。一般家庭の食卓では取り碗はあまり使わず、大鉢から直接自分のスプーンで食べることが多い。

● 基本的な食事マナー

食器には絶対に口を付けない：平皿を持ち上げて残ったご飯やおかずを口元にかき寄せたり、鉢を持ち上げて汁を直接すするのはマナー違反。料理は必ずスプーン（かレンゲ）を使って口に入れること。中国料理レストランなどではご飯の盛られた茶碗を持ち上げ、箸でかき込んで食べているが、これはあくまでも例外。

料理にかぶりつかない：大きな料理は必ずひと口大に切ってから食べる。KFCのフライドチキンでも、指で肉をむしって食べるのがタイ風。ハンバーガーやサンドイッチは例外。

もち米（カーオ・ニャオ）は右手を使って食べる：指先で適量のもち米をつまみ取り、軽く握って口に入れる。もち米が食卓に出された場合、そのほかの料理も手で食べてかまわない。もち米が主食の地域では、料理は手で食べるのが基本なのだ。普通のご飯はスプーンで食べる。

● 麺類の食べ方

　麺類は、食べる前に「自分好みの味に仕上げる」のがタイ人のやり方（→P.41、523）。タイの麺類は、あらためて味つけされるという前提のもとに薄味で出される。つまり未完成の状態だから、運ばれてきたらまずひと口味見をし、その後各自で好みの味つけにしよう。テーブルの上にはナムプラー（茶色の液体、魚醤油）、トウガラシを漬けた酢（透明の液体）、粉末トウガラシ、砂糖の4つが揃った調味セットが必ず置かれているから、これを好みに応じて加える。麺類に砂糖を入れることに抵抗を感じる日本人は多いというが、粉末トウガラシとの相乗効果により一種のコクのようなものが生まれ、意外とおいしい。これを入れないことにはタイで麺類を食べたことにならないので、一度試してみて、本物のタイ式麺を賞味しよう。

　なお、日本式に大きな音を立てて麺をすするのはマナー違反。いやがられるので気をつけること。

飲食店の種類②
おかず屋台：できあいのおかずが並んでいる。食べたいものを指すだけで注文できるため、言葉ができなくても安心。おかずの種類は店の規模によって変わる。おかず2種類で40〜50B程度。目玉焼きは5〜10B。

屋台：基本的にひとつの屋台がひとつの品目の営業。麺なら麺、デザートならデザート。そこに座って食べている人の皿の中を見れば、何の屋台か見当がつく。ひと皿ものなら40B程度〜で食べられる。

食事中の飲み物
基本は水（ナーム）かお茶（ナム・チャー）で、お茶にはホット（ローン）とアイス（イエン）がある。コーラやオレンジジュースといったソフトドリンクも広く飲まれる。タイのソフトドリンクは日本のものより甘味が強いのが特徴で、氷のたっぷり入ったグラスに注ぎ、少し氷が溶けたあたりが飲み頃だ。フレッシュフルーツのジュースやシェイクもおすすめ。特にスイカを氷とシェイクしたテーンモー・パンは、日本人に人気のおいしさ。

タイの調味料、ハーブ図鑑 *Column*

おもな調味料

タイ料理独特の味わいを出すには各種調味料が決め手。逆に言えば、これら調味料を使うとタイ料理が簡単に再現できる。

酸 マカーム（タマリンド） มะขาม
甘酸っぱい実をさやから取り出して使う。さわやかな酸味が特徴でジュースにもする。

塩 シーイウ・ダム ซีอิ๊วดำ
シーイウ・ダムはとろみがあり濃厚な色と味。甘口（ワーン）と辛口（ケム）がある。

塩 タオチアオ เต้าเจี้ยว
軽い甘みもあるタイ風豆味噌。パット・パック・ブン・ファイデーンの味付けはこれ。

甘 カティ（ココナッツミルク） กะทิ
ココナッツの果肉を搾ったもの。タイ風カレーやトムヤムなどに濃厚な味わいを出すのに使われる。

辛 プリック・タイ・ソット พริกไทสด
生ゴショウ。トウガラシとは異なる香り高い辛さ。手頃な値段は南国ならでは。

酸 マナーオ มะนาว
すだちやライムに似た小型の柑橘類。果汁を搾って酸味を楽しむ。

塩 シーイウ・カーオ ซีอิ๊วขาว
シーイウはタイの醤油。シーイウ・カーオは薄口醤油のようにさらさらとした液体。

甘 ナムマン・ホーイ น้ำมันหอย
いわゆるオイスターソース。肉と野菜の炒めものなどに使う万能調味料。

辛 ナムプリック・パオ น้ำพริกเผา
干しエビ、タマネギ、ニンニクとトウガラシを油で炒めた調味料。辛い。

塩 ナムプラー น้ำปลา
小魚を塩で漬け込んだものの上澄み液で、うま味と塩味のバランスが絶妙。

辛 プリック・ヘーン พริกแห้ง
乾燥トウガラシ。そのままスープに入れたり、粉末にして調味料にする。

辛 プリック（トウガラシ） พริก
種類が多い。特に辛いのは、プリック・キーヌーพริกขี้หนูと呼ばれる小さいもの。

甘 ナムターン・マプラーオ（ヤシ砂糖） น้ำตาลมะพร้าว
ヤシの樹液を煮詰めて作る。白砂糖に比べると風味があり、料理に多用される。

おもなハーブ

香り高い生のハーブをふんだんに使うのが、南国ならではの贅沢さ。それぞれの違いを楽しもう。

バイ・マクルー（コブミカンの葉） ใบมะกรูด
トムヤムなどのスープに柑橘系のさわやかな香りをつける。

キン（ショウガ） ขิง
さわやかな辛味を追加。殺菌作用もあり千切りにして発酵ソーセージに添える。

トンホーム（小ネギ） ต้นหอม
カーオ・パットに口直しとして添えられる。そのまま生で食べる。

バイ・カプラオ（ホーリーバジル） ใบกะเพรา
これをトウガラシとミンチと炒めたものは人気のおかず。

ホームデーン（エシャロット） หอมแดง
鋭い風味がありヤムやトムヤムの香りつけに用いられる。

バイ・サラネー（ミント） ใบสะระแหน่
肉の臭み消しとして東北料理のラープなどに大量に使われる。

クンチャーイ（中国セロリ） คื่นฉ่าย
臭み消しになるのでヤムに使われる。タイスキの具にも人気。

ルーク・マクルー（コブミカンの実） ลูกมะกรูด
ジュースを搾ってスープの味つけ、皮を刻んで香りつけに。

バイ・ホーラパー（スイートバジル） ใบโหระพา
強い香りがありケーンの仕上げに添えたりヤムに入れる。

チャオム（チャオム） ชะอม
独特の香りがあり、刻んで玉子焼きに入れたり炒めものに使う。

カー（ナンキョウ） ข่า
ショウガに似ているが香りが強く、トムヤムの風味づけに使う。

タクライ（レモングラス） ตะไคร้
レモンに似たさわやかな香りで多用される。刻んでヤムにも。

パクチー（コリアンダー） ผักชี
好みの分かれる独特の香り。タイ料理では多用される。

旅の準備と技術 / 食事について

525

タイ料理カタログ

新鮮なスパイスやふんだんに使われるハーブが贅沢なタイ料理。本場ならではの味を満喫しよう。

辛さ度

- 🌶🌶🌶 **大辛**：辛いものに強い人向け
- 🌶🌶 **中辛**：日本の辛いものが平気なら
- 🌶 **小辛**：辛いものが苦手な人でも
- (無印) **無辛**：誰でも安心
- ♣ パクチー入り

スパイスが刺激的
スープ
Thai Style Soup

ご飯にかけず、お椀にとって食べる料理を便宜的にタイ風スープと呼ぶ（ご飯にかけて食べる人もいる）。代表的な2種類は、「トムヤムต้มยำ」に代表されるスパイシーなスープと、「ケーン・チュートแกงจืด」と呼ばれるすまし汁風のもの。1～2人なら大きめのお椀(トゥアイ：ถ้วย)、それ以上の人数なら炭火で煮立てる火鍋（モー・ファイ：หม้อไฟ）で注文できる。

トムヤム・クン 🌶🌶 ♣
ต้มยำกุ้ง

ハーブの香り豊かで酸味と辛味が渾然一体となったスープにエビが入った、タイならではの贅沢スープ。レモングラスの茎やコブミカンの葉などは香りづけ用なので、間違えて食べないように。

モー・ファイ

ポテーク 🌶🌶 ♣
โป๊ะแตก

シーフードがどっさり入った贅沢なスープ。だしも効いて日本人好み。辛く作るがレモングラスなどが入らないところがトムヤムと異なる。

トムヤムのバリエーション

トムヤムのスープには、ココナッツミルクや牛乳が入ったクリーミーな「ナム・コンน้ำข้น」と、入らない透きとおった「ナム・サイน้ำใส」の2種類がある。これを選んで注文すればあなたもトムヤム通!

トムヤム注文チャート

基本	ココナッツミルク	具
トムヤム ต้มยำ	ナム・サイ น้ำใส（抜き） ナム・コン น้ำข้น（入り）	クン กุ้ง（エビ。最もポピュラー） タレー ทะเล（シーフード。贅沢） カイ ไก่（チキン。変化球）

トム・カー・カイ 🌶 ♣
ต้มข่าไก่

トムヤムのスープをベースにココナッツミルクで仕上げるのがトム・カー。カイ（チキン）と相性がいい。カレー風にご飯にかけて食べてもいい。

ケーン・チュート ♣
แกงจืด

すまし汁風のスープ。辛くないので誰でも安心して食べられる。具はつみれやハルサメ、豆腐などを好みで。

これもおすすめ！
人気料理
Popular Foods

素材と調理法の組み合わせでバリエ豊富なタイ料理。まだまだほかにも人気の料理がある。

パット・パック・ブン・ファイデーン 🌶
ผัดผักบุ้งไฟแดง

空芯菜の中国味噌炒め。強火で短時間に仕上げるため歯応えシャキシャキ。高級店では手間をかけて、空芯菜を縦に細長く裂く店もある。

タイスキ（スキー）
สุกี้

タイ人の間では「スキー」と呼ばれる鍋料理。シメにだしの効いたスープで作る雑炊が日本人好み。MK、コカなどの専門店がある。

カイ・ホー・バイトゥーイ 🌶
ไก่ห่อใบเตย

鶏肉の切り身をバイトゥーイ（パンダンの葉）で包んで揚げる。バイトゥーイのほのかな移り香が上品。中身を取り出して、ハチミツなどのたれで食べる。

ケーン・キアオ・ワーン
แกงเขียวหวาน 🌶️♣

日本でもおなじみのグリーンカレー。青トウガラシの辛味をココナッツミルクの甘味がまろやかに包み込み、ハーブのさわやかさが香り立つ、南国ならではの贅沢な料理。緑の丸いタイの小ナス(マクア・プーン)のプチプチとした歯ざわりと苦味がよいアクセントに。具はカイ(チキン)が一般的。ムー(ポーク)やヌア(ビーフ)、クン(エビ)、ルークチン(つみれ)などがある店も。

ケーン・キアオ・ワーンにロティを添える店もある

絶対ハズせない
タイカレー
Thai Style Curry

各種スパイスやハーブを使って具を煮込むカレー風の料理は、タイ語で「ケーン แกง」と呼ばれる。さまざまな風味が渾然一体となって奥深い味わいを醸し出す。

白米
赤米

ご飯が選べることも レストランによっては白米だけでなく、赤米を用意しているところも。

ケーン・ペット
แกงเผ็ด 🌶️🌶️🌶️

その名も「辛い(ペット)ケーン」。タイの南部でよく食べられる。南国ならではの、生コショウをふんだんに使ったしびれる辛さ。

パネーン แพนง 🌶️

ベースとなるスープにココナッツミルクを多めに入れて煮詰め、こってりと仕上げるのがパネーン。濃厚な味わいになり、ライチーなど甘味のある副菜を添えることが多い。具はペッ(アヒル)やカイ(チキン)が合う。

ハーブがさわやか
タイサラダ
Thai Style Salad

魚を原料に作られるナムプラー(魚醤油)とマナーオ(ライムに似た小ぶりの柑橘類)をベースに、刻んだトウガラシを入れたたれで、野菜や肉類をあえたサラダ風の料理が「ヤム ยำ」。

ヤム・マクア・ヤーオ
ยำมะเขือยาว 🌶️🌶️

焼きナスを使ったヤム。焼くことで生まれるナスの微妙な苦味が風味を醸し出している。

ヤム・ウンセン
ยำวุ้นเส้น 🌶️🌶️🌶️♣

ハルサメをナムプラーやマナーオ(タイのライム)汁であえたもの。ボイルしたイカやエビなどのシーフードが入り豪華。とてつもなく辛く作ることが多い。

ヤム・タレー
ยำทะเล 🌶️🌶️🌶️

エビやイカなどのシーフードがたっぷり入ったヤム。クンチャーイ(中国セロリ)のシャキシャキ感もいい。

ヤム・ヌア ยำเนื้อ 🌶️🌶️🌶️♣

スライスして焼いた牛肉をスパイスとあえた、食べ応えのあるヤム。生のニンニクも大量に使うのでとても辛く仕上がる。

ヤム・ソムオー ยำส้มโอ 🌶️♣

ほぐしたソムオー(タイのザボン)の身を使ったヤム。柑橘類の甘酸っぱさがさわやか。干しエビやピーナッツなど歯応えのある食材も入り、口当たりの変化も楽しい。

お役立ちタイ語

おすすめはどれですか？
แนะนำอะไรคะ (ネナムアライ・カ)

辛くしないでください
ขอไม่เผ็ดค่ะ (コーマイペッ・カ)

パクチーを入れないでください
กรุณาอย่าใส่ผักชีค่ะ (カルナーヤーサイパクチー・カ)

おいしいです
อร่อยค่ะ (アロイ・カ)

文末の「カ」は女性のていねい語尾。男性の場合は「クラップ ครับ」を使う。

旅の準備と技術 / 食事について

タイならではの贅沢
シーフード
Seafood

エビやカニなどの魚介類が手頃な値段で食べられるのもタイのいいところ。新鮮なシーフードをおなかいっぱい食べよう。

プー・パッ・ポン・カリー
ปูผัดผงกะหรี่ 🔥

タイ料理店やシーフード料理店の人気メニュー。カニをカレーソースで炒め、溶き卵で仕上げた一品。ネギは香り高く卵はふわふわ。これだけでご飯が何皿でも食べられそう。

> **プー・パッ・ポン・カリーのバリエーション**
>
> カニの殻を取り除き身だけを使ったもの
> **เนื้อปูผัดผงกะหรี่** (ヌアプー・パッ・ポン・カリー)
> （「おいしくない」と応じてくれない店もある）
>
> ソフトシェルクラブを使ったもの
> **ปูนิ่มผัดผงกะหรี่** (プー・ニム・パッ・ポン・カリー)

チューチー・クン ฉู่ฉี่กุ้ง 🔥
大ぶりのエビを、ココナッツミルクをたっぷり使ったレッドカレーで炒めた料理。ご飯のおかずにぴったり。エビを軽く揚げる店もある。

クン・チェー・ナムプラー
กุ้งแช่น้ำปลา ♣
エビ刺身のタイ風の食べ方がこれ。ニガウリや生ニンニクなどのつけ合わせと一緒に、辛いたれにつけて食べる。

クン・オプ・ウンセン
กุ้งอบวุ้นเส้น
エビをハルサメと一緒に鍋で蒸したもの。ネギとショウガの香りが食欲をそそる。たれが染み込んだ太めのハルサメも絶品。エビではなくカニを入れると「プー・オプ・ウンセン ปูอบวุ้นเส้น」。

トート・マン・プラー
ทอดมันปลา
魚のすり身を丸めて平らに延ばし油で揚げる、日本のさつま揚げにそっくりな料理。インゲンなどを混ぜて歯応えも楽しむ。エビを使うと「トート・マン・クン ทอดมันกุ้ง」。

トート・マン・クン

クン・パオ กุ้งเผา
大ぶりのエビを炭火などで焼いたもの。エビは縦割りにすることが多い。タイならではの豪快な料理を、手づかみで大胆に食べよう。

ホーイチョー
หอยจ๊อ
たたいたカニ肉と豚肉のミンチをネギやクワイなどと混ぜて味つけした具を、生湯葉で細長い筒状に包み、油で揚げてひと口大にカット。ビールのつまみにもいい。

ホーイ・マレーンプー・オプ
หอยแมลงภู่อบ
ミドリイガイを大量のバジルと一緒に土鍋や鉄鍋で蒸し上げる、香り高い料理。調理法がシンプルなだけに素材の新鮮さで勝負。

ホーモック・プラー 🔥🔥
ห่อหมกปลา
魚のすり身をレッドカレーやココナッツミルクで味つけしてから蒸し上げる。見た目は優しいがけっこう辛いので注意。バナナの葉などで作った容器に入れる店もある。

オースアン ออส่วน ♣
カキと卵のあんかけ風炒めもの。小ぶりのカキのポクポクした食感が、カキ好きにはたまらない。下に敷かれたモヤシをシャキシャキに仕上げる店がおいしい。

タイで飲めるお酒いろいろ　Column

タイのビールは百花繚乱
　日本におけるタイのビールの代名詞ともいえるのがビア・シンSingha。シンハ・ビールもしくはシンガ・ビールとして有名だが、英語での綴りはSinghaでも読み方は「シン」が正しい。時代に合わせてアルコール度数も少し低くなり、以前のような濃い味わいはなくなったが、それでもひと口含めばすぐそれとわかるほど特徴のある味。そのライト版がシン・ライトShingha Light。アルコール度はビア・シンより下げられているが、独特の風味は残っている。ビア・シンには生もあって、それがSingha Draft。缶入りのみ発売中。
　そのほかに現在人気なのは、象さん印のビア・チャーンBeer Chang。当初ビア・シンの7割程度の値段と人気バンドのカラバオを起用した巧みな宣伝の効果で一気に売り上げを伸ばし、長らくシェア1位に君臨してきたビア・シンの座を奪った。現在の商品名はチャーン・クラシックで、値段も少し高くなった。

今タイでは高級ビールの代名詞ハイネケン
安さで一気に売り上げを伸ばしたビア・チャーン
タイのビールといえばビア・シン
こちらも人気があるビア・リオー

続々発売される新ビール
　これまで市販のビールはほとんどラガーだったが、2018年頃からそれ以外のビールも製造されるようになった。ビア・シンのブンロート社からアンバーラガーのEST.33 KOPPERやヴァイツェンのSNOWY WEIZEN、Cheers社からSiam Weizen、ビア・チャーンのタイ・ビバレッジ社からHUNTSMANとBlack Dragonなど、どれも500ml缶入りでコンビニやスーパーマーケットなどで、1本60B以下で販売されている。
　海外ブランドのビールは、ライセンス生産されているオランダのハイネケンHeinekenが高級ビールとして人気。また現地生産されているアサヒのスーパードライとキリン一番搾りのほか、シンガポールのタイガーTiger、フィリピンのサン・ミゲルSan Miguelやサン・ミゲル・ライトSan Miguel Light、デンマークのカールスベアCarlsberg、ラオスのビア・ラオBeer Laoも販売されている。ビア・ラオは黒ビールのダークもあり、ラオスに近い東北部ではコンビニやスーパーでも販売されている。外国人旅行者が多い町にあるパブでは、ギネスやキルケニーも飲める。多彩なビールが楽しめ、旅行者としてはうれしいかぎり。

キャンペーンガール商法
　ちょっとしたレストランに入ると、店の従業員とは別の、まるでレースクイーンのようにややセクシーな服を着た女性が注文取りがてら特定銘柄のビールをすすめに来ることがある。これは、ビール会社から派遣されたキャンペーンガールで、その名もチア・ビアーCheer Beer（「チア・ガール」の「チア」）。お祭りなどにも登場し、自社のビールを売り歩く。大きなレストランだとひとつの店に複数の会社のチア・ビアーがいることもあり、仲よく働いていたりするのがいかにもタイ。たまに「チア・ウイスキー」もいる。

タイで飲めるビール以外の酒
　ウイスキーも国内で生産されている。代表格は庶民の酒メーコーン（メコン）。飲み方は大量の氷とソーダや水、コーラで割るのが一般的で、薄めに割ったものをビールのようにがぶがぶ飲むのがタイ風。同じく庶民の酒には白いラベルのホントーンや黒いラベルがリッチなセーン・ティップSang Thipもあるが、味は似たり寄ったりで、メーコーンより若干安い。ただしこれらのお酒、「ウイスキー」と呼ばれてはいても原料は麦ではなく米やサトウキビで、厳密には焼酎やラムのたぐい。色はカラメルでつけている。
　ワインも国内で生産されている。シャトー・ド・ルーイ、シャトン、モンスーン・バレーなど数銘柄あり、味わいを競っている。タイのウイスキーやワインはスワンナプーム国際空港の売店でも買えるので、おみやげにいかが？
　市販の酒では飽きたらないタイ通は、地方でラオ・カーオを飲もう。これは沖縄の泡盛のルーツとなった米焼酎で、けっこううまい。田舎の雑貨屋に行けば売っているので尋ねてみよう。ただし法律上は密造酒扱いになるので、おおっぴらには並んでいない。

旅の準備と技術　食事について

529

旅の準備と技術
旅のトラブル

寄ってくる人は信用しない！
町なかで向こうから声をかけてくる人は、用心したほうがいい。なかにはよい人もいるかもしれないが、そう信じて痛い目に遭うよりも、警戒し過ぎるくらいでちょうどいい。逆にこちらから道を尋ねたりした場合は、ほとんどの人が親切にしてくれる。

トラブルの際の連絡先
ツーリストポリス
一般の警察とは別組織で、外国人旅行者保護を専門にしている警察。各国語を話す担当者が旅行者のあらゆるトラブルに対応してくれることになっている。

バンコクのツーリストポリス
MAP P.500
住 2nd Fl., Suvarnabhumi International Airport
TEL 1155（英語、タイ語）、0-2132-1155
開 24時間
スワンナブーム国際空港ターミナルビル2階にある支署がわかりやすい。英語通訳常駐。地方でも大きな都市にはツーリストポリスがある。なければ一般の警察へ。

スマホ経由の通報アプリ
ツーリストポリスは、アプリから事件や事故の通報ができるアプリ「Tourist Police I Lert U」をリリースしている。24時間対応の緊急対応センターと連絡が取れるほか、事故現場の写真をアップロードして救助を求めることもできる。時間があったらダウンロードしておこう。

緊急時の電話番号
警察
TEL 191、123
救急車
TEL 1554

自分の身は自分で守る

●詐欺の手口を知り、意思表示ははっきりと
タイでのトラブルには、いくつかのパターンがある。銃や刃物を使った凶悪な事件は少なく、言葉巧みに近づいては旅行者をだまし、貴重品を奪い去る詐欺系の事例が多いのが特徴。まずは手口を知り、似たような状況に陥った際には即はっきりNO!、あるいは日本語で強く拒絶すれば、ほとんどのトラブルは防げるはず。相手を思いやったつもりの曖昧な笑顔はトラブルのもと。

旅行者をだます不審者のパターン分析

●相手のほうから声をかけてくる人物は要注意
ほとんどの場合、相手のほうから声をかけてくる。特徴はスーツを着ていたり、スマホを持ち歩いたりと身なりを整えていることで、職業も「警察」「大学教授」「大企業の社員」などをカタリ、社会的地位があるように見せかけて安心させる。日本人に対しては、「日本で働いたことがある」「以前××（日本の大企業名）に勤めていた」などと親日的態度を装って接近する。これらはうそであることが多い。

●すぐ親しくなろうとする人物にはご用心！
出会ったばかりなのに親しげな態度を取り、そのうえ飲み物や食事をおごったりし、「親しくなれてよかった」などと言う。これらの出費はいわゆる撒き餌。

●外国語（英語や日本語）でまくしたてる不審者に注意
皆英語が達者。なかには片言の日本語を話す者もいる。外国語の通じにくいタイにいる外国人の心細さにつけ込んでいるといえなくもない。しかしタイでは英語が使える人は、観光業を除けば責任ある地位について仕事をしている人が多く、平日の昼間に旅行者の相手をしている暇などないのが普通だ。

●情に訴えかける人物の言葉を真に受けないこと
「日本に行って勉強したいが金がない」「日本語を勉強したいけど仕事が忙しくて学校に行けない」。
情に訴えかけて安心させるうその数々。「泣きのストーリー」にだまされないように。

知っておけばだまされないトラブル実例集

●手を出すな！宝石キャッチセールス　多発!!
バンコク市内の繁華街や王宮周辺などで見知らぬ人が声をかけてくる。「どこへ行くの？ ××？ 残念だけどそこは休みだよ。それよりもこの

店に行くといい。今日まで政府公認の大バーゲンなんだ。君はとてもラッキーだ」とまくしたてる。あるいはトゥクトゥクドライバーに「1時間10Bで見どころを回ってやる」ともちかけられ、案内された寺に行くとやはり境内で同じように声をかけられる。最初は半信半疑でも、次の寺でもその次の寺でも同じことを言う別の人物が現れ、だんだん信じてしまう。見事に連携の取れた、二重三重の巧妙な罠が張られているのだ。

　教えられた店に行くと、うまい話をもちかけられる。「タイは宝石が安いからここで大量に買い、日本へ持ち帰って売ればボロ儲けができます」と。そして日本ではここで売れと、ごていねいに比較的名の知れた宝石店を紹介してくれる。過去にこれだけの人が買ったともっともらしくパスポートのコピーの束を見せる。そうこうするうちにこれまで宝石の1個も買ったことのない人が、人によっては現物すら見ないで数十万円も買い込んでしまう。そして期待に胸を膨らませて日本へ戻り、教えられた宝石商へ行っても買い取りは拒否される。なにしろガラス玉に等しい、価値のほとんどない宝石なのだから当然だ。怒ってみても時すでに遅し。

　同じ手口でテーラーに連れ込んでスーツを注文させ、後日粗悪な生地と雑な縫製のクズスーツが届くケースもある。

　高価な商品の場合はクレジットカードで支払わせる。サインしているのはまぎれもない本人なのだから、文句は言えない。品物の確認をしなかった客の責任なのだ。被害者は皆口を揃えて「なんだか魔法をかけられたみたいについサインしてしまった」と言うが、うまい話に目がくらんでいたのだろう。

　こうした悪質な店の客引きは年々手口が巧妙になっており、トゥクトゥクの運転手と結託して、行く先々に現れる。しかも最近では日本人まで登場してだましの片棒を担いでいることも。バンコクの王宮周辺や繁華街で親しげに声をかけてくる人物は、まず相手にしないこと。

● **一攫千金!?　いけないトランプ賭博**

「すてきなシャツですね、どこで買ったの？」
「わたしの妹が日本の××県で働いている」
「母親が病気で寝込んでいるからぜひ見舞いに来てくれないか」
などと巧みな英語で近づいてくる妙な人物。話を信じて家に行ってみると、いかさまトランプ賭博でボロ儲けする話を聞かされ、「いいカモがいるから」と某国の金持ちを紹介される。話を信じてゲームを始めると（念入りにいかさまの練習までさせられる!）、初めのうちは勝てるのだが、最後の大勝負で逆転負けしてスッカラカン。もちろんカモ以外は全員グル。

● **ビーチの悪質ジェットスキー業者**

　プーケットやパタヤーなどのビーチリゾートで営業しているジェットスキーのレンタル業者は、トラブルが多い。わざと整備不良のままや見えないところに大きなキズを付けたまま貸し出し、客が利用中不調になると「おまえが壊した」「新しいキズが付いている」と因縁をつけ、高額の修理費を脅し取る。この手の業者はマフィアと結託しているので警察もお手上げであることも。どうしても利用したければ、ビーチの木陰などで営業しているビーチボーイなどは相手にせず、町なかの旅行会社やホテル内で営業している業者などを利用しよう。

買い物での注意

コピー商品の購入は厳禁!

バンコクの繁華街では、路上で映画のDVDや音楽CDを大量に売っている。デパートの中ですらコンピューターのソフトウエアをコピーして販売している。また、どこかで見たことのあるロゴやマークをプリントしたTシャツが1枚100B程度で売られていることもあり、あまりにカジュアルすぎてつい買ってしまいそうになる。しかしこれら有名ブランドのロゴやデザイン、キャラクターなどを模倣した偽ブランド品や、ゲームや音楽ソフトを違法に複製した「コピー商品」は、絶対に購入しないように。これらの品物を持って帰国すると、空港の税関で没収されるだけでなく、場合によっては損害賠償請求を受けることも。

三角枕の中身に注意

インテリアにもなるし実用的でもあるタイ名物の三角枕。この三角枕の詰め物に稲わらが使われているものがあり、その場合植物検疫法にのっとって日本への持ち込みが禁じられている（稲わらの持ち込みは、台湾、韓国、北朝鮮など一部の国の原産を除き、イネクセンチュウやミイラ穂病菌など寄生する病害虫の侵入や蔓延を防ぐため）。中身に綿などを使っていれば問題ないので、購入時によく確認すること。三角枕を押さえてみて、硬いようだったら稲わらの可能性が高い。

果物や野菜の持ち帰りはダメ

おいしいマンゴーやマンゴスチンなどの果物、パクチーやバジル類など日本では比較的高価なハーブ類が気軽に買えるタイ。つい日本へのおみやげにしたくなるが、タイから日本へは一般的な果物やハーブ類はほとんどが持ち込み禁止なので注意。スワンナプーム国際空港出発ロビーの売店で販売されているランの切り花も持ち込めない。

URL www.maff.go.jp/pps/j/search/ikuni/th.html

肉製品の持ち込みもダメ

タイを含む海外で購入した肉製品や動物由来製品のほとんどは、持ち込みが禁止されている。世界各国で口蹄疫やアフリカ豚コレラなど家畜の病気が発生しているのをうけ、違法な持ち込みへの対応も厳格化されている。クンチアンやネームなどの加工品も当然含まれるので、絶対に持ち込まないこと。

URL www.maff.go.jp/aqs/tetuzuki/product/aq2.html

旅の準備と技術

旅のトラブル

531

女性は適度な警戒心をもって
女性はセクハラ被害に遭うことがある。挑発的な服装にならないように注意しよう。

航空券をなくしたら
最近の航空券はほとんどがeチケットなので、紛失の心配はない。万が一紙の航空券を紛失した場合はパスポート、紛失・盗難届出証明書（ツーリストポリスで書いてもらう）を持って航空会社のオフィスに行き、再発行してもらうこと。

2023年最新トラブル事例
「日本のお金を見せてくれ」
見せてもらった日本円を巧みに抜き取る方法だけでなく、受け取ったそのまま走り去る、手にした財布を奪い取るなど、やや乱暴化しているので注意。知らない人に声をかけられても無視の一択。

「ATMの操作を手伝ってくれ」
「金をなくして困っている」「クレジットカードが使えなくて困っている」と言葉巧みに相手をATMに誘導し、引き出させた金を奪う詐欺。逮捕→服役→出獄を繰り返している有名な常習犯もいるとか。

抱きつきスリ
バンコクの夜の繁華街周辺で、暗がりにたたずむ女性からボディータッチを伴う誘いを受けたらスリを疑おう。

● **バンコクへ来た女**

通りで突然色っぽい女性が声をかけてくる。「すみません、道に迷ってしまって……」。あるいはタクシーの中から「ちょっとおたずねしたいのですが……」

話を聞くと、昨日タイに来たばかりの外国人らしい。しかしこちらも旅行者なので、よくはわからない。すると、「親切にありがとう。ところで、わたしのホテルで休憩していきませんか？」

唐突な話だが、男は興奮してしまい冷静な判断ができない。ホテルに行くと、期待どおりの展開になりかける。しかし、いよいよというときになってなぜかその女性の友人がやってきて、客室内は大混乱。収拾がつかなくなり、「また今度ね！」ということになって別れるが、そのときすでに貴重品は盗まれている。

部屋の中で睡眠薬入りのジュースを飲まされる、シャワーを浴びている最中に盗まれる、広げた地図の下で引き抜かれる、とバリエーションはいくつかあるが、常識的に考えれば、外国人に道を尋ねるのがそもそもおかしい。

● **日本のお金を見せてくれないか、って？** 多発!!

町なかで突然親しげに話しかけてくる人物。カフェの注文待ちやコンビニのレジ待ちに軽くこちらの足につまずいたふりをしたり、通りですれ違いざまにぶつかったりと、わざとらしく接触してくる。そしてこちらが日本人と確かめると、日本料理店の場所を聞いたりしたあと、おもむろに財布を出して「これは私の国のお金だ。日本のお金を見せてくれないか」などと言う。

「今度日本へ行くから」「両替のレートが知りたい」と言うケースもあるが、最後に「日本のお金を見せてくれ」と言い出すのは同じ。お金を手渡すと「どれが高額紙幣なんだい？」などと話しかけて注意をそらしながら札をシャッフルし、下になった札を数枚、見えないように指を使って巧妙に抜き取るのだ。町なかでいきなり「金を見せてくれ」などと言われても相手にしないこと。夫婦風の男女2人組や、子連れファミリー風のケースもある。

● **友達になったと思ったら**

バスや列車の中、あるいはゲストハウスなどでほかの国の旅行者と一緒になり、意気投合して酒を飲んでいるうちに薬物を混入される。そして眠っている間に貴重品など一切を盗まれる。初対面の人に心を開き過ぎるのも考えもの。

● **ホテルの部屋でも貴重品の放置は禁物**

財布を机の上に置きっ放しにして眠りについたところ、朝起きたら高額紙幣だけがすっかり抜き取られていたケース。宿泊している間に合鍵を作り、チェックアウト後に盗みに入るケースもある。ゲストハウスなどでは、ドアに自分専用の鍵を付けるなどの対策が必要。貴重品は持ち歩くか、セーフティボックスや鍵のかかるかばんの中に入れておこう。

● **長距離夜行バス内での盗難**

特にバンコクと南部方面を結ぶバス内で、頻繁に盗難事件が発生している。バスを降りる際には貴重品を確認し、被害を発見したらそ

盗難への注意を喚起する看板

の場で騒ぎ、必ずツーリストポリスか警察に連絡すること。バスのラゲッジスペースに入れる荷物の中にも、貴重品は入れないように。特に危険なのは、旅行会社が運行する料金の安いツーリストバス。少しのお金を節約して逆に大金を失ってしまっては元も子もない（→P.506コラム）。

● 世界の常識 麻薬には手を出すな！
❶タイには密告制度がある

「絶対安全。ノープロブレム」という麻薬売人の言葉を真に受け、買って帰るといきなり警官隊が踏み込んできて御用。それは報奨金目当てに売人が警察に密告したから。

❷儲け話はワナ

軽いアルバイト気分で麻薬の運び屋になるが、タイ出国寸前に空港で逮捕。密告によって当局にはバレている。つまり儲け話はすべて罠で、気づいていないのは本人だけ。外国人旅行者がこの手口によくひっかかっている。

❸逮捕、そして実刑へ

タイは薬事犯に対して厳しく対処している。大麻所持でも書類送検は必至。ヘロインなど持っていようものなら10年の禁固はかたい。情状酌量も恩赦もなく最高刑は死刑。軽い気持ちの代償は大きいことを肝に銘じておこう。

紛失のトラブルについて

● パスポート（旅券）をなくしたら

パスポート（以下「旅券」）をなくしたら、ツーリストポリスで紛失・盗難届出証明書を発行してもらう。次に日本大使館か領事館で旅券の失効手続きを行い、新規旅券の発給か、帰国のための渡航書発給を申請する。

手続きをスムーズにするために、旅券の顔写真があるページと、航空券や日程表のコピーを事前にとっておき、原本とは別の場所に保管しておこう。

● クレジットカードをなくしたら

クレジットカードを紛失したら、すぐにカード発行金融機関に連絡する。カード取得時に緊急時の連絡先などが印刷された案内も送付されるはずなので、それも必ずメモして持参しよう。

● 現金をなくしたら

戻ってくることはまずないので諦めること。手持ちのお金をすべてなくしてしまったような場合、日本大使館では旅費の立て替えには応じてくれないが、日本からの送金を受け取る方法などは教えてくれる。ウエスタンユニオンなら、身分証明書があれば送金を受け取れる（URL www.westernunion.co.jp）。

● 荷物をなくしたら

これも現金と同じで、まず出てくることはない。出発前に海外旅行保険に入っておけば、帰国後にある程度の補償を受けられるので、警察への届け出は忘れずに。

パスポート紛失時に準備する書類および費用

■ 失効手続き
・紛失一般旅券等届出書
・共通：写真（縦45mm×横35mm）1枚　※3

■ 発給手続き
・新規旅券：一般旅券発給申請書、手数料（10年用旅券1万6000円、5年用旅券1万1000円）※1 ※2
・帰国のための渡航書：渡航書発給申請書、手数料（2500円）※2
・共通：ツーリストポリスが発行した紛失・盗難届出証明書
・共通：写真（縦45mm×横35mm）1枚　※3
・共通：戸籍謄本　1通　※4
・帰国のための渡航書：旅行日程が確認できる書類（旅行会社にもらった日程表または帰りの航空券）

※1：改正旅券法の施行により、紛失した旅券の「再発給」制度は廃止
※2：支払いはバーツの現金で
※3：撮影から6ヵ月以内
※4：発行から6ヵ月以内。帰国のための渡航書の場合は原本が必要

旅券申請手続きに必要な書類の詳細は、外務省のウェブサイトで確認を。
URL www.mofa.go.jp/mofaj/toko/passport/pass_5.html

日本大使館領事部邦人援護班
☎ 0-2207-8502、0-2696-3002

重大なトラブルに巻き込まれたら、ひとりで悩む前に専門家に相談して、適切なアドバイスを受けよう。ただし、「帰国の航空券が取れないんですが」などという苦情や一般的な相談については別の相談所へお願いしたいとのこと。遺失物の捜索、犯人捜査などもできない。

日本大使館領事部
MAP P.77-E3
住 177 Witthayu Rd.
☎ 0-2207-8500、0-2696-3000（代表）
領事部 ☎ 0-2207-8511
URL www.th.emb-japan.go.jp

在チェンマイ日本国総領事館
MAP P.234-B5
住 Suite 104-107, Airport Business Park, 90 Mahidon Rd.
☎ 0-5320-3367
URL www.chiangmai.th.emb-japan.go.jp/itprtop_ja/index.html

旅の準備と技術
病気について

バンコクの日本語が通じる病院

サミティヴェート病院スクムビット
Samitivej Sukhumvit
MAP P.83-F3
133 Soi 49, Sukhumvit Rd.
TEL 0-2022-2222
URL www.samitivejhospitals.com/jp/
電話での日本人相談窓口は毎日24時間、直通TEL 0-2022-2222

バムルンラード病院
Bamrungrad Hospital
MAP P.81-F3〜F4
33 Soi 3, Sukhumvit Rd.
TEL 0-2066-8888
URL www.bumrungrad.com/jp
日本人医師もいる。

バンコク病院
Bangkok Hospital
MAP P.73-E4〜E5
2 Soi Soonvichai 7, New Petchburi Rd.
TEL 0-2310-3000
URL www.bangkokhospital.com
日本語通訳あり（日本人かタイ人）。

プラ・ラーム・ナイン（ラーマ9世）病院
Phra Rama 9 Hospital
MAP P.72-C4
99 Soi Saenchan, Rama 9 Rd.
TEL 0-2202-9999
URL www.praram9.com
日本語通訳（日本人）あり。

健康管理はしっかりと

タイはほぼ全土が高温多湿な熱帯性気候に属し、日本人にはなじみのない病気も多い。気候や気温、食事など急激な環境の変化により体調を崩す人もいる。よく遊び、楽しんだあとはしっかり食事し、宿に戻って休息を取り、夜はよく眠って、体調の維持に努めよう。

タイでかかる病気の症状と対策

● 風邪 Cold
エアコンや扇風機をつけたままで眠ると風邪をひきやすい。長距離エアコンバスも夜間は寒く、これが原因で体調を崩す旅行者は多い。薄手の上着を用意するなど、風邪対策は十分に講じよう。

● 下痢 Diarrhea
単純な食あたりの場合は平気だが、タイ特有の細菌性の下痢もあるので、症状がひどい場合は病院へ行こう。

● 細菌性赤痢 Bacillary Dysentery
赤痢菌が口から入って感染する。潜伏期間は1〜5日。症状は下痢、腹痛のほか、血便が出ることもある。

● 腸チフス Typhoid Fever
赤痢と同様に経口感染する。症状は倦怠感、食欲不振、頭痛などから始まり、その後段階的に発熱、発疹、極度の便秘などにいたる。潜伏期間は1〜2週間。感染していたら即入院が必要。

● コレラ Cholera
激しい下痢と嘔吐をともなって最後は脱水症状を引き起こす。潜伏期間は1〜5日。感染力が強く局地的に流行することもあるので注意。

● マラリア Malaria
高熱、悪寒、強烈な頭痛が周期的に襲ってくる怖い病気。潜伏期間は12〜30日。媒介するのはハマダラカで、これが生息するミャンマーやカンボジア国境沿いのジャングルに長期滞在したり、ひと気のない島に行ったりしないかぎり恐れる心配はない。予防薬もあるが強力で副作用が強いため、医師の指導を受けながら服用する必要がある。数日間のトレッキング程度なら飲む必要はない。

● デング熱 Dengue Fever
ネッタイシマカやヒトスジシマカが媒介する熱性疾患。4〜5日の潜伏期間のあと、発熱、頭痛、筋肉痛、関節痛などに襲われる。通常3〜7日で回復するが死亡例もある。都市部でも大流行することがあるので、蚊には注意しよう。虫よけは安価で手に入る。

● **狂犬病 Hydrophobia**

犬や猫、コウモリなど動物に咬まれることで感染し神経系を侵すウイルス性の病気で、最終的には全身麻痺で死にいたる。水を飲んだり、見たりするだけでショック症状を起こすので恐水病とも呼ばれる。タイの路上にはイヌやネコがたくさんいて、地域の人に面倒を見てもらいながらのんびり生活している。しかし、いくらかわいらしいからといっても、安易に相手をしないほうがいい。

● **ウイルス性肝炎（A型）Hepatitis A**

発熱、黄疸、茶褐色の尿、白色の便が出たら肝炎を疑おう。強烈な倦怠感で動けなくなり、そのまま食事もできなくなる。潜伏期間は15〜50日。タイ国内では頻度は少なくなっているが、感染することもある。西南アジアやカンボジアを経てきた旅行者は要注意。治療法は対症療法が主となる。

● **エイズ AIDS**

現在タイ国内には100万人以上のHIV感染者がいるといわれているが、麻薬や売買春などに手を染めなければ基本的に感染の心配はないだろう。

医薬品について

タイは町なかに薬局がたくさんあり、全国どこでも医薬品の入手に困ることはない。ただし効果の強過ぎるものもあるので、常用している薬があれば持参すると安心。

ブーツ Boots やワトソンズ Watsons などのドラッグストアには、たいてい薬剤師が常駐しており、英語の上手な人も多い。体調を崩した際にはこれらのドラッグストアに行けば相談にのってくれ、適切な薬剤を出してくれる。ただし病状を正確に伝えられる語学力が必要。

病気になったらどうするか

「せっかく外国まで来たのだから」という思いが先に立って、無理をしてしまいがちなタイプの人は要注意。タイは年中暑い国。本人は気がつかなくても、知らず知らずのうちに体力を消耗しているもの。そこへ暴飲暴食に走ったり、調子に乗ってシーフードを食べ過ぎたり、エアコンや扇風機をつけたまま寝たりすると、体調を崩してひどい目に遭うことになりかねない。そうなっては元も子もないので、自己の健康管理はしっかりと行いたい。

タイを含む東南アジアではデング熱が蔓延しているので、熱が出たときは、バファリンなどアスピリン系の薬は飲まないこと。タイの薬局で売られている医薬品には欧米からの直輸入品が多くあり、体質の異なる東洋人には強過ぎることもあるので、体質的に心配な人は避けたほうがいいかもしれない。

とにかく「おかしいな」と思ったら病院に行くことだ。英語なら通じる所が多い。治療費は、入院や搬送となるとたいへん高額になることもあるので注意が必要。海外旅行保険に入っていれば、ちょっとおかしいなと感じただけでも医者にかかることができる。保険には加入しておこう。

緊急時の医療英会話

●ホテルで薬をもらう
具合が悪い。
アイ フィール イル
I feel ill.
下痢止めの薬はありますか。
ドゥ ユー ハヴ ア アンティダイリエル メディスン
Do you have a antidiarrheal medicine?

●病院へ行く
近くに病院はありますか。
イズ ゼア ア ホスピタル ニア ヒア
Is there a hospital near here?
日本人のお医者さんはいますか。
アー ゼア エニー ジャパニーズ ドクターズ
Are there any Japanese doctors?
病院へ連れていってください。
クッデュー テイク ミー トゥ ザ ホスピタル
Could you take me to the hospital?

●病院での会話
診察を予約したい。
アイド ライク トゥ メイク アン アポイントメント
I'd like to make an appointment.
グリーンホテルからの紹介で来ました。
グリーン ホテル イントロデュースド ユー トゥ ミー
Green Hotel introduced you to me.
私の名前が呼ばれたら教えてください。
プリーズ レッミー ノウ ウェン マイ ネイム イズ コールド
Please let me know when my name is called.

●診察室にて
入院する必要がありますか。
ドゥ アイ ハフ トゥ アドミッテド
Do I have to be admitted?
次はいつ来ればいいですか。
ホエン シュッダイ カム ヒア ネクスト
When should I come here next?
通院する必要がありますか。
ドゥ アイ ハフ トゥ ゴー トゥ ホスピタル レギュラリー
Do I have to go to hospital regularly?
ここにはあと2週間滞在する予定です。
アイルステイ ヒア フォー アナザー トゥ ウィークス
I'll stay here for another two weeks.

●診察を終えて
診察代はいくらですか。
ハウ マッチ イズ イット フォー ザ ドクターズ フィー
How much is it for the doctor's fee?
保険が使えますか。
ダズ マイ インシュランス カバー イット
Does my insurance cover it?
クレジットカードでの支払いができますか。
キャナイ ペイ イット ウィズ マイ クレジットカード
Can I pay it with my credit card?
保険の書類にサインをしてください。
プリーズ サイン オン ザ インシュアランス ペーパー
Please sign on the insurance papar.

※該当する症状があれば、チェックをしてお医者さんに見せよう

☐ 吐き気 nausea	☐ 悪寒 chill	☐ 食欲不振 poor appetite
☐ めまい dizziness	☐ 動悸 palpitation	
☐ 熱 fever	☐ 脇の下で計った armpit	_____ ℃／F
	☐ 口中で計った oral	_____ ℃／F
☐ 下痢 diarrhea	☐ 便秘 constipation	
☐ 水様便 watery stool	☐ 軟便 loose stool	1日に ___ 回 times a day
☐ ときどき sometimes	☐ 頻繁に frequently	絶え間なく continually
☐ 風邪 common cold		
☐ 鼻詰まり stuffy nose	☐ 鼻水 running nose	☐ くしゃみ sneeze
☐ 咳 cough	☐ 痰 sputum	☐ 血痰 bloody sputum
☐ 耳鳴り tinnitus	☐ 難聴 loss of hearing	☐ 耳だれ ear discharge
☐ 目やに eye discharge	☐ 目の充血 eye injection	☐ 見えにくい visual disturbance

※下記の単語を指してお医者さんに必要なことを伝えましょう

●どんな状態のものを
生の　raw
野生の　wild
油っこい　oily
よく火が通っていない
　uncooked
調理後時間がたった
　a long time after it was cooked
●けがをした
刺された・噛まれた　bitten
切った　cut
転んだ　fall down
打った　hit
ひねった　twist

落ちた　fall
やけどした　burn
●痛み
ヒリヒリする　buming
刺すように　sharp
鋭く　keen
ひどく　severe
●原因
蚊　mosquito
ハチ　wasp
アブ　gadfly
毒虫　poisonous insect
サソリ　scorpion
くらげ　jellyfish

毒蛇　viper
リス　squirrel
(野)犬　(stray) dog
●何をしているときに
ジャングルに行った
　went to the jungle
ダイビングをした
　did diving
キャンプをした
　went camping
登山をした
　went hiking (climbling)
川で水浴びをした
　went swimming in the river

知っておきたいタイ事情 Column

タイの宗教
●タイの仏教は日本の仏教とは違う
タイも日本も仏教国といわれている。しかし名前は同じ仏教でも、日本の仏教とタイのそれとはまったく別の宗教だ、と思ったほうがいいぐらいに異なる。

日本の仏教は、釈迦入滅後数百年たった頃、チベット、中国、朝鮮などを経て伝わった大乗仏教（北伝仏教）の一種。一方タイの仏教は、セイロン（スリランカ）、ビルマ（ミャンマー）、カンボジア、ラオスなどに広まったテラワーダ仏教（南伝仏教、南方上座部仏教）の一種。タイにこのテラワーダ仏教が伝えられたのは13世紀のスコータイ王朝の頃といわれ、それ以後、歴代の王朝もテラワーダ仏教を事実上国教として、手厚く保護してきた。その結果、現在もタイ人の約95％が仏教徒といわれるほど広まったのである。

●タイ人の最も身近な神様はピー
現在タイで信仰されている仏教には、多くのアニミズム的要素やバラモン教的色彩も入り込んでいる。まずアニミズム的要素として「ピー」の存在がある。かわいらしい名前だが、これは精霊、悪霊、妖怪など非常に範囲の広い超自然的存在の総称で、タイ人が仏教を受け入れる以前から、信じられてきた。

現在でも人々はピーを人命や家屋を守るものとして祀ったり、逆にこれをたたったりするものとして畏怖したりしている。町角や民家の庭などで見かける花で飾られた小鳥の巣のような小さな祠は、このピーを祀ったもの。

バラモン教もタイ人の仏教には深い影響を与えてきた。今でも王室儀式のなかに見られ、大衆にとってはシヴァ神などに対する信仰、ソンクラーン祭り、占星術による占いなどに、その影響が見られる。

●寺は人々の社交場
タイにあって仏教寺院は、修行や信仰の場としてのみあるのではない。もちろん人々は日々訪れて思いおもいに参拝をしていくが、特に地方においては寺は集会所であり、相談所であり、娯楽センターであり、病院であり、学校でもあるといった具合に、地域の中心もしくは公民館的な役割をも果たしている。

祝日や仏日には屋台が出たり、移動遊園地がやってきたり、芝居や踊りが演じられ、飲めや歌えのにぎわいが朝方まで続くこともある。そのほか、人々は法話を聞いたり、木陰で昼寝をしたりとその利用の仕方はさまざまだ。

都市においても、地方から来た貧しい少年たちが、サーマネーン（見習い僧）やデックワット（寺男）として寺に住み込みながら学校へ通うといった例が多い。最低限のマナーを守りつつ彼らのなかに積極的に入っていけば、さらに深いタイとの交流が生まれるに違いない。

タイ人を理解するためのキーワード
●マイ・ペン・ライ
タイ人の国民性を語る場合に必ず登場するのがこの言葉。「気にするな」「何でもない」の意味。過ちを犯した人にこの言葉をかけた場合は「何でもないさ」という励ましの意味になり、逆に自分が過ちを犯した場合は「こんなの気にならないですよね」の意味になって、事を丸く収めることができる。

●サヌック
「楽しい」「おもしろい」の意味。楽しくなければ「マイ・サヌック」となる。マイ・サヌックな気分になるべくならないようにするのがタイ人の基本的な行動原則。

●サバーイ
「調子がいい」「いい気分」「元気」くらいの意味。タイ人はいつもサバーイな状態でいられるように心がけている。調子が悪いと「マイ・サバーイ」で、風邪をひいて体調が悪いのも雨が降っていて残念なのも道が渋滞していて気分が悪いのもすべて「マイ・サバーイ」のひと言で表現できる。タイにいる間はぜひサヌックでサバーイに過ごしたい。

サヌックでサバーイな旅をどうぞ

タイを旅するためのマナー　Column

タイの国民性は日本のそれと似ているところもあり、お年寄りや子供を尊重したり、ていねいで穏やかに行動すれば好感をもって迎えられる。それ以外にタイで特に気をつけたいのは、以下のような点。

●王室に敬意を示そう

タイの王室は人々にたいへん尊敬されている。人前での王室批判は絶対に慎むこと。タイには王室不敬罪もあるので、目に余る態度をとった場合は警察沙汰になることもある。映画館や劇場では上映、開演前に国王の肖像が映写され、王室賛歌が流される。その際は必ず起立すること。また空港やバスターミナル、鉄道駅などの大きな公共施設では8:00と18:00の1日2回、やはり国歌か王室賛歌が流される。その際もできるだけ立ち上がり、不動の姿勢をとろう。

現国王の肖像

●宗教に敬意を示そう

タイにおいては仏教にかぎらず、すべての宗教とその関係の諸々に対して敬意を払うこと。信仰していないからといって軽んじるような態度をとるのはもってのほか。他国を訪れたら、相手の文化を尊重するのは当然のこと。

寺院参拝は敬意をもって

寺院参拝時の注意点：肌を露出し過ぎる服装は禁物。本堂内など土足禁止の場所もあるので、周囲をよく注意して、タイ人がどのようにしているか観察しよう。

●僧侶に敬意を示そう

修行の妨げになるので、仏僧に親しく接しないようにしたい。たとえ僧侶のほうから声をかけてきたりしても、礼儀を守って距離をおくこと。女性との直接的な接触は破戒となってしまうので、自分から握手を求めたりしないこと。記念撮影を求めるのも、あまり好ましくない。

●警官に対しては

警官に対して不遜な態度をとったり、手を出して突っかかったりすると、それだけで重大なトラブルになるので注意しよう。

●頭は大切

人の頭は精霊の宿る大切な場所と信じられているので、他人の頭部にはなるべく触れないようにしたい。間違えて人の頭に触ってしまうと反射的に「すみません」と謝ってしまう人もいるほど。かわいいからといって子供の頭をなでるのもあまりよくない。

●左手は不浄

タイでは右手が清浄、左手が不浄とされている。そのため、大切なものを左手で扱うとヒンシュクを買う。カーオ・ニャオなど手づかみで食べる料理も、できるだけ右手を使うこと。左利きの人の場合日常生活では気にしないこともあるが、公式な場では絶対に不可とのこと。

●足の裏は不浄

左手と同等に不浄なのが足の裏。仏前で裸足になるときも、足の裏は絶対に仏様に向けないように。公共の場所で椅子に足を乗せたり投げだしたりして、他人に足の裏が向くような姿勢を取ることも避けること。足を組むのもあまり好ましくない。お寺の本堂で仏像に拝観する際は、足を前に投げ出して足の裏が仏像に向くような姿勢を絶対に取らないように。

●人の足をまたがない

他人の足はまたいではいけないとされている。バスや列車の車内や劇場などでは特に注意をすること。人の足がじゃまで通れない場合は、相手に声をかけて足をずらしてもらえばいい。ふたりがけの座席の通路側に先客が座っていて窓際が空いている場合、あとから客が来ると先客は体を90度ひねって足を通路側に出し、あとから来た人が通れるようにしている。これがタイの作法。こちらも足で通路をふさがないように気をつけよう。

他国の文化には敬意をもとう

タイのトイレ事情 Column

所変われば習慣も変わる。タイと日本では、トイレの使い方もずいぶん違う。基本的な造りは日本と似ていたりもするので、よけいにとまどう部分もあるだろう。現場で迷ったり、間違った使い方をしてトラブルを起こす前に予習をしよう。

●タイのトイレ

一般的なタイのトイレは、和式と同じしゃがみ式。ただしいわゆるキンカクシはない。便器の底は縦長で幅広の溝になっていて、前後どちらかに排水口があり、溝の両側に足を置く場所があるはず。足場はたんなる溝を切ったタイルのこともあるが、足形のタイルが置かれていることもある。それを見るとわかるが、排泄物を直接排水口へ落とせる向きにしゃがむのが正しい（顔はドアのほうを向くことが多い）。

便器の隣には造り付けの大きな水槽があるはずだ。それがない場合はやはり大きなバケツなどが用意され、どちらにしろ大量の水がためられるようになっており、手桶もあるはず。タイの人は事後、紙などは使わず、水で洗い流す。紙を使うこともあるが、それはお尻の水気を拭くため。水気を拭いた紙は流さずに、ゴミ箱に捨てる。タイ式のトイレは紙を流せるほど太い排水管を使用しておらず、水溶性のトイレットペーパーを流しても詰まってしまうことがある。

外国人の利用者が多いゲストハウスなどで、場所によっては「紙は流さないで備え付けのゴミ箱に捨ててください」と張り紙がしてあるのはこのためだ。

しゃがみ式のタイのトイレ。手前向きに座る

●紙が使えるトイレ

中級以上のホテルやレストラン、国際空港など外国人の利用も多い場所には、ごく普通の洋式トイレが設置されている。そのような場所ではトイレットペーパーを流しても問題ないし、逆にタイ式に慣れたから水で洗いたいと思っても水槽や蛇口がないので不可能だ。

さすがに都市部では少なくなったが、洋式トイレのバリエーションで、便座が取り外されていることもある。これは洋式トイレを設置したものの、利用者の大半が地元の人で使い方に慣れておらず、つい便座の上に乗って使っているうちに割れたりして外されてしまったらしい。開き直って最初から便座のないトイレを設置している所もある。このような場合、便器のフチを観察すると足跡がついていたりするので、がんばって乗って使っている人もいるようだが、慣れないと危ない。かといって腰を下ろす気にはとてもなれないので、仕方なく中腰で済ます人が多いという。

●トイレはどこにある

町歩きの最中に急に催したり、体調が悪くてどうしてもトイレが近くなってしまうこともあるはず。タイではどのような場所にトイレがあるのか、おもな場所を紹介しておく。

ホテル：高級ホテルは規模が大きいので気兼ねなく使え、しかもきれい。中級以下のホテルだと、ロビー周辺にトイレはない所が大半。もちろんせっぱ詰まって飛び込めば、従業員用か空いている客室のトイレを使わせてくれるはず。

ショッピングセンター：この本で紹介しているような町（県庁所在地クラス）なら、たいてい1軒はデパートがある。そこなら誰でも使えるトイレがあるはず。最近では地方都市にもロータスやビッグCといった大型スーパーがあり、そこにも必ずトイレがある。

駅、バスターミナル：トイレはあるが有料で、1回3〜5B。このような場所のトイレは完全にタイ式で、個室の床はびしょびしょにぬれていることが多い。大きな荷物は、入口にいる集金係に頼んで預かってもらおう。紙は入口で買える。バンコクのBTS全駅とほとんどのMRT駅には公共のトイレはない。

市場：マーケットの隅にはたいていトイレがある。ここも完全なタイ式で、有料のことが多い（3〜5B）。紙も持参する必要がある。

お寺：お寺にはたいていトイレがある。境内の隅に僧坊などが建っているエリアがあれば、同じ場所にトイレがあるはず。もちろん無料。ただし当然タイ式で、紙などは用意されていないので持参すること。

お寺の境内にあったトイレの看板。上段が「ホン・ナーム」、下段が「スカー」と書いてある。どちらも「お手洗い」の意

539

旅の準備と技術
簡単タイ語会話

基本フレーズ

■ 会話の基本

ていねい語尾を添えよう!

タイ語には日本語の「です、ます」に似たていねい語がある。よほど親しい間柄でないかぎり、必ずていねい語を使って話そう。下記の語を文末に添えるとていねい語になる。

男性		
です ます	ครับ クラップ	

女性		
です ます	ค่ะ カ (疑問形は คะ カ:尻上がりに)	

はい。	ใช่ または ครับ(男性)、ค่ะ(女性) チャイ または クラップ(男性)、カ(女性)
いいえ。	ไม่ または ไม่ใช่ マイ または マイチャイ
いいです。	ได้ ダーイ
だめです。	ไม่ได้ マイダーイ
こんにちは。	สวัสดี サワッディー
ありがとう。	ขอบคุณ コープクン
どういたしまして。	ไม่เป็นไร マイペンライ
ごめんなさい。	ขอโทษ コートート
おやすみなさい。	ราตรีสวัสดี ラートリーサワット
どうぞ。	เชิญ チューン
すみませんが……。	ขอโทษ コートート
さようなら。	ลาก่อน ラーコーン
私は日本人です。	ฉันเป็นคนญี่ปุ่น チャンペンコンイーブン
あなたの名前は?	คุณชื่ออะไร クンチューアライ?
私の名前は○○です。	ฉันชื่อ○○ チャンチュー○○
あなたは何歳ですか?	คุณอายุเท่าไหร่ クンアーユタオライ?
私は22歳です。	ฉันอายุ22 チャンアーユイーシップソーン
お元気ですか?	สบายดีไหม サバーイディーマイ?
元気です。	สบายดี サバーイディー
また会いましょう。	พบกันใหม่ ポップカンマイ
お元気で。	โชคดีนะ チョークディーナ

■ 基本フレーズの単語

私(女性)	チャン	ฉัน
僕(男性)	ポム	ผม
私たち	ラオ	เรา
あなた	クン	คุณ
彼、彼女	カオ	เขา
彼ら、彼女ら	プアックカオ	พวกเขา
誰	クライ	ใคร
日本	イーブン	ญี่ปุ่น
日本人	コンイーブン	คนญี่ปุ่น
タイ	タイ	ไทย
男性	プーチャーイ	ผู้ชาย
女性	プーイン	ผู้หญิง
ニューハーフ	カトゥーイ	กระเทย
大人	プーヤイ	ผู้ใหญ่
子供	デック	เด็ก

■ 数字

0	スーン	ศูนย์
1	ヌン	หนึ่ง
2	ソーン	สอง
3	サーム	สาม
4	シー	สี่
5	ハー	ห้า
6	ホック	หก
7	チェット	เจ็ด
8	ペート	แปด
9	カーオ	เก้า
10	シップ	สิบ
11	シップエット	สิบเอ็ด
12	シップソーン	สิบสอง
19	シップカーオ	สิบเก้า
20	イーシップ	ยี่สิบ
100	ローイ	ร้อย
1000	パン	พัน
1万	ムーン	หมื่น
10万	セーン	แสน
100万	ラーン	ล้าน

タイ数字	
0	๐
1	๑
2	๒
3	๓
4	๔
5	๕
6	๖
7	๗
8	๘
9	๙

街で使うフレーズ

○○はどこですか？	○○อยู่ที่ไหน　○○ユーティーナイ？
例）ワット・ポーはどこですか？ 　　วัดโพธิ์อยู่ที่ไหน　ワットポーユーティーナイ？	
近いですか？	ใกล้ไหม　クライマイ
何分ぐらいかかりますか？	ประมาณกี่นาที　プラマーンキーナーティー
○○まで行ってください。（タクシー乗車時）	ไป○○　パイ○○
急いでください。	กรุณารีบหน่อย　カルナーリープノイ
道が違います。	ผิดทาง　ピットターン
メーターで行ってください。	กดมิเตอร์ด้วย　コットミトゥワドゥアイ
右！／左！	ทางขวา／ทางซ้าย ターンクワー！／ターンサーイ！
このバスは○○へ行きますか？	รถเมล์คันนี้ไป○○ไหม ロットメーカンニーパイ○○マイ？
例）このバスはアユタヤーへ行きますか？ 　　รถเมล์คันนี้ไปอยุธยาไหม　ロットメーカンニーパイアユッタヤーマイ？	
何時に出発しますか？	ออกกี่โมง　オークキーモーン？
ここで降ります！	ลงที่นี่　ロンティーニー
ここはどこですか？	ที่นี่ที่ไหน　ティーニーティーナイ？
ここは何通りですか？	ที่ถนนอะไร　ティーニータノンアライ？
住所を書いてください。	ช่วยเขียนที่อยู่ให้หน่อย チュワイキアンティーユーハイノイ
写真を撮ってもいいですか？	ถ่ายรูปได้ไหม　ターイループダイマイ？

■ 街で使うフレーズの単語

タイ寺院	ワット	วัด
空港	サナームビン	สนามบิน
駅	サターニーロットファイ	สถานีรถไฟ
バス停	パーイロットメー	ป้ายรถเมล์
船着場	タールア	ท่าเรือ
東	タワンオーク	ตะวันออก
西	タワントック	ตะวันตก
南	パークタイ	ภาคใต้
北	ティットヌア	ทิศเหนือ
右	クワー	ขวา
左	サーイ	ซ้าย
上	カンボン	ข้างบน
下	カンラーン	ข้างล่าง
上がる	クンパイ	ขึ้นไป
下がる	ロンパイ	ลงไป
前	ダーンナー	ด้านหน้า
後ろ	ダーンラン	ด้านหลัง
近い	クライ	ใกล้
遠い	クライ	ไกล
注：「近い」と「遠い」はイントネーションが異なる		
行く	パイ	ไป
帰る	クラップ	กลับ

旅の準備と技術／簡単タイ語会話

ショッピングで使うフレーズ

これはいくらですか？	นี่เท่าไหร่　ニータオライ？
全部でいくらですか？	ทั้งหมดเท่าไหร่　タンモットタオライ？
高すぎる！（女性っぽい言い方）	แพงจังเลย　ペーンチャンルーイ
まけてください。	ลดได้ไหม　ロットダイマイ？
100バーツでいいでしょう。	หนึ่งร้อยบาทได้ไหม ヌンローイバーツダーイマイ？
これをください。	ขออันนี้　コーアンニー
おつりをください。	ขอเงินทอนด้วย　コーングントーンドゥワイ
試着してもいいですか？	ลองใส่ดูได้ไหม　ローンサイドゥーダイマイ？
大きい／小さいです。	ใหญ่／เล็ก　ヤイ／レック
もっと大きいのはありませんか？	มีใหญ่กว่าไหม　ミーヤイクワーマイ？
これは何ですか？	นี่อะไร　ニーアライ？
ほかの色はありませんか？	มีสีอื่นไหม　ミーシーウーンマイ？
それを見せてください。	ขอดูนั่นหน่อย　コードゥーナンノイ

■ ショッピングで使うフレーズの単語

チェック	ラーイサコット	ลายสก๊อต
無地	シートゥープ	สีทึบ
重い	ナック	หนัก
軽い	バオ	เบา
長い	ヤーオ	ยาว
短い	サン	สั้น
多い	ユ	เยอะ
少ない	ノーイ	น้อย
高い（値段が）	ペーン	แพง
安い	トゥーク	ถูก
赤	シーデーン	สีแดง
白	シーカーオ	สีขาว
黒	シーダム	สีดำ
青	シーファー	สีฟ้า
黄色	シールアン	สีเหลือง
ピンク	シーチョムプー	สีชมพู

541

食事で使うフレーズ

2人(4人)席を予約したい。	ขอจองสอง (สี่) คน　コーチョーンソーン(シー)コン
メニューを見せてください。	ขอดูเมนูหน่อย　コードゥーメーヌーノイ
何がおいしいですか?	อะไรอร่อย　アライアロイ?
トムヤム・クンはありますか?	มีต้มยำกุ้งไหม　ミートムヤムクンマイ?
ビールをもう1缶(本)ください。	ขอเบียร์อีกหนึ่งกระป๋อง (ขวด)　コービアイークヌングラポン(クワット)
おいしい!	อร่อย　アロイ
これをください。	ขออันนี้　コーアンニー
これは何の料理ですか?	นี่อาหารอะไร　ニーアーハーンアライ?
パクチーを入れないでください。	กรุณาอย่าใส่ผักชี　カルナーヤーサイパクチー
辛くしないでください。	กรุณาทำไม่เผ็ด　カルナータムマイペット
料理がまだ来ていません。	อาหารยังไม่มา　アーハーンヤンマイマー
お勘定をお願いします。	เช็คบิลด้วย　チェックビンドゥワイ
値段が間違っています。	ราคาผิด　ラーカーピット
おつりが間違っています。	เงินทองผิด　ングントーンピット

■ 食事で使うフレーズの単語

レストラン	ラーンアーハーン	ร้านอาหาร
タイ料理	アーハーンタイ	อาหารไทย
おいしい	アロイ	อร่อย
味	ロット	รส
辛い	ペット	เผ็ด
甘い	ワーン	หวาน
酸っぱい	プリアオ	เปรี้ยว
塩辛い	ケム	เค็ม
苦い	コム	ขม
空腹	ヒウ	หิว
満腹	イム	อิ่ม
喉が渇く	ヒウナーム	หิวน้ำ
スプーン	チョーン	ช้อน
フォーク	ソーム	ส้อม
箸	タキアップ	ตะเกียบ
皿	チャーン	จาน
お椀	トゥアイ	ถ้วย
コップ	ケーオ	แก้ว
ご飯	カーオ	ข้าว
飲み物	クルアンドゥーム	เครื่องดื่ม
瓶	クアット	ขวด
缶	クラポン	กระป๋อง

ホテルで使うフレーズ

空き部屋はありますか?	มีห้องว่างไหม　ミーホンワーンマイ?
1泊いくらですか?	คืนละเท่าไหร่　クーンラタオライ?
もっと安い部屋はありませんか?	มีห้องถูกกว่านี้ไหม　ミーホントゥーククワーニーマイ?
部屋を替えてください。	ขอเปลี่ยนห้อง　コープリアンホン
3泊します。	จะพักสามคืน　チャパックサームクーン
予約していません。	ไม่ได้จอง　マイダイチョーン
チェックアウトは何時ですか?	เช็คเอาท์กี่โมง　チェックアオキーモーン?
Wi-Fiのパスワードをください。	ขอพาสเวิร์ด Wi-Fi หน่อย　コーパースウードワイファイノイ
日本語を話す人はいますか?	มีคนพูดภาษาญี่ปุ่นไหม　ミーコンプートパーサーイープンマイ
クーラーが故障しています。	แอร์เสีย　エーシーア
荷物を預かってください。	ฝากกระเป๋าได้ไหม　ファーククラパオダイマイ?
チェックアウトします。	เช็คเอาท์ด้วย　チェックアオドゥワイ

■ ホテルで使うフレーズの単語

ホテル	ローンレーム	โรงแรม
シングルルーム	ホーンディアオ	ห้องเดี่ยว
ツインルーム	ホーンクー	ห้องคู่
浴室、トイレ	ホーンナーム	ห้องน้ำ
チェックイン	チェックイン	เช็คอิน
チェックアウト	チェックアオ	เช็คเอาท์
水	ナーム	น้ำ
お湯	ナムローン	น้ำร้อน
満室	ホーンテム	ห้องเต็ม
空室	ホーンワーン	ห้องว่าง
鍵	クンチェー	กุญแจ
枕	モーン	หมอน
毛布	パーホム	ผ้าห่ม
タオル	パーチェットトゥア	ผ้าเช็ดตัว
エアコン	エー	แอร์
扇風機	パットロム	พัดลม
窓	ナーターン	หน้าต่าง

■ 時間の表現の単語

午前			午後	
ティアンクーン	เที่ยงคืน	深夜0時／正午	ティアン	เที่ยง
ティーヌン	ตีหนึ่ง	1時	バーイモーン	บ่ายโมง
ティーソーン	ตีสอง	2時	バーイソーンモーン	บ่ายสองโมง
ティーサーム	ตีสาม	3時	バーイサームモーン	บ่ายสามโมง
ティーシー	ตีสี่	4時	バーイシーモーン（シーモーンイエン）	บ่ายสี่โมง（สี่โมงเย็น）
ティーハー	ตีห้า	5時	ハーモーンイエン	ห้าโมงเย็น
ホックモーンチャーオ	หกโมงเช้า	6時	ホックモーンイエン	หกโมงเย็น
チェットモーンチャーオ	เจ็ดโมงเช้า	7時	ヌントゥム	นึ่งทุ่ม
ペットモーンチャーオ	แปดโมงเช้า	8時	ソーントゥム	สองทุ่ม
カーオモンチャーオ	เก้าโมงเช้า	9時	サームトゥム	สามทุ่ม
シップモーンチャーオ	สิบโมงเช้า	10時	シートゥム	สี่ทุ่ม
シップエットモーンチャーオ	สิบเอ็ดโมงเช้า	11時	ハートゥム	ห้าทุ่ม

| 午前 | トーンチャーオ | ตอนเช้า |
| 午後 | トーンバーイ | ตอนบ่าย |

朝	チャーオ	เช้า
昼	ティアン	เที่ยง
夜	クラーンクーン	กลางคืน

時刻	ウェーラー	เวลา
時間	チュアモーン	ชั่วโมง
1時間	ヌンチュアモーン	นึ่งชั่วโมง
分	ナーティー	นาที
秒	ウィナーティー	วินาที

年	ピー	ปี
月	ドゥアン	เดือน
週	アーティット／サップダー	อาทิตย์／สัปดาห์
日	ワン	วัน
曜日	ワン	วัน

| 何日 | ワンティータオライ | วันที่เท่าไหร่ |
| 何曜日 | ワンアライ | วันอะไร |

日曜日	ワンアーティット	วันอาทิตย์
月曜日	ワンチャン	วันจันทร์
火曜日	ワンアンカーン	วันอังคาร
水曜日	ワンプット	วันพุธ
木曜日	ワンパルハット	วันพฤหัส
金曜日	ワンスック	วันศุกร์
土曜日	ワンサオ	วันเสาร์
土日	サオアーティット	เสาร์อาทิตย์

1月	マッカラーコム	มกราคม
2月	クムパーパン	กุมภาพันธ์
3月	ミーナーコム	มีนาคม
4月	メーサーヨン	เมษายน
5月	プルッサパーコム	พฤษภาคม
6月	ミトゥナーヨン	มิถุนายน
7月	カラッカダーコム	กรกฎาคม
8月	シンハーコム	สิงหาคม
9月	カンヤーヨン	กันยายน
10月	トゥラーコム	ตุลาคม
11月	プルッサチカーヨン	พฤศจิกายน
12月	タンワーコム	ธันวาคม

今日	ワンニー	วันนี้
昨日	ムアワーン	เมื่อวาน
明日	プルンニー	พรุ่งนี้
明後日	ワンマルーン	วันมะรืน

今週	アーティットニー	อาทิตย์นี้
先週	アーティットティーレーオ	อาทิตย์ที่แล้ว
来週	アーティットナー	อาทิตย์หน้า

今月	ドゥアンニー	เดือนนี้
先月	ドゥアンティーレーオ	เดือนที่แล้ว
来月	ドゥアンナー	เดือนหน้า

旅の準備と技術

簡単タイ語会話

543

■ 指示代名詞

ここ	ティーニー	ที่นี่
そこ	ティーナン	ที่นั่น
あそこ	ティーノーン	ที่โน่น
どこ	ティーナイ	ที่ไหน
これ	アンニー	อันนี้
それ	アンナン	อันนั้น
あれ	アンノーン	อันโน่น
どれ	アンナイ	อันไหน

■ 形容詞

高い	スーン	สูง
低い	タム	ต่ำ
広い	クワーン	กว้าง
狭い	ケープ	แคบ
大きい	ヤイ	ใหญ่
小さい	レック	เล็ก
新しい	マイ	ใหม่
古い	カーオ	เก่า
厚い	ナー	หนา
薄い	バーン	บาง
暑い	ローン	ร้อน
寒い	ナーオ	หนาว
うるさい	ダン	ดัง
静か	ンギアップ	เงียบ
いい匂い	ホーム	หอม
臭い	メン	เหม็น
涼しい	イエン	เย็น
美しい	スワイ	สวย
かわいい	ナーラック	น่ารัก
おもしろい	タロック	ตลก
足りる	ポー	พอ
足りない	マイポー	ไม่พอ
怖い	クルア	กลัว
危ない	アンタラーイ	อันตราย
汚い	ソッカプロック	สกปรก

■ 旅の技術

銀行	タナーカーン	ธนาคาร
両替	レークングン	แลกเงิน
現金	ングンソット	เงินสด
紙幣	トンバット	ธนบัตร
小銭	ングンヨイ	เงินย่อย
クレジットカード	バットクレーディット	บัตรเครดิต
電話	トーラサップ	โทรศัพท์
携帯電話	トーラサップムートゥー	โทรศัพท์มือถือ
パスワード	パースウード	พาสเวิร์ด
ユーザーネーム	ユーザーネーム	ยูสเซอร์เนม
インターネット	イントゥーネッ	อินเทอร์เน็ต
郵便局	ティータムカーンプライサニー	ที่ทำการไปรษณีย์
切手	サテーム	แสตมป์
記念切手	サテームティーラレック	แสตมป์ที่ระลึก
博物館	ピピタパン	พิพิธภัณฑ์
美術館	ピピタパン	พิพิธภัณฑ์
学校	ローンリアン	โรงเรียน
映画館	ローンナン	โรงหนัง
市場	タラート	ตลาด
デパート	ハーン	ห้าง
屋台	ペーンローイ	แผงลอย
レストラン	ラーンアーハーン	ร้านอาหาร
食事屋台	ペーンローイアーハーン	แผงลอยอาหาร

■ 家族

父	ポー	พ่อ
母	メー	แม่
両親	ポーメー	พ่อแม่
兄	ピーチャーイ	พี่ชาย
弟	ノーンチャーイ	น้องชาย
姉	ピーサーオ	พี่สาว
妹	ノーンサーオ	น้องสาว
夫	サーミー	สามี
妻	パンラヤー	ภรรยา
友人	プアン	เพื่อน
恋人	フェーン	แฟน
子供	ルーク	ลูก
祖父(父方)	プー	ปู่
祖母(父方)	ヤー	ย่า
祖父(母方)	ター	ตา
祖母(母方)	ヤーイ	ยาย
孫	ラーンチャーイ	หลานชาย
家族	クロープクルア	ครอบครัว
親戚	ヤート	ญาติ

タイ語を話して旅を広げよう

■ トラブル

警察	タムルワット	ตำรวจ
ツーリストポリス	タムルワットトンティアオ	ตำรวจท่องเที่ยว
盗難	カモーイ	ขโมย
大使館	サターントゥート	สถานทูต
財布	クラパオサターン	กระเป๋าสตางค์
パスポート	ナンスードゥーンターン	หนังสือเดินทาง

■ けが、病気

病院	ローンパヤーバーン	โรงพยาบาล
病気	ローク	โรค
けが	シアハーイ	เสียหาย
医者	モー	หมอ
看護師	パヤーバーン	พยาบาล
痛い（外傷などで）	チェップ	เจ็บ
吐き気	クルンサイ	คลื่นไส้
薬	ヤー	ยา
体	ラーンカーイ	ร่างกาย
頭	フア	หัว
髪	ポム	ผม
目	ター	ตา
耳	フー	หู
鼻	チャムーク	จมูก
口	パーク	ปาก
歯	ファン	ฟัน
喉	コー	คอ
胸	ナーオック	หน้าอก
腹	トーン	ท้อง
背中	ラン	หลัง
腰	エーオ	เอว
腕	ケーン	แขน
手	ムー	มือ
肘	ソーク	ศอก
手首	コームー	ข้อมือ
指	ニウ	นิ้ว
足	ターオ／カー	เท้า／ขา
腿	トンカー	ต้นขา
膝	カオ	เข่า
ふくらはぎ	ノーン	น่อง
足首	コーターオ	ข้อเท้า
尻	コン	ก้น
脳	サモーン	สมอง
胃	クラポアーハーン	กระเพาะอาหาร
腸	ラムサイ	ลำไส้
肺	ポート	ปอด
腎臓	タイ	ไต
肝臓	タップ	ตับ
皮膚	ピウ	ผิว

旅の準備と技術　簡単タイ語会話

緊急のとき使うフレーズ

警察を呼んでください。	ช่วยเรียกตำรวจให้หน่อย　チュワイリアックタムルアットハイノイ
カメラを盗られました。	กล้องถูกขโมย　クローントゥークカモーイ
お腹が痛い。	ปวดท้อง　プワットトーン
風邪をひきました。	เป็นหวัด　ペンワット
病院へ行きたい。	อยากไปโรงพยาบาล　ヤークパイローンパヤーバーン
あっちへ行け！	ไป　パイ
泥棒！	ขโมย　カモーイ
助けて！	ช่วยด้วย　チュワイドゥワイ
パスポートをなくしました。	ทำพาสปอร์ตหาย　タムパーサポートハーイ
盗難証明書を書いてください。	ช่วยออกใบแจ้งความถูกลักทรัพย์ให้หน่อยได้ไหม チュワイオークバイチェンクワームトゥークラックサップハイノイダイマイ？

545

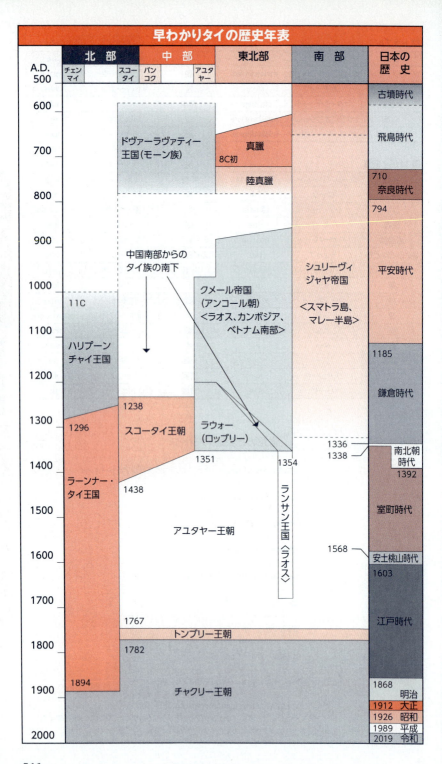

タイの美術史概観 — Column

タイの美術様式の変遷は、そのままタイ仏教美術の変遷といっても過言ではない。特徴として、王朝の交代がそのまま様式の変化に反映される結果となっており、その時代の仏教美術を追うことによって、時代の背景も浮かび上がってくる。

バンコクの国立博物館では、それぞれの時代に最高の技術をもって制作された仏像などを時代別に追うことができる。ぜひ時間を取って、タイの美術史を眺めてみよう。

●ドヴァーラヴァティー美術（6〜11世紀）
Dvaravati

タイ中央部（ナコーン・パトム、ウートーン、ロップリーなど）で栄えた、インド／ビルマ系モン族の仏教美術。インド美術の影響が強く、釈迦をかたどったものが多い。仏像は薄い衣を身につけ、四角い顔、厚い唇、直線的でつながった眉が特徴。

●シュリーヴィジャヤ美術（7〜13世紀）
Srivijaya

南タイのチャイヤー、ナコーン・シー・タマラート、スラー・ターニーなどに残されたマレー系民族によるジャワ様式の密教美術。仏像の巻毛が小ぶりになっているのが特徴。大乗仏教の観音菩薩像が発見されており、その影響がうかがえる。

●ロップリー美術（10〜13世紀）
Lopburi

東北部のクメール美術そのものといったものと、中央部ロップリーなどに見られるクメール影響下のタイ、モン族の作品に分けられる。寺院にはヒンドゥー系も多い。

●ウートーン美術（12〜15世紀）
U-Thong

北タイのハリプーンチャイに残ったドヴァーラヴァティー美術の影響下にあった、アユタヤー前期までのタイ中央部における仏教結界石など。

●ラーンナー・タイ美術（11〜18世紀）
Lanna Thai

タイ独自の仏教美術が始まり、仏像はやや丸顔で唇が小さくなり、クメール人の特徴がなくなっている。眉が半円形になり、上から見下ろす目つきが特色。これが現在の仏像の基本形である。また、前の時代までの主流だった石仏に代わり、青銅製の仏像が大半となる。16世紀からビルマに侵略された影響もあり、寺院建築には精緻な木工装飾も見られる。

●スコータイ美術（13〜15世紀）
Sukhothai

スコータイ王朝はセイロン（現在のスリランカ）から伝来した上座部仏教を信仰していたため、セイロン美術の影響も見られる。仏像は頭部が長く、面長で、鼻筋が通り、目がつり上がっている。流れるような体の線が特徴で、中性的な雰囲気も漂う。説法して歩く釈迦をかたどったタイ独自の遊行仏像も、スコータイ時代に作られたもの。

また、中国人陶工による陶磁器、スワンカローク焼もこの時代に作られ始め、日本にも輸出されて「すんころく焼」として珍重された。

●アユタヤー美術（14〜18世紀）
Ayutthaya

当初は王朝開祖者の出身地、ウートーンの様式を取り入れていたが、スコータイ王家の王に代わってからは、スコータイ美術の影響が強くなった。顔は卵形の面長で、後期からは新たに導入されたバラモン教の影響を受け、装飾が派手になった。この頃から現在のタイ仏教に特徴的な、金による華麗な装飾が多用されるようになる。

●ラタナーコーシン美術（バンコク美術。18世紀〜）
Rattanakosin

近代化の波が訪れ、西洋美術を取り込んだモダニズムが特徴となっている。仏教芸術並びに王室建造物、調度品にもそれが見られる。造形にはリアリズムが重視され、技術もこまやかになり、緻密な造り込みが目立つ。

タイの寺院はそれ自体がまるで美術作品

旅の準備と技術編 / 早わかりタイの歴史年表／コラム

Column

これは便利 使えるアプリ情報

スマホは海外旅行でも、いや、慣れない海外でならなおさら強い味方。現地で役立つアプリを使いこなし、スマートに旅をしよう。紙の『地球の歩き方』とスマホを併用すれば、鬼に金棒だ。

編集部オススメの便利アプリ

Grab **Bolt**

Grabは東南アジア一帯でひろく利用されている配車アプリ。登録している一般車やタクシーをアプリで呼び、目的地まで移動できる。降車後に運転手を星の数で評価できるので、質の悪い運転手も少ない。Boltも同様のアプリで、料金がGrabよりも割安になっている。バンコクの場合、一般のタクシーよりも料金は高くなるが、乗車拒否や料金交渉で不愉快な思いをしなくてすむのは重要。地方都市だと、タクシーの言い値よりもGrabやBoltの方が安いことが多い。特にパタヤーやプーケットなど、外国人旅行者がトラブルに巻き込まれやすい観光地ではとても役に立つ。クレジットカードを登録しておけば現金の支払いも不要。カード情報の登録は日本国内からはできないので、タイ到着後に。

ViaBus

バス利用者向けアプリ。地図上で任意のバス停をタップすると、そのバス停を通るバスの路線番号が表示される。路線番号をタップすると地図にその路線の経路と、バスの現在位置まで（GPS発信機搭載車両）表示される。これを活用すればバンコク内はほとんどどこでもバスで行ける。

MuvMi

電動トゥクトゥクの配車アプリ。バンコクをいくつかのゾーンに分け、ゾーン内の移動のみ可能。王宮周辺からサヤーム・スクエアなどの長距離には対応していない。エリア内で特定の停留所に発着する。料金が決まっており、過大請求されがちなトゥクトゥクに安心して乗車できる。支払いに現金は利用できないので注意。

The Weather Channel

気象情報、天気予報のアプリ。スコールの多いバンコクで、雨雲レーダーが役に立つ。

eatigo **Hungry Hub**

レストラン予約アプリ。eatigoはプロモーションや、アプリ経由の予約で最大で50%の割引になるなど、かなりお得。Hungry Hubはメニューから希望のレストランを選択し、簡単に予約できる。

Google翻訳 **VoiceTra**

翻訳アプリ。文字の翻訳機能だけでなく、読み上げ機能がとても便利。Google翻訳の、カメラで読み取った文字を翻訳して画面に表示できる機能もおもしろい。単語の翻訳は比較的正確だがまとまった文章になるとやや怪しくなる。その場合は一度英語に翻訳し、それから日本語に訳すと意味がわかることが多い。VoiceTraは、個人旅行者の試用を想定して作られた、研究用の音声翻訳アプリ。話しかけると外国語に翻訳してくれるスグレモノ。

AirVisual

空気汚染状況が確認できるアプリ。地図上に計測ポイントとそこで計測された大気の汚染度が数値で表示され、汚染度が高いとアイコンがオレンジや赤になる。外出時の参考に。

Google Map

ルート検索で道路の混雑情報が表示されるので、タクシーやバス利用時は参考になる。現在位置もリアルタイムでわかり、タクシー利用時に安心感がある。ショップやレストラン情報も充実している。

タイを知るための書籍ガイド Column

本の世界からタイを知ろう
タイに関する本は、軽い読み物から専門的な内容の学術書まで、硬軟さまざまなものが出版されている。ここではそれらのなかから編集部が独断で選んだ、タイに関するおもしろそうな本をご紹介。

『タイの基礎知識』
柿崎一郎　めこん　2000円

歴史や文化から現代情勢までを網羅した、文字どおりタイの「基礎知識」がぎっしり詰まった一冊。これを読めばタイのことがひととおりわかり便利。旅行前に読んでおこう。

『タイ 中進国の模索』
末廣昭著　岩波新書　820円

クーデターが発生し王様も代替わりし、それなりに安定しつつあるようにも見えるが、実は政治的な混乱が続くタイ。この現状を中立的な立場からわかりやすく解説している。現在のタイを理解し今後の動きを読み解くためには必須の参考書。

『タイの水辺都市　天使の都を中心に』
高村雅彦　法政大学出版局　2800円

道路ではなく川や運河沿いに発展したタイの市街について考察した一冊。道路中心の視点からはなかなか読み取ることの難しい、バンコクをはじめとする水辺に建設されたタイの町の造りがわかりやすく解説されている。水上マーケットや運河のボートツアーに出かける前に一読しておくと、旅がより深くなる。

『王国への道―山田長政―』
遠藤周作著　新潮文庫　590円

アユタヤー日本人町の頭領となった山田長政の生涯を描いた小説。王位を狙う王族間の確執、それに絡め取られてどうにもならなくなっていく山田長政の生涯が不気味。

『熱い絹』
松本清張著　講談社文庫　上下各695円

タイのシルク王ジム・トンプソン失踪に題材を取った小説。前半はスリリングな展開で長編もあっという間に読みとおせる。本のなかで事件をやや強引に解決しているが、実際にはジム・トンプソンは行方不明のまま。

『観光』
ラッタウット ラープチャルーンサップ
ハヤカワepi文庫　800円

幼少期をタイで過ごしたタイ系アメリカ人の短編小説集。タイ人と外国人旅行者の関係など、著者のような立場と視点でなければ描けなかった、タイ人のリアルな本音が垣間見えておもしろい。

『バンコク「そうざい屋台」食べつくし』
下関崇子著　アスペクト　1500円

バンコクの屋台で食べられるご飯のおかずから果物、お菓子まで多数網羅した労作。作り方も解説されているので、旅行中に食べた味を日本で再現したいときの参考になる。随所に盛り込まれたタイ文化に関するうんちくもおもしろい。

『暁の寺　豊饒の海（三）』
三島由紀夫　新潮文庫　670円

タイとタイ人を舞台に繰り広げられる絢爛豪華な三島ワールド。日本語の美しさを堪能できる。4部作の第3巻なので、できれば1巻から読み始めよう。

『旅はワン連れ』
片野ゆか　ポプラ社　1500円

保健所から引き取った愛犬は、出自のためかいろいろなものを怖がる。そこで楽しい思いをさせて少しでもビビリを解消させようと、タイへ連れていってしまった著者夫妻の、ふたりと1匹の道中を綴る紀行。犬好きにもタイ好きにも楽しく読める一冊。犬連れ海外旅行の参考書にも。

『ねじまき少女（上・下）』
パオロ・バチガルピ　ハヤカワ文庫　各840円

石油が枯渇した近未来のバンコクが舞台。エネルギー工場を経営する白人、植物などの遺伝子を管理する環境省などの政争を描くハードSF。水没寸前で堤防に守られるバンコクがリアル。

『タイのしきたり』
中島マリン　めこん　2000円

著者は日タイ双方の文化に精通しており、日本人が誤解しがちなタイの文化について解説するのにうってつけ。相互の理解を深めるために役に立つ参考書。

＊価格はすべて税抜きの本体価格。

読者投稿

メーホーンソーン周辺の検問

2021年12月26日および28日に往復でチェンマイとメーホーンソーン間のロットゥーを利用しましたが、途中の山岳地帯で治安機関による検問所が2ヵ所ありました。各地点では乗客全員に対し身分証明書（タイ国民IDカードまたはパスポート）の提示が求められ、日本人の私に対してはタイでの滞在期間等、治安要員から簡単な英語で質問がありました。当地ではミャンマーからの不法入国や密輸事案が頻発しているので、警戒を強化しているものと思われます。

（2022年1月　SA）

サムイ島の手頃なホテル
マリブ・コ・サムイ・リゾート＆ビーチ・クラブ
Malibu Koh Samui Resort & Beach Club

チャウェーン・ビーチ沿いにある、中級クラスのシンプルなホテル。コテージがメインです。造りはけっこう古いですが、バスルームも部屋も広く水圧もまあまあです。掃除は隔日ですがバスタオルは部屋用、プール用とあり汚れたらすぐ取り換えてくれます。フロントの人も親切です。プールも水がきれいで気持ちよいです。海岸もすぐです。町の繁華街からは少し離れていますが、近くにきれいで大きなモールやスーパー、マクドナルドもあり、非常に過ごしやすかったです。注意点は、フロントには救急道具が少ないので、体温計、常備薬は持参をお勧めします。蚊取り線香、蚊よけスプレーも持参を。

住 15/2 Moo 2, Chaweng Beach
TEL 0-7733-2855　FAX 0-7733-2860
URL www.malibukohsamui.com　AC S T 4169B〜
CC A M V　室 32室　プール　WiFi

（2022年11月　匿名）

コインランドリーのチェーン店

タイ国内にコインランドリーのチェーン店が支店を増やしています。店名は「Otteri wash & dry」で、かわいらしいカワウソ（Otter）のキャラクターが目印。どのショップも24時間営業で、店内は清潔。洗濯機は10kg、15kg、17kg対応の3種類あり40B〜、乾燥機は25分40B〜と料金も手頃です。スマホ用のアプリもあって、ショップの場所や、混雑具合がチェックできました。ホテルのランドリーは高いこともあるので、長旅の間活用しました。

（2022年9月　かわうさん）

シー・サッチャナーライのレンタサイクル

遺跡公園バス停の目の前が貸し自転車屋さんで、自転車1台翌日まで70Bでした。ホテルへも遺跡へもこれで行けて便利でした。自転車を返すと、おじさんが通りに出て帰りのバスも停めてくれてとても親切にしてもらいました。ありがとうございました。

（2023年1月　まさちょん）

アユタヤーのレンタサイクルとあれこれ

自転車はアユタヤー駅前でも借りることができますが、遺跡方面に向かう際に交通量の多い大きな橋を渡って遠回りすることになるので、『地球の歩き方』にあるように渡し船で対岸に渡ってから借りるのが得策です。ちなみに渡し船は5Bと記載されていますが、少なくとも左側の乗り場では10Bに値上げされていました。ただし前に並んでいたタイ人らしき人々は5Bしか払っていないように見えたので外国人価格かもしれません。

レンタサイクル屋でアユタヤーの遺跡のライトアップを見に行くことをおすすめされ、ひとりで夜の遺跡を回っていたら怖い出来事があったので共有します。ワット・プラ・シー・サンペットで写真を撮っていると、暗がりから現れた10歳ほどの現地の女の子に英語で声をかけられ、「占いをしてあげる」というようなことを言ってきました。「中に入りたいの？　連れてってあげる」というようなことも言われ、恐怖を感じたので慌てて自転車に戻り撤退しました。レンタサイクル屋では危なくないよと言われていたのですが、ひとり旅で特に女性の場合は十分注意してください。

（2023年2月　さくら）

交渉制の乗り物は高く付く？

特に外国人の多い観光地では、タクシー、トゥクトゥク、モーターサイともにかなり高い値段を提示してきます。価格交渉がおもしろくてハマってしまい、いろいろな地点で何度もトライしましたが、流しのタクシーやトゥクトゥクであっても、観光客が集まるエリア周辺では本書に書いてあるような料金の目安で捕まえられたことは一度もありませんでした。観光客が集まるエリアから少し離れたところで拾うのがよいように思います。

（2023年1月　Train Tomo）

Index

都市名

【あ行】
- アユタヤー ……………………… 168
- アランヤプラテート …………… 227
- ウドーン・ターニー …………… 355
- ウボン・ラーチャターニー …… 340

【か行】
- カオ・プラ・ウィハーン遺跡 … 338
- カオラック ……………………… 446
- カムペーン・ペッ ……………… 313
- カンチャナブリー ……………… 186
- クラビ …………………………… 457
- ゴールデン・トライアングル（サーム・リアム・トーン・カム）… 280
- コーンケン ……………………… 351
- コーン・チアム ………………… 347

【さ行】
- サトゥーン ……………………… 472
- サムイ島 ………………………… 393
- サメット島 ……………………… 210
- サンクラブリー ………………… 196
- シー・サケート ………………… 336
- シー・サッチャナーライ歴史公園 … 311
- スコータイ ……………………… 301
- スラー・ターニー ……………… 391
- スリン …………………………… 331
- スンガイ・コーロク …………… 477
- ソンクラー ……………………… 470

【た行】
- タート・パノム ………………… 371
- タオ島 …………………………… 411
- チェンコーン …………………… 281
- チェンセーン …………………… 278
- チェンマイ ……………………… 232
- チェンラーイ …………………… 268
- チャーン島 ……………………… 218
- チャンタブリー ………………… 213
- チュムポーン …………………… 388
- トラート ………………………… 215
- トラン …………………………… 464

【な行】
- ナーン …………………………… 294
- ナコーン・シー・タマラート … 420
- ナコーン・パトム ……………… 184
- ナコーン・パノム ……………… 369
- ナコーン・ラーチャシーマー（コラート）……… 322
- ナラーティワート ……………… 476
- ノーンカーイ …………………… 361

【は行】
- パーイ …………………………… 287
- ハート・ヤイ（ハジャイ）…… 467
- パタヤー ………………………… 198
- パッターニー …………………… 474
- パノム・ルン遺跡 ……………… 334
- パヤオ …………………………… 292
- パンガン島 ……………………… 408
- バンコク ………………………… 46
- ピーピー島（ピピ島）………… 453
- ピッサヌローク ………………… 299
- ピマーイ ………………………… 328
- フア・ヒン（ホア・ヒン）…… 382
- プーケット ……………………… 424
- プレー …………………………… 297
- ペッチャブリー（ペップリー）… 380

【ま行】
- ムクダーハーン ………………… 372
- メーサーイ ……………………… 276
- メーサローン …………………… 274
- メーソート ……………………… 316
- メーホーンソーン ……………… 282

【や行】
- ヤソートーン …………………… 350
- ヤラー …………………………… 475

【ら行】
- ラノーン ………………………… 422
- ラムパーン ……………………… 289
- ラヨーン ………………………… 208
- ランター島 ……………………… 450
- ルーイ …………………………… 366
- ローイエット …………………… 348
- ロップリー ……………………… 182

寺院（「ワット・××」の「ワット」は省略しています）

【あ行】
- アルン（バンコク）……………… 89
- イントラウィハーン（バンコク）… 100
- ウィハーン・プラ・モンコン・ボピット（アユタヤー）… 172
- ウモーン（チェンマイ）………… 241
- ウモーン・マハーテーラチャン（チェンマイ）… 242

【か行】
- カオ・コン（ナラーティワート）… 476
- カオ・パノム・プレーン（シー・サッチャナーライ）312
- カオ・フア・チュク・パゴダ（サムイ島）… 399
- カオ・プラ・バート（パタヤー）… 201
- カムペーン・レーン（ペッチャブリー）… 381
- クー・タオ（チェンマイ）……… 241
- クナーラーム（サムイ島）……… 401
- ケーク（ノーンカーイ）………… 363

【さ行】
- サーラー・ケーオクー（ノーンカーイ）… 363
- サーラー・ローイ（ナコーン・ラーチャシーマー）325
- サーン・プラ・イスワン（カムペーン・ペッ）… 314
- サーン・プラ・カーン（ロップリー）… 183
- サーン・プラ・メー・ヤー（スコータイ）… 309
- サケット（バンコク）…………… 91
- サパーン・ヒン（スコータイ）… 308
- サマーン・ラタナラーム（バンコク）… 113
- シーウボンラッタナーラーム（ウボン・ラーチャターニー）… 341
- シー・コーム・カム（パヤオ）… 292
- シー・サワーイ（スコータイ）… 305
- シースパン（チェンマイ）……… 31
- シー・チュム（スコータイ）…… 307
- シー・パントン（ナーン）……… 295
- シーモンコン・タイ（ムクダーハーン）… 373
- スアン・ドーク（チェンマイ）… 241
- スタット（バンコク）…………… 91
- スパッタナーラーム（ウボン・ラーチャターニー）… 342
- スラケート（バンコク）………… 91
- スラ・シー（スコータイ）……… 306
- スリヨータイ王妃のチェーディー（アユタヤー）… 174

551

Index

スワン・キーリー（シー・サッチャナーライ）‥‥‥‥ 312
スワン・ダーラーラーム（アユタヤー）‥‥‥‥‥‥ 174

【た行】
ター・パー・デーン堂（スコータイ）‥‥‥‥‥‥‥ 306
タイガー・ケイブ・テンプル（クラビー）‥‥‥‥‥ 459
タイ・プラチャオ・ヤイ・オントゥー（ウボン・ラーチャターニー）‥ 343
タム・チェンダーオ（チェンマイ）‥‥‥‥‥‥‥‥ 247
タンタヤーピロム（トラン）‥‥‥‥‥‥‥‥‥‥‥ 464
チェーディー・サーオ（ラムパーン）‥‥‥‥‥‥‥ 289
チェーディー・チェット・テオ（シー・サッチャナーライ）312
チェーディー・プッタカヤー（サンクラブリー）‥‥ 197
チェーディー・ルアン（チェンセーン）‥‥‥‥‥‥ 279
チェーディー・ルアン（チェンマイ）‥‥‥‥‥‥‥ 240
チェトゥポン（スコータイ）‥‥‥‥‥‥‥‥‥‥‥ 308
チェット・ヨート（チェンマイ）‥‥‥‥‥‥‥‥‥ 241
チェットリン（チェンマイ）‥‥‥‥‥‥‥‥‥‥‥ 242
チェン・マン（チェンマイ）‥‥‥‥‥‥‥‥‥‥‥ 240
チェンユーン（チェンマイ）‥‥‥‥‥‥‥‥‥‥‥ 242
チャーム・テーウィー（ラムプーン）‥‥‥‥‥‥‥ 250
チャーン・ローム（カムペーン・ペッ）‥‥‥‥‥‥ 314
チャーン・ローム（シー・サッチャナーライ）‥‥‥ 311
チャーン・ローム（スコータイ）‥‥‥‥‥‥‥‥‥ 308
チャイワッタナーラーム（アユタヤー）‥‥‥‥‥‥ 178
チャローン（プーケット）‥‥‥‥‥‥‥‥‥‥‥‥ 432
チョーン・カム（メーホーンソーン）‥‥‥‥‥‥‥ 282
チョーン・クラーン（メーホーンソーン）‥‥‥‥‥ 282
チョム・サワン（プレー）‥‥‥‥‥‥‥‥‥‥‥‥ 297
テープティダーラーム・ウォラウィハーン（バンコク）‥ 93
ティローカ・アーラーム（パヤオ）‥‥‥‥‥‥‥‥ 293
トゥン・シー・ムアン（ウボン・ラーチャターニー）‥ 342
トライミット（バンコク）‥‥‥‥‥‥‥‥‥‥‥‥ 101
トラパン・トーン（スコータイ）‥‥‥‥‥‥‥‥‥ 306
トラパン・トーン・ラーン（スコータイ）‥‥‥‥‥ 308
トラパン・ングン（スコータイ）‥‥‥‥‥‥‥‥‥ 306

【な行】
ナー・プラメーン（アユタヤー）‥‥‥‥‥‥‥‥‥ 177
ナーン・パヤー（シー・サッチャナーライ）‥‥‥‥ 312
ニウェート・タンマ・プラワット（バーン・パイン）‥ 179
ヌア（ローイエット）‥‥‥‥‥‥‥‥‥‥‥‥‥‥ 348
ノーンウェーン（コーンケン）‥‥‥‥‥‥‥‥‥‥ 353

【は行】
バー・ターク・スア（ウドーン・ターニー）‥‥‥‥ 360
ハート・ヤイ・ナイ（ハート・ヤイ）‥‥‥‥‥‥‥ 468
バー・バーン・コー（ウドーン・ターニー）‥‥‥‥ 360
バーパオ（チェンマイ）‥‥‥‥‥‥‥‥‥‥‥‥‥ 242
バー・プー・コーン（ウドーン・ターニー）‥‥‥‥ 360
バー・プラドゥー（ラヨーン）‥‥‥‥‥‥‥‥‥‥ 209
バー・マハー・チェーディー・ケーオ（シー・サケート）‥ 337
バーヤップ（ナコーン・ラーチャシーマー）‥‥‥‥ 325
バーン・サラーン・ルアン（シー・サケート）‥‥‥ 337
パイローム（チャンタブリー）‥‥‥‥‥‥‥‥‥‥ 213
パイローム（トラート）‥‥‥‥‥‥‥‥‥‥‥‥‥ 215
パクナーム（バンコク）‥‥‥‥‥‥‥‥‥‥‥‥‥ 96
パナン・チューン（アユタヤー）‥‥‥‥‥‥‥‥‥ 176
パンタオ（チェンマイ）‥‥‥‥‥‥‥‥‥‥‥‥‥ 242
ビッグ・ブッダ（サムイ島）‥‥‥‥‥‥‥‥‥‥‥ 399
ビッグ・ブッダ（プーケット）‥‥‥‥‥‥‥‥‥‥ 431
フアイ・モンコン（フア・ヒン）‥‥‥‥‥‥‥‥‥ 385
フアラムポーン（バンコク）‥‥‥‥‥‥‥‥‥‥‥ 106
プー・カオ・ケーオ（ウボン・ラーチャターニー）‥ 344
プーカオ・トーン（アユタヤー）‥‥‥‥‥‥‥‥‥ 177
プーカオ・トーン（バンコク）‥‥‥‥‥‥‥‥‥‥ 91

プーミン（ナーン）‥‥‥‥‥‥‥‥‥‥‥‥‥‥‥ 295
プーラバー・ピラーム（ローイエット）‥‥‥‥‥‥ 348
プライ・レーム（サムイ島）‥‥‥‥‥‥‥‥‥‥‥ 399
プラーサート（チェンマイ）‥‥‥‥‥‥‥‥‥‥‥ 242
プラケオ（カムペーン・ペッ）‥‥‥‥‥‥‥‥‥‥ 313
プラケオ（チェンラーイ）‥‥‥‥‥‥‥‥‥‥‥‥ 269
プラケオ（バンコク）‥‥‥‥‥‥‥‥‥‥‥‥‥‥ 86
プラケオ・ドーンタオ（ラムパーン）‥‥‥‥‥‥‥ 289
プラ・シー・イリヤーボット（カムペーン・ペッ）‥ 315
プラ・シー・サンペット（アユタヤー）‥‥‥‥‥‥ 172
プラ・シー・ラタナー・マハータート（シー・サッチャナーライ）‥ 312
プラ・シー・ラタナー・マハータート（ピッサヌローク）‥‥ 300
プラ・シー・ラタナー・マハータート（ロッブリー）‥ 183
プラ・シン（チェンマイ）‥‥‥‥‥‥‥‥‥‥‥‥ 240
プラ・シン（チェンラーイ）‥‥‥‥‥‥‥‥‥‥‥ 269
プラ・タート（カムペーン・ペッ）‥‥‥‥‥‥‥‥ 314
プラ・タート・カオ・ノーイ（ナーン）‥‥‥‥‥‥ 296
プラ・タート・チェー・ヘーン（ナーン）‥‥‥‥‥ 296
プラ・タート・チャーン・カム・ウォラウィハーン（ナーン）‥ 295
プラ・タート・チョーム・キッティ（チェンセーン）‥ 279
プラ・タート・チョーム・トーン（パヤオ）‥‥‥‥ 292
プラ・タート・ドーイ・コーン・ムー（メーホーンソーン）‥ 283
プラ・タート・ドーイ・ステープ（チェンマイ）‥‥ 244
プラ・タート・ドーイ・ワオ（メーサーイ）‥‥‥‥ 276
プラ・タート・ノーン・ブア（ウボン・ラーチャターニー）‥ 342
プラ・タート・バーン・ンガオ（チェンセーン）‥‥ 279
プラ・タート・パノム（タート・パノム）‥‥‥‥‥ 371
プラ・タート・ハリプーンチャイ（ラムプーン）‥‥ 250
プラ・タート・プラ・プッタバート・プアポック（ウドーン・ターニー）‥ 358
プラ・タート・ラムパーン・ルアン（ラムパーン）‥ 290
プラ・チャオ・メンラーイ（チェンマイ）‥‥‥‥‥ 242
プラ・トーン（プーケット）‥‥‥‥‥‥‥‥‥‥‥ 432
プラ・ナーラーイ（ナコーン・ラーチャシーマー）‥ 325
プラ・ノーン（カムペーン・ペッ）‥‥‥‥‥‥‥‥ 315
プラ・パーイ・ルアン（スコータイ）‥‥‥‥‥‥‥ 307
プラ・パトム・チェーディー（ナコーン・パトム）‥ 184
プラプタバート・プラート・インガウェーン（チェンマイ）‥ 249
プラプタミンモンコン・エークナーカキーリー（プーケット）‥ 431
プラ・プラーン・サーム・ヨート（ロッブリー）‥‥ 183
プラ・ボロム・タート・チャイヤー（スラー・ターニー）‥ 392
プラ・マハータート（ナコーン・シー・タマラート）‥ 420
プラ・ヤイ（パタヤー）‥‥‥‥‥‥‥‥‥‥‥‥‥ 201
プラ・ラーム（アユタヤー）‥‥‥‥‥‥‥‥‥‥‥ 174
ベーンチャマボピット（バンコク）‥‥‥‥‥‥‥‥ 99
ボウォーンニウェート（バンコク）‥‥‥‥‥‥‥‥ 92
ポー（バンコク）‥‥‥‥‥‥‥‥‥‥‥‥‥‥‥‥ 90
ポー・チャイ（ノーンカーイ）‥‥‥‥‥‥‥‥‥‥ 363
ポー・チャイ・シー・ルアン・ポー・ナーク（ウドーン・ターニー）‥ 360
ポーティソムポーン（ウドーン・ターニー）‥‥‥‥ 357

【ま行】
マハー・ウマー・テーウィー（バンコク）‥‥‥‥‥ 105
マハータート（アユタヤー）‥‥‥‥‥‥‥‥‥‥‥ 173
マハータート（スコータイ）‥‥‥‥‥‥‥‥‥‥‥ 305
マハータート（バンコク）‥‥‥‥‥‥‥‥‥‥‥‥ 92
マハータート・ウォラウィハーン（ペッチャブリー）‥ 381
ミン・ムアン（ナーン）‥‥‥‥‥‥‥‥‥‥‥‥‥ 295
ムーン・グン・コーン（チェンマイ）‥‥‥‥‥‥‥ 242
ムーンサーン（チェンマイ）‥‥‥‥‥‥‥‥‥‥‥ 242

【や行】
ヤーンナーワー（バンコク）‥‥‥‥‥‥‥‥‥‥‥ 105
ヤイ・スワンナーラーム（ペッチャブリー）‥‥‥‥ 381
ヤイ・チャイ・モンコン（アユタヤー）‥‥‥‥‥‥ 176

【ら行】
ラーチャナッダーラーム・ウォラウィハーン（バンコク）‥ 92
ラーチャブーラナ（アユタヤー）‥‥‥‥‥‥‥‥ 174
ラーチャブーラナ（バンコク）‥‥‥‥‥‥‥‥‥ 102
ラーチャボピット（バンコク）‥‥‥‥‥‥‥‥‥ 92
ルアン（プレー）‥‥‥‥‥‥‥‥‥‥‥‥‥‥ 298
ルン・マハーチャイ・チュムポン（ラヨーン）‥‥ 208
ローイ・プラ・ブッタバート・ブー・マノーロム（ムクダーハーン）373
ローカヤースッター（アユタヤー）‥‥‥‥‥‥‥ 173
ロークモーリー（チェンマイ）‥‥‥‥‥‥‥‥‥ 242
ローハ・プラーサート（バンコク）‥‥‥‥‥‥‥ 92
ローン・クン（チェンラーイ）‥‥‥‥‥‥‥‥‥ 270
ローン・スア・テン（チェンラーイ）‥‥‥‥‥‥ 270

【わ行】
ワン・ウィウェーッカーラーム（サンクラブリー）‥ 196

寺院以外のおもな見どころ

【あ行】
アーオ・ナン・ビーチ（クラビー）‥‥‥‥‥‥‥ 458
アート・イン・パラダイス（パタヤー）‥‥‥‥‥ 204
アーントーン諸島国立海洋公園（サムイ島）‥‥‥ 402
アクアリア・プーケット（プーケット）‥‥‥‥‥ 431
アジアティック・ザ・リバーフロント（バンコク） 107
アナンタ・サマーコム宮殿（バンコク）‥‥‥‥‥ 99
アヌサーン市場（チェンマイ）‥‥‥‥‥‥‥‥‥ 239
アムパワー（バンコク）‥‥‥‥‥‥‥‥‥‥‥‥ 111
アユタヤー王宮跡（アユタヤー）‥‥‥‥‥‥‥‥ 172
アユタヤー歴史研究センター（アユタヤー）‥‥‥ 175
アヨータヤー水上マーケット（アユタヤー）‥‥‥ 177
アンダーウオーター・ワールド・パタヤー（パタヤー） 203
アンダマンダ・プーケット（プーケット）‥‥‥‥ 431
イサラーヌパープ通り（バンコク）‥‥‥‥‥‥‥ 102
ウィアン・クム・カーム（チェンマイ）‥‥‥‥‥ 249
ウイークエンド・マーケット（バンコク）‥‥‥‥ 132
ウォンブリー・ハウス（プレー）‥‥‥‥‥‥‥‥ 298
ウドーン・ターニー地域博物館（ウドーン・ターニー） 356
ウボン国立博物館（ウボン・ラーチャターニー）‥ 343
エーラーワン国立公園（カンチャナブリー）‥‥‥ 192
エーラーワンの祠（バンコク）‥‥‥‥‥‥‥‥‥ 109
エーラーワン博物館（バンコク）‥‥‥‥‥‥‥‥ 113
オアシス・シーワールド（チャンタブリー）‥‥‥ 214
王宮（バンコク）‥‥‥‥‥‥‥‥‥‥‥‥‥‥‥ 88
オールド・タウン（ランター島）‥‥‥‥‥‥‥‥ 451
オピウム博物館（ゴールデン・トライアングル）‥ 280
オピウム・ホール（ゴールデン・トライアングル） 280

【か行】
カート・コーン・ター（ラムパーン）‥‥‥‥‥‥ 290
カート・ルアン（チェンマイ）‥‥‥‥‥‥‥‥‥ 239
カーレー・ナイトバザール（チェンマイ）‥‥‥‥ 239
カイベー・ビーチ（チャーン島）‥‥‥‥‥‥‥‥ 220
解剖学博物館（バンコク）‥‥‥‥‥‥‥‥‥‥‥ 97
カオ・サーム・ローイ・ヨー国立公園（フア・ヒン） 385
カオサン通り（バンコク）‥‥‥‥‥‥‥‥‥‥‥ 94
カオ・タキアップ（フア・ヒン）‥‥‥‥‥‥‥‥ 384
カオ・タン・クワン（ソンクラー）‥‥‥‥‥‥‥ 471
カオ・チー・チャン大仏壁画（パタヤー）‥‥‥‥ 202
カオ・ヒン・レック・ファイ（フア・ヒン）‥‥‥ 384
カオブーン洞穴（カンチャナブリー）‥‥‥‥‥‥ 192
カオ・プラ・ウィハーン遺跡‥‥‥‥‥‥‥‥‥‥ 338
カオ・マッシー・ビューポイント（チュムポン）‥ 389
カオラック・ビーチ（カオラック）‥‥‥‥‥‥‥ 447

カオ・ラン（プーケット）‥‥‥‥‥‥‥‥‥‥‥ 430
カオ・ルアン洞穴（ペッチャブリー）‥‥‥‥‥‥ 381
カオ・レーム・ヤー（ラヨーン）‥‥‥‥‥‥‥‥ 209
カタ・ビーチ（プーケット）‥‥‥‥‥‥‥‥‥‥ 428
カトリック大聖堂（チャンタブリー）‥‥‥‥‥‥ 213
カマラー・ビーチ（プーケット）‥‥‥‥‥‥‥‥ 428
カムティエン・ハウス（バンコク）‥‥‥‥‥‥‥ 110
カムペーン・ペッ国立博物館（カムペーン・ペッ） 314
カムペーン・ペッ歴史公園（カムペーン・ペッ）‥ 313
カロン・ビーチ（プーケット）‥‥‥‥‥‥‥‥‥ 428
カロン・ビューポイント（プーケット）‥‥‥‥‥ 431
旧泰緬鉄道（カンチャナブリー）‥‥‥‥‥‥‥‥ 188
キング・コブラ・チェンマイ・ファーム（チェンマイ） 246
クウェー川鉄橋（カンチャナブリー）‥‥‥‥‥‥ 189
クート島（チャーン島）‥‥‥‥‥‥‥‥‥‥‥‥ 222
クッカック・ビーチ（カオラック）‥‥‥‥‥‥‥ 447
クラーン島（クラビー）‥‥‥‥‥‥‥‥‥‥‥‥ 459
クラーン・モスク（パッターニー）‥‥‥‥‥‥‥ 474
クラダーン島（トラン）‥‥‥‥‥‥‥‥‥‥‥‥ 465
クルッセ・モスク（パッターニー）‥‥‥‥‥‥‥ 474
クレット島（バンコク）‥‥‥‥‥‥‥‥‥‥‥‥ 112
クローンソン・エレファント・キャンプ（チャーン島） 219
クローン・ソン・ビーチ（チャーン島）‥‥‥‥‥ 220
クローン・ダオ・ビーチ（ランター島）‥‥‥‥‥ 451
クローン・チャオ滝（クート島）‥‥‥‥‥‥‥‥ 222
クローン・トーム天然温泉の滝（クラビー）‥‥‥ 459
クロントム（バンコク）‥‥‥‥‥‥‥‥‥‥‥‥ 102
クローン・プラオ・ビーチ（チャーン島）‥‥‥‥ 220
クローン・ブルー滝（チャーン島）‥‥‥‥‥‥‥ 219
クンペーン・レジデンス（アユタヤー）‥‥‥‥‥ 173
ケーン・サブー（ウボン・ラーチャターニー）‥‥ 344
ケーン・タナ国立公園（コーン・チアム）‥‥‥‥ 347
コイン博物館（バンコク）‥‥‥‥‥‥‥‥‥‥‥ 94
コーンケン国立博物館（コーンケン）‥‥‥‥‥‥ 352
国立王室御座船博物館（バンコク）‥‥‥‥‥‥‥ 97
国立ギャラリー（バンコク）‥‥‥‥‥‥‥‥‥‥ 95
国立博物館（ナコーン・シー・タマラート）‥‥‥ 420
国立博物館（バンコク）‥‥‥‥‥‥‥‥‥‥‥‥ 95

【さ行】
サーイリー・ビーチ（チュムポーン）‥‥‥‥‥‥ 389
サームブラーン・エレファント・グラウンド&ズー（バンコク） 113
サーン・ラク・ムアン（バンコク）‥‥‥‥‥‥‥ 93
サイカオ・ビーチ（チャーン島）‥‥‥‥‥‥‥‥ 220
サイモン・キャバレー（プーケット）‥‥‥‥‥‥ 434
サイヨーク国立公園（カンチャナブリー）‥‥‥‥ 192
サイ・ンガーム公園（ピマーイ）‥‥‥‥‥‥‥‥ 329
サ・カムペーン・ノーイ遺跡（シー・サケート）‥ 337
サ・カムペーン・ヤイ遺跡（シー・サケート）‥‥ 336
サナーム・チャン宮殿（ナコーン・パトム）‥‥‥ 185
サファリ・パーク・オープン・ズー&キャンプ（カンチャナブリー）193
ザ・マウンテン・グランド・ビュー（サムイ島）‥ 401
サミラー・ビーチ（ソンクラー）‥‥‥‥‥‥‥‥ 471
サムイ・エレファント・キングダム（サムイ島）‥ 400
サムイ水族館&タイガー・ズー（サムイ島）‥‥‥ 400
サムペン・レーン（バンコク）‥‥‥‥‥‥‥‥‥ 104
サ・モーラコット（クラビー）‥‥‥‥‥‥‥‥‥ 460
サヤーム・スクエア周辺（バンコク）‥‥‥‥‥‥ 109
サヤーム・ニラミット・プーケット（プーケット） 434
サラペット湾（チャーン島）‥‥‥‥‥‥‥‥‥‥ 221
山岳民族博物館（チェンラーイ）‥‥‥‥‥‥‥‥ 269
サンカムペーン温泉（チェンマイ）‥‥‥‥‥‥‥ 247
サンクチュアリー・オブ・トゥルース（パタヤー） 201

553

Index

3人の王像（チェンマイ）	238
シー・コーラブーム遺跡公園（スリン）	332
シー・ラーヤー（ランター島）	451
JEATH戦争博物館（カンチャナブリー）	190
7月22日ロータリー（バンコク）	103
シミラン諸島とスリン諸島（カオラック）	446
ジム・トンプソンの家（バンコク）	108
シリラート病院内の博物館（バンコク）	97
スアン・パッカート宮殿（バンコク）	108
スートンペー橋（メーホーンソーン）	284
スコータイ歴史公園（スコータイ）	304
スチャート・サプシンの家（ナコーン・シー・タマラート）	421
スネーク・ファーム（バンコク）	106
スプラッシュ・ジャングル（プーケット）	432
スリー・パゴダ・パス（サンクラブリー）	197
スリン・パクディーの像（スリン）	331
スリン・ビーチ（プーケット）	428
スワンカローク博物館（スコータイ）	309
スワンソーン・ビーチ（フア・ヒン）	383
スントーン・プー博物館（バンコク）	93
ソンクラー国立博物館（ソンクラー）	471

【た行】

ターオ・スラナーリー像（ナコーン・ラーチャシーマー）	324
ターオ・マハー・プラマ（バンコク）	109
タークシン民俗博物館（ソンクラー）	471
ター・サデット市場（ノーンカーイ）	361
ター・トーン	267
タービー川（スラー・ターニー）	391
ダーン・クウィアン（ナコーン・ラーチャシーマー）	326
ダーン・サーイ（ルーイ）	367
タイガーキングダム・チェンマイ（チェンマイ）	246
タイガー・パーク・パタヤー（パタヤー）	202
タイ象保護センター（ラムパーン）	291
第2次世界大戦博物館（カンチャナブリー）	190
タイ日友好記念館（メーホーンソーン）	285
泰北義民文史館（メーサローン）	275
泰緬鉄道博物館（カンチャナブリー）	190
タイ・ラオス友好橋（ノーンカーイ）	363
タチレイ（メーサーイ）	276
タニヤ通り（バンコク）	106
ダムヌーン・サドゥアク水上マーケット（バンコク）	112
タム・プラー（メーホーンソーン）	284
タム・ロート（メーホーンソーン）	285
タリンチャン水上マーケット（バンコク）	112
タン・クワンの丘（ソンクラー）	471
チェーディ・サーム・オン（サンクラブリー）	197
チェンカーン（ルーイ）	367
チェンセーン博物館（チェンセーン）	279
チェンマイ国立博物館（チェンマイ）	238
チェンマイ・サンカムペーン通り（チェンマイ）	247
チェンマイ市芸術文化センター（チェンマイ）	238
チェンマイ動物園（チェンマイ）	244
チェンマイ・ナイトバザール（チェンマイ）	239
チェンマイ歴史センター（チェンマイ）	238
チェンラーイ・ナイトバザール（チェンラーイ）	270
チャアム（フア・ヒン）	385
チャウェーン・ビーチ（サムイ島）	397
チャオ・サーム・プラヤー国立博物館（アユタヤー）	175
チャオ・プラヤー・ウィチャエーンの家（ロッブリー）	183
チャオプラヤー・スカイパーク（バンコク）	103
チャッシラー・ナイトマーケット（フア・ヒン）	384
チャムチャー・マーケット（チェンマイ）	248
チャンタブーン・ウォーターフロント（チャンタブリー）	214
チャンタラカセーム宮殿（アユタヤー）	175
チャン・ノイ・ビーチ（チャーン島）	220
チョームティエン・ビーチ（パタヤー）	204
チョーン・チョーム（スリン）	332
チョーン・メック（ウボン・ラーチャターニー）	344
チョーン・モン・ビーチ（サムイ島）	398
チョンカイ共同墓地（カンチャナブリー）	191
チョンプァー滝とラムピー滝（カオラック）	446
ツリー・トップ・アドベンチャー・パーク（チャーン島）	219
トゥン・ウア・レーン・ビーチ（チュムポーン）	389
トゥン・シー・ムアン（ウボン・ラーチャターニー）	341
ドーイ・インタノン国立公園（チェンマイ）	248
ドーイ・ディン・デーン・ポッタリー（チェンラーイ）	271
ドーイ・トゥン・パレス（チェンラーイ）	271
トラート博物館（トラート）	216
トン・サイ滝（プーケット）	433
トン・ナイ・パン（パンガン島）	409

【な行】

ナートーン・タウン（サムイ島）	401
ナー・ムアンの滝（サムイ島）	399
ナーン国立博物館（ナーン）	295
ナーン・トーン・ビーチ（カオラック）	447
ナーン・ユアン島（タオ島）	412
ナイハーン・ビーチ（プーケット）	428
日本軍建立の慰霊碑（カンチャナブリー）	191
日本人町跡（アユタヤー）	176
ノーン・プラチャック公園（ウドーン・ターニー）	356
ノッパラット・ターラー・ビーチ（クラビー）	459

【は行】

パークウィーブ・ビーチ（カオラック）	447
パーク・クローン市場（バンコク）	103
パークメーン・ビーチ（トラン）	464
パーサック歴史公園（チェンセーン）	278
パースア滝（メーホーンソーン）	284
パー・テム（コーン・チアム）	347
パートーン・ビーチ（プーケット）	428
ハート・クアット（パンガン島）	409
ハート・サラ（パンガン島）	409
ハート・メー・ハート（パンガン島）	409
ハート・ヤーオ（パンガン島）	409
ハート・ヤーオ（ピーピー島）	455
ハート・リン（パンガン島）	409
ハート・レック（トラート）	216
パーフラット市場（バンコク）	104
パー・モー・イー・デーン（カオ・プラ・ウィハーン遺跡）	339
バーン・カーン・ワット（チェンマイ）	245
バーン・カオ国立博物館（カンチャナブリー）	193
バーン・サオ・ナック（ラムパーン）	289
バーンサック・ビーチ（カオラック）	447
バーンタオ・ビーチ（プーケット）	428
バーン・ダム（チェンラーイ）	271
バーン・チアン（ウドーン・ターニー）	357
バーン・ドーイ・プイ（チェンマイ）	245
バーン・ニアン・ビーチ（カオラック）	447
バーン・パイン（アユタヤー）	178
バーン・パイン離宮（アユタヤー）	178
バーン・プラーサート（ピマーイ）	330
バーン・プルアン遺跡（スリン）	332
バーンラムプー博物館（バンコク）	96
ハイ島（トラン）	465
牌楼（バンコク）	102
パクナーム（チュムポーン）	389
パタヤー・エレファント・ヴィレッジ（パタヤー）	203

パタヤー水上マーケット（パタヤー）	203
パタヤー・パーク・タワー（パタヤー）	202
パッポン通り（バンコク）	106
パドウン・カレン族の村（メーホーンソーン）	283
パノム・ルン遺跡公園（パノム・ルン）	334
パノム・ワン遺跡（ナコーン・ラーチャシーマー）	326
パヤーカンカーク博物館（ヤソートーン）	350
パヤオ文化展示館（パヤオ）	292
パラードーンパープ・ビーチ（チュムポーン）	389
パラダイス・パーク・サムイ（サムイ島）	400
バンイー島（プーケット）	435
バンガー（プーケット）	435
バン・バオ湾（チャーン島）	221
ピーピー・ビューポイント（ピーピー島）	454
ピーピー・レー島（ピーピー島）	454
ビッグ・ブッダ・ビーチ（サムイ島）	398
ビブーン・マンサーハーン（ウボン・ラーチャターニー）	343
ピマーイ遺跡公園（ピマーイ）	328
ピマーイ国立博物館（ピマーイ）	329
ヒンター・ヒンーイ（サムイ島）	399
フアイ・ケーオ滝（チェンマイ）	245
フア・ヒン鉄道駅と王室待合室（フア・ヒン）	383
フア・ヒン・ビーチ（フア・ヒン）	383
プー・ウィアン化石研究センター＆恐竜博物館（コーンケン）	353
プー・ウィアン国立公園（コーンケン）	353
プークローン（メーホーンソーン）	283
プーケット・シティ・ビューポイント（プーケット）	430
プーケット水族館（プーケット）	432
プーケット・スズ鉱山博物館（プーケット）	433
プーケット3Dミュージアム（プーケット）	433
プーケット・タイファ博物館（プーケット）	430
プーケット・タウン（プーケット）	430
プーケット・ファンタ・シー＆カーニバル・マジック（プーケット）	434
プー・チー・ファー（チェンラーイ）	271
プー・ピン宮殿（チェンマイ）	245
プー・プラ・バート歴史公園（ウドーン・ターニー）	358
プラーサート・ムーン・ブームポーン（スリン）	332
プラーサート・ムアン・シン歴史公園（カンチャナブリー）	193
プラーナン・エリア（クラビー）	458
プラーナン・ビーチ（クラビー）	458
フライング・ハヌマーン（プーケット）	433
プラ・エー・ビーチ（ランター島）	451
プラ・スメーン砦（バンコク）	94
プラチャーティポック王（ラーマ7世）博物館（バンコク）	94
プラ・トリームールティ（バンコク）	109
プラ・ナーライ・ラーチャニウェート宮殿（ロッブリー）	182
プラ・ナコーン・キーリー歴史公園（ペッチャブリー）	380
プラ・パトム・チェーディー国立博物館（ナコーン・パトム）	185
プラ・ピッカネート（バンコク）	109
プラ・メー・トラニー（バンコク）	93
ブルー・ツリー・プーケット（プーケット）	433
ブルーン・ルディー・ナイトマーケット（チェンマイ）	239
プロムテープ岬（プーケット）	432
ブン・ケン・ナコーン（コーンケン）	352
ベーンチャキティ公園（バンコク）	110
ベーンチャシリ公園（バンコク）	110
ヘルファイア・パス・メモリアル（カンチャナブリー）	191
法医学博物館（バンコク）	97
宝石通り（チャンタブリー）	214
ボー・サーン（チェンマイ）	247
ボー・ナム・ローン（ラノーン）	422
ボーペー市場（バンコク）	100
ボトル・ビーチ（パンガン島）	409
ボプット・ビーチ（サムイ島）	397
ホワイト・サンド・ビーチ（チャーン島）	220

【ま行】

マーク島（チャーン島）	221
マイアム現代美術館（チェンマイ）	248
マイケーオ洞窟（ランター島）	451
マハー・ウィラウォン国立博物館（ナコーン・ラーチャシーマー）	325
マハーカーン砦（バンコク）	91
マルカターイヤワン宮殿（フア・ヒン）	385
ミットラパン（バンコク）	104
ミュージアム・サヤーム 発見博物館（バンコク）	93
民主記念塔（バンコク）	94
民俗資料博物館（ピッサヌローク）	300
ムアン・タム遺跡公園	335
ムアン・ボーラーン（バンコク）	113
ムクダーハーン・タワー（ムクダーハーン）	372
ムック島（トラン）	466
メークローン市場（バンコク）	111
メー・サー・エレファント・キャンプ（チェンマイ）	246
メーサローン・リゾート（メーサローン）	275
メー・ナーム・ソーン・シー（コーン・チアム）	347
メーナーム・ビーチ（サムイ島）	398
メーナーム・マーケット（サムイ島）	400
メー・ラムプーン・ビーチ（ラヨーン）	209
メー・レム・オーキッド・ナーサリー（チェンマイ）	246
メンラーイ王像（チェンマイ）	269
モエイ川とミヤワディ（メーソート）	316
モーン・ブリッジ（サンクラブリー）	196
モスク（ヤラー）	475
モンキー・トレーニング・カレッジ（スラー・ターニー）	392
モンスーンバレー・ヴィンヤード（フア・ヒン）	385

【や行】

ヤオワラート通り（バンコク）	101

【ら行】

ラーチャダムヌーン・ボクシング・スタジアム（バンコク）	100
ラーチャパック公園（フア・ヒン）	384
ラーマ5世騎馬像（バンコク）	100
ラーマ5世の宮殿（ペッチャブリー）	380
ラームカムヘーン国立博物館（スコータイ）	307
ラームカムヘーン大王記念碑（スコータイ）	307
ラーワイ・ビーチ（プーケット）	428
ラーン島（パタヤー）	204
ラーンナー建築センター（チェンマイ）	238
ラーンナー民俗博物館（チェンマイ）	238
ライレー・イースト・ビーチ（クラビー）	458
ライレー・ウエスト・ビーチ（クラビー）	458
ラク・ムアン（ヤラー）	475
ラマイ・ビーチ（サムイ島）	397
ラムプーン（チェンマイ）	250
リボン島（トラン）	465
林道乾の霊廟（パッターニー）	474
ルーン・アルーン温泉（チェンマイ）	247
ルムピニー公園（バンコク）	107
レームトーン・ビーチ（ピーピー島）	455
連合国軍共同墓地（カンチャナブリー）	191
ローイエット・タワー（ローイエット）	349
ロ・ダラム・ビーチ（ピーピー島）	454
ロ・バカオ湾（ピーピー島）	455
ロン1919（バンコク）	103
ロング・ビーチ（チャーン島）	221
ロンリー・ビーチ（チャーン島）	221

【わ行】

ワローロット市場（チェンマイ）	239

地球の歩き方 シリーズ一覧

2023年6月現在

*地球の歩き方ガイドブックは、改訂時に価格が変わることがあります。 *表示価格は定価（税込）です。 *最新情報は、ホームページをご覧ください。www.arukikata.co.jp/guidebook/

地球の歩き方 ガイドブック

A ヨーロッパ

コード	タイトル	価格
A01	ヨーロッパ	¥1870
A02	イギリス	¥1870
A03	ロンドン	¥1980
A04	湖水地方＆スコットランド	¥1870
A05	アイルランド	¥1980
A06	フランス	¥1870
A07	パリ＆近郊の町	¥1980
A08	南仏プロヴァンス コート・ダジュール＆モナコ	¥1760
A09	イタリア	¥1870
A10	ローマ	¥1760
A11	ミラノ ヴェネツィアと湖水地方	¥1870
A12	フィレンツェとトスカーナ	¥1870
A13	南イタリアとシチリア	¥1870
A14	ドイツ	¥1980
A15	南ドイツ フランクフルト ミュンヘン ロマンチック街道 古城街道	¥1760
A16	ベルリンと北ドイツ ハンブルク ドレスデン ライプツィヒ	¥1870
A17	ウィーンとオーストリア	¥2090
A18	スイス	¥2200
A19	オランダ ベルギー ルクセンブルク	¥1870
A20	スペイン	¥1870
A21	マドリードとアンダルシア	¥1760
A22	バルセロナ＆近郊の町 イビサ島／マヨルカ島	¥1760
A23	ポルトガル	¥1815
A24	ギリシアとエーゲ海の島々＆キプロス	¥1980
A25	中欧	¥1980
A26	チェコ ポーランド スロヴァキア	¥1870
A27	ハンガリー	¥1870
A28	ブルガリア ルーマニア	¥1980
A29	北欧 デンマーク ノルウェー スウェーデン フィンランド	¥1870
A30	バルトの国々 エストニア ラトヴィア リトアニア	¥1870
A31	ロシア ベラルーシ ウクライナ モルドヴァ コーカサスの国々	¥2090
A32	極東ロシア シベリア サハリン	¥1980
A34	クロアチア スロヴェニア	¥1760

B 南北アメリカ

B01	アメリカ	¥2090
B02	アメリカ西海岸	¥1870
B03	ロスアンゼルス	¥2090
B04	サンフランシスコとシリコンバレー	¥1870
B05	シアトル ポートランド	¥1870
B06	ニューヨーク マンハッタン＆ブルックリン	¥1980
B07	ボストン	¥1980
B08	ワシントンDC	¥2420
B09	ラスベガス セドナ＆グランドキャニオンと大西部	¥2090
B10	フロリダ	¥1870
B11	シカゴ	¥1870
B12	アメリカ南部	¥1980
B13	アメリカの国立公園	¥2090
B14	ダラス ヒューストン デンバー グランドサークル フェニックス サンタフェ	¥1980
B15	アラスカ	¥1980
B16	カナダ	¥1870
B17	カナダ西部 カナディアン・ロッキーとバンクーバー	¥2090
B18	カナダ東部 ナイアガラ・フォールズ メープル街道 プリンス・エドワード島 トロント オタワ モントリオール ケベック・シティ	¥2090
B19	メキシコ	¥1980
B20	中米	¥2090
B21	ブラジル ベネズエラ	¥2200
B22	アルゼンチン チリ パラグアイ ウルグアイ	¥2200
B23	ペルー ボリビア エクアドル コロンビア	¥2200
B24	キューバ バハマ ジャマイカ カリブの島々	¥2035
B25	アメリカ・ドライブ	¥1980

C 太平洋／インド洋島々

C01	ハワイ1 オアフ島＆ホノルル	¥1980
C02	ハワイ島	¥2200
C03	サイパン ロタ＆テニアン	¥1540
C04	グアム	¥1980
C05	タヒチ イースター島	¥1870
C06	フィジー	¥1650
C07	ニューカレドニア	¥1650
C08	モルディブ	¥1870
C10	ニュージーランド	¥2200
C11	オーストラリア	¥2200
C12	ゴールドコースト＆ケアンズ	¥1870
C13	シドニー＆メルボルン	¥1760

D アジア

D01	中国	¥2090
D02	上海 杭州 蘇州	¥1870
D03	北京	¥1760
D04	大連 瀋陽 ハルビン 中国東北部の自然と文化	¥1980
D05	広州 アモイ 桂林 珠江デルタと華南地方	¥1980
D06	成都 重慶 九寨溝 麗江 四川 雲南	¥1980
D07	西安 敦煌 ウルムチ シルクロードと中国西北部	¥1980
D08	チベット	¥2090
D09	香港 マカオ 深セン	¥1870
D10	台湾	¥2090
D11	台北	¥16
D13	台南 高雄 屏東＆南台湾の町	¥16
D14	モンゴル	¥20
D15	中央アジア サマルカンドとシルクロードの国々	¥20
D16	東南アジア	¥18
D17	タイ	¥22
D18	バンコク	¥18
D19	マレーシア ブルネイ	¥20
D20	シンガポール	¥19
D21	ベトナム	¥20
D22	アンコール・ワットとカンボジア	¥18
D23	ラオス	¥20
D24	ミャンマー（ビルマ）	¥20
D25	インドネシア	¥18
D26	バリ島	¥18
D27	フィリピン マニラ セブ ボラカイ ボホール エルニド	¥18
D28	インド	¥20
D29	ネパールとヒマラヤトレッキング	¥22
D30	スリランカ	¥18
D31	ブータン	¥19
D33	マカオ	¥17
D34	釜山 慶州	¥15
D35	バングラデシュ	¥20
D37	韓国	¥20
D38	ソウル	¥18

E 中近東 アフリカ

E01	ドバイとアラビア半島の国々	¥20
E02	エジプト	¥19
E03	イスタンブールとトルコの大地	¥20
E04	ペトラ遺跡とヨルダン レバノン	¥20
E05	イスラエル	¥20
E06	イラン ペルシアの旅	¥22
E07	モロッコ	¥19
E08	チュニジア	¥20
E09	東アフリカ ウガンダ エチオピア ケニア タンザニア ルワンダ	¥20
E10	南アフリカ	¥22
E11	リビア	¥22
E12	マダガスカル	¥19

J 国内版

コード	タイトル	価格
J00	日本	¥33
J01	東京	¥20
J02	東京 多摩地域	¥20
J03	京都	¥22
J04	沖縄	¥22
J05	北海道	¥22
J07	埼玉	¥22
J08	千葉	¥22

地球の歩き方 aruco

●海外

1	パリ	¥1320
2	ソウル	¥1650
3	台北	¥1320
4	トルコ	¥1430
5	インド	¥1540
6	ロンドン	¥1650
7	香港	¥1320
8	ニューヨーク	¥1320
9	ホーチミン ダナン ホイアン	¥1430
10	ホノルル	¥1320
11	バリ島	¥1320
13	上海	¥1320
14	モロッコ	¥1540
15	チェコ	¥1320
16	ベルギー	¥1430
17	ウィーン ブダペスト	¥1320
18	イタリア	¥1320
19	スリランカ	¥1540
20	クロアチア スロヴェニア	¥1430
21	スペイン	¥1320
22	シンガポール	¥1650
23	バンコク	¥1430
24	グアム	¥1320
25	オーストラリア	¥1430
26	フィンランド エストニア	¥1430
27	アンコール・ワット	¥1430
28	ドイツ	¥1430
29	ハノイ	¥1430
30	台湾	¥1320
31	カナダ	¥1320
33	サイパン テニアン ロタ	¥1320
34	セブ ボホール エルニド	¥1320
35	ロスアンゼルス	¥1320
36	フランス	¥1430
37	ポルトガル	¥1650
38	ダナン ホイアン フエ	¥1430

●国内

東京	¥1540
東京で楽しむフランス	¥1430
東京で楽しむ韓国	¥1430
東京で楽しむ台湾	¥1430
東京の手みやげ	¥1430
東京おやつさんぽ	¥1430
東京のパン屋さん	¥1430
東京で楽しむ北欧	¥1430
東京のカフェめぐり	¥1480
東京で楽しむハワイ	¥1480
nyaruco 東京ねこさんぽ	¥1480
東京で楽しむイタリア＆スペイン	¥1480
東京で楽しむアジアの国々	¥1480
東京ひとりさんぽ	¥1480
東京パワースポットさんぽ	¥1599
東京で楽しむ英国	¥1599

地球の歩き方 Plat

1	パリ	¥1320
2	ニューヨーク	¥1320
3	台北	¥1100
4	ロンドン	¥1320
6	ドイツ	¥1320
7	ホーチミン／ハノイ／ダナン／ホイアン	¥1320
8	スペイン	¥1320
10	シンガポール	¥1100
11	アイスランド	¥1540
14	マルタ	¥1540
15	フィンランド	¥1320
16	クアラルンプール／マラッカ	¥1100
17	ウラジオストク／ハバロフスク	¥1430
19	サンクトペテルブルク／モスクワ	¥1540
20	エジプト	¥1320
21	香港	¥1100
22	ブルネイ	¥1430
23	ウズベキスタン サマルカンド ブハラ ヒヴァ タシケント	¥165
24	ドバイ	¥132
25	サンフランシスコ	¥132
26	パース／西オーストラリア	¥132
27	ジョージア	¥154

地球の歩き方 リゾートスタイル

R02	ハワイ島	¥165
R03	マウイ島	¥165
R04	カウアイ島	¥187
R05	こどもと行くハワイ	¥154
R06	ハワイ ドライブ・マップ	¥198
R07	ハワイ バスの旅	¥132
R08	グアム	¥143
R09	こどもと行くグアム	¥165
R10	パラオ	¥165
R12	プーケット サムイ島 ピピ島	¥165
R13	ペナン ランカウイ クアラルンプール	¥165
R14	バリ島	¥143
R15	セブ＆ボラカイ ボホール シキホール	¥165
R16	テーマパークinオーランド	¥187
R17	カンクン コスメル イスラ・ムヘーレス	¥165
R20	ダナン ホイアン ホーチミン ハノイ	¥165

地球の歩き方 御朱印

1	御朱印でめぐる鎌倉のお寺 三十三観音完全掲載 三訂版	¥1650
2	御朱印でめぐる京都のお寺 改訂版	¥1650
3	御朱印でめぐる奈良の古寺 改訂版	¥1650
4	御朱印でめぐる東京のお寺	¥1650
	日本全国この御朱印が凄い！ 第壱集 増補改訂版	¥1650
	日本全国この御朱印が凄い！ 第弐集 都道府県網羅版	¥1650
	御朱印でめぐる全国の神社 開運さんぽ	¥1430
5	御朱印でめぐる高野山 改訂版	¥1650
	御朱印でめぐる関東の神社 週末開運さんぽ	¥1430
	御朱印でめぐる秩父の寺社 三十四観音完全掲載 改訂版	¥1650
	御朱印でめぐる関東の百寺 坂東三十三観音と古寺	¥1650
	御朱印でめぐる関西の神社 週末開運さんぽ	¥1430
	御朱印でめぐる関西の百寺 西国三十三所と古寺	¥1650
4	御朱印でめぐる東京の神社週末開運さんぽ 改訂版	¥1540
5	御朱印でめぐる神奈川の神社 週末開運さんぽ 改訂版	¥1540
6	御朱印でめぐる埼玉の神社 週末開運さんぽ	¥1430
7	御朱印でめぐる北海道の神社 週末開運さんぽ	¥1430
8	御朱印でめぐる九州の神社 週末開運さんぽ 改訂版	¥1540
9	御朱印でめぐる千葉の神社 週末開運さんぽ	¥1540
10	御朱印でめぐる東海の神社 週末開運さんぽ	¥1430
11	御朱印でめぐる京都の神社 週末開運さんぽ 改訂版	¥1540
12	御朱印でめぐる神奈川のお寺	¥1650
13	御朱印でめぐる大阪 兵庫の神社 週末開運さんぽ	¥1430
14	御朱印でめぐる愛知の神社 週末開運さんぽ 改訂版	¥1540
15	御朱印でめぐる栃木 日光の神社 週末開運さんぽ	¥1430
16	御朱印でめぐる福岡の神社 週末開運さんぽ 改訂版	¥1540
17	御朱印でめぐる広島 岡山の神社 週末開運さんぽ	¥1430
18	御朱印でめぐる山陰 山陽の神社 週末開運さんぽ	¥1430
19	御朱印でめぐる埼玉のお寺	¥1650
20	御朱印でめぐる千葉のお寺	¥1650
	御朱印でめぐる東京の七福神	¥1540
21	御朱印でめぐる東北の神社 週末開運さんぽ 改訂版	¥1540
	御朱印でめぐる全国の稲荷神社 週末開運さんぽ	¥1430
23	御朱印でめぐる新潟 佐渡の神社 週末開運さんぽ	¥1430
	御朱印でめぐる静岡 富士 伊豆の神社 週末開運さんぽ	¥1430
25	御朱印でめぐる四国の神社 週末開運さんぽ	¥1430
27	御朱印でめぐる中央線沿線の寺社 週末開運さんぽ	¥1540
	御朱印でめぐる東急線沿線の寺社 週末開運さんぽ	¥1540
	御朱印でめぐる茨城の神社 週末開運さんぽ	¥1430
30	御朱印でめぐる関東の聖地 週末開運さんぽ	¥1430
31	御朱印でめぐる東海のお寺	¥1650
	日本全国ねこの御朱印&お守りめぐり 週末開運にゃんさんぽ	¥1760
33	御朱印でめぐる信州 甲州の神社 週末開運さんぽ	¥1430
34	御朱印でめぐる全国の聖地 週末開運さんぽ	¥1430
	御朱印でめぐる全国の魅力的な船旅	¥1650
36	御朱印でめぐる茨城のお寺	¥1650
37	御朱印でめぐる全国のお寺 週末開運さんぽ	¥1540
	日本全国 日本酒でめぐる酒蔵&ちょこっと御朱印〈東日本編〉	¥1760
	日本全国 日本酒でめぐる酒蔵&ちょこっと御朱印〈西日本編〉	¥1760
	関東版ねこの御朱印&お守りめぐり 週末開運にゃんさんぽ	¥1760

52	一生に一度は参りたい！ 御朱印でめぐる全国の絶景寺社図鑑	¥2479
D51	鉄印帳でめぐる全国の魅力的な鉄道40	¥1650
	御朱印はじめました 関東の神社 週末開運さんぽ	¥1210

地球の歩き方 島旅

1	五島列島 3訂版	¥1650
2	奄美大島〜奄美群島1〜 3訂版	¥1650
3	与論島 沖永良部島 徳之島（奄美群島②）改訂版	¥1650
4	利尻 礼文 4訂版	¥1650
5	天草 改訂版	¥1760
6	壱岐 4訂版	¥1650
7	種子島 3訂版	¥1650
8	小笠原 父島 母島 3訂版	¥1650
9	隠岐 3訂版	¥1870
10	佐渡 3訂版	¥1650
11	宮古島 伊良部島 下地島 来間島 池間島 多良間島 大神島 改訂版	¥1650
12	久米島 渡名喜島 改訂版	¥1650
13	小豆島〜瀬戸内の島々1〜 改訂版	¥1650
14	直島 豊島 女木島 男木島 犬島〜瀬戸内の島々2〜	¥1650
15	伊豆大島 利島〜伊豆諸島1〜 改訂版	¥1650
16	新島 式根島 神津島〜伊豆諸島2〜 改訂版	¥1650
17	沖縄本島周辺15離島	¥1650
18	たけとみの島々 竹富島 西表島 波照間島 小浜島 黒島 鳩間島 新城島 由布島 加屋	¥1650
19	淡路島〜瀬戸内の島々3〜	¥1650
20	石垣島 竹富島 西表島 小浜島 由布島 新城島 波照間島	¥1650
21	対馬	¥1650
22	島旅ねこ にゃんこの島の歩き方	¥1344

地球の歩き方 旅の図鑑

W01	世界244の国と地域	¥1760
W02	世界の指導者図鑑	¥1650
W03	世界の魅力的な奇岩と巨石139選	¥1760
W04	世界246の首都と主要都市	¥1760
W05	世界のすごい島300	¥1760
W06	地球の歩き方的！ 世界なんでもランキング	¥1760
W07	世界のグルメ図鑑 116の国と地域の名物料理を食の雑学とともに解説	¥1760
W08	世界のすごい巨像	¥1760
W09	世界のすごい城と宮殿333	¥1760
W10	世界197ヵ国のふしぎな聖地&パワースポット	¥1870
W11	世界の祝祭	¥1760
W12	世界のカレー図鑑	¥1980
W13	世界遺産 絶景でめぐる自然遺産 完全版	¥1980
W15	地球の果ての歩き方	¥1980
W16	世界の中華料理図鑑	¥1980
W17	世界の地元メシ図鑑	¥1980
W18	世界遺産の歩き方 学んで旅する！ すごい世界遺産190選	¥1980
W19	世界の魅力的なビーチと湖	¥1980
W20	世界の駅	¥1980
W21	世界のおみやげ図鑑	¥1980
W22	いつか旅してみたい世界の美しい古都	¥1980
W23	世界のすごいホテル	¥1980
W24	日本の凄い神木	¥2200
W25	世界のお菓子図鑑	¥1980
W26	世界の麺図鑑	¥1980
W27	世界のお酒図鑑	¥1980
W28	世界の魅力的な道	¥1980
W30	すごい地球！	¥2200
W31	世界のすごい墓	¥1980

地球の歩き方 旅の名言 & 絶景

ALOHAを感じるハワイのことばと絶景100	¥1650
自分らしく生きるフランスのことばと絶景100	¥1650
人生観が変わるインドのことばと絶景100	¥1650
生きる知恵を授かるアラブのことばと絶景100	¥1650
心に寄り添う台湾のことばと絶景100	¥1650
道しるべとなるドイツのことばと絶景100	¥1650
共感と勇気がわく韓国のことばと絶景100	¥1650
人生を楽しみ尽くすイタリアのことばと絶景100	¥1650

今すぐ旅に出たくなる！ 地球の歩き方のことばと絶景100	¥1650
悠久の教えをひもとく 中国のことばと絶景100	¥1650

地球の歩き方 旅と健康

地球のなぞり方 旅地図 アメリカ大陸編	¥1430
地球のなぞり方 旅地図 ヨーロッパ編	¥1430
地球のなぞり方 旅地図 アジア編	¥1430
地球のなぞり方 旅地図 日本編	¥1430
脳がどんどん強くなる！ すごい地球の歩き方	¥1650

地球の歩き方 GEMSTONE

とっておきのポーランド 増補改訂版	¥1760
ラダック ザンスカール スピティ 北インドのリトル・チベット 増補改訂版	¥1925

地球の歩き方 旅の読み物

今こそ学びたい日本のこと	¥1760
週末だけで70ヵ国159都市を旅したリーマントラベラーが教える自分の時間の作り方	¥1540

地球の歩き方 BOOKS

BRAND NEW HAWAII とびきりリアルな最新ハワイガイド	¥1650
FAMILY TAIWAN TRIP #子連れ台湾	¥1518
GIRL'S GETAWAY TO LOS ANGELES	¥1760
HAWAII RISA'S FAVORITES 大人女子はハワイで美味しく美しく	¥1650
LOVELY GREEN NEW ZEALAND 未来の国を旅するガイドブック	¥1760
MAKI'S DEAREST HAWAII	¥1540
MY TRAVEL, MY LIFE Maki's Family Travel Book	¥1760
WORLD FORTUNE TRIP イヴルルド遙華の世界開運★旅案内	¥1650
いろはに北欧	¥1760
ヴィクトリア朝が教えてくれる英国の魅力	¥1320
ダナン&ホイアン PHOTO TRAVEL GUIDE	¥1650
とっておきのフィンランド	¥1760
フィンランドでかなえる100の夢	¥1760
マレーシア 地元で愛される名物食堂	¥1430
やり直し英語革命	¥1100
気軽に始める！大人の男海外ひとり旅	¥1100
気軽に出かける！大人の男アジアひとり旅	¥1100
香港 地元で愛される名物食堂	¥1540
最高のハワイの過ごし方	¥1540
子連れで沖縄 旅のアドレス&テクニック117	¥1100
純情ヨーロッパ 呑んで、祈って、脱いでみて	¥1408
食事作りに手間暇かけないドイツ人、手料理神話にこだわり続ける日本人	¥1100
親の介護をはじめる人へ 伝えておきたい10のこと	¥1000
人情ヨーロッパ 人生、ゆるして、ゆるされて	¥1518
総予算33万円・9日間から行く！世界一周	¥1100
台北 メトロさんぽ MRTを使って、おいしいとかわいいを巡る旅	¥1518
鳥居りんこ 親の介護をはじめたらお金の話で泣き見てばかり	¥1320
鳥居りんこの親の介護は 知らなきゃバカ見ることだらけ	¥1320
北欧が好き！ フィンランド・スウェーデン・デンマーク・ノルウェーの素敵な町めぐり	¥1210
北欧が好き！2 建築&デザインでめぐるフィンランド・スウェーデン・デンマーク・ノルウェー	¥1210
地球の歩き方JAPAN ダムの歩き方 全国版 初めてのダム旅入門ガイド	¥1712
日本全国 開運神社 このお守りがすごい！	¥1522

地球の歩き方 スペシャルコラボ BOOK

地球の歩き方 ムー	¥2420
地球の歩き方 JOJO ジョジョの奇妙な冒険	¥2420

地球の歩き方 旅の図鑑シリーズ

見て読んで海外のことを学ぶことができ、旅気分を楽しめる新シリーズ。
1979年の創刊以来、長年蓄積してきた世界各国の情報と取材経験を生かし、
従来の「地球の歩き方」には載せきれなかった、
旅にぐっと深みが増すような雑学や豆知識が盛り込まれています。

W01 世界244の国と地域 ¥1760

W07 世界のグルメ図鑑 ¥1760

W02 世界の指導者図鑑 ¥1650

W03 世界の魅力的な奇岩と巨石139選 ¥1760

W04 世界246の首都と主要都市 ¥1760

W05 世界のすごい島300 ¥1760

W06 世界なんでもランキング ¥1760

W08 世界のすごい巨像 ¥1760

W09 世界のすごい城と宮殿333 ¥1760

W11 世界の祝祭 ¥1760

W10 世界197ヵ国のふしぎな聖地＆パワースポット ¥1870		**W12** 世界のカレー図鑑 ¥1980	
W13 世界遺産 絶景でめぐる自然遺産 完全版 ¥1980		**W15** 地球の果ての歩き方 ¥1980	
W16 世界の中華料理図鑑 ¥1980		**W17** 世界の地元メシ図鑑 ¥1980	
W18 世界遺産の歩き方 ¥1980		**W19** 世界の魅力的なビーチと湖 ¥1980	
W20 世界のすごい駅 ¥1980		**W21** 世界のおみやげ図鑑 ¥1980	
W22 いつか旅してみたい世界の美しい古都 ¥1980		**W23** 世界のすごいホテル ¥1980	
W24 日本の凄い神木 ¥2200		**W25** 世界のお菓子図鑑 ¥1980	
W26 世界の麺図鑑 ¥1980		**W27** 世界のお酒図鑑 ¥1980	
W28 世界の魅力的な道 178選 ¥1980		**W30** すごい地球! ¥2200	
W31 世界のすごい墓 ¥1980			

※表示価格は定価（税込）です。改訂時に価格が変更になる場合があります。

地球の歩き方 関連書籍のご案内

タイと周辺各国への旅を「地球の歩き方」が応援します!

地球の歩き方 ガイドブック

- **D09** 香港　マカオ ¥1,870
- **D10** 台湾 ¥2,090
- **D11** 台北 ¥1,650
- **D13** 台南　高雄 ¥1,650
- **D17** タイ ¥2,090
- **D18** バンコク ¥1,870
- **D19** マレーシア　ブルネイ ¥2,090
- **D20** シンガポール ¥1,980
- **D21** ベトナム ¥2,090
- **D27** フィリピン　マニラ ¥1,870
- **D33** マカオ ¥1,760
- **D34** 釜山　慶州 ¥1,540
- **D37** 韓国 ¥2,090
- **D38** ソウル ¥1,870

地球の歩き方 aruco

- **02** aruco ソウル ¥1,650
- **03** aruco 台北 ¥1,320
- **07** aruco 香港 ¥1,320
- **10** aruco ホーチミン ¥1,430
- **22** aruco シンガポール ¥1,320
- **23** aruco バンコク ¥1,430
- **29** aruco ハノイ ¥1,430
- **30** aruco 台湾 ¥1,320
- **34** aruco セブ　ボホール ¥1,320
- **38** aruco ダナン　ホイアン ¥1,430

地球の歩き方 Plat

- **03** Plat 台北 ¥1,100
- **07** Plat ホーチミン　ハノイ ¥1,320
- **10** Plat シンガポール ¥1,100
- **16** Plat クアラルンプール ¥1,100
- **20** Plat 香港 ¥1,100
- **22** Plat ブルネイ ¥1,430

地球の歩き方 リゾートスタイル

- **R12** プーケット ¥1,650
- **R13** ペナン　ランカウイ ¥1,650
- **R15** セブ&ボラカイ ¥1,650
- **R20** ダナン　ホイアン ¥1,650

地球の歩き方 旅の名言 & 絶景

心に寄り添う台湾のことばと絶景100 ¥1,650

地球の歩き方 BOOKS

- ダナン&ホイアン　PHOTO TRAVEL GUIDE ¥1,650
- マレーシア　地元で愛される名物食堂 ¥1,430
- 香港　地元で愛される名物食堂 ¥1,540

地球の歩き方 aruco 国内版

aruco 東京で楽しむアジアの国々 ¥1,480

※表示価格は定価（税込）です。改訂時に価格が変更になる場合があります。

あとがき

前回から3年4ヵ月ぶりとなったタイ取材。入出国に関する規制やマスクの着用義務はなくなり、バンコクやチェンマイ、プーケットなどの主要観光地には外国人旅行者の姿が目立ちました。本書を手にとった皆さんも、ぜひタイを訪れて、コロナ禍でも変わることのなかったタイの人々のホスピタリティを感じてください。どうかよい旅を！

STAFF

制　　　作	今井　歩	Producer	IMAI Ayumu
編集、取材、撮影	水野　純（編集工房緑屋）	Editor	MIZUNO Jun（MIDORIYA）
取材、撮影	室橋裕和	Reporters	MUROHASHI Hirokazu
	山本高樹		YAMAMOTO Takaki
	永井貴和子		NAGAI Kiwako
写真協力	井上友樹	Photographers	IDE Yuki
	石澤真実		ISHIZAWA Mami
	是枝右恭		KOREEDA Ukyo
	菊谷仁志		KIKUTANI Hitoshi
	齋藤正行		SAITO Masayuki
	土信田玲子		DOSHIDA Reiko
デザイン	エメ龍夢	Designers	EMERYUMU
地　　　図	高棟　博（ムネプロ）	Maps	TAKAMUNE Hiroshi（Mune Pro.）
校　　　正	東京出版サービスセンター	Proofreading	Tokyo Syuppan Service Center
表　　　紙	日出嶋昭男	Cover Design	HIDEJIMA Akio

SPECIAL THANKS：井上由佳子（Sakura Tour, Krabi）、新宮洋介（Star Home Co., Ltd., Bangkok）、タイ国政府観光庁、高橋明子（Papaya Village, Chiang Khong）、ホットラクル玲子（J&R Travel Agency, Co., Ltd., Phuket）、水高　愛（テレビ朝日）、山地 Jaksuwan 幸、陽子 Stork Sittitrai（Ubon Rental Cycle, Ubon Ratchathani）、"Toh" Narongporn Trairat（TR Guest House, Sukhothai）、©iStock　［敬称略、50音およびアルファベット順］

本書の内容について、ご意見・ご感想はこちらまで
読者投稿　〒141-8425　東京都品川区西五反田2-11-8
　　　　　株式会社地球の歩き方
　　　　　地球の歩き方サービスデスク「タイ編」投稿係
　　　　　https://www.arukikata.co.jp/guidebook/toukou.html
地球の歩き方ホームページ（海外・国内旅行の総合情報）
　　　　　https://www.arukikata.co.jp/
ガイドブック『地球の歩き方』公式サイト
　　　　　https://www.arukikata.co.jp/guidebook/

地球の歩き方 D17
タイ 2024～2025年版

2023年6月20日　初版第1刷発行
2023年10月13日　初版第2刷発行

Published by Arukikata. Co.,Ltd.
2-11-8 Nishigotanda, Shinagawa-ku, Tokyo, 141-8425
Advertising Representative：Two Ducks Agency Co., Ltd.
E-mail yano@twoducksagency.com

著作編集	地球の歩き方編集室
発 行 人	新井邦弘
編 集 人	宮田　崇
発 行 所	株式会社地球の歩き方
	〒141-8425　東京都品川区西五反田2-11-8
発 売 元	株式会社Gakken
	〒141-8416　東京都品川区西五反田2-11-8
印刷製本	開成堂印刷株式会社

※本書は基本的に2023年1～3月の取材データに基づいて作られています。
発行後に料金、営業時間、定休日などが変更になる場合がありますのでご了承ください。
更新・訂正情報：https://www.arukikata.co.jp/travel-support/

●この本に関する各種お問い合わせ先
・本の内容については、下記サイトのお問い合わせフォームよりお願いします。
　URL▶ https://www.arukikata.co.jp/guidebook/contact.html
・広告については、下記サイトのお問い合わせフォームよりお願いします。
　URL▶ https://www.arukikata.co.jp/ad_contact/
・在庫については　Tel 03-6431-1250（販売部）
・不良品（乱丁、落丁）については　Tel 0570-000577
　学研業務センター　〒354-0045　埼玉県入間郡三芳町上富279-1
・上記以外のお問い合わせは　Tel 0570-056-710（学研グループ総合案内）

©Arukikata. Co.,Ltd.
当社発行の出版物では、台湾、香港、マカオ、パレスチナ、および欧米諸国の海外領土や紛争等による領土未確定地を「地域」としています。
本書の無断転載、複製、複写（コピー）、翻訳を禁じます。
本書を代行業者等の第三者に依頼してスキャンやデジタル化することは、たとえ個人や家庭内の利用であっても、著作権法上、認められておりません。
All rights reserved. No part of this publication may be reproduced or used in any form or by any means, graphic, electronic or mechanical, including photocopying, without written permission of the publisher.

※本書は株式会社ダイヤモンド・ビッグ社より1987年4月に発行したもの（2020年2月に改訂第31版）の最新・改訂版です。
学研グループの書籍・雑誌についての新刊情報・詳細情報は、下記をご覧ください。
学研出版サイト　https://hon.gakken.jp/